A BATALHA DAS ARDENAS

ANTONY BEEVOR

A BATALHA DAS ARDENAS

A CARTADA FINAL DE HITLER

Tradução
Luis Reyes Gil

CRÍTICA

Título original: *Ardennes 1944: The battle of the bulge*

Coordenação editorial: Sandra R. F. Espilotro
Revisão: Carmen T. S. Costa / Andressa Veronesi
Diagramação: A2
Mapas ilustrados: Jeff Edwards
Capa: Elmo Rosa
Imagem de capa: fotografia militar alemã, autor desconhecido,
filme capturado pela US Army

CIP-BRASIL. CATALOGAÇÃO NA PUBLICAÇÃO
SINDICATO NACIONAL DOS EDITORES DE LIVROS, RJ

B352b

Beevor, Antony, 1946-
A batalha das Ardenas: a última cartada de Hitler / Antony Beevor; tradução Luis Reyes Gil. - 1. ed. - São Paulo: Planeta, 2018.

Tradução de: Ardennes 1944: The battle of the bulge
ISBN 978-85-422-1231-0

1. Hitler, Adolf, 1889-1945. 2. Ardenas, Batalha das, 1944-1945. 3. Guerra Mundial, 1939-1945 - Grã-Bretanha. I. Gil, Luis Reyes. II. Título.

17-46538 CDD: 942.06
CDU: 94(420)

Este livro foi composto em Adobe Garamond Pro e Bliss Pro e impresso pela RR Donnelley para a Editora Planeta do Brasil em janeiro de 2018.

2018

EDITORA PLANETA DO BRASIL LTDA.
Rua Padre João Manuel, 100 – 21º andar
Ed. Horsa II – Cerqueira César
01411-000 – São Paulo-SP
www.planetadelivros.com.br
atendimento@editoraplaneta.com.br

SUMÁRIO

Para Adam Beevor

LISTA DAS ILUSTRAÇÕES

16. Um tanque Königstiger carrega soldados da 3ª Divisão Fallschirmjäger.

17. Volksgrenadiers avançam carregados de cintas de munição para metralhadoras e Panzerfausts.

18. A primeira matança de prisioneiros americanos pelo Kampfgruppe Peiper em Honsfeld.

19. SS Panzergrenadiers passam por um comboio de veículos americanos em chamas.

20. Prisioneiros americanos sendo levados pela 1ª Divisão SS Panzer Leibstandarte Adolf Hitler.

21. O 26º Regimento de Infantaria chega para defender Bütgenbach, na base da serra de Elsenborn.

22. Membros do mesmo regimento manobram um canhão antitanque diante da aproximação dos alemães.

23. Refugiados belgas abandonam Langlir em vista dos avanços do V Exército Panzer (IWM 49925).

24. Diante do avanço dos alemães sobre Sankt Vith, a população de Schönberg se abriga em cavernas.

25. Paramédicos americanos transformam esquis em tobogãs e removem feridos.

26. Soldados americanos cavando na face frontal de um bosque (IWM 050367).

27. Enquanto os alemães avançam sobre Bastogne, os habitantes locais começam a fugir em carroças de fazenda.

28. Pelotão de destruidores de tanques M-36, perto de Werbomont.

29. Volksgrenadiers levados como prisioneiros nos combates em torno de Rocherath-Krinkelt.

30. General Robert W. Hasbrouck recebe a estrela de prata do general Courtney Hodges.

31. Polícia militar americana checa identidades de refugiados belgas, perto de Marche-en-Famenne.

32. Refugiados belgas se apressam para cruzar o Mosa em Dinant.

33. Uma equipe de bazuca da 28ª Divisão de Infantaria após três dias de combates em Wiltz.

34. Um jovem soldado da SS levado prisioneiro, perto de Malmedy (IWM EA048337).

35. Civis mortos pelo Kampfgruppe Peiper, em Stavelot.

36. Rastros de vapor sobre Bastogne.

37. 23 de dezembro: a Força Aérea dos Estados Unidos envia aviões de transporte para lançar suprimentos em Bastogne.

38. Americanos feridos, abrigados em porões, em Bastogne.

39. Bastogne: paraquedistas da 101ª Aerotransportada cantam canções tradicionais na véspera de Natal.

40. Remanescentes da 2ª Divisão Panzer em um curral de Foy-Notre-Dame (IWM B13260).

41. Bastogne. General Patton com o general McAuliffe e o tenente-coronel Steve Chappuis.

42. Reposições dos Estados Unidos avançam no íngreme terreno dos bosques das Ardenas.

43. Uma patrulha do 30º Corpo britânico nas Ardenas, com roupas para a neve.

44. Soldados do 26º Regimento de Infantaria finalmente avançam a partir de Bütgenbach.

45. La Roche-en-Ardenne, em ruínas.

46. Investigadores começam o trabalho de identificação dos soldados americanos massacrados em Baugnez, perto de Malmedy.

47. Um prisioneiro extremamente jovem da Waffen-SS.

48. Joachim Peiper no julgamento por crimes de guerra, entre eles o massacre perto de Malmedy.

CRÉDITOS DAS ILUSTRAÇÕES

A maior parte das fotos provém do The National Archives, dos Estados Unidos. Outras fotografias são de: 1, 13, 16, AKG Images; 5, Documentation Française; 11, Tank Museum; 12, Bundesarchiv, Koblenz; 6-7, 18, 20, 25-6, 30-32, 34, 36, 38-9, 41, 46-7, Exército dos Estados Unidos (parte do The National Archives); 8, 23, 26, 40, Imperial War Museum, Londres; 10, Heinz Seidler, Bonn Bad Godersberg, reproduzido de W. Goolrick e O. Tanner, *The Battle of the Bulge*.

LISTA DOS MAPAS

Aliados		**Alemães**	
XXXXX 12GE	12º Grupo do Exército	XXXXX B	Grupo do Exército B
XXXX 1	I Exército dos Estados Unidos	XXXX 5 Pz	V Exército Panzer
XXX VII	7º Corpo dos Estados Unidos	XX 26VG	26ª Divisão Volksgrenadier
XXX XXX BR	30º Corpo britânico	XX LEHR	Divisão Panzer Lehr
XX 101	101ª Divisão Aerotransportada	XX 3FSJ	3ª Divisão Fallschirmjäger
X B 10	Comando de Combate B da 10ª Divisão Blindada	III 115 15Pzg	115º Regimento Panzergrenadier, 15ª Divisão Panzergrenadier
III 335 84	335º Regimento de Infantaria, 84ª Divisão	II Rcn 26VG	Batalhão de Reconhecimento, 26ª Divisão Volksgrenadier

GLOSSÁRIO

Abatis: Barreiras cruzando as estradas e trilhas, feitas com árvores cortadas e derrubadas, em geral minadas ou providas de armadilhas de explosivos.

Baixas de não batalha: Consideram-se baixas de não batalha os doentes e os soldados afetados por "pé de trincheira", ulcerações de frio e por colapsos neuropsiquiátricos ocasionados por fadiga de combate.

Com Z: É a Communications Zone, comandada pelo general Lee, responsável por todos os suprimentos e reposições de soldados.

Corpo de Contrainteligência: O Counter Intelligence Corps do Exército dos Estados Unidos, equivalente ao British Field Security ("Segurança de Campo" britânica).

CSDIC: O Combined Services Detailed Interrogation Centre [Centro de Interrogatório Detalhado de Serviços Combinados] incluía campos de detenção e de prisioneiros, como o Trent Park na Inglaterra, onde as conversas entre os prisioneiros alemães foram secretamente gravadas, em geral por voluntários judeus alemães.

Doughboy: Termo originário da Primeira Guerra Mundial para indicar um soldado americano comum.

G-2: Alto oficial do Estado-Maior ou do estafe de Inteligência.

G-3: Alto oficial do Estado-Maior ou do estafe de operações.

Jabo: Abreviatura alemã para Jagdbomber ou caça-bombardeiro.

Kübelwagen: A contrapartida do Exército alemão para o jipe, produzido pela Volkswagen e um pouco maior e mais pesado.

Pé de trincheira: O nome oficial do "pé de trincheira" é *immersion foot* [pé imerso], no Exército dos Estados Unidos. Mas todos continuaram a usar o termo da Primeira Guerra Mundial – "pé de trincheira". Trata-se de uma forma de pododermatite, que aparece quando os pés ficam úmidos por longos períodos, sem a proteção de meias secas, e quando há pouca mobilidade. Às vezes a condição se agravava e evoluía para gangrena.

Pozit: Sensores de "proximidade" para projéteis de artilharia, usados pela primeira vez nas Ardenas, explodiam no ar sobre as cabeças dos inimigos com um efeito devastador.

PX: Post Exchange, ou Posto de Trocas, que vendia diversos itens, como cigarros, ao pessoal do Exército americano.

Rio Mosa: O rio Mosa (Meuse, em inglês e francês) é o rio que falantes alemães, holandeses e flamengos chamam de Maas.

Rio Roer: Ruhr e Rur são dois rios distintos com grafia bem próxima. O rio Ruhr (com "agá") é o que dá nome ao respectivo vale e à importante região industrial alemã. O rio Rur (sem "agá") é um afluente do rio Mosa, chamado aqui de Roer, pois é a grafia adotada pelos falantes de flamengo, francês e inglês, mesmo quando o rio é indicado em território alemão, e também para diferenciar melhor do seu quase homônimo. (N. T.)

SA: Abreviatura de Sturmabteilung, as tropas de assalto nazistas dos "camisas marrons".

Schloss: "Castelo" em alemão, e também "casa rural" de grandes dimensões.

Screaming meemies: Gíria do Exército dos Estados Unidos para os lançadores de foguetes alemães Nebelwerfer de seis canos, que produziam um som aterrador. O sentido mais comum de *screaming meemie* é "faniquito, histeria nervosa".

SHAEF: Sigla de Supreme Headquarters Allied Expeditionary Force [Supremo Quartel-General da Força Expedicionária Aliada]. Era o quartel-general de Eisenhower, com sede em Versalhes, que comandava os três grupos do exército no front ocidental.

Ultra: A interceptação de sinais alemães promovida por máquinas Enigma, que eram decodificadas em Bletchley Park.

Volksgrenadier: Divisões alemãs de infantaria, reconstituídas no outono de 1944 com uma formação menor.

Wehrmachtführungsstab: Operações do estafe da Wehrmacht lideradas pelo *Generaloberst* Jodl.

Westwall: Denominação que os alemães davam à linha de defesa na fronteira ocidental do Reich, e que os americanos e britânicos chamavam de Siegfried Line – a Linha Siegfried.

TABELA DE POSTOS MILITARES

Exército dos EUA	Exército britânico	Exército alemão	Waffen-SS
Soldado raso	Soldado raso/Soldado de cavalaria	Schütze/Kanonier/Jäger	Schütze
Soldado de primeira classe		Oberschütze	Oberschütze
	Anspeçada	Gefreiter	Sturmmann
Cabo	Cabo	Obergefreiter	Rottenführer
Sargento	Sargento	Feldwebel/Wachtmeister	Oberscharführer
Sargento de batalhão	Sargento-chefe	Oberfeldwebel	Hauptscharführer
Sargento técnico	Sargento intendente		
Sargento mestre	Sargento-mor de Companhia/Sargento-mor de Esquadrão	Stabsfeldwebel	Sturmscharführer
	Sargento-mor de Regimento		
Segundo-tenete	Segundo-tenete	Leutnant	Untersturmführer
Tenente	Tenente	Oberleutnant	Obersturmführer
Capitão	Capitão	Hauptmann/Rittmeister	Hauptsturmführer

Exército dos EUA	**Exército britânico**	**Exército alemão**	**Waffen-ss**
Major	Major	Major	Sturmbannführer
Tenente-coronel	Tenente-coronel	Oberstleutnant	Obersturmbannführer
Coronel	Coronel	Oberst	Standartenführer
General de Brigada	Brigadier	Generalmajor	Oberführer
			Brigadeführer
Major-general	Major-general	Generalleutnant	Gruppenführer
Tenente-general	Tenente-general	General der Infanterie/ Artillerie/Panzertruppe	Obergruppenführer/ General der Waffen-ss
General	General	Generaloberst	Obergruppenführer
General do Exército	Marechal de campo	Generalfeldmarschall	

Esse quadro é um guia aproximado da equivalência dos postos da hierarquia militar entre os vários exércitos, cada um com suas variações. Alguns postos foram omitidos para facilitar o entendimento. No Exército britânico e no dos Estados Unidos, os postos hierárquicos a seguir comandam as respectivas subunidades (abaixo de batalhão), unidades (batalhões ou regimentos) e formações (brigada, divisão ou corpo).

Posto hierárquico	**Exércitos britânico e canadense**	**Exército dos EUA**	**Número aproximado de homens na força total**
Cabo	Seção	Esquadrão	8
Segundo-tenente	Pelotão	Pelotão	30
Capitão/Major	Companhia	Companhia	120
Tenente-coronel	Batalhão ou Blindado	Batalhão	700
Coronel	Regimento	Regimento	2.400
Brigadeiro	Brigada	Comando de Combate	2.400
Major-general	Divisão	Divisão	10.000
Tenente-general	Corpo	*	30.000-40.000
General	Grupo	*	70.000-150.000
Marechal de campo/ General do Exército	Grupo do Exército	Grupo do Exército	200.000-350.000

* No Exército dos Estados Unidos, um corpo do exército podia também ser comandado por um major-general. E um tenente-general podia comandar um grupo do exército, ou até mesmo um exército. Nessa época, apenas Eisenhower recebeu cinco estrelas, como general do Exército. É desnecessário dizer que os americanos achavam que o Exército britânico padecia de uma inflação de postos militares.

As Ardenas
Linha do front pouco
antes da ofensiva alemã
16 de dezembro de 1944
Liège
rio Mosa
Amay
Huy
Andenne
Namur
rio Ourthe
B É L G I C A
Soy
Dinant
Celles
Hotton
Marche-en-
Famenne
rio Lesse
Jemelle
La Roche
Rochefort
Givet
A r d
Tennevi
Vonêche
rio Mosa
Saint-Hubert
XX
VI
Libramont
Neufchâteau
F R A N Ç A
Mézières
Sedan
rio Semois
Lançamento de paraquedistas
do Kampfgruppe Heydte
0 5 10 15 20 km

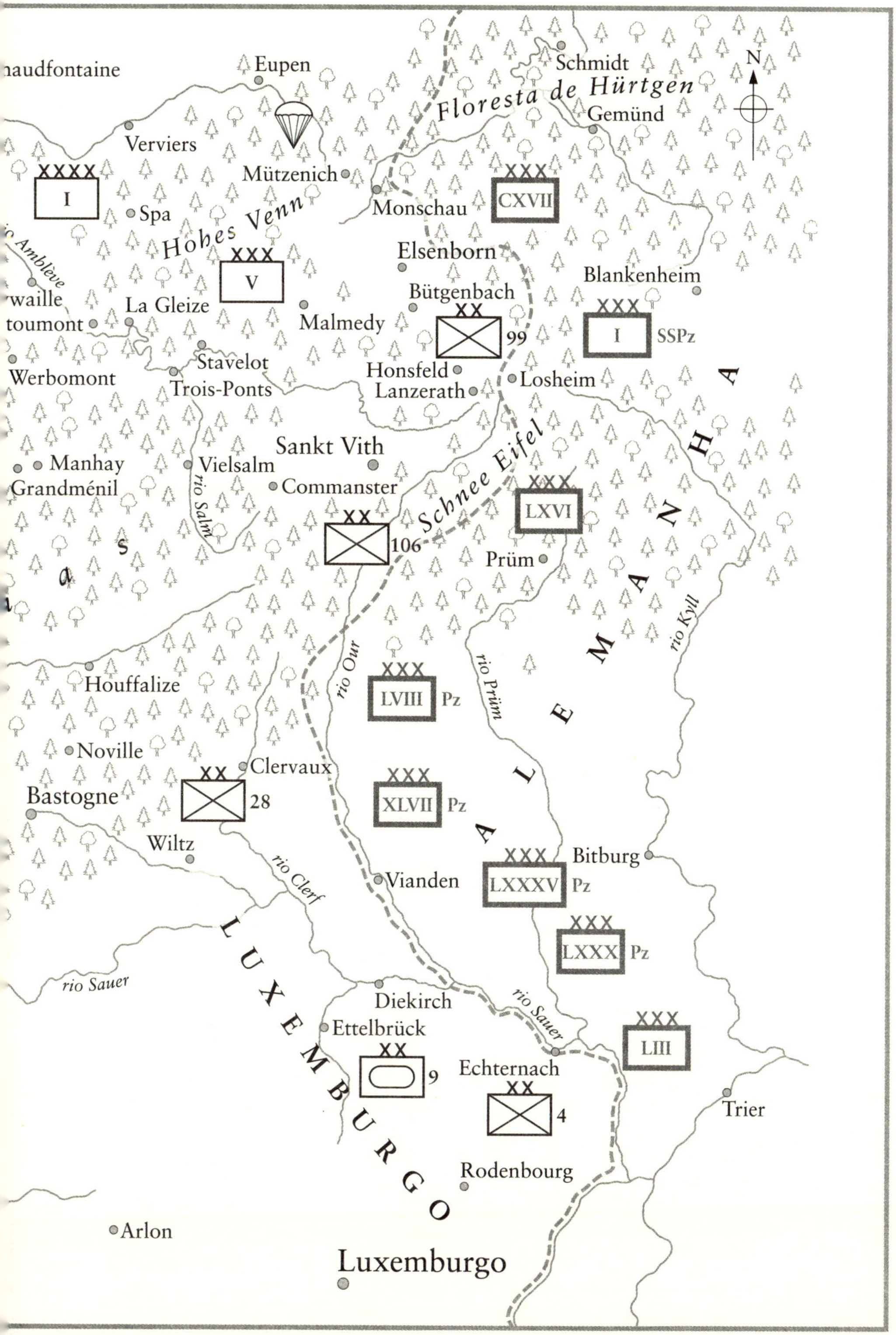

Eupen
Schmidt
Floresta de Hürtgen
Gemünd
N
Verviers
Mützenich
I
Spa
Hohes Venn
Monschau
CXVII
rio Amblève
Elsenborn
V
Blankenheim
La Gleize
Bütgenbach
Malmedy
99
I
SSPz
Stavelot
Honsfeld
Werbomont
Trois-Ponts
Lanzerath
Losheim
Sankt Vith
Manhay
Vielsalm
Grandménil
rio Salm
Commanster
Schnee Eifel
LXVI
106
Prüm
rio Kyll
rio Our
LVIII
Pz
rio Prüm
Houffalize
Noville
Clervaux
Bastogne
28
XLVII
Pz
Wiltz
Bitburg
rio Clerf
Vianden
LXXXV
Pz
LXXX
Pz
rio Sauer
Diekirch
Ettelbrück
rio Sauer
LIII
9
Echternach
4
Trier
Rodenbourg
Arlon
Luxemburgo
LUXEMBURGO
ALEMANHA

As Ardenas
Ponto mais avançado da ofensiva alemã
25 de dezembro de 1944
Liège
rio Mosa
Amay
Huy
Andenne
Namur
rio Ourthe
BÉLGICA
Soy
Hotton
Dinant
Celles
Marche-en-
-Famenne
rio Lesse
Jemelle
La Roche
Rochefort
Givet
Vonêche
rio Mosa
Saint-Hubert
Libramont
Neufchâteau
FRANÇA
Mézières
Sedan
rio Semois
0 5 10 15 20 km

Chaudfontaine
Eupen
Schmidt
Floresta de Hürtgen
Gemünd
N
Verviers
Mützenich
Monschau
Spa
Hohes Venn
rio Amblève
Elsenborn
Blankenheim
Aywaille
La Gleize
Bütgenbach
Malmedy
Stoumont
Stavelot
Honsfeld
Losheim
Werbomont
Trois-Ponts
Lanzerath
Manhay
Sankt Vith
Vielsalm
Schnee Eifel
Grandménil
Commanster
rio Salm
Prüm
ALEMANHA
rio Kyll
rio Our
rio Prüm
Houffalize
Noville
Clervaux
Bastogne
Wiltz
Bitburg
rio Clerf
Vianden
LUXEMBURGO
rio Sauer
Diekirch
Ettelbrück
rio Sauer
Echternach
Trier
Rodenbourg
Arlon
Luxemburgo

para o norte, fora da cidade, para atacar posições alemãs em volta de Saint-Denis.

As ruas de Paris estavam vazias, pois os alemães em retirada haviam tomado quase todos os veículos que ainda funcionavam. Até o metrô era imprevisível, devido ao parco suprimento de energia elétrica; na realidade, a Cidade Luz estava confinada a velas compradas no mercado negro. Seus belos edifícios pareciam desbotados e fatigados, embora misericordiosamente intactos. A ordem de Hitler de reduzir a cidade a "um monte de escombros" não fora seguida. Logo após o júbilo inicial, grupos nas ruas ainda festejavam toda vez que viam um soldado ou um veículo americano. Mas não iria demorar muito para que os parisienses começassem a resmungar "*Pire que les Boches*" – "Piores que os boches".[1]

Apesar do comentário de Eisenhower sobre ir a Paris "sem nenhum alarde", sua visita tinha um propósito definido: encontrar o general Charles De Gaulle, líder do governo provisório francês que o presidente Roosevelt se recusara a reconhecer. Eisenhower, um pragmático, estava preparado para ignorar a firme instrução de seu presidente, qual seja, de que as forças dos Estados Unidos na França não estavam ali para colocar De Gaulle no poder. O supremo comandante precisava contar com estabilidade atrás de suas linhas de frente, e, como De Gaulle era o único homem capaz de prover isso, ele dispunha-se a apoiá-lo.

Nem De Gaulle nem Eisenhower queriam que o perigoso caos da libertação escapasse ao controle, especialmente numa época como aquela, de boatos frenéticos, pânicos repentinos, teorias da conspiração e horríveis denúncias de supostos colaboradores. Juntamente com um companheiro, o escritor J. D. Salinger, um sargento de equipe do Corpo de Contrainteligência da 4ª Divisão de Infantaria havia prendido um suspeito em uma ação perto do Hôtel de Ville, o que só serviu para que a multidão o arrastasse para espancá-lo até a morte diante de seus olhos. O desfile triunfal de De Gaulle no dia

1 Boche é um termo pejorativo, e que acabou se internacionalizando, para se referir aos alemães. (N. T.)

anterior, do Arco do Triunfo a Notre-Dame, terminara com selvagens salvas de fuzil dentro da própria catedral. Esse incidente convenceu De Gaulle de que era preciso desarmar a Resistência e alistar seus membros em um exército francês regular. Naquela mesma tarde foi feita uma requisição de 15 mil uniformes ao SHAEF – Supreme Headquarters Allied Expeditionary Force [Supremo Quartel-General das Forças Expedicionárias Aliadas].[2] Infelizmente, não havia roupas de tamanho pequeno suficientes, já que o homem francês médio era bem mais baixo que seus contemporâneos americanos.

O encontro de De Gaulle com os dois generais americanos ocorreu no Ministério da Guerra, na rua Saint-Dominique. Era onde sua breve carreira ministerial havia se iniciado no trágico verão de 1940, e ele voltava lá a fim de reforçar uma impressão de continuidade.

Sua fórmula para apagar a vergonha do regime de Vichy era incrivelmente simples: "A República nunca parou de existir". De Gaulle queria que Eisenhower mantivesse a divisão de Leclerc em Paris para garantir a lei e a ordem, mas, como agora algumas unidades de Leclerc haviam começado a se deslocar para fora da capital, sugeriu que talvez os americanos pudessem impressionar a população com uma "demonstração de força", para tranquilizá-la de que os alemães não voltariam. Por que não fazer marchar uma divisão inteira ou mesmo duas através de Paris, a caminho do front? Eisenhower, achando um pouco irônico que De Gaulle pedisse às tropas americanas que "estabelecessem sua posição com firmeza", virou-se para Bradley e perguntou o que ele achava. Bradley disse que era perfeitamente possível providenciar isso nos dois dias seguintes. Então Eisenhower convidou De Gaulle para receber as saudações, acompanhado pelo general Bradley. Ele mesmo ficaria de fora.

Ao voltar para Chartres, Eisenhower convidou o general sir Bernard Montgomery a se juntar a De Gaulle e Bradley no desfile, mas ele recusou vir a Paris. Esse pequeno detalhe, porém pertinente, não impediu que alguns jornais britânicos acusassem os americanos de tentarem puxar toda a glória para eles. As relações entre os

2 Ver Glossário.

Aliados ficariam seriamente prejudicadas pela compulsão da Fleet Street[3] em ver as decisões do SHAEF como ofensas a Montgomery e, portanto, aos britânicos. Isso era reflexo de um ressentimento ainda mais difundido de que a Grã-Bretanha estava sendo posta em segundo plano. Os americanos agora comandavam o espetáculo, e iriam reivindicar a vitória para si. O vice britânico de Eisenhower, marechal do ar sir Arthur Tedder, ficou alarmado com o preconceito da imprensa inglesa: "Daquilo que ouvi no SHAEF, não tive como não recear que esse processo estivesse plantando as sementes de uma grave cisão entre os Aliados".

Na noite seguinte, a 28ª Divisão de Infantaria, sob o comando do major-general Norman D. Cota, deslocou-se de Versalhes a Paris sob forte chuva. O "Holandês" – como Cota era conhecido – que demonstrara extraordinária bravura e liderança na praia de Omaha, assumira o comando havia menos de duas semanas, depois de um francoatirador alemão ter matado seu predecessor. A luta na pesada zona de arbustos da Normandia havia sido lenta e mortífera nos meses de junho e julho, mas a intervenção liderada pelo III Exército do general George S. Patton no início de agosto havia produzido um surto de otimismo no decorrer do avanço rumo ao rio Sena e à própria Paris.

Foram instaladas duchas para os homens de Cota no Bois de Boulogne, para que se banhassem antes do desfile. Na manhã seguinte, 29 de agosto, a divisão subiu a avenida Foch em direção ao Arco do Triunfo, e depois seguiu pela longa paisagem dos Champs-Élysées. A infantaria, com capacetes, fuzis a tiracolo e baionetas posicionadas, marchou em formação de batalha. A massa verde-oliva, fileira após fileira de 24 homens lado a lado, espalhou-se pela ampla avenida. Cada homem ostentava no ombro sua insígnia, o símbolo vermelho da Divisão "Keystone" da Pensilvânia, que os alemães haviam apelidado de "Balde de Sangue" por seu formato e cor.

Os franceses estavam impressionados, tanto pela informalidade dos uniformes americanos como por sua quantidade aparentemente

---

3 A Fleet Street é uma rua do centro de Londres onde se concentrava a imprensa britânica até a década de 1980. (N. T.)

infindável de maquinário. "*Une armée de mécanos*", observou o jornalista Jean Galtier-Boissière. Nos Champs-Élysées, naquela manhã, as multidões francesas não conseguiam acreditar que uma única divisão de infantaria pudesse ter tantos veículos: incontáveis jipes, alguns com metralhadoras .50 montadas na parte traseira; carros de patrulha; a artilharia, com seus *howitzers* "Long Tom" de 155 mm rebocados por híbridos de trator com automóvel; engenheiros; unidades de serviço com caminhões pequenos e de dez toneladas; tanques Sherman M-4 e destruidores de tanques. Esse aparato fazia a Wehrmacht, a aparentemente invencível força armada alemã que conquistara a França em 1940, parecer antiquada e bizarra com seu transporte a cavalo.

O palanque oficial ficava na place de la Concorde. Engenheiros do Exército haviam montado a estrutura aproveitando botes de assalto virados de cabeça para baixo e camuflados por um longo rodapé de pano tricolor, enquanto numerosas Stars and Stripes tremulavam ao vento. À frente dele, uma banda com 56 integrantes, que havia liderado o desfile, tocava a marcha da divisão, "Khaki Bill". A multidão francesa que assistia ao espetáculo não teria como adivinhar, mas todos os soldados sabiam que a 28ª Divisão estava a caminho para enfrentar posições alemãs na parte norte da cidade. "Foi uma das mais notáveis ordens de ataque já expedidas", Bradley observou mais tarde em sua defesa. "Não acho que muitas pessoas imaginassem que os homens estavam marchando do desfile para a batalha."

No litoral do canal, o I Exército canadense tinha que capturar o grande porto de Le Havre, enquanto o II Exército britânico seguia para nordeste pelo Pas-de-Calais até algumas das bases de lançamento alemãs de Armas-V. Apesar da exaustão dos condutores de tanques e de uma terrível tempestade na noite de 30 de agosto, a Divisão Guards de Blindados tomou Amiens e as pontes sobre o Somme com a ajuda da Resistência francesa. O general das Panzertruppe Heinrich Eberbach, comandante do V Exército Panzer, foi pego de surpresa na manhã seguinte. O avanço britânico conseguiu assim instalar uma cunha entre os remanescentes do V Exército Panzer e do XV Exército, que havia tomado o Pas-de-Calais. Os canadenses, liderados pelo Real Regimento do Canadá, a Real Infantaria Ligeira Hamilton e o Regimento Escocês de Essex, rumaram para Dieppe, onde haviam sofrido dois anos antes uma cruel derrota.

A euforia da vitória aliada não poderia ter sido maior. O atentado a bomba contra Hitler em julho havia dado corpo à ideia de que a desintegração se iniciara, mais ou menos como em 1918, mas na realidade o fracasso da tentativa de assassinato fortalecera o domínio nazista de modo incomensurável. O departamento G-2 de Inteligência no SHAEF afirmava despreocupadamente: "As batalhas de agosto cumpriram seu papel, e o inimigo a oeste teve o que merecia". Em Londres, o Gabinete da Guerra acreditava que tudo estaria resolvido por volta do Natal, e definira o dia 31 de dezembro como provável fim das hostilidades para os propósitos de planejamento. Apenas Churchill continuou cauteloso a respeito da determinação germânica de prosseguir na luta. Em Washington, uma suposição similar permitiu que a atenção se voltasse cada vez mais para a ainda desesperada luta contra os japoneses no Pacífico. O Conselho de Produção de Guerra americano começou a cancelar contratos militares, incluindo aqueles para bombas de artilharia.

Muitos alemães também achavam que o fim havia chegado. O *Oberstleutnant* Fritz Fullriede, em Utrecht, escreveu em seu diário: "O front ocidental acabou, o inimigo já está na Bélgica e na fronteira alemã; Romênia, Bulgária, Eslováquia e Finlândia estão implorando pela paz. É exatamente como em 1918". Numa estação de trem de Berlim, manifestantes haviam ousado colocar uma faixa que dizia: "Queremos paz a qualquer preço". No front oriental, o Exército Vermelho esmagara o Grupo de Exércitos Centro na Operação Bagration, e avançara quinhentos quilômetros até os portões de Varsóvia e o rio Vístula. Em três meses a Wehrmacht perdera 589.425 homens no front oriental e 156.726 no ocidental.

O rápido avanço até o Vístula incentivara o corajoso mas fatídico Levante de Varsóvia, promovido pelo movimento de resistência Armia Krajowa. Stálin, que não queria uma Polônia independente, permitiu friamente que os insurgentes fossem esmagados pelos alemães.

Guerra Total. Mas Bormann e os *Gauleiters*[5] ainda podiam frustrar quase qualquer tentativa de exercer controle sobre seus feudos.

Embora a maioria dos alemães tivesse ficado chocada com o atentado à vida de Hitler, os ânimos declinaram bastante depois que as forças soviéticas cruzaram as fronteiras do Leste da Prússia. As mulheres, principalmente, queriam que a guerra terminasse, e como o serviço de segurança da SS relatou, muita gente havia perdido a fé no Führer. Aqueles que intuíam melhor a situação sentiam que a guerra não terminaria enquanto Hitler estivesse vivo.

Apesar dos acontecimentos daquele verão, ou talvez por causa deles, rivalidades agitavam os altos escalões do comando Aliado. Eisenhower, "um estadista militar mais do que um comandante militar", segundo comentário de um observador, procurava um consenso, mas para o ressentimento de Omar Bradley e o desdém raivoso de George Patton, parecia inclinado a apaziguar Montgomery e os britânicos. O debate, que iria inflamar as relações pelo restante de 1944 e entrar pelo ano seguinte, começara em 19 de agosto.

Montgomery defendia que quase todas as forças aliadas deveriam avançar sob seu comando pela Bélgica e Holanda, e invadir a região industrial do Ruhr. Depois que essa proposta foi rejeitada, propôs que seu próprio grupo do XXI Exército, apoiado pelo I Exército do general Courtney Hodges, tomasse esse caminho. Isso permitiria aos Aliados capturar os locais de lançamento de Armas-V, que bombardeavam Londres, e tomar o porto de águas profundas da Antuérpia, vital para suprir quaisquer novos avanços. Bradley e seus dois comandantes do Exército, Patton e Hodges, concordaram que Antuérpia devia ser assegurada, mas queriam ir para o leste até o Sarre, caminho mais curto até a Alemanha. Os generais americanos sentiram que suas façanhas na Operação Cobra, e a invasão de todo o território até o Sena liderada pelo III Exército de Patton, lhes garantiriam a prioridade. Eisenhower, porém, sabia muito bem que

5 *Gauleiter*, termo alemão para "líder provincial". No Terceiro Reich, seria uma espécie de prefeito, encarregado de relatar problemas e ocorrências a instâncias superiores. (N. T.)

uma simples investida, quer pelos britânicos ao norte, quer pelos americanos no meio do front, traria graves riscos políticos, mais do que militares. Isso faria a imprensa e os políticos tanto dos Estados Unidos como da Grã-Bretanha explodirem de indignação se o seu exército fosse detido por problemas de suprimento enquanto o outro avançasse.

Em 1º de setembro, o anúncio do velho plano de Bradley – que estava tecnicamente subordinado a Montgomery – de assumir o comando do 12º Grupo do Exército americano fez com que a imprensa britânica ficasse novamente ressentida. A Fleet Street viu essa reorganização como um rebaixamento de Montgomery, pois, com Eisenhower agora instalado na França, Monty não era mais o comandante das forças em terra. Esse problema havia sido previsto em Londres; assim, para acalmar os ânimos, Montgomery foi promovido a marechal de campo (o que em tese colocava-o hierarquicamente acima de Eisenhower, que tinha apenas quatro estrelas). Ouvindo o rádio naquela manhã, Patton ficou indignado quando "Ike disse que Monty era o maior soldado vivo e que agora era marechal de campo". Nenhuma menção havia sido feita a respeito das realizações dos outros. E após um encontro no quartel-general de Bradley no dia seguinte, Patton, que comandara as ações pela França, observou: "Ike não agradece nem se congratula com nenhum de nós pelo que fizemos". Dois dias depois, seu III Exército chegava ao rio Mosa.

De qualquer modo, o avanço do I Exército dos Estados Unidos e do II Exército britânico até a Bélgica foi um dos mais rápidos de toda a guerra. Teria sido ainda mais veloz se não fossem detidos em cada cidade belga pela população local, saudando-os em êxtase. O tenente-general Brian Horrocks, comandante do 30º Corpo do Exército britânico, observou que "com champanhe, flores e mulheres empoleiradas no alto de caminhões equipados com rádio, era difícil levar a guerra adiante". Os americanos também acharam sua acolhida na Bélgica bem mais calorosa e entusiástica do que a recebida na França. Em 3 de setembro, a Divisão Guards de Blindados entrou em Bruxelas em meio a enormes cenas de júbilo.

Já no dia seguinte, num notável *coup de main*, a 11ª Divisão de Blindados do major-general "Pip" Roberts entrou em Antuérpia. Com o auxílio da Resistência belga, tomaram o porto antes que os alemães pudessem destruir suas instalações. A 159ª Brigada de Infantaria atacou o quartel-general alemão no parque, e por volta de oito horas da noite o comandante da guarnição alemã se rendia. Os 6 mil homens sob seu comando foram escoltados em marcha e aprisionados nas jaulas vazias do zoológico, já que os animais haviam sido comidos pela população faminta. "Os presos ficavam sentados em cima da palha", observou Martha Gellhorn, "com o olhar fixo através das barras." A queda de Antuérpia foi um choque para o quartel-general do Führer. "Vocês mal haviam cruzado o Somme", reconheceu o *General der Artillerie* Walter Warlimont aos seus interrogadores Aliados no ano seguinte, "e subitamente uma ou duas das suas divisões de blindados já estavam às portas de Antuérpia. Não estávamos esperando uma invasão tão rápida, e não tínhamos nada pronto. Quando a notícia chegou, foi uma amarga surpresa."

O I Exército americano também se deslocou com rapidez para pegar os alemães em retirada. O batalhão de reconhecimento da 2ª Divisão de Blindados, avançando bem à frente de outras tropas, identificou a rota de fuga do inimigo, e então assumiu posições de emboscada com tanques leves, assim que anoiteceu. "Deixávamos um comboio entrar até ficar dentro do alcance mais efetivo das nossas armas, e só então abríamos fogo. Um tanque leve foi usado para rebocar os veículos abatidos e escondê-los entre os edifícios da cidade, evitando que os que vinham atrás descobrissem o que havia acontecido. Fizemos isso a noite inteira." Um comandante de tanque americano calculou que de 18 de agosto a 5 de setembro seu tanque rodou novecentos quilômetros "praticamente sem manutenção".

Na fronteira franco-belga, as forças de Bradley tiveram sucesso ainda maior que os britânicos, com um ataque em pinça que convergia nas proximidades de Mons. Unidades motorizadas de três divisões Panzer conseguiram furar o bloqueio pouco antes da 1ª Divisão de Infantaria dos Estados Unidos fechar o cerco. Os paraquedistas das 3ª e 6ª Divisões Fallschirmjäger ficaram inconformados ao ver que mais uma vez os Waffen-ss haviam se safado, deixando os demais para trás. Os americanos haviam armado uma cilada para os remanescentes de seis divisões da Normandia, ao todo mais de 25 mil homens. Até se renderem, eram como patinhos num estande de tiro. A artilharia da 9ª Divisão de Infantaria relatou: "Usamos nossas metralhadoras de 155 mm numa barragem de fogo direta contra colunas de soldados do inimigo, infligindo pesadas baixas e contribuindo para a captura de 6.100 prisioneiros, entre eles três generais".

Ataques desferidos pela Resistência belga no bolsão de Mons desencadearam a primeira de várias represálias, com sessenta civis mortos e muitas casas incendiadas. Grupos da Armée Secrète do Mouvement National Belge, do Front de l'Indépendance e da Armée Blanche trabalharam em estreita associação com os americanos na operação limpeza.[6] O comando militar alemão ficou furioso e temia um levante em massa, conforme suas forças batiam em retirada pela Bélgica até a segurança da Westwall, ou Linha Siegfried, como os Aliados a chamavam. Jovens belgas se juntaram em bando aos ataques, com terríveis consequências tanto na época quanto mais tarde em dezembro, quando a ofensiva das Ardenas trouxe de volta as forças alemãs, sedentas de vingança.

Em 1º de setembro, em Jemelle, perto de Rochefort, no norte das Ardenas, Maurice Delvenne observava com satisfação os alemães retirando-se da Bélgica. "O ritmo da retirada dos exércitos alemães se acelera e eles parecem cada vez mais desorganizados", escreveu em seu diário. "Engenheiros, infantaria, marinha, Luftwaffe e artilharia estão todos no mesmo caminhão. Todos esses homens obviamente acabaram de voltar da zona de combate. Estão sujos e fatigados. Sua maior preocupação é saber quantos quilômetros ainda os separam de seu país, e naturalmente temos um prazer vingativo em exagerar a distância."

---

6 O nome L'Armée Blanche não tem nada a ver com os exércitos brancos da Guerra Civil Russa. Deriva da rede de Inteligência secreta belga montada sob a ocupação alemã na Primeira Guerra Mundial, chamada de La Dame Blanche, devido à lenda de que a dinastia Hohenzollern do Kaiser cairia quando aparecesse o fantasma de uma dama branca. (N. T.)

Dois dias mais tarde, soldados da SS, alguns com bandagens na cabeça, passaram por Jemelle. "Seu aspecto é terrível e encaram as pessoas com ódio." Vinham deixando um rastro de destruição por onde passavam, queimando edificações, arrancando linhas de telégrafo e levando carneiros e gado roubados. Fazendeiros dos cantões do leste das Ardenas, de fala alemã, haviam recebido ordens de se mudar, junto com as famílias e o gado, para trás da Linha Siegfried, dentro do Reich. A notícia dos bombardeios aliados já era suficiente para desencorajá-los, mas a maioria simplesmente não queria abandonar suas fazendas, então ficaram escondidos nos bosques, até que os alemães fossem embora.

Em 5 de setembro, as façanhas dos jovens *résistants* fizeram com que os alemães em retirada queimassem 35 casas junto à estrada N4, de Marche-en-Famenne em direção a Bastogne, perto da aldeia de Bande. Coisa bem pior aconteceu na véspera do Natal, quando os alemães voltaram na ofensiva das Ardenas. As pessoas comuns estavam aterrorizadas pelas represálias que se seguiam aos ataques da Resistência. Em Buissonville, em 6 de setembro, os alemães se vingaram de um ataque sofrido dois dias antes. Atearam fogo a 22 casas, ali e na vila vizinha.

Mais adiante, ao longo da linha de retirada, a população das vilas e cidades exibia bandeiras da Bélgica, da Grã-Bretanha e dos Estados Unidos para receber seus libertadores. Às vezes, tinham que escondê-las às pressas, quando mais um destacamento alemão em fuga aparecia na rua principal. Na Holanda, em Utrecht, o *Oberstleutnant* Fritz Fullriede descreveu "um triste pelotão de nacional-socialistas holandeses sendo evacuados para a Alemanha, para escapar da fúria dos holandeses nativos. Havia muitas mulheres e crianças". Esses SS holandeses tinham lutado em Hechtel, na fronteira belga. Haviam escapado do cerco atravessando um canal a nado, mas "a maioria dos oficiais e homens feridos que quiseram se entregar foram fuzilados pelos belgas – para perplexidade dos britânicos (que ao que parece tampouco interferiram)". Tanto os holandeses quanto os belgas tinham muito o que ser vingado após quatro anos de ocupação.

O front alemão na Bélgica e na Holanda parecia completamente rompido. Havia pânico na retaguarda, com cenas caóticas que levaram o 89º Corpo do Exército a registrar em seu diário de guerra "um quadro que é indigno e vergonhoso para o Exército alemão". Os Feldjäger Streifengruppen, literalmente grupos de punição, capturaram pessoas que haviam desaparecido e escoltaram-nas até um centro de recolhimento, ou Sammellager. Foram então mandadas de volta para a linha sob as ordens de um oficial, em geral em grupos de sessenta pessoas. Perto de Liège, cerca de mil homens foram levados até o front de batalha por oficiais de armas em punho. Os que eram suspeitos de deserção eram encaminhados para a corte marcial. Se considerados culpados, eram sentenciados à morte ou enviados a um Bewährungsbataillon (chamado de batalhão de provação, mas que na realidade era mais um batalhão de punição ou Strafbataillon). Os desertores que confessavam, ou que haviam vestido roupas civis, eram executados ali mesmo.

Cada *Feldjäger* usava uma braçadeira vermelha onde se lia "OKW Feldjäger" e possuía uma carteira de identidade especial, com uma listra diagonal verde com a inscrição: "Está autorizado a fazer uso de sua arma se for desobedecido". Os *Feldjäger* recebiam forte doutrinação. A cada semana, um oficial dirigia-lhes palestras sobre "a situação mundial, a impossibilidade de destruir a Alemanha, a infalibilidade do Führer e as fábricas subterrâneas que ajudariam a enganar o inimigo".

O "Apelo aos Soldados do Exército do Ocidente" do *Generalfeldmarschall* Walter Model não surtiu o menor efeito quando ele os conclamou a resistir, a fim de ganhar tempo para o Führer. Foram tomadas as medidas mais implacáveis. O *Generalfeldmarschall* Wilhelm Keitel ordenou em 2 de setembro que "os que se fingissem de doentes ou incapacitados e os covardes que se esquivassem, incluindo oficiais", fossem executados imediatamente. Model advertiu que precisava de no mínimo dez divisões de infantaria e cinco divisões Panzer para poder evitar uma invasão do norte da Alemanha. Não havia uma força dessa magnitude disponível.

A retirada para o norte ao longo das margens do canal havia sido bem mais ordenada, principalmente graças ao atraso na perseguição por parte dos canadenses. O *General der Infanterie* Gustav von Zangen havia conduzido a saída do XV Exército, do Pas-de-Calais para o norte da Bélgica, de maneira impressionante. A Inteligência aliada estava imensamente equivocada quando declarou que "os únicos reforços que sabemos estar chegando à Holanda são os desmoralizados e desorganizados remanescentes do XV Exército, que agora fogem da Bélgica pelas ilhas holandesas".

A repentina tomada de Antuérpia pode ter sido um rude golpe para o alto-comando alemão, mas nos dias que se seguiram, quando o II Exército britânico falhou em assegurar o lado norte do estuário do Scheldt, o *General* Von Zangen conseguiu montar linhas de defesa. Elas incluíam uma área de vinte quilômetros de largura no lado sul da foz do Scheldt, chamado de bolsão Breskens, mais a península de Beveland do Sul na parte norte e a ilha de Walcheren. Sua força logo reuniu 82 mil homens e posicionou 530 canhões, que evitaram qualquer tentativa da Royal Navy de se aproximar daquele estuário pesadamente minado.

O almirante Bertram Ramsay, comandante-chefe naval aliado, afirmara ao SHAEF e a Montgomery que os alemães poderiam facilmente bloquear o estuário do Scheldt. E o almirante sir Andrew Cunningham, primeiro lorde do mar, advertiu que a Antuérpia seria "tão útil para nós quanto o Timbuktu", a não ser que seus acessos fossem desimpedidos. O general Horrocks, comandante do Corpo, admitiu mais tarde sua responsabilidade pelo fracasso. "Napoleão, sem dúvida, teria conseguido", escreveu, "mas receio que Horrocks não." Mas não foi culpa de Horrocks, nem de Roberts, o comandante da 11ª Divisão de Blindados. O erro foi de Montgomery, que não estava interessado no estuário e achou que os canadenses conseguiriam desimpedi-lo mais tarde.

Foi um equívoco imenso e produziu um terrível choque mais tarde, mas, naqueles dias de euforia, os generais que haviam servido na Primeira Guerra Mundial estavam convencidos de que setembro de 1944 era o equivalente a setembro de 1918. "Os jornais informaram um avanço de 330 quilômetros em seis dias e indicavam que as forças aliadas estavam na Holanda, em Luxemburgo, em Saarbrücken, em Bruxelas e na Antuérpia", escreveu o historiador de combates Forrest Pogue. "A Inteligência avalia que ao longo das linhas havia um otimismo quase histérico." Os olhos dos altos oficiais estavam em Reno, com a ideia de que os Aliados poderiam atravessá-lo com apenas um salto. Essa visão certamente cativara Eisenhower, enquanto Montgomery, por razões próprias, ficara fascinado por ela.

2

ANTUÉRPIA E A FRONTEIRA ALEMÃ

Ao final de agosto, quando parecia que o front alemão estava à beira do colapso, problemas de suprimento ameaçaram travar os exércitos de Eisenhower. Grande parte da rede ferroviária francesa havia sido destruída pelo bombardeio aliado, portanto cerca de 10 mil toneladas de combustível, comida e munição tinham que ser transportadas todos os dias da Normandia pelos caminhões de abastecimento do "Red Ball Express" do Exército dos Estados Unidos. A distância de Cherbourg até o front no início de setembro era de quase 550 quilômetros, o equivalente a uma viagem de três dias. A libertada Paris sozinha precisava de no mínimo 1.500 toneladas por dia.

Somente a exuberância norte-americana de recursos podia dar conta de uma tarefa como essa, com cerca de 7 mil caminhões rodando dia e noite por estradas de mão única, consumindo quase 1,3 milhão de litros de combustível por dia. Um total de 9 mil caminhões foram usados no processo. Numa tentativa desesperada de manter o ímpeto do avanço pela França, haviam sido despachados galões para as formações do front em aeronaves de transporte do 9º Comando de Transporte de Tropas e até por bombardeiros. Mas cada avião gastava até três galões de combustível de aviação para cada dois de gasolina que entregava. Todos os aspectos da crise de suprimento destacavam a necessidade urgente de abrir o porto de Antuérpia, mas o foco de Montgomery era cruzar o Reno.

Em 3 de setembro, Montgomery soube que, embora grande parte do I Exército dos Estados Unidos fosse apoiá-lo no norte, ele não estaria no comando. Como acreditava que Eisenhower concordara com uma investida desse tipo sob seu único controle, ficou exasperado ao saber que o III Exército de Patton não fora detido. Montgomery escreveu ao marechal de campo sir Alan Brooke, chefe do Estado-Maior Imperial, em Londres, naquele quinto aniversário da entrada da Grã-Bretanha na guerra. Revelou-lhe sua intenção de partir para uma travessia do Reno o quanto antes. Evidentemente, achava que esta seria a melhor

Antuérpia e o Scheldt
9 de setembro de 1944

maneira de forçar Eisenhower a dar ao seu grupo armado o grosso dos suprimentos e o comando do I Exército de Hodges.

Patton, em vez de deter seu exército até que a situação de suprimentos melhorasse, havia iniciado, em segredo, uma marcha para Sarre. "A fim de atacar", explicou Patton em seu diário, "temos primeiro que fingir e depois reforçar o patrulhamento e então finalmente atacar. É um método muito triste de guerrear." Patton não sentia o menor constrangimento em fazer do seu jeito. Pilotos de bombardeiros não reclamavam quando eram deslocados para levar combustível, porque às vezes, ao entregar suprimentos para as divisões do III Exército, uma caixa de champanhe era entregue ao piloto "com os cumprimentos do general Patton". Ele podia se dar ao luxo de ser generoso. Chegou a "liberar" 50 mil caixas.

Montgomery estava tão determinado a desferir o grande ataque pelo norte que se dispunha até a colocar em risco a conquista do porto de Antuérpia com sua respectiva garantia de suprimentos. O novo perfil operacional do marechal de campo em 3 de setembro revelava que havia abandonado a ideia de dispersar a solidez de suas forças em um ataque ao estuário do Scheldt. Foi por isso que a 11ª Divisão de Blindados de Roberts, ao entrar em Antuérpia, não recebeu ordens de avançar pelo canal Albert e cercá-lo para entrar na península Beveland no sentido noroeste, onde os alemães começavam a se posicionar.

Nos dias seguintes, os remanescentes do XV Exército alemão de ambos os lados do Scheldt começaram a se tornar novamente uma força de combate formidável. A extraordinária capacidade do Exército alemão de se recuperar de um desastre fora demonstrada repetidas vezes no front oriental, e também no ocidental. Os ânimos estavam abalados, mas a determinação de lutar não havia esmorecido. "Mesmo que todos os nossos aliados nos abandonem, não devemos perder a coragem", escreveu um *Unteroffizier* a seus familiares. "Assim que o Führer tiver posicionado suas novas armas, a Vitória Final irá acontecer."

Embora Eisenhower reconhecesse a importância de garantir acesso ao porto de Antuérpia, também estava ansioso para conseguir uma cabeça de ponte do outro lado do Reno. Em particular, queria usar o recém-criado I Exército Aliado Aerotransportado em uma grande operação. Esse seu interesse era compartilhado tanto pelo general George C. Marshall, chefe do Estado-Maior em Washington, quanto pelo chefe da Força Aérea dos Estados Unidos, o general "Hap" Arnold. O grande investimento de tempo e esforço para construir esse braço aerotransportado estimulara o desejo deles de usá-lo na primeira oportunidade.

Nada menos do que nove planos para a sua implantação haviam sido considerados desde a invasão da Normandia, mas a rapidez do avanço aliado fez com que cada projeto fosse superado antes de poder ser colocado em prática. Podemos imaginar a exasperação dos paraquedistas aguardando nos aeroportos, como aconteceu várias vezes, com aeronaves e paraquedas a postos, apenas para ver a expectativa frustrada. O general Patton vangloriou-se em uma coletiva de imprensa do III Exército: "O maldito do aerotransportado não consegue ir rápido o suficiente para nos alcançar". E depois acrescentou: "Estou dizendo isso em *off*, certo?".

Na primeira semana de setembro, o marechal de campo Montgomery começou a examinar melhor as possibilidades de lançar tropas aerotransportadas para cruzar o Reno em Arnhem. A Operação Market Garden, a ser lançada em 17 de setembro, não foi apenas ambiciosa. Foi extremamente mal planejada, com mínimas chances de sucesso, e nunca deveria ter sido tentada. As zonas de lançamento de paraquedistas, especialmente no caso de Arnhem, ficavam muito distantes de seus objetivos – pontes – para se conseguir o efeito surpresa. Os planos não foram coordenados entre o I Exército Aliado Aerotransportado e as forças em terra. A ideia era que o XXX Corpo britânico avançasse 104 quilômetros por uma única estrada para ajudar a Divisão Aerotransportada britânica em Arnhem, supondo que tivesse assegurado ali a ponte sobre o Neder Rijn, ou baixo Reno. O pior de tudo é que não foi prevista nenhuma margem para erros, até mesmo uma mudança no tempo, que impediria os reforços de chegarem com a necessária rapidez.

A 101ª Divisão Aerotransportada americana tomou Eindhoven, e a 82ª Aerotransportada assegurou Nijmegen e a ponte sobre o rio

Waal, simplesmente porque o *Generalfeldmarschall* Model não permitiu que fosse explodida, alegando que poderia precisar dela para uma contraofensiva. Mas a resistência determinada e os constantes ataques alemães pelos flancos à estrada exposta, que logo ganhou o apelido de "Estrada do Inferno", foram um sério obstáculo ao avanço da Divisão Guards de Blindados.

A Inteligência aliada sabia que a 9ª Divisão SS Panzer Hohenstaufen e a 10ª Divisão SS Panzer Frundsberg estavam na área de Arnhem. Mas os analistas cometeram o erro fatal de supor que ambas as formações estavam tão exauridas após a retirada da França que não representariam uma séria ameaça. A reação alemã ao lançamento da 1ª Divisão Aerotransportada britânica foi rápida e brutal. Apenas um batalhão conseguiu chegar à ponte, e mesmo assim ficou bloqueado no lado norte. Em 25 de setembro, paraquedistas sobreviventes foram evacuados, cruzando o rio. As perdas totais aliadas, britânicas, americanas e polonesas foram de mais de 14 mil homens. A operação toda pouco contribuiu para aumentar a confiança americana na liderança britânica.

A excitação dos Aliados diante da perspectiva de poder atravessar o Reno praticamente com um só movimento havia tirado a atenção da tarefa mais prosaica, porém essencial, de assegurar uma linha de suprimentos adequada. O almirante sir Bertram Ramsay enfureceu-se ao ver que o SHAEF, e especialmente Montgomery, haviam ignorado suas advertências de tomar o estuário do Scheldt e os acessos a Antuérpia. Apesar da insistência de Eisenhower de concentrar esforços no único porto capturado com suas instalações intactas, Montgomery insistiu que o I Exército canadense deveria tratar de eliminar as guarnições alemãs que continuavam em Boulogne, Calais e Dunquerque. Mas nenhum desses portos, que haviam sofrido demolições operadas por seus defensores, seria navegável por um bom tempo.

Eisenhower, bem recuperado de um ferimento no joelho, começou finalmente a tentar definir a estratégia aliada. Montou um pequeno quartel-general avançado perto de Reims, e em 20 de setembro o SHAEF assumiu o Trianon Palace Hotel em Versalhes, um estabelecimento com majestosa decoração Belle Époque. Durante a Primeira Guerra Mundial, havia sido o quartel-general do Conselho Militar Inter-Aliado. Em 7 de maio de 1919, Georges Clemenceau ditara as condições do Tratado de Versalhes em seu salão principal, vários dias antes da assinatura do documento na Galeria dos Espelhos do Palácio de Versalhes.

Nas duas semanas seguintes, vários departamentos foram instalados nos numerosos edifícios em volta do palácio, incluindo os imensos estábulos. Em pouco tempo, cerca de 1.800 propriedades ao redor de Versalhes foram expropriadas para abrigar 24 mil oficiais e homens. Em Paris, o tenente-general John C. Lee, chefe supremo de suprimentos americano da Zona de Comunicações, conhecida como "Com Z", assumiu o controle de 315 hotéis e milhares de outros edifícios e apartamentos para acomodar seus altos oficiais em grande estilo. Também expropriou o hotel George v quase inteiro para ele mesmo. O pomposo e megalomaníaco Lee tinha o desplante de esperar que soldados feridos, sob cuidados em suas camas de hospital, ficassem em posição de sentido toda vez que ele aparecia para uma inspeção de rotina, com botas, esporas e chicote de equitação, acompanhado por um séquito de bajuladores.

As divisões do front sentiam-se ultrajadas vendo que a organização de suprimentos dava atenção prioritária ao próprio conforto, e as autoridades francesas queixavam-se de que as exigências americanas eram muito maiores que as dos alemães. Uma revista publicou que SHAEF era a sigla de "Societé des Hôteliers Américains en France". Eisenhower ficou furioso com Lee, que ostensivamente desrespeitara sua instrução de não colonizar Paris, mas nunca teve a determinação suficiente para demiti-lo. Mesmo Patton, que odiava e desprezava Lee, nunca ousou se indispor com ele, com receio de que pudesse retaliá-lo cortando suprimentos para o seu III Exército.

O supremo comandante também concluiu que as questões estratégicas ainda não haviam sido esclarecidas, mesmo depois do grande revés em Arnhem. Montgomery se revelou extremamente teimoso. Ignorando o fato de que suas próprias forças não haviam aberto Antuérpia para navios e que seu pequeno projeto de Market Garden havia fracassado, ainda argumentava que o grosso dos suprimentos devia ser destinado ao seu grupo armado para desferir um ataque no norte da Alemanha. Em uma carta de 21 de setembro, dia em que o batalhão de paraquedistas britânico foi obrigado a se render em Arnhem, Montgomery criticou seu supremo comandante por não ter detido de vez o avanço de Patton. Fato significativo é que até os alemães acharam que Montgomery estava equivocado. O general Eberbach, que os britânicos haviam capturado em Amiens, disse ao seus colegas generais em seu cativeiro aliado: "O alvo todo de seu esforço principal está equivocado. O ponto de passagem tradicional é pelo Sarre".

Patton argumentou que o plano de Montgomery de liderar um "front estreito" com um "único golpe, como o de uma faca, até Berlim" era totalmente inadequado. Montgomery era um comandante cauteloso demais para uma estratégia desse tipo e sua rota pelo norte teria que cruzar os principais rios do norte da Europa, em seus pontos de largura máxima. Bradley observou que o chamado "golpe de adaga com o 21º Grupo do Exército no coração da Alemanha", proposto por Montgomery, provavelmente seria apenas um "golpe com faca de manteiga". Patton, que se esforçava para tomar a cidade de Metz, recebera ordens de passar para a defensiva, o que não melhorou seu humor. Mas em 21 de setembro, quando Eisenhower referiu-se a Montgomery como "um filho da puta inteligente", Patton sentiu-se encorajado a acreditar que o supremo comandante havia finalmente começado a se dar conta do viés manipulador do marechal de campo. Como parte de sua campanha para ser nomeado comandante das forças em terra, Montgomery previra que o controle rígido da campanha diminuiria assim que Eisenhower assumisse o comando. "O problema", como enfatizou o historiador John Buckley, "é que o próprio Monty, tanto quanto qualquer outro, era quem trabalhava para minar seu chefe."

Eisenhower tentou passar por cima das diferenças entre a proposta de Montgomery e sua própria estratégia de avançar ao mesmo tempo pelo Ruhr e por Sarre. Na realidade, ele dava a impressão de que apoiava aquele único golpe de Monty, e que queria apenas permitir um pouco de flexibilidade no centro. Esse foi um grave erro. Ele deveria ter sido explícito. Eisenhower sabia que podia expedir ordens diretas a Bradley e ao general Jacob L. Devers, os dois comandantes de grupos do Exército americano, que eram seus subordinados. Mas dava muito espaço de manobra para Montgomery, porque este era um aliado e não fazia parte da cadeia de comando do Exército dos Estados Unidos. Eisenhower já deveria saber àquela altura que o general Marshall em Washington iria apoiá-lo como supremo comandante, e que Churchill não tinha mais qualquer influência sobre o presidente Roosevelt, especialmente em decisões militares. A relutância de Eisenhower em declarar com firmeza que o tempo para discussões havia terminado e que suas ordens deviam ser acatadas permitiu que Montgomery continuasse questionando uma estratégia da qual ele discordava, e manobrasse constantemente para impor o que queria. Montgomery não tinha ideia da tensão que estava provocando nas relações anglo-americanas, que chegaria a um ápice em dezembro e janeiro.

A situação não melhorou quando Montgomery deixou de comparecer a uma importante reunião convocada por Eisenhower em 22 de setembro em seu quartel-general em Versalhes. Enviou em seu lugar seu chefe de Estado-Maior, o major-general Francis de Guingand, conhecido como "Freddie", que era do agrado e da confiança de todos. Os generais americanos suspeitaram que Montgomery agira dessa forma de propósito, para poder mais tarde esquivar-se de dar a sua concordância. O foco da reunião foi a estratégia a ser adotada assim que o porto de Antuérpia estivesse assegurado. Eisenhower aceitou que a principal incursão fosse feita pelo 21º Grupo do Exército, que estava prestes a envolver o Ruhr vindo do norte. Mas ao mesmo tempo queria que o 12º Grupo do Exército cruzasse o Reno na região de Colônia e Bonn, para cercar o Ruhr vindo do sul. Eisenhower colocou tudo isso em uma carta a Montgomery dois dias depois, para garantir que não houvesse dúvidas.

Montgomery, que passara a tarefa de desimpedir os acessos a Antuérpia ao I Exército canadense, parecia dar pouca atenção a isso. Estava mais interessado em explorar o promontório Nijmegen, tomado durante a Operação Market Garden, para concentrar o ataque na Reichswald, a floresta logo após a fronteira alemã. Mas os canadenses, quando concluíram o trabalho no norte da França e começaram a Operação Scheldt no início de outubro, descobriram que a Resistência alemã era bem mais forte do que se imaginava. Tinham diante deles um combate duro, agora que os remanescentes do XV Exército alemão haviam tido tempo de fugir e reforçar a ilha de Walcheren e a península de Beveland do Sul.

Eisenhower, estimulado por um relatório da Royal Navy, estava ainda mais preocupado com aquele lento progresso. Montgomery assumiu uma atitude defensiva e raivosa em relação a qualquer insinuação de que não estivesse fazendo o suficiente para liberar Antuérpia e argumentou uma vez mais que o I Exército dos Estados Unidos deveria ser colocado sob seu comando, para agilizar o ataque ao Ruhr. Em 8 de outubro, criticou de novo a estratégia de Eisenhower, mas dessa vez para o general Marshall em pessoa, que estava em Eindhoven. Foi um grande erro. Até mesmo o discreto Marshall quase perdeu a serenidade diante desse exemplo do que ele chamou de "impressionante egocentrismo" de Montgomery. O marechal de campo, desprovido de qualquer inteligência emocional, renovou então seu ataque à capacidade de comando de Eisenhower com um documento intitulado "Notas sobre o Comando na Europa Ocidental". Certamente Montgomery foi mais incisivo em suas críticas devido aos rumores que ouvira de que o seu fracasso em tomar as margens do Scheldt é que teria impedido o avanço dos exércitos Aliados. Chegou a deixar implícito que a Market Garden falhara porque ele não recebera suficiente apoio do SHAEF.

Eisenhower respondeu vários dias depois com uma forte refutação, apoiado por Marshall. Nem seu chefe de Estado-Maior, general Walter Bedell Smith, nem Marshall o deixariam atenuar os termos daquele rascunho. Mesmo um casca-grossa como Montgomery não podia deixar de entender o sentido de um parágrafo. "Se o senhor, como alto comandante nesse teatro de um dos grandes Aliados, sente que minhas concepções e diretivas são tais que podem pôr em risco o sucesso das operações, é nosso dever reportar o assunto a uma autoridade superior para qualquer ação que possa decidir tomar, por drástica que seja." Montgomery imediatamente desceu do pedestal. "O senhor não ouvirá mais nada de mim sobre a questão do comando. Já lhe expus meu ponto de vista e o senhor me deu sua resposta. Isso encerra o assunto [...] Seu muito dedicado e leal subordinado, Monty." Mas para Montgomery, a questão ainda iria repercutir pelo resto de seus dias.

A batalha pelos acessos ao Scheldt, que teve finalmente início em 2 de outubro com uma incursão ao norte e noroeste a partir de Antuérpia, foi paralisada por fortes chuvas. Os canadenses, com apoio do 1º Corpo britânico à sua direita, levaram duas semanas para chegar à base da península Beveland do Sul e o resto do mês para desimpedi-la. Enquanto isso, outra força do 2º Corpo canadense levou a maior parte de outubro para liberar o grande bolsão dentro do canal Leopold, no lado sul da foz do Scheldt. Para ajudar a tomar Walcheren, a RAF concordou em bombardear os diques para inundar a maior parte da ilha e forçar a guarnição alemã de mais de 6 mil homens a sair das posições defensivas. Forças de comandos britânicos vindo de Ostend chegaram em barcaças de desembarque na ponta oeste e, apesar das pesadas perdas, juntaram-se aos soldados canadenses vindo do enclave sul capturado. Em 3 de novembro, os últimos prisioneiros alemães foram recolhidos, num total de 40 mil capturados, mas os canadenses e britânicos haviam sofrido 13 mil baixas na Operação Scheldt. Mesmo assim, a necessidade de remover as minas alemãs no estuário significou que o primeiro comboio de suprimentos só entrou no porto de Antuérpia em 28 de novembro. Isto é, 85 dias depois que a 11ª Divisão de Blindados havia tomado a cidade de assalto.

A primeira patrulha americana pisou em solo alemão vindo do nordeste de Luxemburgo na tarde de 11 de setembro. De um terreno elevado, avistaram alguns *bunkers* de concreto da Linha Siegfried. Muitas unidades a partir de então proclamavam sua chegada a território nazista urinando no chão. No mesmo dia, a noroeste de Dijon, a 2ª Divisão de Blindados francesa no XV Corpo de Patton, a 2ª Division Blindée, juntou-se à 1ª Divisão francesa do VII Exército que vinha do sul da França. Os Aliados tinham agora uma linha sólida, do mar do norte à Suíça.

Patton tomou Nancy em 14 de setembro, mas seu III Exército foi bloqueado pelas antigas fortificações de Metz e enfrentou duros combates para conseguir cruzar o Mosela. "Fizemos prisioneiros suficientes", relatou um oficial, "para trabalhar na margem do rio onde os alemães acertavam nossos médicos que tentavam trazer os feridos de volta em barcos de assalto. Eles atiravam e despedaçavam soldados feridos que poderiam ter sido trazidos. Fizemos com que os prisioneiros se expusessem para esse trabalho e eles também foram alvejados. Finalmente, dissemos 'Que se dane' e atiramos naquele bando todo de desgraçados."

As divisões alemãs enfrentavam dificuldades de outra ordem. Um comandante de regimento, com sua 17ª Divisão SS Panzergrenadier Götz von Berlichingen, queixava-se de que seus veículos "viviam quebrando, porque a gasolina era ruim. Havia água nela. É desse jeito que eles pretendem que a gente faça guerra! Eu não tinha absolutamente artilharia. Veja bem, quando seus soldados têm que ficar a toda hora consertando suas armas, não demora muito para que digam: 'Você pode beijar meu rabo, mas eu prefiro ser levado prisioneiro'". Esse tipo de sentimento com certeza não era comunicado ao quartel-general do Führer. "As relações entre os oficiais e os homens do front continuam excelentes e não dão nenhum motivo para alarme", relatou o I Exército alemão ao OKW, e num balanço geral isso parecia ser verdade, a julgar pelas cartas que eram enviadas para casa.

"A guerra atingiu seu clímax", um *Obergefreiter* escreveu à esposa. "Estou no setor que fica em frente ao lugar onde nasci. Com isso, posso defender minha terra natal, e você, com mais coragem e determinação [...] Não devemos nunca considerar a impensável possibilidade de derrota." Outros expressavam desprezo pelo inimigo. "Ele não ataca sem aviões e tanques. É covarde demais para isso. Tem todas as armas imagináveis à sua disposição." Outro escreveu: "Os americanos da infantaria não valem um tostão. Eles só operam com armas pesadas, e enquanto houver uma metralhadora alemã ainda sendo disparada, o soldado americano não avança". Mas o

Obergefreiter Riegler admitia que "quem tiver superioridade aérea irá ganhar esta guerra, a verdade é essa". E o *Obergefreiter* Hoes mostrava indignação com a falta de efetividade das Armas-V. "Por que sacrificar mais e mais gente? Permitir que cada vez mais partes do nosso território sejam destruídas? Por que as Armas-V das quais tanto se ouviu falar não foram bem-sucedidas?"

Em 16 de setembro, um dia antes do início da Market Garden, Hitler deixou perplexa sua *entourage* na *Wolfsschanze* quando convovou outra reunião depois da reunião matinal sobre a situação. O *Generaloberst* Alfred Jodl estava justamente falando sobre a escassez de armas pesadas, munição e tanques no front ocidental quando, conforme o *General der Flieger* Kreipe registrou em seu diário:

> O Führer interrompeu Jodl. Decisão do Führer, contra-atacar a partir das Ardenas, objetivo Antuérpia [...] Nosso grupo de ataque, trinta novas divisões Volksgrenadier e novas divisões Panzer além das divisões Panzer do leste. Tentativa de romper o limite entre britânicos e americanos, uma nova Dunquerque. Guderian [chefe do Estado-Maior do Exército responsável pelo front russo] protesta por causa da situação no leste. Jodl aponta para a superioridade aérea e a perspectiva de lançamentos de paraquedistas na Holanda, Dinamarca e norte da Alemanha. Hitler requisita 1.500 aviões de combate por volta de 1º de novembro! A ofensiva deve ser lançada durante o período de mau tempo, assim o inimigo não poderá voar. Rundstedt irá assumir o comando. Preparativos até 1º de novembro. O Führer de novo faz um resumo de suas decisões num longo discurso. Destaca a nossa responsabilidade de manter absoluto segredo e pede que empreguemos poucos homens e bem confiáveis [...] Faz um relato a Göring que voa de volta a Karinhall à noite. Estou muito cansado, dor de cabeça.

Guderian ficou desesperado com o plano, pois sabia que, praticamente na mesma hora em que o solo congelasse e ficasse duro o suficiente para suportar os tanques médios T-34 do Exército Vermelho, Stálin iria lançar uma grande ofensiva contra o leste da Prússia e também a partir do oeste, das posições soviéticas estabelecidas do outro lado do rio Vístula. "O OKH [Alto-Comando do Exército] tem sérias dúvidas sobre o plano das Ardenas", observou Kreipe.

Hitler, depois de ter demitido em julho o *Generalfeldmarschall* Gerd von Rundstedt do posto de comandante-chefe do Ocidente durante a batalha da Normandia, voltou a chamá-lo para o mesmo papel. O "velho prussiano" era visto como o arquétipo do homem de competência comprovada. Hitler apresentava-o como o símbolo da retidão, mesmo tendo-o corrompido com dinheiro e honrarias. Embora Rundstedt ainda demonstrasse ter um entendimento confiável das questões militares, não deixava de ser um alcoólatra pouco afeito a decisões operacionais. Em dezembro de 1941, quando Hitler o demitira pela primeira vez por questões de saúde, todos viram isso como um pretexto. Na verdade, Rundstedt, exausto e sofrendo de consumo brutalmente excessivo de conhaque, vinha gritando muito à noite durante o sono, e às vezes precisava ser contido por seus auxiliares e tomar tranquilizantes. Aquela demissão havia sido suavizada por um "presente de aniversário" de 400 mil Reichsmarks. Mais recentemente, para desgosto de muitos oficiais mais tradicionalistas, Rundstedt havia presidido o "Tribunal de Honra" de Hitler, para expulsar em descrédito qualquer oficial que julgasse ter conexão com o atentado de julho.

Desde a fracassada tentativa de assassinato, as relações entre o Partido Nazista e o Exército alemão haviam se deteriorado. Um capitão, cuja esposa estava em Reutlingen, a leste de Estrasburgo, relatou:

> O Kreisleiter de Reutlingen [Partido Nazista] disse num encontro de mulheres que o Exército alemão era apenas um monte de porcos desprezíveis e que, se não fosse a Divisão SS Hitler Jugend, a guerra já estaria perdida há muito tempo. Que os oficiais alemães haviam dormido com mulheres francesas e que, quando o ingleses chegaram, foram tirados da cama, só de cuecas, e que ele tinha desprezo por todos os oficiais. As mulheres, é claro,

> gritaram 'Que vergonha!' e minha mulher abandonou o lugar em meio a grande tumulto, embora não se sentisse muito segura, talvez com razão, a respeito de nada, após essa denúncia.

O capitão, ao ouvir isso da boca da esposa, queixou-se ao seu general. "Isso não é o tipo de coisa que se diga às pessoas em casa, mesmo que em parte seja verdade, senão irão perder a confiança nos soldados." Mas esse protesto não deu em nada. Os nazistas locais vingaram-se de sua família hospedando tantos soldados na sua casa que não havia mais espaço para eles.

Perto de Aachen, o *Obersturmführer* Woelky da 1ª Divisão SS Panzer Leibstandarte Adolf Hitler foi pego de surpresa quando as mulheres alemãs começaram a fazer objeções à probabilidade de haver combates, e a dizer que sua esperança era que os americanos simplesmente invadissem o lugar. "Mentiram para nós e nos enganaram durante cinco anos, prometendo um futuro dourado, e o que foi que conseguimos?", atacou a mais extrovertida delas. "Só não entendo como é possível que haja um único soldado alemão capaz de dar mais um tiro." Ela teve sorte por ter escolhido Woelky para o seu desabafo, porque ele deve ter sido um dos poucos em sua divisão que no íntimo concordava que a Alemanha não seria capaz de resistir por muito tempo. E assim que a guerra terminar, pensou cinicamente, "eles vão começar a nos reeducar, a nós das SS, para sermos democratas".

3

A BATALHA PELA TOMADA DE AACHEN

No flanco norte do I Exército dos Estados Unidos, o XIX Corpo havia assegurado Maastricht, mas estava sem munição e combustível para continuar avançando. Enquanto isso, o V Corpo, no flanco direito do I Exército dos Estados Unidos, avançara para as Ardenas belgas e de Luxemburgo. Isso incluiu a 4ª Divisão de Infantaria, que Ernest Hemingway havia feito sua, e a 28ª Divisão de Infantaria, a que marchara em Paris. O brilho desse desfile triunfal já se apagara. Parecia haver pouca glória no lento, monótono e com frequência perigoso enfrentamento da Linha Siegfried. "Quando passamos por uma casamata", escreveu um soldado da 30ª Divisão de Infantaria, "vi um GI caído e estendido, o rosto na lama – o capacete no chão perto da cabeça. Nos bolsos de trás via-se o volume de rações K que ele nunca mais iria comer."

Apenas para abrir caminho pelas pirâmides de concreto conhecidas como "Dentes de Dragão", os tanques Sherman precisavam disparar uns cinquenta tiros. Os americanos decidiram que deveriam primeiro infiltrar-se na área à noite e colocar soldados entre as posições de morteiros alemãs e as casamatas. Equipes de assalto com pelo menos doze homens, apoiadas por tanques, destruidores de tanques e canhões antitanques, iriam tomar cada casamata. O concreto era duro demais para ser penetrado, exceto por canhões autopropelidos de 155 mm, mas destruidores de tanques disparando saraivadas de projéteis perfurantes nas frestas causavam baixas por concussão. "Os feridos saíam zonzos e sangrando pelo nariz e pela boca", dizia um relatório dos Estados Unidos. Os americanos também usavam saraivadas de projéteis perfurantes em portas de aço, ou cargas em varas ou sacos contendo no mínimo treze quilos de TNT. "Se eles se recusam a render-se, ensurdeça-os com uma granada de fragmentação enfiada pelo duto de ventilação", sugere o mesmo relatório. E uma granada de fósforo branco "colocada no mesmo duto de ar revelou-se muito boa como um pequeno recurso para fazer repensar [atitudes]". Então eles iriam gritar "*Kamerad?*" e "*Wir schiessen nicht!*" [Não vamos atirar!]. "Se tudo isso falhar, chame um tanque para explodir a parte de trás da casamata ou arrume um tanque-escavadeira para preencher a abertura [e enterrá-los dentro]."

Os soldados eram aconselhados a nunca entrar numa casamata; deviam fazer com que o inimigo saísse. "Quando as portas e entradas foram abertas", relataram o 41º Regimento de Infantaria Blindada e a 2ª Divisão Blindada, "e a arma de fogo automática do inimigo silenciou, a infantaria foi até o lado cego da casamata e mandou que seus ocupantes saíssem. Isso foi prontamente obedecido. Em uma das casamatas, apenas treze prisioneiros saíram. Uma granada foi atirada por uma das portas estouradas e saíram então mais sete."

Se algum soldado alemão respondesse para dizer que não podia se mexer porque estava ferido, a orientação recomendava outra explosão. "Após uma segunda carga de TNT, eles dão um jeito de sair de lá." Mas os agressores deviam ainda lançar granadas ou usar um lança-chamas, para o caso de haver ainda alguém escondido por lá. Os homens tinham que ter muito cuidado com "minas em latinhas de pomada", que eram muito pequenas, com apenas cinco centímetros de largura e dois de altura. Por fim, tinham que selar as portas com maçarico ou com uma granada de termite para impedir que alemães reocupassem as casamatas. Uma das unidades tinha seis casamatas em seu setor, que foram retomadas três vezes. Numa das ocasiões, um pelotão inteiro, exausto e ensopado devido à chuva incessante, amontoou-se em uma casamata capturada e caiu no sono. Uma patrulha alemã voltou e o pelotão inteiro foi aprisionado sem que um só tiro fosse disparado.

No centro do I Exército, o VII Corpo avançou sobre a cidade de Aachen, a antiga capital de Carlos Magno e *lieu sacré* do Sacro Império Romano-Germânico. O jovem comandante do corpo, major-general J. Lawton Collins, era apelidado por seus soldados de *Lightning* Joe [Joe Relâmpago] por seu dinamismo. Com Aachen situada em uma leve elevação do território alemão, a Linha Siegfried corria em volta dos lados oeste e sul, com outra linha de fortificações atrás da cidade. Collins quis evitar uma batalha ou confronto "casa por casa", então decidiu cercar a cidade, na esperança de que os alemães decidissem abandoná-la. Mas seu raciocínio não levou em conta a mentalidade de "fortaleza" de Hitler e sua obsessiva recusa em abrir mão das cidades, especialmente de um lugar tão significativo historicamente como Aachen. Göring mais tarde declarou em um interrogatório em 1945: "O Führer quis defender Aachen até a última pedra. Quis usá-la como exemplo para todas as demais cidades alemãs, e defendê-la, se necessário, até que fosse arrasada totalmente".

A repentina aproximação das forças americanas em 11 de setembro desencadeou o pânico. Oficiais do Partido Nazista, destacamentos Flak da Luftwaffe, funcionários locais, a polícia e os soldados fugiram para leste em direção a Colônia. Segundo o chefe do Estado-Maior do VII Exército alemão: "A visão dos soldados da Luftwaffe e das SS em retirada, com os comandantes liderando a fuga, foi péssima para o moral. Eles simplesmente entraram em seus veículos e foram embora. Houve um tumulto em Aachen por causa disso".

Hitler ordenou que a população civil fosse evacuada, à força se necessário. Ele suspeitava que iriam preferir uma ocupação americana, que poria fim aos bombardeios. Todos aqueles que não saíssem seriam considerados traidores. Mas as coisas não aconteceram como ele esperava. Em 12 de setembro, a 12ª Divisão Volksgrenadier foi enviada às pressas para o setor, mas a 116ª Divisão Panzer, que havia se retirado da Normandia, chegou primeiro à cidade. Seu comandante, *Generalleutnant* Gerhard Graf von Schwerin, imediatamente cancelou a ordem de evacuação dada pelo *Gauleiter*. Schwerin era tido por seus colegas como inteligente demais, e desacatou muitas vezes os nazistas. Fora demitido na Normandia por dizer a um comandante o que achava dele, mas depois o readmitiram, por ser um líder muito eficiente. Isso talvez o tivesse encorajado a acreditar que escaparia impune de qualquer situação.

Schwerin primeiro restabeleceu a ordem, instruindo seus Panzergrenadiers a atirar em saqueadores. Depois enviou um apelo ao comandante americano: explicava que havia interrompido aquela evacuação "absurda" e pedia que a população fosse tratada com consideração. Collins, no entanto, levou adiante seu plano de cerco. A 1ª Divisão de Infantaria avançou do sudeste, com a 3ª Divisão Blindada guardando seu flanco direito. Mas as condições dos motores dos tanques após a longa marcha desde a Normandia, e a escassez de munições de todos os calibres, limitaram seu poder. A 1ª Divisão também tinha escassez de provisões. "Ficamos limitados a comer barras de chocolate duro como pedra, cheias de nutrientes artificiais", escreveu o lugar-tenente Gardner Botsford.

Quando ficou claro para as autoridades nazistas que Aachen não estava ameaçada de imediato, os oficiais se apressaram em reiniciar a evacuação de civis, enquanto era preparada uma contraofensiva a partir do nordeste para evitar o cerco. Informações sobre o apelo de Schwerin vazaram, e o jovem general teve que se esconder para não ser preso sob acusações de derrotismo e traição. Hitler, surpreendentemente, perdoou-o mais tarde. A evacuação forçada foi realizada com brutalidade. A maioria dos civis queria ficar. Haviam sido espalhados boatos escabrosos de surtos de tifo em Colônia, como resultado das bombas bacteriológicas dos Aliados. Muitos acreditavam também que os Aliados tinham bombas contendo lepra e bacilos da peste.

"Vocês deviam ter visto de que jeito eles trataram os próprios alemães nas áreas de evacuação", declarou o *Unteroffizier* Huttary. "Eles levaram embora o gado sem dar qualquer recibo por ele. Depois fizeram o próprio dono ir embora. Os SA [Camisas Marrons Nazistas] conduziram o gado embora em rebanhos." Um soldado engenheiro chamado Bayer acrescentou: "E quando encontravam casas vazias as saqueavam. Eles plantavam notícias ou anunciavam que pão sem racionamento estaria disponível em tais e tais lugares da uma às quatro horas da tarde. Então as mulheres iam guardar lugar na fila da loja e quando uma fila se formava, vinham caminhões e levavam todas embora. Também pegavam crianças pela rua e jogavam-nas dentro dos veículos. Depois simplesmente saíam da zona de perigo imediato, faziam todo mundo descer e deixavam as pessoas no meio da estrada, entregues à própria sorte". O medo de um possível levante de pessoas estrangeiras que cumpriam trabalhos forçados levou a SS a considerar execuções em massa, mas em meio ao caos nada foi feito.

Na segunda metade de setembro, surgiu um debate intenso, tanto em Washington quanto no quartel-general do SHAEF, sobre as palavras que o supremo comandante deveria usar ao se dirigir ao povo alemão. Se o tom fosse conciliador demais, os alemães veriam isso como sinal de fraqueza e se sentiriam encorajados. Se soasse duro demais, poderia incentivá-los a lutar até o fim. Em 28 de setembro, o SHAEF finalmente divulgou um pronunciamento de Eisenhower: "As forças aliadas que servem sob meu comando entraram agora na Alemanha. Estamos chegando como conquistadores, não como opressores". E prosseguia enfatizando que iriam "erradicar o nazismo e o militarismo alemão".

As autoridades nazistas logo contra-atacaram com suas bizarras tentativas de propaganda, chegando a lançar panfletos de seus bombardeiros sobre as próprias linhas para fortalecer a determinação de seus soldados. Um deles dizia que "oficiais americanos estão batendo com chicotes de equitação nas mulheres alemãs" e prometia que "todo alemão irá lutar em segredo ou abertamente até o último homem". Essa "luta secreta" era o primeiro indício de planos nazistas de articular movimentos de resistência, os *Werwolf*, que iriam estender a luta e colocar como alvo os alemães que colaborassem com os Aliados. Mas os panfletos não conseguiram elevar o moral. Segundo um NCO alemão, "os soldados estavam indignados, com medo de que os Aliados encontrassem um desses panfletos, e que a sua iminente captura por isso se tornaria ainda mais desagradável".

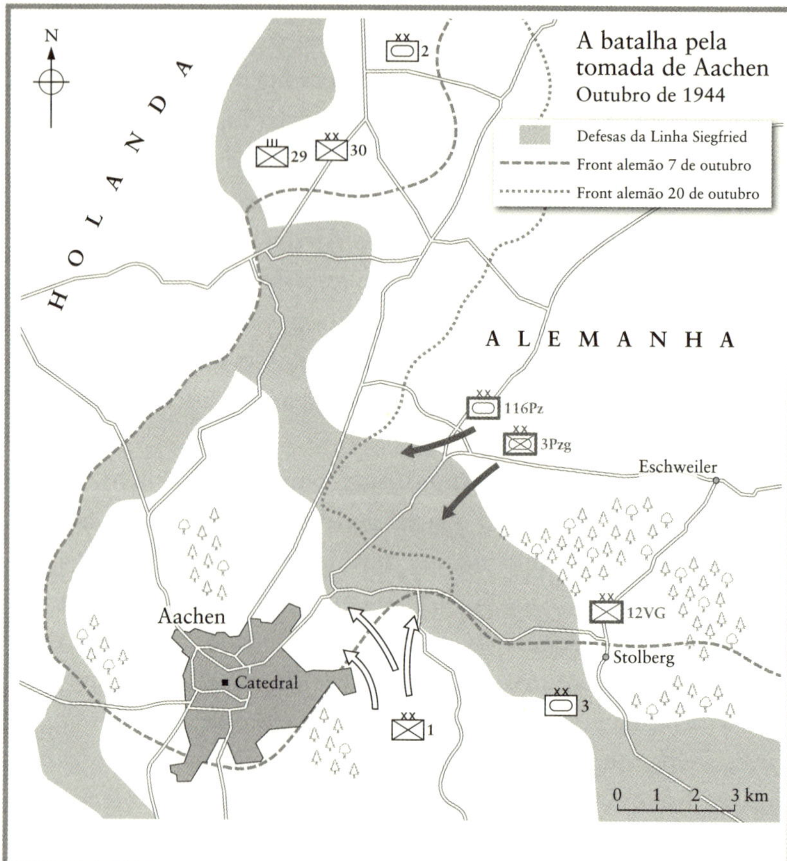

No início de outubro, o IX Exército dos Estados Unidos assumiu o flanco esquerdo do 12º Grupo do Exército de Bradley, junto com o II Exército britânico. Isso deu ao I Exército de Hodges maior densidade, especialmente em volta de Aachen, onde a 1ª Divisão de Infantaria que vinha do sudeste ia abrindo caminho em direção à 30ª Divisão de Infantaria que avançava vindo do norte para isolar completamente a cidade. A essa altura, o estado dos veículos americanos havia melhorado e o suprimento de munição já estava normalizado.

A 12ª Divisão Volksgrenadier, recém-chegada do front oriental, deu de frente com a 1ª Divisão de Infantaria perto de Stolberg. Um de seus oficiais escreveu a um amigo dizendo que "seu regimento, antes muito orgulhoso de si, havia sido completamente arrasado em Mogilev". De todo o regimento, haviam sobrevivido apenas seis oficiais, e três deles estavam no hospital. O regimento fora completamente reconstruído, com novo pessoal e equipamento, e estava agora em ação. Havia sofrido um duro ataque ao desembarcar do trem no final da linha. "Os americanos promoveram barragens de fogo de artilharia de tal intensidade que vários dos soldados veteranos de combate do leste ficaram estupefatos." O próprio soldado que escreveu o relato foi ferido com um buraco no seu pé "do tamanho de um punho" e estava agora no hospital.

Em 11 de outubro o 9º Comando Aéreo Tático bombardeou e metralhou Aachen durante dois dias, e em 14 de outubro começou a batalha pela cidade. Apesar das tentativas das autoridades nazistas de evacuar os 160 mil civis, ainda restaram cerca de 40 mil. Mulheres e homens idosos horrorizavam-se ao ver os soldados alemães transformarem suas casas em *bunkers* com concreto reforçado. A força de defesa, composta por aproximadamente 18 mil homens, era uma coleção bem variada, sob o comando do *Oberst* Gerhard Wilck, com soldados regulares, Waffen-ss, marinheiros Kriegsmarine servindo como infantaria e batalhões de fortaleza de baixa qualidade. Antes que Aachen fosse totalmente cercada em 16 de outubro, os alemães trouxeram às pressas um batalhão da ss, a artilharia da 246ª Divisão de Infantaria, a 219ª Brigada de Canhões de Assalto e alguns engenheiros de combate. Homens dos batalhões de fortaleza eram os que tinham maior probabilidade de se render na primeira oportunidade, mas o *Major* Heimann da 246ª Divisão de Infantaria observou: "Eu tinha os mais excelentes soldados, metade dos quais era pessoal naval destinado aos submarinos u-Boat". Ele tinha ainda 150 homens do ss-Leibstandarte Adolf Hitler, mas eles foram embora por iniciativa própria. Heimann teve que fazer-lhes uma severa advertência, dizendo que a ordem do Führer de manter a cidade até o último homem aplicava-se a eles tanto quanto ao demais.

O ataque americano começou com dois batalhões da 1ª Divisão vindo do norte e do nordeste, "uma missão que deveria ter sido realizada por dois regimentos", como um de seus oficiais se queixou mais tarde. O ponto essencial era garantir que companhias adjacentes permanecessem em estreito contato, para evitar que o inimigo passasse entre elas e pudesse atacar pelos flancos ou pela retaguarda. "Para garantir que nenhum indivíduo ou pequeno grupo invadisse, procuramos em todos os quartos e armários de todas as construções. Além disso, as galerias de esgoto foram inspecionadas. Isso não só deu aos nossos soldados combatentes a certeza de que não seriam baleados pelas costas, mas permitiu ao pessoal de comando e suprimentos operar com maior eficiência atrás das linhas."

A 1ª Divisão operou com tanques e destruidores de tanques bem à frente, cada um guardado por um esquadrão de infantaria, enfrentando alemães que vinham com granadas Panzerfaust propelidas por foguetes. Os Sherman M-4 montaram uma metralhadora .50 extra no lado direito da torre. Isso se revelou muito útil nos combates de rua em Aachen para suprimir ataques provenientes de janelas altas. Sabendo que os soldados alemães se moviam de um porão a outro, as tripulações dos tanques primeiro atiravam dentro dos porões, se possível com bombas potentes de seu armamento principal, e depois atiravam no andar térreo, subindo por fim ao andar de cima da casa. Outros ocupavam-se dos alemães que ainda estivessem abrigados em porões, atirando granadas de fragmentação e de fósforo branco. Lança-chamas com frequência "resultavam numa rápida rendição do inimigo".

Bazucas ou cargas de explosivos eram usadas para derrubar paredes e ir de uma casa a outra, atividade que se tornou conhecida como "*mouse-holing*" [fazer buracos de rato]. Era mais seguro explodir uma parede, o que causava um choque em quem quer que estivesse no quarto ao lado, do que entrar pela porta. Depois de abrir uma passagem até a casa vizinha, alguém da equipe atirava uma granada de mão no aposento adjacente, e depois da explosão todos invadiam o local. Os soldados usavam projéteis perfurantes para varar o teto, ou o piso. Depois corriam até o teto da casa e vinham descendo, obrigando os alemães a se enfiarem no porão. Quando finalmente um quarteirão era desimpedido, guardas postavam-se para impedir que os alemães se infiltrassem de volta. Os alemães também usaram seus Panzerfausts de modo similar. "Quando atacados desse modo", um relatório admitia, "americanos da tropas de elite rendiam-se imediatamente na maioria dos casos, [depois de] privados da visão devido às nuvens de poeira causadas pelas explosões."

Os americanos logo descobriram que, em combates urbanos, os morteiros e o fogo de artilharia de longo alcance eram pouco precisos, e muitas vezes perigosos para seus próprios homens, então insistiram no fogo direto sempre que possível. De qualquer modo, as espoletas dos tiros de morteiros americanos eram tão sensíveis que explodiam assim que tocavam em um telhado, causando pouco dano à parte interna de um edifício. Mas seu fogo de artilharia era tão intenso que o *Oberst* Wilck, comandante das forças alemãs na cidade, teve que mover seu posto de comando para um abrigo antiaéreo. "Os poucos canhões de assalto que havíamos acabado de receber foram logo deixados de lado", relatou Wilck. "Você não pode defender uma cidade apenas com carabinas!" Os alemães na verdade tinham mais do que carabinas, e conseguiam lidar com seus pesados morteiros de 120 mm de modo muito eficaz.

Os aviões aliados eram orientados com muita precisão por um controlador de solo, mas era impossível identificar pontos específicos no meio das ruínas, portanto "não foram empreendidas missões de bombardeio próximo". Mesmo assim, a presença de aviões amigos com certeza fortalecia o moral dos soldados em terra e intimidava os alemães. Havia ordens firmes de não causar nenhum dano à catedral, que foi poupada de fogo de terra. Mesmo assim, a destruição foi tão grande que o 7º Corpo conseguiu relatar que "a condição aplainada dos edifícios" permitiu pelo menos "manter um contato físico real entre as unidades adjacentes".

"A operação não foi indevidamente apressada", relatou o 7º Corpo. "Compreendemos que o combate de rua é uma ação lenta e monótona, que requer muito esforço físico e tempo para vasculhar os edifícios exaustivamente." Desimpedir as casas, era o que se dizia aos GIs, implicava disparar constantemente em cada janela, até que eles pudessem entrar na casa, e então, com um homem tendo na mão uma granada pronta para atirar e dois outros dando-lhe cobertura com fuzis, ou idealmente com uma submetralhadora Thompson, vasculhavam quarto por quarto. Logo descobriram que precisavam marcar as casas ocupadas por seus próprios soldados. "Muitas vezes tivemos baixas por granadas atiradas em casas ou por disparos de nossos próprios soldados depois de termos ocupado o edifício."

Como o Exército Vermelho havia descoberto, a artilharia pesada a curta distância era o meio de avançar com a melhor relação custo benefício, e o mais destrutivo. Os americanos em Aachen usaram "Long Toms" autopropelidos de 155 mm a distâncias curtas, de até 150 metros. O *Oberst* Wilck admitiu, após se render, que "o fogo direto do canhão autopropelido de 155 mm era muito devastador e desmoralizante. Em certa ocasião, uma bala perfurou completamente três casas antes de explodir e arrasar uma quarta".

"Os civis devem ser pronta e vigorosamente retirados de qualquer área ocupada por nossos soldados", enfatizou um oficial americano em Aachen. "Deixar de fazer isso custará vidas." Foram erguidas cercas de contenção, guardadas por MPs, mas o Corpo de Collins não tinha número suficiente de intérpretes treinados ou membros do Corpo de Contrainteligência para filtrar quem apoiava os nazistas, ou entrevistar as centenas de estrangeiros em trabalhos forçados. A certa altura da batalha, três garotos pequenos acharam um rifle e atiraram num esquadrão americano. Um sargento localizou-os, correu para tirar a arma deles e algemou o garoto que a segurava. Essa história de algum modo se espalhou e foi colocada como exemplo de heroísmo pela propaganda alemã, que proclamou com descarado exagero que "eles enfrentaram todos os soldados inimigos ali". Mas como o escritor Victor Klemperer assinalou, o exemplo sem dúvida era uma admissão de derrota. Os nazistas agora confirmavam estar usando partisans, que sempre haviam condenado como "terroristas". Isso também enfatizava a fragilidade das forças alemãs que, segundo os jornais nazistas, declaravam que "Eisenhower está atacando com sete exércitos, com 2 milhões de homens (não crianças!)", como enfatizou Klemperer.

Em 16 de outubro, a 30ª e a 1ª Divisão finalmente chegaram ao nordeste de Aachen, após sofrer pesadas baixas. Dois dias depois, Himmler declarou que "toda propriedade rural alemã será defendida até o último momento". Mas em 21 de outubro, o *Oberst* Wilck rendeu-se com o que restava de seus homens exaustos e famintos. Não era um entusiasta de Hitler e sabia que a matança continuava porque Hitler estava vivendo em um mundo de fantasia. "Até o ajudante de ordens do Führer me contou como o Führer vive rodeado de mentiras", observou quando estava aprisionado. Sabendo que isso iria agradar Hitler, Himmler entraria com um largo sorriso no rosto para dizer: "*Heil mein Führer*, vim anunciar a formação de uma nova divisão".

Um dos homens de Wilck queixou-se mais tarde de que a pior parte de ter sido feito prisioneiro foi marchar pela cidade de Aachen. "A população civil se comportou pior do que os franceses", disse. "Gritavam ofensas a nós e os americanos tiveram que intervir. Não tínhamos o que fazer se as casas deles haviam sido reduzidas a entulho." Mulheres alemãs logo emergiram dos porões sob os escombros para procurar comida. Eram vistas cortando a carne de um cavalo caído na rua, atingido por fogo de artilharia, e carregando nabos em pequenos carrinhos de bebê.

Goebbels tentou diminuir o impacto da derrota. A propaganda alemã garantia ao povo alemão que "o tempo que ganhamos em Aachen, Arnhem e na Antuérpia tornou a Fortaleza Alemã inexpugnável. A Luftwaffe está sendo revigorada e a Alemanha agora tem mais artilharia e tanques para colocar na batalha".

O impedimento que mais frustrava os Aliados era a sua impossibilidade de usar o porto de Antuérpia. Isso dava aos alemães o respiro de que precisavam para reconstruir e reposicionar seus exércitos para o novo plano de Hitler. Mas havia outros fatores em jogo. Incentivados pela febre de vitória e pela ideia de que a guerra na Europa terminaria por volta do Natal, os comandantes americanos no Pacífico haviam aproveitado a oportunidade para robustecer as próprias forças. O SHAEF subitamente acordou para o fato de que a política "a Alemanha primeiro", originalmente acertada em 1941, havia escapulido de suas mãos, resultando numa alarmante escassez de munição e homens.

Os nazistas, com a Alemanha agora sendo ameaçada pelo leste, sudeste e oeste, sofriam com as próprias tensões internas. Em 15 de outubro, o almirante Nikolaus Horthy, após secretas negociações com a União Soviética, declarou pelo rádio que a Hungria estava mudando de lado. Os alemães souberam de sua traição. Um comando liderado pelo *SS-Obersturmbannführer* Otto Skorzeny, o enorme austríaco que conseguira resgatar Mussolini do Gran Sasso, sequestrou o filho de Horthy em uma emboscada de rua, pouco antes da transmissão por rádio, fazendo-o refém.[1] O próprio Horthy foi levado de volta à Alemanha e o governo da Hungria foi entregue ao Partido da Cruz Flechada, fascista e cruelmente antissemita.

No Leste da Prússia, conforme o Exército Vermelho avançava em território alemão pela primeira vez, a disputa de poder nos bastidores se intensificou. O *General der Flieger* Kreipe, chefe do Estado-Maior da Luftwaffe, era agora *persona non grata* no *Wolfsschanze*. Keitel e até o ajudante de ordens de Hitler na Luftwaffe, *Oberst* Von Below, viraram-lhe as costas por considerá-lo "derrotista". Göring decidiu estender sua caçada na vizinha Rominten, Kreipe anotou em seu diário, porque "ele precisava vigiar Himmler e Bormann um pouco mais de perto. Himmler pediu agora alguns esquadrões para a sua SS". Essa parece ter sido a primeira tentativa de Himmler de aumentar seu império militar para além das forças terrestres da Waffen-SS. Parte do jogo de poder em volta do Führer dependia de dois guardiões: Bormann, que controlava o acesso a qualquer pessoa fora da Wehrmacht e da SS, e Keitel. "Antes que os generais ou qualquer um chegue a Hitler para fazer algum relato", revelou um general capturado aos seus companheiros, "eles recebem instruções detalhadas de Keitel sobre o que devem dizer, como dizer, e só então são admitidos à presença de Adolf."

Numa inspeção de artilharia antiaérea mais perto do front, Kreipe comentou em 18 de outubro a respeito da incursão do Exército Vermelho: "Medo no leste da Prússia, são as primeiras caminhadas de refugiados que vemos, horrível". Göring teve que sair de Rominten

1 Os oficiais do Exército alemão brincavam dizendo que Skorzeny havia recebido a Cruz de Cavaleiro da Cruz de Ferro por ter libertado Mussolini, mas que "deveria receber as Folhas de Carvalho [uma distinção ainda mais importante] se conseguisse levá-lo de volta".

às pressas, e Keitel tentou persuadir Hitler a sair de *Wolfsschanze*, mas ele se recusou. Alguns dias mais tarde, Kreipe visitou o Corpo Panzer Hermann Göring em Gumbinnen. "Gumbinnen está em chamas", observou. "Colunas de refugiados. Em Nemmersdorf, mulheres e crianças mortas a tiros foram penduradas nas portas de celeiros." Nemmersdorf foi palco de uma atrocidade, sem dúvida exagerada pela propaganda nazista, e Kreipe provavelmente não chegou a ver a cena.

Também em 18 de outubro, quando a batalha por Aachen se encerrava, Eisenhower, Bradley e Montgomery reuniram-se em Bruxelas. Como os britânicos e os canadenses estavam muito envolvidos em libertar o estuário do Scheldt, Eisenhower decidiu que o I Exército dos Estados Unidos deveria concentrar-se em obter uma cabeça de ponte do outro lado do Reno, ao sul de Colônia, enquanto o recém-chegado IX Exército protegia seu flanco esquerdo. Como se poderia imaginar, Montgomery não estava satisfeito com a prioridade dada ao I Exército, mas fora obrigado a ficar em silêncio, após sua colocação em segundo plano. Para os americanos, por outro lado, essa estratégia levou à ideia de avançar pela floresta de Hürtgen. Nem os comandantes nem os soldados tinham a menor ideia dos horrores que os aguardavam ali.

4

NO INVERNO DA GUERRA

A breve turbulência soviética no território do leste da Prússia em outubro levou Goebbels a exagerar histórias de estupro, saque e destruição por parte do Exército Vermelho. Ele tentou invocar a ideia de Volksgemeinschaft, ou solidariedade nacional, diante de um perigo mortal. Mas no front ocidental, generais da Wehrmacht ficaram chocados com relatos de soldados alemães saqueando lares alemães.

"O comportamento dos soldados hoje em dia é inacreditável", disse um médico da 3ª Divisão Fallschirmjäger. "Eu estava baseado em Düren e os soldados ali roubavam seu próprio povo. Eles levavam embora tudo que achavam nos armários de cozinha [...] Eram como animais selvagens." Ao que parece, esse comportamento tivera início quando a divisão estava na Itália. E outras formações, que haviam feito saques durante a retirada pela França e Bélgica, não mudaram de hábito ao retornarem ao território alemão. Seus uniformes em farrapos não haviam sido substituídos, 60% deles estavam infestados de piolhos e viviam permanentemente com fome. Logo atrás da linha do front, havia relatos de soldados cegando cavalos para poder matá-los e comê-los.

Isso não significava que estivessem relutantes em continuar a lutar, pois saber que o Exército Vermelho chegara às fronteiras do Reich mantinha suas mentes focadas. Fato significativo, um médico alemão do Exército, chamado Dammann, que havia sido capturado, avaliou que "a propaganda alemã conclamando os homens a salvar a pátria havia ajudado a conter o número de casos de fadiga de combate".

O saque feito por soldados alemães não era a única razão da aguda deterioração das relações entre civis e soldados na Alemanha ocidental. As mulheres queriam que o combate cessasse o quanto antes. Para elas, o leste da Prússia era um lugar muito distante. "Vocês não têm ideia de como está o moral em casa", um *Obergefreiter* disse aos seus companheiros aprisionados. "Nas aldeias as mulheres praguejam e gritam: 'Saiam daqui! Não queremos ser feitas em pedaços!'" Um membro do 16º Regimento Fallschirmjäger concordou. "Dizem que somos 'prolongadores da guerra', e não foi apenas num lugar, mas em cinquenta cidades e aldeias do oeste." Um certo *Unteroffizier* Mükller disse a respeito de Heidelberg: "O clima ali está uma merda, mas o ódio não é contra o inimigo, e sim contra o regime alemão". As pessoas diziam: "Se pelo menos os Aliados viessem logo e pusessem fim à guerra". Embora a maioria dentro das Forças Armadas ainda se esforçasse para acreditar nas promessas de Hitler de armas secretas, o cinismo era muito maior nos círculos civis, exceto é claro entre os fiéis ao partido e os desesperados. Em alguns lugares, a pouco confiável bomba V-1 já era referida como "Versager-1", ou "Bomba malograda 1".

Goebbels aproveitava toda oportunidade para fazer com que os civis no Oeste da Alemanha temessem uma vitória dos Aliados. O anúncio feito em setembro do plano de Henry Morgenthau, secretário do Tesouro de Roosevelt, de transformar a Alemanha "em um país de caráter basicamente agrícola e pastoril", foi desastroso. Deu chance a Goebbels de afirmar que "cada soldado americano irá trazer o plano de Morgenthau em sua mochila" e que a Alemanha seria despedaçada. Essa ideia claramente influenciou as forças da Wehrmacht no oeste. Um oficial aprisionado foi questionado por um americano se não se arrependia da destruição da Renânia. "Bom, provavelmente não seria mais nossa depois da guerra", respondeu ele. "Por que não destruí-la, então?"

O jornal nazista *Völkischer Beobachter* advertia: "O povo alemão precisa entender que estamos em uma luta de vida ou morte, que impõe a cada alemão o dever de fazer o melhor possível pela conclusão vitoriosa da guerra e para frustrar os planos de destruição armados por esses canibais". O fato de Morgenthau ser judeu também veio a calhar para o Ministério da Propaganda e para suas teorias da conspiração sobre um complô judeu contra a Alemanha. O ministério tentou aumentar o efeito disso com algumas citações ambíguas da imprensa britânica, incluindo "Henningway", citado no *Daily Mail* como tendo dito: "O poder da Alemanha terá que ser destruído tão completamente de maneira que a Alemanha nunca consiga se erguer de novo para travar outra batalha. Essa meta só pode ser alcançada pela castração".

Após a eleição presidencial nos Estados Unidos, Goebbels disse que o presidente Roosevelt havia sido reeleito, como "geralmente se esperava", com o apoio de comunistas americanos instigados por Stálin. No entanto, a propaganda alemã também fez um jogo duplo, estimulando a crença de que a aliança dos inimigos do Reich logo iria se desfazer. Segundo o Corpo de Contrainteligência dos Estados Unidos (CCI), os alemães fizeram circular panfletos mostrando "Tommy e seu amigo ianque vendo com aversão o espetáculo de russos tomando e policiando Bruxelas, Berlim etc.; e os teutões visivelmente incapazes de tirar da cabeça que, quando se trata de um medo abjeto do bolchevismo, somos todos juntos uns *chucrutes*". Outros panfletos tentavam inculcar o argumento de que, "enquanto americanos estão sendo chacinados aos milhares, as tropas de Monty desfrutam de 'férias na Holanda'".

"Os civis alemães não sabem o que pensar", relatou o Corpo de Contrainteligência. "Eles ficam divididos entre acreditar nas histórias de 'terror' das autoridades alemãs ou naquelas que cruzam as linhas, por meio de boatos e pela rádio dos Aliados, sobre o leal tratamento que damos aos civis nas áreas capturadas." Os Aliados foram, é claro, beneficiados pelos relatos que circulavam na Alemanha sobre a corrupção do Partido Nazista e sobre os vergonhosos saques realizados na França por altos oficiais da administração do Exército. Os *Gauleiters* estavam acumulando muita riqueza, e seus filhos desfrutavam de carro e combustível quando até mesmo os líderes de companhias tinham combustível racionado a quarenta litros por semana.

O Corpo de Contrainteligência admitiu que havia entrado em território alemão "munido de poucas diretrizes, sem precedentes, inseguro quanto às suas potencialidades e [com uma] ansiosa expectativa de enfrentar conflitos com partisans". Sua prioridade era identificar rapidamente membros do Partido Nazista, mas seus quadros ficaram perplexos ao ver o imenso número de "civis suspeitos", presos pelos soldados americanos para serem investigados junto com os prisioneiros de guerra. Os soldados e os civis alemães achavam muito fácil escapar dos complexos prisionais americanos. Outro problema enfrentado pelo CCI era o número de membros da Resistência belga e da Resistência francesa que invadiam a Alemanha para saquear, ou para realizar "missões próprias de Inteligência".

Em Aachen, o Corpo de Contrainteligência estimou que até 30% da população havia desafiado ordens nazistas de evacuar a cidade. "Não botem eles para vagar à toa" era a orientação do CCI quanto ao tratamento dado aos alemães sob ocupação americana, "mas tampouco se deixem enganar por eles. Os alemães estão acostumados a receber ordens, e não a aceitar pedidos". Na realidade, muitos se dispunham a denunciar nazistas e prover informações, mas não era fácil para as unidades de Inteligência aliadas saber exatamente no que acreditar. Corriam rumores de agitação em Colônia, arrasada por bombardeios, e onde a polícia estava envolvida em batalhas com os chamados "Piratas Edelweiss" – bandos de jovens dissidentes, e mais uns 2 mil desertores alemães e trabalhadores estrangeiros extraviados abrigados nas ruínas.

O bombardeio aliado arrasou não só cidades. Viajar de trem ficara praticamente impossível. Oficiais e soldados alemães que finalmente obtinham licença para voltar para casa passavam quase todos aqueles preciosos dias sentados em trens ou aguardando nas estações. "Um tenente dos nossos foi para Munique em licença [do Reno, perto da fronteira da Holanda]", relata o *Unteroffizier* Bock da Luftwaffe. "Ele ficou fora dez dias, mas só conseguiu passar um dia em casa."

Quase nenhum soldado escolhia ir para Berlim em licença, a não ser que tivesse família ou uma namorada ali. Todos na capital alemã estavam exaustos por noites mal dormidas, já que o Comando de Bombardeio da RAF travava sua própria "Batalha de Berlim", atacando a cidade noite após noite. "O que é covardia?", dizia um exemplo típico do humor negro da cidade. "É quando alguém em Berlim se oferece voluntariamente para lutar no front leste."

Os visitantes costumavam ficar impressionados ao ver como seus cidadãos de todas as classes haviam se adaptado àquelas condições. "Estou muito acostumada agora a viver entre essas ruínas", escreveu Missie Vassiltchikov em seu diário, "com o cheiro constante de gás no ar, misturado com o odor de entulho e de metal enferrujado, e às vezes até com o fedor de carne podre." Os apartamentos eram particularmente frios naquele inverno com escassez de combustível. Havia pouco vidro disponível para trocar as vidraças quebradas e as pessoas escancaravam bem as janelas quando soavam os alarmes, na esperança de salvar quaisquer vidros do estrondo destruidor das bombas.

Durante os ataques aéreos, os porões lotados e os abrigos antiaéreos de concreto tremiam. As lâmpadas de poucos watts piscavam, ficavam mais apagadas ainda, apagavam de vez e então acendiam de novo. As crianças gritavam, muitos adultos enterravam a cabeça entre os joelhos. Depois que o sinal verde soava, muitos admitiam sentir uma curiosa euforia ao se verem ainda vivos. Mas outros ficavam nos porões mesmo depois que os demais corriam para fora. Era mais quente e menos ameaçador ali.

"Doenças de pele", um médico relatou, "tornaram-se muito comuns no Exército e em casa, devido à má qualidade do sabonete disponível, à superlotação nos abrigos antiaéreos e, nas casas que ainda estão em pé, à escassez de roupas, à higiene precária etc." Trabalhadores em áreas industriais cada vez mais sucumbiam à difteria, e as doenças venéreas haviam se espalhado, em parte pelos soldados alemães que voltavam da França, da Bélgica, dos Bálcãs e da Polônia.

Segundo um juiz de corte marcial, estimava-se haver 18 mil desertores da Wehrmacht em Berlim. Muitos estavam escondidos em terrenos baldios. Sem dúvida, faziam jus à piada que corria no Exército alemão: "A guerra é exatamente como um cinema: tem um monte de coisas acontecendo lá na frente, mas os melhores assentos são aqueles bem no fundo". Os alemães comuns finalmente se dispunham a abrigar desertores, em geral filhos ou sobrinhos, mas às vezes até estranhos, mesmo correndo grande risco. Ao final do ano, a Wehrmacht havia executado cerca de 10 mil homens, uma cifra que iria aumentar significativamente nos meses finais da guerra.

As famílias dos desertores também eram passíveis de penas severas. "Na noite de 29 de outubro", anunciou o comandante da 361ª Divisão Volksgrenadier em uma ordem do dia, "o soldado Wladislaus Schlachter da 4ª Companhia, 952º Regimento Grenadier, desertou para o inimigo. A corte marcial reunida naquele mesmo dia emitiu uma sentença de morte para Schlachter. Portanto, ele foi expulso para sempre da comunidade do nosso povo e nunca mais poderá voltar para casa. Represálias ainda mais duras serão infligidas contra os membros de sua família, medidas que se fazem necessárias nesta luta pela sobrevivência do povo alemão." Faziam-se ameaças também às famílias dos prisioneiros de guerra que contassem coisas demais aos seus captores americanos.

As classes prósperas cada vez mais temiam as dezenas de milhares de trabalhadores estrangeiros que circulavam pela cidade e arredores. Alguns eram voluntários, mas a maioria havia sido trazida à Alemanha para trabalhos forçados. As autoridades estavam perdendo o controle sobre eles. Alojamentos eram frequentemente incendiados e arrasados, deixando os estrangeiros sem teto. Lojistas alemães queixavam-se de que gangues de trabalhadores estrangeiros haviam invadido seus estabelecimentos e roubado suprimentos, quando na verdade eles mesmos haviam vendido no mercado negro os itens que diziam estar faltando. Além da comida, os cigarros eram os itens mais procurados. Em Berlim, segundo um oficial capturado, um único cigarro inglês era vendido por cinco Reichsmarks, e um Camel custava o dobro. Café de verdade estava fora das possibilidades de quase todo mundo, custava seiscentos Reichsmarks o quilo. Segundo um oficial, a maior parte do mercado negro de café era controlada pela ss na Holanda.

O café, por sua raridade, era consumido de modo conspícuo pela hierarquia nazista. Uma conversa horrorosa e bizarra entre dois almirantes *Kriegsmarine* capturados foi gravada secretamente num campo de prisioneiros na Inglaterra, em 1945. O *Konteradmiral* Engel contou ao *Vizeadmiral* Utke a respeito de colegas almirantes recebidos por Arthur Greiser, o notório *Gauleiter* de Wartheland, que mais tarde foi enforcado pelos poloneses.

"Greiser jactou-se: 'Você sabia que esse café que você está tomando agora me custou 32 mil mulheres judias?'

'Onde elas foram parar?', perguntou o *Vizeadmiral* Utke.

'Nos incineradores, provavelmente', disse Greiser para nós na época. 'Vamos ver se todos temos uma morte tão fácil quanto elas.'

Essa foi a primeira coisa que disse. Todos os almirantes sentaram-se em volta morrendo de rir com a piada sobre o sofrimento humano por trás do café que estavam bebendo."

Seguindo a tradição romana do pão e circo, a administração nazista organizou um espetáculo no gelo no Sportpalast, danificado por bombardeios, para distrair as pessoas da escassez de provisões. A organização assistencial Deutsches Frauenwerk produziu folhetos e livretos sobre panificação, ensinando a enfrentar a escassez de comida. Um deles tinha o título "Refeição principal sem carne", o que foi pretexto para outra piada em Berlim, que dizia que o próximo folheto seria sobre como produzir uma refeição principal sem comida. Uma canção satírica, paródia cantada com a melodia do hino nazista "Horst Wessel Lied", dizia:

Os preços sobem
As lojas continuam fechadas
A fome marcha
Com a raça alemã
Mas os que passam fome
São só os pobres coitados.
Porque os de cima
Apenas dizem "Sinto muito".

**

As licenças eram muito mais tranquilas para os Exércitos Aliados no front ocidental. Os britânicos e canadenses iam para Bruxelas e os americanos para Paris. Oficiais de alta patente podiam sempre achar uma boa desculpa para visitar o SHAEF em Versalhes ou a Com Z na própria cidade. A partir de meados de setembro, quase 10 mil soldados americanos chegavam a Paris todos os dias, para estadas de 72 horas. As prioridades daquilo que o poeta-paraquedista Louis Simpson chamou de "a superaquecida alma do soldado americano recém-saído da trincheira" eram previsíveis. Paris ficou conhecida como *the silver foxhole*,[1] e o termo *zig-zag* indicava bebida e sexo. Pigalle ficou conhecida como *Pig Alley* [Alameda dos Porcos], onde prostitutas, profissionais e amadoras, cobravam até trezentos francos – ou cinco dólares.[2]

O general Lee, o autoritário comandante da Com Z, ficou chocado com o comportamento informal e por vezes ofensivo dos GIs[3] em licença

1 *Foxhole* era o nome dado ao buraco que os soldados americanos cavavam na terra, uma espécie de toca ou trincheira individual, onde se enfiavam durante o combate. *Silver foxhole* seria então uma "toca de prata". (N. T.)

2 Um soldado raso de uma companhia de intendência arrumou, "segundo seu formulário de contágio de DV [doença venérea], nove mulheres diferentes nos arredores de uma mesma esquina, levou-as até seis hotéis diferentes e teve sete contatos sexuais efetivos", tudo no prazo de oito horas. O índice de DV no Teatro de Operações da Europa dobrou naquele ano, e mais de dois terços das contaminações venéreas adquiridas na França tiveram origem em Paris.

3 O termo GI era uma forma genérica usada para designar soldados do Exército americano. A origem é controversa. Para alguns, são as iniciais de *Government Issue* ou então de *General Issue*, mas originalmente referia-se a *Galvanized Iron*, o "ferro galvanizado" usado nos equipamentos dos soldados. (N. T.)

em Paris. Ele tentou instilar alguns bons modos enviando oficiais de seu quartel-general para anotar o nome de qualquer soldado que não fizesse continência. A avenue de Kléber ficou logo conhecida como a "avenue de Salute" ["avenida da Continência"] entre os soldados da linha do front que se ressentiam dos oficiais e MPs que tentavam fazê-los se comportar.

Os GIs compensavam os gastos com prostitutas e bebida comprando maços de Chesterfield, Lucky Strike e Camel por cinquenta cents por meio da organização PX do Exército dos Estados Unidos, e revendendo-os por algo entre quinze e vinte dólares. As autoridades francesas queixaram-se em vão de que os soldados americanos exploravam sua isenção, tanto de taxas de importação quanto de controles de câmbio. Os soldados americanos faziam um bom negócio às custas do governo francês, pois trocavam seu soldo em francos por dólares ao câmbio oficial, e depois vendiam os dólares no mercado negro com boa margem de lucro. Os soldados atraíam as mulheres com a oferta de cigarros, presunto fatiado, meias de náilon e outros itens trazidos dos Estados Unidos.

Os que tinham nível universitário e os que eram mais sensíveis à cultura europeia simpatizavam com os franceses e tinham vontade, não apenas pelos prazeres carnais, de conhecer Paris, a capital intelectual do mundo. Mas aqueles que mal conheciam países estrangeiros tendiam a desprezar os franceses, vendo-os como perdedores, que não sabiam nem falar uma língua decente. A expectativa deles era de que as moças francesas estariam prontas a atender os desejos de seus libertadores. Uma das pouquíssimas expressões que muitos se deram ao trabalho de aprender foi "*Voulez-vous coucher avec moi?*" [Você quer ir pra cama comigo?]. A embaixada americana descreveu os soldados dos Estados Unidos em Paris como "ardorosos e com frequência muito empreendedores" nos contatos com mulheres. Na realidade, a falta de sutileza logo se tornou contraproducente. Uma jovem francesa, assediada em um café por um GI americano, que assobiou para ela e lhe mostrou um maço de Lucky Strike, foi aclamada pelos franceses que observavam a cena ao pegar um cigarro do GI, deixá-lo cair no chão e esfarelá-lo esfregando o pé em cima. Os jovens franceses do sexo masculino, sem condições de competir com a prodigalidade dos americanos, foram ficando cada vez mais irritados com o que consideravam arrogância de seus libertadores. Cresceram de ambas as partes as suspeitas e ressentimentos. "Os franceses, cínicos antes pela derrota; mal-humorados depois do resgate", escreveu Louis Simpson. "O que esses filhos da puta querem?"

Se o mercado negro floresceu em Berlim, em Paris ele campeou livre assim que os desertores americanos se associaram a gangues criminosas locais. Os lucros com a gasolina roubada do Exército dos Estados Unidos eram tão grandes que até os traficantes de drogas foram atraídos para esse novo mercado. Nada menos do que metade dos tambores de combustível da Europa continental sumiu. As penalidades contra esse crime foram aumentadas, acrescentou-se um corante ao combustível para torná-lo mais fácil de rastrear, mas essas e várias outras tentativas das autoridades americanas mostraram-se inúteis para coibir um negócio que piorava ainda mais a situação dos suprimentos no front. Paris logo ficou conhecida como "*Chicago-sur-Seine*".

O golpe mais notório daquele outono foi perpetrado pelos soldados do batalhão da ferrovia. Eles detiveram um trem em uma curva para que os MPs dos últimos vagões, que protegiam a mercadoria transportada contra roubo, não pudessem ver, e então descarregaram carne, café, cigarros e enlatados para os seus cúmplices. Um saco de dez quilos de café podia ser vendido a trezentos dólares e uma caixa com rações 10-em-1 era vendida a cem dólares. Cobertores e uniformes também foram roubados de trens-hospitais. Cerca de 180 oficiais e soldados foram acusados e sentenciados a penas de prisão que iam de três a cinquenta anos. Cerca de 66 milhões de maços de cigarros desapareceram num único mês.

A antipatia dos franceses pela "nova ocupação" aumentou com os sinais ostensivos de privilégios das Forças Armadas americanas. Os MPs americanos de capacete branco, que dirigiam o trânsito na Place de la Concorde, davam prioridade aos veículos dos Estados Unidos que se dirigiam à embaixada americana. Roosevelt adiara o reconhecimento do governo provisório porque suspeitava que De Gaulle pretendia ser um ditador militar, mas, após muita pressão do Departamento de Estado e de Eisenhower, ele cedeu. Na segunda-feira, 23 de outubro, Jefferson Caffery, embaixador dos Estados Unidos, ao lado de Duff Cooper, embaixador britânico, e Aleksandr Bogomolov, o representante soviético, finalmente apresentaram credenciais. De Gaulle convidou Cooper e sua esposa para jantar naquela noite, mas estava ainda com um humor tão ruim que o embaixador britânico, em seu diário, descreveu a noite como "uma reunião extremamente fria e triste, pior ainda do que suas ocasiões festivas costumam ser".

Caffery mostrava-se bem mais simpático com os franceses do que a maioria dos oficiais de alta patente do SHAEF, e como resultado vários deles passaram a vê-lo com desprezo. Era um homem estranho, ao mesmo tempo formal e muito ansioso, e claramente não gostava da vida diplomática. Os francófobos oficiais americanos de alta patente estavam decididos a submetê-lo à sua própria hierarquia e a não permitir-lhe nenhuma independência diplomática. Caffery e Georges Bidault, o inexperiente ministro francês do Exterior, expuseram um ao outro suas dificuldades. Bidault constantemente desculpava-se com Caffery e Cooper pelas provocações desnecessárias da parte de De Gaulle. Chegou a dizer a Caffery mais tarde que "não existe absolutamente ninguém mais à vista, e temos que admitir que De Gaulle ama a França, embora não goste dos franceses". O principal problema de Cooper era seu velho amigo Winston Churchill. O primeiro-ministro queria visitar o SHAEF, mas sem dizer antes uma palavra a De Gaulle, um ato que teria sido visto como um insulto. No final, Churchill foi convencido a formalizar sua visita, e desfilou pela Champs-Élysées com o general De Gaulle, aclamado por uma grande multidão. Suas acirradas divergências às vésperas do Dia D foram diplomaticamente deixadas de lado.

As expressões de mau humor de De Gaulle deviam-se em parte às graves dificuldades econômicas e políticas que seu governo enfrentava. O fornecimento de comida e combustível era incerto, gerando frequentes protestos. O SHAEF avaliou que 1.550.000 edifícios haviam sido destruídos durante a guerra. Fábricas e minas ainda não operavam de modo adequado, e os portos e sistemas de transporte do país continuavam semiparalisados após toda a destruição causada pelos bombardeios aliados e pelos saques alemães. De Gaulle também tinha que lidar com o movimento da Resistência, ressentido por ter perdido sua influência e pelo restabelecimento do poder do Estado por parte dos gaullistas que haviam voltado de Londres. O Partido Comunista francês e seus apoiadores eram os que lideravam os protestos. Suas esperanças de fazer a libertação desembocar em revolução haviam sido frustradas, mas eles não sabiam que Stálin se opunha frontalmente à ideia. Ele temia que os Estados Unidos cortassem o apoio do programa Lend-Lease à União Soviética se houvesse distúrbios na França por trás das linhas aliadas.

De Gaulle jogou sua cartada decisiva no final de outubro. Ele permitiria que o líder do Partido Comunista francês Maurice Thorez voltasse de Moscou a Paris, mas em contrapartida os dois ministros comunistas de seu governo teriam que apoiar seu decreto que abolia as "milícias patrióticas" e forçava-as a entregar as armas. Com uniformes e armas fornecidos pelo SHAEF, De Gaulle iniciou a incorporação das milícias patrióticas às forças francesas regulares, enviando a maior parte delas para o I Exército francês do general Jean-Marie de Lattre de Tassigny, que avançava em direção a Estrasburgo, na parte mais ao sul da linha aliada.

Uma pessoa que não tinha intenção de entregar armas era Ernest Hemingway, que estivera com partisans nos arredores de Rambouillet pouco antes da libertação de Paris. No início de outubro, Hemingway teve que abandonar seu cortejo itinerante na fronteira alemã, onde o 22º Regimento de Infantaria da 4ª Divisão vinha abrindo brechas na Linha Siegfried. Depois de cometer perjúrio em um tribunal de investigação de suas atividades militares ilegais em Rambouillet, foi absolvido e autorizado a permanecer na França como correspondente de guerra credenciado.

Embora permanecesse um tempo em Paris dando-se ao trabalho de incentivar o sargento J. D. Salinger da 4ª Divisão, que já estava escrevendo *O apanhador no campo de centeio*, Hemingway continuou como um inveterado turista de guerra: afinal, era o homem que havia cunhado o termo *whore de combat* [puta de combate] durante a

Guerra Civil Espanhola. Ele voltou ao Ritz em Paris para beber e dormir com Mary Welsh, a futura senhora Hemingway. Algum tempo depois, bebendo com o coronel "Buck" Lanham, comandante do 22º Regimento de Infantaria, pegou uma foto do marido de Mary, atirou-a na privada e disparou uma pistola alemã nela, com desastrosos efeitos no encanamento do Ritz.

Também flertou paternalmente com Marlene Dietrich, que estava na França entretendo os soldados americanos. Um dos "ardentes admiradores" de Dietrich era o general Patton, que lhe deu de presente um conjunto de pistolas com cabo de pérolas. Outro era Jim Gavin, da 82ª Divisão Aerotransportada, o major-general paraquedista extraordinariamente jovem e belo que se tornou seu amante. Gavin também seria mais tarde amante de Martha Gellhorn, a terceira senhora Hemingway, que agora não podia mais ver a cara de "Papa". Paris de fato foi uma festa agitada no último ano da guerra.

Bruxelas era o centro que atraía os soldados em licença do I Exército canadense e do II Exército britânico. Oficiais britânicos costumavam dizer resignadamente que, para quem gostava de Paris, ir para Bruxelas era como tomar chá com a irmã da garota que você ama. A capital belga pode não ter sido tão agitada quanto Pigalle, mas para os soldados que iam lá oferecia a cerveja e as mulheres que tão avidamente procuravam. E também virou um paraíso para desertores e operadores do mercado negro.

A situação política em Bruxelas talvez fosse mais complicada ainda que a de Paris. O major-general G. W. E. J. Erskine, chefe da missão do SHAEF na Bélgica, tentara ajudar o governo belga de Hubert Pierlot a restabelecer a ordem depois que este voltou de seu exílio em Londres. Os movimentos de Resistência, em sua maioria de esquerda, mais ou menos como suas versões francesas, não apreciavam receber instruções sobre o que fazer partindo de políticos conservadores que haviam passado anos na segurança de Londres, enquanto eles enfrentavam todo tipo de perigos. Totalizando cerca de 30 mil membros no início de setembro, seu número subiu para 70 mil. Aqueles que haviam lutado junto com forças britânicas e americanas não receberam bem a ideia de serem incorporados ao Exército e à *gendarmerie* belga para cumprir papel subordinado.

O general Eisenhower expediu uma ordem do dia, em 29 de setembro, elogiando o trabalho da Resistência, mas também apoiando o pedido do governo belga para que entregassem as armas e equipamento e se apresentassem como voluntários para o serviço militar em batalhões especiais, como auxiliares. Numa época de grave escassez de carvão e comida, e em que a Bélgica tinha falta de mão de obra, isso foi recebido com um misto de escárnio e irritação. Em 21 de outubro, o general Erskine ressaltou para o supremo comandante que os membros rebeldes da Resistência que se recusavam a abrir mão de suas armas eram em número maior que a polícia e a *gendarmerie*, numa proporção de dez para um. A ocorrência de uma ruptura no controle governamental era uma possibilidade real. Eisenhower então sugeriu que o governo belga declarasse que a posse não autorizada de armas na zona de combate não era permitida.

Em 9 de novembro Eisenhower fez uma visita oficial à capital belga, onde discursou no Parlamento. Alguns dias depois, o Ministério da Defesa da Bélgica anunciou que todas as forças da Resistência seriam desmobilizadas em 18 de novembro. Dois ministros comunistas e um representante da Resistência renunciaram do gabinete de Pierlot em sinal de protesto. Mas o general Erskine conseguiu convencê-los, em um novo encontro, de que o SHAEF dava firme apoio ao governo com essa medida, e ninguém iria querer ver confrontos entre a Resistência e as forças aliadas. Os grupos de Resistência recuaram e concordaram em entregar todas as armas às "autoridades interaliadas".

Em 25 de novembro, porém, soldados britânicos e veículos blindados foram convocados em apoio à polícia e à *gendarmerie*, que enfrentavam uma grande manifestação no distrito governamental de Bruxelas. Mais ou menos como estava acontecendo na Grécia, isso fez parecer que os britânicos haviam decidido manter um governo impopular no poder. Erskine foi obrigado a justificar suas ações publicamente, alegando que a ordem precisava ser mantida atrás das linhas de uma zona de combate. No entanto, até que pudessem ser realizadas eleições, as autoridades militares não tinham outra opção a não ser apoiar governos que tivessem sobrevivido no exílio e que estavam completamente fora de sintonia com todos aqueles que haviam sofrido uma longa ocupação.

Ao mesmo tempo que os veteranos americanos da luta na Normandia tinham licenças para passar 72 horas em Paris, havia um fluxo constante de reposições para os que haviam sido mortos ou feridos em combate, enviado de Cherbourg para campos preparatórios. A maioria era composta de jovens recém-chegados dos Estados Unidos, mas havia também homens mais velhos, realocados aos pelotões que haviam sofrido cerca de 80% das baixas, uma proporção bem mais elevada que a prevista.

Naquele inverno, praticamente o único aprimoramento feito naquele sistema deprimente e sem imaginação foi mudar o nome de "reposições" para "reforços", numa tentativa de afastar a ideia de que os recém-chegados estavam apenas preenchendo o lugar de homens mortos. Isso adiantou pouca coisa. Um oficial de regimento da 28ª Divisão de Infantaria disse: "Somos ainda uma unidade de primeira classe, mas nem de longe tão boa quanto aquela que desembarcou na praia [na Normandia]. Precisamos agora gastar muito mais tempo incentivando verbalmente. Reposições, tanto de oficiais quanto de demais soldados, são gente imatura. Não sabem como tomar conta de si. Às vezes, viram baixas rápido demais. Não conhecem bem seus líderes nem seus companheiros, e é difícil fazer com que se sintam membros de uma equipe". Em uma companhia, vinte homens disseram estar doentes, a maioria por resfriado e "pé de trincheira",[4] também conhecida como "pé imerso". Todos eram recém-chegados que não haviam recebido instruções nem mesmo sobre as normas mais básicas de higiene no campo, das quais a mais importante era trocar as meias. O comandante da companhia admitiu ter perdido 26 homens para o hospital em dez dias por causa de "pé de trincheira".

4 Nome que se dava à condição causada pela exposição prolongada dos pés à umidade, à falta de higiene e ao frio. (N. T.)

J. D. Salinger, na 4ª Divisão, teve muita sorte por receber toda semana um par de meias de lã tricotadas pela mãe.

O pessoal encarregado da Communications Zone mostrou pouco interesse pelo destino dos que estavam sob seus cuidados. Para eles, tratava-se simplesmente de uma questão de processar os números envolvidos. As unidades de reposição eram conhecidas como *repple depples*, e pareciam um daqueles pontos de arregimentação de mão de obra temporária. "Toda manhã", escreveu um recém-chegado chamado Arthur Couch, "uns mil homens ficam do lado de fora de uma unidade do quartel-general, onde alguém lê em voz alta uma lista de nomes de uns cem ou mais soldados, que então partem em caminhões para suas divisões ou regimentos. O resto de nós volta para as barracas, até ser anunciada a próxima lista de chamada." Os jovens que aguardavam sua vez de repor alguém com frequência ficavam ainda mais apreensivos ao verem veteranos feridos voltando do hospital e retornando ao combate, e que se compraziam em contar histórias bizarras e horripilantes sobre as lutas no front.

Os homens muitas vezes chegavam sem nenhuma das qualificações de treinamento que seus formulários especificavam. Vários deles não sabiam nadar. Depois de perder um grande número de homens na travessia do Mosela, um comandante de companhia do III Exército de Patton descreveu o ataque ao Forte Driant, feito com reposições para as suas baixas. "Não conseguíamos fazer com que os inexperientes novos soldados se mexessem. Tínhamos que arrastá-los até o forte. Os veteranos estavam cansados e os novatos eram medrosos e verdes como grama. Os três dias que passamos abrindo uma brecha no forte foram gastos mantendo os homens em linhas. Perdemos todos os líderes porque se expunham na hora errada a fim de conseguir cumprir essa tarefa. Os novatos pareciam ter perdido toda a noção racional. Deixavam seus fuzis, lança-chamas, cargas de explosivos e tudo mais em qualquer lugar. Eu fiquei tão louco da vida que me subiu o sangue. Se não fosse pelo fogo de artilharia defensivo pré-planejado, [os alemães] teriam varrido a gente do forte, com todo o monte de soldados que tínhamos lá. Por quê? Os caras não iam lutar. E por que não iam lutar? Porque não haviam sido treinados nem disciplinados para a guerra."

Na maioria das vezes, os soldados de reposição juntavam-se ao seu pelotão à noite, sem saber onde estavam ou mesmo a que unidade pertenciam. Eram frequentemente evitados pelos sobreviventes do pelotão ao qual se juntavam, que haviam perdido seus companheiros mais próximos. E como os "reposições" eram vistos como soldados desajeitados e condenados, os veteranos mantinham distância deles. Isso acabou virando quase uma profecia sempre cumprida, pois os pelotões mal liderados acabavam usando os recém-chegados para as tarefas mais perigosas, em vez de pôr em risco um soldado experiente. Muitos não chegavam a sobreviver às suas primeiras 48 horas.

Os soldados de reposição eram geralmente tratados um pouco melhor do que escravos descartáveis, e o sistema todo nutriu um cinismo muito problemático. Martha Gellhorn, em sua novela *Point of No Return*, repete uma situação muito comum de humor negro: "O sargento Postalozzi diz que eles deveriam fuzilar os reposições já no *repple depple* e evitar problemas. Diz que é um desperdício de tempo carregar os corpos de todos eles de volta".[5]

Um soldado de reposição só teria mesmo esperança de sobreviver se conseguisse continuar vivo depois de 48 horas no front. Um dos oficiais do Estado-Maior de Bradley ponderou a respeito do destino de um *doughboy* [soldado novato] recém-chegado. "As chances que ele tem de sobreviver parecem estar no seu ponto máximo depois que ele passa um tempo na linha do front – ah, digamos talvez uma semana. Então, a gente sabe, sentado aqui num belo quartel-general, como um contador atrás da sua mesa numa empresa de seguros, que as chances que ele tem de sobreviver caem de modo lento mas constante, e com uma certeza matemática irão continuar caindo, caindo, caindo. As chances caem a cada dia que ele permanece sob fogo até que, se ele resistir tempo suficiente, acabará sendo

5 O próprio Hemingway repetiu uma piada muito parecida em *Do outro lado do rio, entre as árvores*, mas depois do clima amargo em que se deu a ruptura de seu casamento, nenhum dos dois, é claro, iria admitir que tivesse ouvido a história do outro.

o único número de uma roleta que ainda não foi sorteado em um noitada inteira de jogo. E ele sabe disso também."

"Eu tive a sorte de estar com velhos soldados que queriam ajudar um novo soldado de reposição a sobreviver", escreveu Arthur Couch a respeito de ter sido mandado para a 1ª Divisão de Infantaria. Ensinaram-no a disparar uma rajada com o seu rifle automático Browning, e imediatamente rolar de lado para uma nova posição, pois os alemães iriam direcionar todo o seu fogo para qualquer arma automática. Couch aprendeu rápido, mas deve ter feito parte de uma minoria. "A qualidade das reposições caiu muito nas últimas semanas", relatou a sua divisão em 26 de outubro. "Chegam muitos homens que não estão fisicamente aptos para o combate de infantaria. Recebemos alguns de quarenta anos de idade que não podem ficar expostos a frio, lama, chuva etc. Os soldados de reposição não têm suficiente preparo mental para o combate. Não foram avisados das realidades da guerra – como ficou evidente quando um reposição perguntou se no front eles usavam munição de verdade."

As divisões da linha do front estavam furiosas com a falta de treinamento prévio à sua chegada. "Reposições têm treze semanas de treinamento básico", comentou um sargento do 3º Corpo. "Eles não sabem o básico de uma metralhadora, não sabem como reduzir o risco de travamento ou colocar a arma em ação rapidamente. São bons homens, mas não foram treinados. E lá no meio da luta não é lugar para treiná-los." Outro sargento disse que, no treinamento que recebera nos Estados Unidos, os recrutas eram informados de que "as armas do inimigo podiam ser silenciadas e superadas pelas nossas armas". Eles chegavam achando que o único perigo era o fogo de armas pequenas. Não imaginavam que houvesse minas, morteiros, artilharia e tanques. Num ataque, ficavam amontoados, formando um alvo fácil. Quando um fuzil disparava ou uma metralhadora abria fogo, atiravam-se e ficavam deitados no chão, expondo-se a explosões de morteiros, quando a ação mais segura teria sido correr para a frente.

O princípio de "fogo em marcha", isto é, manter um volume constante de fogo dirigido a alvos prováveis enquanto você avança, era algo que poucos soldados de reposição pareciam ser capazes de compreender. "O pior erro que eu vejo", reportou um comandante de companhia, "é os homens falharem em disparar as armas. Tenho visto eles serem alvejados e não revidarem. Eles simplesmente se protegem. Quando questionados, dizem que disparar iria atrair outros disparos contra eles." Paradoxalmente, quando os soldados alemães tentavam se render, os reposições eram quase sempre os primeiros a tentar matá-los a tiros, o que fazia com que os outros deitassem no chão de novo e continuassem lutando. Os novatos também precisavam aprender certos truques dos alemães para confundi-los. "O Jerry[6] lança fogo de morteiro logo atrás do nosso próprio fogo de artilharia, para que nossos soldados acreditem que o fogo que eles mesmos lançam não tem alcance suficiente." Soldados experientes estavam acostumados com isso, mas os reposições com frequência entravam em pânico.

As divisões também ficavam desesperadas com a falta de preparo dos reposições de oficiais e NCOs ("Oficiais não comissionados"). Argumentavam que os oficiais precisavam servir no front antes de ser-lhes entregue a responsabilidade por vidas alheias. Os NCOs que chegavam sem nenhuma experiência de combate deveriam ser rebaixados de nível automaticamente, e depois promovidos de novo quando tivessem provado ter capacidade de fazer o serviço. "Tínhamos um sargento sênior que nos foi enviado", relatou uma divisão. "Tudo o que fizera desde que estava no Exército tinha sido pintar um mural no Pentágono. É um cara legal, mas não temos tarefa para ele na sua faixa."

"Meu primeiro contato com o inimigo me pegou num estado mental meio confuso", admitiu um jovem oficial de reposição. "Eu não estava entendendo direito o sentido daquilo tudo [...] Levei uns quatro dias até conseguir chegar num ponto em que não achava mais que toda a bomba lançada era dirigida a mim." Ele sem dúvida se revelou um bom líder de pelotão. Mas muitos outros, embora não por culpa deles, eram totalmente ineptos para a tarefa. Alguns tenentes foram enviados para batalhões de tanques sem nunca terem visto o

---

6 *Jerry* é gíria britânica para "alemão". (N. T.)

interior de um tanque. Uma divisão de infantaria ficou horrorizada ao receber "um grupo de oficiais de reposição [que] não tinham experiência como líderes de pelotão. Haviam sido oficiais auxiliares de serviços especiais, oficiais de alojamento etc."

Os comandantes, numa tentativa de estimular seus reposições, procuravam instilar o ódio no inimigo. "Antes de entrar em combate, meus líderes ficavam falando das desumanidades dos alemães", declarou um comandante de batalhão da 95ª Divisão, que participou da conquista de fortalezas em Metz. "Agora que estivemos em combate, temos muita experiência prática para nos apoiar e não é necessário muito incentivo para deixar os homens prontos para destroçar os boches, um por um. Evitamos ficar insistindo nisso, mas simplesmente tentamos destacar que os alemães são uma raça de animais perversos, que não irão nos dar trégua e que devem ser exterminados."

5

A FLORESTA DE HÜRTGEN

O amigo e herói de Hemingway, coronel Buck Lanham da 4ª Divisão, logo viu-se de volta a um mundo muito distante dos confortos do Ritz. No final de outubro, o general Eisenhower expediu suas ordens para a campanha de outono. Enquanto o I Exército canadense terminava de assegurar o estuário do Scheldt para abrir o porto de Antuérpia, os outros seis exércitos aliados sob seu comando iriam avançar para o Reno, tendo como próximos objetivos as regiões industriais do Ruhr e de Sarre.

A brecha que o I Exército abriu na Linha Siegfried em volta de Aachen colocou-o a não mais de trinta quilômetros do Reno, uma distância tentadoramente pequena no mapa. A uns quinze quilômetros a leste ficava o rio Roer, que teria que ser cruzado primeiro. A ala direita do I Exército, com apoio do IX Exército logo ao norte, iria preparar-se para cruzar assim que o 7º Corpo de Collins e o 5º Corpo de Gerow assegurassem a floresta de Hürtgen e setores adjacentes.

O tenente-general Courtney H. Hodges escolheu a antiga estação de tratamento de saúde de Spa como quartel-general. Ao final da Primeira Guerra Mundial, Spa havia sido a base do

Generalfeldmarschall Paul von Hindenburg e do Kaiser Guilherme II. Ali, em novembro de 1918, a liderança do Segundo Reich enfrentou a súbita desintegração de seu poder à medida que irrompiam motins na Alemanha: a "punhalada nas costas" que Hitler estava agora obcecado em evitar 26 anos depois. Hodges instalou-se no Grand Hôtel Britannique, enquanto seu estafe de operações montou suas mesas dobráveis e mapas sob os lustres do cassino. Os parques da cidade ficaram cheios de veículos militares, que revolveram a grama até transformá-la num lamaçal. O historiador de batalhas Forrest Pogue observou que, apesar de estarem a menos de trinta quilômetros da linha do front, ninguém se dava ao trabalho de carregar uma arma ou usar uniforme de campanha.

O quartel-general do I Exército não era um lugar feliz. Exalava ressentimento e frustração pelo lento progresso durante aquele lento outono. Hodges, um homem estritamente formal e entediante, com um bigode aparado, mantinha-se sempre aprumado e raramente sorria. Tinha um sotaque do sul, mostrava-se relutante na hora de tomar decisões rápidas e exibia falta de imaginação para manobras: acreditava em simplesmente partir para cima do inimigo. Com jeito mais de homem de negócios do que de soldado, raramente visitava a linha mais avançada do front, o posto de comando da divisão. Sua decisão de atacar diretamente pela floresta de Hürtgen como parte do plano de fechar o Reno produziu a parte mais horrenda de toda a campanha do noroeste da Europa.

Situada a sudeste de Aachen, a floresta de Hürtgen era uma extensão semimontanhosa de profundos bosques de pinheiros, com alguns trechos de carvalho e faia e pastos nas elevações. Antes que o ruído da guerra dominasse sua paz misteriosa, os únicos sons por ali eram os do vento batendo nas árvores e os gemidos de falcões circulando no alto. A floresta, fendida na diagonal por ravinas, era repleta de encostas íngremes, inclinadas demais para os tanques e fatigantes para uma infantaria com pesados fardos, que seguia escorregando e deslizando em meio a lama, pedras e arbustos. A floresta de pinheiros era tão densa e escura que logo começou a parecer amaldiçoada, como num sinistro conto de fadas, com feiticeiras e ogros. Os homens sentiam-se intrusos e conversavam sussurrando, como se a floresta pudesse ouvi-los.

Trilhas e clareiras abertas para impedir o alastramento de incêndios davam pouco senso de direção a essa área de quase 150 quilômetros quadrados. Havia poucos sinais de habitação humana, exceto um punhado de aldeias, com casas e fazendas de lenhadores construídas com a pedra local marrom-acinzentada no nível térreo e com uma estrutura de madeira no andar de cima. Montes de lenha ficavam empilhados sob abrigos, do lado de fora das moradias.

Após as incursões iniciais pelas beiradas da floresta, a cargo da 3ª Divisão de Blindados e da 1ª Divisão de Infantaria na segunda semana de setembro, Hodges e seu Estado-Maior deveriam ter percebido melhor o que estavam pedindo a seus soldados. A experiência subsequente da 9ª Divisão de Infantaria durante a segunda metade de setembro e em outubro deveria ter sido um alerta adicional. O progresso havia sido bom de início, com avanço no sentido sudeste em direção à cidade-chave de Schmidt. Houve surpresa porque, nas palavras do comandante de divisão alemã que os enfrentou, "em geral, acreditava-se ser fora de questão que, naquela extensa área de bosques, difícil de inspecionar e com poucas estradas, os americanos tentariam avançar até o Roer". Assim que a infantaria alemã recebeu apoio de seu corpo de artilharia, os combates na floresta viraram uma terrível batalha de desgaste.

Os alemães introduziram francoatiradores para operar a partir de esconderijos montados no topo das árvores (próximo ao chão o campo de visão era reduzido). Eles haviam sido treinados em Munsterlager em uma Scharfschutzen-Ausbildungskompanie, ou companhia de treinamento de francoatiradores, onde todo dia haviam sido submetidos a meia hora de propaganda de ódio. Esta consistia em uma espécie de fala frenética dos instrutores dos NCOs e costumava assumir a seguinte forma:

NCO: – Cada tiro deve matar um judeu bolchevista.

Coro: – Cada tiro.

NCO: – Matar os porcos britânicos.

Coro: – Todo tiro deve matar.

A 9ª Divisão de Infantaria americana vinha atacando o setor defendido pela 275ª Divisão de Infantaria liderada pelo *Generalleutnant* Hans Schmidt. Os postos de comando dos regimentos de Schmidt eram cabanas feitas de troncos na floresta. A divisão tinha apenas 6.500 homens e seis canhões de assalto autopropelidos. Alguns soldados possuíam noções de combate na floresta, mas outros, como o 20º Luftwaffe Festbataillon, não tinham nem sequer experiência de infantaria. Uma das companhias era a da Escola de Intérpretes Luftwaffe, que na visão de Schmidt mostrava-se "absolutamente inepta para agir no front". No mês seguinte, "a companhia quase inteira caiu nas mãos do inimigo". Seus soldados vinham armados com uma miscelânea de fuzis, provenientes de países estrangeiros que haviam sido ocupados em fases anteriores da guerra.

Lutar na floresta de Hürtgen, reconheceu Schmidt, impôs "as maiores exigências sobre a resistência física e psicológica [dos soldados]". Eles sobreviveram apenas porque os americanos não souberam tirar partido de sua esmagadora superioridade em tanques e força aérea, e a artilharia tinha muitas dificuldades de observação. Mas as linhas de suprimento alemãs e o pessoal de retaguarda sofreram muito com os ataques de caças-bombardeiros. As dificuldades para transportar comida quente fizeram com que os soldados alemães recebessem apenas "rações frias a intervalos irregulares". Os homens, em uniformes ensopados, tinham que permanecer dentro de suas "tocas de raposa" durante dias, em temperaturas próximas a zero.

Em 8 de outubro, a divisão ganhou a adesão do Arbeitsbataillon 1412, formado por homens mais velhos. "Foi como uma gota de água numa chapa quente", comentou Schmidt. Praticamente o batalhão inteiro foi aniquilado no decorrer de um único dia. Um batalhão de oficiais cadetes da Luftwaffe também foi despedaçado. E em 9 de outubro, quando a divisão já havia sofrido 550 baixas, "sem contar o grande número de doentes", um batalhão de polícia de Düren foi atirado na batalha a leste de Wittscheide. Os homens, com idades de 45 a sessenta anos, ainda vestiam seus uniformes verdes da polícia e não recebiam treinamento desde a Primeira Guerra Mundial. "O envolvimento daqueles velhos pais de família foi doloroso", Schmidt admitiu. As baixas foram tão pesadas que foi preciso enviar oficiais do Estado-Maior e NCOs em treinamento do Feldersatzbataillon, sua unidade de reserva e reposição, para assumirem o comando. Até mesmo sinalizadores, que eram extremamente necessários, atuaram como soldados de infantaria.

Apenas as chuvas muitos pesadas de 10 de outubro deram à 275ª Divisão a oportunidade de restabelecer sua linha. Schmidt ficou impressionado com a 9ª Divisão de Infantaria americana e até pensou que deveria ter recebido treinamento especial em guerra na floresta. Aquela tarde, quando seus comandantes de corpo e exército fizeram uma visita, ficaram tão chocados com as condições da divisão que prometeram enviar reforços.

Os reforços de fato chegaram, mas para lançarem uma contraofensiva em vez de fortalecer a linha. Consistiam de um bem armado regimento em treinamento, com 2 mil homens, metade dos quais candidatos a oficial, comandados pelo *Oberst* Helmuth Wegelein. Havia grande expectativa. O ataque foi desferido às sete da manhã de 12 de outubro, com pesado apoio de artilharia. Mas, para desespero dos oficiais alemães, o avanço ficou emperrado por um fogo americano muito efetivo. Ao que parece, os comandantes daquele regimento de treinamento de elite se confundiram e o ataque todo se desfez num caos. Uma segunda tentativa, à tarde, também falhou. O Regimento de Treinamento Wegelein perdeu quinhentos homens em doze horas, e o próprio Wegelein foi morto no dia seguinte. Em 14 de outubro, os alemães foram obrigados a recuar para se reorganizarem, mas como o general Schmidt supôs com alívio, a 9ª Divisão americana estava também completamente exaurida.

O doloroso e custoso avanço da 9ª Divisão foi interrompido em 16 de outubro, após 4.500 baixas, causadas por batalha e não batalha: uma baixa para cada metro avançado. Os médicos americanos, cuidando tanto de GIs quanto de soldados alemães gravemente feridos, haviam começado a perceber um contraste notável. Os cirurgiões notaram que "o soldado alemão mostra uma aptidão para se recuperar dos mais drásticos ferimentos bem superior à do soldado

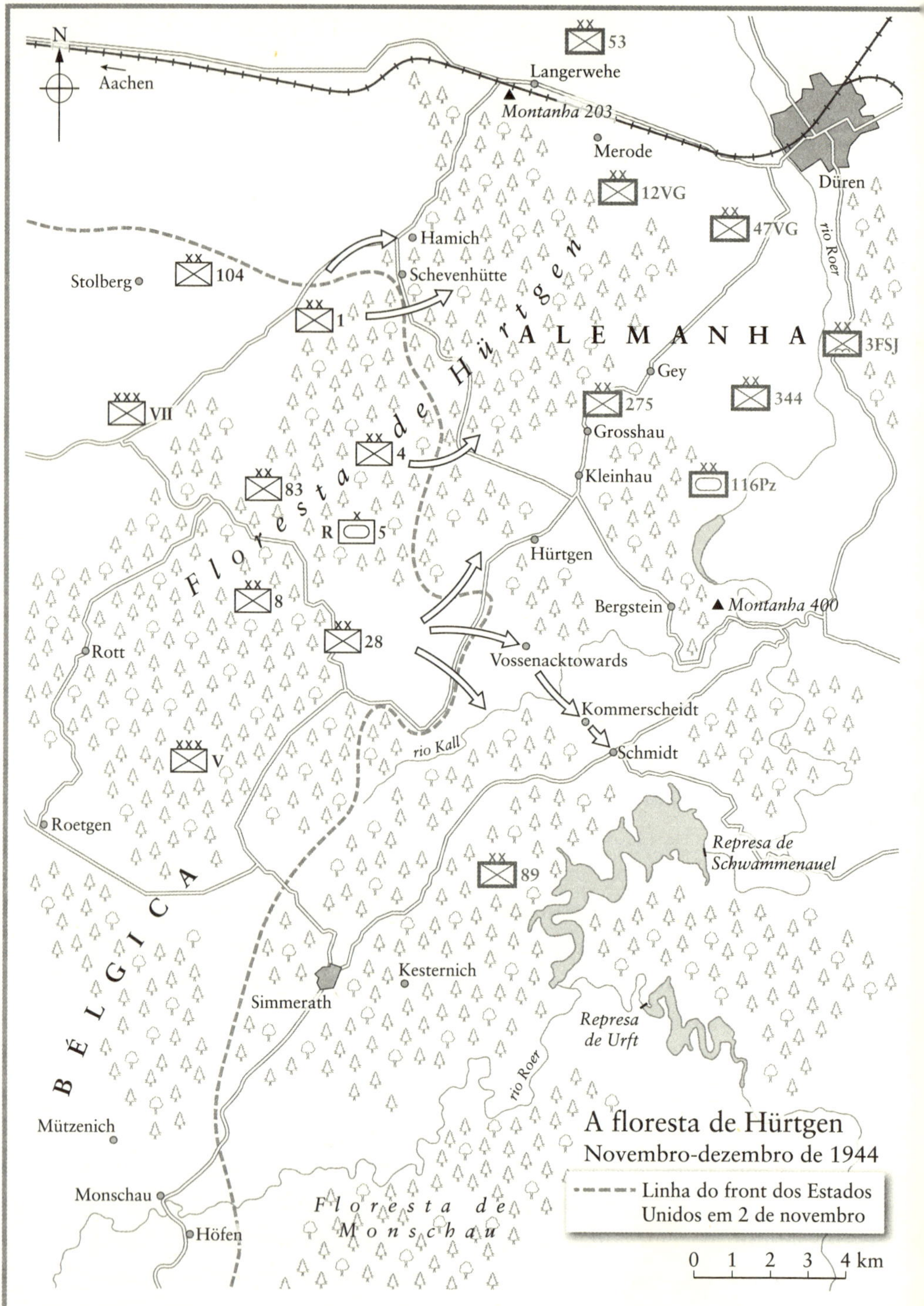
N
Aachen
53
Langerwehe
Montanha 203
Merode
Düren
12VG
47VG
rio Roer
Hamich
Stolberg
104
Schevenhütte
1
Floresta de Hürtgen
A L E M A N H A
3FSJ
Gey
VII
275
344
Grosshau
4
83
Kleinhau
116Pz
R
5
Hürtgen
8
Bergstein
Montanha 400
28
Rott
Vossenacktowards
Kommerscheidt
rio Kall
Schmidt
V
Roetgen
Represa de Schwammenauel
89
B É L G I C A
Kesternich
Simmerath
Represa de Urft
rio Roer
Mützenich
A floresta de Hürtgen
Novembro-dezembro de 1944
Monschau
Linha do front dos Estados Unidos em 2 de novembro
Floresta de Monschau
Höfen
0 1 2 3 4 km

americano". Essa diferença visivelmente era devida ao "simples fato cirúrgico de que os soldados americanos, muito mais bem alimentados do que os alemães, geralmente tinham uma camada mais grossa de gordura, o que não só tornava a cirurgia mais difícil e extensiva, como também retardava a cura. O soldado alemão, por outro lado, mais magro e sendo alimentado esparsamente, é portanto mais fácil de ser operado".

Para o desalento dos comandantes de divisão, o quartel-general do I Exército não se comoveu com as baixas produzidas pelo avanço da 9ª Divisão e continuou sem levar em conta o terreno. Novamente, Hodges insistiu em atacar pelas partes mais difíceis e pela floresta mais densa, onde as vantagens dos americanos em tanques, poderio aéreo e apoio de artilharia nunca teriam como desempenhar seu papel. Ele nunca considerou a possibilidade de avançar pela cidade-chave de Schmidt a partir do corredor de Monschau até o sul, uma abordagem mais curta e em geral mais fácil. O problema era que nem seus comandantes de corpos nem sua equipe no quartel-general ousavam discordar dele. Hodges tinha fama de demitir oficiais de alta patente.

O plano do I Exército para a floresta de Hürtgen nunca fizera menção às represas de Schwammenauel e Urft, ao sul de Schmidt. A ideia era simplesmente assegurar o flanco direito e avançar até o Reno. Hodges não se dispunha a ouvir nenhuma explicação sobre os problemas que os soldados enfrentavam. No seu entender, tais relatos eram simples desculpas para falta de coragem. Os rádios funcionavam muito mal nos vales profundos, na excessiva umidade dos densos bosques de pinheiros. Sempre era preciso contar com um sinalizador de reserva, pois os alemães elegiam como alvo qualquer um que carregasse uma mochila de rádio nas costas. Os alemães eram também rápidos em punir quaisquer lapsos na segurança das comunicações sem fio. O deslize de um comandante de batalhão que disse claramente pelo rádio "estou voltando em meia hora" resultou na morte de dois homens de seu grupo em um repentino bombardeio por morteiros, na sua rota habitual de volta para o posto de comando do regimento.

As trilhas e clareiras de retenção de incêndio na floresta eram enganosas e não correspondiam ao que estava nos mapas, que de qualquer modo os oficiais inexperientes tinham dificuldade de interpretar. "Nos bosques densos", observava um relatório, "não é incomum que um grupo se veja completamente perdido quanto às direções e à posição da linha do front." Eles precisavam do som da própria artilharia para encontrar o caminho de volta. Às vezes, tinham que pedir por rádio que a artilharia atirasse uma única bomba em algum ponto em particular para poderem se reorientar. E à noite, os homens que saíam de seu *foxhole* podiam ficar perdidos a apenas cem metros de sua posição, tendo que esperar até o amanhecer para descobrir onde estavam.

O mais desalentador de tudo eram os gritos daqueles que pisavam numa mina e perdiam um pé. "Um homem chutou um sapato ensanguentado que estava em seu caminho", escreveu mais tarde um comandante de companhia, "e então estremeceu ao ver que o sapato ainda tinha um pé dentro." Soldados americanos logo descobriram que os alemães se orgulhavam de seu talento nesse aspecto. As barreiras colocadas em estradas eram cheias de armadilhas explosivas, por isso os troncos derrubados no meio das trilhas à guisa de barreira tinham que ser removidos de longe, com longas cordas. Os recém-chegados precisavam aprender sobre "minas Schu, Riegel, Teller e antitanque". A mina Riegel era muito difícil de remover, pois era "preparada para explodir quando manipulada". Os alemães punham minas nos buracos abertos por bombas, onde os soldados novatos instintivamente se atiravam quando estavam sob fogo. E sabendo que a doutrina tática dos americanos orientava os soldados a abordarem uma montanha sempre que possível pelas suas "valas" ou ravinas, os alemães não perdiam a chance de miná-las e cobri-las com fogo de metralhadora.

Ambos os lados minavam e contraminavam num jogo mortal. "Quando uma unidade descobre minas", dizia um relatório, "ela mesma coloca as suas próprias em volta das inimigas para que os grupos de inspeção caiam na armadilha. Os alemães, por sua vez, provavelmente farão o mesmo com as nossas, e assim por diante."

Um membro do 297º Batalhão de Engenharia de Combate notou uma mina projetando-se da superfície do solo. Felizmente para ele, suspeitou e não foi direto até ela. Um detector de minas mostrou que os alemães haviam enterrado um círculo de outras minas em volta daquela, que teriam explodido sua perna. "Os alemães estão enterrando minas em lotes de até três bem fundo nas estradas de lama desse setor", relatou o regimento do coronel Buck Lanham logo depois de chegar à floresta de Hürtgen. Os engenheiros localizavam e removiam a que ficava mais perto da superfície, sem perceber que havia outras. Depois de localizá-las, detonavam-nas com dinamite e depois reparavam o buraco na estrada com um trator.

Outro perigo eram os fios de detonação entre os pinheiros. Os oficiais se queixavam de que os soldados perdiam muito tempo olhando para o chão logo à frente deles, tentando detectar fios e minas, e que nunca olhavam para cima e em volta quando patrulhavam. Os americanos também improvisavam *tripflares*[1] diante de suas posições avançadas, com arames estendidos em várias direções entre as árvores. Eram feitos com blocos de TNT de 250 gramas presos a um morteiro de iluminação de sessenta milímetros, com um dispositivo de ignição. Logo descobriu-se que o ideal era colocá-los pelo menos a cinquenta metros diante dos poços de metralhadoras que cobriam a aproximação, senão o operador ficaria cego pela luz. Mas na floresta de Hürtgen nada era simples. Como outro oficial observou: "A distância efetiva de tiro de um fuzil nos bosques de florestas raramente excedia cinquenta metros".

Ambos os lados sofriam muito com as chuvas geladas de outono. Mesmo quando não chovia, as árvores pingavam sem cessar. Munição enferrujada causava travamentos. Os uniformes e as botas apodreciam. O "pé de trincheira" rapidamente podia causar debilitação, e às vezes a necessidade de amputação. De início, os oficiais

1 *Tripflares* eram dispositivos militares constituídos por fios dispostos em volta de uma área que, ao serem movidos – em geral quando alguém tropeçava inadvertidamente neles –, ativavam sinalizadores luminosos; estes alertavam que alguém adentrara no perímetro e iluminavam o invasor de modo a que pudesse ser atingido por metralhadoras. (N. T.)

americanos demoraram a reconhecer a gravidade do problema. Regimentos, enfraquecidos pela perda de tantos homens, fizeram esforços para entregar um par de meias novas a cada soldado, junto com suas provisões. Os homens foram instruídos a manter suas meias de reserva secas guardando-as dentro do capacete, a usar o sistema de parceria – um soldado esfregava os pés do outro com vigor – e a dormir com os pés para cima para ajudar a circulação.

O intenso frio sentido pelos homens, ensopados dias e dias dentro de *foxholes* cheios de água, mostrou aos oficiais de batalhão a necessidade de lhes permitir que se aquecessem pelo menos uma vez ao dia. Foram montadas atrás das linhas tendas do tipo sino, com aquecedores, café e comida quente. Outra barraca aquecida era usada para secar as roupas. Mas com excessiva frequência os constantes ataques do agressivo patrulhamento dos alemães impediam que aqueles que ficavam nos *foxholes* mais avançados pudessem sair. Os índices de "pé de trincheira" dispararam à medida que os homens eram simplesmente condenados a ficar tremendo sob a chuva incessante e a mastigar comida fria. Alguns improvisavam um aquecedor e fogão, pegando uma caneca de ração C preenchida com terra e embebida em gasolina, e enterrando-a em um buraco com trinta centímetros de profundidade. Então aqueciam a comida ou o líquido em uma lata maior, número 10, que haviam previamente perfurado na parte de cima.

Essas condições exigiam uma constituição muito resistente, tanto mental quanto física, ainda mais quando a neve começou a cair em novembro nas maiores altitudes. "Homens com mais de trinta anos são velhos demais para resistir às condições de combate", observou um oficial do 7º Corpo, "enquanto homens com menos de vinte anos não são maduros o suficiente, mental e fisicamente." Infelizmente, a grande maioria tinha ou menos de vinte ou mais de trinta anos.

Até mesmo providenciar uma cobertura para os *foxholes* que acomodavam dois soldados era perigoso. A artilharia alemã disparava bombas nas árvores, atingindo as copas dos altos pinheiros para fazer chover lascas e estilhaços de metal naqueles que estivessem se abrigando embaixo. Por isso, parte do *foxhole* precisava ser coberta com troncos e uma grossa camada de terra, por sua vez camuflada com musgo ou folhagem. Mas cortar toras com machado era perigoso. O som se propagava e os alemães, sabendo que os homens estavam acima do solo, disparavam morteiros. Então, em vez disso, usavam-se serrotes para cortar as toras.

Os alemães, como havia sido sua prática na Normandia e no front oriental, faziam uma linha de frente bem leve, com poucos homens, confiando no poder de armas automáticas. Aproveitavam então seus soldados de melhor nível para desferir contra-ataques, apoiados por tanques. E quando atacados pelos americanos, não tinham receio de despejar fogo de artilharia nas próprias posições. Os americanos logo descobriram que podiam fazer a mesma coisa, porque, com as bombas vindo de trás, a nuvem mortal de lascas e fragmentos de metralha avançava de novo contra os agressores, em vez de cair em seus homens, abrigados nos *foxholes*. "Exigia coragem, mas funcionava", comentou um coronel.

Em 1º de novembro, Hodges acompanhado por Gerow, comandante do 5º Corpo, visitou o quartel-general da 28ª Divisão, em Rott. Ele contou a Cota, o "Holandês", que tão orgulhosamente vira seus homens marchando sobre Paris, que iriam atacar na manhã seguinte, como primeiro estágio antes que o 7º Corpo começasse a avançar à sua esquerda. O plano, assegurou Hodges, era "excelente". Na realidade, era um plano absolutamente inepto. Não só a 28ª teria que avançar pelas íngremes encostas e vales, como Hodges ordenou que Cota distribuísse sua divisão em várias direções, e com isso tornava sua força de ataque bem mais fraca que a dos inimigos. Não havia um regimento inteiro sequer para avançar sobre a cidade de Schmidt. Cota tentou com muito tato apontar as falhas, mas suas objeções foram ignoradas.

A obstinação e a falta de disposição para ouvir foram ainda maiores no topo do Terceiro Reich. Na manhã seguinte, o *General der Flieger* Kreipe, tendo sido obrigado a renunciar à chefia do Estado-Maior da Luftwaffe, despediu-se do *Reichsmarschall* Göring em seu trem especial na *Wolfsschanze*. A conversa girou em torno do desfecho da guerra. "Certamente haverá uma batalha dos Nibelungos", disse Göring, "mas resistiremos no Vístula, no Oder ou no rio Weser." Kreipe duvidou que uma população civil pudesse se envolver em uma guerra suicida desse tipo. Ele implorou ao *Reichsmarschall* "que insistisse com o Führer para assegurar-se de que a política interviesse na questão. Göring ficou em silêncio por um tempo", escreveu ele em seu diário, "e finalmente me disse que não tinha como fazê-lo, pois isso tiraria a autoconfiança do Führer".

Às nove horas do dia 2 de novembro, enquanto Kreipe encontrava-se com Göring, a 28ª Divisão de Infantaria avançou para leste, partindo de uma pequena ponta de lança para o interior da floresta coberta de neblina. O 110º Regimento de Infantaria à direita sofreu muito com as metralhadoras em casamatas da Linha Siegfried, com as quais não tivera contato antes. A 109ª Infantaria à esquerda não teve melhor sorte, e foi direto para um campo minado coberto por fogo pesado. A 275ª Divisão de Infantaria alemã que defendia o setor já tinha a essa altura experiência em combates na floresta, mas havia sido tão dilapidada que seu comandante, *Generalleutnant* Schmidt, pediu que fossem resgatados. Alguns de seus soldados, ao se renderem aos americanos, disseram que tinham sido colocadas minas não só à frente deles, mas também atrás, para impedir a deserção. Vários de seus companheiros haviam sido executados por terem feito essa tentativa.

No centro, o 112º Regimento de Infantaria partiu em direção à vila de Vossenack, seguindo ao longo do final de uma serra de perfil côncavo, acima da ravina de duzentos metros de profundidade do rio Kall. A concentração de artilharia de bombas de fósforo branco incendiou a maioria das casas. Tanques Sherman dispararam no pináculo da igreja, supondo que ali houvesse pelo menos um observador da artilharia alemã ou atiradores. Esperando um contra-ataque depois de terem ocupado a fumacenta vila, o comandante da companhia disse aos seus homens que se instalassem e ficassem com os fuzis a postos. Para sua surpresa, "um garotão enorme, com jeito do interior, observou: 'A última vez que eu disparei essa coisa, me custou dezoito dólares numa corte sumária. Eu estava bêbado de Calvados'".

Em 3 de novembro, ao amanhecer, a 112ª Infantaria começou a descer pela íngreme encosta até o rio Kall, e então subiu a igualmente íngreme encosta do lado sudeste que levava à vila de Kommerscheidt. Um batalhão, mostrando considerável resistência, avançou até a cidade de Schmidt, e conseguiu tomá-la para surpresa dos soldados alemães de lá. O sargento John M. Kozlosky deteve uma carroça de munição puxada por cavalos. "Quando o condutor viu que Kozlosky sabia falar polonês, saltou da carroça e beijou Kozlosky em ambas as faces." Era um dos muitos poloneses obrigados a entrar na Wehrmacht. Abaixo da aldeia de Schmidt ficava o grande e sinuoso reservatório e represa de Schwammenauel, apenas dois quilômetros e meio de onde estavam os soldados da 112ª Infantaria. Cota não deixou de se deleitar com as congratulações que recebeu por seu triunfo, mesmo que parecesse bom demais para ser verdade.

Poucos dias antes, oficiais do quartel-general do I Exército haviam subitamente se dado conta que, se os alemães abrissem as comportas das represas quando as forças americanas localizadas rio abaixo estivessem tentando cruzar o rio Roer, uma parede de água poderia varrer as pontes flutuantes e isolar os soldados que estivessem em posições fixas na margem leste. Hodges começou a perceber isso apenas quando chegou a notícia da captura de Schmidt, mas era tarde para fazer qualquer coisa. E para piorar a situação, Hodges acabara de incentivar Collins a retardar o ataque do 7º Corpo até que uma quarta divisão chegasse para reforçar seu avanço. Com isso, a 28ª Divisão ficou totalmente vulnerável.

Dificilmente poderia haver uma escolha pior para essa tarefa sem futuro do que a divisão das forças de Cota. Com as perdas sofridas, a maior parte de seus soldados eram reposições, e a divisão apresentava um índice muito elevado de feridas autoimpostas e deserções. Como advertência, o soldado raso Eddie Slovik, um desertor reincidente da divisão, foi escolhido como o único soldado do Exército dos Estados Unidos na Europa a ser executado por esse tipo de transgressão.

Os alemães haviam sido pegos de surpresa, pois não conseguiam entender a razão daqueles intensos ataques americanos na floresta de Hürtgen, "após a eficaz resistência alemã contra a 9ª Divisão no mês anterior". Mas, numa daquelas coincidências da guerra, o *Generalfeldmarschall* Model, comandante-chefe do Grupo do Exército B, estava realizando uma reunião para estudo de mapas naquele exato momento no Schloss Schlenderhan, perto de Quadrath, a oeste de Colônia. Ele e seu estafe examinavam a possibilidade de um ataque americano ao longo da fronteira entre o v Exército Panzer e o vii Exército. Assim, tão logo Model recebeu a notícia da ocupação americana de Schmidt, não perdeu mais tempo. Mandou o *Generalleutnant* Straube, comandante do 74º Corpo encarregado do setor, de volta ao seu quartel-general. Então, com o *General* Erich Brandenberger do vii Exército e o *General der Panzertruppe* Hasso von Manteuffel do v Exército Panzer, elaborou a melhor resposta com os outros oficiais presentes.

A 116ª Divisão Panzer teve ordens de se deslocar a toda velocidade para atacar o flanco norte do avanço americano junto com a 89ª Divisão de Infantaria. A 116ª Panzer era agora comandada pelo *Generalmajor* Siegfried von Waldenburg, após a tempestade criada por seu predecessor, *Generalleutnant* Graf von Schwerin, que cancelara a evacuação de Aachen. Waldenburg também saiu rapidamente da reunião com seu oficial de operações, *Major* Prinz zu Holstein, para se juntar à sua divisão. Model, que recebera ordens do quartel-general do Führer para não usar o 116º Panzer, sentiu-se obrigado a ignorar a instrução simplesmente "para evitar que os soldados americanos saíssem dos bosques direto para campo aberto".

Naquela noite, os homens do 3º Batalhão do 112º Regimento de Infantaria que defendiam Schmidt estavam exaustos. Em vez de cavarem *foxholes*, foram dormir nas casas. Seus oficiais jamais imaginariam que os alemães fossem reagir imediatamente, por isso não enviaram patrulhas nem posicionaram postos avançados. Com isso, o batalhão foi pego de surpresa quando a infantaria e os tanques alemães apareceram ao amanhecer, após um repentino bombardeio de artilharia. Com escassez de cartuchos de bazuca e alarmados pelo ataque inesperado a partir de três direções, a maior parte do batalhão entrou em pânico. Na confusão, uns duzentos homens acabaram correndo direto ao encontro de mais alemães que vinham de sudeste, e apenas 67 deles sobreviveram. Os oficiais perderam o controle de seus homens. O resto do batalhão, abandonando seus feridos, correu em direção a Kommerscheidt para se juntar ao 1º Batalhão.

Em seu posto de comando em Rott, cerca de treze quilômetros a oeste de Schmidt, Cota de início tinha pouca ideia do desastre ocorrido com sua divisão. Em 8 de novembro, o posto estava abarrotado de comandantes. O general Hodges chegou e encontrou "o general Eisenhower, o general Bradley e o general Gerow comentando a situação com o general Cota. Trocaram amabilidades até que o grupo oficial foi embora", registrou o auxiliar de Hodges, "e então o general Hodges chamou o general Cota de lado para uma conversa dura sobre a falta de progresso da 28ª Divisão [...] O general Hodges, nem é preciso dizer, está extremamente decepcionado com o desempenho da 28ª Divisão". Hodges também culpou Gerow, comandante do Corpo, embora o plano supostamente "excelente" de mandar uma única divisão para a floresta de Hürtgen e depois dividi-la tivesse sido obra do quartel-general de seu próprio I Exército. Ele obrigou Cota a mandar uma ordem à 112ª Infantaria para retomar Schmidt, o que revelou sua total ignorância sobre o que estava ocorrendo em campo.

Os tanques Sherman enviados para tomar os Panther e Mark IV não conseguiram enfrentar bem as trilhas sinuosas e íngremes, as minas e a lama. As nuvens baixas e a chuva significavam que os caças-bombardeiros não iriam decolar. E o tempo todo, os dois batalhões americanos bloqueados em Kommerscheidt ficaram sujeitos a bombardeio concentrado de tanques e de todos os batalhões de artilharia que Model enviaria dos corpos vizinhos. Em 7 de novembro, o 2º Batalhão em Vossenack se dispersou e fugiu. Cota enviou o 146º de Engenheiros, lutando como infantaria, e eles conseguiram defender a parte oeste de Vossenack contra os Panzergrenadiers e tanques. A situação era tão grave que parte da 4ª Divisão de Infantaria teve que reforçar a 28ª Divisão.

Na noite de 8 de novembro, a artilharia americana lançou um pesado bombardeio em volta de Kommerscheidt para permitir que os sobreviventes dos dois batalhões escapassem pela ravina do Kall. A 28ª Divisão de Infantaria havia sido forçada a recuar quase até o ponto de onde começara, acumulando 5.684 baixas, tanto de batalha como de não batalha. Para Cota, que havia visto sua divisão com tanto orgulho em Paris, deve ter sido o dia mais amargo de sua vida. A 112ª Infantaria sozinha havia perdido mais de 2 mil homens e tinha agora não mais do que trezentos. Como um dos oficiais do estafe de Bradley observou: "Quando a força de uma formação na linha cai abaixo de certo ponto, algo muito ruim acontece com ela, e sua eficácia desaparece. O que acontece com ela é que não tem homens experientes em número suficiente para fazer com que os reposições – 'os reforços' – ganhem competência".

A propaganda alemã não perdeu tempo em fazer alarde de seu contra-ataque bem-sucedido, assim como da recaptura de Goldap no Leste da Prússia e do fracasso do Exército Vermelho em tomar Budapeste. "A força-tarefa americana foi cercada e destruída. As vilas de Vossenack e Kommerscheidt foram livradas dos pequenos grupos, que se defendiam desesperadamente, mas depois desistiram daquela resistência sem sentido."

O general Hodges recusou-se a considerar outro plano. Mesmo agora, sabendo da importância das represas, não planejava desviar-se para o sul. Ordenou que as 1ª, 8ª e 104ª Divisões de Infantaria, assim como a 5ª Divisão Blindada e o resto da 4ª Divisão, avançassem pela floresta de Hürtgen. Isso iria constituir o flanco direito da ofensiva conjunta dos IX e I Exércitos. Em 12 de novembro, o II Exército britânico começou sua ofensiva para leste a partir de sua ponta de lança em Nijmegen. Apesar da chuva, da lama e das minas, nos dez dias seguintes ele desimpediu a margem oeste do Maas até Venlo e Roermond, ambas cidades próximas à fronteira entre Holanda e Alemanha. Também naquele dia, a 1ª Divisão deixou sua área de descanso a oeste de Aachen em caminhões, em direção ao setor norte da floresta.

A terceira ofensiva na floresta de Hürtgen começou, após vários atrasos, em 16 de novembro. A essa altura, a neve com chuva já começava a se transformar nas regiões mais elevadas em neve mais grossa. A 1ª Divisão no norte ia avançar do corredor de Stolberg para a cidade de Düren, que junto com Eschweiler e Jülich havia sido totalmente arrasada sob o peso de 9.700 toneladas de bombas despejadas pelas forças aéreas aliadas. Düren foi também bombardeada à noite pela artilharia americana.

Logo depois que os principais elementos da 1ª Divisão haviam adentrado os bosques de pinheiros, eles e seus tanques de apoio sofreram pesado fogo de artilharia e de pequenas armas, desferidos pela 12ª Divisão Volksgrenadier. "Havia um fluxo de soldados feridos vindo dos bosques", escreveu o novato atirador de metralhadora Arthur Couch. "Vi um homem que segurava o estômago num esforço para conter um grande ferimento por onde seus intestinos saltavam para fora. Rapidamente um médico da linha de frente chegou e ajudou o homem a deitar, e colocou uma grande bandagem em volta do seu estômago e depois injetou-lhe morfina. Um sargento veterano disse para eu ficar bem deitado atrás de grandes pedras e então seguir até onde a última bomba da artilharia alemã havia explodido. Disse que era a coisa mais segura a fazer já que os canhoneiros alemães sempre viravam a manivela de seu canhão alguns pontos para atingir outra posição. Então corri até onde havia explodido a última bomba e a seguinte caiu a uns trinta metros dela. Foi um daqueles conselhos que salvam vidas."

Uma vez mais, como observou um oficial da 1ª Divisão de Infantaria, os alemães tentavam abater os agressores americanos com pequenas armas de fogo "para depois explodir todos nós com artilharia e morteiros". Os novatos eram aconselhados a ficar encostados atrás de grandes troncos, pois isso oferecia alguma proteção contra as explosões nas árvores. O que tinha que ser evitado era deitar no chão, pois aumentava as chances de ser atingido por fragmentos de aço ou lascas de madeira. Os americanos tentaram usar os pesados morteiros de 4.2 polegadas como apoio, mas seus operadores logo descobriram que havia uma grande dispersão quando seus disparos caíam, devido ao efeito do tempo frio e úmido sobre o propelente. E quando o chão ficava saturado, o prato da base ia afundando cada vez mais na lama, a cada rodada de disparos.

"A artilharia alemã", escreveu Couch, "visava as estradas da floresta e também fora ajustada para que seus projéteis explodissem ao entrar em contato com o topo das árvores, de modo que os fragmentos de metralha caíssem espalhados em cima de nós. Isso causou muitos ferimentos graves ou mortes. Vi muitos feridos e moribundos [...] de início eu ajoelhava e conversava com eles, mas logo vi que era algo difícil demais de suportar. Acho que ver essas feridas começou a romper minha couraça de defesa." Sua maior admiração era pelos médicos que corriam para ajudar os feridos "mesmo sob pesada artilharia ou disparos de metralhadora, enquanto nós ficávamos em lugares mais protegidos".

Na floresta, a maior parte dos soldados alemães perdera o medo de tanques. Podiam persegui-los com as Panzerfaust. Ou então, para distâncias um pouco maiores, usavam a Panzerschreck, conhecida como Ofenrohre ou "chaminé de fogão", que era uma versão maior da bazuca americana. O soldado alemão ou *Landser* também usava a Panzerfaust como artilharia de curta distância na floresta. Não admira que, como apontou o chefe do Estado-Maior do VII Exército, os alemães achassem "mais fácil defender nos bosques do que em campo aberto", porque os tanques americanos tinham muita dificuldade em operar ali. Os engenheiros precisavam remover a maioria das minas ao longo das trilhas estreitas e lamacentas, mas quase sempre sobrava alguma e o primeiro tanque a passar ficava imobilizado, bloqueando a passagem.

A 1ª Infantaria enfrentou maior resistência e pesado fogo de artilharia. "Pouco antes de amanhecer", continuou Couch, "começou um grande bombardeio atingindo principalmente as árvores acima de nós. Estava escuro e era perigoso, e os soldados novos ficaram muito ansiosos e começaram a se mover por ali em pânico. Tentei segurar um ou dois deles, dizendo que ficassem em seus *foxholes*, senão poderiam ser mortos [...] Essa foi a primeira vez que vi o pânico em batalha e entendi porque alguns homens ficam muito traumatizados pela guerra [...] Outros casos posteriores foram enviados para a retaguarda para tratamento. É perigoso demais para o resto de nós conviver com pessoal afetado por esse tipo de perturbação enquanto precisamos avançar."

A 4ª Divisão, tendo ao centro o 22º Regimento de Infantaria do coronel Buck Lanham, partiu para leste, subindo a grande serra que ia até Schmidt. O plano era começar com Grosshau, quase no alto, enquanto a 8ª Divisão à sua direita atacava a vila de Hürtgen, e depois Kleinhau. Mas o índice de baixas para cada metro de terreno ganho era impressionante. Os comandantes americanos não faziam ideia da razão do desesperado esforço de defesa alemão, que era evitar a brecha logo ao norte na linha de partida para a futura ofensiva das Ardenas.

Mesmo as menores vilas, às vezes não maiores do que uma aldeia, tinham sua igreja solidamente construída com a mesma pedra cinza e marrom. A 275ª Divisão de Infantaria de Schmidt havia mandado um grupo de homens para cursos de treinamento intensivo como atiradores. Os oficiais americanos tinham que usar seus óculos de campo por dentro da camisa para não virarem alvos, e, no entanto, como assinalou o coronel Luckett da 4ª Divisão, a visibilidade raramente ia além de 75 metros, tornando a tarefa muito difícil para atiradores no solo. Os alemães também fizeram uso de uma bateria antiaérea de canhões de 88 mm a sudoeste de Mariaweiler, que atirava nos bombardeiros aliados a caminho das cidades alemãs. Ao mesmo tempo, um posto de observação avançado podia avisá-los caso houvesse necessidade de seus canhões serem alocados para tarefas antitanque.

Os oficiais em Schmidt podiam confiar em guardas-florestais locais para boa parte do trabalho de Inteligência na área, o que lhes dava uma grande vantagem. Já os americanos, como eles perceberam, só se davam ao trabalho de reconhecimento quando estavam prestes a atacar um setor particular, o que delatava seu objetivo do dia seguinte. Os oficiais alemães e NCOs eram peritos em explorar os erros americanos. Os comandantes americanos menos experientes tinham com frequência a tentação de recuar à noite, depois de ganhar terreno, mas então os alemães avançavam e ficava impossível desalojá-los no dia seguinte. E o ataque não era a única hora em que os GIs se amontoavam. Sempre que algum prisioneiro era capturado, "doze a vinte homens se agrupavam em volta, e isso causava um monte de baixas".

Os alemães mantinham seus tanques bem escondidos e camuflados, para usá-los principalmente como arma psicológica. "Durante o dia", relatou um oficial americano, "eles ficavam relativamente quietos, mas ao amanhecer, ao anoitecer e em certos intervalos durante o dia eram colocados em ação. Circulavam e atiravam o tempo todo, o suficiente apenas para manter nossos soldados em um estado mental quase frenético." Os oficiais americanos decidiram manter seus destruidores de tanques bem avançados, a fim de tranquilizar seus homens. A infantaria tendia a entrar em pânico e retirar-se assim que seus tanques de apoio voltavam para se reabastecer de combustível e munição, por isso, sempre que possível, era preciso que um pelotão de tanques de reserva estivesse a postos para tomar seu lugar. Não era fácil, porque veículos blindados eram muito vulneráveis nos bosques escuros. Cada pelotão de tanques leves exigia um esquadrão de infantaria e um esquadrão dos engenheiros de remoção de minas. As tripulações de tanques pareciam estar mais assustadas ainda do que a infantaria na floresta. "Uma vez ficamos sem sair dos tanques por quatro dias", registrou um soldado. "Artilharia pesada, 88s, morteiros, *screaming meemies,* tudo girando à nossa volta. Se você saísse do tanque para esvaziar a bexiga era um cara morto. Fazíamos nos nossos capacetes e depois despejávamos fora do tanque pela torre."

Conforme o 22º Regimento de Infantaria do coronel Lanham esfalfava-se subindo as íngremes montanhas de densos bosques em direção à aldeia de Kleinhau, descobriu que os alemães haviam cortado os galhos mais baixos das árvores na parte da frente para terem melhor campo de fogo para suas metralhadoras MG42. Uma descarga repentina obrigou os primeiros postos avançados a fugir, mas depois os americanos foram detidos por um "trecho com armadilhas de arame farpado com 25 metros de comprimento". Conforme inspecionavam o obstáculo, foram atingidos por uma súbita salva de morteiros. Esse foi apenas o começo de seu calvário. Todos os três comandantes do batalhão de Lanham foram mortos. Num dos incidentes mais horríveis, três soldados alemães despojaram um americano seriamente ferido de seus pertences, e então colocaram uma carga de explosivos debaixo dele, que explodiria ao menor movimento. Ele não foi localizado por setenta horas, mas ainda teve forças suficientes para avisar os que vieram resgatá-lo.

A 4ª Divisão de Infantaria foi aos poucos se adaptando ao combate na floresta. Cada companhia estava dividida em dois grupos de assalto e dois de apoio. Os grupos de assalto carregavam apenas armas pessoais e granadas. Os grupos de apoio, atrás, mantendo-se apenas dentro do campo visual, vinham com morteiros e metralhadoras. Os batedores e grupos de assalto à frente precisavam manter a "direção por meio da bússola", pois era muito fácil perder o sentido de direção nos bosques. À medida que avançavam, o grupo de apoio ia desenrolando fios de sinalização para comunicações, mas também, ao estilo de João e Maria, para guiar os mensageiros, carregadores de munição e maqueiros.

As divisões americanas na floresta logo descobriram que as trilhas, clareiras anti-incêndio e caminhos de transporte de lenha deviam ser usados não para transitar, mas como linhas de referência. As unidades deviam avançar ao lado delas, nunca por elas, pois eram cheias de armadilhas e constituíam o alvo dos planos de fogo de artilharia dos alemães. Os alemães punham toda a atenção de seus morteiros em cada trilha, como parte da 1ª Divisão de Infantaria descobriu em seu desfavor; assim, para salvar vidas, a divisão atacou avançando por dentro da floresta. Também montou postos de comando bem distantes das trilhas, embora isso também fosse um custo em termos de tempo.

Em meados de novembro, o tempo esfriou bastante. Muitos homens exaustos haviam jogado fora seus pesados casacos de lã, encharcados demais de chuva e lama. "Uma neve pesada, com sessenta centímetros ou mais de altura, cobriu a floresta inteira", escreveu Couch, da 1ª Divisão de Infantaria. "Um dia, andávamos por uma área avançada, onde outra companhia havia feito um ataque. Vi uma linha de cerca de seis soldados em pé, inclinados para a frente, com os rifles apontados, na neve alta – pareciam estar atacando. Mas então percebi que não se moviam. Disse a um companheiro: devem ter sido mortos e ficaram congelados e duros do jeito que foram atingidos. Eu tomara a precaução de estufar meu bolso do peito do lado esquerdo com um monte de moedas alemãs, para proteger meu coração de alguma bala ou metralha – mas sabia que isso era bobagem."

Mais ao sul, o general Patton continuou a pressionar seus comandantes a atacar. No sábado, 11 de novembro, o diarista do 12º Grupo do Exército comentou brincando que era simultaneamente "Dia do armistício e aniversário de George Patton: os dois são incompatíveis". Exatamente uma semana depois, o III Exército de Patton finalmente cercou Metz, e quatro dias mais tarde a resistência dentro do forte cessou. A obsessão de Patton em capturar Metz havia provocado pesadas baixas entre seus soldados. Sua arrogância e impaciência, após as lampejantes vitórias do verão, haviam contribuído muito para as perdas. A chuva constante, que engolira o Mosela em sua planície inundada, tornou a travessia ao sul de Metz um pesadelo encharcado. Patton contou a Bradley como uma de suas companhias de engenharia havia levado dois dias de frustrações e trabalho árduo para estender uma ponte flutuante até a outra margem de um rio de corrente rápida. Um dos primeiros veículos a cruzar, um destruidor de tanques, esbarrou num cabo, que então se rompeu. A ponte se soltou e foi levada pela corrente. "Todos daquela malfadada companhia sentaram então no meio da lama", relatou Patton, "e choraram como crianças."

No sul, um ataque do VII Exército dos Estados Unidos à brecha de Saverne em meados de novembro permitiu à 2ª Divisão de Blindados francesa avançar e entrar estrepitosamente em Estrasburgo, até a ponte Kehl sobre o Reno. E no flanco direito do 6º Grupo do Exército, o I Exército do general De Lattre libertou Belfort, Altkirch e Mulhouse para avançar ao sul de Colmar, onde seria detido pela Resistência alemã, no que veio a ser chamado de "bolsão de Colmar".

A defesa de Estrasburgo foi um episódio inglório na história do Exército alemão. A SS saqueou Estrasburgo antes de partir. Segundo um general que defendeu a cidade, soldados que haviam recebido ordens de "lutar até o último cartucho" jogavam fora a maior parte de sua munição antes da batalha, de modo a poder justificar sua rendição. O *Generalmajor* Vaterrodt, comandante da Wehrmacht, viu com escárnio o comportamento dos oficiais de alta patente e do Partido Nazista. "Fiquei surpreso por Himmler não ter enforcado ninguém de Estrasburgo", contou a oficiais companheiros depois de ter sido capturado. "Todos fugiram, o *Kreisleiter*, o *Ortsgruppenleiter*, as autoridades municipais, o prefeito e o vice-prefeito, todos deram no pé, autoridades do governo – todos fugiram [...] Quando as coisas começaram a ficar um pouco mais movimentadas no início da manhã, eles cruzaram o Reno." O *Landgerichtspräsident* ou juiz principal de Estrasburgo foi visto fugindo com uma mochila em direção ao Reno. Vaterrodt demonstrou maior simpatia pela situação dele. "Ele estava certo. Ele teria tido que assinar tantos atestados de óbito e sentenças sumárias, que de fato teria sido terrível." O juiz era um nativo da Alsácia que morava em Estrasburgo, portanto teria sido o primeiro a ser julgado ou linchado.

Muitos oficiais alemães apareceram com suas namoradas francesas, dizendo "Eu perdi minha unidade". "Eram todos desertores!", explodiu Vaterrodt. O caso mais espetacular foi o do *Generalleutnant* Schreiber, que chegou ao escritório de Vaterrodt e disse: "Meu estafe está la fora". Vaterrodt olhou pela janela. "Havia ali uns dez automóveis maravilhosos, novinhos, com garotas dentro deles, auxiliares, e oficiais super bem alimentados, com uma incrível quantidade de bagagem, que certamente consistia de comida e outras excelentes coisas." Schreiber anunciou que pretendia cruzar o Reno. "Então pelo menos vou ficar em segurança por um tempo."

A libertação de Estrasburgo pela 2ª Divisão de Blindados do general Leclerc produziu grande alegria na França, e para Leclerc foi o cumprimento da promessa que fizera em Kufra, Norte da África, de que a *tricolore* iria tremular de novo do alto da catedral. Para eles, a libertação de Estrasburgo e da Alsácia, tomadas pelos alemães em 1871 e em 1940, representava o objetivo final na França. Leclerc era admirado e apreciado por oficiais americanos veteranos. O mesmo não podia ser dito do inconstante e fanfarrão general De Lattre de

Tassigny, que acreditava ser seu dever continuar a se queixar da falta de suprimento de uniformes e armas suficientes para as suas forças no I Exército francês no extremo flanco sul. Para sermos justos, ele enfrentou imensos problemas, integrando cerca de 137 mil membros destreinados e indisciplinados da Resistência francesa em suas tropas. De Gaulle queria começar a remover as forças coloniais para fazer o I Exército parecer mais etnicamente francês, e os soldados coloniais norte-africanos e senegaleses haviam sofrido terrivelmente no frio das montanhas Vosges. Sob pesada neve, o I Exército De Lattre havia finalmente irrompido pela Passagem Belfort para o Reno, logo acima da fronteira suíça.

Em 24 de novembro, Eisenhower e Bradley visitaram o tenente-general Jacob L. Devers, que comandara o 6º Grupo do Exército junto com o tenente-general Alexander M. Patch do VII Exército e com Lattre, do I Exército francês. Devers era um jovem general ambicioso, que irritava muita gente, inclusive o próprio Eisenhower. Ele não tivera oportunidade de discutir seus planos com o SHAEF, em grande parte porque Eisenhower mostrava pouco interesse em seu flanco sul. Devers estava convencido de que poderia cruzar facilmente o Reno em Rastatt, sudoeste de Karlsruhe, apesar de alguns contra-ataques ao seu flanco esquerdo. Alimentava claramente a expectativa de que Eisenhower se animasse com a possibilidade de fazer uma cabeça de ponte do outro lado do Reno. Mas ao descrever a operação, Devers manejou muito mal seus argumentos e ficou descontrolado quando o supremo comandante rejeitou seu plano peremptoriamente. A falha foi mais de Eisenhower, que tinha os olhos no Ruhr e em Berlim e nunca havia de fato considerado qual deveria ser a estratégia no sul. Queria apenas seguir sua ideia geral de clarear a margem ocidental do Reno, desde o mar do Norte até a Suíça. A decisão de Eisenhower mostrou uma infeliz falta de imaginação. Uma cabeça de ponte do outro lado do Reno em Rastatt teria criado uma boa oportunidade, e se tivesse sido levada logo adiante, poderia muito bem ter interrompido os planos de Hitler da ofensiva nas Ardenas.

À medida que a luta na floresta de Hürtgen prosseguia, ambos os lados passaram a se apoiar cada vez mais na artilharia. Apenas a divisão de Schmidt tinha um total de 131 canhões em apoio direto, embora seus regimentos de artilharia fossem equipados com uma mistura de armas alemãs, russas, italianas e francesas, o que dificultava o suprimento de munição. A concentração de poder de fogo dos americanos era maior ainda.

O resultado foi um caótico pesadelo de árvores esmagadas, retalhadas, derrubadas e fatiadas por bombas e morteiros, corpos mutilados por minas, capacetes abandonados e armas enferrujadas, carcaças carbonizadas de veículos, contêineres de munição, pacotes de ração, máscaras de gás e casacos encharcados e enlameados, deixados para trás por causa do peso. "Especialmente penoso era ver a roupa dos soldados", admitiu o general Straube, comandante do Corpo alemão. No frio úmido e intenso, seus homens sofriam de hipotermia, "pé de trincheira", ulcerações causadas por frio e outras doenças. Mas foram os disparos de morteiros que produziram a maior proporção de baixas de batalha em ambos os lados.

Muitos oficiais alemães achavam que a luta na floresta de Hürtgen era pior do que na Primeira Guerra Mundial, ou mesmo no front leste. Um deles descreveu-a como "uma ferida aberta". O *Generalmajor* Rudolf Freiherr von Gersdorff chamou-a de "fábrica da morte". Hemingway, que se juntara ao 22º Regimento de Infantaria de Lanham, testemunhou as cenas de neve, lama e pinheiros esmagados. Disse que Hürtgen era "Passchendaele com explosões de árvores".

Hemingway, armado de novo com uma submetralhadora Thompson, apesar do recente inquérito sobre suas atividades marciais, carregava também dois cantis, um com Schnapps e outro com conhaque. Com certeza demonstrou seu destemor sob fogo em várias ocasiões, e até participou de uma batalha. Mas o jornalismo não era sua prioridade. Ele se referia a si mesmo em tom zombeteiro como o "Velho Ernie Hemorroida, o pobre Pyle dos Pobres", numa leve ironia dirigida a Ernie Pyle, o mais famoso correspondente de guerra americano. Mas estudava os homens em torno dele e sua conduta sob fogo, pois tinha planos de escrever o grande romance americano sobre a guerra. Como observou seu biógrafo, "Ernest comprazia-se no papel de conselheiro e amigo tanto dos oficiais como dos soldados". Era fascinado pela natureza da coragem e ridicularizava a visão dos psiquiatras a respeito do ponto de ruptura do homem.

J. D. Salinger, a menos de dois quilômetros no 12º Regimento de Infantaria, continuou escrevendo contos freneticamente ao longo daquela batalha infernal, sempre que, como contou a seus leitores, conseguia achar "um *foxhole* desocupado". Ao que parece, essa atividade pelo menos adiou o colapso psicológico de Salinger até o final da guerra.

A exaustão de combate, um eufemismo militar para a pane neuropsiquiátrica, espalhou-se rapidamente. "Depois de cinco dias ali você conversava com as árvores", dizia uma das poucas piadas que circulavam. "No sexto dia, você começa a ouvir as árvores responderem." Talvez com um pouco de cínico exagero, um dos oficiais do Estado-Maior de Bradley, que visitou o setor, escreveu: "Os jovens comandantes de batalhão voltavam da floresta de Hürtgen o mais próximo que um homem pode ficar de um idiota gaguejante sem ser internado por isso". Um deles, ao que parece, comentou com esse oficial: "Bem, não é tão ruim assim, a não ser quando os caras ficam tão cansados que voltam da linha do front e veem um cara da sua equipe morto, de costas no chão, no meio do caminho, e estão tão exaustos que nem desviam o passo e pisam no rosto dele, porque, afinal de contas, que diabos [...]".

O estresse despertava nos homens uma grande vontade de consumir nicotina e álcool. A maioria dos oficiais compartilhava seus suprimentos privilegiados de uísque e gim, mas os rumores de rações de cigarros sendo roubadas por oficiais da intendência na retaguarda para vendê-los no mercado negro podia até provocar tumultos. "Os homens aceitam rações pequenas ou de má qualidade sem reclamar", observou um oficial da 4ª Divisão, "na realidade, [eles] aceitariam até diminuir as rações para conseguir mais cigarros."

As baixas físicas também dispararam. "Você passa pelas tendas de cirurgia de manhã, ao levantar, e vê ali dois ou três defuntos no chão; então volta à tarde e encontra trinta ou quarenta [...] Falta pessoal no Esquadrão de Registro de Túmulos." Nos três primeiros dias da ofensiva, o 22º de Infantaria na 4ª Divisão sofreu 391 baixas de batalha, incluindo 28 oficiais e 110 NCOS. Às vezes, os novos líderes de companhia e de pelotão sobreviviam por tão pouco tempo que seus homens nem chegavam a saber seus nomes.

As perdas alemãs também eram sérias. Model, determinado a "manter controle do terreno dominado", lançava em batalha um regimento atrás do outro, geralmente organizados às pressas. Policiais mais velhos e pessoal de terra da Luftwaffe, com pouco treinamento, eram enviados ao front para morrer. Muitos foram mortos pela artilharia americana antes mesmo de chegar à linha do front. Sempre que o céu clareava, os caças-bombardeiros americanos atacavam baterias da artilharia alemã com bombas de fósforo branco. O *Landser* alemão lutava porque, embora congelando em seu uniforme esfarrapado e muito mal nutrido devido às magras e infrequentes rações, ao que parece não tinha alternativa.

Os constantes contra-ataques alemães contra as 1ª, 4ª e 8ª Divisões de Infantaria retardaram o avanço americano pelos bosques arrebentados, mas mesmo assim ele prosseguiu, lento e doloroso – qualquer que fosse o custo, e apesar da chuva congelante e da lama e das minas que impediam os tanques de virem em seu apoio. Os soldados americanos acabaram se tornando pessoas amarguradas. "Nossos homens parecem ter desenvolvido plenamente a atitude psicológica exigida para a batalha", escreveu um sargento em seu diário. "São assassinos. Odeiam alemães e não pensam duas vezes antes de matá-los."

Para o dia 23 de novembro, Dia de Ação de Graças, Eisenhower ordenou que todo soldado sob seu comando recebesse um jantar completo com peru. Os cozinheiros dos batalhões tentaram cumprir isso na floresta de Hürtgen, mesmo que fosse apenas com sanduíches de peru, mas assim que os homens saíam de seus *foxholes* para formar fila, eram atingidos pelo fogo de artilharia alemão. Um major que testemunhou esse dia de pesadas baixas confessou que nunca mais fora capaz de comer no Dia de Ação de Graças. Ele "levantava e ia até o quintal dos fundos e chorava como um bebê".

Ninguém sentia que houvesse muito que comemorar. Foram necessários mais seis dias de pesadíssimas baixas para tomar Kleinhau e Grosshau. A 8ª Divisão finalmente capturou a vila de Hürtgen em uma carga maluca, seguida por lutas corpo a corpo em casas, com granadas, fuzis e *Tommy guns* [armas de cano curto].

A 83ª Divisão começou a substituir a 4ª Divisão de Infantaria. Esses soldados também estavam abalados pelos danos causados por "explosões de árvores que mandavam fragmentos de metal gritando do alto das árvores em todas as direções". Para prepará-los para o assalto à vila de Gey, a compacta artilharia organizou um "ajuste no alvo", com cada canhão sincronizado para disparar ao mesmo tempo no mesmo ponto. Mesmo assim, tiveram que enfrentar um "extenuante combate casa a casa" ao entrarem na vila. Só na primeira semana de dezembro é que os americanos conseguiram sair da floresta e olhar para campo aberto na zona rural, no vale do Roer. Mas ainda não tinham conseguido capturar a cidade de Schmidt e as represas. O Comando de Bombardeiros da RAF, após repetidas solicitações, finalmente fez três tentativas de destruir as represas, com cinco cancelamentos devido ao mau tempo. Fizeram pouco dano, e o Comando de Bombardeiros recusou-se a tentar de novo. Por fim, Hodges decidiu que atacaria as represas pelo sudoeste com a 2ª Divisão de Infantaria, mas a grande ofensiva alemã impediu essa tentativa. As represas só seriam tomadas em fevereiro de 1945.

O custo para ambos os lados em baixas de batalha, colapsos nervosos, ulcerações por frio, "pés de trincheira" e pneumonia havia sido horrendo. Em outubro, 37% dos soldados dos Estados Unidos tiveram que ser tratados por doenças respiratórias comuns, o pior nível em toda a guerra. As lutas na floresta de Hürtgen produziram 8 mil casos de colapso psicológico no lado americano. A Wehrmacht não considerava isso um motivo legítimo para poupar alguém das obrigações na linha do front, por isso não dispunha de números. "Houve alguns poucos casos de exaustão de combate", declarou mais tarde o chefe dos oficiais médicos alemães. "Mas como esses homens não foram dispensados, não posso dizer qual seria a porcentagem do total das baixas." "Em alguns casos", escreveu Brandenberger, chefe do Estado-Maior do VII Exército, "os soldados foram achados mortos em seus *foxholes* por pura exaustão."

Na campanha da floresta de Hürtgen, os Estados Unidos sofreram 33 mil baixas dos 120 mil homens utilizados. A 4ª Divisão de Infantaria sozinha respondeu por "mais de 5 mil baixas de batalha e mais de 2.500 perdas de não batalha". Para ajudar a divisão a se recuperar, o general Hodges ordenou que ela se transferisse para o "tranquilo" setor do 7º Corpo, depois das Ardenas. Pelos doze dias seguintes, os três regimentos da 4ª Divisão assumiram as posições da 83ª Divisão de Infantaria e ficaram sob o comando do 8º Corpo de Troy Middleton, com seu quartel-general em Bastogne. A 4ª Divisão teve que ocupar um front de 56 quilômetros, que foi reduzido à metade quando a ofensiva alemã das Ardenas eclodiu alguns dias mais tarde.

6

OS ALEMÃES SE PREPARAM

Em 20 de novembro, Hitler embarcou em seu trem especial na seção camuflada da *Wolfsschanze*. O Sonderzug do Führer tinha um vagão de artilharia antiaérea em cada uma de suas extremidades, com quatro canhões quádruplos, e mais dois vagões blindados e seis de passageiros entre eles. Todos pintados de cinza-escuro.

Hitler devia saber, no fundo do coração, que nunca mais voltaria ao leste da Prússia, mas numa atitude característica de negação ordenou que o trabalho de construir defesas prosseguisse. Seu Estado-Maior e sua secretária Traudl Junge também embarcaram no trem "com a sensação bastante melancólica de um adeus final". Hitler, que só conseguia falar com um tom de voz um pouco mais alto que um sussurro, estava nervoso porque no dia seguinte em Berlim um especialista iria remover um pólipo de suas cordas vocais. Hitler admitiu para Junge que poderia perder a voz. "Ele sabia muito bem", escreveu ela, "que sua voz era um instrumento importante de poder; suas palavras inebriavam o povo e o enlevavam. Como conseguiria manter as multidões enfeitiçadas se não fosse mais capaz de discursar para elas?" Sua *entourage* implorara durante semanas para que se dirigisse à nação. "Meu Führer, o senhor deve discursar ao povo alemão de novo. Eles perderam o ânimo. Têm dúvidas a seu respeito. Há até rumores de que o senhor não estaria mais vivo."

Hitler quis chegar a Berlim depois de escurecer. Disse que era porque queria manter sua presença ali em segredo, mas a *entourage* sabia que ele não queria ver os efeitos dos bombardeios aliados. Quando desembarcaram na estação Grunewald e foram de carro para a Reichschancellery, "a coluna de carros tentou transitar por ruas que estivessem ainda intactas", escreveu Junge. "De novo, Hitler não teve oportunidade de ver como eram de fato as feridas de Berlim. Os faróis baixos dos automóveis quase não revelavam os montes de entulho à direita e à esquerda da rua."

A razão mais importante da ida de Hitler a Berlim foi supervisionar o planejamento da ofensiva das Ardenas, uma visão que lhe havia chegado enquanto ficara acamado na segunda semana de setembro na *Wolfsschanze*. Hitler adoecera de um surto de icterícia, portanto não pudera comparecer às reuniões de avaliação. "Hitler teve dias inteiros para ficar pensando", relembrou mais tarde o *Generaloberst* Jodl. "Eu o vi sozinho, deitado na cama – em geral, ele não gostava de ser visto na cama, exceto por seus criados –, e falou sobre a ideia. Eu fiz um esboço rápido sobre um mapa, mostrando a direção do ataque, suas dimensões e as forças exigidas para isso."

Hitler estava determinado a não negociar, fato do qual Göring tinha conhecimento quando rejeitou a solicitação do *General der Flieger* Kreipe de persuadir o Führer a buscar uma solução política. Hitler continuou convencendo a si mesmo de que a aliança "não natural" entre os países capitalistas do Ocidente e a União Soviética estava fadada a ruir. E calculava que, em vez de enfrentar a dilapidação em batalhas defensivas, tanto no front oriental quanto no ocidental, uma grande ofensiva final teria melhores chances de sucesso. "Permanecendo na defensiva, não tínhamos como escapar do destino fatal que pairava sobre nós", explicou Jodl mais tarde. "Era um ato desesperado, mas era preciso arriscar tudo."

No front oriental, um ataque concentrado com 32 divisões seria absorvido e sufocado pelas imensas forças do Exército Vermelho. Uma repentina vitória no front italiano não iria mudar nada. Mas

Hitler acreditava que no Ocidente, indo para o norte até Antuérpia, dois exércitos Panzer poderiam dividir os Aliados ocidentais, tirando os canadenses da guerra e talvez até os britânicos em "outra Dunquerque". E poderia também deter a ameaça às indústrias de guerra do Ruhr.

Hitler escolhera as Ardenas como o setor para a invasão porque era defendido de maneira muito tênue pelas tropas americanas. Ele com certeza levou em conta o sucesso do ataque de 1940, e queria repeti-lo. A grande vantagem era a região Eifel, densamente florestada, no lado alemão da fronteira, que permitia ocultar soldados e tanques do poder aéreo aliado. Tudo iria depender da surpresa e da lentidão da liderança aliada em reagir. Eisenhower, ele supôs, teria que se consultar com seus chefes políticos e outros comandantes aliados, e isso talvez levasse dias.

Até o inesperado anúncio feito por Hitler na *Wolfsschanze* em 16 de setembro, apenas Jodl sabia do plano do Führer. A partir de então, cada pessoa informada tinha que assinar um papel aceitando ser executada caso mencionasse isso a qualquer um que não estivesse especificamente autorizado. Jodl usou seu pequeno estafe para tratar dos detalhes do plano segundo os desejos de Hitler. Keitel, embora fosse encarregado do OKW, não foi envolvido no planejamento, apenas na alocação de combustível e munição para a operação. E Rundstedt, apesar de seu posto como comandante-chefe do Ocidente, não recebeu nenhuma informação. Por isso ficou tão irritado mais tarde quando os americanos continuaram se referindo à "ofensiva Rundstedt" como se fosse um plano seu.

Em 22 de outubro, o chefe do Estado-Maior de Rundstedt, *General der Kavallerie* Siegfried Westphal, e o chefe de Estado-Maior de Model, *General der Infanterie* Hans Krebs, atenderam a uma convocação à *Wolfsschanze.* Temendo uma repreensão de Hitler a respeito da queda de Aachen e suspeitando que seu pedido de mais divisões seria rejeitado com irritação, ficaram surpresos ao terem que assinar uma promessa de segredo sob pena de morte antes de entrar na sala de reuniões. O adjunto de Jodl apresentou um estudo secreto intitulado Wacht am Rhein – "Atenção ao Reno", uma expressão em código que visava dar uma falsa impressão defensiva. A essa altura, não havia qualquer indício da ofensiva das Ardenas, apenas a transferência de tropas para o front ocidental na área geral de Aachen, supostamente para contra-atacar um iminente assalto americano.

Depois do almoço, os dois chefes de Estado-Maior foram incluídos na reunião de situação diária de Hitler. Após um resumo geral, vários oficiais foram convidados a se retirar, e cerca de quinze homens permaneceram na sala. Hitler começou a falar. O front ocidental, disse ele, tem pedido reforços, e considerando o fato de que durante a Primeira Guerra Mundial havia 130 divisões alemãs, isso seria compreensível. Ele não tivera como disponibilizar reforços porque não podia arcar com o envio de soldados apenas para defesa. Mas agora as coisas eram diferentes, porque havia desenvolvido o plano de um ataque surpresa na região da Antuérpia. Teria lugar ao sul de Liège, e seria apoiado por 2 mil aviões, uma cifra exagerada, à qual nenhum dos oficiais presentes deu crédito.

Hitler queria desferir o ataque em novembro, época de muita neblina, embora achasse que os preparativos poderiam tomar a maior parte do mês. O principal avanço seria feito pelo VI Exército Panzer logo ao sul da floresta de Hürtgen. O V Exército Panzer de Manteuffel iria apoiar seu flanco esquerdo, enquanto o VII Exército neutralizaria os contra-ataques do III Exército de Patton ao sul. Westphal tinha muitas questões a colocar a Jodl depois, mas viu-se "posto de lado". Ficara tentado a dizer que as forças alocadas eram claramente insuficientes até mesmo para chegar ao rio Mosa, mas sabia que se levantasse essas objeções o "Wehrmachtführungsstab [estafe de operações] provavelmente iria acusar-me de derrotismo".

Westphal passou as informações gerais a Rundstedt ao voltar para o Schloss Ziegenberg, o quartel-general do comandante-chefe do Ocidente perto de Frankfurt-am-Main. Ficava junto ao cuidadosamente camuflado Adlerhorst, o quartel-general de Hitler no oeste, que Albert Speer construíra para ele antes da campanha de 1940. Westphal também relatou sua impressão de que até mesmo Jodl provavelmente não estava acreditando que eles conseguiriam chegar à Antuérpia.

Embora Rundstedt não deva ter ficado satisfeito com o fato de não ter sido consultado antes, estava determinado a não deixar que uma operação superambiciosa como essa seguisse adiante sem modificações. Model, comandante-chefe do Grupo do Exército B, teve uma sensação parecida quando foi informado por seu próprio chefe do Estado-Maior. Só podemos especular qual pode ter sido sua reação quando soube que estava estritamente proibido de usar quaisquer das divisões reservadas para a grande ofensiva. Elas precisavam ser retiradas do front para serem reequipadas, reforçadas e retreinadas. O ataque americano à floresta de Hürtgen obrigou-o a descumprir essa ordem menos de duas semanas mais tarde, quando precisou enviar a 116ª Divisão Panzer para ajudar a retomar Schmidt. Várias outras divisões destinadas à ofensiva também tiveram que ser convocadas para evitar um colapso na floresta de Hürtgen. E, mais ao sul, a 17ª Divisão SS Panzergrenadier Götz von Berlichingen, que era necessária para impedir o avanço do III Exército de Patton, nunca pôde ser destacada para se juntar à ofensiva das Ardenas como planejado. Essas "divisões alemãs foram sendo gradualmente dilapidadas e não podiam mais ser recondicionadas antes da ofensiva das Ardenas", reconheceu o chefe do Estado-Maior do VII Exército.

O "velho prussiano" e o baixinho e agressivo Model não poderiam ser mais diferentes em aparência, gostos e perfil político, mas pelo menos concordavam que a "magnífica vitória" ou "grande solução" de Hitler era uma de suas fantasias de mapa. Rundstedt sustentava que a única opção realista no front Ardennes-Aachen era um cerco duplo, com os dois exércitos Panzer girando dentro da grande curva do Mosa para bloquear o I Exército de Hodges e parte do IX Exército do tenente-general William H. Simpson, enquanto o XV Exército, mais ao norte, perto de Roermond, se deslocasse para encontrá-los próximos a Liège. Essa alternativa ficou conhecida como "pequena solução" ou "pequena vitória". Model estava cético quanto ao papel do XV Exército. Ele queria usar quaisquer forças de reserva para dar continuidade ao ataque principal, ampliando a incursão à medida que avançassem, e criando um "efeito trator limpa-neve".

Em 27 de outubro, numa reunião no quartel-general de Model perto de Krefeld, os planos foram discutidos entre os comandantes do exército: *ss-Oberstgruppenführer* Sepp Dietrich do VI Exército Panzer, Manteuffel do V Exército Panzer e Brandenberger do VII Exército. Model, aceitando que não seria capaz de ter a sua versão da "pequena solução" aprovada pelo OKW sem o apoio de seu chefe, concordou com o plano de Rundstedt. Mas mesmo as tentativas graduais de Jodl de convencer o Führer a aceitar uma "pequena solução" não progrediram. Hitler teimosamente ignorou as advertências de que seriam necessárias forças muito maiores, não só para chegar à Antuérpia, mas para assegurar o corredor e evitar os contra-ataques aliados.

Jodl advertiu Rundstedt de que o Führer estava irredutível, então o comandante-chefe colocou no papel seus pontos de vista. Ele claramente não se dispôs a enfrentar outro encontro frenético com Hitler, que ficava ultrajado com a ideia de que qualquer um de seus generais pudesse discordar dele. Mesmo a tática posterior de Model de sugerir a "pequena solução", a ser seguida caso o deslocamento para o norte até a Antuérpia fosse bem-sucedido, teve firme rejeição. Hitler achava que as forças americanas no front de Aachen eram poderosas demais, então a única maneira de enfraquecê-las seria suplantá-las pelos flancos cruzando o Mosa e depois cortando sua base de suprimentos.

O *Generaloberst* Heinz Guderian protestou de novo contra a concentração de todas as forças alemãs disponíveis no Ocidente. Sabia que o Exército Vermelho preparava-se para desferir seu próximo golpe no front oriental assim que o solo congelasse e endurecesse o suficiente para que seus exércitos de tanques avançassem a partir do Vístula. "Na nossa presente situação", Jodl explicou-lhe em 1º de novembro, "não podemos ficar com receio de apostar tudo em uma cartada." O filho de Guderian iria tomar parte da ofensiva das Ardenas como IA, ou oficial chefe de operações, da 116ª Divisão Panzer.

Os comandantes de campo sabiam que o combustível seria o principal problema, apesar de todas as garantias de que iriam receber o que fosse necessário. Em 23 de novembro, em uma importante reunião em Berlim, levantaram a questão.

Dietrich queixou-se de que não havia sinal dos suprimentos que lhe haviam sido prometidos. O general Walter Buhle do OKW tentou provar que haviam sido despachados mostrando comprovantes de papel, mas a maior parte dos suprimentos de combustível ainda estava empacada a leste do Reno, em consequência dos bombardeios aliados. Manteuffel, sabendo dos efeitos do terreno difícil e da lama no consumo de combustível, havia requisitado combustível para quinhentos quilômetros, mas seu exército recebeu o suficiente para apenas 150 quilômetros. Keitel acumulara 17,4 milhões de litros de combustível, mas Jodl mais tarde admitiu que Keitel queria reter um pouco de combustível "por princípio, caso contrário os comandantes teriam sido muito extravagantes com ele".

Não havia mais qualquer esperança de manter o plano original de Hitler, de atacar em novembro. Mesmo o início de dezembro parecia cada vez mais incerto. O transporte de combustível, munição e das próprias divisões foi postergado, em parte devido ao bombardeio aliado da rede de transportes e em parte por causa da dificuldade prévia de remover as formações para prepará-las. Dificilmente uma divisão Panzer encontrava tempo e combustível para treinar muitos dos condutores novatos de tanques. As forças alemãs no front ocidental vinham tendo prioridade na reposição de Panzers, armas de assalto e artilharia. As divisões Waffen-SS recebiam a maior parte dos novos equipamentos e tinham precedência na escolha de reforços, mas mesmo assim estes tendiam a ser principalmente jovens transferidos da Luftwaffe e da Kriegsmarine. A descarada preferência por formações SS, que tinha o apoio de Hitler, era justificada com o argumento de que o VI Exército Panzer tinha o principal papel ofensivo, mas Jodl reconheceu mais tarde que as divisões do V Exército Panzer de Manteuffel eram mais eficazes. "Havia uma certa interferência política na condução da guerra", disse ele.

Em 2 de dezembro, Model veio a Berlim com Manteuffel e Sepp Dietrich, que havia sido leal comandante de escolta de Hitler nos dias de brigas de rua dos nazistas. Ambos os homens também apoiavam a “pequena solução”. Hitler insistia que o plano Antuérpia devia continuar como de início. Todos os preparativos seriam feitos tendo isso por base. Rundstedt não compareceu à reunião. Enviou Westphal, seu chefe do Estado-Maior, que não disse praticamente nada. Hitler mais tarde “expressou seu espanto com essa conduta” a Jodl. Mas Rundstedt estava indicando claramente o que achava do projeto todo, sobre o qual não tinha nenhum controle. As ordens finais foram detalhadas pelo Führer “para não serem alteradas”. Rundstedt e Model foram avisados expressamente que sua tarefa era simplesmente transmitir as ordens do OKW “a seus comandos subordinados”.

Model parece ter sido fatalista. Ele assumiu a visão de que essa era a “última aposta” e não tinha escolha a não ser levá-la adiante. Manteuffel declarou mais tarde que foi nessa reunião de 2 de dezembro que ele, reservadamente, decidiu que seu “objetivo final seria o Mosa” e não Bruxelas, como Hitler insistia com seu exército. Ele sabia que “a capacidade de reação dos Aliados seria o fator cardinal”.

Manteuffel era um obstinado pequeno cavaleiro que havia servido nos Zieten Hussars na Primeira Guerra Mundial. Durante os levantes revolucionários que se seguiram ao armistício, tornou-se ajudante do Freikorps von Oven, que tomou parte na repressão aos espartaquistas em Berlim e à Räterepublik em Munique. Na Segunda Guerra Mundial, logo se mostrou um destacado líder no front oriental, primeiro com a 7ª Divisão Panzer e depois com a Divisão Panzergrenadier Grossdeutschland. “A surpresa, quando acontece”, ele explicou, “é uma parte decisiva do sucesso da formação Panzer. Negligência, suavidade, *et cetera* entre as fileiras devem ser severamente reprimidas.”

A obsessão de Hitler com o segredo nunca afrouxou. Nenhum soldado devia ser informado até a noite anterior ao ataque. Mesmo comandantes de regimento ficavam sem saber dos planos até o dia anterior. Nenhum registro da artilharia podia ter lugar antecipadamente. Apesar dos pedidos dos comandantes do Exército, o OKW, por instrução de Hitler, recusava qualquer permissão de informar alguém, a não ser os comandantes dos Corpos, seus primeiros oficiais de artilharia e um oficial do Estado-Maior. Comandantes de Corpos de Artilharia tinham que fazer eles mesmos o reconhecimento de todas as posições dos canhões. Não era surpresa, portanto, que muitos oficiais logo fossem capazes de imaginar que havia uma grande ofensiva sendo preparada, já que as disposições da artilharia indicavam que as estratégias não eram para propósitos defensivos.

Os soldados, quando se deslocavam em marchas noturnas para suas áreas de concentração em Eifel, tinham que ser alojados de dia em casas particulares nas aldeias, com todos os veículos ocultados em celeiros. Não podia haver fogueiras e nenhum movimento à luz do dia, para prevenir problemas com voos americanos de reconhecimento. Fornecia-se carvão para cozinhar, pois fazia pouca fumaça. Os oficiais alemães ficavam admirados com o fato de o reconhecimento aéreo dos Aliados não conseguir localizar vilas e bosques "lotados a ponto de explodir". Eles esperavam um ataque aéreo massivo a qualquer momento.

Os mapas eram distribuídos apenas na última hora, por razões de segurança. Devia-se observar total silêncio pelo rádio, mas isso também significava que as redes de sinalização só podiam ser estabelecidas quando se iniciava o bombardeio.

Para a mobilização até as posições de ataque, todas as estradas eram colocadas em tráfego de mão única. Nenhum trajeto devia ser assinalado, pois poderia cair em mãos de agentes inimigos. Veículos de manutenção estavam sempre preparados para lidar com quebras. Aviões Storch voavam constantemente em círculos à noite para supervisionar o avanço e detectar quaisquer luzes visíveis, mas também para disfarçar o barulho dos motores. A população civil era severamente controlada e todas as linhas telefônicas em Eifel foram cortadas. Oficiais da Gestapo foram enviados para checar as medidas de segurança. As divisões Volksgrenadier receberam a ordem de recolher as cadernetas de pagamento e os documentos de identidade dos soldados, para que pudessem ser fuzilados como espiões caso desertassem.

Um falso quartel-general ao norte de Aachen transmitia instruções para dar a impressão de que o VI Exército Panzer estava posicionado ali, pronto a contra-atacar uma esperada ofensiva americana cruzando o rio Roer. E um falso XXV Exército foi criado do mesmo modo que os Aliados haviam inventado um 1º Grupo do Exército dos Estados Unidos no leste da Inglaterra antes do Dia D. O próprio Manteuffel "plantou um boato em um restaurante no início de dezembro, dizendo que estávamos preparando um ataque na área de Sarre em janeiro. Mencionei isso em voz alta a alguns dos meus comandantes enquanto jantávamos".

Goebbels, enquanto isso, continuou repetindo o mantra da liderança nazista de que "a crise política no campo inimigo cresce a cada dia". Mas muitos de seus mais leais seguidores não ficavam convencidos por essa mensagem de esperança; simplesmente sentiam que não havia escolha a não ser continuar lutando até o amargo fim. Uma gravação secreta de um *Waffen-SS Standartenführer* capturado revelou a teimosa visão do momento. "Fomos todos criados desde o berço para achar que a luta de Leônidas nas Termópilas foi a mais elevada forma de sacrifício de um povo", comentou ele com um colega oficial. "Tudo mais decorre disso e se a nação alemã inteira se tornou uma nação de soldados, então ela está sendo coagida a perecer; porque pensar como um ser humano e dizer: 'Nosso povo está perdido agora, isso não faz sentido, é absurdo', você realmente acha que isso irá evitar o sacrifício de um número apreciável de vidas? Acha que vai alterar os termos da paz? Não. Por outro lado, sabemos muito bem que uma nação que não tenha travado uma luta fatídica até o último momento nunca mais irá se reerguer como nação."

A visão da Alemanha como uma fênix surgindo das cinzas circulava amplamente entre os que tinham uma crença verdadeira. "A única coisa que resta é continuar a luta até o fim", disse o *Generalleutnant* Heim, "mesmo que tudo seja destruído. Lutar até o último instante dá a um povo a força moral de se erguer de novo. Um povo que joga a toalha está acabado para sempre. A história prova isso."

As tensões entre a Waffen-SS e o Exército alemão cresciam, devido à insistência de Hitler em poupar as formações SS em uma retirada enquanto as divisões comuns continuavam lutando na retaguarda. E a SS nunca esqueceu o que julgou ser uma ofensa. Um oficial na 17ª SS Divisão Panzergrenadier relatou que, em uma fuga na batalha do bolsão de Falaise no final da luta pela Normandia, o *General der Panzertruppe* Freiherr von Lüttwitz, da 2ª Divisão Panzer, recusou emprestar um veículo para evacuar o comandante ferido da SS Divisão Leibstandarte, que havia sido balcado na coxa. "Que truque sujo!", disse ele. E então afirmou que o próprio Lüttwitz havia sido salvo pelo comandante de um batalhão SS Panzergrenadier.

"Havia muitos comentários", reconheceu o general Warlimont, "dizendo que a SS não se considerava mais membro da Wehrmacht, e que tinha sua própria organização." Sepp Dietrich queria que o seu VI Exército Panzer fosse designado como um Exército Panzer SS, mas isso foi negado porque ele tinha sob seu comando formações não SS. Dietrich chegou a recusar ter o *General der Artillerie* Kruse como seu oficial chefe de artilharia porque não era membro da Waffen-SS. Manteuffel, como muitos outros, tinha pouco respeito pelo generalato de Dietrich. Achava que o VI Exército Panzer "não era comandado como uma formação, e suas partes não lutavam com o mesmo senso de dever que as divisões do Exército". Dietrich era visto como uma piada de mau gosto por altos oficiais do Exército. Quando lhe perguntaram quais eram os objetivos do seu VI Exército Panzer no primeiro e segundo dias da ofensiva, conta-se que respondeu: "Objetivos, objetivos! Se eu tivesse que dar objetivos a todo mundo, onde é que eu estaria? Vocês, oficiais gerais do comando militar!".

O *Oberstleutnant* Von der Heydte foi ainda mais mordaz, depois de se encontrar com ele para discutir seu salto de paraquedas diante do VI Exército Panzer. Disse que Dietrich gostava de posar como "um general do povo", mas que era "um líder militar convencido, impulsivo, com o conhecimento e a capacidade de um bom sargento. Ele não tem escrúpulos morais". Heydte, apesar de ser um nacionalista alemão, detestava os nazistas. Como primo do *Oberst* Claus Graf von Stauffenberg, ficara exasperado com um questionário feito depois de 20 de julho, que perguntava se ele tinha vínculos com a aristocracia de sangue não germânico ou com a antiga casa governante da

Alemanha, ou se tinha sido educado no exterior ou em uma instituição jesuíta. Quando Heydte perguntou a Dietrich a respeito de seu plano geral, este só conseguiu dizer que era avançar até a Antuérpia "e então dar aos ingleses uma boa surra".

Heydte, diretor da Escola de Combate do Exército Fallschirmjäger, havia sido comunicado de sua missão pelo *Generaloberst* Kurt Student na noite de 8 de dezembro, no quartel-general de Student na Holanda. "O Führer ordenou um ataque de paraquedistas dentro do quadro de uma poderosa ofensiva", informou-lhe Student. "Você, meu querido Heydte, tem ordens de realizar essa tarefa." Ele tinha que reunir uma força de cerca de 1.200 homens para serem lançados atrás das linhas do inimigo e tomar conexões de estradas cruciais. Ele rejeitou a sugestão de Heydte de usar seu 6º Regimento Fallschirmjäger, pois isso poderia ser descoberto pelo inimigo e o segredo era vital.

O Kampfgruppe Heydte deveria ser lançado na primeira noite ao sul de Eupen. Sua missão seria bloquear os reforços americanos que vinham do sul do setor de Aachen. Nos dois dias seguintes, Heydte recebeu seus homens e mandou-os para Sennelager, para um curso intensivo de treinamento. A recusa de Hitler de tentar operações aerotransportadas após as pesadas perdas em Creta em 1941 significava que muitos nunca haviam recebido treinamento adequado, e mesmo alguns dos veteranos não haviam estado em um avião desde aquela invasão.

Heydte então foi para Limburg para ver o general Pelz e discutir as requisições de aeronaves. Não ficou bem impressionado. "Não havia nada além de garotas francesas na bagunça do 12º Flieger Korps comandado por Pelz em Limburg", observou ele.[1] Pelz reclamou de

---

1 É impressionante o número de relatos dessa época que se referem a mulheres francesas jovens, que haviam acompanhado seus amantes alemães na retirada para a Alemanha, porque sabiam que a Resistência iria querer vingar-se delas por sua *collaboration horizontale*. No entanto, é muito difícil fazer ideia do destino que tiveram. Muitas devem ter perdido seu "protetor" na selvagem luta dos últimos seis meses de guerra. E as mulheres alemãs, convencidas de que as francesas não haviam feito nada desde 1940, exceto tentar seduzir seus patrícios, não as acolheram.

sua desastrosa situação e disse: "As últimas reservas de combustível da Alemanha estão sendo jogadas nesse empreendimento das Ardenas". Heydte descobriu que 112 Junkers 52 de transporte haviam sido alocados para a missão; mas metade dos pilotos nunca havia lançado paraquedistas, nem voado sobre território inimigo, nem sido treinado a voar em formação. "Apenas dois pilotos eram veteranos de Stalingrado", observou ele, referindo-se àqueles que haviam participado da malfadada tentativa de retomar o suprimento ao VI Exército de Paulus em dezembro de 1942.

Em 11 de dezembro, levando com ele o piloto mais experiente, Heydte foi ver o *General der Flieger* Beppo Schmidt, o mais desastroso oficial de Inteligência que a Wehrmacht já produzira. Schmidt havia constantemente previsto, durante toda a Batalha da Inglaterra, que o Comando de Caça da RAF estava em seu último suspiro, e mesmo assim Göring desde então vinha protegendo e promovendo aquele seu adulador. Schmidt, "que vivia sempre sob forte influência do álcool", declarou que "o sucesso ou o fracasso no ataque alemão em Antuérpia decidirá o resultado da guerra". Schmidt disse a Heydte que iria dividir sua força em duas, com um grupo lançado a oeste de Malmedy e o outro perto de Eupen. Heydte disse que isso era ridículo. Eles ficariam em número muito reduzido para serem eficazes, pois muitos homens não iriam alcançar a zona de lançamento. E quando Heydte advertiu que a falta de treinamento tanto dos pilotos quanto dos paraquedistas era tão grave que a operação poderia falhar, Schmidt xingou seus dois visitantes e mandou-os embora por questionarem a competência do pessoal da Luftwaffe.

Depois de dirigir um longo percurso à noite, Heydte foi ver o *Generalfeldmarschall* Model em um alojamento de caça ao sul de Münstereifel. Model foi rude. Disse que a operação não tinha sido ideia sua e questionou se ela teria uma chance em dez de dar certo. Heydte concordou. Model ao que parece replicou que "a ofensiva toda não tinha mais do que 10% de chance de sucesso", mas "que era a última oportunidade que restava de concluir a guerra favoravelmente". Model então mandou-o ver Sepp Dietrich, cujo quartel-general ficava a meia hora de carro mais ao sul.

Enquanto Heydte esperava a maior parte da manhã para ver Dietrich, um funcionário da sala do ordenança contou-lhe o plano secreto de operações de sabotagem a serem realizadas por um Kampfgruppe liderado por Otto Skorzeny, o que era uma incrível quebra de segurança pela qual ele poderia ter sido fuzilado. Por fim, Heydte foi levado ao escritório de Dietrich. Heydte achou que o homem tinha o aspecto de "um velho oficial não comissionado permanentemente alcoolizado". Dietrich abriu a conversa perguntando: "O que vocês paraquedistas poderão fazer, afinal?". Heydte respondeu que, se lhe dissessem qual era a missão, ele poderia avaliar se ela seria possível de ser realizada.

Sem conseguir obter uma resposta clara, Heydte então perguntou o que existia de informação a respeito da força do inimigo naquela área. "Tudo o que se sabia", Heydte registrou, "é que a linha do front estava sendo defendida por unidades americanas; e que atrás deles havia apenas 'um par de gerentes de banco e alguns garotos judeus'", segundo as palavras de Dietrich. "Quanto a reservas táticas e operacionais, ninguém soube dizer nada."

Heydte mais tarde divertiu colegas oficiais no cativeiro com sua versão de como foi a conversa, imitando o sotaque suábio forte de Dietrich. Quando ele tentou abordar alguns dos problemas enfrentados pela operação, Dietrich considerou que aquilo era derrotismo. A ofensiva iria arrasar os americanos.

— Vamos aniquilá-los –, ele gritou.

— Mas e quanto ao inimigo, *Herr Oberstgruppenführer*?

— Deus do céu, eu não sei. Logo mais você vai descobrir.

— Quem você vai enviar primeiro?

— Não posso lhe dizer ainda, quem quer que seja o primeiro a aparecer.

O relato de Heydte continuou: "Quando eu disse que só é possível saltar quando o vento é favorável, ele respondeu: 'Bem, eu não sou responsável pelos problemas da Luftwaffe! Esse é só mais um exemplo do quanto ela é inútil'".

O único aspecto proveitoso desse bizarro encontro foi que Dietrich concordou que não deveria dividir sua força em dois grupos. Heydte descobriu mais coisas com o chefe de Estado-Maior de Dietrich, o *SS-Brigadeführer* Krämer – "um homem excessivamente tenso e sobrecarregado de trabalho", o que não surpreendia já que tinha que fazer tudo para Dietrich. Krämer contou que a ponta de lança Panzer da 12ª Divisão SS Hitler Jugend estaria com eles "em 24 horas". Heydte pediu que um oficial de observação avançada da artilharia saltasse com eles, e então foi-lhe disponibilizado o *SS-Obersturmführer* Etterich. Heydte soube a seguir que o salto seria realizado no dia 16 de dezembro, entre quatro e meia e cinco da manhã, pouco antes do bombardeio inicial. Seria providenciado transporte motorizado para levar sua força até os campos de aviação de Paderborn e Lippspringe.

A outra operação especial que o OKW planejara era a incursão de um comando usando soldados escolhidos, que usariam veículos e uniformes americanos capturados para penetrar nas linhas aliadas e causar estragos na retaguarda. Hitler havia convocado o *SS-Obersturmbannführer* Otto Skorzeny para uma conversa pessoal no leste da Prússia, em 21 de outubro, bem antes de Rundstedt ou Model saberem alguma coisa sobre a ofensiva. "Skorzeny", disse Hitler, "essa próxima tarefa será a mais importante de sua vida." Skorzeny, dois metros de altura e uma grande cicatriz na face esquerda, contrastava com o encurvado e adoentado Führer. Heydte descreveu o imenso austríaco como um "típico nazista mau", que empregava "métodos típicos da SS. Então ele montou um corpo especial de pessoas do mesmo tipo dele". O *General der Panzertruppe* Von Thoma também via Skorzeny como um austríaco criminoso, e descreveu-o como "um verdadeiro cão sujo [...] atirar simplesmente é algo bondoso demais para ele".

Skorzeny recebeu poderes ilimitados para preparar sua missão. Seus oficiais obtinham o que precisassem, bastando dizer "são ordens do *Reichsführer*". Oficiais e NCOs do Exército, da Waffen-SS, Kriegsmarine e Luftwaffe que falassem inglês tiveram ordens de comparecer ao campo da Schloss Friedenthal nos arredores de Oranienburg para "tarefas de intérprete". Cerca de metade deles vinha da Marinha. Ali foram interrogados em inglês por oficiais da SS. Receberam a informação de que fariam parte de uma unidade especial chamada 150ª Brigada Panzer e fizeram-nos jurar segredo. Assinaram então um papel que declarava: "Tudo o que sei a respeito do compromisso da 150ª Brigada Panzer é secreto. O segredo será mantido mesmo após a guerra. A não observância dessa ordem é punível com a morte". Seu comandante, com o magnífico nome de *Oberstleutnant* Musculus, tinha cabelo loiro e cicatrizes no rosto, de seus duelos do tempo de estudante. Prometeu-lhes que as atividades da 150ª Brigada Panzer teriam "efeito decisivo no curso da guerra".

Um jovem oficial naval, *Leutnant zur See* Müntz, foi enviado junto com os demais para o campo fortemente guardado de Grafenwöhr. Ele recebeu em 21 de novembro a incumbência de juntar 2.400 uniformes americanos, incluindo os de dez generais e setenta oficiais, recolhendo-os dos campos de prisioneiros de guerra. Müntz foi primeiro a Berlim, ao departamento de prisioneiros de guerra. O oficial encarregado, *Oberst* Meurer, ficou desconcertado com a ordem do Führer que lhe foi apresentada, assinada pelo próprio Hitler. Mencionou que essas atividades eram ilegais segundo a lei internacional, mas forneceu tudo com instruções por escrito a todos os comandantes de campo. Müntz partiu com um caminhão e vários ajudantes para recolher os uniformes, e também documentos de identidade, cadernetas de pagamento e tudo mais, mas tiveram grandes dificuldades para obter o que queriam dos campos de prisioneiros de guerra. Em Fürstenberg-an-der-Oder, o comandante do campo recusou-se a cumprir a ordem de tirar as jaquetas de oitenta soldados americanos. Müntz foi chamado de volta a Grafenwöhr, pois havia receio de que a Cruz Vermelha tivesse sabido dessa divergência e que a informação chegasse aos Aliados. A sua missão em parte falhou devido à grave escassez de roupas de inverno do Exército dos Estados Unidos, que os GIS já haviam sofrido na floresta de Hürtgen, na Lorena e na Alsácia.

Em Grafenwöhr, todos os níveis hierárquicos tinham que fazer a saudação no estilo americano, eram alimentados com rações K e equipados com os poucos uniformes que Müntz e seu grupo haviam juntado. Todas as ordens eram dadas em inglês. Fizeram-nos assistir a filmes americanos e noticiários para aprenderem expressões, como *chow-line*,[2] e melhorarem o sotaque. Também passavam duas horas por dia aprendendo língua e costumes americanos, incluindo como comer "com o garfo, depois de deixar a faca". Foi-lhes mostrado até como bater o cigarro em cima do maço, como faziam os americanos. E ensinadas também todas as habilidades próprias dos comandos, como o treinamento de combate corpo a corpo, demolição e uso de armas inimigas.

Quando eram dados mais detalhes sobre a futura Operação Greif, como foi chamada, aqueles que expressavam dúvidas quanto a entrar em ação em uniformes americanos eram ameaçados pelo *ss-Obersturmbannführer* Hadick. Ele "enfatizava que as ordens do Führer deviam ser acatadas sem questionamentos, e que quem discordasse seria sentenciado à morte". O moral deles também ficou abalado quando lhes foram entregues ampolas de cianeto "ocultas em um isqueiro barato de cigarros".

Os homens das unidades da ss praticamente idolatravam Skorzeny como um super-herói, por suas façanhas na Itália e em Budapeste, e ele por sua vez tratava-os com "conspícua amizade". Mais tarde, um deles escreveu: "Era o nosso capitão pirata". Circularam muitos boatos no campo sobre qual seria a verdadeira missão. Alguns achavam que faziam parte de uma operação aerotransportada para reocupar a França. O próprio Skorzeny mais tarde declarou que havia incentivado a história de que certos grupos teriam a missão de ir a Paris e sequestrar o general Eisenhower.

O Kampfgruppe Skorzeny foi dividido em uma unidade de comando, a Einheit Steilau, e a 150ª Panzer-Brigade. Para os comandos, Skorzeny escolheu 150 homens entre seiscentos falantes de inglês. Montados principalmente em jipes e vestindo uniformes americanos, incluíam grupos de demolição para explodir depósitos de munição e combustível e até pontes; grupos de reconhecimento para explorar rotas até o Mosa e observar forças inimigas; e outras

2 *Chow-line* era a expressão usada para indicar a "fila da boia" nos campos militares. (N. T.)

equipes para atrapalhar as comunicações americanas, cortando fios e emitindo falsas ordens. Foram colocados quatro homens em cada jipe, o que era um erro, pois os americanos raramente andavam com tantos assim a bordo; e cada equipe tinha um "falante", aquele que dominava melhor a fala americana. Os soldados alemães, em uniformes americanos, que aguardavam para avançar em seus jipes estavam visivelmente nervosos. Numa tentativa de dar-lhes confiança, um oficial de brigada do quartel-general informou-os de que, "segundo a rádio alemã, soldados americanos em uniformes alemães haviam sido capturados atrás das linhas alemãs, e que [...] seria adotada uma linha tolerante e os soldados dos Estados Unidos seriam tratados como prisioneiros de guerra".

A 150ª Brigada Panzer era bem mais forte, com cerca de 2 mil homens, incluindo as unidades de apoio. Era composta por um batalhão de paraquedistas, duas companhias de tanques com uma mistura de M-4 Shermans e Panthers mal disfarçados, companhias de Panzergrenadier, e pesados morteiros e canhões antitanque para a eventual tomada de alguma das pontes do Mosa em Andenne, Huy ou Amay. O plano era chegar antes das pontas de lança Panzer, assim que alcançassem o planalto Hohes Venn em linha com Spa, por estradas e trilhas secundárias. Ficariam ocultos de dia, e avançariam à noite para tomar as três pontes.

Skorzeny também tinha planos de explodir as cinco pontes sobre o alto Reno na Basileia, caso os Aliados entrassem pela Suíça para superar pelos flancos as defesas alemãs no sul. De fato, em 5 de dezembro, o SHAEF estudou a possibilidade de superar as forças alemãs pelos flancos no sul, passando pela Suíça, mas Eisenhower descartou essa ideia (Stálin, que visivelmente odiava os suíços, havia insistido um ano antes, na conferência de Teerã, para que os Aliados atacassem o Sul da Alemanha pela Suíça).

Quando o Dia X para a ofensiva das Ardenas se aproximava, o codinome foi mudado de Wacht am Rhein para Herbstnebel, ou "Névoa de outono". Os atrasos na entrega de combustível e munição se estenderam e o ataque teve que ser marcado para 16 de dezembro. Ao todo 1.050 trens foram requisitados para trazer as divisões às suas áreas de concentração. Cada divisão Panzer exigia setenta trens.

Até essa altura, ninguém abaixo do nível de comando de Corpo havia sido informado. Mas o *SS-Obersturmbannführer* Joachim Peiper da 1ª Divisão SS Panzer Leibstandarte Adolf Hitler adivinhou do que se tratava em 11 de dezembro, quando Kramer, o chefe do Estado-Maior do VI Exército Panzer, quis discutir uma hipotética ofensiva na região de Eifel. Ele perguntou a Peiper quanto tempo levaria para um regimento Panzer se deslocar oitenta quilômetros durante a noite. Para ter certeza de sua resposta, o próprio Peiper pegou um Panther para fazer o teste e percorreu essa distância no escuro. Percebeu então que deslocar uma divisão inteira seria bastante complicado, mas o que ele e seus superiores haviam subestimado era o estado das estradas e o solo saturado das Ardenas.

Hitler chegou naquele dia ao seu quartel-general do oeste, em Adlerhorst, numa longa fila de imensos mercedes pretos. Sua principal preocupação era manter segredo. Havia ficado enfurecido quando bombardeiros aliados arrasaram a cidade de Düren, o principal centro de comunicações logo atrás da linha de partida da operação. Suas variações de humor eram muito erráticas, indo da total depressão a um otimismo irrealista. Segundo seu ajudante da Luftwaffe, *Oberst* Von Below, "já estava vislumbrando no olho da sua mente a ponta de lança alemã avançando em direção à Antuérpia". Na manhã seguinte, Sepp Dietrich foi convocado ao seu *bunker*, oculto sob falsas edificações rurais.

— Seu exército está pronto? –, perguntou Hitler de cara.

— Não para uma ofensiva –, Dietrich disse ter respondido.

— Você nunca está satisfeito –, o Führer respondeu.

No final daquela tarde, vários ônibus trouxeram os comandantes de divisão a Adlerhorst para uma fala de Hitler. Cada oficial foi revistado por guardas da SS e teve que entregar sua pistola e sua maleta. Às seis horas, Hitler subiu com esforço no estrado. Os generais que não o viam fazia algum tempo ficaram chocados com sua degradação física, o rosto pálido, ombros caídos e um dos braços tremendo. Ladeado por Keitel e Jodl, ele sentou atrás de uma mesa.

Começou com uma longa autojustificativa a respeito das razões pelas quais a Alemanha estava na condição em que estava naquele estágio da guerra. Uma "guerra preventiva" havia sido necessária para unificar os povos germânicos e porque "a vida sem Lebensraum é inconcebível". Em momento algum considerou de que modo as outras nações poderiam reagir. Qualquer objeção era parte de uma conspiração contra a Alemanha. "As guerras em última instância são decididas pelo reconhecimento de um lado ou do outro de que a guerra não pode mais ser vencida. Assim, a tarefa mais importante é levar o inimigo a essa percepção. A maneira mais rápida de fazer isso é destruir sua força ganhando território. Se somos obrigados a ficar na defensiva, a nossa tarefa é mostrar ao inimigo por meio de ataques brutais que ele não venceu ainda, e que a guerra irá continuar sem trégua."

Hitler lembrou os generais ali reunidos que alguns deles haviam tido receio de empreender a ofensiva contra a França em 1940. Disse que os americanos haviam "perdido cerca de 240 mil homens em apenas três semanas" e que "o inimigo pode ter mais tanques, mas os nossos são melhores". A Alemanha enfrentava uma luta que havia sido inevitável, que teria que ocorrer cedo ou tarde. O ataque agora deveria ser desferido com a maior brutalidade. Não seriam permitidas quaisquer "inibições humanas". "Uma onda de susto e terror deve se abater sobre os soldados." O propósito era convencer o inimigo de que a Alemanha nunca iria se render. "Nunca! Nunca!"

Depois disso, os generais foram a uma festa para celebrar o sexagésimo nono aniversário de Rundstedt em seu quartel-general no vizinho Schloss Ziegenberg, um edifício sombrio reconstruído em estilo neogótico. Ninguém tinha muito ânimo para festa. Segundo Dietrich, eles não ousaram discutir a ofensiva, porque uma pena de morte ameaçava qualquer um que a mencionasse.

Em 13 de dezembro, Dietrich visitou o quartel-general do Grupo do Exército B. Model disse a ele que aquela era "a ofensiva alemã mais mal preparada de toda a guerra". Rundstedt notou que das 32 divisões prometidas, quatro haviam sido montadas pouco antes do ataque, incluindo a 11ª Divisão Panzer e a 17ª Divisão SS

Panzergrenadier. Apenas 22 participariam do início da ofensiva. As demais seriam mantidas como reserva do OKW. Embora a maioria dos generais estivesse profundamente cética sobre as chances da operação, os oficiais mais jovens e os NCOs, especialmente aqueles da Waffen-SS, desejavam ansiosamente que tivesse sucesso.

O regimento de Peiper recebeu ordens de marchar do leste de Düren até sua área de concentração atrás do front. Partiu depois que escureceu, seguindo as setas amarelas que marcavam o trajeto. Não ostentavam insígnias de divisão e nem números. A noite e a manhã seguinte foram enevoadas, o que permitiu aos homens adentrarem essas áreas sem serem localizados pelo reconhecimento aéreo. Outras divisões também removeram suas insígnias de divisão dos veículos pouco antes do avanço.

Joachim, ou "Jochen", Peiper tinha 29 anos e boa aparência, com seu cabelo castanho liso penteado para trás. Na Waffen-SS era visto como o ideal de beleza de um líder Panzer, um nazista convicto e absolutamente brutal. Na União Soviética ficou conhecido por ter incendiado várias aldeias e matado todos os seus habitantes. Em 14 de dezembro, pouco antes do meio-dia, ele reportou-se ao quartel-general da 1ª Divisão SS Panzer Leibstandarte Adolf Hitler, onde o Brigadeführer Wilhelm Mohnke expediu suas ordens para o Dia X em 16 de dezembro. A divisão havia sido reforçada com um regimento antiaéreo equipado com canhões de 88 mm, um batalhão de *howitzers* pesados e um outro de engenharia adicional para reparos de pontes. Cada Kampfgruppe seria acompanhado por uma das unidades de Skorzeny, com tanques Sherman, caminhões e jipes capturados, mas a divisão não teria controle sobre eles. Ao voltar, Peiper transmitiu as informações a seus comandantes de batalhão em uma cabana de guarda-florestal.

Apenas na noite de 15 de dezembro os oficiais tiveram permissão de informar seus soldados. *Hauptmann* Bär, um comandante de companhia na 26ª Divisão Volksgrenadier, disse aos seus homens: "Em doze ou catorze dias estaremos na Antuérpia – ou teremos perdido a guerra". E prosseguiu: "Qualquer equipamento que estiver faltando, nós o tomaremos dos prisioneiros americanos". Assim, especialmente nas formações SS, o ânimo era de frenética exultação com a perspectiva de revanche. Os NCOS pareciam estar entre os mais vingativos. Paris estava prestes a ser recapturada, diziam uns aos outros. Muitos se arrependiam de ter poupado a capital francesa da destruição enquanto Berlim havia sido bombardeada até ficar em ruínas. Na 10ª Divisão SS Panzer Frundsberg, a fala sobre a ofensiva produziu "um extraordinário otimismo", pois o Führer havia "ordenado o grande golpe no Ocidente". Acreditavam que o choque de um ataque inesperado iria representar um terrível abalo para o moral dos Aliados. E segundo um oficial da altamente experiente 2ª Divisão Panzer, "o espírito de luta era melhor do que nos primeiros dias da guerra". Só o VI Exército Panzer de Dietrich tinha mais de 120 mil homens, com quase quinhentos tanques e canhões de assalto e mil peças de artilharia. O V Exército Panzer de Manteuffel tinha outros quatrocentos tanques e canhões de assalto. O comando aliado não fazia ideia do que estava para atingi-los em seu setor mais fraco.

7

FALHA DA INTELIGÊNCIA

A previsão de Hitler sobre tensões no campo dos Aliados de fato tinha fundamento, mas não no grau que ele imaginava. Tanto o marechal de campo sir Alan Brooke, chefe do Estado-Maior Imperial, como Montgomery estavam mais uma vez preocupados com a lentidão do avanço aliado, que atribuíam à incompetência de Eisenhower como líder militar. Ambos queriam um único comandante das forças em terra, de preferência Bernard Law Montgomery. No entanto, Brooke achou que Montgomery já havia batido demais na mesma tecla. Estava ciente da realidade política de que tudo havia mudado. A guerra no noroeste da Europa havia virado um espetáculo americano, já que a Grã-Bretanha lutava para manter seus exércitos ao redor do mundo. Portanto, se fosse para haver um único comandante em terra, na visão de Brooke teria que ser Bradley e não Montgomery. Mas o diminuto marechal de campo jamais esquecera sua promessa a Eisenhower de que não ouviria mais nada dele a respeito do comando.

Em 28 de novembro, Eisenhower foi até o quartel-general do 21º Grupo do Exército em Zonhoven, na Bélgica. Montgomery sempre fingia estar ocupado demais para visitar seu supremo comandante. Eisenhower não teve muita paciência com esse comportamento.

Sentou no trailer de mapa de Monty enquanto este andava de lá para cá, fazendo um sermão de três horas sobre tudo o que havia dado errado e as razões pelas quais era necessário que houvesse um único comandante em terra. Montgomery achava que a linha divisória natural seriam as Ardenas, e que ele deveria comandar todas as forças aliadas ao norte daquele setor, o que lhe daria a maior parte do I Exército dos Estados Unidos e todo o IX Exército do tenente-general William H. Simpson. Infelizmente, o silêncio de Eisenhower – ele estava mudo de exaustão e tédio – deu a Montgomery a ideia de que isso indicava sua concordância tácita com seu argumento de que os Aliados haviam tido um revés estratégico ao não conseguirem alcançar o Reno e sofrido um inútil banho de sangue na floresta de Hürtgen. Em seguida, para espanto de seu próprio auxiliar militar, o marechal de campo enviou um sinal a Brooke em Londres indicando que Eisenhower concordara com tudo o que ele dissera. E num telegrama a Eisenhower em 30 de novembro, Montgomery descreveu o que entendeu que havia ficado acertado.

No dia seguinte, Eisenhower visitou Bradley em seu quartel-general no hotel Alfa na cidade de Luxemburgo. Bradley estava acamado, com gripe e urticária. Embora Eisenhower estivesse furioso com Montgomery por sua alegação de um revés estratégico, a carta que ditou como resposta não teve o gume suficiente afiado para penetrar na couraça autocomplacente de Montgomery. Ficou acertado um encontro em 7 de dezembro, em Maastricht.

Em 6 de dezembro, uma quarta-feira, Eisenhower voltou ao quartel-general de Bradley, trazendo Tedder, seu vice-marechal do ar, para discutir as táticas antes de se encontrar com Montgomery. O major Chester B. Hansen, auxiliar de Bradley, temia que seu general estivesse "pateticamente sozinho". "A consciência dos tempos críticos que está enfrentando é a causa do nervosismo, agora evidente nele pela primeira vez. Não está irritado, mas sim mais brusco do que o normal, parece cansado e os pequenos incômodos físicos se juntaram para esgotá-lo fisicamente e também mentalmente." Eisenhower ouviu-o, "com seu rosto muito enrugado pela expressão de preocupação, o pescoço enfiado bem fundo no colarinho de pele da jaqueta".

Bradley também estava exasperado com a falta de progresso dos Aliados. "Se estivéssemos lutando com gente razoável, eles já teriam se rendido há muito tempo", disse. "Mas essas pessoas não são razoáveis." Hansen então acrescentou em seu diário: "Mas os alemães revelaram-se surpreendentemente resistentes, e só são mortos com grande dificuldade [...] Goebbels disse-lhes que devem lutar até o fim, que os fracos serão exterminados em campos de concentração na Sibéria. Não admira, portanto, que lutem de modo tão selvagem, permitindo que os matemos em grande número". Goebbels, numa tentativa de evitar que os soldados alemães se rendessem no Ocidente, havia plantado uma história de que os americanos teriam concordado em passar todos os seus prisioneiros de guerra aos soviéticos, para trabalhos de reconstrução. Ele lançara o slogan "*Sieg oder Sibirien!*" – "Vitória ou Sibéria!".

No dia seguinte em Maastricht, com Montgomery, Hodges e Simpson, Eisenhower discutiu o próximo estágio. Falou em "pesados golpes de martelo que iriam fazê-los atravessar o Roer e alcançar as margens do Reno". Eisenhower então expressou suas preocupações com a travessia do Reno. Tinha receio de minas ou blocos de gelo flutuantes que poderiam destruir as pontes de pontões, isolando assim os soldados. O marechal de campo Brooke ficou horrorizado quando Eisenhower contou-lhe em meados de novembro que os Aliados provavelmente não cruzariam o Reno antes de maio de 1945. Essa observação, feita ao final da visita de Brooke ao front, influenciou fortemente sua visão de que Eisenhower não estava à altura da tarefa de supremo comandante.

Montgomery uma vez mais expôs seus argumentos em favor de um pesado ataque atravessando o Reno ao norte da região industrial do Ruhr, enquanto todos os demais exércitos americanos ficariam virtualmente parados. Eisenhower, sem dúvida rangendo os dentes, uma vez mais repetiu sua posição de que uma investida em direção a Frankfurt era também importante e que ele não tinha intenção de deter Patton. "O marechal de campo Montgomery", registram as anotações do encontro, "não concordava que uma investida a partir de Frankfurt ofereceria qualquer perspectiva de sucesso.

No seu entender, se isso fosse feito, nem essa investida nem o avanço ao norte pelo Ruhr seriam suficientemente fortes [...] o marechal de campo Montgomery disse que a diferença de visão a respeito da investida Frankfurt-Kassel era fundamental." Para evitar conflitos, Eisenhower tentou convencê-lo de que a diferença não era muito grande. O 21º Grupo do Exército de Montgomery teria o papel principal, com o IX Exército de Simpson sob seu comando.

Bradley teve que disfarçar sua raiva quando Montgomery insistiu e argumentou que "todas as operações ao norte das Ardenas deveriam ser feitas sob um comando; e todas ao sul das Ardenas sob outro". Isso significaria deixar Bradley apenas com o III Exército. Eisenhower rebateu dizendo que futuras operações ditavam que o Ruhr diante deles deveria ser a linha divisória. Bradley deixou seus sentimentos claros para Eisenhower logo depois. Se o seu 12º Grupo do Exército fosse colocado sob as ordens de Montgomery, então iria considerar-se destituído de suas obrigações por ter falhado em sua tarefa como comandante.

A maior parte das ações nessa época estava tendo lugar no front do III Exército. As forças de Patton estavam cruzando o rio Sarre em vários pontos, e alguns dias mais tarde a última fortaleza da área do Metz seria tomada. "Acho que apenas Átila [o huno] e o III Exército conseguiram tomar Metz de assalto", escreveu Patton com satisfação em seu diário. Estava também preparando uma grande ofensiva para 19 de dezembro. No entanto, é um erro sugerir que Montgomery agia por ciúmes de Patton, como alguns afirmaram. Ele era egocêntrico demais para sentir inveja. E também parecia bastante incapaz de julgar as reações dos outros ao que dizia. Na realidade, pode-se até supor que Montgomery sofria do que hoje chamaríamos de síndrome de Asperger em grau avançado.

Patton estava furioso com o único elemento que não podia controlar, a chuva incessante. Em 8 de dezembro, ligou para o capelão do III Exército, James O'Neill. "Aqui é o general Patton. O senhor tem alguma boa oração para fazer a chuva parar?" O capelão perguntou se poderia ligar mais tarde. Não achou nada nos livros de orações, então escreveu uma reza ele mesmo. "Pai todo-poderoso e misericordioso, vimos humildemente à Vossa presença, diante da Vossa imensa bondade, pedir que restrinjais essas imoderadas chuvas sob as quais estamos tendo que lutar. Concedei-nos um bom tempo para a batalha. Atendei graciosamente a nós soldados, que pedimos a Vós que, armados com Vosso poder, possamos avançar de vitória em vitória e esmagar a opressão e a maldade de nossos inimigos, para estabelecer Vossa justiça entre os homens e as nações. Amém." Patton aprovou. "Mande imprimir 250 mil e providencie que todos no III Exército tenham uma cópia." Depois disse a O'Neill que todos deveriam rezar. "Temos que pedir a Deus que interrompa essas chuvas. Elas são a fronteira que define a vitória ou a derrota." Quando O'Neill encontrou Patton de novo, o general estava de ótimo humor. "Muito bem, padre", disse Patton, "nossas preces funcionaram. Eu sabia disso." E estalou seu chicotinho de equitação no capacete do padre para reforçar sua afirmação.

No sul, o negligenciado VII Exército americano na Alsácia reposicionou suas forças em direção ao flanco norte de sua ponta de lança para apoiar a ofensiva de Patton na Lorena, desferindo um ataque na área de Bitche. Isso significava que o vizinho I Exército francês sob o general De Lattre de Tassigny se sentiu exposto. Lattre avaliou que suas forças estavam com escassez de homens, em parte porque havia ainda muitas unidades francesas sitiando guarnições alemãs na costa do Atlântico. Esta, na sua avaliação, era a razão pela qual seu exército não fora capaz de esmagar o bolsão de Colmar apesar do acréscimo de uma Divisão de Infantaria dos Estados Unidos, uma falha que provocou muitos comentários negativos de oficiais americanos. Para piorar, o terrível frio das montanhas Vosges havia afetado muito o moral de seus soldados.

**

Um dos grandes debates sobre a ofensiva das Ardenas diz respeito à incapacidade dos Aliados de prever o ataque. De fato, havia muitos fragmentos de informação que juntos deveriam ter indicado as intenções dos alemães, mas como em todas as falhas de Inteligência, oficiais de alta patente haviam descartado tudo que não correspondesse às suas suposições.

Desde o início, não foi possível seguir as ordens de Hitler de segredo total. Boatos sobre a iminente ofensiva circularam até entre veteranos alemães em campos de prisioneiros de guerra na Grã-Bretanha. Na segunda semana de novembro, o *General der Panzertruppe* Eberbach foi gravado secretamente dizendo que um certo *Generalmajor* Eberding, capturado poucos dias antes, havia falado de uma futura ofensiva no oeste com 46 divisões.[1] Eberbach acreditou que era verdade, e que se tratava de uma última tentativa. Mesmo um certo *Leutnant* Von der Goltz, capturado em Beveland do Sul durante as operações de libertação do Scheldt, tinha ouvido que "a grande ofensiva, para a qual haviam preparado 46 divisões, iria começar em novembro". Essas conversas gravadas secretamente foram relatadas pelo MI 19a em 28 de novembro para o Departamento de Guerra em Londres e repassadas ao SHAEF, mas essa informação vital não parece ter sido levada a sério. Com certeza, foi simplesmente desprezada como um boato otimista, fruto do desespero, que circularia entre oficiais capturados, especialmente porque o número de 46 divisões parecia impossível.

Na primeira semana de novembro, um desertor alemão relatou em um interrogatório que as divisões Panzer que estavam se deslocando para a Vestfália eram parte do VI Exército Panzer. Isso também enfatizou o fato de que a Inteligência do SHAEF não tinha notícia do V Exército Panzer havia várias semanas. Tanto o SHAEF quanto o 12º Grupo do Exército de Bradley supunham que os alemães preparavam um forte contra-ataque aos americanos quando estes atravessassem o Roer. Um ataque alemão antes do Natal também era considerado

1 A gravação secreta de conversas entre prisioneiros de guerra alemães selecionados foi realizada pelo Combined Services Detailed Interrogation Centre (CSDIC) – "Centro de Interrogatório Detalhado de Serviços Combinados". Os intérpretes, a maioria deles judeus alemães refugiados, ouviam as conversas colhidas por microfones ocultos e registradas em discos de cera. As transcrições de material relevante eram depois distribuídas para o Departamento da Guerra, o Almirantado, o Serviço Secreto, ministros e também para o SHAEF a partir de 1944.

bastante provável, mas dificilmente alguém iria esperar que viesse de Eifel e por meio das Ardenas, embora os alemães tivessem usado essa rota em 1870, 1914 e 1940.

Os Aliados não podiam acreditar que os alemães, em sua condição enfraquecida, ousassem empreender uma ofensiva estratégica ambiciosa, quando o que precisavam era poupar forças ante o iminente ataque de inverno do Exército Vermelho a leste. Uma aposta desse tipo definitivamente não combinava com o estilo do comandante-chefe no Oeste, *Generalfeldmarschall* Gerd von Rundstedt. Isso tinha fundamento, mas o comando aliado havia cometido o grave erro de subestimar o acionamento maníaco que Hitler poderia fazer das alavancas do poder militar. Oficiais de alta patente sempre são incentivados a se colocar no lugar de seu oponente, mas muitas vezes é um erro julgar seu inimigo por você. Seja como for, o SHAEF acreditava que os alemães não tinham combustível, munição nem forças para montar uma investida perigosa. E a superioridade aliada no ar era tal que uma ofensiva alemã em campo aberto certamente iria favorecer os Aliados. Em Londres, o Comitê Conjunto de Inteligência também concluíra que "a incapacitante escassez de petróleo da Alemanha continua sendo o ponto mais frágil de sua possibilidade de resistir".

Os movimentos de tropas da Wehrmacht em Eifel em volta de Bitburg foram observados, mas outras divisões pareciam estar também se deslocando, então a avaliação foi que se tratava de uma área de preparação, ou de um setor de treinamento de novas formações. Infelizmente, o setor das Ardenas era tido como de baixa prioridade para reconhecimento aéreo, e devido ao mau tempo houve poucas missões desse tipo na região. Apenas seis dias antes do grande ataque nas Ardenas, o quartel-general do 8º Corpo de Troy H. Middleton em Bastogne concluiu: "a atual prática do inimigo de trazer novas divisões para este setor para que adquiram experiência na linha do front, e depois liberá-las para cumprirem missões em outro lugar, indica seu desejo de fazer com que este setor do front permaneça quieto e inativo". Na realidade, os alemães estavam jogando uma inteligente modalidade de "*Find the Lady*",[2] misturando suas formações para confundir a Inteligência aliada.

O quartel-general do III Exército de Patton notou o recuo de formações Panzer, e seu chefe de Inteligência, coronel Oscar W. Koch, temeu que o 8º Corpo nas Ardenas ficasse muito vulnerável. A conclusão de muitos, entre os quais o general Bradley, era de que os alemães poderiam estar planejando um ataque de desgaste para comprometer a grande ofensiva de Patton, que deveria ser deflagrada em 19 de dezembro. Vários outros oficiais de Inteligência disseram, depois que a ofensiva das Ardenas foi lançada, que já haviam previsto isso e que ninguém dera ouvidos. Vários no SHAEF e no 12º Grupo do Exército de Bradley de fato previram o ataque, e dois deles chegaram bem perto de acertar a data, mas nenhum dos dois identificou a tempo que seriam as Ardenas o setor ameaçado.

O veterano oficial de Inteligência de Eisenhower, major-general Kenneth Strong, incluiu uma ofensiva nas Ardenas entre várias opções. Isso causou uma forte impressão no chefe do Estado-Maior de Eisenhower, Bedell Smith, na primeira semana de dezembro. Smith sugeriu que Strong fosse até Luxemburgo e alertasse Bradley, e ele o fez. Em sua conversa, Bradley disse que estava "ciente do perigo", mas que já havia definido algumas divisões para se deslocarem até a área das Ardenas caso o inimigo atacasse por ali.

A cassandra mais controversa foi o coronel B. A. Dickson, o G-2 (ou alto oficial de Inteligência) do I Exército dos Estados Unidos. Personalidade controvertida, Dickson nem sempre recebia crédito de seus pares, pois tinha uma infeliz queda por identificar divisões alemãs no oeste quando sua posição confirmava-se no front leste. Em seu relatório de 10 de dezembro, comentou o moral alto dos prisioneiros alemães, que indicava uma confiança renovada. Assim, mesmo tendo notado uma concentração Panzer em Eifel, previu que o ataque viria mais ao norte, na área de Aachen, em 17 de dezembro. Vários prisioneiros de guerra haviam falado de um ataque

---

2 *Find the Lady* [Ache a Dama] é um jogo de cartas tradicional em que as pessoas apostam qual das três cartas viradas para baixo contém a Dama. (N. T.)

para recapturar Aachen "como um presente de Natal para o Führer". Então, em 14 de dezembro, Dickson recebeu informações obtidas em interrogatório de uma mulher de fala alemã que relatou concentrações de soldados e equipamentos para pontes atrás das linhas inimigas em Eifel. Dickson convenceu-se de que o ataque viria das Ardenas, entre Monschau e Echternach. O general de brigada Sibert, do 12º Grupo do Exército de Bradley, irritado com Dickson, que por sua vez o detestava, rejeitou o relato feito por ele como um mero palpite. Dickson foi convidado em 15 de dezembro a tirar uns dias de licença em Paris.

A ordem de Hitler para que houvesse total silêncio de rádio entre as formações de ataque havia sido cumprida, o que privou os analistas do Bletchley Park de um quadro claro por meio de material Ultra. Infelizmente, o SHAEF confiou demais na Inteligência Ultra, e tendia a pensar que era a fonte de todo conhecimento. Em 26 de outubro, porém, ele deparou com "ordens de Hitler para montar uma força especial para um empreendimento especial no oeste. Conhecimento do idioma inglês e americano é essencial para os voluntários". E, em 10 de dezembro, percebeu que o silêncio de rádio havia sido imposto a todas as formações da SS, o que deve ter feito soar um alarme no SHAEF.

Diferentemente do Exército alemão, a Luftwaffe foi uma vez mais incrivelmente negligente, mas o SHAEF não parece ter reagido às transcrições de Bletchley. Já em 4 de setembro, o embaixador japonês em Berlim relatara, depois de entrevistas com Ribbentrop e Hitler, que os alemães estavam planejando uma ofensiva no oeste em novembro "assim que a força aérea fosse recuperada". O inquérito subsequente sobre a falha da Inteligência declarou: "A evidência sobre a GAF [Luftwaffe] mostra que desde a última semana de outubro têm sido realizados preparativos para trazer o grosso da Luftwaffe para os campos de aviação do oeste".

Em 31 de outubro, "J[agd]G[eschwader] 26 citou a ordem de Göering de que o reequipamento de todos os caças como caças-bombardeiros deveria ser feito em 24 horas". Isso era significativo, pois podia muito bem indicar preparativos para um ataque em apoio a tropas terrestres. E, em 14 de novembro, Bletchley observou: "As unidades de combate no oeste não devem usar distintivos Geschwader nem marcas das unidades". Em 1º de dezembro, eles souberam que os cursos para Oficiais de Comando Nacional-Socialistas haviam sido cancelados devido a uma "iminente operação especial". O excessivo uso nazista da palavra "especial" foi provavelmente a razão pela qual isso não foi percebido. E, em 3 de dezembro, foi pedido um relatório pelo Luftflotte Reich "sobre medidas adotadas para o fornecimento técnico de unidades que haviam chegado para operações no oeste". No dia seguinte, os comandantes foram convocados para uma reunião no quartel-general de Jagdkorps II. Em seguida, o SG 4 inteiro, uma *Geschwader* especializada em ataques terrestres, foi transferido para o oeste vindo do front leste. Isso deveria ter despertado alguma suspeita.

O chefe do Serviço Secreto de Inteligência considerou "um pouco assustador descobrir que os alemães tinham um melhor conhecimento da ordem de batalha dos Estados Unidos a partir de seus sinais de inteligência do que nós tínhamos da ordem de batalha alemã a partir da fonte [Ultra]". Na sua opinião, a razão era clara. "Desde o Dia D, os sinais dos Estados Unidos foram de grande ajuda para o inimigo. Tem sido enfatizado que, a partir de trinta e tantas divisões dos Estados Unidos no oeste, os alemães têm sempre tido conhecimento das localizações, e com frequência das intenções, de todas exceto duas ou três. Eles ficaram sabendo que a ala sul do I Exército dos Estados Unidos, em um front de cerca de 130 quilômetros, estava sendo defendida principalmente por divisões novas ou cansadas."

A 4ª e a 28ª Divisões compreensivelmente estavam lambendo suas feridas após os horrores da floresta de Hürtgen. Haviam sido enviadas para descansar na região sul das Ardenas, uma área de íngremes encostas conhecida como "Suíça de Luxemburgo", e descrita como um "tranquilo paraíso para soldados cansados". Parecia ser o lugar menos provável para um ataque. Os homens estavam hospedados em casas, para compensar o extremo desconforto dos *foxholes* na floresta de Hürtgen.

Nas áreas de retaguarda, soldados e mecânicos se instalaram nas casas das famílias locais, e as lojas foram abastecidas com produtos do Exército dos Estados Unidos. "O trânsito incessante e a lama logo fizeram quase todas as vilas terem o mesmo aspecto bagunçado e sujo. Na maioria dos locais para beber e comer, a atmosfera era a daqueles filmes sobre cidadezinhas afastadas do Velho Oeste, onde os homens se juntam à noite para beber e farrear. Aqueles soldados, a maioria deles, haviam feito seu trato com o Exército. Não ligavam mais para a vida, só pensavam em aproveitá-la da melhor maneira possível."

Os alemães, apesar de todas as ordens que proibiam rondas, tinham uma noção muito clara de certos setores do front, especialmente aqueles pouco defendidos, como o que ficava à frente da 4ª Divisão de Infantaria no sul. Os civis alemães podiam se deslocar para cima e para baixo, indo de um posto avançado a outro ao longo do rio Sauer. Os alemães, portanto, eram capazes de identificar postos de observação e as posições dos canhões. O contrafogo de bateria era uma parte essencial de seu plano de proteger as pontes flutuantes sobre o rio Sauer nas primeiras horas cruciais do ataque. Alguns dos agentes mais experientes até se misturavam aos soldados americanos fora de serviço nas vilas atrás das linhas. Depois de algumas cervejas, muitos soldados ficavam felizes em conversar com os luxemburgueses e belgas que falavam um pouco de inglês.

Os habitantes locais que se dispunham a conversar eram agora em número bem menor. A alegria da libertação em setembro e a generosidade inicial dos americanos já haviam azedado no outono, à medida que os colaboracionistas foram sendo denunciados e aumentavam as suspeitas entre os valões e as comunidades de fala alemã. Os grupos da Resistência faziam exigências cada vez mais injustificadas de comida e suprimentos aos agricultores locais. Mas, nos cantões do leste, mais próximos da luta ao longo da Linha Siegfried, a maior decepção foi causada pela decisão da administração americana de assuntos civis de evacuar a maioria dos civis entre 5 e 9 de outubro. Apenas um pequeno número de escolhidos foi autorizado a permanecer em cada vila, para cuidar do gado. De certo modo, isso iria se revelar um ato de misericórdia, pois evitou que mais famílias de agricultores fossem mortas.

Nos 150 anos anteriores, as áreas de fronteira de Eupen e Sankt Vith haviam ido e voltado entre o domínio da França, Prússia, Bélgica e Alemanha, dependendo dos desfechos das guerras. Nas eleições belgas de abril de 1939, mais de 45% daqueles que viviam nos cantões do leste, geralmente de fala alemã, votaram na Frente Heimattreue, que queria a área reincorporada ao Reich. Mas em 1944, o privilégio de pertencer ao Reich havia se tornado amargo. Os falantes de alemão dos cantões do leste viam-se tratados como cidadãos de segunda categoria, chamados jocosamente de *Rucksackdeutsche,* reunidos e realocados após a invasão das Ardenas de 1940. E muitos de seus homens jovens haviam sido mortos ou gravemente feridos no front leste, a ponto de agora a maior parte dos falantes de alemão desejar ser libertada pelos inimigos do Reich. Mesmo assim, ainda havia muitos leais ao Terceiro Reich e que constituíam uma facção de potenciais informantes e espiões para a Inteligência alemã, conhecidos como *Frontläufer.*

Alguns grupos das divisões das Ardenas tiveram permissão de voltar ao acampamento de descanso do 8º Corpo em Arlon ou para Bastogne, onde Marlene Dietrich foi cantar para os GIs, com sua voz rouca e seu longo vestido de lantejoulas, tão colado ao corpo que a fazia dispensar roupa íntima. Ela quase sempre cantava "Lili Marlene", cujo animado refrão ganhou o coração dos Aliados, apesar da origem alemã. "Esses Fritz dos diabos!", escreveu um soldado americano. "Quando não estão matando você, fazem você chorar."

Dietrich adorava a reação dos soldados, mas bem menos a dos oficiais. "La Dietrich vivia se queixando", escreveu Hansen em seu diário. "Sua turnê pelas corporações do I Exército havia sido dura. Ela não gostou da competição entre os corpos, exércitos e divisões. Acima de tudo, não gostava dos coronéis e generais do Eagle Main [quartel-general de retaguarda do 12º Grupo do Exército] de Verdun, onde ela vivia à base de salmão porque seu horário de refeições não batia com os horários do refeitório e ninguém se interessava por ela." Ela também reclamou de ter pegado piolho, mas isso não a impediu de aceitar o convite do general Bradley para coquetéis, jantares "e um filme ruim" no Hôtel Alfa, em Luxemburgo. O general Patton, com quem ela dizia já ter dormido, era claramente muito mais o seu tipo de militar. "Patton acredita seriamente na Valhalla de um guerreiro", Hansen observou também aquele dia.

Na noite do domingo, 10 de dezembro, nevou muito forte. Na manhã seguinte, Bradley, agora parcialmente recuperado, foi até Spa para ver Hodges e Simpson. Seria seu último encontro por um bom tempo. Ele voltou aquela tarde após uma longa viagem de carro passando por Bastogne.

A neve cobria a área inteira, inclusive as estradas. Um par de espingardas de caça que ele havia encomendado estava à sua espera. O general Hodges parecia ter tido a mesma ideia. Três dias mais tarde, passou "uma boa parte da tarde" com *monsieur* Francotte, um renomado armeiro de Liège, encomendando uma espingarda sob medida.

O quartel-general de Bradley permanecia tranquilamente otimista a respeito do futuro imediato. Naquela semana, os oficiais do Estado-Maior concluíram: "Agora é certo que o desgaste dos confrontos está minando a energia das forças alemãs no front oeste e que a camada de defesa é mais fina, mais quebradiça e mais vulnerável do que parece nos nossos mapas G-2 ou para os soldados da linha de frente". A principal preocupação de Bradley era a situação das reposições. Seu 12º Grupo do Exército tinha falta de 17.581 homens, e ele tencionava conversar com Eisenhower a respeito disso em Versalhes.

Em uma coletiva de imprensa em 15 de dezembro para elogiar o 9º Comando Aéreo Tático, Bradley avaliou que os alemães não tinham mais do que seiscentos ou setecentos tanques ao longo da linha do front. "Achamos que está espalhado de modo muito ralo", disse ele. Hansen observou que, no que se referia ao suporte aéreo, "Não faz muita diferença agora [...] O clima só permite que ele seja operacional por uma quarta parte do tempo". A má visibilidade que impedia o voo, e que Hitler havia tanto desejado, repetia-se dia após dia. No entanto, não parece ter sido um obstáculo para que aviões de observação para a artilharia realizassem missões não oficiais nas Ardenas. Bradley recebia reclamações de que "os GIS em seu entusiasmo por carne de porco assada estavam caçando filhotes de javalis [selvagens] em voos rasantes com submetralhadoras Thompson".

Também em 15 de dezembro, o oficial de operações G-3 no relatório diário ao SHAEF disse que não havia nada a relatar do setor das Ardenas. O marechal de campo Montgomery perguntou ao general Eisenhower se ele se importava de ele voltar para o Reino Unido na semana seguinte para o Natal. Seu chefe do Estado-Maior, general Freddie de Guingand, acabara de partir naquela manhã. Com um senso de oportunidade lamentável, na própria véspera do assalto alemão, Montgomery declarou que "a escassez alemã de homens, equipamento e recursos impossibilitava qualquer ação ofensiva da parte deles". Por outro lado, o 8º Corpo nas Ardenas relatou movimento de soldados em direção ao front, com a chegada de novas formações.

Na parte norte do setor do 8º Corpo, a recém-chegada 106ª Divisão de Infantaria havia acabado de assumir as posições da 2ª Divisão de Infantaria em uma serra escarpada da região de Schnee Eifel. "Meus soldados ficaram espantados com o aspecto dos homens da unidade que estava chegando", escreveu um comandante de companhia da 2ª Divisão. "Traziam aquela confusão de equipamento que apenas reposições recém-chegadas dos Estados Unidos ousariam trazer. E, horror dos horrores, vinham de gravata! Do jeito que o general Patton gostava!"[3] Durante a transferência de funções, um comandante de regimento da 2ª Divisão disse ao coronel Cavender da 423º Divisão de Infantaria: "As coisas andaram bem tranquilas por aqui e seus homens vão aprender do jeito mais fácil". Os soldados veteranos que estavam indo embora levaram todos os seus fogões com eles. Os recém-chegados, inexperientes ainda, não teriam como secar suas meias, portanto, logo surgiram muitos casos de "pé de trincheira" na neve úmida.

Nos dias seguintes, a 106ª Divisão ouviu tanques e outros veículos movimentando-se em direção ao seu front, mas a falta de experiência não os alertou a respeito do que aquilo poderia significar.

---

3 O general Patton tinha fama de fazer com que sua polícia militar multasse qualquer soldado que não usasse gravata, por vestimenta imprópria.

Mesmo a experimentada 4ª Divisão ao sul supôs que os ruídos de motores viessem de uma divisão de Volksgrenadier sendo substituída por outra. Na verdade, havia sete divisões Panzer e treze de infantaria apenas na primeira leva, reunidas e prontas para o ataque nos escuros pinheiros à frente.

Nas unidades das Waffen ss especialmente, a excitação e impaciência eram intensas. Um membro da 12ª Divisão ss Panzer Hitler Jugend escreveu a sua irmã às vésperas da batalha.

> Querida Ruth, minha carta diária será muito curta hoje – curta e doce. Escrevo durante uma das grandes horas antes de um ataque – cheio de inquietação, cheio de expectativa pelo que os próximos dias poderão trazer. Todos os que estiveram aqui nos últimos dois dias e noites (especialmente noites), que têm testemunhado hora após hora a reunião de nossas excelentes divisões, que têm ouvido o constante rumor dos Panzers, sabem que está para acontecer algo e estamos na expectativa de uma ordem clara para reduzir a tensão. Ainda estamos no escuro em relação a "onde" e "como", mas não há o que fazer quanto a isso! Basta saber que iremos atacar, e que iremos expulsar o inimigo de nossa terra. Essa é uma tarefa sagrada!

No verso do envelope selado, ele acrescentou um apressado pós-escrito: "Ruth! Ruth! Ruth! ESTAMOS MARCHANDO!!!". Isso deve ter sido rabiscado enquanto partiam, pois a carta caiu nas mãos dos americanos durante a batalha.

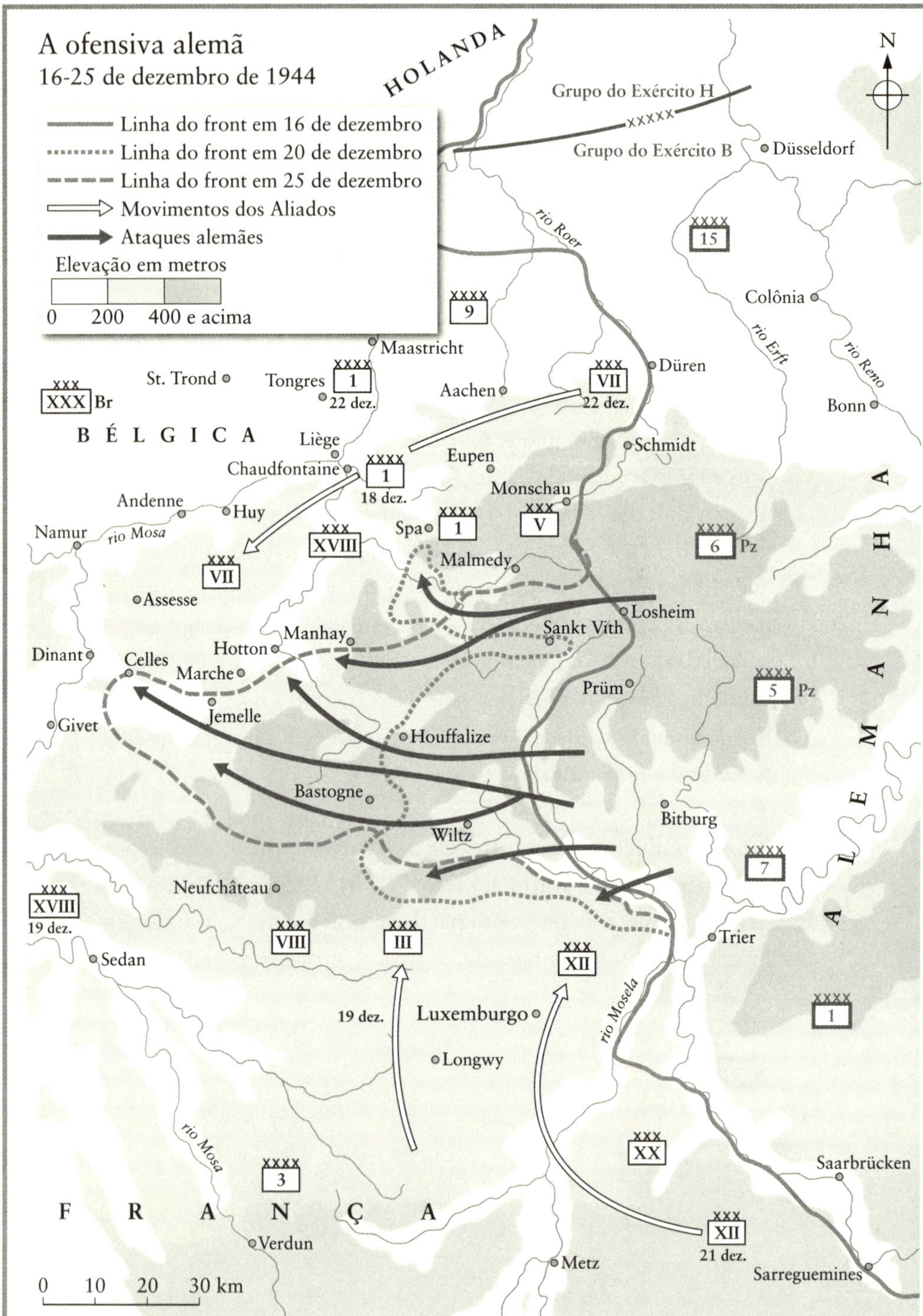
A ofensiva alemã
16-25 de dezembro de 1944
Linha do front em 16 de dezembro
Linha do front em 20 de dezembro
Linha do front em 25 de dezembro
Movimentos dos Aliados
Ataques alemães
Elevação em metros
0
200
400 e acima
HOLANDA
Grupo do Exército H
XXXXX
Grupo do Exército B
Düsseldorf
rio Roer
15
Colônia
9
rio Erft
rio Reno
Maastricht
Düren
St. Trond
Tongres
1
22 dez.
VII
22 dez.
XXX Br
Aachen
Bonn
BÉLGICA
Liège
Schmidt
Chaudfontaine
Eupen
1
18 dez.
Monschau
Andenne
Huy
V
Namur
rio Mosa
XVIII
Spa
1
6 Pz
VII
Malmedy
Assesse
Losheim
Manhay
Sankt Vith
Hotton
Dinant
Celles
Marche
Prüm
5 Pz
Jemelle
Givet
Houffalize
Bastogne
Bitburg
Wiltz
7
Neufchâteau
XVIII
19 dez.
VIII
III
Trier
Sedan
XII
19 dez.
Luxemburgo
rio Mosela
1
Longwy
ALEMANHA
rio Mosa
XX
3
Saarbrücken
FRANÇA
XII
21 dez.
Verdun
Metz
Sarreguemines
0 10 20 30 km
N

8

SÁBADO, 16 DE DEZEMBRO

Às cinco horas e vinte minutos da manhã do dia 16 de dezembro, dez minutos antes da "hora zero", a artilharia do VI Exército Panzer de Sepp Dietrich abriu fogo. A maior parte dos soldados americanos, para evitar congelar na neve úmida durante as dezesseis horas sem luz, dormia em casas de fazenda, cabanas de floresta, celeiros e estábulos. O dia só iria raiar às oito e meia. Ao longo da maior parte do front, ao sul da floresta Monschau, o terreno lembrava o de Hürtgen, com densos bosques, gargantas rochosas, pequenos riachos, poucas estradas e trilhas de contenção de incêndios tão encharcadas de lama que eram quase intransitáveis para veículos.

Os comandantes da artilharia alemã, sabendo que os soldados americanos preferiam o abrigo, visavam sempre as casas. As sentinelas eram sempre alertadas para que nunca ficassem na casa junto à porta, e sim em algum *foxhole* próximo, para dar cobertura à casa na eventualidade de um ataque alemão de surpresa. As sentinelas, ao verem clarões como relâmpagos de verão no horizonte, correram para acordar os que estavam dentro. Mas foi apenas quando as bombas começaram a explodir por todos os lados que se instalaram a confusão e o pânico, com os homens tentando se desvencilhar de seus sacos de dormir para pegar equipamentos, capacetes e armas.

Já haviam sofrido bombardeios antes, mas esse era muito mais intenso. Alguns dos civis que permaneceram na área avançada para cuidar do gado ficaram aterrorizados ao verem bombas incendiarem seus celeiros, e o fogo se alastrar rapidamente para as casas. Incapazes de controlar as chamas, fugiram com suas famílias para a retaguarda. Alguns foram mortos no bombardeio. Na pequena vila de Manderfeld, cinco morreram – três eram crianças pequenas.

Ao sul, à frente do v Exército Panzer, as baterias de artilharia continuavam em silêncio. Manteuffel não acatara o insistente pedido de Hitler de um longo bombardeio inicial. Achava que uma barragem de fogo desse tipo era "um conceito da Primeira Guerra Mundial, totalmente inadequado nas Ardenas, tendo em vista que as defesas da linha eram esparsas [...] Um tal plano serviria meramente como um despertador para as forças americanas e iria alertá-las do ataque à luz do dia que se seguiria". Poucos dias antes, Manteuffel havia se insinuado, sob disfarce, para reconhecer o vale profundo do rio Our, e o rio Sauer no extremo mais ao sul. O Sauer era "um obstáculo significativo devido às suas encostas íngremes e poucos pontos de travessia".

Ele então perguntou aos seus soldados e oficiais sobre os hábitos dos americanos que estavam lá diante deles. Ao saber que os "*amis*" se recolhiam depois que escurecia para as suas casas e celeiros, e que só voltavam às suas posições uma hora antes de clarear, decidiu atravessar o rio e infiltrar suas linhas sem acordá-los. Só quando o ataque havia de fato se iniciado é que seu exército usou holofotes, varrendo as nuvens baixas com seus fachos de luz para criar um luar artificial. Isso ajudou as vanguardas de sua infantaria a encontrar caminho e avançar pelos bosques escuros. Ao mesmo tempo, os engenheiros de batalhão haviam começado a instalar pontes no rio Our, para que suas três divisões Panzer, a 116ª, a 2ª e a Panzer Lehr, pudessem atacar.

Hitler havia definido, à sua maneira prescritiva, que as divisões de infantaria iriam fazer a penetração, e com isso as preciosas

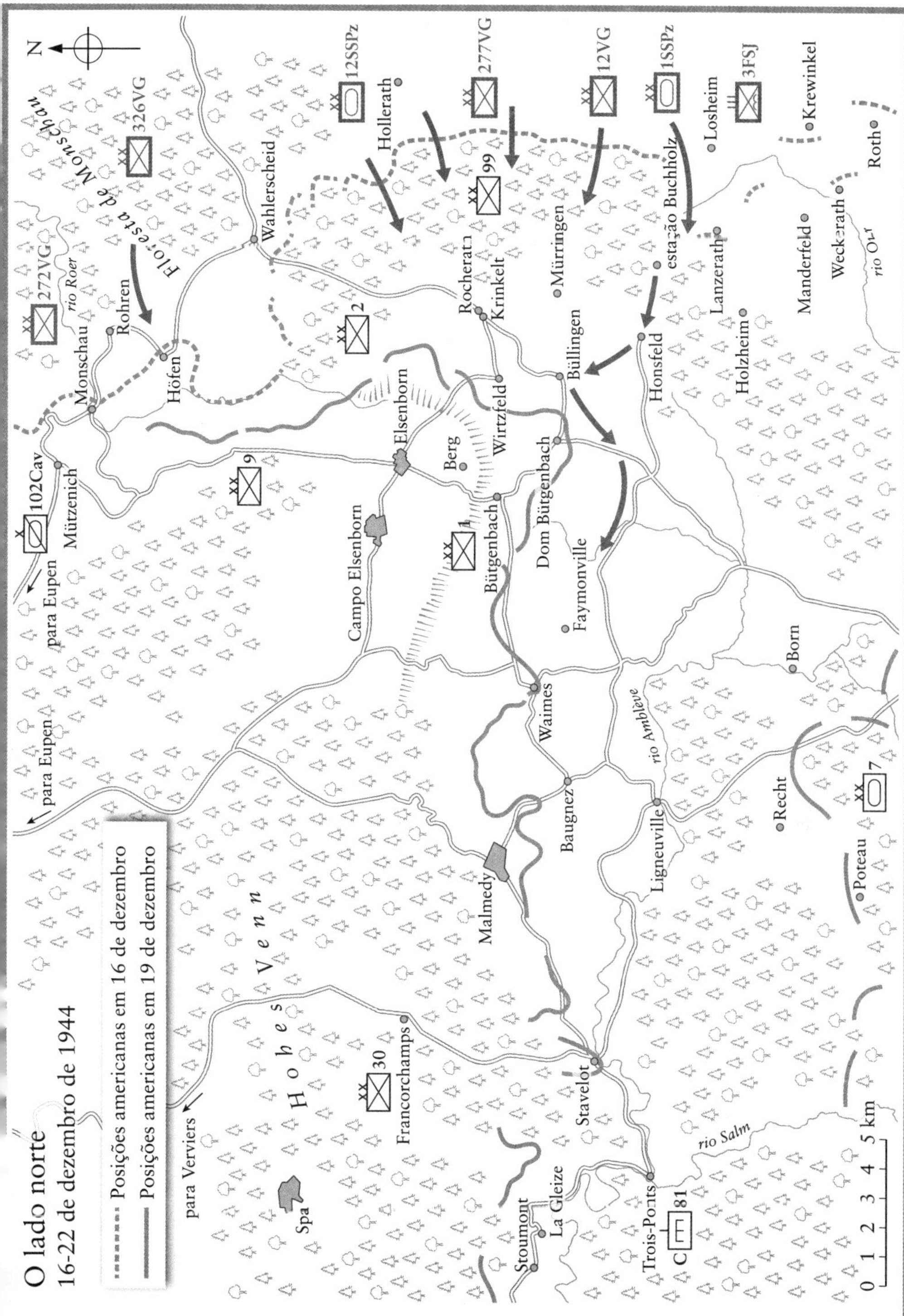
O lado norte
16-22 de dezembro de 1944
Posições americanas em 16 de dezembro
Posições americanas em 19 de dezembro
N
Floresta de Monschau
326VG
12SSPz
277VG
12VG
1SSPz
3FSJ
272VG
99
2
9
1
102Cav
7
30
81
Hollerath
Wahlerscheid
Losheim
Krewinkel
Roth
Weckerath
Manderfeld
Lanzerath
estação Buchholz
Mürringen
Rocherath
Krinkelt
Monschau
Rohren
Höfen
rio Roer
Mützenich
para Eupen
Elsenborn
Campo Elsenborn
Berg
Wirtzfeld
Büllingen
Honsfeld
Holzheim
Bütgenbach
Dom Bütgenbach
Faymonville
Waimes
Baugnez
Malmedy
Ligneuville
rio Amblève
Born
Recht
Poteau
rio Our
Hohes Venn
Francorchamps
para Verviers
Spa
Stavelot
Trois-Ponts
rio Salm
La Gleize
Stoumont
0 1 2 3 4 5 km

divisões Panzer começariam totalmente intactas seu avanço até as pontes do Mosa. Os primeiros relatórios que chegaram ao Adlerhorst foram muito animadores. Jodl relatou a Hitler "que o efeito surpresa havia sido alcançado completamente". E de fato era verdade, mas o que os alemães precisavam era de um forte ímpeto para transformar a surpresa em um choque paralisante. Alguns soldados americanos perderam a cabeça e começaram a tentar se salvar. Em muitos casos, civis assustados imploravam para que os deixassem acompanhá-los. Por outro lado, alguns dos poucos falantes de alemão ainda leais ao Reich assistiam às cenas caóticas com indisfarçável satisfação. "Se em alguns lugares havia pânico", relatou um oficial da 99ª Divisão, "em outros havia suprema coragem." Essas façanhas de extraordinária valentia iriam desacelerar o ataque alemão com resultados críticos.

Quatro quilômetros ao norte de Manderfeld, a aldeia de Lanzerath ficava em frente à brecha de Losheim, linha de avanço da 1ª Divisão SS Panzer liderada pelo Kampfgruppe Peiper. Quase no alto de uma serra, oferecia uma vista magnífica em direção à Alemanha. Numa colina, com vista das casas e da estrada, um posto avançado de dezoito soldados do pelotão de Inteligência e reconhecimento do 394º Regimento da 99ª Divisão colocou homens em *foxholes* nos pastos das encostas. À sua retaguarda direita, um denso bosque de pinheiros oferecia um recurso de fuga, mas também uma rota para uma força de ataque que decidisse atacar pelos flancos. A importância dessa posição era que uns duzentos metros à esquerda dela ficava a junção da estrada que segue a noroeste para Honsfeld, e depois para o vale do rio Amblève.

Embora a inexperiente 99ª Divisão fosse parte do 5º Corpo, esse pelotão, comandado pelo tenente Lyle J. Bouck Jr., ficava exatamente no limite com o setor do 8º Corpo, que no seu extremo norte estava mal defendido pelo 14º Grupo de Cavalaria. Alguns destruidores de tanques anexados ao 14º Grupo de Cavalaria ficavam estacionados abaixo deles, entre as casas. Quando o horizonte leste ganhou vida com os flashes de centenas de canhões, o pelotão de reconhecimento enfiou-se em seus *foxholes*. Lanzerath era um alvo óbvio da artilharia alemã. Os soldados sentiam-se gratos pela cobertura acima de suas cabeças proporcionada pelas bem construídas trincheiras, preparadas pela 2ª Divisão. Depois que o bombardeio cessou, viram os destruidores de tanques na vila passarem por eles, virarem à esquerda e pegarem a estrada de Honsfeld. "Podiam no mínimo ter dado um tchau", um soldado observou.

Bouck relatou por rádio o bombardeio ao quartel-general de seu regimento, e de lá veio a instrução para que enviasse uma pequena patrulha até Lanzerath, para observação. Então, sob a luminosidade cinza do amanhecer, pegou três homens e desceram para dar uma olhada. Entraram em uma casa e ouviram um homem falando em alemão. Lanzerath, que ficava já dentro da fronteira belga, era parte dos cantões germanófonos do leste. Os homens de Bouck acharam que o homem estivesse falando com o inimigo e ele precisou detê-los para que não o matassem. À medida que a luz aumentou naquela manhã de pesadas nuvens, viram um grande número de figuras à distância se aproximando em uma coluna. Eles subiriam a estrada e passariam pela posição do pelotão. Bouck enviou por rádio um pedido para que a artilharia disparasse sobre a estrada abaixo de Lanzerath, mas deparou com a descrença do quartel-general do regimento.

Com seus binóculos de campo, Bouck observou o que revelou ser uma coluna dupla de paraquedistas alemães em seus característicos capacetes e jalecos, marchando em fila, uma de cada lado da estrada. Estavam com as armas dependuradas, não de prontidão, e não tinham batedores à frente ou nos flancos. Pareciam numa marcha pela estrada. Tratava-se do 9º Regimento da 3ª Divisão Fallschirmjäger, cuja tarefa era romper o front para o Kampfgruppe Peiper. O pelotão ficou aguardando, todos tensos, com as metralhadoras e outras armas automáticas engatilhadas e prontas para a perfeita emboscada. Bouck queria que o corpo principal da coluna estivesse dentro de seu campo de tiro antes que seus homens abrissem fogo. Então avistou um pequeno grupo que era claramente de oficiais. Fez sinal aos seus homens, para que se preparassem para abrir fogo. Mas, na última hora, uma garotinha de cabelo loiro de uns treze anos saiu correndo de uma casa e apontou para a colina onde ficava o pelotão de reconhecimento. Bouck hesitou, não queria matar a garota, mas o oficial alemão gritou uma ordem, e seus homens se atiraram nas valas de ambos os lados da estrada.

A emboscada poderia ter sido abortada, mas a oportunidade de matar aqueles jovens com escasso treinamento não desaparecera, e a culpa disso foi a obstinação de seu comandante. Ele os comandou para um ataque frontal atrás do outro. Os atiradores com metralhadoras do pelotão de reconhecimento simplesmente foram abatendo os alemães conforme tentavam escalar os montes de neve que cobriam o campo logo abaixo das posições americanas. A distância era tão curta que era possível ver seus rostos com nitidez. Bouck passou então um segundo rádio, solicitando com urgência apoio de artilharia. Disseram que os canhões estavam em outras missões. Perguntou o que deveria fazer. "Defenda a posição a todo custo!", foi a resposta. Vários de seus homens haviam sido feridos, mas ainda conseguiam lutar.

Perplexo com as pilhas de mortos e feridos acumuladas nos campos embaixo, Bouck mal podia acreditar que o comando alemão do regimento continuasse com aquele sacrifício inútil em vez de tentar flanqueá-los. Uma bandeira branca apareceu, e Bouck ordenou um cessar-fogo enquanto os auxiliares médicos alemães recolhiam seus feridos. A batalha recomeçou e prosseguiu até depois de escurecer, quando Bouck e seus homens já estavam quase sem munição. Só depois que a noite caiu é que o comandante alemão tentou superar os defensores pelos flancos. Eles correram e invadiram a posição. Bouck e quase todos os seus homens foram feitos prisioneiros. Seu pelotão resistira a um regimento inteiro durante um dia, matando e ferindo mais de quatrocentos paraquedistas, ao custo de apenas um homem morto e vários feridos. Mas o atraso infligido foi o que contou mais.

Peiper sabia que havia sido um erro deixar que a infantaria fosse primeiro, e estava furioso. Também o seu Kampfgruppe havia sido detido, pois a ponte sobre a linha férrea a noroeste de Losheim, que fora explodida pelos alemães em sua retirada três meses antes, não havia sido reparada. Ela só ficou pronta por volta das 19h30. A artilharia puxada a cavalo da 12ª Divisão Volksgrenadier também ia à frente da coluna de Peiper, aumentando o atraso. As estradas estavam obstruídas, mas Peiper ordenou que seus veículos "avançassem rapidamente e derrubassem qualquer coisa que vissem pela frente". Em sua impaciência de avançar, ordenou que seus comandantes de tanques seguissem por um campo minado americano: com isso, cinco Panzers ficaram inabilitados.

O quartel-general de sua divisão ordenou que desviasse para Lanzerath, a fim de se reunir mais adiante com aquela parte da 3ª Divisão Fallschirmjäger que havia sido repelida. Peiper deveria assumir o regimento e atacar. Segundo um habitante de Lanzerath, os homens de Peiper estavam muito agitados quando entraram na vila, "gritando que iriam expulsar os americanos de volta até o canal", e dizendo que seus soldados já estavam no Mosa em Liège.

Peiper demonstrou seu desprezo pelos oficiais do regimento de paraquedistas, que insistiam em dizer que as posições americanas eram muito fortes embora não tivessem estado perto delas. Estava também exasperado com a equipe de combate do Kampfgruppe Skorzeny, acrescentada à sua força, com quatro Shermans, caminhões e jipes. "Eles poderiam muito bem ter ficado em casa", disse ele mais tarde, "porque nunca se mantiveram perto da cabeça da coluna onde haviam planejado ficar." Peiper mandou seus homens e os paraquedistas avançarem em direção a Buchholz e Honsfeld.

A pequena força da 99ª Divisão, cercada na estação Buchholz, repeliu os ataques da 3ª Fallschirmjäger. Um jovem oficial de observação avançada foi enviado para orientar o apoio da artilharia. "Tiramos nosso jipe da estrada e o enfiamos em um celeiro", registrou ele mais tarde. "Era uma noite tranquila, fria [...] Podíamos ouvir claramente os soldados da SS Panzer gritando por ali, o ronco dos motores dos tanques, o rangido das rodas das esteiras." Em seu rádio SCR-536, ouviram também sinalizadores alemães provocando-os em inglês. "Venham, venham, venham. Perigo, perigo, perigo. Estamos lançando um poderoso ataque. Venham, venham, tem alguém aí na escuta?" Os que defendiam a estação Buchholz estavam perdidos quando os Panzers da artilharia de Peiper chegaram. Eles montaram canhões quádruplos de 20 mm que podiam eliminar quaisquer defensores que não estivessem protegidos por concreto, ou por várias polegadas de placas de blindagem.

No flanco direito de Peiper, a 12ª Divisão SS Panzer Hitler Jugend esforçava-se em seu lento avanço para as vilas gêmeas de Rocherath e Krinkelt. Essa divisão, que havia sido arrasada pelos britânicos e canadenses na Normandia, nunca conseguira recuperar-se completamente. "Havia homens entre eles cuja disciplina não se encaixava bem no padrão", comentou um oficial de outra formação SS. "Eram do tipo escoteiro e a espécie de ralé que não vê nenhum problema em cortar a garganta de um homem." A divisão também dava a impressão de carecer de habilidade técnica. A Hitler Jugend padecia de um alto índice de quebras mecânicas com seus Panzers Panther Mark V.

Na ponta mais ao norte das linhas da 99ª Infantaria, o 3º Batalhão do 395º de Infantaria defendia a vila de Höfen, ao sul de Monschau. A pequena ponta de lança de Höfen na floresta de Monschau era um alvo óbvio para ataques. O *Generalfeldmarschall* Model queria atacar pelos dois lados de Monschau para bloquear as estradas para Eupen e Aachen, e deter quaisquer reforços americanos vindos do norte. Ele proibiu bombardeios na própria Monschau. Em Höfen, porém, o batalhão americano encontrou um luar artificial que jogou a seu favor. À medida que a 326ª Divisão Volksgrenadier avançava pela neblina, o resplendor desenhava o contorno da infantaria alemã se aproximando. "Às seis horas os alemães chegaram", relatou um oficial. "Saindo da névoa, surgiram diante da posição do batalhão. Pareciam enxames avançando em seu característico passo lento. O luar artificial desenhava perfeitamente os alemães chegando contra o fundo de neve, e cada uma das armas que o batalhão possuía abriu fogo [...] As perdas alemãs foram terríveis e, às 6h55, eles começaram a se retirar." Os dez morteiros de 81 mm do batalhão também foram usados, e, quando as comunicações foram restabelecidas com a 196ª Artilharia de Campo, eles acrescentaram seu poder de fogo.

Menos de duas horas depois, outro forte ataque teve início, reforçado por tanques e carros blindados. "No front da Companhia K, a infantaria alemã avançava à frente dos tanques, e gritando como selvagens atacaram a posição da companhia." O assalto teve lugar apenas depois que os morteiros e a artilharia – os "Long Toms" de 155 mm – alvejaram o setor. Às 9h30 veio mais um ataque. Um grande número de alemães conseguiu tomar quatro casas. O comandante do batalhão ordenou que seus dois canhões antitanque de 57 mm começassem a destruir os muros com rajadas capazes de furar blindagens. O fogo de fuzis e armas automáticas foi concentrado em todas as janelas para evitar que os alemães atirassem nas equipes de canhões antitanque. "Pelos gritos dentro da casa você podia garantir sem hesitar que os canhões antitanque estavam causando estragos." Um pelotão de reserva avançou e atirou granadas de fósforo branco pelas janelas. Os sobrevivente logo se renderam. Dentro foram encontrados cerca de setenta mortos.

O 2º Batalhão do 393º de Infantaria havia sido anexado à 2ª Divisão, que acabava de iniciar um novo avanço do 5º Corpo para o norte, em direção às represas do Roer perto de Schmidt. Quando ouviram fogo pesado ao sul imaginaram que o resto da divisão estava agora aderindo ao mesmo ataque. Eles ainda não tinham ideia da ofensiva alemã.

Um auxiliar chamado Jordan, ajudado por um par de fuzileiros, começou a colocar bandagens nos feridos no abrigo de uma estrada que corria num nível abaixo do resto da superfície. "Demos plasma a um garoto cujo braço direito estava destruído", relatou um soldado, "tentamos acalmá-lo e seguramos cigarros para que ele fumasse. Estava em choque, o corpo tremendo descontroladamente. Bombas explodiam a trinta metros e faziam ele se contrair. 'Me tirem daqui! Pelo amor de Deus me tirem daqui. Essa chegou perto – porra, essa chegou perto demais. Me tirem daqui', ele continuava gritando." Jordan, o auxiliar, teve a cabeça atravessada por uma bala. "Soubemos mais tarde naquele dia que os nossos rapazes mataram um médico alemão como retaliação, ação um pouco atenuada pelo fato de que ele portava uma Luger." Sem saber o que estava acontecendo, e com raiva por estarem cedendo de volta um terreno que haviam acabado de tomar no avanço em direção às represas, receberam ordens para parar e recuar. As instruções eram para uma retirada para sudoeste, em direção a Krinkelt, para enfrentar a 12ª Divisão SS Panzer.

Enquanto a maior parte da 99ª Divisão lutava com brio batalhas desesperadas, "alguns poucos homens sucumbiram à pressão", reconheceu um oficial, "molhando as calças várias vezes, ou vomitando, ou demonstrando outros graves sintomas físicos". E "o número de disparos ditos acidentais de fuzis nas mãos ou nos pés, em geral enquanto limpavam a arma, aumentou muito". Alguns homens estavam tão desesperados que se dispunham a mutilar-se até mais seriamente. Um exemplo aflitivo na 99ª Divisão de Infantaria foi o de um soldado que, conforme conta-se, teria "deitado junto a uma grande árvore, se abraçado a ela e explodido uma granada na sua mão".

**

A recém-chegada da ainda menos experiente 106ª Divisão de Infantaria ao sul no Schnee Eifel seria arrasada pela ofensiva alemã nos três dias seguintes. Ela foi rapidamente flanqueada quando o 14º Grupo de Cavalaria, na brecha de Losheim, cobrindo a área entre a 99ª Divisão e a 106ª Divisão, retirou-se sem aviso. Isso também deixou vulnerável o flanco direito da 99ª. À medida que seu 395º Regimento de Infantaria recuou em desespero, os soldados relembraram com aflição o slogan "O Exército americano nunca recua!". Como não haviam recebido provisões, abriram à força alguns tambores de farinha de aveia seca. Estavam tão desesperados que enfiavam punhados na boca e enchiam os bolsos. Um oficial registrou que um soldado chegou a oferecer 75 dólares por uma lata de sopa Campbell que custava treze centavos.

O grupo de cavalaria havia enfrentado uma tarefa quase impossível. Espalhados em posições isoladas por um front de quase nove quilômetros, seus pelotões só podiam tentar defender posições fixas em vilas e aldeias. Não havia uma linha contínua e a cavalaria não

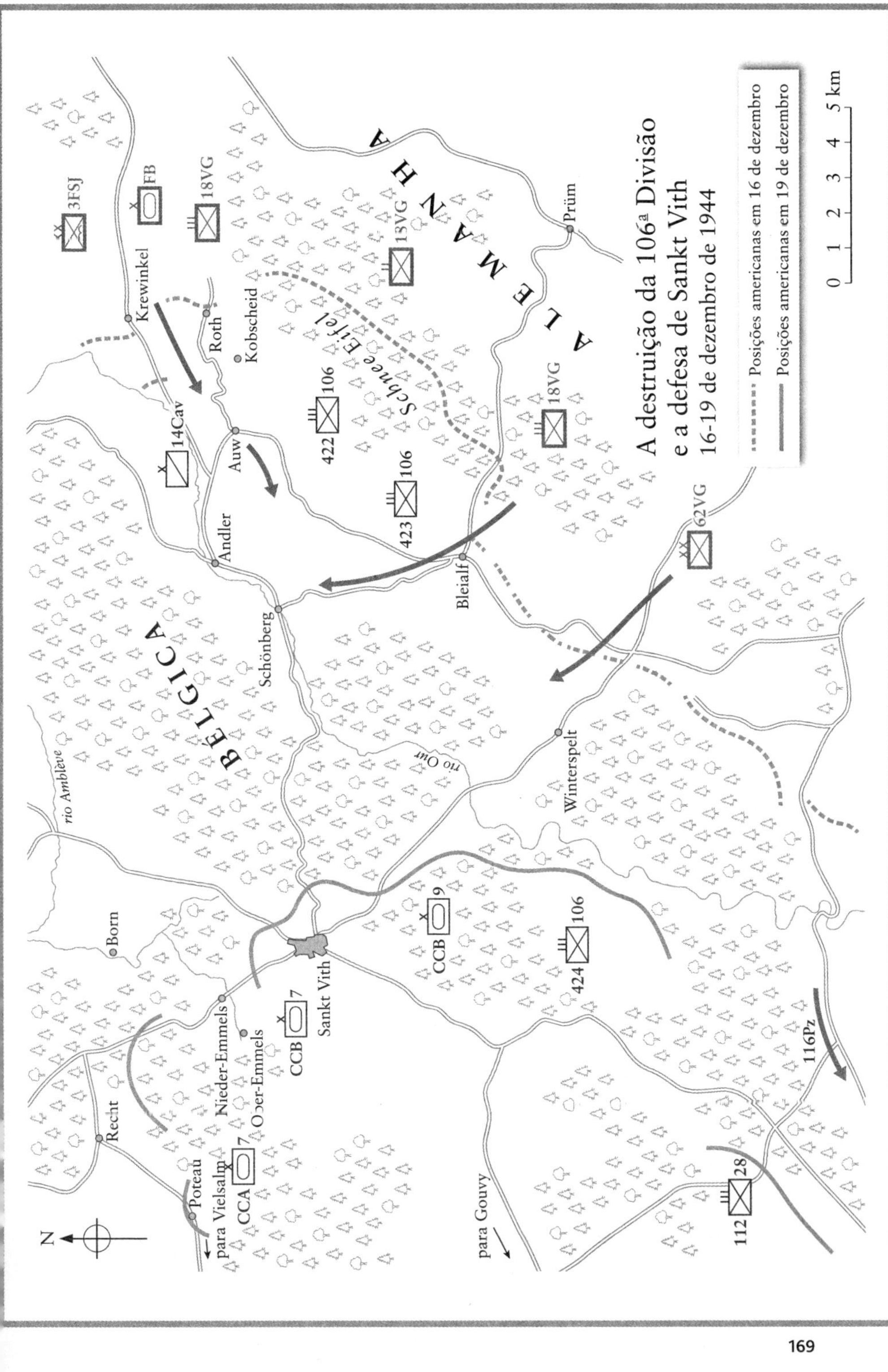
A destruição da 106ª Divisão
e a defesa de Sankt Vith
16-19 de dezembro de 1944
Posições americanas em 16 de dezembro
Posições americanas em 19 de dezembro
0 1 2 3 4 5 km
ALEMANHA
BÉLGICA
Schnee Eifel
rio Amblève
rio Our
Prüm
Krewinkel
Roth
Kobscheid
Auw
Andler
Schönberg
Bleialf
Winterspelt
Sankt Vith
Born
Nieder-Emmels
Ober-Emmels
Recht
Poteau
para Vielsalm
para Gouvy
3FSJ
FB
18VG
13VG
14Cav
422 106
423 106
18VG
62VG
CCB 9
424 106
CCB 7
CCA 7
116Pz
112 28
N

tinha homens, nem treinamento e nem equipamento para uma defesa estacionária. Tudo o que tinham eram canhões que haviam desmontado de veículos de reconhecimento, alguns deles antitanque e um batalhão de apoio com *howitzers* de 105 mm. A chegada muito recente do 106º significava que não havia sido estabelecido nenhum plano coordenado de defesa.

Nos dias que antecederam a ofensiva, patrulhas alemãs descobriram que havia uma brecha de uns dois quilômetros de largura entre as vilas de Roth e Weckerath no setor da 14ª Cavalaria. Assim, antes do amanhecer, o grosso da 18ª Divisão Volksgrenadier, apoiada por uma brigada de canhões de assalto, avançou direto por esse buraco na linha americana, que ficava na fronteira norte do v Exército Panzer. O objetivo inicial de Manteuffel era a cidade de Sankt Vith, a quinze quilômetros da retaguarda da linha do front americano, na estrada que vinha de Roth.

Na melancólica luz cinzenta do dia, os homens da 14ª Cavalaria em Roth e Weckerath descobriram que os alemães já estavam atrás deles, pois haviam conseguido invadir, parcialmente ocultos pelas nuvens baixas e pela fina garoa. As comunicações caíram, pois as explosões das bombas cortaram os cabos de telefones e grupos alemães de interceptação tocavam discos no último volume nas faixas de onda utilizadas pelos americanos. Os soldados da cavalaria cercados em Roth lutaram a maior parte do dia, mas à tarde se renderam.

A 106ª Divisão não se desfez imediatamente. Com mais de trinta quilômetros de front para defender, incluindo uma ampla ponta de lança logo à frente da Linha Siegfried, ela enfrentou grandes reveses, especialmente quando seu flanco esquerdo foi aberto no setor da 14ª Cavalaria em torno de Roth. Com oito batalhões de corpos de artilharia em apoio, ela infligiu pesadas baixas nos Volksgrenadiers, usados como bucha de canhão para romper o front para as divisões Panzer. Mas a 106ª Divisão fez pouco para contra-atacar o flanco da ruptura alemã à sua esquerda, e isso iria levar ao desastre no dia seguinte.

Como observou o chefe da artilharia de Model, o terreno difícil daquela área rural de bosques retardou o avanço da infantaria alemã e tornou muito difícil para a sua artilharia identificar seus alvos. Além disso, as divisões de Volksgrenadier não sabiam como fazer um uso adequado do apoio de artilharia. Foram dificultadas também pelas ordens estritas de manter o silêncio por rádio, o que impediu as redes de sinais de serem restabelecidas até o bombardeio inicial.

As comunicações eram piores ainda no lado americano. O quartel-general do 8º Corpo de Middleton em Bastogne não tinha ideia clara do escopo da ofensiva. E no I Exército em Spa, o general Hodges supôs que os alemães estivessem montando "apenas uma dispersão local" para aliviar a pressão sobre o avanço do 5º Corpo em direção às represas do rio Roer. E, embora as *buzz-bombs* V-1 (bombas zum-zum), como os americanos as chamavam, estivessem agora passando por cima das suas cabeças a cada poucos minutos para atingir Liège, Hodges mesmo assim não reconheceu os sinais.[1] Apesar da insistência do general Gerow, Hodges se recusou a deter o avanço para o norte da 2ª Divisão. Em Luxemburgo, no quartel-general do 12º Grupo do Exército durante o *briefing* das 9h15, o oficial G-3 relatou que não havia mudanças no setor das Ardenas. A essa altura, o general Bradley estava a caminho de Versalhes para discutir a escassez de homens com Eisenhower.

Um diário mantido pelo tenente Matt Konop, do quartel-general da 2ª Divisão, dá uma ideia de como os americanos, mesmo os que estavam próximos ao front, demoraram a compreender a escala e o objetivo da ofensiva alemã. A anotação de Konop para o dia 16 de dezembro começava assim: "5h15: Dormindo na Pequena Casa Vermelha com seis outros oficiais – ouvi fortes explosões – deve ser um sonho – ainda achando que fosse um sonho – deve ser nossa artilharia – não é possível, essa coisa parece estar chegando mais perto e ficando cada vez mais alta". Konop levantou no escuro e foi tateando até a porta, ainda vestindo ceroulas. Abriu a porta. Uma

1 O pior desastre resultante do bombardeio de V-1 teve lugar na Antuérpia naquela noite, quando uma dessas bombas atingiu um cinema e matou cerca de trezentos soldados britânicos e canadenses e feriu outros duzentos, além de muitos civis.

explosão do lado de fora o mandou de volta correndo para acordar os demais. Todos foram às pressas para o porão ainda de roupa de baixo, e com lanternas na mão para achar o caminho. No final, ao cessar o bombardeio, voltaram ao andar de cima. Konop ligou para a seção de operações para perguntar se havia algo fora do normal a relatar. "Não, nada de anormal", foi a resposta, "mas houve um belo bombardeio por aqui. Nada fora do normal foi relatado das linhas de frente." Konop engatinhou de volta até o colchão, mas não conseguiu mais dormir.

Ainda estava escuro às 7h15 quando ele chegou ao posto de comando em Wirtzfeld. O avanço da 2ª Divisão parecia satisfatório no mapa da situação. Seu 9º Regimento de Infantaria acabara de capturar a vila de Wahlerscheid. Uma hora mais tarde, Konop deu uma volta por Wirtzfeld. Não havia baixas do bombardeio, mas uma explosão bem em cima de um monte de esterco resultou "na pilha de repente ser espalhada pela cozinha inteira, pelo refeitório e pela sala dos oficiais do Batalhão de Engenharia". Mais tarde naquela manhã, ele concordou com o capelão da divisão que depois do bombardeio da manhã deveriam tomar cuidado em realizar a missa no dia seguinte, porque a igreja seria um alvo óbvio.

Às 17h30, Konop viu um relatório dizendo que os tanques alemães haviam feito uma incursão pela 106ª Divisão. Isso foi descrito como uma "ação local do inimigo". Nada mais tendo a fazer, ele voltou para o seu quarto para ler. Mais tarde, passou o início da noite conversando com um par de correspondentes de guerra que haviam chegado para pernoitar. Antes de irem "puxar uma palha", ele mostrou aos dois jornalistas a porta para o porão, caso houvesse outro bombardeio na manhã seguinte.

A 28ª Divisão de Cota, adjacente à 106ª a sudoeste, foi de início pega de surpresa devido à má visibilidade, mas o uso de luar artificial pelos alemães revelou-se uma "mancada". "Eles dirigiram os holofotes para os bosques e depois para as nuvens acima de nossas posições, mas isso destacou as silhuetas de suas tropas de assalto. Transformaram-se em alvos fáceis."

Felizmente, antes do início da ofensiva, a divisão havia treinado oficiais de infantaria e NCOs para atuarem como observadores avançados para a artilharia. Uma companhia do 109º Regimento de Infantaria da divisão, que estava entrincheirada, despejou fogo de *howitzers* de 155 mm apenas cinquenta metros à frente da sua posição durante um ataque massivo. Depois contou os corpos de 150 alemães, para nenhuma baixa americana.

A compulsão de exagerar os feitos e o porte das forças inimigas era algo disseminado. "Dez alemães eram relatados como uma companhia", queixou-se um comandante de batalhão da divisão, "dois tanques Mark IV como um ataque massivo desse tipo de tanques. É quase impossível que os comandantes tomem decisões corretas com rapidez a não ser que os relatórios que recebem se refiram àquilo que a pessoa que relata viu ou ouviu, e não ao que ela imaginou."

O 112º Regimento de Infantaria da 28ª Divisão de Cota achou que, "na manhã do assalto inicial, havia fortes indícios de que a infantaria alemã se encharcara à vontade de bebida alcoólica [...] Eles riam e gritavam e diziam aos nossos soldados que não disparassem, pois isso revelaria nossas posições. Concordamos com isso até que a cabeça da coluna ficou a uns 25 metros do nosso front. Foram infligidas pesadas baixas. Ao examinarmos os cantis de vários corpos vimos todos os indícios de que pouco tempo antes estavam cheios de conhaque".

A 116ª Divisão Panzer de Waldenburg atacou no limite entre a 106ª e a 28ª Divisões. Mas em vez de acharem uma brecha, os alemães foram pegos pelo flanco pelo batalhão da extrema direita da 106ª e por um pelotão de destruidores de tanques. Na floresta a oeste de Berg, relatou Waldenburg, a companhia de assalto de seu 60º Regimento Panzergrenadier foi não só detida mas "praticamente destruída" quando os americanos "lutaram com muita bravura e ferocidade". Os alemães avançaram rapidamente a artilharia para cobrir as travessias do rio, mas os bosques e as colinas dificultavam a observação e as encostas íngremes ofereciam poucos lugares para posicionar suas baterias.

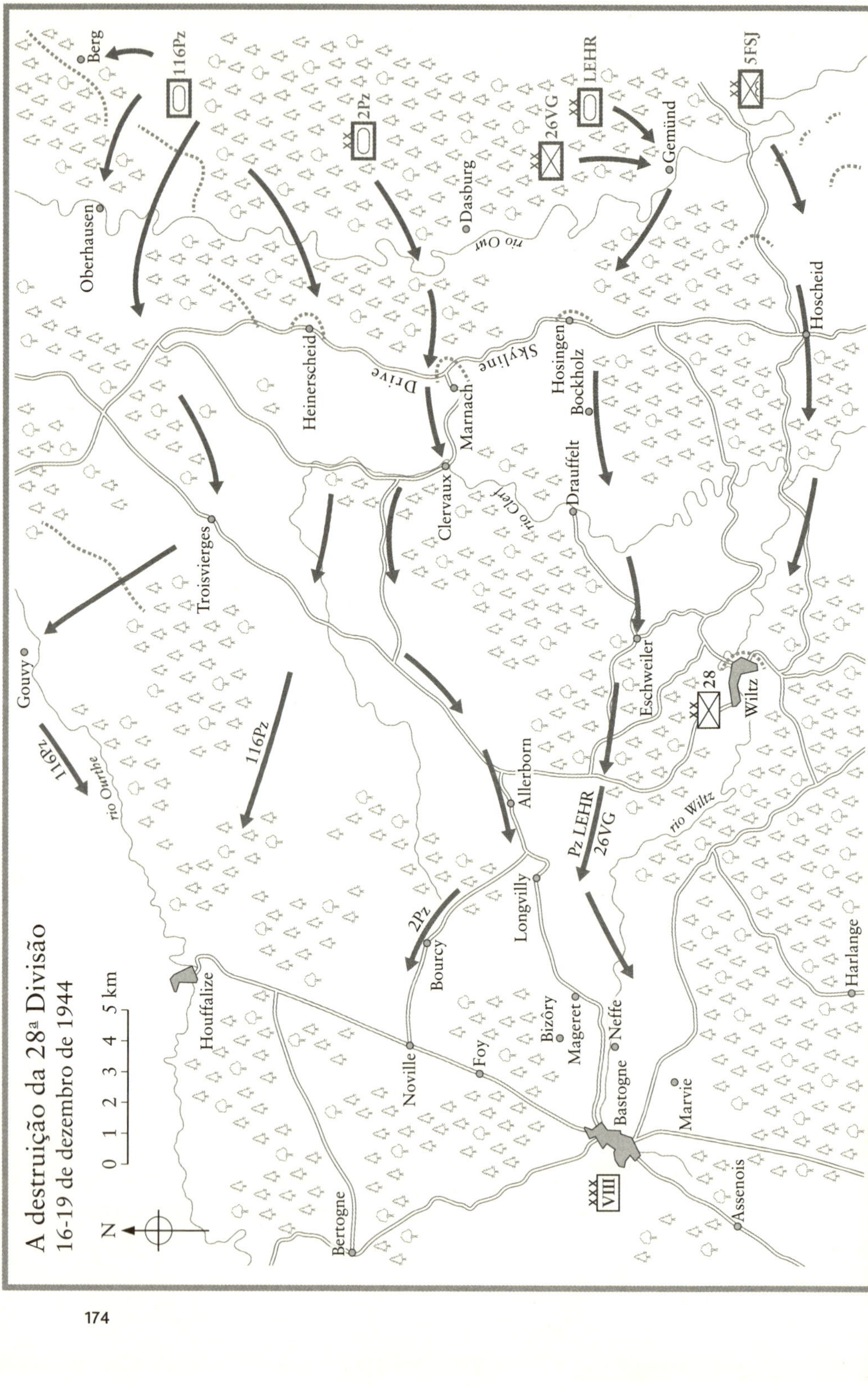
A destruição da 28ª Divisão
16-19 de dezembro de 1944
N
0 1 2 3 4 5 km
Berg
116Pz
Oberhausen
2Pz
Dasburg
rio Our
26VG
LEHR
Gemünd
5FSJ
Hoscheid
Heinerscheid
Skyline Drive
Marnach
Hosingen
Bockholz
Clervaux
rio Clerf
Drauffelt
Troisvierges
Eschweiler
28
Wiltz
Gouvy
116Pz
rio Ourthe
116Pz
Allerborn
Pz LEHR
26VG
rio Wiltz
Longvilly
2Pz
Bourcy
Harlange
Houffalize
Noville
Foy
Bizôry
Mageret
Neffe
Bastogne
Marvie
VIII
Assenois
Bertogne

Por outro lado, o 156º Regimento Panzergrenadier de Waldenburg ao sul avançou rapidamente até Oberhausen. Então ele descobriu que os dentes de dragão das defesas da Linha Siegfried tornavam impossível para o regimento Panzer seguir sua rota prescrita. Ele precisava obter permissão do quartel-general de seu corpo para que este pudesse acompanhar o sucesso dos seus Panzergranadiers do 156º que haviam tomado pontos de travessia pelo rio Our. As fortes chuvas e a neve nas Ardenas haviam deixado o chão tão intransitável que as unidades Panzer ficavam restritas a estradas pavimentadas. As esteiras dos tanques reviravam a lama de estradas secundárias a uma profundidade de um metro, deixando-as inviáveis para os veículos com rodas, e mesmo para outros Panzers. O mau tempo que Hitler desejara para blindar suas forças do poderio aéreo aliado chegou cobrando alto preço.

Mais ao sul, a 26ª Divisão Volksgrenadier tinha a tarefa de abrir o front para as formações mais experientes de Manteuffel, a 2ª Divisão Panzer e a Divisão Panzer Lehr. Eles esperavam alcançar Bastogne, que ficava menos de trinta quilômetros a oeste em linha reta, durante aquela noite ou cedo na manhã seguinte. Mas o *Generalmajor* Heinz Kokott, comandante da 26ª Volksgrenadiers, teve uma desagradável surpresa. A 28ª Divisão continuou lutando mesmo depois da ruptura de sua linha ao longo do terreno elevado e da estrada conhecida como Skyline Drive. O que não era esperado, escreveu ele mais tarde, "era que os remanescentes das unidades derrotadas não desistissem de lutar. Eles continuaram em posição e bloquearam a estrada". Isso obrigou o comando alemão a aceitar que a "a infantaria teria realmente que lutar para poder avançar", em vez de simplesmente abrir caminho para que as divisões Panzer penetrassem até o Mosa. "No final do primeiro dia da ofensiva, nenhum dos objetivos definidos pelo Exército [v Panzer] havia sido alcançado." A "obstinada defesa de Hosingen" durou até o final da manhã do segundo dia.

Embora a 26ª Volksgrenadiers acabasse forçando uma travessia, os reparos na ponte sobre o Our perto de Gemünd só ficaram prontos por volta do anoitecer, às dezesseis horas. O congestionamento de tráfego com os veículos tanto da 26ª Volksgrenadier como da Panzer Lehr foi crescendo, pois os americanos haviam bloqueado a estrada para Hosingen abrindo enormes crateras e barreiras de "abatis" com árvores derrubadas. Os batalhões alemães pioneiros tiveram que varar a noite trabalhando para tornar a estrada transitável. A 26ª Volksgrenadier perdeu 230 homens e oito oficiais, incluindo dois comandantes de batalhão, no primeiro dia.

No flanco direito da 28ª Divisão americana, o VII Exército alemão avançou a 5ª Divisão Fallschirmjäger para blindar o flanco de Manteuffel enquanto seu V Exército Panzer seguia para oeste em direção ao Mosa. Mas a 5ª Fallschirmjäger foi uma reposição de última hora à ordem de batalha alemã, e lutou muito mal. Apesar de contar com 16 mil homens, seus oficiais e soldados haviam recebido pouco treinamento de infantaria. Um batalhão, comandado pelo instrutor de voo *Major* Frank no 13º Regimento Fallschirmjäger, tinha doze oficiais sem nenhuma experiência de campo. Frank, em uma conversa gravada secretamente após sua captura, contou a outro oficial que seus NCOs tinham "boa vontade mas eram ineptos", enquanto seus setecentos soldados tinham a maioria deles apenas dezesseis ou dezessete anos de idade, mas "os garotos eram maravilhosos".

"Logo no primeiro dia da ofensiva atacamos o Führen [defendido pela Companhia E do 109º de Infantaria]. Era uma vila fortificada. Chegamos a uns 25 metros do *bunker*, fomos parados ali e meus melhores *Kompaniechefs* foram mortos. Eu fiquei firme durante duas horas e meia, cinco dos meus mensageiros haviam sido mortos. Não era possível comandar as coisas dali, os mensageiros que haviam voltado tinham sido todos abatidos. Então, por duas horas e meia, sempre deitado de barriga no chão, fui voltando, centímetro por centímetro. Que espetáculo para os garotos mais jovens, arrastar-se por terreno aberto e sem qualquer apoio de armas pesadas! Decidi esperar por um oficial de observação avançada. O comandante do regimento disse: 'Vá em frente. Tome a vila – há apenas alguns soldados defendendo-a'.

'Isso é loucura', eu disse ao *Regimentskommandeur*.

'Não, não, é uma ordem. Vá em frente, temos que capturar a vila antes que anoiteça.'

Eu disse: 'Nós vamos também. Essa hora que vamos perder esperando o oficial de observação avançada eu vou compensar duas ou três vezes mais tarde [...] Pelo menos, me dê as armas de assalto para poder vir do norte e destruir o *bunker* deles'.

'Não, não, não.'

Tomamos a vila sem qualquer apoio e mal havíamos entrado nela quando nossos canhões pesados começaram a abrir fogo. Eu trouxe 181 prisioneiros ao todo. Cerquei os últimos sessenta, e uma salva de bombas de morteiro caiu em cima deles vindo de uma de nossas brigadas de morteiro, bem no meio dos prisioneiros e dos seus guardas. Depois de 22 horas nossa artilharia ainda disparava na vila. Nossas comunicações eram um fracasso completo."

O comandante de divisão *Generalmajor* Ludwig Heilmann claramente não sentia nada pelos seus soldados. Heydte descreveu-o como "um soldado muito impulsivo, ambicioso, sem escrúpulos morais", e disse que ele não deveria estar comandando uma divisão. Seus soldados o chamavam de "*der Schlächter von Cassino*", ou "o Carniceiro de Cassino", por causa das terríveis perdas sofridas por seus homens durante aquela batalha. E no primeiro dia da Ofensiva das Ardenas, suas unidades foram destruídas por fogo de morteiro americano enquanto se debatiam na travessia do rio Our, que tinha uma correnteza forte e um fundo lamacento.

Logo ao sul, a 9ª Divisão Blindada americana defendeu um estreito setor de três quilômetros, mas foi repelida pela 212ª Divisão Volksgrenadier. À sua direita, postos avançados da 4ª Divisão de Infantaria a oeste e ao sul de Echternach não viram soldados alemães cruzarem o Sauer antes do amanhecer. Seus postos avançados sobre penhascos ou em cristas de serras, bem altos acima do vale do rio, podiam oferecer uma visão clara com tempo bom, mas à noite, em dias de neblina, eram cegos. Como resultado, a maioria dos homens nessas posições avançadas foi cercada e capturada rapidamente, porque as patrulhas avançadas alemãs haviam passado escondidas por trás deles. Um comandante de companhia, quando finalmente relatava os detalhes do ataque por um telefone de campanha ao comandante do seu batalhão, se assustou ao ouvir outra pessoa na linha. Uma voz com forte sotaque alemão anunciou: "Somos nós que estamos aqui!". Um esquadrão em Lauterborn foi pego de surpresa e feito prisioneiro. Os alemães, com excesso de confiança, vinham trazendo os prisioneiros marchando pela estrada e passaram diante de uma fábrica, mas esta estava ocupada por americanos de outra companhia que abriram fogo. Os prisioneiros atiraram-se numa vala onde ficaram escondidos por várias horas, e depois se reuniram à sua unidade mais tarde.

Uma vez mais, as linhas de telefone de campanha que ligavam os postos de observação foram cortadas pelas bombas, e os rádios muitas vezes paravam de funcionar devido ao terreno montanhoso e a atmosfera úmida. O trânsito dos mensageiros era sempre caótico, e os operadores eram descuidados ou entravam em pânico, perturbando as transmissões. O major-general Raymond O. Barton, comandante da 4ª Divisão de Infantaria, só soube às onze horas da manhã que o seu 12º Regimento de Infantaria de ambos os lados de Echternach estava sofrendo um forte ataque. Barton não perdeu tempo e mandou seu batalhão de reserva junto com uma companhia do 70º Batalhão de Tanques. Quando a escuridão baixou, o 12º de Infantaria ainda defendia cinco cidades e vilas-chave ao longo do trajeto de serra da Skyline Drive. Esses foram os cruzamentos de estradas importantes que bloquearam o avanço alemão. "Foram as cidades e os cruzamentos de estradas que se mostraram decisivos na batalha", concluiu uma análise.

A 4ª Divisão de Infantaria também havia derrubado altos pinheiros no meio da estrada para fazer barreiras de abatis, que eram minadas e dotadas de armadilhas de arame farpado. As façanhas de uma divisão eram ainda mais notáveis quando se levava em conta sua escassez de homens e armas, após as recentes batalhas na floresta de Hürtgen. Desde os combates na Normandia, a 4ª Divisão de Infantaria havia tomado grande número de Panzerfausts para usá-los contra os alemães. Embora tivessem um alcance efetivo de apenas quarenta

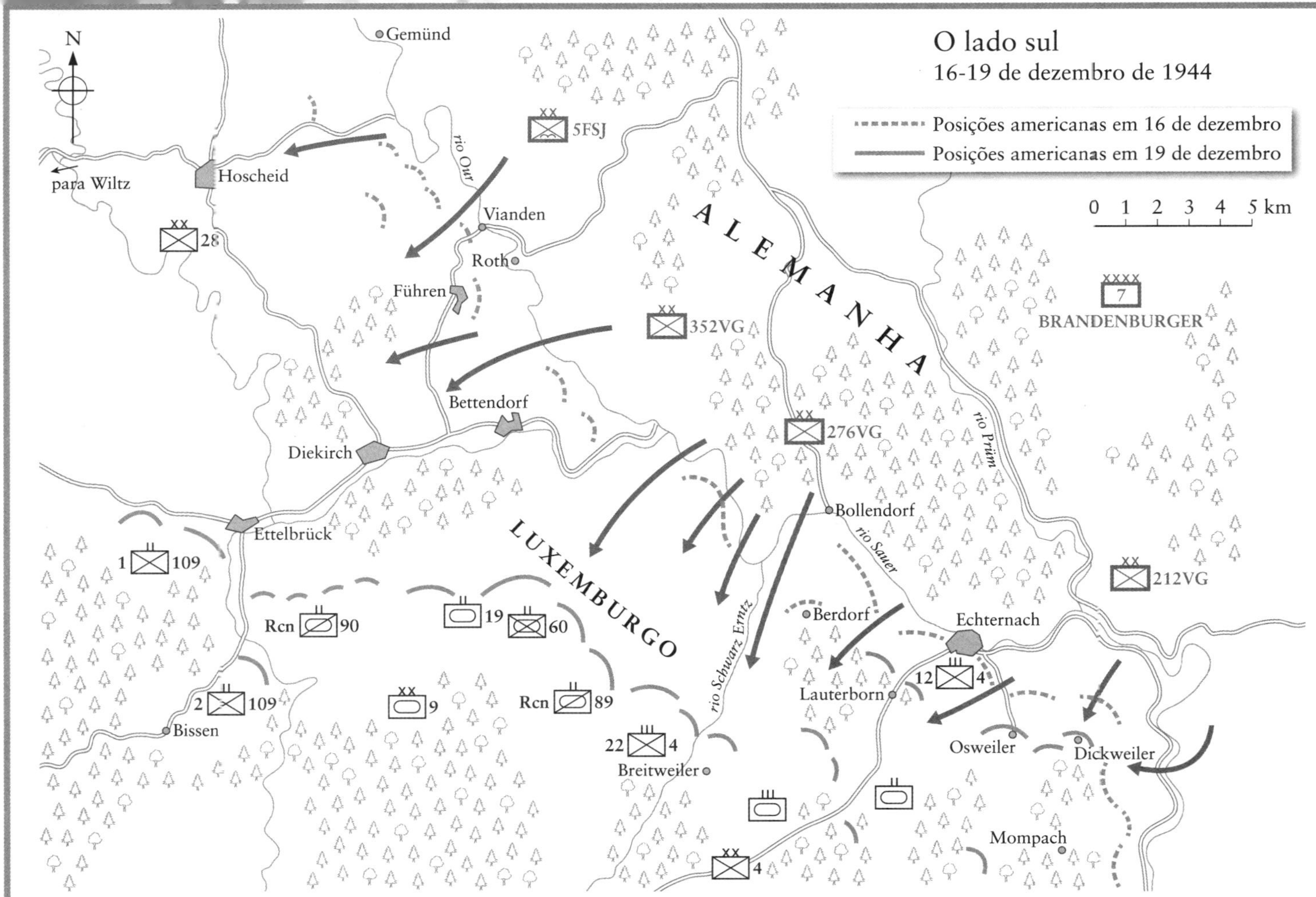
O lado sul
16-19 de dezembro de 1944
Posições americanas em 16 de dezembro
Posições americanas em 19 de dezembro
0 1 2 3 4 5 km
N
Gemünd
Hoscheid
para Wiltz
28
5FSJ
rio Our
Vianden
Roth
Führen
352VG
ALEMANHA
7
BRANDENBURGER
Bettendorf
Diekirch
276VG
rio Prüm
Ettelbrück
1 109
Bollendorf
rio Sauer
LUXEMBURGO
212VG
Rcn 90
19
60
Berdorf
Echternach
rio Schwarz Ernz
2 109
9
Rcn 89
12 4
Lauterborn
Bissen
22 4
Breitweiler
Osweiler
Dickweiler
Mompach
4

metros, os homens de infantaria achavam-nos bem mais poderosos para penetrar os tanques Panther do que suas bazucas. Pelo menos 43 de seus 45 tanques ainda estavam sendo reparados nas oficinas da retaguarda. Isso não se revelou tão desastroso quanto poderia. Manteuffel tivera vontade de prover o VII Exército de Brandenberger com uma divisão Panzer para abrir o lado sul, mas nenhum deles pôde ser colocado à disposição.

A viagem do general Bradley naquele dia pelas estradas geladas de Luxemburgo até Versalhes demorou mais do que o previsto. Eisenhower estava de bom humor quando ele chegou, pois acabara de saber que receberia a sua quinta estrela. Bradley parabenizou-o. "Meu Deus", respondeu Eisenhower, "não vejo a hora de assinar meu nome como general do Exército."

O major Hansen, que viera acompanhando Bradley, voltou ao Ritz, onde Hemingway bebia acompanhado por grande número de visitas. "O quarto, com duas camas de metal", escreveu Hansen, "estava cheio de livros espalhados pelo chão, garrafas de bebida, e as paredes estavam todas cobertas de imagens de Paris, grudadas displicentemente com pregos e tachinhas." Depois de falar com eles por um tempo, Hansen "saiu discretamente e andou exausto até o Lido, onde foi ver moças com os peitos à mostra dançando o *hootchy kootchie* noite adentro".

No final da tarde, enquanto Eisenhower e Bradley discutiam o problema da reposição com outros oficiais de alta patente do SHAEF, foram interrompidos por um oficial do Estado-Maior. Ele entregou uma mensagem ao major-general Strong, que, ao lê-la, pediu um mapa do setor do 8º Corpo. Os alemães haviam penetrado em cinco pontos, dos quais o mais ameaçador era a entrada pela brecha de Losheim. Apesar dos poucos detalhes, Eisenhower na mesma hora sentiu que era grave, embora não houvesse objetivos óbvios nas Ardenas. Bradley, por sua vez, acreditava que isso fosse apenas um ataque de desgaste que ele mais ou menos já esperava, para perturbar a ofensiva de Patton na Lorena. Eisenhower não perdeu tempo após consultar o mapa de operações. Deu ordens para que o IX Exército enviasse a 7ª Divisão Blindada para ajudar Troy Middleton nas Ardenas, e mandou Patton deslocar sua 10ª Divisão Blindada. Bradley observou que Patton não ficaria nada feliz em desistir de sua ofensiva, prevista para ser desencadeada em três dias. "Diga a ele", Eisenhower rosnou entredentes, "que Ike está comandando esta guerra."

Bradley ligou para Patton na mesma hora. Como previra, Patton reclamou muito, e disse que o ataque alemão era apenas uma tentativa de perturbar a sua operação. Com os olhos de Eisenhower em cima dele, Bradley teve que lhe dar uma ordem direta. Os homens da 10ª Divisão Blindada ficaram horrorizados ao saber que seriam transferidos do III Exército de Patton para o I Exército reserva. "Isso nos desanimou muito, porque, você sabe, o I Exército – raios, nós estávamos no III Exército." Patton, porém, teve um palpite, logo após a chamada telefônica, de que "parecia ser verdade". "Faz-me lembrar muito do 25 de março de 1918 [ofensiva de Ludendorff]", escreveu ele a um amigo, "e acho que terá os mesmos resultados."

Bradley então ligou para o seu quartel-general em Luxemburgo e disse-lhes que contatassem o IX Exército. Ele não esperava que houvesse qualquer problema ali. O tenente-general William H. Simpson era um texano alto, de fala tranquila, conhecido como o *doughboy general* ("general soldado"), e todos gostavam dele. Tinha um rosto comprido e atraente e uma cabeça calva com orelhas salientes e queixo quadrado. Simpson estava examinando o plano de suporte aéreo para a travessia do Roer quando, às 16h20, segundo o diário de seu quartel-general, recebeu uma chamada do major-general Allen, chefe do Estado-Maior do 12º Grupo do Exército. "Hodges [está] tendo um pouco de dificuldades com seu flanco sul", disse Allen. "Está havendo um pouco de confusão ao sul de onde você está." Simpson imediatamente concordou em liberar a 7ª Divisão Blindada para o I Exército. Exatamente duas horas mais tarde, Simpson ligou para checar se o grupo avançado da 7ª Divisão Blindada estava a caminho.

Eisenhower e Bradley, tendo despachado as duas divisões, tomaram uma garrafa de champanhe para celebrar a quinta estrela. O supremo comandante acabara de receber uma porção de ostras, que ele adorava, mas Bradley era alérgico a elas e comeu ovos mexidos. Em seguida, jogaram cinco rodadas de bridge, já que Bradley só partiria de volta para Luxemburgo na manhã seguinte.

Enquanto os dois generais americanos estavam em Versalhes, o *Oberstleutnant* Von der Heydte, em Paderborn, foi arrancado do sono profundo por um telefonema. Estava exausto, pois tudo dera errado na noite anterior e ele não havia conseguido dormir. Seu Kampfgruppe estava programado para decolar nas primeiras horas daquela manhã, mas a maior parte dos caminhões que trariam seus homens ao campo de aviação não haviam recebido combustível a tempo, então a operação havia sido adiada; dava a impressão de que seria cancelada. O *General* Peltz, general da Luftwaffe que estava ao telefone, agora lhe dizia que o salto seria feito, sim, porque o ataque inicial não havia progredido com a rapidez esperada.

Quando Heydte chegou ao campo de aviação, soube que a previsão meteorológica da Luftflotte Oeste estimava ventos com velocidade de vinte quilômetros por hora na zona do salto. Era a velocidade mais alta permissível para um salto noturno em uma área de bosques, e Heydte estava sendo propositalmente mal informado para evitar que cancelasse a operação. Depois que todos os paraquedistas estavam embarcados nos velhos aviões Junkers 52 de transporte, um "meteorologista muito consciencioso" correu até o avião de Heydte, que já ia começar a taxiar, e disse: "Sinto que devo fazer minha obrigação; os relatórios de nossas fontes indicam que a velocidade dos ventos é de 58 quilômetros por hora".

A operação toda foi um fiasco. Como os pilotos, em sua maioria, eram "novatos e estavam nervosos" e não tinham experiência de voar à noite, cerca de duzentos homens de Heydte foram lançados em volta de Bonn. Poucos paraquedistas haviam alguma vez cumprido essa tarefa, e apenas dez aviões conseguiram lançá-los na zona prevista, ao sul de Eupen, que havia sido marcada por dois sinalizadores de magnésio. O vento era tão forte que alguns paraquedistas eram arremessados contra os propulsores do avião que vinha atrás. Os sobreviventes do pouso seguiram no escuro, assobiando entre eles para não se perderem. De manhã, Heydte soube que sua missão havia sido "um completo fracasso". Ele conseguira juntar apenas 150 homens, um "grupo tristemente pequeno", como ele o chamou, e poucos dos contêineres de armas foram encontrados. Apenas oito Panzerfausts dos quinhentos lançados foram recuperados, e apenas um morteiro de 81 mm.

"Povo alemão, tenha confiança!", declarava a mensagem de Adolf Hitler à nação. "Não importa o que tenhamos que enfrentar, iremos superá-lo. Temos a vitória no final da estrada. Sob qualquer situação, em batalha, onde o fanatismo de uma nação é um fator, só poderá haver a vitória!" O *Generalfeldmarschall* Model declarou em uma ordem do dia aos soldados do Grupo do Exército B: "Iremos vencer, porque acreditamos em Adolf Hitler e no Grande Reich Alemão!". Mas naquela noite, cerca de 4 mil civis alemães morreram em um bombardeio aliado sobre Magdeburgo, que havia sido planejado antes da ofensiva.

Civis belgas tinham pelo menos a opção de fugir do ataque, mas alguns ficaram com suas fazendas e animais, resignados a mais uma ocupação alemã. Eles, porém, não sabiam que o serviço de segurança da SS Sicherheitsdienst estava seguindo os calcanhares das formações Waffen-SS. Para essas unidades SD, os habitantes dos cantões do leste eram cidadãos alemães, portanto a tarefa era descobrir quem havia desobedecido às ordens em setembro de transferir-se para leste da Linha Siegfried com suas famílias e gado. Os habitantes locais que haviam evitado servir na Wehrmacht e aqueles que haviam colaborado com os americanos durante o outono corriam risco de ser presos, e até mesmo executados em alguns casos. Mas os alvos principais eram aqueles jovens belgas dos grupos de resistência, que haviam atormentado as forças alemãs em retirada em setembro.

O general Hodges, finalmente consciente do perigo, ordenou que a 1ª Divisão, que então descansava atrás das linhas, se preparasse para a ação. "Ouvimos o som como de uma sirene", escreveu Arthur Couch, "e um anúncio de que todos os soldados americanos deveriam retornar às suas unidades e se preparar para uma mobilização – ocorrera um grande ataque alemão na área das Ardenas. Pegamos nosso equipamento de combate e subimos em caminhões que nos levaram até a nova linha do front. Fomos informados de que um ataque alemão com tanques havia rompido uma nova divisão inexperiente que viera direto da América. Eles estavam em retirada caótica." Às 22 horas, outra ordem do quartel-general do I Exército instruía a 2ª Divisão a deter seu ataque ao norte e preparar-se para se deslocar até o flanco leste da serra de Elsenborn, a fim de bloquear o avanço da 12ª Divisão SS Panzer.

Após todos os atrasos do primeiro dia, naquela noite Peiper obrigou seus homens a avançarem para Honsfeld. Seu Kampfgruppe recebera "o papel decisivo na ofensiva", e não tinha a menor intenção de falhar. "Eu não precisava me preocupar com meus flancos, mas tinha que me deslocar com rapidez até o rio Mosa, aproveitando muito bem o elemento surpresa." Sua coluna de tanques, semitratores e outros veículos estendia-se por quase 25 quilômetros, e como as estradas eram muito estreitas, ele não tinha como alterar a ordem da marcha. Portanto, decidiu colocar um forte elemento de combate bem na frente, com Panzergranadiers montados em semitratores, seguidos por uma companhia de Panthers e tanques Mark IV. O pesado batalhão de tanques Tiger seguiria atrás.

Antes que a ofensiva tivesse início, Peiper realmente acreditara que a infantaria alemã conseguiria romper as linhas na manhã de 16 de dezembro como planejado, e então ele poderia chegar ao Mosa em apenas 24 horas. Finalmente ele descobrira que o seu *test drive* com um Panther durante oitenta quilômetros antes da ofensiva havia sido totalmente enganoso. Aquelas estradas rurais que percorria agora eram trilhas enlameadas. O fato de ter sido o próprio Führer quem escolhera o trajeto de Peiper dificilmente poderia ser para ele algum consolo naquelas circunstâncias. Como Manteuffel havia previsto, o consumo de combustível dos Panzers naquele terreno era mais que o dobro do consumo que Keitel e o OKW haviam estimado. Depois de ter sido avisado pelo relatório resumido da divisão de que dois carregamentos de combustível por trem não haviam conseguido chegar e que as pontas de lança tinham que fazer uso de suprimentos capturados, Peiper consultou seu mapa. O oficial de Inteligência da divisão havia marcado a posição dos depósitos americanos de combustível em Büllingen e Stavelot. No entanto, o principal depósito de gasolina do Exército dos Estados Unidos em Francorchamps, entre Malmedy e Spa, que guardava mais de 2 milhões de galões, não constava do mapa.

9

DOMINGO, 17 DE DEZEMBRO

O tenente Matt Konop, do quartel-general da 2ª Divisão de Infantaria, teve o primeiro sinal de algo "incomum" apenas na segunda manhã, quando o telefone ao lado do seu colchão tocou pouco antes das sete. O oficial de operações contou-lhe que havia chegado um relatório mencionando paraquedistas lançados ao sul de Eupen, e que uns trinta tanques alemães haviam penetrado a leste deles. Konop acendeu a luz e pegou um mapa para tentar entender se algo importante estava acontecendo. Minutos depois o telefone tocou de novo.

"Alô, Konop, quero que você alerte todo mundo." Konop não conseguiu identificar a voz. "Pegue todos os canhões, homens e o que mais conseguir, e prepare uma última linha de defesa do C[ommand] P[ost]! Os tanques do inimigo invadiram e estão na estrada para Büllingen neste momento."

"Certo, senhor", Konop respondeu. "A propósito, com quem falo?"

"Aqui é o general Robertson", replicou seu comandante de divisão, homem conhecido por sua calma e bom senso. Konop sentiu-se obrigado a lembrá-lo de que os únicos soldados disponíveis eram

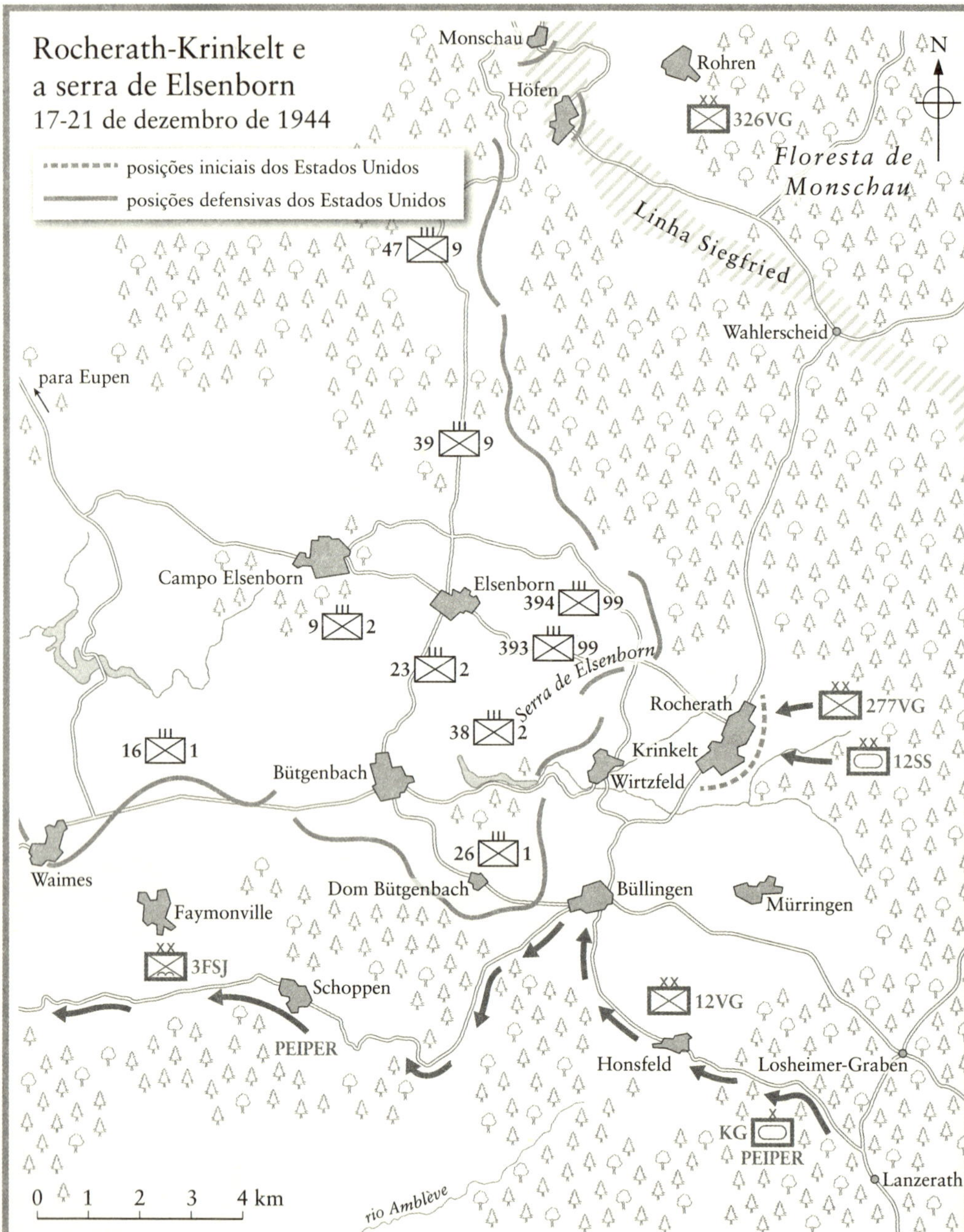
Rocherath-Krinkelt e
a serra de Elsenborn
17-21 de dezembro de 1944
posições iniciais dos Estados Unidos
posições defensivas dos Estados Unidos
Monschau
Höfen
Rohren
326VG
Floresta de
Monschau
Linha Siegfried
Wahlerscheid
47 9
39 9
para Eupen
Campo Elsenborn
Elsenborn
394 99
393 99
9 2
23 2
Serra de Elsenborn
38 2
16 1
Rocherath
277VG
Krinkelt
12SS
Wirtzfeld
Bütgenbach
Waimes
26 1
Dom Bütgenbach
Büllingen
Mürringen
Faymonville
3FSJ
Schoppen
PEIPER
12VG
Honsfeld
Losheimer-Graben
KG
PEIPER
Lanzerath
rio Amblève
0 1 2 3 4 km
N

"aqueles homens que dirigiram os caminhões e que são antigos casos de fadiga de combate". Robertson mandou-o incorporar qualquer indivíduo que encontrasse. Então Konop chamou cozinheiros, auxiliares de escritório, motoristas e qualquer um que ainda fosse capaz de segurar uma arma. Montou um pelotão de defesa improvisado e rapidamente colocou todos na estrada que vinha de Wirtzfeld. Ele já conseguia ouvir fogo de metralhadoras à distância, enquanto posicionava equipes de bazuca e seus dois canhões antitanque de 57 mm para cobrir quaisquer trilhas secundárias que um comando Panzer pudesse escolher. Colocou um sargento-cozinheiro e o seu próprio motorista do jipe para operar uma metralhadora .50 e montou postos de observação com rádios. Um oficial da polícia militar chegou com vinte homens, e, embora seus snowdrops[1] estivessem armados apenas de pistolas, também foram para a linha de frente.

O general Hodges foi finalmente obrigado a encarar a realidade. Às 7h30 do dia 17 de dezembro, 24 horas após o início da ofensiva alemã, ele por fim permitiu que o general Gerow, comandante do 5º Corpo, detivesse a 2ª Divisão em seu ataque ao norte a partir de Wahlerscheid. Gerow queria trazê-la de volta até as vilas gêmeas de Rocherath-Krinkelt, que estavam agora ameaçadas. A 99ª Divisão havia sido obrigada a se retirar pela 277ª Divisão Volksgrenadier e pela 12ª Divisão SS Panzer Hitler Jugend. Ele e o general Robertson concordaram que deviam proteger a estrada norte a partir de Rocherath-Krinkelt até Wahlerscheid, para que ele pudesse desembaraçar esses dois regimentos.

Gerow não aderia ao slogan inútil de que o Exército americano nunca recuava. Ele percebeu logo que o que importava era defender o lado norte da penetração, e o crucial para isso seria a serra de Elsenborn, que começava logo a oeste de Rocherath-Krinkelt. Eles precisavam defender as vilas gêmeas durante tempo suficiente para estabelecer posições firmes ao longo da serra, para onde ele já estava trazendo regimentos de artilharia.

---

1 Os policiais militares dos Estados Unidos na Segunda Guerra Mundial usavam adereços brancos, como cintos, luvas e polainas, e faixas brancas no capacete. Os civis britânicos apelidaram-nos de *snowdrops*, "flocos de neve". (N. T.)

Robertson mandou avançar sua única reserva, um batalhão do 23º Regimento de Infantaria, trazido de Elsenborn em caminhões. Esses soldados desembarcaram a leste de Rocherath, e olharam com maus pressentimentos para os densos pinheirais. Tudo o que sabiam era que uma unidade da 99ª Divisão, que "havia vivido um inferno lá dentro", estava se retirando diante da 12ª ss Hitler Jugend. Atrás deles, podiam ser ouvidas explosões de fogo conforme os semitratores antiaéreos se desfaziam em chamas, atingidos pelas bombas V-1 que vinham do alto. "A neve na junção da estrada havia virado uma mistura amarelada de neve e terra depois do recente bombardeio pesado", escreveu Charles MacDonald, um comandante de companhia.

Ele fez seus homens avançarem até a beira do bosque. Mesmo em campo aberto, a visibilidade não ia além de cem metros naquela névoa úmida. Podiam ouvir fogo de armas pequenas à frente deles, principalmente o som rasgado de fogo rápido das armas automáticas alemãs, mais do que o som mais lento, deliberadamente cadenciado da sua contrapartida americana. Então, ouviu-se uma onda de gritos histéricos. Assim que os homens de MacDonald ouviram bombas de artilharia, esconderam-se atrás de troncos grossos de pinheiros, na esperança de se proteger das lascas de uma explosão acima deles. Com pouco entusiasmo, a não ser o instinto de autopreservação, a companhia de MacDonald voltou a cavar *foxholes*. Era um trabalho duro com suas pás pequenas, por causa das raízes das árvores debaixo da neve molhada.

A ameaça naquela manhã para o quartel-general da 2ª Divisão em Wirtzfeld, que o tenente Konop preparava-se para defender, não vinha da Divisão Hitler Jugend a leste: vinha do Kampfgruppe Peiper ao sul. Peiper, horrorizado diante do estado das trilhas que havia sido instruído a percorrer, decidira ignorar as ordens e o trajeto prescritos por Hitler. Seu comandante do corpo mais tarde concordou. "Devido às péssimas condições das estradas", escreveu ele, "os veículos com rodas tinham que ser rebocados em alguns pontos por distâncias consideráveis."

Antes de clarear o dia 17 de dezembro, o Kampfgruppe Peiper lançou um ataque a Honsfeld. Os veículos que iam à frente simplesmente seguiram o rastro de uma coluna americana que se retirava. Embora a pequena força americana tivesse sido pega de surpresa, o Kampfgruppe perdeu dois Mark v Panthers, mas capturou um grande número de caminhões e semitratores. Os ss Panzergranadiers de Peiper executaram dezenove prisioneiros americanos em um campo, e dois aldeões, que haviam sido obrigados a ficar de cara para um muro, foram mortos com um tiro na parte de trás da cabeça – para os Panzergranadiers, era como se estivessem de novo no front leste, onde haviam assassinado prisioneiros e civis sem pensar duas vezes. Em seguida, saquearam as casas e a capela. Peiper destacou um pequeno grupo para guardar a linha de comunicações. Dois dias depois, cinco desses Panzergranadiers obrigaram Erna Collas, uma bonita garota de dezesseis anos, a mostrar-lhes o caminho para uma fazenda. Ela nunca mais foi vista, até seu corpo ser encontrado em um *foxhole* cinco meses mais tarde. Estava toda perfurada de balas, provavelmente depois de ter sido estuprada.

Peiper decidiu deixar a maior parte dos caminhões em Honsfeld por causa da lama, e ordenou ao comandante do 9º Regimento Fallschirmjäger que ficasse ali para limpar e assegurar a área. Em seguida, em vez de ir para oeste até o vale do Amblève, como fora instruído, Peiper foi para o norte até Büllingen, onde o depósito de combustível da 2ª Divisão americana estava assinalado no seu mapa. O Kampfgruppe tomou a vila, sem qualquer oposição, logo após as 8h30 daquela manhã de domingo, e destruiu doze aeronaves leves americanas estacionadas em uma faixa de pouso. Um civil apareceu usando uma faixa no braço com uma suástica para saudá-los. Fez a saudação nazista para cada veículo que passava, e depois mostrou aos soldados da ss onde os americanos guardavam seu combustível. Os Panzergranadiers puseram seus prisioneiros para trabalhar reabastecendo veículos e carregando galões nos semitratores. Um soldado ferido foi abatido com um tiro de pistola a curta distância para atravessar a cabeça, mas, segundo testemunhas civis, os outros prisioneiros tiveram mais sorte do que seus companheiros em Honsfeld. A história oficial americana, no entanto, declara que foram mortos cinquenta em Büllingen.

Logo a oeste de Büllingen, a Companhia B do 254º Batalhão de Engenharia foi atacada pelos tanques alemães. Os Panzers não só "aplainaram" os *foxholes* ao avançarem sobre eles: eles paravam e ficavam indo e voltando por cima, a fim de derrubar as paredes da trincheira e enterrar seus ocupantes sob a lama e a neve. Felizmente, a ajuda estava a caminho. O 26º Regimento de Infantaria da 1ª Divisão, após viajar em caminhões de madrugada, chegou ao campo de Elsenborn, na serra, às nove horas da manhã. Um de seus batalhões foi imediatamente enviado para o sul até Bütgenbach.

No caminho, tiveram que combater com uma patrulha avançada dos paraquedistas do 3º Batalhão de Reconhecimento da Fallschirmjäger. Depois de mandarem os civis de Bütgenbach se abrigarem em seus porões, os americanos avançaram até a próxima aldeia, Dom Bütgenbach, dois quilômetros a oeste de Büllingen, onde souberam que soldados da SS haviam tomado a vila. Em um ponto elevado junto à estrada, encontraram uma força improvisada, composta por cerca de cinquenta auxiliares e pessoal de suprimentos da 99ª Divisão de Infantaria, que haviam ficado em mãos do capitão de um batalhão de destruidores de tanques. O batalhão do 26º Regimento de Infantaria supôs equivocadamente que a força inimiga em Büllingen fosse da 12ª Divisão Hitler Jugend. Aqueles homens de infantaria não conseguiam entender porque ela não continuara atacando ao norte. Mas a razão da trégua era que a ponta de lança de Peiper já havia partido para sudoeste, a fim de retomar a rota para o vale do Amblève.

Apesar dos atrasos na penetração inicial, a moral dos alemães estava alta. "Acho que a guerra no oeste está virando de novo", escreveu um *Gefreiter* da 3ª Divisão Panzergrenadier, que naquele dia esperava para avançar. "O principal é que a guerra logo será decidida e eu vou voltar de novo para casa para a minha querida esposa e vamos construir um novo lar. O rádio agora está tocando sinos, que vêm lá da terra natal."

**

O general Bradley, voltando aquela manhã de Paris para Luxemburgo no seu próprio cadillac verde-oliva, encontrou uma escolta de jipes com metralhadoras montadas, esperando por ele em Verdun, após relatos da presença de paraquedistas alemães. Hansen perguntou sobre a possibilidade de deslocar o quartel-general do 12º Grupo do Exército, pois as divisões alemãs estavam agora a menos de trinta quilômetros ao norte deles. "Eu nunca vou recuar com um quartel-general", replicou Bradley. "Há prestígio demais em jogo." Esse desafio não se mostraria favorável a ele alguns dias mais tarde.

Os dois homens sentiam que uma reocupação alemã do grão-ducado poderia ser algo muito brutal, após a calorosa acolhida que o povo local havia dado aos americanos menos de três meses antes. Ao entrar na cidade de Luxemburgo, Bradley viu a bandeira americana dependurada na janela de uma casa. "Espero que não tenham que retirá-la", murmurou. A cidade de Luxemburgo havia até então sido poupada dos horrores da guerra. Ganhara o apelido de "o último abrigo antiaéreo da Europa", por não ter sido bombardeada nem pela RAF nem pela USAAF.

O cadillac estacionou do lado de fora do quartel-general avançado do 12º Grupo do Exército, conhecido como "Eagle Tac", a quatro quarteirões da residência do general no hotel Alfa. Bradley subiu apressado a escadaria. Parou diante do mapa da situação, os olhos arregalados, numa espécie de horror fascinado. "Perdoem o palavrão", disse ele, "mas acho que cabe nesta situação: onde diabos esse filho da puta reuniu toda essa força?"

Bradley e seu Estado-Maior estavam abalados pelo modo como a Inteligência alemã havia identificado a parte mais frágil de todo o seu front. E como a política americana era de atacar, suas linhas não haviam sido montadas com formações de reserva mais consistentes. Mesmo assim, Bradley ainda queria acreditar que seria possível evitar um grande reposicionamento. O I Exército em Spa naquele dia perguntava-se "se o 12º Grupo do Exército estaria de fato avaliando a gravidade da situação". O III Exército ao que parece também ficou surpreso diante da lentidão da reação. "O comandante do Grupo do Exército chamou o general Patton ao telefone", lembrou o chefe do

Estado-Maior, "e disse que talvez tivesse que solicitar-lhe mais duas divisões. A decisão ainda demorou 48 horas para ser tomada."

No quartel-general do IX Exército, ninguém parecia ter ideia da dimensão do ataque. Os oficiais do Estado-Maior permitiam-se apenas especulações confusas. Um ataque da Luftwaffe ao seu front desencadeou sugestões de que se tratava de "uma dispersão, tendo em vista uma contraofensiva maior na zona do I Exército". Oficiais do IX Exército declararam aos correspondentes de guerra, ansiosos por informações, que "tudo depende de quais são os soldados que estão à disposição de Rundstedt".

No SHAEF, o perigo tornou-se mais claro graças a algumas instruções alemãs que foram interceptadas. Eisenhower ordenou que todas as formações da reserva fossem convocadas. Ele disse a Bedell Smith, a Strong e ao major-general John Whiteley, o chefe britânico do estafe de planejamento operacional, que organizassem os detalhes. No escritório do chefe do Estado-Maior, os três homens ficaram de pé em volta de um grande mapa estendido no chão. Strong apontou com uma espada cerimonial alemã para Bastogne. A cidade era a principal da região central das Ardenas, e a maioria das estradas que ia até o Mosa passava por ela. Era o lugar óbvio para bloquear o avanço alemão até o Mosa, e todos os que estavam presentes concordaram.

As reservas imediatas do SHAEF consistiam na 82ª e 101ª Divisões Aerotransportadas, descansando em Reims após suas operações na Holanda. A questão é se seriam capazes de alcançar Bastogne antes que as pontas de lança Panzer de Manteuffel chegassem do leste. Strong achou possível, e as ordens para que se deslocassem foram expedidas na mesma hora.

Era irônico que o quartel-general de Bradley em Luxemburgo tivesse temido uma emboscada por parte dos paraquedistas de Heydte, pois haviam sido lançados mais de cem quilômetros ao norte em linha reta. E Heydte, vendo que pouco poderia fazer com uma força tão fraca, decidiu esconder a maioria de seus homens na floresta. Ele enviou uma patrulha a pé para vigiar as estradas principais de Eupen a

Malmedy e as que vinham de Verviers. Teriam a missão de emboscar jipes isolados e mensageiros. Talvez quando os sons de batalha ficassem mais próximos, seus homens pudessem auxiliar tomando algum ponto-chave pouco antes de os tanques de Dietrich chegarem. Essas patrulhas a pé logo recolheram alguns prisioneiros e informações de Inteligência sobre a ordem de batalha americana, mas, como seus rádios haviam sido perdidos no lançamento dos paraquedistas, Heydte não tinha como passar a informação. Ele pedira pombos-correio para Sepp Dietrich, mas o *Oberstgruppenführer* simplesmente rira da ideia.

Na noite de 17 de dezembro, a força de Heydte dobrou de tamanho e chegou a cerca de trezentos homens, quando mais extraviados e um grupo grande que havia sido lançado longe demais ao norte se juntaram a eles. Aquela noite ele libertou todos os seus prisioneiros e mandou-os embora com alguns de seus próprios feridos. Então levantou acampamento. Heydte e seus homens não tinham ideia do desenrolar dos eventos, exceto pelo rumor da artilharia que vinha da serra de Elsenborn, mais de doze quilômetros ao sul de onde estavam.

Enquanto a 99ª Divisão era derrotada a leste de Rocherath-Krinkelt, a 106ª Divisão mais ao sul estava em situação ainda pior, atacada pelas 18ª e 62ª Divisões Volksgrenadiers. O major-general Alan W. Jones, desafortunado comandante da 106ª, sentia-se impotente, instalado em uma escola em Sankt Vith que havia tomado como posto de comando. Dois de seus regimentos, o 422º e o 423º, estavam quase cercados no Schnee Eifel, enquanto seu terceiro regimento, o 424º, defendia a linha que ia para o sul com um comando de combate da 9ª Divisão Blindada. Seu filho estava no quartel-general de um dos regimentos sitiados, o que aumentava ainda mais sua ansiedade.[2]

No dia anterior, Jones falhara em compreender a gravidade do ataque alemão que penetrara a posição da 14ª Cavalaria em seu flanco norte, e não reagira quando seu comandante-coronel Mark Devine o advertira de que deveria recuar. Devine disse que tentaria contra-atacar com o seu 32º Esquadrão de Cavalaria, mas

2 Ver mapa "A destruição da 106ª Divisão", na página 169.

seu ataque foi repelido à tarde, e a maior parte de sua força se retirou para noroeste, incapaz de fechar a brecha, cada vez maior. Restou apenas um soldado de cavalaria no vale do rio Our, tentando bloquear a estrada para Sankt Vith. Jones mandou seu último batalhão de reserva para Schönberg, no vale, mas ele se perdeu na escuridão e seguiu na direção errada. E à direita do setor da 106ª Divisão, a 62ª Divisão Volksgrenadier havia obrigado o regimento direito de Jones, o 424º, a recuar em direção à vila de Winterspelt e ao rio Our.

O general Jones, sobrepujado pelos eventos, tendia a confiar mais na promessa de ajuda externa do que em suas próprias ações. Esperava que o Comando de Combate B da 7ª Divisão Blindada se juntasse a ele em Sankt Vith por volta das dezenove horas do domingo, 17 de dezembro. Contava com isso para lançar um contra-ataque e libertar seus dois regimentos. Quando o general de brigada Bruce C. Clarke, "um homem grande como um urso", chegou ao seu posto de comando às 10h30, Jones pediu que montasse um ataque imediatamente. Clarke teve que lhe contar que estava sozinho. Seus tanques haviam empacado num trânsito caótico, gerado pelas unidades que recuavam em pânico. Jones agora arrependia-se amargamente de ter comprometido o comando de combate da 9ª Divisão Blindada com o seu flanco direito na noite anterior. Os dois homens só podiam sentar e esperar.

Para espanto de Clarke, ele ouviu Jones dizer ao telefone ao comandante de seu corpo em Bastogne que a situação estava sob controle. O humor de Jones oscilava entre o otimismo irracional e o desespero. Clarke estava ainda mais preocupado porque havia pouco contato por rádio com os dois regimentos que estavam no Schnee Eifel, além de suas necessidades de reposição de suprimentos por lançamento aéreo.[3] O coronel Devine do 14º Grupo de Cavalaria apareceu então no posto de comando, dizendo que os tanques alemães estavam logo atrás dele. Jones e Clarke acharam que Devine havia perdido o

3 "Uma tentativa inútil" foi realizada no dia seguinte, mas devido a uma má coordenação com o Comando de Transportes não foi feito nenhum lançamento.

juízo, então Jones disse a ele que se reportasse ao general Middleton em Bastogne. Devine, no entanto, não havia imaginado os tanques alemães. Havia de fato outro ss Kampfgruppe rompendo as linhas dez quilômetros ao norte.[4]

Às 14h30 ouviram fogo de armas pequenas. Jones e Clarke subiram ao terceiro andar da escola e viram soldados alemães emergindo dos bosques à distância. Jones disse a Clarke que ele deveria agora assumir a defesa de Sankt Vith. Clarke aceitou, mas ficou imaginando que soldados teria para isso, além das duas companhias de serviços de engenharia e do pessoal do quartel-general, que já estavam na estrada leste para Schönberg. Meia hora mais tarde, com o milagroso reforço de um pelotão de destruidores de tanques, ele foi atacado. Os destruidores de tanques conseguiram fazer com que os Panzers recuassem para os bosques atrás da estrada. Mas a principal razão da lentidão do avanço alemão em 17 de dezembro foram as condições das estradas e os congestionamentos, que bloquearam o progresso da artilharia e de outras unidades Panzer.

As unidades da Volksartillerie não haviam avançado porque seus cavalos de tração não conseguiam puxar os pesados canhões pela lama funda deixada pelos tanques. Mesmo alguns armamentos autopropelidos da artilharia da 1ª Divisão ss Panzer tiveram que ser deixados para trás por causa da escassez de combustível. Tanto Model quanto Manteuffel ferviam de impaciência. Model, ao encontrar vários batalhões de artilharia ainda em suas posições originais, ordenou ao *General der Panzertruppe* Horst Stumpff que levasse seus comandantes à corte marcial. "Quando eu lhe disse que eles não haviam se deslocado devido à escassez de combustível e às condições das estradas, ele voltou atrás." A certa altura, movido por pura frustração, Manteuffel começou a dirigir o tráfego num cruzamento de estradas.

4 Oficiais do Estado-Maior descreviam Devine como "excitado, nervoso, tagarela, agitado, com pouco controle de suas ações, e dando excessiva atenção a machucados triviais. Em momento algum apresenta o aspecto de um comandante competente". Ele foi tratado com sedativos em um hospital e liberado em 19 de dezembro, mas foi depois encontrado dirigindo o trânsito em La Roche-en-Ardenne, tentando fazer com que um batalhão de tanques desse meia-volta. Foi de novo tratado com sedativos e dispensado do serviço.

"Eu esperava que o corpo da ala direita capturasse Sankt Vith no primeiro dia", ele admitiu mais tarde. Como em Bastogne, a rede de estradas pavimentadas de Sankt Vith era vital para um rápido avanço até o Mosa.

Enquanto os alemães estavam empacados a leste de Sankt Vith e faziam apenas pequenas incursões, Clarke enviou seu oficial de operações pela estrada oeste para Vielsalm, para aguardar seu comando de combate. As cenas ao longo da estrada chocaram os oficiais da 7ª Divisão Blindada. "Era cada um por si; era uma retirada, uma derrota", escreveu um oficial. "Não havia ordem; não era algo militar; não era uma visão digna – estávamos vendo soldados americanos fugindo." Em certo momento, o comando de combate levou duas horas e meia para avançar cinco quilômetros, e tiveram que remover veículos da estrada com tratores.

Em Malmedy, sua artilharia encontrou civis fugindo em uma variedade de veículos, com "soldados em pânico correndo pela praça em direção a oeste [...] Um hospital de campanha ao norte de Malmedy estava sendo evacuado e ambulâncias corriam por todos os lados. Um caminhão lotado de enfermeiras atravessou a praça a toda velocidade. Os cabelos das enfermeiras esvoaçavam". A apenas um quilômetro de Sankt Vith, parte do comando de combate de Clarke, ao virar numa curva, avistou três Panzers e uma companhia de infantaria vindo em sua direção. Rapidamente montaram uma emboscada, "de frente para a curva da estrada, à queima-roupa". Os três Panzers foram liquidados e a infantaria se dispersou, perdendo uns cinquenta homens.

O próprio Clarke foi até a estrada de Vielsalm e ficou horrorizado ao ver um batalhão de artilharia de campo em retirada, depois de abandonarem seus canhões. Ele perguntou ao seu oficial de operações por que os deixara bloqueando a estrada. Ele disse que o tenente-coronel no comando havia ameaçado dar-lhe um tiro se interferisse. Clarke localizou-o e disse que lhe daria um tiro se ele não tirasse os caminhões da estrada. O tenente-coronel, intimidado pelo posto superior e pela constituição física de Clarke, finalmente fez o que lhe mandaram.

Outro oficial de artilharia teve atitude bem diversa. O tenente-coronel Maximilian Clay apareceu com um batalhão de canhões autopropelidos de 105 mm dizendo que queria ajudar. O seu 275º Batalhão Blindado de Artilharia de Campo estivera apoiando o 14º Grupo de Cavalaria, que agora já se encontrava longe ao norte. Clarke deu-lhe calorosas boas-vindas e disse-lhe onde deveria ir. Por fim, às dezesseis horas, o esquadrão de reconhecimento do próprio Clarke chegou, seguido pelo resto de seu comando de combate. Clarke mandou-os atravessar a cidade e fortalecer a tênue linha de defesa do lado leste. Pouco depois, o comandante de divisão de Clarke, general de brigada Robert W. Hasbrouck, juntou-se a Jones e a Clarke para discutir a situação. Ele também ficara perturbado com "o contínuo fluxo de soldados histéricos correndo para a 'segurança' da retaguarda". Para desespero de Jones, Hasbrouck liderou um contra-ataque para resgatar os dois regimentos encalhados. Defender Sankt Vith era muito mais importante. Jones observou com tristeza que nenhum general do Exército americano havia perdido uma divisão tão rapidamente. Mais para o final daquela tarde, as duas projeções da 18ª Divisão Volksgrenadier se juntaram em Schönberg e cercaram de vez os dois regimentos.

A defesa de Sankt Vith iria assumir a forma de uma grande ferradura. A cidade ficava em uma pequena colina, cercada uns dois quilômetros adiante por um anel de montanhas mais altas cobertas de bosques, que a infantaria, o esquadrão de reconhecimento e as unidades improvisadas iriam defender com apoio dos tanques. "A construção de um cordão de defesa em volta da cidade", escreveu Hasbrouck, "era um procedimento por etapas, com as unidades sendo posicionadas na linha conforme chegavam a Saint Vith." A essa altura eles não sabiam que o Kampfgruppe Hansen, baseado no 1º Regimento SS Panzergrenadier, havia se infiltrado ao norte deles e atacado o Comando de Combate A da 7ª Blindada perto de Recht. Essa era a unidade Panzer que tanto havia perturbado o coronel Devine. A batalha entre os americanos e a SS durou a noite toda. Os aldeões com mais sorte conseguiram fugir para uma pedreira de ardósia próxima, enquanto suas casas eram explodidas por fogo vindo de ambos os lados. Esses infelizes "belgas da fronteira" eram vistos com suspeição pelos soldados americanos porque falavam alemão, e porque tinham fotos emolduradas de seus filhos com uniformes da Wehrmacht. E os alemães tampouco confiavam neles porque haviam desafiado a ordem dada em setembro de ir para a Alemanha, atravessando a Linha Siegfried. Cerca de cem homens de Sankt Vith haviam sido mortos a serviço das forças alemãs durante a guerra. Outros haviam desertado e estavam agora determinados a não serem pegos pela Feldgendarmerie ou pela SD, que vinham logo atrás das formações avançadas.

A longa coluna de Peiper havia se voltado para oeste, ganhando velocidade. Por volta de meio-dia, estavam perto do cruzamento de Baugnez, cinco quilômetros a sudeste de Malmedy. Peiper despachou uma pequena força de Panzergranadiers e tanques para Baugnez para um reconhecimento. Seus soldados por pouco não dão de cara com o Comando de Combate R da 7ª Divisão Blindada, que estava indo para o sul apoiar a defesa de Sankt Vith.

Sem saber da ameaça que havia à frente da unidade seguinte da 7ª Divisão Blindada, parte do 285º Batalhão de Observação da Artilharia de Campo continuou avançando por Malmedy. Como os homens estavam sendo transportados em caminhões abertos pela cidade, os locais que sabiam por meio de refugiados do repentino avanço alemão tentaram adverti-los apontando à frente e gritando "Boches! Boches!", mas os soldados não entenderam e simplesmente acenaram de volta. Seus veículos continuaram rumo ao cruzamento de estradas em Baugnez, e ali o comboio caiu no meio dos semitratores e Panzers da SS.

Os tanques alemães abriram fogo. Os caminhões se incendiavam enquanto os homens saltavam deles buscando abrigo ou correndo em direção à floresta. Panzergranadiers conseguiram reunir cerca de 130 prisioneiros, arrebanhando-os num campo junto à estrada. Os SS tomavam anéis, cigarros, relógios e luvas dos prisioneiros. Quando um de seus oficiais abriu fogo, começaram a atirar nos prisioneiros com armas automáticas, e os tanques se juntaram com suas metralhadoras. Alguns soldados americanos conseguiram fugir escondendo-se entre as árvores, outros se fingiram de mortos, mas mesmo assim muitos ainda levaram um tiro de pistola na cabeça. Embora a matança em massa tivesse lugar em Baugnez, acabaria ficando famosa como o Massacre de Malmedy. Ao todo, 84 americanos foram mortos, assim como vários civis que tentaram abrigar fugitivos.

Peiper, que seguira em frente pela estrada de Ligneuville, não estava presente quando a matança ocorreu. Mas se levarmos em conta o assassinato de prisioneiros em Honsfeld, sem falar de seu registro de extrema brutalidade no front oriental, não dá para imaginar que teria feito alguma objeção. Ele alegou mais tarde que os disparos foram realizados apenas quando os prisioneiros tentaram fugir. Os poucos soldados que haviam escapado do massacre conseguiram se juntar às linhas americanas no final da tarde.

Uma patrulha de um batalhão de combate de engenharia em Malmedy chegou a Baugnez naquela mesma tarde, depois da partida da SS, e viu os corpos. Um policial militar cumprindo funções de trânsito nos cruzamentos, e que havia assistido a todo o incidente, foi trazido ao quartel-general do I Exército em Spa. Ele descreveu a Hodges e seus oficiais reunidos de que modo os prisioneiros haviam sido "arrebanhados em um campo lateral, e um oficial da SS disparou dois tiros de sua pistola e imediatamente veio o crepitar do fogo de metralhadora e grupos inteiros foram moídos a sangue-frio". Os oficiais do Estado-Maior em Spa ficaram abalados e furiosos. "Deve ser dada publicidade imediata a essa história", disse o chefe do Estado-Maior do general Hodges. A informação se espalhou como fogo de palha a todos os postos de comando, ao SHAEF e ao 12º Grupo do Exército em Luxemburgo, onde Hansen registrou que a notícia "tirou o fôlego dos presentes na sala por um instante – como se o recinto tivesse de repente sofrido vácuo". O major-general Elwood R. Quesada, do 9º Comando Aéreo Tático, fez questão de que seus pilotos fossem bem

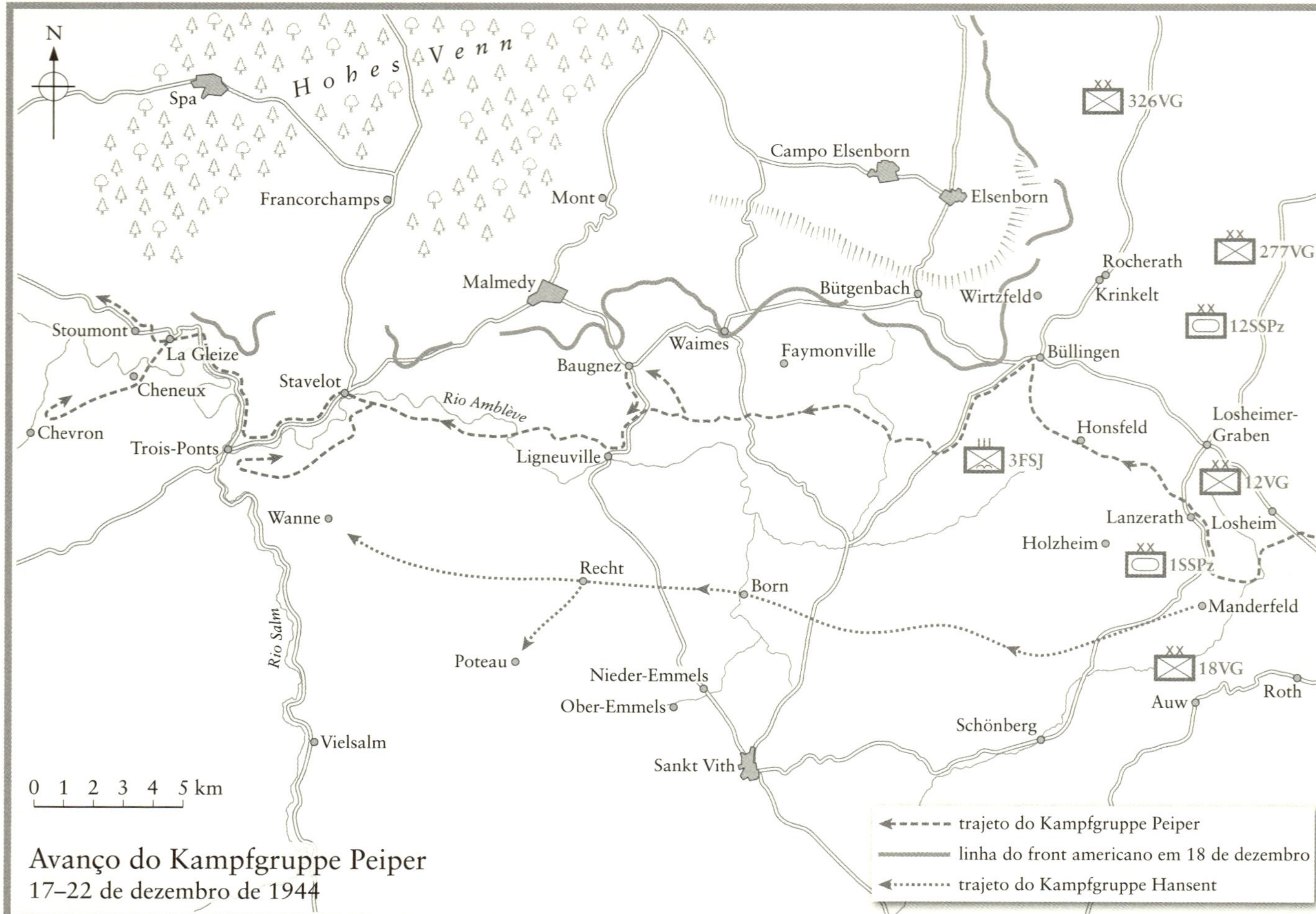

Avanço do Kampfgruppe Peiper
17–22 de dezembro de 1944

informados a respeito disso na manhã seguinte. A vingança claramente ia entrar na ordem do dia.[5]

A ponta de lança de Peiper avançou até Ligneuville, onde enfrentou forte resistência pela primeira vez na forma de tanques americanos. Uma batalha curta, feroz, deixou um Panther e dois semitratores ardendo em chamas, ao passo que os americanos perderam dois Shermans e um destruidor de tanques M-10. Os homens de Peiper mataram mais oito prisioneiros americanos. Adiante, na cidade de Stavelot, no rio Amblève, civis ficaram chocados ao verem seus libertadores americanos fugindo em seus veículos. Muitos começaram a encher mochilas com seus pertences e um pouco de comida. Temiam mais vinganças alemãs após as ações da Resistência em setembro. Ao todo 22 homens e mulheres haviam sido mortos na vizinha Werbomont por soldados alemães e auxiliares russos. A corrida para fugir para o outro lado do rio Mosa e o caos que isso iria causar nas estradas levaram as autoridades americanas a proibirem qualquer movimento de civis. Felizmente para os americanos e para os belgas em fuga, Peiper deteve sua coluna ao anoitecer, pouco antes de Stavelot.

Como a estrada principal ficava ao lado de uma colina muito íngreme, não havia como os tanques de Peiper manobrarem, e a curva fechada na estrada antes da entrada da cidade significava que os defensores podiam concentrar todo o seu fogo antitanque num só ponto. Peiper trouxe de volta seu Kampfgruppe e bombardeou a vila com morteiros e fogo de artilharia. Ao mesmo tempo, mandou alguns de seus tanques procurarem um caminho para passar por Stavelot ao sul, cruzando o rio Salm em Trois-Ponts. Mas outros veículos seguiram atrás e foram atingidos pelo flanco por um contra-ataque americano circundante a partir de Stavelot. O ataque foi superado, mas Peiper ordenou outro assalto à cidade,

5 Quando a notícia do massacre chegou à Inglaterra, os generais do Exército alemão ali presos ficaram abalados. "Que completa loucura atirar em homens indefesos!", disse um deles. "Isso só quer dizer que os americanos irão fazer represálias com os nossos garotos." Outro acrescentou: "Fica claro que os ss e os paraquedistas estão simplesmente malucos, eles não ouvem mais a voz da razão".

dessa vez usando seus Panzergranadiers a pé. Mas, após sofrerem cerca de trinta baixas, ele decidiu esperar pelo resto de seu batalhão de Panzergrenadier para equilibrar as forças. Quando a noite caiu, o Kampfgruppe podia ver à distância as luzes de veículos militares americanos fugindo para oeste, e então abriu intenso fogo com seus tanques sobre a estrada.

Enquanto o Kampfgruppe Peiper avançava pelo vale do Amblève, mais batalhões da 1ª Divisão dos Estados Unidos chegaram para fortalecer o acesso sul à serra de Elsenborn. O 2º Batalhão do 26º Regimento de Infantaria preparou posições diante de Büllingen durante a tarde. Estava a postos com quatro destruidores de tanques M-10 no apoio para atacar os alemães que haviam sido detidos pelo fogo da artilharia americana desferido da serra atrás deles.

A batalha vital para defender a serra já estava acontecendo no seu flanco leste em torno de Rocherath-Krinkelt. O general Robertson da 2ª Divisão lançou seu 23º Regimento de Infantaria em uma linha a leste das vilas gêmeas, enquanto a 99ª Divisão era repelida, e começou a trazer a sua 38ª de Infantaria de volta pela estrada que vinha de Wahlerscheid. Uma barragem de fogo da artilharia americana ao meio-dia manteve os alemães intimidados em sua retirada das posições avançadas. Numa situação confusa como essa, o fogo amigo era um perigo real. Naquela manhã, um piloto de um P-47 Thunderbolt lançou suas bombas sobre um Messerschmitt que voava sobre o 3º Batalhão e causou doze baixas.

Com pelotões reforçados flanqueando o lado leste da estrada Wahlerscheid-Rocherath, o general Robertson foi pessoalmente encontrar os batalhões com caminhões, para levá-los às novas posições perto de Rocherath.

Pelo menos a extremidade esquerda da linha, uns catorze quilômetros ao norte de Elsenborn, parecia sólida. A 326ª Divisão Volksgrenadier havia tentado um ataque após o outro de ambos os lados de Monschau, mas a artilharia americana neutralizara todos eles. O supersecreto novo sensor de proximidade Pozit [*proximity fuse*] foi usado em bombas pela primeira vez, sem autorização do alto-comando, mas com grande sucesso, já que explodiam sobre os agressores com enorme precisão.

Um batalhão de infantaria da 5ª Divisão Blindada chegou a Mützenich para fortalecer a linha, no início da noite. E atrás dele, o 18º Regimento da 1ª Divisão de Infantaria começava a sua varredura da floresta ao sul de Eupen, para dar conta dos paraquedistas isolados de Heydte. O general Gerow não entendia por que o VI Exército Panzer não havia atacado com maior força o flanco norte, preferindo concentrar forças logo ao sul na serra de Elsenborn. Isso, claro, era por insistência de Hitler, mas Manteuffel ainda sentia que Dietrich cometera um grande erro ao se restringir a uma frente tão estreita, com pouco espaço para manobras.

A leste de Rocherath-Krinkelt, à medida que a luz começava a minguar e o som do fogo chegava mais perto, os soldados da 2ª Divisão de Robertson cavavam com brio cada vez maior, para deixar seus *foxholes* fundos o suficiente sob a neve antes da chegada dos tanques da divisão SS Hitler Jugend. O suor congelava assim que eles paravam. Houve cenas caóticas quando o 1º Batalhão do 9º Regimento de Infantaria se deslocou para suas posições debaixo do fogo que vinha de terreno alto nos bosques a leste. Muitos dos homens da arrasada 99ª Divisão estavam tão determinados a fugir que não acatavam ordens de parar e se juntar à linha defensiva. "Dentro desse quadro de desmoralização, o batalhão foi deslocado com ordens de resistir", relatou seu comandante, tenente-coronel McKinley. "Fluxos de homens e veículos enchiam as estradas da floresta numa terrível confusão. O controle da 99ª Divisão havia sido irremediavelmente perdido e os extraviados que se juntavam a ela trocavam comentários sobre suas unidades que haviam sido cercadas e aniquiladas. Um dos nossos próprios batalhões do 23º de Infantaria havia também sido anexado àquilo que na realidade era uma fuga para a retaguarda."

Os homens de McKinley deixavam pelo caminho "colares de margaridas" com seis minas antitanque cada, estendidos sob qualquer trilha ou acesso que pudesse ser usado pelos alemães. O primeiro ataque foi desferido assim que escureceu. O fogo de artilharia ao longo da extensão da estrada de aproximação mostrou-se efetivo, a julgar pelos "gritos do inimigo". Durante uma trégua, homens avançaram sorrateiramente para deixar minas antitanque emprestadas do batalhão de destruidores de tanques, e equipes de dois homens com bazuca melhoraram suas posições cobrindo a estrada, sabendo muito bem que estavam na zona de alvo da própria artilharia.

O canhão americano de infantaria de 57 mm tinha pouca chance de aniquilar um tanque alemão Panther, a não ser por trás ou pelas laterais, e a curta distância. E as unidades de destruidores de tanques com canhões a reboque estavam em clara desvantagem no meio da lama e da neve, ao se prepararem para recuar. "Em combate pesado e próximo", dizia uma análise, "o veículo rebocador era muitas vezes destruído, enquanto o canhão, enterrado, continuava intacto."

O tenente-coronel Barsanti do 38º de Infantaria advertiu seus comandantes de pelotão que havia muitos homens da 99ª Divisão recuando de suas posições, portanto só deveriam abrir fogo depois de terem identificado o inimigo. No escuro, só era possível ter certeza quando estavam próximos. Como resultado, dois tanques alemães atravessaram sua Companhia K usando holofotes para cegar os homens que observavam desde seus *foxholes*. Mas os dois tanques foram abatidos, um pela artilharia, o outro por uma equipe com bazuca. Os Panzergranadiers se aproximaram por trás. "Um soldado inimigo chegou tão perto da posição que agarrou o cano de uma metralhadora e o soldado foi obrigado a dar cabo dele com uma pistola .45."

Membros de uma companhia, obrigados a recuar de sua posição avançada em um bosque, "enfiaram-se no meio de galhos densamente entrelaçados de pequenos abetos. As balas vinham atrás de nós", escreveu seu comandante, "fustigavam os abetos por todos os lados, e eu ficava na dúvida se tinha sido atingido. Não sentia dor, mas não conseguia entender como um ser humano pode enfrentar essas saraivadas de balas e não ser ferido". Ele escreveu mais tarde sobre a fuga deles de volta a Rocherath: "Eu sentia como se fôssemos pequenos insetos correndo às cegas depois que algum homem-monstro tivesse levantado o tronco debaixo do qual a gente se escondia".

Os ss Panzergranadiers atacaram usando armas automáticas e atirando granadas do tipo "espremedor de batatas".[6] Um homem da ss fez um prisioneiro, e obrigou-o a andar e enfrentar riscos. Tanto ele quanto seu infeliz escudo humano foram abatidos. Mas alguns extraviados que haviam chegado da 99ª Divisão no meio dessa noite foram identificados a tempo de não serem mortos pelo seu próprio lado. Um paramédico da 99ª também apareceu, mas era um prisioneiro enviado pelos alemães. Ao que parece, cerca de 150 americanos foram cercados por duzentos alemães na área bombardeada pelos batalhões de artilharia na serra de Elsenborn. "Os alemães o haviam enviado às posições dos Estados Unidos tentando fazer com que eles se rendessem sob a ameaça de aniquilar os GIs presos."

Durante uma trégua na batalha, para espanto dos defensores, apareceu um grande comboio de caminhões cheio de soldados da 99ª Divisão. Seus oficiais perguntaram qual era a direção do campo Elsenborn. Era um milagre que tivessem passado pelas unidades alemãs sem terem sido identificados como americanos.

Na batalha defensiva para frente de Rocherath-Krinkelt, equipes de bazuca foram enviadas para enfrentar os Panzers. Toda vez que acertavam um tiro, obrigando os alemães dentro do tanque a sair, "os ocupantes eram abatidos por fuzileiros americanos", observou o tenente-coronel McKinley. Às 22 horas, dois sargentos de seu batalhão pegaram um galão de gasolina e subiram num Panzer no escuro, que embora parado estava causando pesadas baixas com sua metralhadora e com o armamento principal. Eles despejaram o combustível em cima dele e atearam fogo. Quinze minutos depois, um tenente seguiu um Mark VI Tiger com uma bazuca e destruiu-o. Mas os ataques continuaram ao longo da noite de tempos em tempos, e o assalto principal só iria ocorrer na manhã seguinte, pouco antes de clarear o dia.

---

6 As granadas alemãs eram chamadas de *potato-masher grenades*, pois tinham o formato de um espremedor de batatas. (N. T.)

No sul, o v Exército Panzer de Manteuffel vinha tendo grande sucesso contra a 28ª Divisão de Infantaria de Cota a leste de Bastogne. A 28ª, que ficara enfraquecida na floresta de Hürtgen, ainda padecia de escassez de homens e de armas. Mas mesmo sendo vencidos pela 116ª Divisão Panzer, a 2ª Divisão Panzer e a Panzer Lehr, os homens de Cota conseguiram infligir consideráveis baixas e retardar seu avanço, defendendo cruzamentos de estrada e vilas durante o maior tempo possível. Os comandantes de Corpos alemães consideravam a 28ª "uma divisão medíocre, sem reputação de grande unidade de combate". Mas embora ela tivesse perdido a maioria de seus homens experientes na floresta de Hürtgen, algumas de suas companhias desempenharam um papel heroico e vital.

Quando lutavam para defender uma pequena cidade a leste de Wiltz, soldados do 109º Regimento de Infantaria de Cota avistaram tanques. Acharam que fossem Mark vi Tigers, mas poderiam ser Mark iv, que eram similares, mas menores. Eles não tinham canhões antitanque. "Um grupo de homens próximo tinha um par de bazucas e munição", um oficial registrou mais tarde, "mas disseram não saber como usá-las. Peguei uma e dei de cara com um Tiger ao virar uma esquina. O tanque estava de frente, mas eu, mesmo assim, disparei um tiro nele, que o acertou em cheio. O tanque parou mas não sofreu maiores danos e disparou seu .88 na casa onde eu me escondera. Então subi ao segundo andar de uma casa vizinha, onde eu poderia ver o tanque de lado e de cima. Disparei mais duas vezes nele; a primeira acertou a traseira de viés. O tiro explodiu, mas o tanque pareceu nem sentir. Meu terceiro tiro acertou a torre, acima de onde ela se junta ao corpo do tanque. Não penetrou, mas voou um monte de faíscas e deve ter mexido com a tripulação, pois na mesma hora ele recuou para uma posição a cerca de oitocentos metros de onde eles atiravam em nós." A bazuca não era tão poderosa quando a sua versão carregável de ombro, a Panzerfaust alemã. Atirando de frente, o máximo que se conseguia era arrebentar uma esteira. Mas se os grupos de caça conseguissem dar a volta por trás de um Tiger ou de um Panther com uma bazuca, então teriam alguma chance. Em geral, todos concordavam que a granada antitanque de boca, lançada por fuzil, era uma perigosa perda de tempo.

No flanco norte da 28ª Divisão, a antiga cidade de Clervaux acima do rio Clerf ficou sob ameaça. O ataque da 116ª Divisão Panzer ao norte estava fazendo recuar o 112º Regimento de Infantaria da 28ª Divisão para o setor da 106ª Divisão, onde esta constituía o flanco da extrema direita na defesa de Sankt Vith. Clervaux, onde o coronel Fuller comandando o 110º Regimento de Infantaria havia montado seu posto de comando em um hotel, estava parcialmente protegida pela resoluta defesa de Marnach por uma de suas companhias. Mas a 2ª Divisão Panzer forçou a passagem por esse obstáculo. Às cinco horas de 17 de dezembro, uma bateria de artilharia de campo, cinco quilômetros a nordeste de Clervaux, foi arrasada por Panzergranadiers.

Antes do amanhecer, patrulhas alemãs chegaram a Clervaux, que já havia sofrido a infiltração de um grupo de observação da artilharia alemã equipado com rádio. Então a infantaria entrou sem ser notada e ficou escondida em uma farmácia, logo abaixo do castelo, a maior parte dele do século XV, com torres redondas encimadas por pináculos, como chapéus de feiticeira. O castelo ainda se ergue sobre um esporão rochoso projetado sobre a cidade, que o abraça formando uma ferradura. Por volta de 9h30, tanques Panther e canhões de assalto autopropelidos entraram em ação, a partir de um terreno elevado à frente de Clervaux. O general Cota enviou um pelotão de Shermans e alguns homens de infantaria para ajudar Fuller, que contava apenas com o pessoal do seu quartel-general e mais sessenta homens resgatados do centro de descanso da divisão. À medida que a escuridão baixou naquela tarde, Fuller relatou a Cota em Wiltz que a cidade ficou cercada, e que um Panzer estava "plantado na sua entrada disparando". Em uma estação auxiliar, alguém anunciou: "Se você é um GI judeu, jogue fora sua plaqueta de identificação, porque há soldados da SS aqui". Pelo menos um soldado jogou fora a sua, marcada com um "H" de hebreu.

O pessoal do quartel-general e os soldados do centro de descanso recuaram para o castelo, de onde continuaram resistindo no dia seguinte. Entre os civis abrigados lá, havia um garoto de dezesseis anos, Jean Servé, que descreveu ter visto em uma sala um GI tocando piano, enquanto um atirador americano, com o cigarro pendurado nos lábios, calmamente derrubava alemães, um após o outro. Servé viu uma das vítimas dele rolar pela encosta atrás do Hotel du Parc. À medida que a batalha prosseguia, os feridos iam sendo colocados nos porões junto com os civis. Mas logo os defensores ficaram sem munição, e com o castelo em chamas não tiveram outra opção a não ser a rendição.

Perto da 28ª Divisão no flanco sul estava a 4ª Divisão de Infantaria do general Barton. Ela também ficara muito enfraquecida na floresta de Hürtgen, mas pelo menos aqueles que a atacaram eram menos impressionantes que as divisões Panzer de Manteuffel. O 12º Regimento de Infantaria de Barton defendia as cidades de Dickweiler, Echternach, Osweiler, Lauterborn e Berdorf contra a 212ª Divisão Volksgrenadier. Seu plano havia sido negar aos alemães o uso da rede de estradas a oeste do Sauer, ocupando vilas e aldeias nas intersecções-chave, com uma companhia em cada uma. O principal ataque atingiu o 2º Batalhão do 22º Regimento de Infantaria, mas ele manteve sua posição. Quase todos esses pontos defendidos estavam cercados. Mas na noite de 17 de dezembro a situação havia se estabilizado com a chegada de forças-tarefa da 10ª Divisão Blindada, e eles foram logo resgatados.

Os "Tigres da Décima" deslocaram-se para o norte via Luxemburgo, em 17 de dezembro. A notícia de que seriam a vanguarda que iria revidar a ofensiva foi recebida com euforia, pois havia o receio de que fossem destinados para a retaguarda. Ao final daquela tarde, o Comando de Combate A sob o general de brigada Edwin W. Piburn "avançou em cheio sobre uma força alemã tomada de surpresa" perto da ravina de Schwarz Erntz. A batalha durou três dias, mas o avanço alemão fora detido. O lado sul estava assegurado.

No entanto, no quartel-general do I Exército em Spa, o clima na noite de 17 de dezembro era sombrio, com o Kampfgruppe Peiper pressionando a oeste e a 28ª Divisão incapaz de deter as divisões Panzer de Manteuffel. "A avaliação do G-2 esta noite", registra o diário de guerra, "diz que o inimigo é capaz de tentar explorar seus ganhos iniciais entrando pelas nossas áreas de retaguarda e tomando bases fixas no rio Mosa."

A maior ameaça era contra Bastogne. A Divisão Panzer Lehr deslocava-se para oeste visando o lado sul da cidade, enquanto a 2ª Divisão Panzer pretendia circundá-la pelo norte. A 26ª Divisão Volksgrenadier estava prestes a tomar a cidade. Todas elas recebiam ordens do *General der Panzertruppe* Heinrich Freiherr von Lüttwitz, que comandava o 47º Corpo Panzer. A 5ª Divisão Fallschirmjäger ao sul foi detida em Wiltz pela 28ª Divisão de Cota. Não havia menção a Bastogne em suas ordens do VII Exército. Havia sido orientada apenas "a avançar o mais rápido possível, a fim de assegurar uma área suficiente para que o V Exército Panzer do *General* Von Manteuffel possa manobrar nela". Naquela tarde, porém, Lüttwitz de repente soube da importância de Bastogne para os americanos. Seu quartel-general interceptara uma mensagem de rádio dizendo que uma divisão aerotransportada estaria chegando a Bastogne em comboios de caminhões. A informação presumivelmente teria vindo da rede de rádio da MP [polícia militar dos Estados Unidos], que era irradiada livremente e dava aos alemães algumas de suas melhores informações de Inteligência. Lüttwitz confiava que suas divisões Panzer chegariam ali primeiro.

Após seu papel no longo combate na Holanda em *foxholes* inundados de água, tanto a 82ª quanto a 101ª Divisões Aerotransportadas estavam recuperando-se no campo francês de Mourmelon-le-Grand, perto de Reims. Ocuparam seu período de descanso com futebol, jogos de azar, bebendo champanhe barato e em brigas de bar entre as duas divisões. A decisão tomada naquela manhã em Versalhes de transferir o 18º Corpo Aerotransportado da reserva do SHAEF para o I Exército criou de início boa dose de confusão. Vários oficiais de alta patente estavam ausentes. O major-general Matthew B. Ridgway, comandante do Corpo, coincidiu de estar na Inglaterra. O major-general Maxwell D. Taylor, comandante da 101ª, voltara aos Estados Unidos. Seu preposto, general de brigada Gerald J. Higgins, estava também na Inglaterra, dando palestras sobre a Operação Market Garden. Portanto, coube ao general de brigada Anthony C. McAuliffe, comandante da artilharia da 101ª Divisão, levar seus homens para a batalha.

McAuliffe, ao receber às 20h30 a ordem de preparar a partida, imediatamente convocou os comandantes de unidades e o estafe para uma reunião. "Tudo o que sei a respeito da situação", disse a eles, "é que houve uma invasão e temos que ir para lá." Muitos de seus homens estavam de licença em Paris, curtindo a vida no desenfreado estilo dos militares, especialmente daqueles que, seguindo uma tradição do tempo de guerra, haviam grudado no mural da unidade a sua carta "Dear John",[7] recebida de alguma namorada infiel. Foram então enviadas ordens para que a MP em Paris reunisse todo o pessoal das aerotransportadas, enquanto um oficial expropriava um trem para trazê-los de volta. Muitos daqueles que foram trazidos estavam em péssimas condições, devido aos excessos. E "a maior parte deles, pelo que ouvi de seus comentários", observou Louis Simpson, "estava sofrendo de *coitus interruptus*". Devem ter despertado muita inveja naqueles que haviam perdido todo o seu pagamento retroativo no jogo e não puderam ir.

A 101ª estava bem enfraquecida e ainda não havia sido reequipada. Perdera cerca de 3.500 homens nos combates na Holanda, e a divisão recebera poucas reposições durante seu tempo em Mourmelon. Assim, após a ordem de mobilização, prisioneiros em penas disciplinares, a maioria por brigar ou bater em algum NCO, foram libertados e tiveram ordens de se reportar imediatamente às suas companhias. Oficiais foram até o hospital militar e convocaram os que estavam quase curados a voltar à ativa. Por outro lado, alguns comandantes aconselharam seus oficiais a deixarem de lado aqueles homens cujos

---

7 Na Segunda Guerra Mundial, as esposas ou namoradas de soldados que estavam no front havia meses ou anos acabavam assumindo outros relacionamentos, em vez de esperar a volta do parceiro. Enviavam, então, uma carta comunicando o fato. Portanto, quando um soldado recebia uma carta inesperada começando com *"Dear John"*, já antevia seu conteúdo. Cartas desse tipo ganharam então o apelido de *"Dear Johns"*. (N. T.)

nervos ainda estivessem muito afetados. Haviam ocorrido vários suicídios por fadiga de combate nos dez dias anteriores, incluindo o de um chefe de divisão do Estado-Maior, que enfiou sua .45 automática na boca e puxou o gatilho.

A 82ª tivera mais tempo de integrar as reposições e de se reequipar após as perdas na Holanda, enquanto a 101ª tinha escassez de tudo, especialmente de roupa de inverno. Naquela noite, todos correram para pegar emprestado ou roubar o que lhes faltava. Os oficiais responsáveis por provisões abriram seus estoques. A Com Z, enquanto isso, aceitou o desafio de montar caminhões de dez toneladas para transportar as divisões. Seus motoristas exaustos, que haviam trabalhado no Red Ball Express, não ficaram exatamente entusiasmados com a perspectiva de levar soldados da aerotransportada para a linha do front nas Ardenas, mas cumpriram a tarefa.

Embora o SHAEF buscasse ocultar notícias sobre o avanço alemão, o boato se espalhou sem demora. E corria o rumor de que os alemães estavam se dirigindo a Paris. Os colaboracionistas franceses na prisão começaram a celebrar e a provocar seus guardas. Isso era insensato. Muitos de seus carcereiros vinham da Resistência e juraram matar todos eles antes que os alemães chegassem.

Em parte devido à falta de informações claras, a ansiedade em Paris alcançou um nível febril. O general Alphonse Juin, acompanhado por outros altos oficiais franceses, foi até o SHAEF em Versalhes discutir a invasão. Foram recebidos pelo general Bedell Smith. "Conforme andávamos pelas salas", escreveu Smith mais tarde, "vi os oficiais lançando olhares de espanto para os escritórios, onde a rotina seguia normalmente. Então um general francês atrás de mim disse ao nosso chefe de Inteligência, general Strong: 'Como assim! Vocês não estão arrumando as malas?'"

Ernest Hemingway soube do ataque alemão no Ritz da Place Vendôme, onde estava hospedado com sua amante, Mary Welsh. Ela voltara de um jantar com o comandante da força aérea, tenente-general "Tooey" Spaatz, durante o qual vários auxiliares entraram e saíram trazendo mensagens urgentes. O lobby do Ritz estava um verdadeiro caos, com oficiais correndo para cima e para baixo. Embora ainda não estivesse recuperado da bronquite que o acometera na floresta de Hürtgen, Hemingway decidiu juntar-se à 4ª Divisão de Infantaria. Empacotou seu armamento ilegal. "Houve uma grande invasão", ele contou ao irmão Leicester, que passava por Paris. "Essa coisa pode nos custar caro. Os blindados deles estão entrando com tudo. Eles não estão fazendo prisioneiros [...] Carregue esses pentes. Limpe cada um dos cartuchos."

10

SEGUNDA-FEIRA, 18 DE DEZEMBRO

O principal ataque contra o último batalhão da 2ª Divisão de Infantaria diante de Rocherath-Krinkelt ocorreu às 6h45, mais de uma hora antes do amanhecer. Os alemães seguiram sua prática usual de fazer o máximo de barulho em seus ataques noturnos, com "gritos, uivos e vários outros tipos de barulho incluindo bater em panelas e canecas". A batalha prosseguiu por quatro horas, com a artilharia de campo americana em missões de fogo seguidas, para apoiar a infantaria avançada em seus *foxholes*. Em várias situações, as companhias pediam fogo nas próprias posições ao serem invadidas. O 1º Batalhão do 9º Regimento de Infantaria do tenente-coronel McKinley havia dado cobertura a outras unidades quando estas recuavam para as vilas gêmeas.

De novo, ao raiar do dia, doze Panzers, cada um deles escoltado por um pelotão de Panzergranadiers, avançaram emergindo da névoa até serem detidos por fogo de artilharia. A 2ª Divisão achou que teria sido muito mais útil contar com doze equipes de bazuca do que com três "desajeitados" canhões antitanque de 57 mm no pelotão antitanque. "Os canhões antitanque de 57 mm mostraram-se muito insatisfatórios, acertando apenas um tiro efetivo na torre de um tanque inimigo", declarou um relatório pós-ação. Outro oficial descreveu-o como "uma arma praticamente inútil". O tenente-coronel McKinley achava que o 57 mm "não tinha lugar em um batalhão de infantaria", porque era muito difícil de manejar na lama, e era impossível posicioná-lo se o inimigo já estivesse em contato. Ele queria destruidores de tanques como parte integral da unidade, para que eles não desaparecessem quando achavam que era o caso. Mas naquele dia em Rocherath-Krinkelt, destruidores de tanques, assim como Shermans, bazucas e a artilharia deram conta de um bom número de tanques Panther e Mark IV.

Os americanos sempre tentavam evitar que os alemães recuperassem e reparassem Panzers desabilitados, ou que pudessem utilizá-los como posições temporárias para abrir fogo diante de suas linhas. Assim, sempre que os SS Panzergranadiers eram obrigados a recuar, "os tanques postos fora de combate, mas ainda não destruídos, eram incendiados com misturas de óleo e gasolina despejadas em cima deles, e com granadas de termite enfiadas nos canos dos canhões, para inutilizá-los.

Mas então outro ataque varreu a linha do front. Os Panzers abriam fogo dentro dos *foxholes*, e ficavam indo para a frente e para trás em cima deles para enterrar os homens dentro. Apenas doze soldados de um pelotão de cerca de trinta homens conseguiram sobreviver. O pelotão da ala esquerda de uma companhia ficou sem munição antitanque, então uns seis ou sete começaram a correr para a retaguarda em desespero. McKinley deteve-os e mandou-os de volta ao seu pelotão. Auxiliares, esforçando-se heroicamente para evacuar pela neve os feridos, improvisavam trenós pregando ripas cruzadas sobre um par de esquis e usando-os para arrastar uma maca.

No devido tempo, o batalhão recebeu ordens de recuar, mas a luta era tão corpo a corpo que McKinley sentiu que não seria capaz de resgatar nenhum de seus homens. Num momento crucial, porém, quatro Shermans do 741º Batalhão de Tanques apareceram. Eles conseguiram cobrir a retirada, e até acertaram três tanques alemães. "Quando o batalhão se reuniu em Rocherath", McKinley registrou, "descobrimos que da força inicial de combate de seiscentos homens haviam restado 197, incluindo os agregados." No entanto, apenas nove homens da 2ª Divisão inteira abandonaram a batalha e fugiram para a retaguarda. Foram pegos pela MP como "extraviados". A maioria achava que o problema não era a "tremedeira" no auge da batalha: isso batia neles depois, quando o fogo já havia cessado.

A resistência sacrificada do 1º Batalhão do 9º Regimento de Infantaria ajudou a salvar o resto da 2ª Divisão e frustrou a invasão da 12ª Divisão SS Panzer. Mas mesmo McKinley reconheceu depois que "foi a artilharia que fez o serviço", salvando sua unidade da destruição completa. O tempo todo remanescentes da 99ª Divisão, que haviam enfrentado o assalto inicial, continuaram a escapulir pelas linhas americanas. Eram mandados diretamente de volta para o campo Elsenborn, onde eram alimentados e recebiam munição, e colocados em uma nova linha atrás de Rocherath-Krinkelt. Um comandante de batalhão, acusado por seus próprios oficiais de "covardia e incompetência", foi dispensado.

Por volta de dez horas, chegou um grupo de sete caminhões americanos. Um destruidor de tanques disparou uma saraivada no caminhão da frente a uma distância de quinhentos metros, obrigando-o a parar. Uma patrulha avançou para se certificar que os caminhões eram genuínos, e não veículos capturados. Mas quando se aproximaram, os homens nos caminhões abriram fogo. Era um "truque cavalo de Troia" para penetrar as confusas linhas americanas. Cerca de 140 soldados alemães saltaram dos caminhões e tentaram escapar em direção aos bosques. Por causa dos morteiros do batalhão e do fogo pesado das metralhadoras, o comandante do batalhão avaliou que três quartos deles haviam sido mortos, mas um bom número talvez tenha fingido estar morto, a fim de escapar mais tarde. Vários feridos foram feitos prisioneiros, e constatou-se que eram membros da 12ª Divisão SS Hitler Jugend. Um dos que estavam mais gravemente feridos recusou receber uma transfusão de sangue americano na estação de atendimento médico.

A batalha pelas vilas gêmeas continuou, com civis presos e ensurdecidos com as explosões dentro de seus porões. À medida que a neblina foi subindo por volta das 8h30 e a luz do dia ficou um pouco mais forte, os bosques atrás dos campos nevados tornaram-se visíveis. Mais tanques Panther e Mark IV avançaram, acompanhados de grupos de Panzergranadiers, e alguns entraram em Rocherath-Krinkelt. O oficial de morteiros do 38º Regimento de Infantaria formou quatro equipes de bazuca, para perseguir os tanques que patrulhavam em volta da vila. Alguns homens usavam óculos de proteção por causa do clarão gerado com os disparos, mas só notavam as queimaduras no rosto mais tarde. O pior destino era ficar com uma bomba encalacrada na bazuca e ver o tanque inimigo apontar seu canhão em você. Era preciso ter malícia. "Um tanque foi visto se aproximando por uma estrada", o 5º Corpo relatou. "Um sargento posicionou uma bazuca escondida de cada lado da estrada, e então atiçou um bando de vacas para a frente do tanque. O tanque desacelerou até parar, e então foi destruído por fogo de bazuca, e a tripulação foi morta por armas pequenas ao sair do tanque."

Os tanques alemães começaram a explodir casas a curta distância, até mesmo enfiando seu canhão por uma janela. "A baioneta era pouco usada", outro oficial americano observou mais tarde, "mesmo em lutas corpo a corpo em Rocherath, onde as coronhadas de fuzil e os punhos pelo jeito tinham preferência." Dois Shermans estacionaram junto ao posto de comando do batalhão em Rocherath, e resistiram, tripulados por uma mistura de "canhoneiros, motoristas, assistentes de motoristas, cozinheiros e mecânicos". O tenente-coronel Robert N. Skaggs de repente viu um tanque Mark VI Tiger chegando perto de alguns soldados americanos que guardavam prisioneiros de guerra alemães. Skaggs alertou os dois tanques e ambos abriram fogo. Erraram. O Tiger parou e apontou sua torre para revidar o fogo em cima dos dois, mas seus tiros também falharam. Contando com uma segunda chance, a tripulação inexperiente dos dois Shermans procurou assegurar-se que não iria errar, e fez o Tiger explodir em chamas. Assim que o tanque alemão foi atingido, a infantaria americana, equipada com fuzis, estava pronta para atirar nos que saíssem da torre do tanque tentando fugir. Se alguém saísse em chamas e gritando, eles simplesmente estariam abreviando a tragédia do pobre-diabo. O capitão MacDonald da 2ª Divisão "viu a silhueta de um soldado, contrastando com os tiros traçantes, atirando uma lata de gasolina num tanque. O tanque explodiu em chamas".

Em outro incidente nas vilas gêmeas, a tripulação de um Sherman do 741º Batalhão de Tanques "avistou um Mark VI [Tiger] se aproximando frontalmente. O comandante dos tanques sabia da dificuldade de penetrar a blindagem frontal, e quis utilizar a ação mais rápida da torre do Sherman. O tanque rapidamente manobrou para dar a volta num pequeno grupo de edifícios, e assim permitir que o Sherman atirasse na lateral ou na traseira do Mark VI. O alemão, percebendo também a manobra, fez o mesmo, e os dois tanques ficaram caçando um ao outro em círculos, buscando a melhor posição de tiro. O companheiro de equipe do Sherman observava a ação, [e] quando o Mark VI no seu trajeto em volta dos edifícios expôs sua traseira, atirou nele e destruiu-o". Os dois comandantes saíram para se cumprimentar eufóricos, e então entraram de novo em seus tanques e voltaram ao trabalho.

As granadas de bocal de novo se mostraram inúteis, e apenas um tanque foi tirado de combate desse modo. Um sargento viu "um homem de outra formação" disparar seis ou sete rodadas de granadas antitanque em um Panzer, mas, embora elas atingissem o alvo, não surtiram efeito. Em outros casos também, as granadas "apenas resvalavam".

Um Mark VI Tiger em Krinkelt, em frente à igreja, começou a atirar no posto de comando do batalhão. O tenente-coronel Barsanti mandou cinco equipes de bazuca perseguirem o tanque. Eles conseguiram acertar dois tiros, mas o Tiger quase não foi danificado. Mesmo assim, seu comandante decidiu que estava exposto demais na vila e partiu depressa em direção a Wirtzfeld. Mas o tanque, ao arrancar decidido e virar uma esquina a toda velocidade, arrasou um jipe. Os dois ocupantes conseguiram se atirar a tempo numa vala. Isso fez o Tiger desacelerar o suficiente para que a tripulação de um canhão antitanque de 57 mm disparasse uma saraivada e arrebentasse o mecanismo de direcionamento da torre. O Tiger seguiu em frente, e então um Sherman disparou nele, errando o alvo, mas um destruidor de tanques mais adiante na estrada o fez parar com duas rodadas de disparos. Fuzileiros então deram conta da tripulação de roupa preta, quando eles tentaram escapar. "Nenhum deles se safou."

A 2ª Divisão afirmou mais tarde que, na longa batalha em volta de Rocherath-Krinkelt, 73 Panzers haviam sido abatidos por Shermans, bazucas, destruidores de tanques e artilharia, além de dois Mark VI Tigers abatidos por bazucas. Essas, é claro, foram vitórias raras durante aquele assalto. As perdas americanas em homens e tanques foram muito pesadas. Por outro lado, a determinação de revidar e de fazer o inimigo pagar caro cada passo de seu avanço mostrou-se provavelmente a contribuição mais importante para o resultado final da Ofensiva das Ardenas. O VI Exército Panzer havia subestimado não apenas o poder da artilharia americana mas a posição privilegiada da serra de Elsenborn. As divisões da SS foram totalmente contrariadas em suas arrogantes suposições sobre a baixa qualidade das unidades de infantaria americanas.

A luta prosseguiu o dia todo e noite adentro, com muitos edifícios incendiados. O observador da artilharia da 99ª Divisão que havia sido enviado para Buchholz na primeira noite ficou olhando para o incêndio de Rocherath-Krinkelt e lembrando de um verso de um poema de Alan Seeger: "Mas eu tenho um encontro com a morte à meia-noite, em alguma cidade em chamas".

Enquanto o combate em Rocherath-Krinkelt chegava ao auge, parte da 1ª Divisão de Infantaria cinco quilômetros a sudoeste consolidava suas posições e patrulhamentos para tentar avaliar a direção e a força do avanço alemão. Sepp Dietrich, frustrado com a feroz defesa americana das vilas gêmeas, ordenou que a 277ª Divisão Volksgrenadier continuasse atacando ali. A 12ª SS Panzer, enquanto isso, iria se deslocar para sudoeste e avançar de Büllingen sentido oeste, em direção a Waimes. A pequena cidade de Waimes abrigava o 47º Hospital de Remoções e parte do batalhão médico da 99ª Divisão. O general Gerow ordenou que uma força mista da 1ª Divisão, com destruidores de tanques, tanques leves e engenheiros, resgatasse o pessoal médico e os feridos a tempo.

A Hitler Jugend iria constatar que o flanco sul da serra de Elsenborn estava tão fortemente defendido quanto o flanco leste. Só a 1ª Divisão já era apoiada por seis batalhões de artilharia e por uma bateria de canhões de oito polegadas. Os americanos também tiveram sorte, pois os terrenos estavam tão moles em muitos lugares que ficava impossível aos tanques alemães realizarem movimentos fora da estrada. Quando canhões antitanque e destruidores de tanques americanos inutilizavam o primeiro Panzer em uma estrada, os outros ficavam bloqueados. Então os semitratores antiaéreos com quatro metralhadoras .50 conhecidos como "trituradores de carne" mostravam-se muito efetivos em repelir os ss Panzergrenadiers.

Nem o general Gerow nem o general Hodges tinham ideia de que Hitler proibira o VI Exército Panzer de seguir para o norte em direção a Liège. O Führer, querendo evitar a concentração de forças americanas em torno de Aachen, determinara que as divisões ss Panzer atacassem a oeste em direção ao Mosa e não se desviassem dessa rota. Mas a direção do avanço de Peiper havia convencido o comando americano de que eles tinham que estender o lado norte para oeste. O 18º Corpo Aerotransportado do general Ridgway iria estabelecer uma linha defensiva a partir de Stavelot, posicionando tanto a experiente 30ª Divisão de Infantaria como a 82ª Aerotransportada, que já estava se dirigindo para Werbomont.

Após o massacre de Malmedy no dia anterior, o comando americano expediu uma advertência urgente a todos os soldados: "É perigoso a qualquer momento render-se a tripulações de tanques alemães, especialmente a tanques que não estejam acompanhados de infantaria; ou render-se a quaisquer unidades que estejam realizando um avanço rápido. Essas unidades têm poucos meios para lidar com prisioneiros, e uma solução comum é meramente matá-los". A lição era: "Aqueles que lutam têm menos baixas. Aqueles que se rendem não têm chance alguma".

Peiper lançou seu ataque a Stavelot ao amanhecer, depois de deixar que seus homens exaustos se recuperassem dormindo aquela noite. O major Paul J. Solis chegou nas primeiras horas com uma companhia do 526º Batalhão Blindado de Infantaria, um pelotão de canhões antitanque e um pelotão de destruidores de tanques rebocados. Estava ainda posicionando seus homens e canhões quando foram surpreendidos por dois tanques Panther e uma companhia de Panzergrenadiers, atacando em volta da colina na estrada, dirigindo-se à ponte sobre o Amblève. O primeiro Panther foi atingido e pegou fogo, mas já vinha embalado e espatifou contra a barreira antitanque que bloqueava a estrada. O segundo seguiu em frente e ocupou a ponte em Stavelot, sendo rapidamente seguido pelos Panzergrenadiers.

Os americanos não tiveram tempo de explodir a ponte. A força de Solis foi trazida de volta para a cidade. Os homens de Peiper alegaram, sem qualquer justificativa, que civis belgas haviam atirado neles e que por isso balearam 23 belgas, inclusive mulheres. Depois de intensos combates durante a manhã, a pequena força de Solis teve que se retirar, tomando um trecho da estrada para Francorchamps e Spa. O principal reservatório de combustível americano em Francorchamps não havia sido marcado no mapa de Peiper, e ele decidiu seguir adiante para oeste pelo vale do Amblève. De qualquer modo, os soldados da Zona de Comunicações do general Lee haviam conseguido evacuar o grosso dos suprimentos de combustível potencialmente ao alcance de Peiper. Entre 17 e 19 de dezembro, soldados americanos de suprimentos removeram mais de 3 milhões de galões de combustível da área de Spa-Stavelot. A maior perda aliada foi de 400 mil galões, destruídos em 17 de dezembro por um ataque de V-1 a Liège.

Naquela tarde, um relatório enganoso chegou ao quartel-general de Hodges dizendo que a própria Spa estava sob ameaça. O general Joe Collins, sentado junto ao comandante do I Exército, ouviu o seu oficial chefe de Inteligência cochichar ao ouvido de Hodges: "General, se o senhor não sair da cidade bem depressa, logo será capturado".

"A situação está se deteriorando rapidamente", anotava o diário do quartel-general. "Hoje, cerca de três da tarde, havia relatos de que tanques provenientes de Stavelot rumavam para Spa. Apenas um pequeno bloqueio de estrada e alguns semitratores se interpunham entre eles e nosso quartel-general." Hodges ligou para Simpson, comandante do IX Exército, às 16h50. "Ele diz que a situação está muito ruim", Simpson registrou. "Ele está pronto para se retirar de sua sede. Sente-se ameaçado, disse." Spa foi evacuada, e o estafe do I Exército transferiu-se para o seu quartel-general da retaguarda, em Chaudfontaine, perto de Liège, onde chegaram à meia-noite. Eles descobriram mais tarde que, assim que saíram de Spa, "bandeiras americanas, retratos do presidente e outras insígnias dos Aliados foram removidas e que o prefeito soltou da cadeia vinte suspeitos de colaboracionismo".

Mais cedo naquela noite, dois oficiais da 7ª Divisão Blindada, que acabavam de voltar de licença, descobriram que sua formação havia saído de Maastricht. Decididos a encontrá-la, foram primeiro a Spa e no quartel-general de Hodges abandonado viram com espanto que, na pressa da evacuação, os mapas da situação não haviam sido removidos. Recolheram tudo e foram para Sankt Vith, onde os entregaram ao general de brigada Bruce Clarke. Clarke estudou os mapas desalentado. Eles revelavam, como nada mais poderia tê-lo feito, o fracasso do I Exército em compreender o que estava acontecendo. "Diabos, quando essa guerra terminar", disse Clarke, "vai ter muito general indo para a corte marcial. Eu não estou a fim de produzir mais encrencas ainda." Ele imediatamente destruiu os mapas.

Peiper, buscando encontrar uma rota alternativa, enviara uma força de reconhecimento de duas companhias para o sul do Amblève, até Trois-Ponts, uma vila na confluência do Amblève e do Salm. Ao que parece, eles se perderam na escuridão. De Trois-Ponts, a estrada ia direto a Werbomont. Peiper, depois de obrigar os americanos a saírem de Stavelot, deixou ali um pequeno destacamento, imaginando que os soldados da 3ª Divisão Fallschirmjäger iriam chegar logo, e então partiu para Trois-Ponts.

O 51º Batalhão de Engenharia, ultimamente baseado em Marche-en-Famenne operando serrarias, recebera ordens na noite anterior de ir para Trois-Ponts e explodir as três pontes dali. A Companhia C chegou enquanto a força de Peiper atacava Stavelot, e começou a instalar cargas de demolição na ponte sobre o Amblève e nas duas pontes sobre o Salm. Também ergueram bloqueios na estrada pela qual o Kampfgruppe Peiper viria. Um canhão antitanque de 57 mm e sua equipe foram colocados em serviço, e uma companhia do 526º Batalhão Blindado de Infantaria foi enviada a Sankt Vith para se juntar ao resto da 7ª Divisão Blindada.

Às 11h15, os defensores de Trois-Ponts ouviram o ronco dos tanques se aproximando. A vanguarda de Peiper tinha dezenove Panthers. A tripulação do canhão antitanque de 57 mm estava a postos e abriu fogo, atingindo a esteira do primeiro Panther, fazendo-o parar. Os outros tanques abriram fogo e destruíram o canhão americano, matando a maior parte da sua equipe. Ao som dos disparos, os engenheiros explodiram as pontes. A rota de Peiper para Werbomont estava bloqueada. Os defensores, em casas na margem oeste, atiraram sobre os Panzergrenadiers que tentavam atravessar o rio. Usando vários truques, como um caminhão arrastando correntes para fazer um barulho similar ao dos tanques e homens da infantaria disparando bazucas para imitar fogo de artilharia, os defensores convenceram Peiper de que estava enfrentando uma força bem maior.

Furioso com esse revés, Peiper decidiu voltar para Stavelot e então pegar a estrada ao longo da margem norte do Amblève. Sua coluna irrompeu pela estrada em direção a La Gleize. As encostas íngremes, florestadas, no lado norte do vale, não davam espaço para manobrar. Peiper sentiu ainda que, se pelo menos tivesse combustível suficiente, "teria sido uma questão de simplesmente dirigir até o rio Mosa logo cedo naquele mesmo dia".

Ao não encontrar resistência em La Gleize, Peiper enviou um grupo de reconhecimento que descobriu uma ponte intacta sobre o Amblève, em Cheneux. Eles foram vistos por um avião americano de reconhecimento voando sob as nuvens. Caças-bombardeiros do 9º Comando Aéreo Tático foram alertados e logo mergulharam para atacar, apesar da baixa visibilidade. O Kampfgruppe perdeu três tanques e cinco semitratores. A coluna de Peiper foi salva de danos maiores porque escureceu cedo, às 16h30, mas os americanos agora sabiam exatamente onde eles estavam. O 1º Corpo SS Panzer, que estivera sem contato por rádio com Peiper, também descobriu isso ao interceptar as pouco seguras transmissões americanas.

Peiper avançou sob a cobertura da escuridão, mas quando o veículo mais à frente chegou a uma ponte sobre o Lienne, um pequeno afluente do Amblève, ele foi explodido na cara deles por um destacamento do 291º Batalhão de Engenharia de Combate. Peiper, que tinha problemas cardíacos, deve quase ter tido um infarto diante desse revés adicional. Ele enviou uma companhia de tanques para tentar encontrar outra ponte ao norte, mas quando acreditavam ter encontrado uma ponte não guardada foram atacados numa bem montada emboscada. De qualquer modo, foi uma dispersão infrutífera, pois a ponte não era forte o suficiente para os seus tanques Königstiger de 72 toneladas. Frustrada e sem mais opções para tentar cruzar o rio, a coluna deu meia-volta com grande dificuldade na estreita estrada e retornou a La Gleize, retomando o vale do Amblève até Stoumont, três quilômetros adiante. Peiper deteve a coluna para descansar à noite, antes de atacar Stoumont ao amanhecer. Isso pelo menos deu aos civis da vila a chance de fugir.

Peiper não tinha a menor ideia de que as forças americanas estavam se fechando em torno dele. Um regimento da 30ª Divisão de Infantaria já estava adiante bloqueando a estrada do vale 2,5 quilômetros mais à frente, e a 82ª Aerotransportada começava a se deslocar de Werbomont. A armadilha também se fechava atrás dele. Um batalhão de outro regimento da 30ª Divisão de Infantaria, reforçado por tanques e destruidores de tanques, socorreu os homens do major Solis ao norte de Stavelot, e naquela noite abriu caminho lutando até a parte norte da cidade.

**

Ao mesmo tempo que a 82ª Aerotransportada corria em direção a Werbomont, a 101ª começava a ganhar força em Mourmelon-le-Grand. Uma longa fila de 380 caminhões abertos de dez toneladas aguardava para levar cinquenta homens cada um. Listas de chamada de companhias eram anunciadas. Homens amontoados "em roupas de inverno, pareciam um bando de ursos". Muitos, no entanto, vinham sem seus grandes casacos e até mesmo sem as botas apropriadas para saltar de paraquedas. Um tenente-coronel, que acabara de voltar de um casamento em Londres, entrou marchando em Bastogne ainda em seu uniforme cerimonial Classe A. A banda da divisão, que recebera ordens de ficar, permaneceu em formação, de muito mau humor. Seus membros pediram ao capelão que falasse com o comandante do 501º Regimento de Infantaria de Paraquedistas e o convencesse a deixá-los ir também. O capelão disse que o coronel estava ocupado demais, mas tacitamente deixou claro que poderiam subir no caminhão com os outros. Ele sabia que todos os homens seriam necessários.

Os primeiros caminhões partiram às 12h15, com os engenheiros da Aerotransportada, o pelotão de reconhecimento e parte do quartel-general da divisão. As ordens eram de ir para Werbomont. O general de brigada McAuliffe partiu quase imediatamente, e duas horas mais tarde a primeira parte da coluna principal partiu também. Ao todo, 805 oficiais e 11.035 homens alistados iam para a batalha. Ninguém sabia exatamente para onde estavam indo, e muitos acharam estranho que não estivessem se encaminhando para a batalha de paraquedas, e sim transportados da maneira comum, como os "pernas-duras" da infantaria. Acotovelados nos caminhões abertos, tremiam de frio. A coluna não parou, e como não havia espaço para ir até a parte de trás do caminhão e se aliviar, faziam isso em galões, que passavam de mão em mão. Quando veio a escuridão, os motoristas acenderam os faróis. A necessidade de chegar logo era mais importante do que o risco de ser localizado por um caça noturno.

Quando McAuliffe chegou a Neufchâteau, trinta quilômetros a sudoeste de Bastogne, um membro da MP fez sinais e deteve seu carro de comando. Ele recebera uma mensagem do quartel-general do 7º Corpo de Middleton informando que a 101ª Aerotransportada havia sido anexada ao seu comando, e que a divisão toda devia ir direto para Bastogne. O grupo avançado, sem saber da mudança de planos, já havia entrado em Werbomont, quarenta quilômetros mais ao norte em linha reta. McAuliffe e os oficiais de seu estafe seguiram para Bastogne e, pouco antes de escurecer, encontraram o quartel--general do Corpo sob o comando do general Troy Middleton em um antigo quartel alemão no lado noroeste da cidade. As cenas de motoristas e soldados em pânico fugindo a pé não eram uma visão muito encorajadora.

McAuliffe encontrou Middleton reunido com o coronel William L. Roberts do Comando de Combate B da 10ª Divisão Blindada, uma das duas formações que Eisenhower destinara às Ardenas naquela primeira noite. Roberts tinha uma noção melhor do que McAuliffe do quanto a situação era desesperadora. Naquela manhã, o general Norman Cota havia lhe enviado um pedido urgente para que viesse em auxílio da sua combalida 28ª Divisão perto de Wiltz, onde a 5ª Divisão Fallschirmjäger estava atacando. Mas Roberts recebera ordens firmes de seguir direto para Bastogne, então foi obrigado a recusar. A Divisão Panzer Lehr e a 26ª Volksgrenadier já haviam invadido ao norte e se dirigiam à cidade.

"Quantas equipes você consegue montar?", Middleton perguntou a Roberts.

"Três", respondeu ele.

Middleton ordenou que ele enviasse uma equipe para o sudeste de Wardin e outra para Longvilly para bloquear o avanço da Panzer Lehr. A terceira deveria ir para o norte até Noville para deter a 2ª Divisão Panzer. Embora Roberts não gostasse da ideia de dividir sua força em grupos tão pequenos, não contestou a decisão de Middleton. "Vá o mais rápido possível", Middleton disse. "Defenda essas posições a qualquer custo."

Na corrida para tomar Bastogne, as retenções nas estradas deixaram os ânimos muito exaltados no 47º Corpo Panzer. Mas o principal

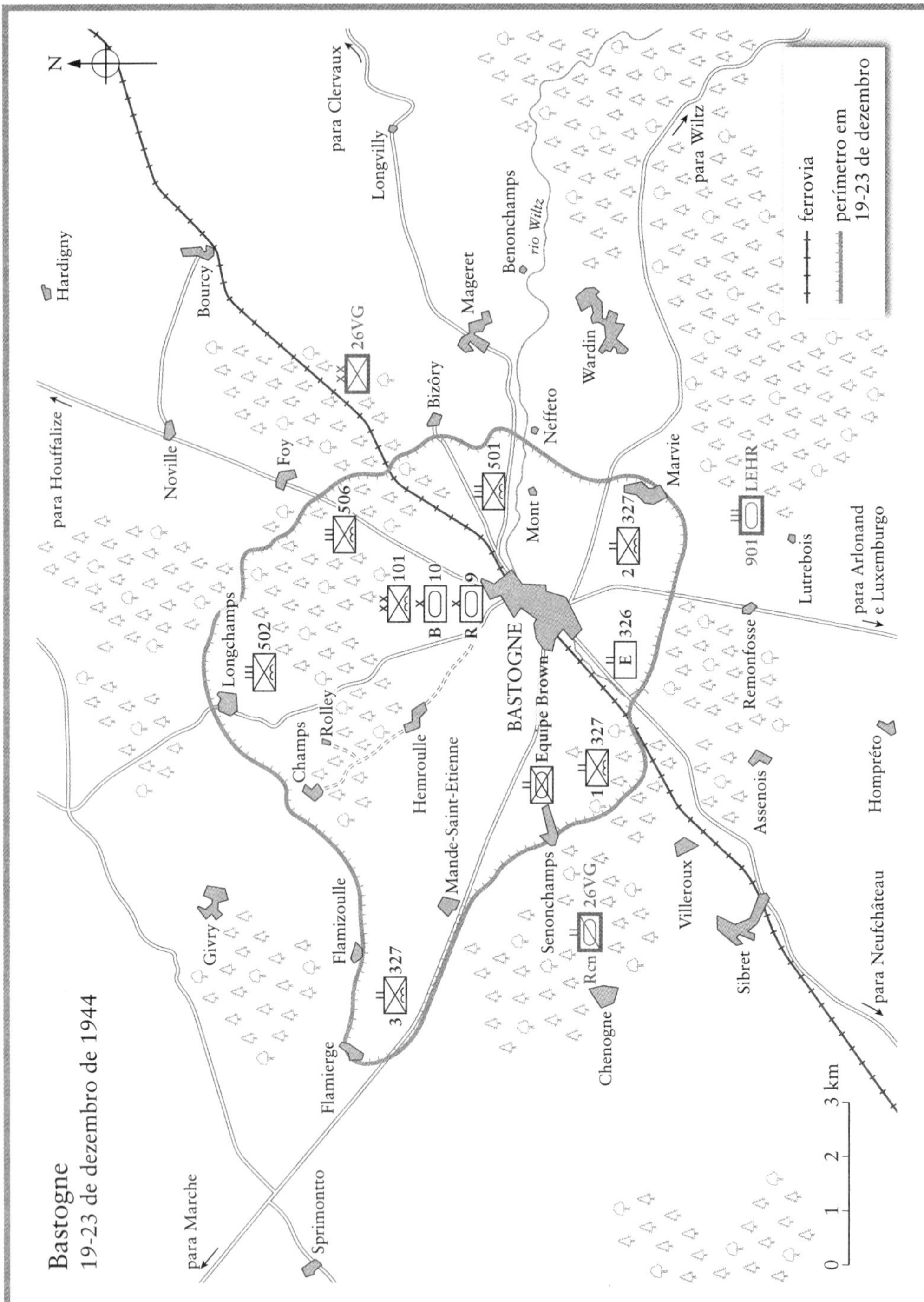
Bastogne
19-23 de dezembro de 1944
N
ferrovia
perímetro em 19-23 de dezembro
BASTOGNE
Equipe Brown
para Clervaux
para Houffalize
para Marche
para Wiltz
para Arlonand e Luxemburgo
para Neufchâteau
Hardigny
Bourcy
Longvilly
Benonchamps
rio Wiltz
Mageret
Wardin
Bizôry
Neffeto
Noville
Foy
Mont
Marvie
Lutrebois
Longchamps
Rolley
Champs
Hemroulle
Mande-Saint-Etienne
Remonfosse
Assenois
Hompréto
Villeroux
Sibret
Senonchamps
Chenogne
Givry
Flamizoulle
Flamierge
Sprimontto
26VG
501
506
502
101
B 10
R 9
327
2
LEHR
901
326
E
1 327
3 327
Rcn
26VG
0 1 2 3 km

atraso no cronograma havia sido causado pela coragem de companhias individuais da 28ª Divisão de Infantaria. Sua defesa dos cruzamentos de estradas ao longo da serra norte-sul conhecida como "*Skyline Drive*", em vilas como Heinerscheid, Marnach e Hosingen, havia feito toda a diferença. "A longa resistência de Hosingen", reconheceu o *Generalmajor* Heinz Kokott, "resultou no atraso de todo o avanço da 26ª Divisão Volksgrenadier e, portanto, da Panzer Lehr em um dia e meio." A defesa de Hosingen pela Companhia K até a manhã de 18 de dezembro, como reconheceu também o comandante da Panzer Lehr, havia retardado de tal forma a sua divisão que ela "chegou atrasada demais na área de Bastogne". Isso se mostrou decisivo para a batalha de Bastogne, onde cada hora contava muito.

O general Cota, em Wiltz, sabia que sua divisão estava condenada. Ele ordenou que a correspondência de Natal ainda não selecionada fosse destruída, para que não caísse nas mãos dos alemães, portanto, cartas, postais e pacotes foram empilhados num pátio e queimados. À tarde, os remanescentes do 3º Batalhão do 110º Regimento de Infantaria recuaram para Wiltz. Os homens, famintos e exaustos, prepararam-se para defender os *howitzers* de um batalhão de artilharia de campo a sudeste de Wiltz, enquanto Cota providenciava o recuo de seu posto de comando de divisão para Sibret, a sudoeste de Bastogne.

Naquela manhã de névoa e chuva fina, a ponta de lança da Panzer Lehr havia por fim cruzado a ponte sobre o rio Clerf perto de Drauffelt, enquanto a 2ª Divisão Panzer cruzava o rio em Clervaux, depois de ser retardada pela defesa da cidade e de seu castelo. O congestionamento foi então causado por tanques quebrados – os Panthers ainda eram os mais suscetíveis a defeitos mecânicos –, ao mesmo tempo que a artilharia puxada a cavalo de uma divisão de infantaria, batalhando para avançar naquela mesma trilha enlameada das formações blindadas, produzia cenas de fúria.

O comandante da Panzer Lehr, *Generalleutnant* Fritz Bayerlein, um baixinho e agressivo veterano do Norte da África e da Normandia, culpava seu comandante de corpo por ter permitido aquele caos. O congestionamento era tão grave que a infantaria da 26ª Volksgrenadier chegou a Nieder Wampach mais ou menos junto com os soldados Panzer em seus tanques e semitratores. Quando os veículos atolavam na lama, os homens da infantaria tiravam as pesadas metralhadoras e morteiros dos veículos e vinham carregando-os nos ombros.

Conforme escurecia no dia 18 de dezembro e a Panzer Lehr avançava sobre Bastogne, Bayerlein assistiu a uma batalha de tanques perto de Longvilly. "A Panzer Lehr, com seus canos apontados para o norte", escreveu ele, "ofereceu esse impressionante espetáculo ao crepúsculo que, cortado pelas balas traçantes, assumiu um aspecto fantástico." Na realidade, uma de suas unidades estava envolvida. Middleton ordenara que o Comando de Combate R da 9ª Divisão Blindada defendesse as principais rotas para Bastogne que vinham do leste. Após algumas escaramuças iniciais em bloqueios de estradas e postos avançados no final da tarde, os Shermans e os semitratores da Força-Tarefa Rose e da Força-Tarefa Harper foram pegos entre a ponta de lança da 2ª Divisão Panzer, o regimento de artilharia da 26ª Divisão Volksgrenadier e uma companhia de tanques da Panzer Lehr. Depois de os primeiros tanques alvejados arderem em chamas, os canhoneiros Panzer continuaram disparando nos demais veículos perfilados contra as labaredas. Bayerlein atribuiu seu sucesso à precisão e maior alcance do canhão de seus Mark v Panther. As tripulações americanas abandonaram seus veículos, quer tivessem sido atingidos ou não, e fugiram para Longvilly.

Os alemães, mais tarde, vangloriaram-se de ter capturado, como resultado da ação 23 tanques Sherman, catorze veículos blindados, quinze canhões autopropelidos, trinta jipes e 25 caminhões, todos em bom estado. Embora o relato alemão de seu sucesso fosse exagerado, a batalha unilateral perto de Longvilly foi um golpe muito duro para os americanos.

O único desdobramento bem-vindo daquela noite foi a chegada do 705º Batalhão de Destruidores de Tanques, que conseguira chegar do norte combatendo. O coronel Roberts da 10ª Divisão Blindada já havia orientado e despachado seus três líderes de equipe. Cada um tinha uma combinação de tanques Sherman, veículos blindados e semitratores carregando a infantaria. A Equipe O'Hara partiu para Wardin, onde assumiu posição em um terreno elevado logo ao sul da vila. Não havia sinal dos alemães, mas pequenos grupos de homens exaustos da 28ª Divisão, com a barba por fazer e sujos depois de três dias de combates, dirigiram-se para Bastogne.

O major William R. Desobry do 20º Batalhão de Infantaria Blindada foi enviado em sentido norte para Noville. Um MP foi à frente num jipe para colocá-lo na estrada certa, já que eles não tinham mapas. Ao chegarem no limite de Bastogne, o MP disse: "Noville fica duas cidades em frente, direto por essa estrada". Desobry enviou o pelotão de reconhecimento primeiro, passando por Foy e seguindo até Noville. As duas cidades estavam desertas.

Desobry montou defesas no lado norte e leste de Noville, com postos avançados de esquadrões de infantaria e pares de tanques Sherman vigiando as estradas de acesso à cidade, e então dormiu um pouco após a meia-noite. Sabia que iria enfrentar uma grande batalha. "Podíamos ouvir fogo de canhões a leste e ao norte e ver os clarões. Era possível ver os holofotes e tudo mais. Durante a noite, um certo número de unidades pequenas voltaram para as nossas linhas e também um monte de extraviados. Eles contaram essencialmente histórias de horror, sobre como suas unidades haviam sido arrasadas por grandes unidades alemãs com inúmeros tanques, alemães em uniformes americanos, alemães em roupas civis e todo tipo de relatos estranhos."

Roberts autorizara Desobry a pegar quaisquer extraviados e colocá-los sob seu comando, mas ele achou que "tendo em conta sua condição física e mental", ficava mais fácil mandá-los para a retaguarda. Os únicos grupos que parecia valer a pena incluir eram um pelotão de infantaria da 9ª Divisão Blindada e um pelotão de engenheiros, mas mesmo os engenheiros foram dispensados na manhã seguinte. Havia paraquedistas a caminho, mas Desobry achava que os alemães iriam atacar antes da sua chegada.

A equipe do tenente-coronel Henry T. Cherry, com o 3º Batalhão de Tanques, uma companhia de infantaria, alguns engenheiros e um pelotão do 90º Esquadrão de Cavalaria, avançou de Bastogne sentido Longvilly, na direção de onde se ouvia o fogo. Pararam pouco antes da cidade, cujas estreitas ruas estavam lotadas de veículos de retaguarda do Comando de Combate R. O coronel Cherry adiantou-se a pé para descobrir o que estava acontecendo, mas nenhum dos oficiais naquele posto de comando provisório parecia ter alguma ideia da situação. Como em Wardin, extraviados da 28ª recuavam para Bastogne.

Cherry posicionou seus tanques e a infantaria um quilômetro a oeste de Longvilly e foi até Bastogne reportar-se ao coronel Roberts. Ele voltou para os seus homens pouco antes da meia-noite, e ouviu pelo rádio que os remanescentes do Comando de Combate R da 9ª Divisão Blindada haviam fugido. Ao chegar a Neffe, Cherry foi avisado por um soldado ferido que a estrada à frente havia sido bloqueada por um grupo de reconhecimento da Panzer Lehr. Cherry chamou um de seus oficiais pelo rádio e disse que mandasse uma pequena força de volta para tirá-los dali. Mas quando o semitrator com um dos esquadrões de infantaria chegou a Mageret, viram que a força alemã consistia de três tanques e uma companhia de infantaria.

Assim que o coronel Cherry soube o que haviam descoberto, percebeu que Longvilly não poderia ser defendida, apesar da advertência do coronel Roberts de defendê-la "a qualquer custo". Ordenou que sua equipe recuasse para Neffe, combatendo no caminho se necessário. Cherry, ao localizar um velho castelo com grossas paredes, decidiu instalar seu posto de comando ali. Como Desobry, sentiu que a batalha de verdade começaria na manhã do dia seguinte.

Embora suas divisões Panzer tivessem finalmente invadido o sul, o *General der Panzertruppe* Von Manteuffel estava furioso com os atrasos na captura de Sankt Vith. Parte da dificuldade era que as únicas estradas para oeste passavam pela cidade, e o limite com o VI Exército Panzer ficava apenas seis quilômetros ao norte. E como, na visão de Manteuffel, o exército de Dietrich estava já atacando numa frente muito estreita, algumas de suas forças haviam se deslocado para as rotas do v Exército Panzer, aumentando o caos no trânsito.

Logo após amanhecer, os alemães atacaram a linha de defesa de Hasbrouck diante de Sankt Vith. Os Panzers dispararam três tiros, derrubando galhos de pinheiros e fazendo os americanos se enfiarem dentro de seus *foxholes*. Os Volksgrenadiers atacaram, disparando armas automáticas. A 18ª Divisão Volksgrenadier era consideravelmente mais experiente que a 62ª que avançava em direção ao sul de Sankt Vith. Um segundo ataque mais tarde naquela manhã foi apoiado por um grande canhão Ferdinand autopropelido, mas um Sherman colocou-o fora de combate a 25 metros das posições americanas, com uma rodada de fogo capaz de perfurar sua blindagem.

Um veículo blindado Greyhound escondido nas árvores insinuou-se atrás de um tanque Tiger na estrada de Schönberg, de modo a poder abrir fogo com seu pequeno canhão de 37 mm a curta distância. O comandante do Tiger, ao localizá-lo, tentou apontar sua torre para enfrentar o combate, mas a tripulação do Greyhound conseguiu chegar a 25 metros e disparar três rodadas na pouco protegida traseira do Tiger. "Houve uma explosão abafada, seguida por chamas que saíam da torre e das portas do motor."

O terceiro ataque ocorreu à tarde, com um batalhão de infantaria apoiado por quatro tanques e oito canhões de assalto autopropelidos. O ataque só foi interrompido pelo fogo de enfiada dos Shermans. A temperatura caiu muito naquele dia, com algumas nevascas.

Manteuffel, vendo pouco progresso, decidiu lançar mão de sua reserva na forma da Brigada Führer Begleit comandada pelo *Oberst* Otto Remer. Naquela tarde, Remer recebeu ordens para avançar até Sankt Vith, mas sua coluna de veículos foi logo detida pelas péssimas condições das estradas. Um dos oficiais de Remer registrou que "a Brigada Führer Begleit estava envolvida em um grande congestionamento de trânsito com duas outras formações de infantaria, todas querendo passar pela mesma estrada". Remer ordenou que seus homens continuassem "avançando e não se importassem com pequenos problemas". Quando lhe ordenaram para que avançasse mais ao norte, Remer de início "declinou deslocar-se nessa direção", mas acabou tomando posição em um bosque ao sul de Born. Como favorito do Führer, ele podia claramente escapar impune de um comportamento que teria levado qualquer outro oficial à corte marcial. A atitude arrogante de Remer durante a ofensiva acabou virando uma espécie de piada amarga entre seus colegas comandantes.

Todos os principais quartéis-generais americanos tinham pouca informação a respeito da verdadeira situação. O estafe do I Exército de Hodges, agora em Chaudfontaine, parecia paralisado diante do desastre, enquanto no quartel-general do IX Exército de Simpson, em Maastricht, os oficiais mostravam-se bastante otimistas. "Não há o menor sentimento de nervosismo no lado americano em relação a um ataque", escreveu o correspondente de guerra australiano Godfrey Blunden. "Ao contrário, há a satisfação com o fato de o inimigo ter escolhido lutar [em campo aberto] em vez de se esconder atrás de uma barreira de lama e água." Relatos de batalhas aéreas acima das nuvens a altitudes de até 20 mil pés, entre os P-47 Thunderbolts americanos e os alemães Focke-Wulf 190 e Me 109, geravam muito excitação.

O general Bradley ainda não tinha ideia de que o general Hodges abandonara seu quartel-general em Spa. Às 22h30, Bradley ligou para Patton e convocou-o a Luxemburgo para uma reunião, o mais cedo possível. Patton e três oficiais-chave do Estado-Maior partiram em dez minutos. Assim que Patton chegou, Bradley disse-lhe de novo: "Acho que você não vai gostar do que iremos fazer, mas receio que seja necessário". Bradley ficou surpreso com a reação indiferente de Patton sobre adiar sua ofensiva no Sarre. "Ah, que importa", disse ele. "Vamos matar *chucrutes* do mesmo jeito."

No mapa, Bradley mostrou o tamanho da penetração alemã, que era bem maior do que Patton imaginara. Bradley perguntou o que ele poderia fazer. Patton respondeu que iria deter sua 4ª Divisão Blindada e concentrá-la perto de Longwy, antes de se deslocar para o norte. Ele poderia colocar a 80ª Divisão de Infantaria na estrada para Luxemburgo na manhã seguinte, com a 26ª seguindo atrás em 24 horas. Patton ligou para seu chefe do Estado-Maior e disse que expedisse as ordens necessárias e providenciasse transporte para a 80ª Divisão. Confessou que dirigir de volta no escuro sem saber o quanto os alemães já haviam avançado o incomodava. "Uma operação muito perigosa, que odeio ter que fazer", escreveu em seu diário.

Quando Patton ligou para Luxemburgo ao voltar, Bradley disse: "A situação ali é muito pior do que era quando falei com você". Ele pediu que Patton deslocasse a 4ª Blindada imediatamente. "Você e um oficial de Estado-Maior encontrem-se comigo e o general Eisenhower para uma reunião em Verdun mais ou menos às onze horas."

11

SKORZENY E HEYDTE

Oito das nove equipes de jipe do *Obersturmbannführer* Skorzeny haviam se infiltrado pelas linhas americanas na noite de 16 de dezembro. Eram os que falavam melhor inglês, mas tampouco eram bons o suficiente nisso. Alguns carregavam ampolas de ácido sulfúrico para atirar no rosto de guardas caso fossem parados. Algumas equipes cortaram fios e fizeram outros pequenos atos de sabotagem, como mudar placas de estrada. Uma delas até conseguiu fazer um regimento inteiro de infantaria tomar a direção errada. Mas o maior sucesso da operação, combinado com o desastrado lançamento de paraquedistas de Heydte perto de Eupen, foi provocar uma reação americana exagerada, beirando a paranoia.

Um jipe com quatro homens foi parado em uma ponte nos arredores de Liège por policiais militares. Os quatro soldados usavam uniformes do Exército dos Estados Unidos e falavam inglês com sotaque americano, mas quando lhes foi pedida a planilha de serviço houve várias hesitações. Os MPS fizeram-nos descer, encontraram armas e explosivos alemães, e braçadeiras com a suástica sob os seus uniformes. O jipe, soube-se mais tarde, havia sido capturado dos ingleses em Arnhem.

Seu oficial, *Leutnant* Günther Schultz, foi entregue à Unidade Móvel de Interrogatório de Campo n. 1. Schultz, ao que parece, cooperou integralmente. Admitiu ser parte da *Einheit Steilau* de Skorzeny e contou ao Corpo de Contrainteligência que, segundo seu comandante major Schrötter, "as ordens secretas das Fernaufklärer [equipes de reconhecimento de longa distância] eram de penetrar até Paris e capturar o general Eisenhower e outros altos oficiais". Tudo isso era fruto do boato do acampamento de Grafenwöhr que Skorzeny havia estimulado, mas não fica claro se o próprio Schultz acreditava nisso, ou se pretendia criar maior caos, ou ainda se era uma tentativa maluca de impressionar seus interrogadores a fim de salvar a própria pele.

Schultz contou-lhes a respeito de uma "*Eisenhower Aktion*" a ser empreendida por um "grupo especial" comandado por um "*Oberleutnant* Schmidhuber", sob ordens diretas de Skorzeny. Cerca de oitenta pessoas estariam envolvidas no complô para sequestrar ou assassinar o general Eisenhower. Elas iriam se encontrar no Café de l'Epée ou no Café de la Paix em Paris, ele não tinha certeza em qual dos dois. Também afirmou que alguns comandos Brandenburger, que haviam cruzado a fronteira soviética pouco antes da invasão em junho de 1941, estavam envolvidos. Outro relatório afirmava que eles "podiam ter um oficial alemão capturado como ardil, fingindo levá-lo a um quartel-general mais elevado para interrogatório". Apesar da improvável imagem de oitenta soldados alemães encontrando-se num café parisiense, o Corpo de Contrainteligência acreditou no relato de Schultz. Na manhã seguinte, a segurança de Eisenhower foi reforçada em tal grau que ele quase se sentiu um prisioneiro.

Agora o general Bradley, sempre que saía, certificava-se de estar posicionado tendo à frente outro jipe com metralhadora montada e um destruidor de tanques Hellcat atrás. Ele foi informado pelo Corpo de Contrainteligência, alarmado com os rumores de assassinato, que não deveria usar um automóvel, especialmente ao entrar e sair pela rua da entrada principal do hotel Alfa em Luxemburgo. No futuro, passaria a usar a entrada da cozinha nos fundos, e seu quarto foi mudado para outro mais afastado. Todas as placas com estrelas de general foram removidas dos veículos e as do capacete, cobertas.

A ideia de soldados de comandos alemães atacando em áreas de retaguarda tornaram os americanos vítimas de fantasias e pesadelos. Foram colocadas barreiras em todas as estradas, deixando o trânsito muito mais lento, pois os guardas tinham que interrogar os ocupantes e se certificar que não fossem alemães. Foram expedidas instruções: "Questione o motorista porque, se for alemão, ele será o que menos saberá falar e entender inglês [...] Alguns desses alemães vestidos como GIs estão posando de oficiais de alto escalão. Um deles supostamente estará vestido como general de brigada [...] Acima de tudo, não deixem que tirem seu uniforme americano. Levem-nos até a '*PW cage*'[1] mais próxima, onde serão interrogados e, conforme for, colocados diante de um pelotão de fuzilamento". Os guardas e MPs americanos dos bloqueios de estrada elaboravam também algumas perguntas próprias, para se certificarem de que os ocupantes de um veículo não eram infiltrados. Por exemplo, perguntavam sobre beisebol, ou o nome do cachorrinho do presidente, ou do atual marido de Betty Grable ou "Qual é o primeiro nome do Sinatra?". O general de brigada Bruce Clarke deu uma resposta errada sobre os Chicago Cubs. "Só um *chucrute* cometeria um erro desses", declarou o MP. Como havia sido orientado a procurar "por um *chucrute* posando de general de uma estrela", o policial militar ficou convencido de ter descoberto seu homem, e Clarke viu-se detido por meia hora. Até o general Bradley foi parado e detido por um curto tempo, apesar de ter dado a resposta certa para a capital do estado de Illinois. O MP achava que a capital era outra.

O pessoal britânico na área de retaguarda do IX Exército americano despertou muitas suspeitas durante o pânico. O ator David Niven, oficial de reconhecimento do regimento Phantom, em uniforme da Brigada de Fuzileiros, foi desafiado por uma sentinela americana

1 Eram chamados de *PW cages* os postos onde ficavam detidos os prisioneiros de guerra. (N. T.)

com a seguinte pergunta: "Quem ganhou o campeonato americano de beisebol de 1940?".

"Não tenho a mais remota ideia", Niven diz ter respondido com sua característica fleugma. "Mas eu sei quem fez um filme com Ginger Rogers em 1938."

"Ok, cai fora, Dave", foi a resposta, "mas veja lá onde pisa, pelo amor de Deus."

Num nível hierárquico mais alto, o major-general Allan Adair, comandante da Divisão Guards de Blindados, acompanhado por seu ajudante de ordens, foi parado num posto de checagem operado por soldados afro-americanos. O capitão Aylmer Tryon, ajudante de Adair, muito querido mas famoso por sua incompetência, não conseguia encontrar seus documentos de identidade. Depois de infrutíferas buscas, o enorme NCO finalmente disse, para deleite de Adair: "General, se eu fosse o senhor, eu arrumaria pra mim outro ajudante".

Outra maneira de verificar era fazer o soldado ou oficial em questão abaixar as calças para verificar se usava roupa de baixo regulamentar. Um judeu alemão, que fugira para a Inglaterra logo após Hitler assumir o poder, pediu ao seu oficial comandante no Corpo de Serviço do Real Exército permissão para visitar Bruxelas. Nascido Gerhardt Unger, ele havia, como muitos outros soldados de origem judia alemã, anglicizado seu nome, para a eventualidade de ser capturado pelos nazistas. Na noite de 16 de dezembro, Gerald Unwin, ou Gee, como era conhecido, começou a beber com alguns soldados americanos do I Exército num bar. Eles lhe falaram de seu oficial de Inteligência judeu alemão, o tenente Gunther Wertheim. Gunther era seu primo e havia fugido da Alemanha para a América. Assim, num impulso, Gerhardt decidiu acompanhar seus novos amigos, que iriam partir logo cedo na manhã seguinte de volta à sua unidade.

À medida que foram chegando perto do front das Ardenas, tomaram consciência do pesado fogo à distância e de cenas de pânico. No bloqueio de estrada perto de Eupen, Gee foi preso. Ele não tinha ordem de mobilização nem autorização para estar na área e, embora usasse uniforme britânico, falava com um sotaque alemão inconfundível. Conduzido para um bloco de celas improvisado em uma escola local, Gee teve sorte de não ter sido fuzilado em meio à atmosfera de boatos e de medo gerada pelos paraquedistas de Heydte. Ele foi salvo, em princípio, pelo fato de estar usando a roupa íntima padrão do Exército britânico, mas mesmo assim ficou preso na escola até ser convocado para um interrogatório no dia seguinte. Quando foi introduzido na sala, o oficial de Inteligência quase perdeu o fôlego de susto: "Gerd?", ele disse. "'Gunther!", exclamou Gee aliviado, ao ver seu primo.

Uma das equipes de Skorzeny foi capturada na noite de 18 de dezembro em Aywaille, a menos de vinte quilômetros do Mosa. Os três homens foram encontrados com documentos alemães e grandes somas de dólares americanos e libras britânicas. Foram julgados e sentenciados à morte cinco dias depois. Ao todo, dezesseis membros da Einheit Steilau foram capturados e sentenciados a "morte por fuzilamento". Um grupo pediu adiamento da pena alegando que cumpriam ordens e que teriam enfrentado a morte certa caso tivessem se recusado a cumpri-las. "Fomos sentenciados à morte", declarava sua apelação, "e estamos morrendo por causa de alguns criminosos que agora têm não apenas nós, mas também – o que é pior – as nossas famílias em sua consciência. Portanto, imploramos misericórdia do general-comandante; não fomos sentenciados injustamente, mas somos *de facto* inocentes." Sua apelação foi recusada e as sentenças confirmadas pelo general Bradley.

Um dos membros do grupo preso em Aywaille repetiu a história sobre o plano de sequestrar ou matar o general Eisenhower, confirmando assim os piores temores do Corpo de Contrainteligência. Havia também relatos de um grupo de franceses, antigos membros da Milícia de Vichy e da Divisão SS Charlemagne, que haviam recebido a tarefa de penetrar nas linhas aliadas para sabotar depósitos de combustível e vagões de trem. Conta-se que estavam usando casacos americanos e fingindo ser trabalhadores forçados fugidos de uma fábrica.

Outros três membros da Einheit Steilau, que deveriam ser executados em Eupen em 23 de dezembro, fizeram um último pedido pouco antes de sua execução. Queriam ouvir algumas canções de Natal cantadas por enfermeiras alemãs internadas ali perto. Enquanto o pelotão de fuzilamento se preparava, "as mulheres cantaram com voz forte e clara". Os guardas olharam para os homens condenados, e visivelmente "abaixaram a cabeça, comovidos pelo peculiar sentimentalismo de tudo aquilo". O oficial no comando do pelotão estava "com certo receio de que tivessem atirado no muro e não nos homens quando a ordem foi dada".

Em 23 de dezembro, os soldados britânicos na 29ª Brigada Blindada guardavam a ponte sobre o Mosa em Dinant, e "a visibilidade era quase nula" devido à neblina, escreveu o oficial comandante do 3º Regimento Real de Tanques. "Um jipe aparentemente americano atravessou um dos bloqueios de estrada perto da ponte no lado leste do rio. Esse bloqueio de estrada, como todos os demais, havia sido minado pela 8ª Brigada de Fuzileiros, que montara uma barreira móvel e havia disposto várias minas, que seriam puxadas para o meio da estrada caso algum veículo transpusesse a barreira sem parar. Como estávamos àquela altura em contato com os americanos, esse jipe não foi alvejado, mas uma vez que ele se recusou a parar, as minas foram puxadas para a estrada e ele foi explodido." Descobriu-se então que levava três alemães. Dois morreram e o terceiro foi levado prisioneiro.

Esse foi provavelmente o mesmo incidente (registrado com certa licença artística pelo ajudante de Bradley, Chester Hansen) no qual quatro alemães em um jipe perderam a serenidade em uma ponte vigiada e tentaram forçar a passagem. A sentinela puxou uma fileira de minas que ficaram atravessadas na estrada e explodiram o veículo. Três dos alemães morreram instantaneamente, o quarto ficou ferido. Os guardas foram até lá e mataram esse quarto alemão a tiros, e depois jogaram o jipe e os corpos no rio, "desimpediram a ponte" e voltaram ao seu posto.

A 150ª Brigada Panzer de Skorzeny revelou-se um completo anticlímax. Seus tanques, a maioria Mark IVs e Panthers alemães camuflados de modo pouco convincente para parecerem tanques

Sherman, estavam pintados de verde-oliva com a estrela branca dos Aliados, às vezes até sem o círculo em volta. O próprio Skorzeny sabia que não iriam enganar os americanos, exceto talvez à noite. Ele logo desistiu da ideia de forçar uma penetração pelas pontes do Mosa depois de ter atolado na lama e ter se frustrado com os imensos congestionamentos que se acumulavam atrás da 1ª Divisão ss Panzer. Na noite de 17 de dezembro, pediu a Sepp Dietrich que utilizasse sua força em vez de uma brigada Panzer comum. Dietrich consentiu e disse a Skorzeny que levasse sua força a Ligneuville. Dietrich tinha outra razão para concordar tão prontamente. O general no comando do 1º Corpo ss Panzer havia pedido que as forças de Skorzeny se deslocassem, pois estavam "atrapalhando a operação do corpo, dirigindo entre veículos e fazendo o que lhes dava na cabeça".

Em 21 de dezembro, a 150ª Brigada Panzer atacou ao norte de Malmedy sob uma neblina congelante. Fizeram recuar um regimento da 30ª Divisão de Infantaria até que a artilharia americana entrou em ação, com as novas e altamente secretas bombas Pozit, que explodiam apenas na proximidade do seu alvo. Mais de cem homens foram mortos e 350 feridos nos combates do dia, incluindo Skorzeny, que teve um ferimento sério no rosto por metralha, quase perdendo um olho. A 150ª Brigada Panzer foi totalmente retirada da ofensiva e a Operação Greif foi abortada. Mas em sua única ação conseguiu, por mero acaso, semear confusão, como a Einheit Steilau havia feito. O I Exército ficou convencido pelo ataque em Malmedy de que o VI Exército Panzer estava preparando-se para seguir para o norte.

O protagonista original da confusão dos Aliados, *Oberstleutnant* Von der Heydte, sentia-se cada vez mais deprimido no esconderijo na floresta com seu Kampfgruppe, ao sul de Eupen. Estava inconformado com "a maneira amadora, quase frívola exibida pelos altos níveis de comando, onde a ordem para tais operações havia se originado". Dietrich havia lhe garantido que ele e seus homens seriam liberados em um dia. Mas não havia qualquer indicação de uma penetração em Monschau, e a artilharia americana na serra de Elsenborn ao sul ainda continuava disparando. Sem rádios, não havia como saber sobre o andamento da batalha.

A comida dos trezentos paraquedistas de Heydte estava acabando, pois haviam saltado com rações de emergência: dois rolos de bacon prensado, duas porções de linguiça, dois pacotes de "Soya Fleischbrot" [pão de soja], tabletes dextro-energen [à base de açúcar], um pouco do pão duro do Exército alemão, o Dauerbrot, marzipã e Pervitin, um substituto da benzedrina que àquela altura estava proibida. Sob a cobertura da escuridão, um grupo dos seus homens havia se infiltrado numa bateria de artilharia americana na noite de 17 de dezembro e roubado algumas caixas de ração. Mas não era algo que fosse durar muito entre trezentos homens.

Os postos avançados de Heydte perto da estrada nunca tentaram atacar um comboio, mas destruíam veículos isolados. Os americanos encontraram um fio de arame esticado à altura do pescoço, para derrubar quem quer que estivesse sentado em um jipe. Isso foi atribuído aos homens de Heydte, e levou à decisão de instalar uma lâmina de aço em ângulo na dianteira dos veículos, para cortar quaisquer armadilhas nas estradas. Havia poucos incidentes desse tipo, mas o recurso foi considerado necessário para dar maior confiança aos motoristas, especialmente ao avançarem pela Alemanha, em função dos rumores de grupos de Resistência Werwolf compostos por fanáticos da Juventude Hitlerista.

Em 17 de dezembro, o sargento Inber da 387ª Artilharia Antiaérea, dirigindo para o sul a partir de Eupen, ultrapassou com facilidade uma lenta coluna de caminhões. Porém, quatrocentos metros adiante foi "emboscado, capturado e tirado rapidamente da estrada antes que o veículo seguinte do comboio chegasse àquele ponto". Inber foi levado até o principal esconderijo de Heydte, cerca de um quilômetro bosque adentro, onde os paraquedistas o trataram bem. Heydte disse-lhe que iria soltá-lo se ele levasse dois de seus homens feridos até um posto de atendimento americano. Os outros americanos feridos que eles haviam capturado foram colocados junto à estrada, onde uma ambulância poderia recolhê-los.

Os paraquedistas e o pessoal de tripulação aérea, dispersos após aqueles lançamentos falhos, caíram logo nas mãos dos americanos. Um sobrevivente de um Junkers 52, abatido pelo IX Exército, disse a seus interrogadores que eles haviam "decolado achando que estavam em um voo de prática, e que descobriram, quando já estavam no ar, que se tratava de uma missão especial".

Ao sair de seu esconderijo, a força de Heydte deu de cara, em 19 de dezembro, com alguns soldados do 18º Regimento de Infantaria da 1ª Divisão, que faziam uma varredura da floresta. Houve cerca de doze baixas de ambos os lados. Alguns dos soldados que procuravam paraquedistas alemães não relataram que haviam encontrado paraquedas; decidiram simplesmente cortá-los e fazer cachecóis de seda.

Heydte, que estava adoecendo e sofria de "pé de trincheira", abriu mão de qualquer ideia de avançar sobre Eupen, e decidiu em vez disso ir para o leste, na direção de Monschau. Seus homens estavam visivelmente enfraquecidos e desnutridos. Vinham fazendo grande esforço para avançar pela floresta e por pântanos, e estavam encharcados após a travessia das águas quase congeladas do rio Helle. Em 20 de dezembro, depois de outra escaramuça mais pesada ainda, Heydte disse a seus homens que voltassem para as linhas alemãs em pequenos grupos. Ao todo, foram capturados 36, mas os demais chegaram a salvo. As 37 baixas fatais do Kampfgruppe foram todas decorrentes de fogo antiaéreo na primeira noite.

Em 22 de dezembro, Heydte, a essa altura já muito doente e exausto, entrou em Monschau por conta própria e invadiu uma casa. Ao ser descoberto por um civil, sentiu alívio quando o homem lhe disse que teria que denunciá-lo às autoridades militares americanas. Após um período no hospital, Heydte foi transferido para um campo de prisioneiros na Inglaterra. Era confortável, mas ele e outros oficiais ali detidos nunca imaginaram que suas conversas estavam sendo gravadas.

12

TERÇA-FEIRA, 19 DE DEZEMBRO

Em 19 de dezembro ao amanhecer, o Kampfgruppe de Peiper atacou Stoumont com um batalhão de Panzergrenadiers, uma companhia de paraquedistas, e tanques em apoio na estrada. O primeiro assalto falhou. Stoumont parecia solidamente defendida, e o 119º Regimento de Infantaria e a 30ª Divisão lançaram um contra-ataque no seu flanco direito. Mas um pouco mais tarde, na densa névoa da manhã, o truque dos tanques Panther atacando a toda velocidade funcionou de novo. Os canhoneiros antitanque não tinham chance na baixa visibilidade. Apenas equipes fantasmas de bazuca perseguindo Panzers na neblina conseguiram explodir dois tanques deles pela traseira. Um canhão antiaéreo de 90 mm enviado no desespero a Stoumont aniquilou um Tiger do 501º Batalhão de Panzers Pesados.

Não obstante, o Kampfgruppe de Peiper tomou Stoumont, arrasando a companhia de infantaria que a defendia. Dois pelotões de tanques Sherman chegaram tarde demais, e tiveram que recuar. A força de Peiper avançou quatro quilômetros a oeste até a estação de Stoumont. Oficiais americanos reuniram uma força de última hora. Era composta pelo batalhão de reserva do 119º, mais quinze Shermans incompletos tirados de um depósito de armamento próximo pelo recém-chegado 740º Batalhão de Tanques, uma bateria de *howitzers* e outro canhão antiaéreo de 90 mm. Com rochedos não muito altos no lado norte da estrada, que se elevavam até as encostas íngremes dos bosques acima, e com uma descida brusca no lado sul até os trilhos da linha férrea ao longo do rio, essa posição não podia ser ultrapassada pelos flancos. Embora o quartel-general do I Exército tivesse receio de que a força de Peiper pudesse ir para o norte em direção a Liège, a estação de Stoumont seria o ponto máximo de seu avanço. O resto da 30ª Divisão de Infantaria e a 82ª Aerotransportada do general Jim Gavin começaram a se reunir na área bem a tempo: a 30ª para contra-atacar a ponta de lança alemã e a 82ª para avançar a partir de Werbomont e apoiar os que defendiam Sankt Vith.

Cerca de 260 civis belgas, na tentativa de escapar dos combates em Stoumont, abrigaram-se nos porões do hospital Saint-Edouard, situado no alto de um morro acima do vale do Amblève. Mas os alemães fizeram do edifício sua fortaleza. Os padres rezavam missas para acalmar as mulheres e as crianças, que se assustaram quando os americanos contra-atacaram no dia seguinte e invadiram o local.

Os civis acharam que haviam sido salvos, e receberam os GIs com alegria, mas os alemães voltaram à noite. "A madre superiora liderou uma reza de doze rosários pelos que haviam morrido em batalha." Os americanos lançaram mais um ataque, com tanques Sherman disparando a curta distância sobre o hospital. O teto desabou, as paredes foram destruídas e partes do forro do porão desabaram numa nuvem de poeira e fumaça. O padre deu absolvição dos pecados a todos, mas por milagre nenhuma das mulheres e crianças se machucou.

Na manhã de 19 de dezembro, Peiper soube que os americanos haviam recuperado Stavelot para a sua retaguarda, com isso cortando qualquer esperança do Kampfgruppe de reabastecimento, justamente quando estavam quase sem combustível. Ele enviou seu batalhão de reconhecimento outra vez para retomar a pequena cidade. Peiper pressentia o fracasso. Ainda lamentava amargamente que o seu Kampfgruppe tivesse sido obrigado a esperar que a infantaria abrisse caminho no primeiro dia da ofensiva. Acreditava que teria sido melhor atacar de surpresa, sem preparação da artilharia, com equipes de combate blindadas e com a infantaria. No subsequente avanço para oeste, a coluna longa e sinuosa revelara-se um grande erro. Eles deveriam ter se organizado em grupos menores, cada um investigando pontes intactas e maneiras de seguir em frente.

Seus soldados da Waffen-ss continuavam matando prisioneiros em quase todas as oportunidades. Em La Gleize, no caminho de volta, um membro do 741º Batalhão de Tanques, interceptado pelo ataque alemão do dia anterior, manteve-se escondido na igreja. "Do lugar em que se ocultava", diz um relatório, "esse soldado viu os tanques [alemães] e a infantaria deterem um carro blindado americano. Os ocupantes se renderam e saíram, mas foram imediatamente abatidos por armas automáticas, mesmo estando em pé com as mãos para cima. Os alemães então pegaram o veículo e foram embora." E o *Rottenführer* Straub do batalhão de reconhecimento mais tarde relatou outro incidente a companheiros seus prisioneiros da 26ª Divisão Volksgrenadier. "Nosso batalhão avançou até Stavelot e depois até La Gleize. De lá voltamos a Stavelot. Nosso *Sturmführer* simplesmente atirava [nos prisioneiros] sem rodeios [...] havia doze na primeira vez. Ele simplesmente matou todos a tiros porque estavam atrapalhando."

Os ss Panzergrenadiers convenciam a si mesmos das mais extraordinárias histórias para justificar suas ações. Um soldado de dezoito anos da 1ª Divisão ss Panzer contou a um companheiro prisioneiro de guerra que a reputação de um de seus NCOs veteranos de matar homens desarmados era tão conhecida, que eles tinham que lidar com americanos que fingiam se render, mas que secretamente buscavam vingança. "Alguns deles vinham agitando uma bandeira branca", contou, "e sabíamos muito bem que estavam atrás do nosso *Oberscharführer*, porque havia matado muitos deles, então atirávamos neles antes que pudessem fazer qualquer coisa. Era assim que fazíamos."

No dia 19 de dezembro, depois que escureceu, soldados americanos do 105º Batalhão de Engenharia conseguiram se infiltrar em Stavelot e destruir a principal ponte sobre o Amblève, apesar do fogo inimigo de tanques e metralhadoras. Peiper ficou furioso: parte de sua força estava agora isolada ao norte do rio e havia poucos sinais de equipamento para travessia vindo de sua divisão.

A 3ª Divisão Fallschirmjäger, que o Kampfgruppe Peiper esperava que conseguisse alcançá-los, era apenas uma das formações de Sepp Dietrich que combatia sem sucesso na ponta sul da serra de Elsenborn. O quartel-general do 1º Corpo das SS Panzer havia enviado os paraquedistas para tomarem Faymonville e depois Waimes, de onde o hospital de campo americano havia sido evacuado. Mas o grosso da 3ª Fallschirmjäger nunca avançou além de Faymonville.

A ausência de progresso do VI Exército Panzer desencadeara uma cascata de críticas, de Hitler e do OKW, via Rundstedt e Model, até um frustrado e raivoso Dietrich. Numa nova tentativa, Dietrich ordenou que a 12ª Divisão SS Panzer se deslocasse de Rocherath-Krinkelt para atacar as posições da 1ª Divisão de Infantaria americana a partir de Büllingen. Os alemães precisavam urgentemente abrir a estrada oeste para Malmedy. Panzergrenadiers da SS Hitler Jugend, batalhões da 12ª Volksgrenadier e tanques foram reunidos nas primeiras horas em Büllingen, prontos para esmagar o 26º Regimento de Infantaria americano. A batalha pela conquista de Dom Bütgenbach seria tão intensa quanto a de Rocherath-Krinkelt no nordeste.

Para continuar os ataques em Rocherath-Krinkelt e Wirtzfeld, Dietrich enviou sua reserva, a 3ª Divisão Panzergrenadier, para apoiar a 12ª e a 277ª Volksgrenadiers. A intensidade das ações aumentou, pois os regimentos de artilharia americanos concentrados na serra de Elsenborn passaram a destruir cada vila defendida pelos alemães que estivesse dentro de seu alcance. A prioridade na manhã de 19 de dezembro era interromper os repetidos ataques contra Rocherath-Krinkelt, uma tarefa para a qual os Long Toms de 155 mm eram excelentes. Mas o índice de baixas entre os jovens oficiais de artilharia atuando como observadores avançados era muito alto.

Nas arrasadas vilas gêmeas, as unidades remanescentes da 2ª Divisão e os pelotões de Sherman e destruidores de tanques continuavam a repelir os Volksgrenadiers e Panzergrenadiers. Mas também preparavam a retirada para novas posições no lado da serra de Elsenborn. Durante a tarde, começaram a destruir veículos, canhões e equipamentos que teriam que ser deixados para trás. Radiadores e reservatórios de óleo foram esvaziados e os motores foram girados até queimar. Soldados de artilharia fizeram arder granadas de termite nos canos de seus canhões, inutilizando-os. E às 17h30, mais ou menos uma hora depois de escurecer, as primeiras unidades começaram a retirada. Ao longo da estrada cheia de crateras, engenheiros haviam prendido bananas de TNT às árvores de ambos os lados, prontos para explodi-las e bloquear o caminho.

Exaustos depois de três dias de combates em Rocherath-Krinkelt, que haviam derrubado o ânimo do VI Exército Panzer, os homens vieram andando lentamente e escorregando pelo terreno enlameado, suando e xingando. Estavam tão cansados que nos trechos mais firmes do solo caíam no sono durante seu esforço de caminhar e seguir adiante. Mais tarde naquela noite, uma pequena patrulha voltou para dar uma olhada furtiva nos arredores das vilas gêmeas. Ao retornarem ao centro da cidade, relataram que havia cerca de mil alemães ali com uns cem prisioneiros americanos.

Cerca de doze quilômetros ao sul, os dois malfadados regimentos da 106ª Divisão, encurralados no Schnee Eifel a leste de Sankt Vith, tentavam voltar combatendo para as linhas americanas. Os oficiais inexperientes e os soldados estavam desmoralizados. Tinham pouca munição, não havia contato por rádio, principalmente devido a interferências dos alemães, e a escala do desastre parecia avassaladora. Muitos tentavam animar-se garantindo aos outros que uma força de resgate estaria a caminho.

Kurt Vonnegut, lotado no 423º Regimento de Infantaria, descreveu seus companheiros como uma mistura de universitários e homens que haviam se alistado para evitar a prisão. Muitos eram "espécimes com um físico frágil" que "nunca deveriam estar num exército". Poucos haviam tido treinamento de infantaria. Vonnegut era um batedor de batalhão e conhecia um pouco do assunto porque seu "pai tinha mania por armas, então [ele] sabia como aquela merda toda funcionava".

Alguns tentaram escapar em veículos, mas quando os alemães abriram fogo com canhões antitanque, abandonaram os veículos, o que acabou impedindo o avanço dos demais. Seus comandantes, que "voavam às cegas", mandaram batedores para descobrir o que estava acontecendo, mas não conseguiram sequer localizar o batalhão de artilharia que supostamente estaria dando-lhes apoio. Os alemães montaram alto-falantes e tocavam músicas de Benny Goodman, Artie Shaw e outras orquestras americanas, interrompidas com promessas de "chuveiros, camas quentes e panquecas no café da manhã se vocês se renderem". Isso gerava como resposta um coro de obscenidades. Um soldado em uma vala, chorando desbragadamente, gritava: "Vão se foder, seus alemães filhos da puta!".

Os dois comandantes de regimento decidiram desistir quando suas unidades foram bombardeadas pela artilharia alemã por todos os lados. Às dezesseis horas, um oficial avançou brandindo uma capa branca de neve. Oficiais e soldados foram obrigados a marchar com as mãos na cabeça, tropeçando e caindo. Mais tarde, aqueles que os guardavam fizeram-nos pôr tudo o que levavam nos bolsos dentro dos capacetes, para que pegassem o que quisessem. Um grande número foi arrebanhado em um estábulo cercado por muros de pedra. Ao anoitecer uma voz gritou: "Não fujam. Se fugirem, serão metralhados". A única coisa a fazer era grudarem uns nos outros para se aquecer na noite fria e longa.

Vonnegut chamou isso de "a maior rendição de americanos em armas da história militar americana" (na realidade, a rendição em Bataan em 1942 envolveu mais gente, mas a capitulação de cerca de 8 mil homens na 106ª com certeza foi a maior na Europa). Vonnegut e mais uma dezena de outros tentaram encontrar um caminho para voltar às linhas americanas pela floresta coberta de neve, mas os alemães da 18ª Divisão Volksgrenadier que vasculhavam a área localizaram-nos no leito de um córrego. Alto-falantes transmitiram uma ordem de rendição. Para apressá-los, os alemães dispararam três bombas acima de suas cabeças. Vendo que não tinham alternativa, os americanos encurralados desmontaram suas armas e atiraram as peças no chão. Apareceram com as mãos acima da cabeça, e assim começou seu aprisionamento que, no caso de Vonnegut, levou-o a Dresden e à tempestade de fogo de fevereiro de 1945, descrita em *Slaughterhouse Five* [publicado no Brasil como *Matadouro cinco*].

Oficiais do quartel-general do 8º Corpo em Bastogne ficaram horrorizados ao saber da rendição. O subchefe do Estado-Maior "inferiu que os dois regimentos que haviam se rendido poderiam ter lutado com maior bravura. Ele definia uma força desse porte como 'dois gatos selvagens num arbusto', que poderiam ter causado muitos arranhões ao inimigo em vez de se renderem como acabaram fazendo".

Os alemães mal podiam acreditar no grande número de homens que haviam rendido. Um de seus oficiais escreveu em seu diário: "Infindáveis colunas de prisioneiros passam; primeiro, cerca de cem, depois, mais mil. Nosso veículo empacou na estrada. Eu saio e vou andar um pouco. O próprio Model dirige o trânsito (ele é um homem baixinho, de aspecto comum, com monóculo). As estradas estão cheias de veículos americanos destruídos, carros e tanques. Outra coluna de prisioneiros passa. Conto mais de mil homens. Em Andler, há uma coluna de 1.500 homens com cinquenta oficiais e um tenente-coronel que pediu para se render".

Para frustração de Model, o trânsito alemão a leste de Sankt Vith mal conseguia andar. A artilharia da 7ª Divisão Blindada mantinha um bombardeio constante nas estradas de acesso. Depois do fracasso do dia anterior em tomar Sankt Vith, os alemães fizeram algumas ações e tentaram ultrapassar pelos flancos principalmente o 31º Batalhão de Tanques. O 38º Batalhão de Infantaria Blindada estava "lambendo suas feridas" após a surra que havia levado, e os pelotões precisavam ser amalgamados por causa de suas perdas. Mas mesmo assim os alemães pareciam ter levado a pior.[1]

Nas árvores diante deles, o 38º de Infantaria Blindada relatou: "Os únicos Jerries que encontramos estavam mortos – a maioria dava a impressão de ter morrido enquanto tentava entrincheirar-se

---

1 Ver mapa "A destruição da 106ª Divisão", na pág. 169.

atrás de alguma árvore ou tronco caído. Os que não tinham enxadas haviam tentado cavar buracos rasos com seus capacetes, baionetas e até com as próprias mãos". Uma clareira anti-incêndio, que havia sido coberta por uma bateria de pesado fogo de metralhadora no flanco direito, foi descoberta tendo "dezenove paraquedistas estendidos a intervalos quase de desfile, a cinco metros um do outro, cada um com pelo menos de cinco a oito buracos de bala no peito ou na garganta". Segundo o major Boyer, mais tarde descobriu-se que os "paraquedistas" usavam uniformes e insígnias da Grossdeutschland "por baixo de suas jaquetas de salto". Durante outro ataque naquela tarde, os canhões de 90 mm de um pelotão de destruidores de tanques conseguiu colocar fora de combate um tanque Mark v Panther, e um dos dois canhões de assalto que apoiavam a infantaria.

A principal ameaça à linha de defesa do general de brigada Hasbrouck estava no norte, onde a 18ª Volksgrenadiers e a brigada Führer Begleit atacavam. Mas embora a Führer Begleit se considerasse uma formação de elite, também tinha suas baixas psicológicas. Ao que parece, um membro de seu estafe, o *Rittmeister* Von Möllendorf, estava "histérico e uma pilha de nervos. Ele chora toda vez que o nome de Hitler é mencionado".

Uma ameaça ainda maior à retaguarda de Hasbrouck surgiu quando a 9ª Divisão ss Panzer Hohenstaufen seguiu a mesma rota um pouco mais ao norte que o Kampfgruppe Hansen havia tomado antes, via Recht e Poteau. No combate perto de Poteau, um mensageiro da ss foi ferido no estômago quando uma bomba americana explodiu. Enquanto seus companheiros o colocavam em uma maca, com parte de seus intestinos saindo pela barriga, um deles fez menção de tirar-lhe o capacete de aço, mas ele pediu que o deixassem no lugar. No quartel-general da companhia, um *Unterscharführer* tentou tirar-lhe o capacete, mas o homem protestou aos gritos. Quando chegou à estação de primeiros socorros, estava quase inconsciente. Um paramédico "ergueu a cabeça do homem, soltou a tira do queixo e tirou o capacete. O topo do crânio veio junto, com cérebro e tudo. O homem devia ter percebido que fora atingido por outro pedaço de metralha bem debaixo da borda do capacete, que havia cortado seu crânio. Ele viveu até seu capacete ser removido".

Hasbrouck sabia que se os alemães se desviassem para o sul e tomassem Vielsalm e Salmchâteau, uns dez quilômetros a oeste de Sankt Vith, então suas forças ficariam isoladas. Mas tanto a 9ª ss Panzer quanto a 116ª Divisão Panzer vinte quilômetros a sudoeste estavam indo em direção ao Mosa por ambos os lados do divisor de águas de Sankt Vith. Ele sabia que tinha simplesmente que defender aquele ponto para bloquear a 18ª e a 62ª Divisões Volksgrenadiers que, depois de terem castigado os dois regimentos americanos situados no Schnee Eifel, podiam agora concentrar todas as suas forças contra Sankt Vith.

**

Verdun, nas palavras de um dos oficiais do Estado-Maior de Bradley, era "uma cidade-guarnição horrorosa", com uma população considerada hostil pelos americanos. O quartel-general de retaguarda do 12º Grupo do Exército estava assentado "no meio de grandes extensões de arame farpado, patrulhadas para cima e para baixo por sentinelas".

Eisenhower chegou com o marechal do ar Tedder no cadillac blindado do supremo comandante. Patton veio no seu "fabuloso jipe com portas de *plexiglass* e uma metralhadora calibre trinta montada sobre uma coluna". Junto com os dois comandantes do grupo do Exército americano, Bradley e Devers, subiram as escadas do quartel de pedra cinza, seguidos por um bando de oficiais do Estado-Maior. Um aquecedor bojudo era a única fonte de calor na sala comprida, portanto poucos tiraram seus casacos.

Decidido a encontrar o tom certo, Eisenhower abriu o encontro. "A situação presente deve ser encarada como uma oportunidade para nós, não como um desastre", disse ele. "Teremos apenas rostos sorridentes nesta mesa de reunião."

"Que diabos, vamos ter colhões e deixar que esses filhos da puta venham até Paris", Patton conclamou os participantes da mesa. "E então fazemos picadinho deles." Isso provocou risadas nervosas. O instinto de Patton de atacar o inimigo na base encontrou poucos apoiadores. Eisenhower não achou graça. "George, tudo certo", disse ele. "Mas não devemos de forma alguma deixar que o inimigo cruze o Mosa."

Graças às recentes interceptações da Ultra, o SHAEF a essa altura tinha um quadro muito mais claro das ambições alemãs na Operação Herbstnebel. Eisenhower estava determinado a aceitar o desafio como comandante de campo, em vez de dirigir a batalha como uma figura distante. Esse sentimento podia muito bem ter sido reforçado pela suspeita de que não havia se imposto com suficiente intensidade nos últimos meses.

Em pé, junto a um grande mapa das Ardenas dependurado na parede, oficiais do Estado-Maior fizeram um resumo da situação para os generais reunidos. Eisenhower então listou as divisões que haviam sido trazidas para a França. Os comandantes podiam ceder terreno se necessário, mas não deveria haver nenhum recuo para além do Mosa. O 6º Grupo do Exército do general Devers na Alsácia deveria ir para o norte e assumir parte do front do III Exército de Patton. Isso iria liberar as divisões de Patton para um contra-ataque a partir do sul.

"Quando você pode começar?", Eisenhower perguntou, virando-se para Patton.

"Assim que você terminar de falar comigo."

Eisenhower quis que ele fosse mais específico. Patton não conseguia resistir a uma oportunidade de exibir suas bravatas. "Na manhã de 21 de dezembro, com três divisões", respondeu ele. "A 4ª de Blindados, a 26ª e a 80ª." Patton não disse que um comando de combate da 4ª de Blindados e um quartel-general do Corpo já estavam a caminho, e que o resto iria começar a se deslocar naquela manhã. A ideia de que o grosso de um Exército pudesse ser girado noventa graus para atacar numa direção diferente em apenas três dias produziu descrença e perplexidade na mesa.

"Não seja insensato, George", disse Eisenhower. "Se você tentar ir assim tão cedo, não terá todas as três divisões prontas e chegará fragmentado. Você vai começar no dia 22 e quero que seu ataque inicial seja poderoso!" Eisenhower estava certo em sua preocupação de que um ataque muito apressado pudesse ter um efeito menor que o desejado. Mas há pouca dúvida de que a energia e o trabalho em equipe do III Exército produziram um dos mais rápidos reposicionamentos da história das guerras.

Durante toda a reunião, o general Bradley, superior de Patton, falou bem pouco. Já sofrendo de estresse e urticária, estava também sendo martirizado pela sinusite. Bradley sentia-se muito na defensiva, já que a decisão de deixar as Ardenas tão fragilmente defendidas havia sido sua. Sentiu-se totalmente excluído, pois Eisenhower tomava todas as decisões e dava ordens a Patton passando por cima dele. Bradley também se isolara ao se recusar a transferir seu quartel-general da cidade de Luxemburgo, alegando que isso iria assustar seus habitantes, mas com certeza o orgulho teve um papel nessa decisão. De qualquer modo, o resultado foi que ele permaneceu isolado do quartel-general do I Exército de Hodges, perto de Liège, devido ao avanço alemão. Nem ele nem seus oficiais de Estado-Maior haviam visitado um quartel-general americano desde que a ofensiva começara. Para piorar mais ainda o seu humor, Bradley sentiu-se claramente esnobado após a reunião, quando convidou Eisenhower para almoçar. O supremo comandante declinou o convite, dizendo que iria comer um sanduíche no carro, na volta a Versalhes.

Quando Eisenhower estava prestes a entrar no carro de seu estafe, voltou-se de novo para Patton. "Toda vez que eu ganho uma nova estrela eu sou atacado", brincou ele, referindo-se também à sua promoção anterior, pouco antes da ofensiva surpresa de Rommel em Kasserine, na Tunísia.

"E toda vez que você é atacado, eu tiro você do apuro", Patton retrucou, claramente se sentindo o rei do mundo. Em seguida, foi até o telefone e ligou para seu quartel-general em Nancy, para confirmar a ordem de mobilização para a sua divisão, usando uma palavra de código previamente combinada. Patton voltou, fumando um charuto, para conversar com Bradley, que, segundo seu ajudante de ordens, Chester Hansen, estava "louco da vida".

"Não quero comprometer nenhuma das suas coisas [isto é, formações] a não ser que eu tenha que fazê-lo", Bradley disse a Patton. "Quero poupá-las para um golpe realmente bom, quando revidarmos e acertarmos esse filho da puta em cheio." Isso sugere que Bradley ainda se ressentia da decisão de Eisenhower de fazer Patton lançar um rápido contra-ataque. Mas quando Bradley e seu séquito voltavam dirigindo para Luxemburgo, passaram por um comboio do 3º Corpo de Patton, já na estrada. O Estado-Maior do III Exército não perdera um minuto.

Eisenhower estivera certo em não dar corda ao instinto de Patton de cortar a ofensiva alemã pela base. Embora as forças americanas nas Ardenas tivessem dobrado para quase 190 mil homens, ainda eram poucas para uma operação ambiciosa como essa. O III Exército tinha que assegurar o lado sul e a cidade de Luxemburgo, mas sua prioridade máxima era avançar para o norte até Bastogne, onde a 101ª Aerotransportada e parte da 10ª Divisão Blindada logo iriam se ver cercadas.

A situação em toda a área era caótica. O coronel Herman do 7º Grupo de Destruidores de Tanques assumiu a defesa de Libramont, a sudoeste de Bastogne. Ninguém sabia o que estava acontecendo, então ele parou todos os extraviados e até mesmo uma coluna de artilharia que passava pela cidade. "Para onde estão indo?", ele perguntou. "Estamos em retirada, senhor", foi a resposta. "Retirada coisa nenhuma", disse Herman. "Vocês vão dar meia-volta agora mesmo e lutar." Perto da meia-noite de 19 de dezembro, Herman reunira uma força de cerca de 2 mil homens, à qual acrescentou outro batalhão de artilharia sem líder, na manhã seguinte.

A resistência ainda continuou em Wiltz, embora a estrada oeste para Bastogne tivesse sido bloqueada por patrulhas alemãs, que impediam os esforços para enviar suprimentos de ração e munição aos remanescentes da 28ª Divisão na cidade. Às 14h30, a 5ª Divisão Fallschirmjäger, assoprando apitos e apoiada por quarenta tanques e canhões de assalto autopropelidos, atacou a cidade por vários lados. Ao cair da noite, os defensores haviam sido obrigados a recuar para o centro da cidade, em meio a edificações em chamas. O general Cota enviou uma mensagem ao seu comandante: "Dê-lhes o inferno!". Naquela noite, os sobreviventes tiveram ordens de se dividir em pequenos grupos e ir para Bastogne. Um comboio de trinta veículos tentou escapar, mas sofreu fogo pesado e foi abandonado. Depois de explodir as pontes, a última unidade de engenheiros só saiu de Wiltz às onze horas do dia seguinte.

Os caminhões e trailers que iam para Bastogne lotados de paraquedistas foram dirigidos para Mande-Saint-Etienne, seis quilômetros a oeste, a fim de não obstruírem a cidade. As estradas que saíam de Bastogne ficaram bloqueadas por motoristas do Exército tentando fugir em pânico. Até mesmo seus oficiais tinham que ser ameaçados com uma pistola para que pusessem seus veículos de lado e permitissem que a 101ª Aerotransportada pudesse passar. Paraquedistas congelados pela longa viagem saltavam enrijecidos. Todos entendiam a necessidade de ir depressa, sabendo que duas divisões Panzer e uma divisão de infantaria se aproximavam de Bastogne. Aqueles que tinham que carregar tubos de morteiros e suas placas de apoio nos ombros cambaleavam sob o peso como "escravos egípcios carregando pedras", nas palavras de Louis Simpson, lotado na 327ª Infantaria Aérea.

Ignorando o papel vital desempenhado pela combalida 28ª Divisão, os paraquedistas da 101ª Aerotransportada irritavam-se com aqueles extraviados barbudos e sujos fugindo para oeste pela cidade. Eles pegaram munição, granadas, ferramentas para abrir trincheiras e até mesmo as armas deles ou de veículos abandonados a fim de compensar sua escassez. Os civis belgas, por outro lado, saíam de suas casas com sopa quente e café para os soldados.

O primeiro regimento a chegar, o 501º Regimento de Paraquedistas de Infantaria do coronel Julian Ewell, marchou para leste em direção a Longvilly na escuridão pré-alvorecer, para apoiar o Team Cherry da 10ª Blindada. Os homens podiam ouvir disparos adiante em meio à névoa gelada e úmida. Logo encontraram alguns dos sobreviventes traumatizados pela destruição do Comando de Combate R ocorrida na noite anterior, que disseram a eles: "Nós fomos arrasados".

O coronel Cherry chegara ao castelo ao sul de Neffe na noite de 18 para 19 de dezembro, mas qualquer esperança de tomá-lo como posto de comando desvaneceu ao amanhecer. O pelotão de reconhecimento do 3º Batalhão de Tanques e parte do 158º Batalhão de Engenharia de Combate que defendiam os cruzamentos em Neffe foram atacados por um destacamento avançado da Panzer Lehr. Uma equipe de bazuca tirou de combate um tanque Mark IV, mas a intensidade do fogo de metralhadora e das bombas que vinham sobre o pelotão de reconhecimento era tão grande que eles tiveram que recuar pela estrada que seguia por um vale até Bastogne.

Dois homens conseguiram advertir Cherry no castelo a respeito do que havia acontecido. Outros quatro tanques, entre eles um Mark VI Tiger, além de um veículo blindado e outros cem Panzergrenadiers, foram avistados vindo do leste. Cherry e seu punhado de soldados do seu quartel-general preparavam-se para defender o castelo, um edifício robusto, quadrado, com uma única torre. Eles desmontaram as metralhadoras de seus veículos e as instalaram nas janelas. Para Cherry, foi um momento terrível. Sua força principal entre Mageret e Longvilly estava isolada, bloqueada em um congestionamento de veículos com os remanescentes do Comando de Combate R da 9ª Divisão Blindada. Cherry só podia assistir como os alemães preparavam sua armadilha.

Por volta das treze horas, o ruído da batalha ficou audível. O 77º Regimento *Grenadier* da 26ª Divisão Volksgrenadier lançou um ataque imediato sobre a coluna apinhada. Artilharia e canhões de assalto se juntaram a ofensiva, assim como uma companhia de tanques da Panzer Lehr. "A surpresa foi total", observou o professoral *Generalmajor* Kokott. Os americanos foram cercados, e sobreveio o caos, conforme os veículos colidiam tentando em vão escapar. A batalha terminou em uma hora e meia. Poucos veículos conseguiram fugir para o norte. Vários oficiais e uma centena de homens foram capturados.

À medida que se aproximavam de Neffe, o 1º Batalhão da 501ª Infantaria de Paraquedistas do coronel Ewell podia ouvir nitidamente os disparos em meio à névoa e à garoa. Ewell espalhou seus homens de ambos os lados da estrada com a ordem de se entrincheirarem. Enquanto preparavam os *foxholes*, era possível ouvir os tanques. Seguiram-se gritos desesperados pedindo equipes de bazuca.

Enquanto isso, o 2º Batalhão deslocava-se para defender Bizôry, dois quilômetros ao norte de Neffe. Ela também abrigaria uma batalha violenta, e foi logo rebatizada de "Misery". O moral das forças alemãs havia sido muito nutrido pelos dois combates altamente bem-sucedidos contra as colunas blindadas americanas, mas elas estavam prestes a sofrer uma bela decepção. Mais para o final da tarde, o batalhão de reconhecimento da 26ª Volksgrenadier e o 78º Grenadier-Regiment viram-se envolvidos em uma acirrada luta nos arredores de Mageret e de Bizôry.

O ataque a Bizôry produziu "dolorosas perdas". Parte da Divisão Panzer Lehr estava também muito envolvida em Neffe. Os americanos haviam vencido a corrida até Bastogne, graças aos seus reforços.

O coronel Ewell estabeleceu uma linha defensiva ao longo de terreno alto, menos de três quilômetros a oeste da praça do mercado de Bastogne. "O inimigo fez bom uso do tempo!", reconheceu com pesar o comandante da 26ª Volksgrenadiers. E a Panzer Lehr estava tão desesperada por combustível que se limitava a drenar os tanques de veículos capturados ou destruídos.

Esse "dia de surpresas" deixou claro para Bayerlein que a ideia do alto-comando de tomar Bastogne apressando a marcha era agora impossível. Mas o comandante do 47º Corpo Panzer, *General der Panzertruppe* Freiherr von Lüttwitz, culpou-o por não ter tomado Bastogne. Bayerlein revidou acusando a 26ª Divisão Volksgrenadier, e o próprio Lüttwitz, que o havia atrasado ao comprometer a Panzer Lehr num combate a leste do rio Clerf, desobedecendo ao plano original. Bayerlein disse ainda que a liderança de Lüttwitz não havia sido "suficientemente coerente e enérgica". Falhara em concentrar as três divisões em um ataque em larga escala e permitira que se "espalhassem".

Aquela noite, os exaustos soldados alemães entrincheiraram-se enquanto a chuva caía. "Munição e rações chegaram", registrou o comandante da 26ª Volksgrenadiers. "De vez em quando, havia uma nervosa explosão de fogo de metralhadoras ou o trovejar de fogo de morteiros, que durava uns dois minutos e depois de algumas salvas arrefecia de novo."

Oito quilômetros ao norte de Bastogne, o major William Desobry, 26 anos de idade, comandante do 20º Batalhão de Infantaria Blindada, havia passado uma noite de ansiedade em Noville. O alto e atlético Desobry, com seus quatrocentos homens, aguardava o assalto daquilo que descobriria mais tarde ser o grosso da 2ª Divisão Panzer. Por volta de quatro da manhã, os homens de Desobry notaram que não estavam mais chegando soldados extraviados. Logo depois, ouviram os primeiros disparos. O posto avançado ao longo da estrada para Bourcy, depois de abrir fogo, recuou para a cidade como fora ordenado. Seu sargento, que havia sido atingido na boca, relatou com dificuldade que os alemães tinham aparecido em semitratores.

Desobry podia ouvir o som característico dos veículos blindados alemães ao norte. Embora soubesse que "sons à noite soam mais alto e parecem mais próximos", essa era claramente uma força grande equipada com tanques, a julgar pelo barulho metálico de suas esteiras. "Ai, meu Deus!", disse Desobry para si mesmo. "Parece que tem alguma coisa séria aí fora."

A nordeste podia ser ouvido fogo pesado de armas automáticas e disparos de tanques. Eram os sons da destruição da malfadada terceira equipe do Comando de Combate R da 9ª Divisão Blindada. Por infelicidade, seus homens durante a retirada haviam tomado justamente o caminho da 2ª Divisão Panzer. Como em Longvilly na noite anterior, os Panthers alemães acertaram seus alvos com facilidade depois que os primeiros veículos ficaram em chamas. O tenente-coronel Booth, comandante americano, teve uma perna esmagada sob um de seus próprios semitratores enquanto tentava reposicionar sua coluna encurralada. Os sobreviventes abandonaram os veículos blindados e fugiram pela zona rural em direção a Bastogne. Foram perdidos duzentos homens, além dos tanques Sherman e dos semitratores.

No entanto, o sargento que comandava o posto avançado de Desobry na rota norte para Houffalize achou que, como havia visto alguns tanques americanos recuando de sua posição mais cedo, ele deveria verificar antes de abrir fogo. Lançou seu desafio na escuridão, e embora recebesse uma resposta em inglês, percebeu seu erro. Um tanque alemão abriu fogo, tirando de combate um dos Shermans. Os veículos restantes recuaram depressa para Noville. Desobry imediatamente convocou o terceiro grupo para noroeste. A manhã trouxe pouca clareza para a situação por causa da densa neblina, mas logo pôde ser ouvido o som dos tanques alemães chegando pela estrada do norte, vindo de Houffalize. Os americanos prepararam seus canhões antitanque de 57 mm e suas equipes de bazuca em um cemitério junto a Noville. Assim que os veículos inimigos emergiram da neblina, os americanos abriram fogo com tudo contra os tanques Panther e os Panzergrenadiers.

Dois Panthers foram inutilizados e isso serviu para bloquear a estrada. Desobry, no entanto, para certificar-se de que as equipes alemãs de recuperação de tanques não dessem um jeito de se insinuar, mandou um pequeno grupo com explosivos detonar as esteiras deles e arrebentar seu principal armamento. O terreno estava tão encharcado por toda parte que os alemães teriam dificuldade para enviar seus Panzers até os Panthers inutilizados que bloqueavam a estrada. A pequena força de Desobry foi então reforçada pela chegada de cinco destruidores de tanques M-18 Hellcat, de Bastogne. Ele os manteve como sua reserva.

Mais tarde naquela manhã, a neblina começou a se dissipar, e para seu horror os americanos viram que a serra ao norte e nordeste estava coberta por Panzers e semitratores alemães. A batalha então começou de verdade. Muitos dos Panzers avançaram até uns cem metros do perímetro da cidade, e um deles até penetrou antes de ser detido por um disparo. Depois de duas horas de intenso fogo cruzado, os alemães recuaram para trás da serra. Então desferiram vários ataques, a partir de diferentes direções. Não era muito difícil repeli-los, mas os morteiros e o fogo de artilharia alemães começaram a causar baixas.

Desobry ignorou uma ordem de Bastogne para enviar uma patrulha até Houffalize, pois ela teria que "atravessar todo o maldito

Exército alemão para poder chegar ali". Com Noville meio rendida pelas serras, ele sugeriu ao quartel-general de seu comando de combate em Bastogne que seria melhor que sua força recuasse para defender a serra entre Noville e Foy. O coronel Roberts disse que isso seria decisão sua, mas que um batalhão da 101ª Aerotransportada estava marchando pela estrada vindo de Bastogne para se juntar a ele. Desobry enviou um jipe para o comandante do batalhão, tenente-coronel James LaPrade, pouco antes do meio-dia. LaPrade concordou inteiramente com a avaliação de Desobry de que era preciso tomar a linha da serra à frente se quisessem defender Noville.

Assim como ocorria com outros batalhões da 101ª Aerotransportada, a unidade de LaPrade tinha poucas armas e munição. Então a companhia de serviço da 10ª Divisão Blindada carregou seus caminhões, pegou a estrada e deu aos paraquedistas o que eles precisavam: cartucheiras com munição para fuzis, cintos de munição para metralhadoras, cargas para morteiros e bazucas e até armas de reserva. Quando o batalhão de paraquedistas chegou a Noville, Desobry requisitou que a artilharia de apoio abrisse fogo na linha da serra. Os paraquedistas se distribuíram em leque e partiram para o ataque direto na direção da serra, com os Shermans de Desobry disparando em apoio. "Eles se espalharam pelos campos", escreve ele, "e aqueles garotos, quando atacavam, faziam isso numa corrida suicida. Corriam uns cinquenta metros, deitavam no chão, levantavam e corriam de novo." Mas viram que os alemães haviam planejado outro ataque ao mesmo tempo, então os dois lados "entraram num combate frontal". Uma companhia chegou à linha da serra, mas foi contra-atacada por tanques e Panzergrenadiers por trás. Todas as companhias estavam sofrendo perdas tão pesadas que LaPrade e Desobry concordaram em fazer todos recuarem até a vila. O número de homens com ferimentos graves impressionou o pequeno posto médico montado na vila.

Naquela noite, Desobry e LaPrade reuniram-se em seu posto de comando na escola de Noville para ver o que poderiam fazer para defender a vila. O general McAuliffe em Bastogne perguntou ao general Middleton, que recebera ordens para assumir o quartel-general de seu 8º Corpo em Neufchâteau, se ele podia fazer recuar a força em

Noville, mas Middleton rejeitara a ideia. Enquanto Desobry e LaPrade estudavam o mapa no andar de cima, o oficial de manutenção da 10ª Blindada, responsável pela recuperação de veículos danificados, chegou de carro e estacionou do lado de fora. Isso era contra o procedimento-padrão, pois delatava o local do posto de comando. Os alemães então concentraram todo o seu fogo no edifício. LaPrade e dez outros foram mortos. Desobry, coberto de entulho, teve um ferimento na cabeça e ficou com um dos olhos prejudicado.

Desobry foi evacuado num jipe. No caminho de volta para Bastogne, foram interceptados em Foy por uma patrulha alemã da 26ª Divisão Volksgrenadier. Os Volksgrenadiers, vendo que ele estava muito mal, generosamente permitiram que o jipe seguisse adiante. Desobry, apesar da dor, ficou abalado ao descobrir que os alemães haviam conseguido bloquear a estrada atrás de sua força em Noville. Logo ao sul de Foy, a Easy Company do 506º estava entrincheirando-se quando ouviram motores em meio à neblina. Um soldado disse ao tenente Jack Foley: "Isso é som de veículos motorizados". "Veículos?", gritou outro soldado. "Que diabos, são tanques!" O medo era maior ainda porque eles não conseguiam ver "o que estava lá". "Tudo o que você podia fazer era ouvir."

Desobry, apesar da sorte que teve ao deixarem-no passar, iria sofrer de novo os infortúnios da guerra. Um dos erros mais graves na defesa de Bastogne foi deixar a 326ª Companhia Médica Aerotransportada num cruzamento de estradas perto de Sprimont, dez quilômetros a noroeste da cidade. Eles haviam montado suas barracas e estavam já tratando as primeiras baixas, enquanto refugiados continuavam a chegar. A companhia estava tão exposta que um médico foi até Bastogne pedir ao general McAuliffe permissão para se mudarem para a cidade. "Continuem na retaguarda, capitão", disse o superior. "Vocês ficarão bem ali."

Naquela noite, enquanto operavam homens com queimaduras graves e outras vítimas, um Kampfgruppe da 2ª Divisão Panzer atacou. O fogo de metralhadoras rasgou as tendas, matando e ferindo muitos dos homens deitados nas macas. Sem soldados para defendê-los, o oficial americano mais graduado não teve opção a não ser render-se imediatamente. Os alemães deram-lhes 45 minutos para carregar todos os feridos, equipamento e suprimentos em seus caminhões.

Os captores alemães escoltaram-nos na direção de Houffalize. Desobry recuperou a consciência em uma parada da viagem e, ao ouvir vozes em alemão, achou que haviam feito vários prisioneiros. Ele foi cruelmente desmentido por seu motorista americano. Desobry tentou convencer o motorista a tentar uma fuga, mas ele não estava preparado para assumir o risco. A dura realidade ficou clara. Ele era um prisioneiro de guerra.[2]

Para os alemães da 2ª Divisão Panzer, foi um grande achado terem capturado grande quantidades de equipamento e suprimentos médicos, especialmente morfina. Para a 101ª Aerotransportada, foi um desastre. Seus feridos estavam agora condenados a sofrer em porões fétidos e na garagem de um quartel em Bastogne, onde havia poucos paramédicos e escassez de morfina e de outros medicamentos. As condições eram precárias, não havia latrina e uma única lâmpada elétrica iluminava a ala principal da garagem. Os feridos eram "deitados em fileiras em cima de serragem coberta com mantas". Os que tinham menos chance de sobreviver eram colocados perto da parede. "Conforme morriam, eram carregados para outro edifício usado como necrotério."

Montgomery, no seu quartel-general tático nos arredores de Zonhoven, na Bélgica, estava profundamente irritado com a falta de informação sobre as batalhas travadas mais ao sul. Na manhã de 19 de dezembro, mandou dois de seus jovens oficiais de ligação, que ele usava como se fossem os "galopadores" de antigamente, para trazer-lhe notícias sobre o andamento da batalha. Eles foram acompanhados pelo tenente-coronel Tom Bigland, que era seu vínculo

2 Desobry vivenciou vários paradoxos durante seu aprisionamento, como ouvir num trem-hospital alemão perto de Münster uma gravação de Bing Crosby cantando "White Christmas", enquanto bombardeiros britânicos arrasavam a cidade. Em seguida, ficou preso em um estabelecimento de treinamento Panzergrenadier em Hohne, perto do campo de concentração de Belsen, junto com paraquedistas britânicos capturados em Arnhem.

com Bradley. Dirigindo um jipe em meio a uma neblina congelante, foram até o quartel-general avançado do general Hodges, em Spa.

"Chegamos ao QG do I Exército, que ficava num hotel", anotou o capitão Carol à época, "e o encontramos abandonado. Era visível que ocorrera uma evacuação apressada. As mesas na sala de jantar estavam postas para as festividades de Natal. Os escritórios estavam desertos." O lugar tinha um ar de *Mary Celeste*.[3] "A verdade começa a aparecer. O ataque alemão é mais sério do que imaginávamos, pois a evacuação do quartel-general tem todos os sinais de ter sido realizada num clima de pânico." Eles recolheram alguns dos jornais que encontraram espalhados por ali para provar que haviam estado no local, para caso alguém não acreditasse neles.

Montgomery não ficou esperando instruções do SHAEF. Seus oficiais do Estado-Maior começaram a expedir ordens detalhadas para as equipes de reconhecimento do SAS e da unidade Phantom. O 30º Corpo do tenente-general Brian Horrocks recebeu uma ordem de advertência para se mobilizar e defender o Mosa. O brigadeiro Roscoe Harvey, comandante da 29ª Brigada Blindada, foi convocado a voltar de sua temporada de caça à galinhola. Ele argumentou que sua brigada não "tinha nenhum daqueles malditos tanques – foram todos cedidos". Era verdade. Eles esperavam receber o novo Comet, o primeiro tanque britânico produzido em cinco anos de guerra que poderia encarar os Tiger e Panther. Harvey recebeu ordens de pegar de volta seus velhos Shermans, aqueles que ainda eram "candidatos", e deslocar-se com toda rapidez para Dinant para bloquear os mesmos pontos de passagem pelo Mosa que o major-general Erwin Rommel havia tomado em 1940.

Enquanto isso, os "galopadores" de Montgomery dirigiam pela "estranhamente deserta área rural" até o quartel-general de retaguarda de Hodges, em Chaudfontaine, sudeste de Liège, onde o encontraram. "Ele está bastante abalado", relatou Mather, "e não é capaz

3 O *Mary Celeste* foi um bergantim mercante norte-americano encontrado à deriva e sem tripulação no oceano Atlântico, perto dos Açores, em 1872. Estava em condições de navegar e ainda tinha provisões e mantimentos. Nunca mais se soube dos que iam a bordo e o nome do navio virou sinônimo de abandono inexplicável. (N. T.)

de dar nenhum relato coerente sobre o que aconteceu. E tampouco está em contato com o 12º Grupo do Exército do general Bradley. As comunicações parecem estar totalmente interrompidas." Enquanto Bigland ia ao quartel-general de Bradley em Luxemburgo por um trajeto tortuoso, os dois capitães dirigiam de volta para Zonhoven, o mais rápido que as estradas nevadas permitiam.

Montgomery ficou "visivelmente alarmado" quando os dois jovens oficiais relataram o que haviam visto. Ele disse a Mather para voltar direto de carro até o quartel-general do I Exército. "Diga ao Hodges que ele tem que bloquear as pontes do Mosa!" Mather perguntou como ele deveria transmitir tais ordens sendo que Hodges não estava sob as ordens do 21º Grupo do Exército.

"Simplesmente diga isso", Montgomery retrucou. "As travessias em Liège, particularmente, devem ser defendidas *a todo custo*. Ele *precisa* bloquear as pontes, do jeito que for possível. Que convoque os soldados do L[ine] of C[ommunications]. Que use quaisquer obstáculos que encontrar, até carroças de fazenda! Ele tem que defender as pontes o dia inteiro amanhã, e certificar-se de que os oficiais supervisionem cada operação. Diga-lhe isso de minha parte!" Mather também estava incumbido de informar Hodges que as equipes de Phantom e do SAS seriam enviadas em jipes direto para as pontes. O 30º Corpo britânico iria se deslocar a toda velocidade para a margem norte do Mosa a fim de bloquear as estradas para Antuérpia. Montgomery insistiu que devia ver Hodges na manhã seguinte. "Se possível traga-o aqui hoje à noite!" Eisenhower, igualmente irredutível quanto às travessias do Mosa, já dera ordens ao quartel-general da Com Z, do general Lee. Eram para levar quaisquer unidades de engenharia disponíveis, minar as pontes e enviar batalhões improvisados de soldados da retaguarda. Os franceses também ofereceram sete batalhões, mas eram mal armados e pouco treinados.

Montgomery já se convencera, com boa dose de razão, de que Bradley em Luxemburgo não poderia dirigir o I Exército, que estava isolado no lado norte da ponta de lança alemã, também conhecida como "bolsão". Ele disse ao major-general Whiteley, o veterano oficial britânico de operações no SHAEF, que sugerisse a Eisenhower que este o colocasse no comando de todas as forças aliadas ao norte da ponta de lança alemã. Whiteley, que não admirava o marechal de campo e suas exigências de maiores poderes, achou que dessa vez ele tinha razão. Ele discutiu a situação com o major-general Strong, o chefe de Inteligência de Eisenhower e compatriota bretão, e os dois foram naquela noite ver Bedell Smith, o chefe do Estado-Maior do SHAEF.

Bedell Smith, acordado de seu sono, ficou furioso diante daquilo que considerou um complô britânico. Chamou-os de *"Limey bastards"* e disse que os dois deviam considerar-se demitidos de suas funções. Depois, após alguma reflexão, mudou de ideia. Smith não tinha muita simpatia pelo quartel-general do I Exército de Hodges e seu relacionamento com o 12º Grupo do Exército de Bradley, mas sua principal preocupação era que Bradley estava sem comunicação. Então ligou para Eisenhower para discutir a questão de dar a Montgomery o comando do front norte, e sugeriu que isso também pressionaria o 21º Grupo do Exército a colocar forças britânicas na batalha.

Eisenhower concordou com a proposta, em parte porque Bradley não havia tomado nenhuma medida para reforçar a linha do Mosa como ele havia ordenado. Começou a consultar o mapa para decidir onde a linha de delimitação deveria ser traçada. Decidiu que iria de Givet, no Mosa, correndo ao norte de Bastogne até Prüm, atrás das linhas alemãs. Montgomery comandaria todas as forças aliadas ao norte, deixando assim Bradley apenas com o III Exército de Patton e o 8º Corpo de Middleton, que seria anexado a ele.

Bedell Smith ligou para Bradley em Luxemburgo para adverti-lo de que Eisenhower tinha a intenção de entregar a Montgomery o comando do IX e do I Exércitos. Segundo Bedell Smith, Bradley admitiu que havia estado sem contato com Hodges e o I Exército por dois ou três dias. "Com certeza, se Monty fosse um comandante americano", Bradley admitiu de modo revelador, "eu concordaria com você inteiramente. Seria o mais lógico a fazer."

Na manhã seguinte, Eisenhower ligou para Bradley para confirmar sua decisão. Bradley a essa altura já entrara em um frenesi de ultraje. "Deus do céu, Ike, eu não me responsabilizo pelo povo americano se você fizer isso. Eu me demito."

"Brad, sou eu – não você – o responsável pelo povo americano", replicou Eisenhower. "Sua demissão portanto não significa absolutamente nada." Em seguida, ele ouviu mais queixas, e terminou a conversa dizendo: "Bem, Brad, essas são as minhas ordens".

Um alto oficial da RAF presente no quartel-general do 12º Grupo do Exército descreveu de que maneira, após a ligação, um Bradley "absolutamente lívido" ficou "andando para cima e para baixo e xingando Monty". Bedell Smith mais tarde achou irônico que "Montgomery por longo tempo pensou que Bradley gostasse muito dele; não tinha ideia de que Bradley não o suportava". Essa antipatia na verdade era ainda mais profunda. Bradley via Montgomery "como a inspiração pessoal de todos os seus problemas", observou um oficial do Estado-Maior americano. "Há muito tempo ele nutria uma antipatia pelo pequeno homem de boné e ordens vociferantes." Com seu humor crescentemente paranoico, o humilhado Bradley viu a decisão de Eisenhower "como uma ofensa pessoal".

13

QUARTA-FEIRA, 20 DE DEZEMBRO

O capitão Carol Mather deixou o quartel-general de Montgomery de novo à meia-noite, intranquilo por causa de sua missão "extremamente delicada" junto ao general Hodges. A viagem, atrasada pelo gelo e pelos bloqueios militares montados à procura dos grupos de Skorzeny, levou cerca de duas horas. De vez em quando, mísseis V-1 voavam pelo céu noturno em direção a Liège. Na chegada ao quartel-general do I Exército em Chaudfontaine, um MP levou-o diretamente ao dormitório do autoritário chefe de Estado-Maior de Hodges, major-general Bill Kean. Muitos achavam que Kean era o verdadeiro comandante do Exército. Ele estava de pijama, com um cobertor em volta dos ombros, ao telefone.

Mather entregou-lhe a carta escrita de próprio punho por Montgomery. Durante uma pausa, Kean tampou o bocal do telefone e perguntou sobre o chefe do Estado-Maior de Montgomery, o major-general Freddie de Guingand. Então foram ao quarto ao lado para acordar Hodges. Mather contou que o comandante do I Exército sentou na cama também com um cobertor sobre os ombros para ler a carta de Montgomery. Ele sentiu que Hodges estava "completamente desinformado" a respeito dos acontecimentos.

Ele redirecionava cada uma das perguntas a Kean. "A respeito da importante questão das travessias do Mosa", Mather relembrou, "o general Hodges não teve nada a dizer. Deixou implícito que era algo sem maiores consequências e que já havia cuidado disso ou que iria cuidar depois."

Mather, que sofria de insônia, retornou para Montgomery bem antes de amanhecer. O marechal de campo sentou na cama bebericando uma xícara de chá e ouviu o relato de Mather. Ele tentou encontrar Hodges mais tarde naquele mesmo dia, mas antes quis ter um quadro preciso da invasão alemã. Cinco oficiais de ligação, entre eles dois americanos agregados ao seu quartel-general, partiram imediatamente. Usavam os recém-lançados uniformes de tanque, em brim marrom-claro, para se proteger do frio, mas essas roupas aumentavam as suspeitas dos nervosos soldados americanos que controlavam as barreiras de estrada.

Naquela manhã de 20 de dezembro, Montgomery recebeu uma ligação de Eisenhower. Segundo o general Miles Dempsey, comandante do II Exército britânico, que estava com Montgomery quando Eisenhower ligou, a conversa extraordinariamente curta foi a seguinte:

— Monty, estamos num certo apuro.

— Foi o que entendi –, respondeu o marechal de campo.

— Que tal tomar o norte?

— Certo.

Montgomery foi até Chaudfontaine tentar entender a situação. O relato de Mather o convencera de que Hodges estava em um estado próximo ao colapso. Na memorável descrição de um de seus oficiais do Estado-Maior, o marechal de campo chegou ao quartel-general do I Exército "como Cristo chega para pôr ordem no templo", embora Jesus não tenha chegado num rolls-royce verde-escuro com estandartes tremulando e acompanhado por batedores de motocicleta.

Mather, apesar de ser o mais leal dos auxiliares, sentiu que Montgomery irritou os americanos sem necessidade com sua chegada, ignorando os generais americanos e convocando seus oficiais de ligação, que haviam chegado trazendo relatos sobre os combates.

"Qual é a configuração?", ele perguntou, e eles se reuniram em torno do capô de um jipe com seus mapas. O general Hodges e o general Simpson, comandante do IX Exército, limitaram-se a olhar com embaraço. "Foi algo desnecessário naquele dia", Mather escreveu.

Montgomery agora havia assumido o comando de todos os exércitos aliados ao norte daquela linha de Givet, no Mosa, até Prüm. Estava também muito preocupado com Hodges. Na volta, ligou para Bedell Smith para dizer que, como oficial britânico, não se sentia à vontade para substituir um general americano, mas que Eisenhower devia considerar essa possibilidade.[1] Bedell Smith pediu que adiasse a decisão por 24 horas. No dia seguinte, Montgomery enviou uma mensagem dizendo que as coisas poderiam ficar como estavam, embora Hodges dificilmente fosse o homem que ele teria escolhido. Essa era uma opinião partilhada por Bedell Smith, que considerava Hodges "o nosso comandante mais fraco".

Bradley mais tarde afirmou que Montgomery e o SHAEF haviam exagerado muito o risco pensando em seus próprios motivos, a fim de privá-lo do I Exército. Mas a situação parecia desesperadora. Hodges estava próximo de um colapso nervoso, e Kean havia assumido. Mas até mesmo Kean havia dito no dia seguinte que só saberiam na sexta-feira "se poderemos defender a posição ou teremos que recuar para uma linha de defesa como o Mosa".

Bradley estava claramente arrependido de ter escolhido a cidade de Luxemburgo para o seu quartel-general Eagle Tac e agora sentia-se encurralado. Não se tratava de uma questão de prestígio, como ele havia dito a Hansen. Se ele fosse embora, os luxemburgueses iriam acreditar que estavam sendo deixados à mercê de uma vingança alemã. E embora Bradley tentasse tirar importância da ameaça representada pelo inimigo, seus próprios oficiais de Estado-Maior a levavam a sério. "Enfiamos granadas de termite no meio de nossos papéis mais

1 Há vários relatos sobre o colapso de Hodges nessa ocasião. Um deles é do diário de seu ajudante de ordens, três dias depois. "O general agora está bem acomodado em uma casa particular. Com a oportunidade de descansar, e comendo bem de novo, está obviamente se sentindo melhor e mais capaz de lidar com a constante pressão e a tensão do seu trabalho."

secretos", um deles escreveu, "prontas para destruí-los se víssemos uniformes cinzentos do outro lado das montanhas." Mas sem que nenhum deles soubesse disso, o *Generaloberst* Jodl havia persuadido Hitler a não incluir a cidade de Luxemburgo como um dos objetivos da Operação *Herbstnebel.*

A capital de Luxemburgo, de qualquer maneira, havia sido bem defendida da invasão alemã pela 4ª Divisão de Infantaria, posicionada na parte sul. Seu comandante, o major-general Barton, declarou de forma assertiva, embora não muito original, durante a batalha: "A melhor maneira de lidar com esses Fritz é combatê-los". Barton recusara permitir que seus batalhões de artilharia recuassem. Sua tarefa era manter fogo em cima das pontes sobre o Sauer, e ele certificava-se de que estivessem sendo bem defendidas pela infantaria. Isso evitou que os alemães avançassem com suas armas pesadas, especialmente os canhões antitanque. Dessa forma eles ficaram impossibilitados de revidar contra a 10ª Divisão Blindada, que estava chegando para dar apoio à 4ª Divisão.

Como o general Cota, da 28ª Divisão, Barton usou companhias reforçadas para defender vilas-chave e assim bloquear os cruzamentos das estradas. Junto com a 9ª Divisão Blindada logo à sua esquerda, a força-tarefa do coronel Luckett foi repelida até a garganta Schwarz Erntz, mas defendeu-se bem na vila de Müllerthal, frustrando a tentativa alemã de invadir as áreas de retaguarda da divisão.

Em Berdorf, a meio caminho no lado leste da garganta, uma pequena força mista de 250 homens da 10ª Blindada e duas companhias da 4ª de Infantaria haviam defendido a posição por três dias. Um pesado ataque deixou-os com pouca munição e muitos feridos precisando ser evacuados. Três assaltos, com apoio de foguetes Nebelwerfer e artilharia, foram repelidos. Mas justamente quando a pequena força temia não ser capaz de resistir a outro ataque, um grupo de dois tanques Sherman e três semitratores irrompeu pela cidade com munições e suprimentos, e depois partiu levando os feridos em pior estado. Mais tarde, o comandante de tanques em Berdorf, capitão Steve Lang do 11º Batalhão de Tanques, recebeu ordens de se retirar. Cada tanque carregou quinze homens da infantaria, "quatro dentro e onze dependurados do lado de fora para salvar a própria pele". Uma barragem de artilharia foi desferida para cobrir o barulho dos tanques em retirada, e a pequena força conseguiu escapar antes que os alemães descobrissem o que estava acontecendo.

Os ataques alemães nesse setor do front começaram a perder força em 20 de dezembro, e a chegada de mais unidades do 3º Corpo do general Patton significou que as 212ª e 276ª Divisões Volksgrenadiers não puderam avançar mais para o sul. Apenas a densa neblina impediu que os americanos contra-atacassem. A vigorosa defesa do lado sul significou que os alemães ficaram sem espaço para manobrar, e que o III Exército poderia concentrar suas forças contra o cerco de Bastogne.

Hemingway, ansioso para não perder a grande batalha mesmo estando fortemente gripado, conseguiu chegar ao posto de comando do coronel Buck Lanham perto de Rodenbourg. A casa havia pertencido a um padre suspeito de ser simpatizante dos alemães. Hemingway adorou beber um estoque inteiro de vinho de comunhão e depois preencher as garrafas com a própria urina. Ele se vangloriava de tê-las renomeado como garrafas de "Schloss Hemingstein 1944" e mais tarde acabou tomando um gole de uma delas por engano.

Os alemães já haviam descoberto que sua ponta de lança era estreita demais e que Bastogne controlava a rede de estradas. Tanto Bayerlein da Panzer Lehr quanto Kokott da 26ª Divisão Volksgrenadier argumentavam que, já que a tentativa de tomar rapidamente Bastogne havia falhado, então seus defensores deveriam ser esmagados pelo corpo inteiro. Mas o *General* Von Lüttwitz, comandante do 47º Corpo Panzer, seguia ordens estritas de mandar suas duas divisões passarem ao largo de Bastogne e irem direto para o Mosa.

A ida dos alemães para o Mosa foi dificultada também quando a 116ª Divisão Panzer recebeu instruções para mudar de direção rumo a noroeste. Isso "provocou uma considerável perda de tempo", escreveu seu comandante, *Generalmajor* Siegfried von Waldenburg, e criou um caos nas estradas superlotadas. Essa decisão, sustentou ele, "foi fatal para a divisão".

A força mista de paraquedistas e da 10ª Blindada de Noville, ao norte de Bastogne, foi atacada repetidas vezes em rápidas incursões de Panzers e Panzergrenadiers emergindo da neblina. Os americanos sabiam que a estrada atrás deles havia sido bloqueada por outra unidade alemã, mas não imaginavam que o batalhão do 506º Regimento de Infantaria de Paraquedistas recuara para o sul de Foy. Isso tornaria sua fuga bem mais difícil. No meio da manhã, a neblina subiu, e os tanques da 2ª Divisão Panzer abriram fogo a partir de terreno elevado. Quando o contato por rádio foi finalmente restabelecido com a enfraquecida força em Noville, o general McAuliffe disse que se preparassem para cair fora. Ele decidira que, apesar das ordens que recebera do general Middleton de não fazê-los recuar, ele tinha duas opções: resgatá-los ou perdê-los. Disse ao coronel Sink que lançasse um novo assalto a Foy para abrir a estrada, com seus paraquedistas do 506º. Os tanques alemães estavam disparando três rodadas nos bosques logo ao sul de Foy para manter os paraquedistas intimidados. A Easy Company do 506º não tinha armas antitanque, mas felizmente os alemães nunca desferiram um forte ataque blindado contra eles.

Por um golpe de sorte, a neblina desceu de novo quando os defensores de Noville estavam prestes a se retirar. A infantaria foi embora a pé, os feridos e o corpo do tenente-coronel LaPrade foram carregados em semitratores, os Shermans levavam o maior número possível de homens e os destruidores de tanques Hellcat atuaram como retaguarda. As demolições promovidas na igreja fizeram a torre desabar no meio da estrada, como planejado. Mas quando alcançaram Foy, o visor blindado do semitrator que ia à frente desprendeu-se e tampou a visão do motorista. Ele freou o veículo bruscamente e todos os semitratores que vinham logo atrás bateram uns nos outros: isso ofereceu a três Panzers alemães, posicionados nos flancos, alvos estáticos para abrir fogo. Os primeiros veículos foram incendiados. Um soldado que estava mais atrás na coluna notou que "a neblina na frente da coluna ficou de cor laranja vivo". As tripulações saíram dos veículos, e esse mesmo soldado, de dentro de uma vala, viu como o fogo alemão foi despejado sobre a coluna. "Havia mortos espalhados por toda a estrada e nas valas. Alguns estavam ainda dependurados para fora de seus veículos; foram mortos antes de poder sair e procurar cobertura. Nossos caminhões e semitratores estavam ardendo em chamas ou em frangalhos."

O caos ficou absolutamente evidente quando um Sherman, com paraquedistas operando o canhão, conseguiu inutilizar um dos próprios tanques, e os outros dois recuaram rapidamente. A força com a qual Desobry e LaPrade haviam defendido Noville perdera 212 homens e onze de seus quinze Shermans em menos de dois dias.

A determinação do general Troy Middleton de manter um perímetro estendido revelou-se onerosa, mas a repentina retirada de Noville pareceu estimular em Lüttwitz a crença de que a captura de Bastogne seria fácil. O *Generalmajor* Kokott afirmou que quando Lüttwitz visitou o quartel-general da 26ª Divisão Volksgrenadier em Wardin naquela manhã ele disse: "A 2ª Divisão Panzer tomou Noville. O inimigo está fugindo para o sul, perseguido pela 2ª Divisão Panzer. A queda de Foy – se é que já não ocorreu – deve ser esperada a qualquer momento. Depois de tomar Foy, a 2ª Divisão Panzer irá, de acordo com as ordens que recebeu, desviar-se para oeste e entrar em campo aberto". O *General* Lüttwitz, um homem grande e cuidadosamente barbeado, com rosto de quem está bem alimentado e usando monóculo, também ficou convencido de que a Divisão Panzer Lehr havia tomado Marvie no lado sudeste de Bastogne. Lüttwitz enfatizou mais tarde que havia insistido para que o v Exército Panzer capturasse Bastogne primeiro, e que Bayerlein apoiava sua versão.[2]

2 Bayerlein afirma que em 19 de dezembro, após o fracasso do primeiro ataque, havia convencido Lüttwitz de que o corpo todo deveria ficar concentrado contra Bastogne, porque não poderiam se dar ao luxo de permitir que um centro de comunicações por estrada tão importante ficasse ocupado em sua retaguarda. Dizem que Lüttwitz teria levado essa proposta a níveis superiores, mas que ela fora firmemente rejeitada. Bayerlein ouviu da boca de Lüttwitz que eles "consideraram Bastogne brincadeira de criança".

Kokott argumentou que a decisão de enviar a 2ª Panzer foi o maior erro cometido na fracassada tentativa de tomar Bastogne. Ele culpou a falta de um pensamento claro no v Exército Panzer e no nível do 47º Corpo. "Bastogne deve ser capturada? Ou Bastogne deve ser apenas cercada e deve-se chegar ao rio Maas?" Apenas com a 2ª Panzer atacando do norte e do oeste, e com a Panzer Lehr e o grosso da 26ª atacando do sudoeste é que eles poderiam resolver essa "*Eiterbeule*", ou furúnculo cheio de pus. Mas na realidade até o próprio Manteuffel havia tido pouca voz no assunto. O quartel-general do Führer não admitia nenhuma alteração no plano.

As ordens para o dia seguinte foram categóricas. A 2ª Panzer e a Panzer Lehr deveriam seguir para oeste com o grosso de sua força, deixando a 26ª Volksgrenadier e mais o regimento Panzergrenadier da Panzer Lehr com a missão de cercar e capturar Bastogne apenas com os próprios recursos. "A divisão respeitosamente expressou suas dúvidas", escreveu Kokott, mas Lüttwitz desconsiderou-as, ao que parece sob a alegação de que as forças americanas em Bastogne não deveriam ser muito fortes, com "partes de uma divisão aerotransportada" e "o que restara daquelas divisões inimigas que tinham sido deploravelmente vencidas no rio Our e se refugiaram em Bastogne". O quartel-general do corpo ao que parece também acreditou que, "com base nos interrogatórios de prisioneiros de guerra, a qualidade de combate das forças em Bastogne não era muito alta".

A 26ª Volksgrenadier, depois de expressar sua necessidade de apoio de artilharia para o ataque ordenado a Bastogne, pelo menos teve tempo de posicionar seu 39º Regimento, que guardava o flanco sul, enquanto a maior parte de sua 5ª Divisão Fallschirmjäger continuava atrasada no vale do Wiltz. Kokott ficou intrigado com o otimismo de Lüttwitz. Seus dois regimentos, que haviam enfrentado os americanos no setor de Foy-Bizôry, não detectaram fraqueza alguma. O restante de sua divisão foi então enviado para o sul de Bastogne em direção a Lutrebois e Assenois, para atacar a cidade pelo sul. Mas através de lacunas na neblina ele avistou veículos americanos em direção ao sul, indo de Neffe para Marvie. Ao norte, "era possível ouvir o ribombar profundo da artilharia – e nas áreas de bosques a oeste de Wardin, além do impacto das explosões de morteiros, era audível também o fogo rápido das metralhadoras alemãs e o das americanas, mais lentas". Estradas e trilhas da floresta haviam ficado bloqueadas por crateras, portanto os soldados tinham que desmontar suas armas pesadas dos veículos e operá-las no chão.

Por volta das treze horas, os observadores da artilharia americana avistaram uma concentração de veículos em volta do quartel-general divisional da 26ª Volksgrenadier em Wardin. Salvas disparadas pelo batalhão explodiram na vila "com efeitos devastadores naquela reunião de homens e máquinas", relatou Kokott. Naquela tarde, ele soube que seus batalhões de reconhecimento, ao cruzarem a estrada sul para Arlon, haviam tido contato com o inimigo. Matters foi atrapalhado pelo caos nas estradas e nas trilhas ao sul de Bastogne, com veículos da Panzer Lehr, da 26ª Volksgrenadier e agora uma unidade avançada da 5ª Fallschirmjäger, todas tentando ir para oeste mas irremediavelmente atravancadas. Os oficiais de baixa patente da 5ª Fallschirmjäger tinham que descer e empurrar eles mesmos seus poucos veículos quando estes quebravam.

Um dos batalhões de Volksgrenadiers de Kokott conseguiu se infiltrar a partir do nordeste por uma linha férrea, guardada por pouco mais que uma forte patrulha, pois estava no limite entre o 506º e o 501º Regimentos de Infantaria de Paraquedistas. A resistência dessa patrulha retardou o avanço dos Volksgrenadiers. Tanto o coronel Sink ao sul de Foy, quanto o coronel Ewell reagiram rapidamente, enviando cada um uma companhia para bloquear a entrada. Logo descobriram que a força inimiga era maior do que haviam imaginado, e mais unidades tiveram que ser trazidas às pressas, incluindo – algo que nem eles mesmos conseguiam acreditar – aquelas que haviam fugido de Noville. A batalha seguiu adiante até boa parte do dia seguinte.

Naquela noite, outro ataque ao setor de Neffe desferido pela Panzer Lehr foi repelido por uma rápida reação de fogo concentrado de artilharia. McAuliffe podia agora contar com onze batalhões de artilharia, vários deles da 101ª, mas também outros de divisões que haviam sido retiradas via Bastogne, incluindo dois batalhões de canhoneiros afro-americanos. Isso lhe deu um total de cerca de 130 peças, mas a escassez de munição logo se tornaria um problema. Hellcats do 705º Batalhão de Destruidores de Tanques com disparos traçantes de suas metralhadoras, assim como as armas automáticas do 1º Batalhão de Ewell, pegaram os dois batalhões de Panzergrenadiers em campo aberto, expostos no escuro pelo mortal resplendor de fogos iluminadores. Eles tiveram avanço atrasado nesse ataque noturno por cercas de arame farpado pelo caminho. A carnificina foi nauseante. Na manhã seguinte, a luz do dia revelou uma visão horrenda de cadáveres presos aos arames como espantalhos atingidos por alguma monstruosa tempestade.

O general Middleton, com o quartel-general de seu 8º Corpo em Neufchâteau, trinta quilômetros a sudoeste de Bastogne, aguardava com impaciência que Patton iniciasse seu contra-ataque a partir do sul. O Comando de Combate B da 4ª Divisão Blindada havia alcançado Vaux-les-Rosières, a meio caminho entre as duas cidades. Para irritação do comandante do 3º Corpo, o quartel-general de Middleton ordenou que fosse enviada uma equipe de combate para o norte imediatamente, em vez de ficar esperando o grande ataque que Patton prometera. Patton também estava furioso, e ordenou que a equipe de combate fosse trazida de volta. É discutível se essa pequena força poderia ter dado conta de assegurar a estrada, mas alguns historiadores acreditam que teria tornado o avanço a partir do sul muito menos oneroso em termos de vidas e tanques. De qualquer modo, a cidade de Bastogne estava isolada do sul naquela noite, pouco depois de o general McAuliffe ter voltado de carro de um encontro com Middleton. A cidade não estava totalmente cercada, mas a maioria das pessoas achava que estava.

Para os paraquedistas da 101ª, o cerco feito pelo inimigo era visto como parte do jogo. Louis Simpson, o poeta e mensageiro da companhia, foi mandado de volta para cumprir uma tarefa no quartel-general do batalhão. No caminho, deparou com um tanque Sherman, com um sargento da 10ª Divisão de Blindados “sentado negligentemente na torre, como se estivesse na sela de um cavalo”.

Cinquenta metros adiante na estrada, um Panzer ardia. Ele perguntou ao sargento o que havia acontecido. "Eles tentaram passar", respondeu o sargento com indiferença, e foi embora. Simpson ficou ponderando a respeito de isso ter acontecido atrás da linha de sua própria companhia. Eles teriam ficado bloqueados caso o "espantosamente sereno" sargento não tivesse atirado primeiro. "Vi naquele homem o sargento de Tolstói em Borodino, com seu cachimbo na boca, dirigindo o fogo de sua bateria. É de homens assim que uma batalha às vezes depende. Eles não se veem num papel crucial. Acabam cumprindo grandes tarefas, e sendo às vezes insultados por não fazê-las direito, e aceitam isso com naturalidade."

No quartel-general do batalhão, Simpson soube que agora estavam cercados dentro do perímetro de Bastogne. Quando ele voltou ao seu foxhole na neve, seu vizinho chamou-o:

— Bem-vindo de volta! Então, qual é a novidade?

— Estamos cercados.

— Então, qual é a novidade?

O I Exército e o quartel-general de Montgomery não tinham uma noção clara da situação em torno de Sankt Vith. O instinto de Montgomery lhe dizia para fazer recuar as forças de Hasbrouck ali, antes que fossem dizimadas, mas o Exército dos Estados Unidos mantinha aquela típica recusa orgulhosa de recuar. O I Exército queria enviar a 82ª Aerotransportada à frente para reforçar os defensores. Ao meio-dia de 20 de dezembro, enquanto discutiam a questão, o major-general Bill Kean recebeu uma carta de Hasbrouck, que estava em Sankt Vith, descrevendo as possibilidades de batalha. Sua linha em ferradura estendia-se de Poteau a noroeste de Sankt Vith, e descia dando a volta até a estação Gouvy a sudoeste. Seu flanco sul e sua retaguarda estavam agora totalmente expostos devido ao avanço da 116ª Divisão Panzer rumo a Houffalize.

Montgomery convencera-se de que a defesa de Sankt Vith havia atendido bem ao seu propósito. A ameaça agora estava mais a oeste, com três divisões Panzer indo em direção ao Mosa. Mas ele concordava que a 82ª Aerotransportada deveria continuar até o rio Salm, apenas para ajudar a liberar as forças de Hasbrouck pela brecha entre Vielsalm e Salmchâteau.

À tarde, o 504º Regimento de Infantaria de Paraquedistas da divisão avançou em direção a Cheneux, que era defendida pelo pequeno batalhão de artilharia antiaérea da ss Leibstandarte e por um batalhão de seus Panzergrenadiers. O coronel Reuben H. Tucker, comandante do regimento, enviou duas companhias para atacar em meio à neblina. Ao ficarem sob pesado fogo de metralhadora e de canhões antiaéreos de 20 mm, tiveram que se esconder, sofrendo muitas baixas. Quando a noite caiu, recuaram para os bosques. Ao saber disso, Tucker ordenou que atacassem de novo. Eles conseguiram chegar mais perto no escuro, mas foram detidos pelo arame farpado estendido nos campos. Ainda mais expostos, os homens, dilacerados pelas cercas, foram abatidos por todos os lados. O ataque estava quase terminando quando o sargento da equipe, George Walsh, gritou: "Vamos pegar esses filhos da puta!". Apenas um punhado de homens conseguiu chegar ao bloqueio de estrada no limite da vila. Um deles atirou uma granada num semitrator com canhão antiaéreo e um segundo cortou a garganta do canhoneiro no outro semitrator. Mas as duas companhias sofreram 232 baixas, sendo 23 fatais. A ação foi heroica, mas a decisão empolgada de Tucker causou um desperdício absurdo. No dia seguinte, ele mandou outro batalhão atacar o flanco, que é o que deveria ter sido feito da primeira vez. Com poucas perdas, comparativamente, o 3º Batalhão tomou a vila, junto com catorze vagões de canhões antiaéreos, e mais seis semitratores e uma bateria de canhões autopropelidos.

Em 20 de dezembro, os combates em torno de Sankt Vith se aproximavam de um clímax, pois Model e Manteuffel estavam desesperados para tomar a cidade em um assalto definitivo. Os alemães usavam seus lançadores de foguetes Nebelwerfer, tendo como alvo os poços de morteiros americanos, cujas equipes vinham causando grandes perdas às fileiras dos batalhões de Volksgrenadiers. Sob fogo pesado de artilharia, muitos soldados, encolhidos em posição fetal no fundo de seus *foxholes*, ficavam repetindo o Salmo 23 como um mantra para se acalmarem "no vale das sombras da morte".

A visibilidade era "ainda muito ruim", relatou Hasbrouck. "Ao todo 21 ataques inimigos foram lançados a partir do norte, leste e sul. Tanques vinham para cima de nós de todas as direções, acompanhados por infantaria." Os cinco batalhões americanos de artilharia de campo fizeram quase 7 mil disparos apenas naquele dia. "A única maneira de fazer com que o suprimento de munição fosse mantido era encontrando depósitos abandonados perto do front [...] Foi relatado que o 434º Batalhão de Artilharia de Campo havia disparado até velhos cartuchos de propaganda [usados para lançar panfletos], simplesmente para poder manter projéteis zunindo perto dos ouvidos dos alemães."

Houve um ataque liderado pelos SS Panzergrenadiers da Leibstandarte Adolf Hitler, usando um semitrator americano capturado e colocado na frente de uma coluna, a fim de confundir os defensores. Mas as equipes dos tanques Sherman e das bazucas conseguiram dar conta deles. "Nós enfatizamos bem para cada homem", escreveu o major Boyer do 38º Batalhão de Infantaria Blindada, referindo-se aos combates nos bosques em volta da cidade, "que 'não era para desperdiçar munição – que, para cada disparo feito, um cadáver deveria cair ao chão' e que deviam aguardar e só disparar quando os alemães estivessem a 25 metros de distância". Essa ordem também tinha o propósito de evitar que os homens disparassem cedo demais, o que revelava suas posições.

A brigada Führer Begleit, do *Oberst* Otto Remer, fez o que lhe foi mandado, e tentou atacar Sankt Vith a partir da estrada de Büllingen. Mas Remer achou que a Resistência americana estava "forte demais" e deslocou sua brigada para o norte e para os densos bosques depois de Born. Decidiu que iria seguir pela estrada principal no sentido oeste, rumo a Vielsalm, mas se frustrou quando lhe ordenaram para ir ao sul. Ele alegou que não tinha combustível suficiente para os seus tanques, mas o objetivo que lhe havia sido dado – as vilas gêmeas de Nieder-Emmels e Ober-Emmels – estava a pouco mais de cinco quilômetros de distância.

Naquela noite, depois que o fogo cessou, os homens de Hasbrouck podiam ouvir o som dos tanques. Sabiam que os alemães preparavam um assalto ainda maior assim que clareasse.

Com seu Kampfgruppe sob ataque por todos os lados, Peiper trouxe de volta seu grupo mais afastado, do oeste de Stoumont. Eles abandonaram a cidade e voltaram para contra-atacar a 117ª Infantaria da 30ª Divisão. Peiper andava irritado com a falta de apoio de sua própria divisão. Segundo afirmou mais tarde, haviam lhe dito que, se não relatasse o estado de seus suprimentos de combustível, não iria receber mais. O contato por rádio fora interrompido até a noite anterior, quando um oficial da Leibstandarte chegou com um novo rádio, mais potente. Peiper soube então que a divisão mandara avançar o 2º Regimento ss Panzergrenadier para abrir uma estrada. Esses soldados tinham equipamento para travessias e antes do amanhecer já haviam vadeado "com água até o pescoço" as águas geladas e de correnteza forte do rio Amblève, apoiados por metralhadoras e tanques. Porém, com auxílio da luz de fogos de iluminação lançados bem alto, soldados americanos agachados junto às janelas das casas em frente ao rio começaram a alvejar os ss Pioneers e Panzergrenadiers. "Os filhos da puta estão alucinados", um deles comentou mais tarde. Três vezes os americanos foram expulsos de suas posições nas casas junto ao rio, "obrigados a sair por causa do fogo direto dos tanques, e três vezes a infantaria voltou e repeliu os homens da ss".

Os Panzergrenadiers de Peiper continuavam com sua despreocupada matança de civis. Já haviam assassinado duas mulheres e um homem "em uma rua próxima, sem nenhuma razão aparente", e mais tarde fuzilaram outros nove homens. Um soldado da ss em um veículo blindado "esvaziou sua metralhadora numa casa", matando um garoto de catorze anos. A farra de matanças continuou, mas alguns corpos só foram encontrados dias depois. Civis belgas foram mortos na estrada para Trois-Ponts: cinco foram encontrados com tiros na cabeça, e uma mulher foi morta deitada na cama. Na noite de 19 de dezembro, vinte pessoas da cidade, principalmente mulheres e crianças, obrigadas a descer até um porão com armas apontadas contra elas, foram mortas junto a uma cerca. Ao todo mais de 130 civis, a maioria mulheres e crianças, foram assassinados em Stavelot e arredores. Os homens jovens haviam fugido para o outro lado do Mosa para evitar o revide aos ataques da Resistência que haviam promovido em setembro, ou para escapar de serem levados para trabalhos forçados na Alemanha. A alegação da Waffen-ss de que essas mortes foram represálias pelo fato de os partisans terem atirado neles não tem base real.

Às 11h15, os soldados de Peiper tentaram de novo estabelecer uma cabeça de ponte sobre o rio, com Panzergrenadiers nadando e vadeando. Fogo de fuzil ou de metralhadora matou vários deles nas águas e os corpos foram levados pela correnteza. Apenas alguns conseguiram chegar à margem norte, para serem também liquidados. Um ataque simultâneo foi montado a partir do oeste, forçando o 1º Batalhão da 117ª Infantaria a recuar cerca de cem metros, onde ficaram até que o fogo cessou ao anoitecer, por volta das dezesseis horas.

As dificuldades de Peiper aumentaram, e vinham agora de outra direção. O Comando de Combate B da 3ª Divisão Blindada chegou ao vale do Amblève naquela manhã, vindo de Spa pelas trilhas dos bosques. Uma força-tarefa, comandada pelo tenente-coronel William B. Lovelady, emergiu das árvores na estrada entre La Gleize e Trois-Ponts, e ali surpreendeu e destruiu uma coluna de caminhões alemães que carregava combustível e era escoltada por canhões de assalto e infantaria.

A desesperada posição do Kampfgruppe Peiper não se devia apenas à corajosa resistência demonstrada pela 30ª Divisão de Infantaria, e pelos batalhões de tanques e unidades de engenharia. A poderosa defesa da serra de Elsenborn a leste evitara que o resto da 1ª Divisão ss Panzer e a 12ª ss Hitler Jugend reforçassem o avanço de Peiper. O 2º Corpo ss Panzer, com a 9ª Divisão ss Panzer Hohenstaufen, começara a avançar paralelamente com o 1º Corpo ss Panzer. A 2ª Divisão ss Panzer Das Reich estava supostamente vindo atrás, mas as ruas de pista única estavam tão congestionadas que ela decidira buscar uma rota mais ao sul.

O VI Exército Panzer atribuiu esses fracassos ao fato de a única estrada estar "na sua maior parte intransitável por causa da lama". Em muitos lugares, ela chegava à altura dos eixos dos veículos, mas na realidade foi a defesa decidida de Bütgenbach, empreendida pela 1ª Divisão americana, que impediu o 1º Corpo SS Panzer de utilizar com facilidade a estrada para o norte. Como resultado, a 12ª SS Panzer e a 12ª Divisão Volksgrenadier foram mantidas combatendo no flanco sul da serra de Elsenborn, enquanto a 3ª Divisão Panzergrenadier e a 277ª Volksgrenadier atacavam a extremidade leste acima das vilas gêmeas de Rocherath-Krinkelt e Wirtzfeld. A 2ª Divisão de Infantaria continuou a achar que, "sob o pesado fogo quase contínuo da artilharia inimiga, as linhas por fio eram destruídas praticamente logo após serem instaladas ou reparadas, e a comunicação se dava basicamente por rádio".

O campo Elsenborn era um típico posto do Exército, com apartamentos para oficiais perto do portão principal, e rodeado por quartéis de um único andar, armazéns e depósitos de armas. Ficava no meio de campos montanhosos, ermos, varridos por fortes ventos. O quartel estava lotado de soldados extraviados exaustos, sujos e barbados, que eram alimentados, descansavam um pouco e então voltavam para o front. Médicos e paramédicos ofereciam primeiros socorros aos feridos antes de evacuá-los para a retaguarda, agora que o 47º Hospital de Remoções em Waimes havia sido relocado a tempo. Os homens encontravam companheiros que imaginavam já mortos, e perguntavam por desaparecidos. Circulavam histórias de soldados da SS matando feridos e executando prisioneiros, e isso, aliado à notícia do massacre de Baugnez, aumentava a determinação de resistir a qualquer custo. Refugiados lotavam a vila de Elsenborn, e soldados americanos suspeitavam deles, vendo-os como potenciais simpatizantes dos alemães. Mas até serem evacuados no dia de Natal, seu destino sob fogo de artilharia alemã foi pouco melhor do que se tivessem ficado em suas fazendas e casas lá embaixo.

No lado leste da serra de Elsenborn, a 2ª Divisão de Infantaria e os remanescentes da 99ª acharam muito difícil cavar na encosta de xisto da montanha, então pegaram caixas de munição feitas de madeira e encheram de terra, e cobriram seus *foxholes* com portas arrancadas do quartel. Como tinham poucas macas, pegaram algumas do campo Elsenborn, embora estivessem ainda pegajosas de sangue e cheirassem mal quando esquentavam. No lado exposto da montanha, tremendo de frio em seus uniformes úmidos devido à lama e à neve, improvisavam aquecedores para os seus *foxholes*, acendendo latas com terra embebida em gasolina ou queimando tocos de madeira em um galão com uma abertura grande cortada na parte de baixo, como uma porta de fornalha. Essas invenções mantinham as chamas ocultas de observadores, mas o rosto sem barbear dos que habitavam os *foxholes* logo se impregnava por uma camada oleosa preta. Muitos tentavam manter um ar quente em seu *foxhole* cobrindo-o junto com o aquecedor com uma capa impermeável, o que acabou gerando casos de asfixia. Quase todos sofriam de fortes dores de cabeça, provocadas pelas barragens de fogo disparadas por sobre suas cabeças pela própria artilharia de campo, logo atrás deles. O fato de os disparos virem de seus próprios canhões não evitava que homens que haviam estado sob pesado fogo inimigo nos dias anteriores se encolhessem com o barulho de cada tiro.

Eles enfrentaram de novo a 3ª Panzergrenadiers, que consistia em pouco mais do que um Kampfgruppe em sua força total; e a 277ª Volksgrenadier, exaurida por batalhas anteriores. Essas duas formações atacaram ao norte de Rocherath-Krinkelt depois de um cruzamento de estradas que os alemães chamaram de "Sherman Ecke", ou "Canto Sherman", por causa de alguns tanques Sherman abatidos, com os canos dos canhões caídos. Mas, ao seguirem pelo pequeno vale do Schwalm, os alemães foram esmagados pelo peso do fogo de artilharia americano. "O fogo de artilharia concentrado do inimigo vindo da área de Elsenborn era tão forte", escreveu o comandante dos Panzergrenadiers, "que todas as estradas que levavam ao front e todas as áreas de concentração foram cobertas, e todos os nossos ataques foram sustados."

A serra de Elsenborn ofereceu aos americanos posições de fogo perfeitas para os seus dezesseis batalhões de artilharia de campo com Long Toms de 155 mm e *howitzers* de 105 mm, e sete batalhões de corpos de artilharia, incluindo canhões de 4.5 e de 8 polegadas. As baterias de artilharia de longo alcance eram capazes de atingir vilas e cruzamentos de estradas situados a até dezesseis quilômetros dentro da retaguarda alemã. Os malfadados civis belgas encurralados ali só podiam chorar e rezar dentro de seus porões, enquanto suas casas estremeciam sob os bombardeios. "Os fazendeiros aprenderam a cuidar do gado durante as breves tréguas matinais que logo ficaram conhecidas como as Kaffeepause dos americanos." Era impossível enterrar os mortos enquanto a batalha acontecia. A maioria era deixada na igreja local, envoltos em cobertores. Quando a temperatura caiu de repente, dois dias antes do Natal, ninguém conseguia cavar sepulturas na terra congelada.

Durante a madrugada de 20 para 21 de dezembro, os alemães desferiram seu maior ataque ao flanco sul contra o 26º Regimento de Infantaria da 1ª Divisão de Infantaria em torno de Dom Bütgenbach. Apoiados por mais de trinta tanques e canhões de assalto, dois batalhões da SS Hitler Jugend entraram na batalha. Um agricultor belga viu como vinte jovens alemães exaustos, com idades entre quinze e dezessete anos, foram arrastados chorando de um porão em Büllingen por NCOs, que os obrigaram a lutar.

Um total de doze batalhões de artilharia americanos e um batalhão de morteiros de 4.2 polegadas montaram "um anel de aço" em volta das posições defensivas da 1ª Divisão. No entanto, um grupo de Panzers da Hitler Jugend irrompeu pelo flanco direito do 26º de Infantaria e começou a "aplastar" os *foxholes* das linhas de defesa avançadas, passando por cima delas e atirando dentro. Arthur S. Couch operava um morteiro de 60 mm perto do quartel-general do batalhão. "Logo bombas dos tanques vieram para cima da minha cabeça, junto com balas traçantes de metralhadoras. Era uma noite com neblina, por isso de início eu não pude ver os tanques alemães, mas quando começou a clarear o dia vi vários deles manobrando a uns duzentos metros à minha frente. Fiquei logo sem fogo de morteiros, então pedi mais pelo rádio ao quartel-general do batalhão, que ficava em uma casa rural uns quatrocentos metros à minha esquerda. Para minha grata surpresa, dois homens do batalhão vieram correndo com grande número de bombas num carrinho. Tudo indicava que os tanques alemães sabiam que tínhamos uma posição de morteiros, mas não conseguiam vê-la naquela neblina. Outra ligação por telefone informou que uma de minhas bombas de morteiro havia acertado e explodido um tanque alemão. Depois de mais alguns minutos, pude ver um tanque alemão seguindo ao longo da nossa linha do front e disparando bem em cima dos *foxholes*. Continuei atirando, pois minha preocupação era que os soldados da Infantaria alemã logo seriam capazes de avançar os duzentos metros em direção à minha posição se eu não os detivesse. Soube pelo telefone que os tanques alemães estavam no quartel-general do batalhão."

Vários daqueles Panzers foram destruídos por canhões antitanque e Shermans, mas o ataque só foi repelido com a chegada de um pelotão de destruidores de tanques com um canhão de alta velocidade de 90 mm. As perdas infligidas à Hitler Jugend foram devastadoras. Uma unidade de Registro Graves contou 782 alemães mortos. O 26º de Infantaria sofreu 250 baixas.

Foram montados mais assaltos à serra, mas ficou claro, tanto para Rundstedt quanto para Model, que o VI Exército Panzer, especialmente querido de Hitler, havia falhado em sua tarefa, tanto em torno de Monschau ao norte, que estava agora reforçada com a 9ª Divisão de Infantaria, como principalmente diante de Elsenborn. Seu comandante, Sepp Dietrich, estava ao mesmo tempo furioso e ressentido, e acreditando que não poderia ser culpado pelo desapontamento do Führer.

Quando a Ofensiva das Ardenas começou, vários oficiais britânicos no 21º Grupo do Exército foram provocados por amigos belgas, que diziam que seus grupos de Resistência estavam fazendo preparativos para escondê-los. Quando os britânicos retrucaram que isso não seria necessário, pois estava tudo sob controle, receberam como resposta: "Foi exatamente isso que vocês disseram em 1940, e no dia seguinte nos deixaram aqui e foram embora". Montgomery não tinha intenção de que isso se repetisse.

Às 17h30 do dia 19 de dezembro, um dia antes de Eisenhower dar-lhe o comando no norte, Montgomery ordenou ao 30º Corpo do tenente-general Brian Horrocks que assegurasse as travessias do Mosa. O 61º Regimento de Reconhecimento em Bruges "bombardeou, disparou seus tanques e armas e sumiu na noite". Reforçado por uma tropa antitanque, um esquadrão também foi até a ponte em Dinant. Além de ficarem atentos para detectar "alemães disfarçados de ianques", eles deviam tomar cuidado com os homens-rãs inimigos. Quaisquer destroços boiando no rio eram atacados com fogo de metralhadoras Bren. O 3º Real Regimento de Tanques, também em Dinant, trabalhou com os MPs americanos controlando o trânsito e "com um pequeno mas constante pinga-pinga de extraviados americanos", enquanto as pontes eram preparadas para demolição.

Equipes de reconhecimento SAS e Phantom já estavam posicionadas. Atendendo a ordens de De Gaulle, eram seguidas por sete batalhões franceses mal armados comandados pelo *général de division* André Dody e por algumas unidades improvisadas de soldados de suprimentos da Com Z, do general Lee. O general Bedell Smith ficou muito aliviado com a intervenção do 30º Corpo. Ele declarou mais tarde: "Achei que não teríamos problemas se [os alemães] fossem para o norte, porque caso desviassem em direção a Liège-Namur teríamos o Corpo de Horrocks com quatro divisões veteranas. Conhecíamos Horrocks e sabíamos que contava com bons homens".

Por causa de suas severas perdas em tanques, os americanos também pediram reposições ao 21º Grupo do Exército britânico. Ao todo, este iria mandar cerca de 350 Shermans, com a Divisão Guards de Blindados trazendo, ela mesma, o primeiro lote de oitenta, com os rádios removidos, já que os americanos usavam aparelhos diferentes.

Embora a linha do Mosa estivesse assegurada, a insistência do SHAEF em não divulgar notícias sobre a Ofensiva das Ardenas despertou severas críticas. Tratava-se em parte de uma tentativa ineficaz de ocultar o fato de que havia sido pego de surpresa pelo ataque. A revista *Time* logo declarou que o SHAEF e o 12º Grupo do Exército "baixaram uma censura mais densa do que a névoa espessa que cobriu o grande contra-ataque alemão". E mesmo quando a notícia foi finalmente liberada, "os comunicados eram feitos até 48 horas após o evento", e deliberadamente vagos. Alguns oficiais de alta patente do SHAEF encaravam os jornalistas simplesmente como um mal desnecessário. Bedell Smith disse ao quartel-general do III Exército por telefone: "Pessoalmente, gostaria de passar fogo em todos eles".

As queixas não vinham apenas dos correspondentes. Altos oficiais britânicos no SHAEF achavam que essa política estava tendo "resultados desastrosos no moral dos belgas e dos franceses, e talvez em todos os aliados ocidentais [...] Está minando a credibilidade de nossas próprias notícias; incentiva as pessoas a ouvirem as transmissões alemãs a fim de descobrirem a verdade; e está dando lugar a uma torrente de boatos [...] A atual política do SHAEF serve apenas para levar o público a acreditar que alguns desastres muito graves estão sendo ocultados".

Em Paris, muitos estavam convencidos de que o ataque alemão se dirigia direto até a capital francesa. Começaram a circular os boatos mais disparatados. Os comunistas chegaram a afirmar que os americanos haviam ficado tão furiosos com o tratado franco-soviético, assinado em Moscou mais cedo naquele mês pelo general De Gaulle, que estavam deixando os alemães entrarem simplesmente para dar um susto nos franceses.

No Adlerhorst, Hitler ainda se sentia nas nuvens, embora o avanço estivesse atrasado. A notícia do grande contra-ataque foi liberada na Alemanha. "A totalmente inesperada ofensiva nas Ardenas", escreveu um oficial do Estado-Maior do Grupo do Exército Alto Reno, "é o presente de Natal mais maravilhoso que podíamos dar ao nosso povo. Portanto, ainda conseguiremos! [...] Achávamos que esse sexto Natal da guerra dificilmente seria festivo e feliz." Infelizmente para os nazistas, o desespero de acreditar em algo positivo despertou expectativas exageradas. Muitos acabaram se convencendo de que a França seria reconquistada e a guerra terminaria.

Algumas mulheres foram incentivadas a acreditar nessa ilusão pelos homens de sua família que tomavam parte na batalha. "Você não imagina que horas e dias gloriosos estamos vivendo agora", um tenente escreveu à esposa. "A impressão é que os americanos não estão conseguindo resistir ao nosso forte ataque. Hoje alcançamos uma coluna em fuga e acabamos com eles [...] Foi um banho de sangue glorioso, a vingança por nossa terra natal destruída. Nossos soldados ainda têm a mesma velha energia. Sempre avançando e sempre arrasando tudo. A neve ficará vermelha de sangue americano. A vitória nunca esteve tão próxima. Chegaremos logo ao momento decisivo. Vamos atirá-los ao mar, esses macacos arrogantes e falastrões do Novo Mundo. Eles não vão entrar na nossa Alemanha. Iremos proteger nossas esposas e filhos de toda dominação inimiga. Se queremos preservar os aspectos ternos e belos de nossas vidas, devemos usar toda a brutalidade nos momentos decisivos dessa luta."

Goebbels observou que, após o anúncio da ofensiva, toda a ração de Natal de Schnapps foi consumida em Berlim. Mas os berlinenses céticos, por sua vez, não ficaram tão impressionados. Com seu característico humor negro, brincavam a respeito da chegada de um Natal muito pouco festivo: "Seja prático, dê um caixão de presente". Seus pensamentos ficavam mais focados na ameaça do leste, e muitos rezavam, reservadamente, para que os americanos invadissem a capital antes do Exército Vermelho.

Notícias da ofensiva produziam diferentes reações nos generais alemães mantidos prisioneiros na Grã-Bretanha. Uma conversa gravada secretamente mostrava que o *Generalleutnant* Ferdinand Heim, capturado em Boulogne, o *Generaloberst* Ramcke, veterano paraquedista que havia liderado a defesa de Brest, e o *Standartenführer* Kurt Meyer, antigo comandante da 12ª Divisão SS Panzer Hitler Jugend, estavam todos animados. Heim chamou a ofensiva de "A Batalha das Longas Noites". "É só continuar avançando com estrondo à noite", ele gritou, "continuar avançando com estrondo!"

"Panzermeyer" concordou. "O velho princípio do combate de tanques: 'avançar, avançar, avançar!' [...] É aí que a superioridade da liderança alemã e especialmente dos comandantes alemães mais jovens faz diferença." Como líder Panzer, ele no entanto estava preocupado com os canhoneiros de tanques substitutos, que não teriam experiência suficiente, e também não tinha certeza se a ofensiva estava sendo ambiciosa demais e portanto contraproducente. Ramcke, porém, não pensava em nada disso. "Essa ofensiva é fantástica!", insistia. "O povo alemão não pode ser dominado. Você vai ver, vamos caçar os Aliados por toda a França e atirá-los na baía de Biscaia!"

Por outro lado, havia os ressentidos. O *General der Panzertruppe* Heinrich Eberbach disse a respeito de Hitler: "Esse cara nunca vai parar de se iludir. Ele vai ficar debaixo da forca e ter ainda a ilusão de que não será enforcado". E o *Generalleutnant* Otto Elfeldt, que havia sido capturado na brecha de Falaise, lembrou aos seus ouvintes: "Hoje é quarta-feira, e se eles avançaram apenas quarenta quilômetros em cinco dias, só posso dizer que isso não é ofensiva nenhuma. Uma ofensiva que se move devagar não tem nada de bom, pois permite que o inimigo traga suas reservas rapidamente".

14

QUINTA-FEIRA, 21 DE DEZEMBRO

Na manhã de 21 de dezembro, o Kampfgruppe Peiper estava em situação desesperadora, "cercado e sem suprimentos adequados", como disse o seu líder. Ele recebeu uma mensagem da 1ª Divisão ss Panzer dizendo que tentariam avançar por Trois-Ponts para socorrê-los. Mas a reduzida força de Peiper não era capaz sequer de defender Stoumont e Cheneux, e a força de auxílio não conseguiu penetrar. Os soldados enraivecidos saquearam o Château de Detilleux ao sul do Amblève e destruíram o que não conseguiram levar. Outros em Wanne mataram cinco homens e uma mulher, alegando que os aldeões estavam fazendo sinais para a artilharia americana. Mais tarde, outros nove soldados de um grupo da ss saquearam a comida de uma casa em Refat e estupraram três mulheres depois de jantar.

Em Stavelot, na manhã de 21 de dezembro, outros cem soldados alemães tentaram cruzar o rio a nado para chegar à margem norte. Oitenta deles foram mortos na água por soldados da 117ª Divisão de Infantaria, que ficaram gabando-se de seu "tiro ao pato"; e os demais tiveram que recuar. A posição de Peiper ficou ainda mais crítica quando os engenheiros de combate americanos conseguiram bloquear a estrada de Stoumont a La Gleize com três árvores, além de minar o trecho. Ele não teve alternativa a não ser recuar a maior parte dos soldados remanescentes para La Gleize, onde a artilharia da 30ª Divisão bombardeou a vila.

A batalha contra o Kampfgruppe havia ficado selvagem. "Depois que vimos aqueles civis mortos em Stavelot, os homens mudaram", um dos soldados registrou. "Eles queriam pulverizar tudo o que estivesse do outro lado do rio. Não era uma raiva impessoal; era ódio." Poucos soldados SS eram pegos vivos. Os oficiais da Waffen-SS visivelmente haviam feito com que a notícia do massacre de Malmedy trabalhasse a seu favor, esperando que deixasse seus homens assustados e os fizesse lutar até o fim. Diziam a eles que, se fossem capturados, seriam torturados e mortos.

"Nossa mala de prisioneiros agora ficou bem menor", declarou um oficial do quartel-general do I Exército. "Nossos soldados sabem das atrocidades cometidas pelo inimigo e que agora é uma questão de vida ou morte, nós ou eles." Vários oficiais de alta patente deixavam bem claro que aprovavam matar como vingança. Quando o general Bradley soube logo depois que prisioneiros da 12ª Divisão SS Panzer Hitler Jugend haviam comentado a respeito de suas pesadas baixas, ergueu as sobrancelhas cético. "Prisioneiros da 12ª SS?"

"Ah... sim, senhor", o oficial respondeu. "Precisávamos de algumas poucas amostras. Foi tudo o que conseguimos, senhor." Bradley sorriu. "Certo, assim está bem", disse ele.

Bradley ficou encorajado pela visão dos soldados de Patton indo para o norte para atacar o flanco sul de Manteuffel. Ele e membros de seu Estado-Maior puseram-se em pé do lado de fora do hotel Alfa em Luxemburgo em 21 de dezembro para assistir às colunas de veículos da 5ª Divisão de Infantaria, "cobertos de lama", passando pela cidade o dia inteiro. "Os GIs pareciam insensíveis", escreveu Hansen em seu diário, "agasalhados em marrom contra o vento de inverno que penetrava em seus veículos abertos, sentados com rostos sem expressão sobre pilhas de bagagem em caminhões rodando pela cidade, dirigindo um olhar vazio aos civis que olhavam sérios para eles."

Montgomery, sabendo muito bem da determinação dos alemães de atravessar o Mosa com suas divisões Panzer, reconheceu que o I Exército tinha que estender sua linha para oeste, bem além do bloqueio que a 30ª Divisão fazia sobre o Peiper Kampfgruppe. O major-general Matthew B. Ridgway, um paraquedista alto e temível, que nunca era visto sem granadas dependuradas em ambas as tiras dos ombros de seu arreio, tinha chegado para assumir o controle do 18º Corpo Aerotransportado a oeste do rio Salm. Adiante, estendendo-se em direção ao Mosa, Montgomery insistiu em ter o jovem major-general J. Lawton Collins no comando do 7º Corpo. Montgomery considerava-o um dos melhores comandantes americanos, e Hodges também o tinha em alta conta. O cronista do I Exército observou que "o general Collins mostra seu usual vigor irlandês de combate". Collins iria ficar com a 3ª Divisão Blindada, a 84ª Divisão de Infantaria e a 2ª Divisão Blindada, isto é, a antiga unidade de Patton conhecida como "Inferno sobre rodas".

Ridgway, apoiado por Kean, chefe do Estado-Maior do I Exército, e agora por Collins, argumentou que deviam ir até Sankt Vith enquanto os defensores continuavam a resistir. "Monty vinha dia sim, dia não, ao meu posto de comando", relembra Collins. "Ele convocava Ridgway para participar também, e discutia a situação conosco [...] Acabei conhecendo Monty muito bem, e de algum jeito nos entendíamos. Eu podia falar com ele e discordar e ele não ficava zangado com isso." Montgomery se opôs à ideia de um ataque com o corpo inteiro a Sankt Vith, em parte alegando que uma única estrada era insuficiente para abrigar a todos. "Joe, você não consegue encaixar um corpo inteiro em uma única estrada", disse ele, sem dúvida lembrando da estrada para Arnhem.

"Bem, Monty, talvez você não consiga, mas nós sim", respondeu Collins.

Mas tanto Hasbrouck, o comandante da 7ª Divisão Blindada, quanto Bruce Clarke, do Comando de Combate B, discordaram radicalmente do plano de ir socorrer Sankt Vith. Mais tarde acharam que Montgomery estava certo ao querer recuar seus defensores.

Também notaram que Ridgway se empolgara demais sem motivo, e que, como paraquedista, não compreendia bem o uso de formações blindadas.

Ao ouvirem o barulho de tanques na madrugada de 20 para 21 de dezembro, os defensores de Sankt Vith aguardaram um ataque ao amanhecer, mas ele só aconteceu no final da manhã. Os Volksgrenadiers alemães começaram inutilizando posições americanas de metralhadoras por meio de granadas e o "terrível Panzerfaust". Estavam tão próximos que os operadores de metralhadoras americanos usavam o "fogo de varredura", espalhando disparos em todas as direções. Os batalhões de artilharia de Hasbrouck, embora com escassez de bombas, respondiam a pedidos de missões de fogo em apenas dois a quatro minutos, "disparando fogo a cinquenta metros de onde estavam nossos homens".

Às 15h15, a batalha cessou, mas o major Boyer suspeitou de que "talvez fosse a calma antes da tempestade". Eles haviam ficado sem reservas. Meia hora mais tarde, as baterias da Nebelwerfer alemã de repente abriram fogo de novo. Muitas árvores foram dilaceradas. "Imensas lascas eram arrancadas nos troncos acima de nossas trincheiras, e podíamos ouvir à nossa volta os topos das árvores sendo explodidos e rasgados e até mesmo árvores caindo sob a impiedosa chuva de aço que varria e fustigava a floresta. Volta e meia ouvíamos o grito angustiado de algum homem sendo atingido, e no entanto tudo o que dava para fazer era ficar encolhido nos nossos *foxholes* com as costas grudadas nas paredes frontais, na esperança de não recebermos um golpe direto. A impressão era a de que nossos nervos estivessem sendo arrancados pela raiz enquanto o aço explodia gritando à nossa volta."

Os alemães atacaram pelos bosques sob a cobertura de barragem de fogo. Boyer gritava "Levantem a cabeça!" assim que o bombardeio arrefecia. Seus homens de infantaria abriram fogo quando viram os alemães tentando avançar pela trilha da floresta. Um americano com uma bazuca conseguiu tirar de combate um canhão de assalto autopropelido. E "um Panther foi destruído quando um soldado com uma bazuca saiu de seu buraco, avançou correndo e ao pressionar seu tubo contra uma linha de defesa puxou o gatilho. Ao disparar, desabou no chão, morto".

Dois Panthers começaram metodicamente a disparar nos *foxholes*, um por um, com fogo direto. Um dos oficiais de Boyer chamou pelo rádio "com lágrimas na sua voz", perguntando onde estavam os destruidores de tanques que poderiam lidar com os Panthers. "Malditos, eles têm dois tanques pesados aqui na crista, e estão estourando meus homens nos buracos, um por um." Mas não havia Shermans nem destruidores de tanques em seu setor. Assim que escureceu, Boyer disse ter imaginado que seria possível resistir a noite toda, mas logo depois das sete o ataque alemão foi retomado, com Nebelwerfers e Panzers destruindo cada *foxhole*.

Os ataques alemães vieram de três direções, de ambos os lados das estradas principais, que entravam na cidade pelo norte, leste e sudeste. Os defensores foram logo subjugados. Cada metralhadora do batalhão de Boyer já havia sido operada por várias equipes. "Assim que uma equipe era destruída, vinham outros homens substituí-la." Por volta das 22 horas, "tanques alemães haviam irrompido disparando pelo centro da linha e estavam entrando em Sankt Vith". Isso isolou o 38º de Infantaria Blindada no lado sudeste da cidade depois de cinco dias de batalha sem sono, com pouca comida e muitos homens sofrendo de ulcerações pelo frio e pelo "pé de trincheira". O batalhão de Boyer estava reduzido, de seus 670 homens iniciais, a apenas 185 ainda em pé. Todos os outros estavam gravemente feridos ou mortos. Começara a nevar forte.

O general de brigada Clarke, do Comando de Combate B, expediu a ordem: "Reorganizem-se. Salvem os veículos que for possível; ataquem a oeste por Sankt Vith. Estamos formando uma nova linha a oeste da cidade". Achando a ordem impossível de cumprir, Boyer disse a seus homens que se dividissem em grupos de quatro ou cinco, levando apenas armas pessoais. Enviou então um mensageiro ao pelotão de morteiros com a instrução de destruir os veículos, mas salvar seus morteiros e bipés. Um paramédico apresentou-se como voluntário para ficar com os feridos. Os homens, exaustos, foram caminhando com dificuldade pela floresta, sob neve. Um homem ia à frente com uma bússola, e cada soldado era instruído a segurar no equipamento daquele que ia à sua frente.

As ruas de Sankt Vith estavam cobertas de entulho e vidro quebrado, o matadouro estava em chamas e o gado aterrorizado vagava pelas ruas. Durante o pesado bombardeio do dia anterior, muitos civis da cidade haviam buscado refúgio na St. Josef Kloster, que tinha adegas sólidas. Quando o bombardeio ficou muito intenso, o padre Goffart decidiu se juntar aos refugiados embaixo. "Ele pegou um cálice e várias hóstias e montou um pequeno altar em uma das despensas subterrâneas." Na hora do grande ataque alemão daquele dia, o lugar estava tão apinhado de gente que não cabia mais ninguém. Muitos eram soldados americanos feridos que haviam se arrastado até lá e obrigado os civis a ceder espaço.

Entre os soldados em retirada pela cidade estavam os do Pelotão de Inteligência e Reconhecimento do 423º Regimento de Infantaria, da malfadada 106ª Divisão. "Não dava para ver muita coisa na escuridão, a não ser sombras na neve", um deles escreveu, "exceto quando as luzes ofuscantes dos fogos de iluminação e das explosões de armas de fogo faziam tudo ficar mais claro que de dia." Os últimos três Shermans que restaram em Sankt Vith, com o Pelotão de Inteligência e Reconhecimento ao lado, "seguiam com cautela por outra rua, a Rodterstrasse, que levava a noroeste. No limite da cidade, alguns montaram nos tanques, ficando o mais deitados que podiam, segurando-se no que fosse possível agarrar, enquanto o resto do grupo ia a pé ao lado deles. Os tanques saíram da cidade em meio a fogo cruzado mortífero proveniente de ambos os lados da rua – marcado por fogo traçante vermelho de metralhadoras, deixando todos nós num pânico infernal. Por sorte, os alemães atiravam alto demais e os disparos traçantes cruzavam alguns metros acima de nossa cabeça, sem maior risco. No alto de um pequeno morro, 1,5 quilômetro a oeste da cidade, saímos da estrada. Os tanques assumiram posição à beira de um pequeno bosque. O pessoal de Inteligência e Reconhecimento posicionou-se descendo alguns metros pela parte frontal da encosta, espalhando-se e cavando trincheiras da melhor maneira possível". A temperatura havia caído muito com a tempestade de neve.

Os alemães enregelados e famintos da 18ª e da 62ª Divisões Volksgrenadiers entraram na cidade, desesperados em busca de abrigo, e saquearam a comida que conseguiram encontrar nas casas e nos armazéns americanos abandonados. As forças de Hasbrouck haviam recuado até uma nova linha a oeste de Sankt Vith, e agora era a vez de os batalhões de artilharia de campo americanos bombardearem a malfadada cidade.

A noroeste, a 116ª Divisão Panzer do *Generalmajor* Siegfried von Waldenburg tinha ordens para seguir a leste do rio Ourthe até Hotton. No dia anterior, o grupo Panzer de Waldenburg havia atacado Samrée e Dochamps, enquanto a 560ª Volksgrenadier à sua direita enfrentava um combate mais duro. Os Panthers conseguiram inutilizar uma dezena de tanques americanos na batalha, mas estavam com tão pouco combustível que o 156º Regimento Panzergrenadier, a artilharia e o batalhão de reconhecimento tiveram que parar. O socorro veio depois da captura de Samrée, onde eles descobriram um depósito de combustível de 25 mil galões, que Waldenburg descreveu como "um presente de Deus". Os prisioneiros americanos confessaram que o combustível havia sido sabotado com açúcar, mas ele afirmou que "funcionou muito bem nos motores alemães".

"Não era possível ver nem sombra do tão esperado 2º Corpo ss Panzer", queixou-se ele, mas na realidade a 2ª Divisão ss Panzer Das Reich não estava muito longe. Depois de ter sido bloqueada perto de Sankt Vith pelo trânsito caótico nas estradas, ela havia dado a volta pelo sul e estava prestes a atacar pelo norte a linha da 82ª Aerotransportada, mas precisou aguardar os suprimentos de combustível. A Das Reich ardia de impaciência por causa desse atraso. "Sabíamos que a 2ª Divisão Panzer do Exército seguia para oeste sem encontrar resistência pesada do inimigo e que já estava perto de Dinant. Não há atividade aérea – a rota para o Mosa está aberta –, mas a divisão inteira está empacada há 24 horas sem poder avançar por falta de combustível!" Montgomery provavelmente estava certo ao estender a ala norte para oeste para enfrentar a ameaça, e rejeitar a ideia de um avanço sobre Sankt Vith, como era o desejo de Ridgway e do I Exército.

A 116ª Panzer atacou Hotton mais tarde naquele dia com o 156º Regimento Panzergrenadier apoiado por tanques, mas foram repelidos por um batalhão da 325ª Infantaria de Paraquedistas da 82ª Aerotransportada, e mais um pelotão de destruidores de tanques e alguns tanques da 3ª Divisão Blindada do major-general Maurice Rose, que haviam chegado nas primeiras horas. O comandante da 116ª Divisão Panzer reconheceu que os americanos lutaram bem. Seu Kampfgruppe perdeu vários tanques e seus homens estavam exaustos. "Os soldados aos poucos começaram a perceber que o plano decisivo devia ter falhado, ou que não seria possível a vitória. O moral e a eficiência sofreram com isso."

A 2ª Divisão Panzer, enquanto isso, chegara apenas até Champlon, dezoito quilômetros ao sul de Hotton em linha reta. Havia sido detida num cruzamento a sudeste de Tenneville por apenas uma companhia da 327ª Infantaria de Paraquedistas, e Lüttwitz mais tarde acusou o comandante de divisão *Oberst* Meinrad von Lauchert de covardia. Assim como ocorreu na batalha em Noville, a divisão se atrasara devido à chegada tardia de suprimentos de combustível. Algumas de suas unidades só tinham conseguido passar ao norte de Bastogne.

Quando os combates terminaram, os civis de Bourcy e Noville saíram de seus porões e viram destruição por toda parte, cheiro de fumaça úmida, de alvenaria carbonizada, ferro queimado e carne torrada do gado morto nos bombardeios. Mas o alívio relativo pelo fato de o ataque ter cessado durou pouco. Viram-se rodeados por um dos grupos do serviço de segurança da SS do Sicherheitsdienst. Começaram interrogatórios brutais, a fim de identificar membros da Resistência belga e aqueles que haviam dado as boas-vindas aos americanos em setembro. Os oficiais SD tinham fotos de jornal com eles no evento. Um homem em Bourcy foi espancado selvagemente e morto a marteladas. Haviam encontrado uma bandeira americana caseira no seu porão. O grupo seguiu então para Noville onde mataram sete homens, entre eles um sacerdote, o padre Delvaux, e o diretor da escola local.

Patton fizera milagres ao reagrupar seu III Exército com tanta rapidez, mas não se sentia entusiasmado por ter que se concentrar no socorro a Bastogne. Teria preferido ir para Sankt Vith bloquear os alemães. Também relutava em ficar à espera até que tivesse uma força maior, como Eisenhower ordenara. "O Ike e o [major-general] Bull [o G-3 do SHAEF] estão com medo de que eu ataque cedo demais e sem força total", escreveu ele em seu diário naquele dia. "Tenho tudo o que posso ter. Se ficar esperando, vou perder o efeito surpresa." Como alguém que nunca padecia de humildade, Patton também escreveu para a sua mulher naquele dia: "Vamos acertar bem nas entranhas do inimigo e cortar suas linhas de suprimento. Quando as coisas apertaram, o destino veio rapidamente me procurar. Talvez Deus tenha me poupado para esse esforço". Mas o excesso de confiança de Patton iria deixá-lo embaraçado nos dias seguintes, quando o ataque a Bastogne revelou-se muito mais difícil do que ele imaginara.

O batalhão de reconhecimento comandado pelo major Rolf Kunkel e pelo 39º Regimento de Fuzileiros da 26ª Divisão Volksgrenadier de Kokott já estava tomando as vilas ao longo do perímetro sul de Bastogne. Eram acompanhados pelo principal Kampfgruppe da Panzer Lehr. O general Cota da 28ª Divisão, que havia estabelecido seu quartel-general em Sibret, quase sete quilômetros a sudoeste de Bastogne, tentou organizar sua defesa com uma força improvisada de extraviados. Mas eles sucumbiram diante da força do ataque, e Cota precisou recuar sem demora. Kokott, visitando o setor, notou que havia extraviados da 28ª Divisão e achou que viessem da guarnição de Bastogne. Um belga com quem ele falou em Sibret garantiu-lhe que os defensores de Bastogne estavam abandonando a cidade. Ele ficou mais esperançoso, achando que talvez o otimismo de Lüttwitz fosse justificado.

O Kampfgruppe de Kunkel seguiu para o norte, o que causou considerável alarme no quartel-general de McAuliffe, porque a artilharia do 8º Corpo baseada em volta de Senonchamps era vulnerável. Os soldados de um batalhão de artilharia de campo entraram em pânico e fugiram; mas uma força rapidamente improvisada, apoiada por semitratores antitanque com metralhadoras quádruplas .50, chegou bem na hora. Os "trituradores de carne" fizeram seu pavoroso trabalho, e o ataque de Kunkel falhou.

Os soldados alemães, famintos, tomaram as casas de fazenda e vilas, felizes em obter abrigo agora que a temperatura caía bruscamente. Mataram porcos e vacas, tomaram comida das famílias e exultavam quando achavam estoques abandonados de equipamento e rações americanos. Eles tratavam os aldeões com tanta suspeita quanto os soldados americanos haviam tratado os belgas no cerco.

Mais ao sul, a 5ª Divisão Fallschirmjäger alcançara a estrada de Bastogne a Arlon, pronta para bloquear o avanço de Patton. As outras divisões alemãs tinham pouca confiança em sua capacidade de deter um grande contra-ataque.

Continuava em meio à neblina a luta para esmagar a incursão alemã entre Bizôry e Foy, ao longo da linha férrea para Bastogne. Pelotões de paraquedistas avançavam com cuidado por densos bosques de pinheiros, plantados em fileiras ordenadas, sem mato rasteiro. "Era como um saguão imenso, com um telhado verde sustentado por colunas marrons", escreveu o major Robert Harwick, comandante do 1º Batalhão do 506º que havia fugido de Noville no dia anterior. Eles paravam a cada clareira contra incêndio e a cada trilha de madeireira para observar, antes de atravessar. As ordens eram dadas aos cochichos ou por sinais de mão. A intervalos, balas de canhão alemãs explodiam nas copas das árvores.

As posições alemãs estavam bem escondidas, por isso os paraquedistas não tinham ideia de onde provinham os disparos. Quando os *foxholes* inimigos foram detectados, os homens, em linha de escaramuça, começaram a avançar em corridas curtas, enquanto outros davam cobertura, no clássico recurso de "disparar e se deslocar". Atacados a partir de duas direções, muitos dos Volksgrenadiers entraram em pânico. Alguns fugiram e caíram direto nas mãos dos homens de Harwick e se renderam. "Dois prisioneiros fugiram de volta", Harwick escreveu. "Estavam terrivelmente assustados e mantinham a cabeça abaixada enquanto as balas zuniam e uivavam. Por fim, uma rajada mais próxima fez os dois mergulharem num *foxhole*.

O guarda não quis arriscar e atirou uma granada logo depois que eles entraram. Então foi andando até lá e disparou quatro tiros de fuzil, e voltou à luta no front [...] O combate durou pouco, mas foi duro – feroz, como todo combate próximo. Havia um homem ferido deitado perto do lugar para onde eu me deslocara. Arrastei-me até lá. Ele precisava de ajuda. Ao lado dele havia um paramédico, ainda segurando uma bandagem na mão, mas com uma bala enfiada na cabeça."

Seus homens fizeram mais prisioneiros depois que a batalha terminou. "Um deles, aterrorizado, ficava a toda hora caindo de joelhos, gaguejando em alemão, mexendo os olhos sem parar, de lá para cá. Repetia em inglês: '*Don't shoot me!*'. Finalmente, ele desabou no chão aos prantos e gritou quando o reerguemos. Os outros tinham uma atitude que oscilava entre a desse homem e a de um tenente friamente altivo, tão altivo que não sei como aconteceu, mas alguém de repente decidiu dar um soco no nariz dele." Os prisioneiros foram obrigados a carregar os feridos americanos até o posto médico mais próximo.

A própria Bastogne estava relativamente bem provida de comida e tinha um bom suprimento de farinha, mas havia evidente escassez de rações para a linha do front. As rações K trazidas para os primeiros três dias logo acabaram, portanto os soldados sobreviviam basicamente comendo bolinhos e panquecas.

A maior preocupação de McAuliffe foi a escassez de bombas de artilharia, especialmente as de 105 mm para os *howitzers* de cano curto do 101º da Artilharia de Campo Aerotransportada. Os estoques de combustível também eram uma grande preocupação. Os destruidores de tanques e os Shermans consumiam muito e eram essenciais para a defesa. Mas desde a perda do hospital de campanha, o crescente número de feridos e a falta de médicos assustava a todos. O teto de nuvens baixas significava que os lançamentos por avião estavam fora de questão. Como Patton e Bradley em Luxemburgo, na verdade como todo comandante e soldado americano nas Ardenas, a equipe médica rezava para que fizesse tempo bom para voar.

Naquele dia, a artilharia alemã começou a concentrar-se na própria cidade de Bastogne. A precisão de seu fogo levou a injustificadas suspeitas entre a polícia militar de que houvesse quintas-colunas entre os refugiados e civis, direcionando o fogo alemão. A cidade era um alvo fácil, e os que estavam nos porões do Institut de Notre-Dame podiam sentir o chão tremer. Uma bomba atingiu um pequeno depósito de munição, causando uma enorme explosão. McAuliffe teve que transferir seu quartel-general para porões. Ele foi seguido nisso pelo coronel Roberts, que, depois de conduzir com autonomia as operações do comando de combate de sua 10ª Divisão Blindada, estava agora sob as ordens de McAuliffe. Os dois se davam bem e a expertise de McAuliffe como homem de artilharia foi muito útil na defesa, que dependia desse armamento.

Como a 26ª Divisão Volksgrenadier tinha que contar apenas com um Kampfgruppe da Panzer Lehr para tomar Bastogne, Lüttwitz, comandante do Corpo, ordenou que o *General* Bayerlein enviasse um negociador para pedir a rendição da cidade e evitar a aniquilação total. Lüttwitz tinha instruções estritas do quartel-general do Führer para não deslocar mais soldados para a captura de Bastogne, por isso essa exigência de rendição, que seria feita no dia seguinte, era um blefe.

O perímetro defensivo em volta de Bastogne era poroso, para dizer o mínimo, como ficara provado com a infiltração pela linha férrea. A escuridão das longas noites e a má visibilidade durante o dia permitiram que grupos alemães bloqueassem uma estrada atrás das posições avançadas, a fim de provocar uma retirada. Toda vez que isso ocorria, pelotões de reserva eram enviados para lidar com eles, portanto havia muito de "caça ao rato" nos bosques úmidos quando as patrulhas procuravam sobreviventes. A neblina baixa também fazia com que as patrulhas ao voltar fossem alvejadas por fogo amigo, e que soldados de ambos os lados acabassem entrando por engano em território dominado pelo inimigo. O capitão Richard Winters, oficial executivo do 2º Batalhão do 506º perto de Foy, chegou a ver um soldado alemão com as calças arriadas, aliviando-se, bem atrás de seu posto de comando. "Depois que ele terminou, gritei com meu melhor alemão: '*Kommen sie hier!*' ('Venha cá!'), o que ele fez. Tudo o que o coitado tinha nos bolsos eram algumas fotos, bugigangas e a ponta de um filão de pão preto, aliás, muito duro."

A única reserva mantida em Bastogne para emergências era um batalhão improvisado de seiscentos homens, conhecido como "Team SNAFU" (Situation Normal All Fucked Up, ou seja, Equipe Situação Normal Todo Mundo Fodido). Extraviados da 28ª Divisão de Infantaria e sobreviventes da destruição do comando de combate da 9ª Divisão Blindada a leste de Bastogne, assim como soldados sofrendo de fadiga de combate grave, foram todos arrastados para ela. Uma vantagem do cerco era que os defensores, usando linhas internas, podiam reforçar rapidamente setores ameaçados deslocando-se pelas ruas fora de Bastogne. Nesse meio-tempo, a Equipe SNAFU era usada para guardar bloqueios de estrada perto da cidade e prover reposições individuais para baixas nas unidades da linha de frente.

Naquela noite, começou a nevar de novo, e uma geada forte estava prestes a cair. Ela trouxe algumas bênçãos contraditórias, tanto para a força de Hasbrouck, que resistia a oeste de Sankt Vith, quanto para a 101ª Aerotransportada em Bastogne.

15

SEXTA-FEIRA, 22 DE DEZEMBRO

A oeste de Sankt Vith, a neve que caía poderia ter ajudado as forças depauperadas de Hasbrouck a se retirarem, mas elas não tiveram permissão de recuar. O general Ridgway queria que ainda permanecessem entre Sankt Vith e o rio Salm.

Nas primeiras horas da manhã, a brigada Führer Begleit de Remer desferiu um ataque à pequena cidade de Rodt, cerca de quatro quilômetros a oeste de Sankt Vith. Rodt era defendida por soldados de serviço americanos – motoristas, cozinheiros e sinalizadores – e no final da manhã a bem armada força de Remer havia conquistado o lugar.

Alguns dos homens de Hasbrouck ainda permaneciam fora de contato a nordeste de Sankt Vith, sem saber da retirada geral. Às quatro da manhã, uma companhia de infantaria blindada recebeu uma mensagem de rádio transmitida pelo 275º Batalhão de Artilharia de Campo. "Suas ordens são: Vão para oeste. Vão para oeste. Vão para oeste." O comandante da companhia ordenou que seus pelotões voltassem dos postos avançados, um por vez, em fila indiana, com "cada homem segurando firme no cinto ou nas tiras da mochila do homem à sua frente". A visibilidade era praticamente nula na nevasca. Eles usavam uma bússola para seguir para oeste. No caminho, tropeçando pela neve, os homens acabaram separados uns dos outros, e a maioria foi morta ou capturada. Os que escaparam por bosques, pequenos canyons e encostas íngremes finalmente alcançaram a linha de tanques leves e carros blindados que formavam a retaguarda da 7ª Divisão Blindada.

O exausto Pelotão de Inteligência e Reconhecimento da 106ª Divisão, que havia fugido de Sankt Vith com três Shermans, foi acordado antes de raiar o dia pelo ronco dos motores. As tripulações dos tanques haviam recebido ordem de recuar, mas não lembraram de avisar o pelotão que estivera guardando-os. "Arrastamo-nos com esforço para fora de nossas imitações de *foxholes* e nos reunimos à beira dos bosques. Alguns dos caras tinham que ser amparados enquanto tentavam ficar em pé, e, para um deles, andar era muito doloroso. Nossas pernas enrijeceram durante a noite e nossos pés quase congelados incharam mais ainda depois de horas agachados em nossas posições defensivas."

Os tanques atraíram o fogo alemão assim que chegaram à estrada para Vielsalm, o que revelou que o inimigo vinha avançando atrás deles. "Assim, de novo no vento frio e na neve, começamos a andar com todo o cuidado para sudoeste pelo trecho de bosques." Eles podiam ouvir os pesados combates em Rodt conforme a Führer Begleit atacava. Assim, "aproveitando a vegetação rasteira e a sempre presente neblina, continuamos seguindo para sudoeste pelas trilhas rurais até chegarmos à pequena aldeia de Neundorf. Acessando a vila por uma pequena ponte, chegamos a um núcleo de casas de fazenda à entrada do povoado".

"Assim que cruzamos a ponte", outro membro do pelotão relatou, "fomos recebidos por um grande número de belgas – homens, mulheres e crianças. Expliquei quem éramos e o que havia acontecido em Sankt Vith. Nunca vou esquecer, enquanto eu viver, o que aquelas pessoas fizeram. Ali estavam elas, entre os alemães que avançavam e os americanos em fuga. E o que fizeram? Eles rapidamente nos separaram em pequenos grupos e nos levaram para suas casas. O grupo em que eu fiquei foi conduzido para a casa de uma belga maravilhosa. Eu não sei como é que ela conseguiu aquilo, mas em questão de minutos, tinha enchido de comida uma mesa comprida. Havia uma imensa panela de cozido de carne, dois jarros grandes de leite, batatas cozidas e filões de pão quente. Você já pode imaginar o que aconteceu. A gente simplesmente se empanturrou. A lareira estava acesa, e não demorou muito e o irlandês [PFC[1] John P. Sheehan] já estava dormindo em uma velha cadeira de balanço diante do fogo. Nem bem havíamos acabado de comer já ouvimos o som de metralhadoras alemãs não muito longe de nós. Na confusão para ir embora, pegamos todo o nosso dinheiro e pusemos em cima da mesa. Não podíamos fazer menos que isso por aquelas pessoas maravilhosas."

O avanço da Führer Begleit havia dividido a força de Hasbrouck em duas, então ele teve que recuar para evitar o cerco. Hasbrouck estava furioso com Ridgway e seu quartel-general do 18º Corpo da Aerotransportada, que queria vê-lo formando uma defesa tipo "galo na cabeça" a leste do rio Salm. Hasbrouck estava muito preocupado com o seu flanco sul, porque durante a noite soube que sua força-tarefa à direita havia capturado um oficial alemão da 2ª Divisão SS Panzer Das Reich. Se a Das Reich estava indo para Gouvy, como o prisioneiro dissera, a fraca força dali não teria chance. Mais tarde naquela manhã de 22 de dezembro, uma nova força alemã próxima de Recht, logo ao norte de Poteau, foi identificada como parte da 9ª Divisão SS Panzer Hohenstaufen. Se estivesse indo para o rio Salm, como parecia ser o caso, então ameaçaria bloquear a linha de recuo do Comando de Combate A da 7ª Divisão Blindada. Seu comandante, coronel Rosebaum, reagiu rapidamente. Retirou seus tanques que combatiam a Führer Begleit e concentrou sua força em torno de Poteau para bloquear a SS Hohenstaufen.

Naquela manhã, um dos oficiais britânicos de ligação de Montgomery apareceu no posto de comando de Hasbrouck em Commanster, doze quilômetros a sudoeste de Sankt Vith. Ele perguntou a Hasbrouck o que ele achava que devia ser feito. Hasbrouck

1 Private First Class, isto é, Soldado de Primeira Classe. (N. T.)

respondeu que, se o alto-comando achasse essencial manter uma defesa em todo o perímetro, então ele resistiria o máximo de tempo possível, mas acreditava que uma retirada seria preferível, porque com os bosques e a falta de estradas o terreno era praticamente impossível de ser mantido. Isso foi relatado a Montgomery.

Hasbrouck então enviou uma avaliação detalhada de sua posição a Ridgway. A artilharia alemã logo seria capaz de bombardear seus homens por todos os lados, e sua rota de suprimentos por Vielsalm corria riscos com o avanço da SS Das Reich. Ele argumentou que as forças que lhe restavam seriam mais bem empregadas fortalecendo a 82ª Aerotransportada para resistir à Das Reich. As perdas, em infantaria especialmente, haviam sido tão grandes que ele duvidava que aguentassem outro ataque intenso. Acrescentou um pós-escrito. "Estou apostando minhas últimas fichas para detê-los [os alemães] [...] Na minha opinião, se não sairmos daqui e formos para o norte da 82ª antes de anoitecer, não teremos mais uma 7ª Divisão Blindada."

Ridgway resistiu à recomendação de recuar, mas Montgomery prevaleceu no meio da tarde durante uma visita ao quartel-general do I Exército. Ele enviou um sinal a Hasbrouck: "Você cumpriu sua missão – cumpriu-a muito bem. É hora de recuar". De fato, havia sido bem cumprida. A força mista de Hasbrouck conseguira retardar o avanço do V Exército Panzer em cerca de uma semana.

Felizmente para os americanos, a invasão alemã em Sankt Vith causara uma grande confusão. Muitos dos veículos eram jipes e caminhões americanos capturados no Schnee Eifel, e seus novos proprietários recusavam-se a abrir mão deles. A Feldgendarmerie descontrolou-se, e um furioso *Generalfeldmarschall* Model foi obrigado a descer e andar até as ruínas da cidade que seus soldados haviam demorado tanto tempo para capturar. O caos no principal cruzamento de estradas significava que os comandantes alemães iriam demorar um bom tempo para reposicionar suas forças. Esse respiro deu ao general de brigada Clarke a chance de recuar seu Comando de Combate B para uma nova linha. Então um milagre ainda maior aconteceu. A artilharia de Hasbrouck já estava com sua munição quase esgotada quando um comboio com noventa caminhões chegou inesperadamente naquela manhã por tortuosas rotas secundárias, trazendo 5 mil bombas de 105 mm para os *howitzers*.

O Pelotão de Inteligência e Reconhecimento juntou-se ao 424º de Infantaria, o único regimento da 106ª Divisão a recuar, para formar a ala direita da força de Hasbrouck. Pela primeira vez, eles ouviram falar do massacre perto de Malmedy. "Os soldados da linha de frente prometeram que não iriam fazer prisioneiros em seu setor", escreveu um deles. "Dois do pelotão, fazendo a ligação com uma das companhias, visitavam os *foxholes* da linha do front de um dos pelotões de fuzileiros. Do outro lado de uma clareira de uns cinquenta metros no bosque, surgiu uma bandeira branca, e um sargento então ficou em pé e fez sinal para que os alemães avançassem. Cerca de vinte homens emergiram do bosque. Quando chegaram mais perto da linha, o sargento deu o comando de abrir fogo. Não foram feitos prisioneiros."

Apenas soldados alemães que haviam dado a volta toda em Sankt Vith estavam em posição de avançar. Naquela noite, Panzers e infantaria atacaram ao longo da linha férrea em direção a Crombach. A luta foi furiosa. Uma companhia disparou seiscentas vezes em vinte minutos com seus morteiros de 81 mm e "arrebentou as placas de base que estavam soldadas ao piso dos semitratores". Tripulações de Panzers alemães usaram seu truque de acender fogos luminosos para ofuscar os canhoneiros americanos, e com isso faziam seus disparos primeiro, conseguindo efeitos devastadores.

Como Hasbrouck previra, praticamente a divisão inteira estava agora sob pesado bombardeio. Foram expedidas ordens para a retirada, e a artilharia começou a ir embora à meia-noite. Teve início uma geada muito forte. Para o feliz espanto do general de brigada Clarke, o solo finalmente ficou sólido o suficiente não só para a mobilização pelo campo, mas também pelas trilhas enlameadas dos bosques. Isso era essencial para que pudessem mover todos os diferentes componentes pelo intervalo de três quilômetros entre Vielsalm e Salmchâteau, e pelas duas pontes sobre o rio. Mas os ataques alemães durante a noite impediram que os dois comandos de combate escapassem pela escuridão. O cuidadoso plano de retirada ficou fora de sincronia, mas apesar de várias escaramuças de retaguarda, a maior parte das forças em retirada conseguiu cruzar o rio Salm em 23 de dezembro.

Um sobrevivente de uma companhia de infantaria, que conseguiu fugir com o 17º Batalhão de Tanques, relatou como, após várias trocas de fogo enquanto corriam, eles finalmente conseguiram chegar às linhas da 82ª Aerotransportada. Um paraquedista cavando um *foxhole* descansou sua pá e disse: "Por que diabos vocês estão correndo? Já estamos aqui há dois dias e não vimos nenhum alemão ainda". O exausto soldado de infantaria retrucou: "Fique aí mesmo onde você está, garoto. Já, já você não vai mais ter que procurar por eles".

Na encosta sul da serra de Elsenborn, a 12ª Divisão SS Panzer Hitler Jugend tentou mais uma vez entrar com seus tanques em Bütgenbach. Os defensores americanos reuniram os civis nos porões de um convento e deram-lhes comida. Nas casas ao redor da cidade, mulheres e crianças se encolhiam em porões enquanto em cima deles se dava o combate. Equipes de bazuca escoltavam os Panzers que haviam invadido a cidade, quando então caças-bombardeiros americanos atacaram a vila. Uma explosão arremessou uma vaca no telhado de uma fazenda. Quando o combate terminou, os corpos de 21 civis haviam sido enrolados em cobertores, prontos para serem enterrados quando a oportunidade surgisse. Tratava-se, em sua maioria, de idosos e residentes com deficiências físicas de uma casa de saúde.

Essa foi a última grande tentativa de romper a defesa americana da serra de Elsenborn. A 12ª Divisão SS Hitler Jugend recebeu ordens de recuar e se reorganizar, antes de ser desviada para o V Exército Panzer mais ao sul. O 5º Corpo de Gerow havia bloqueado a tentativa do VI Exército Panzer de romper as linhas.

Nas primeiras horas de 22 de dezembro, aviões de transporte alemães Junkers 52 lançaram combustível, rações e munição para o Kampfgruppe de Peiper, mas apenas um décimo dos suprimentos pôde ser recuperado da zona restrita de lançamento. A Luftwaffe negou os pedidos do VI Exército Panzer para missões adicionais. As tentativas feitas pela 1ª Divisão SS Panzer de invadir e dar apoio e reabastecer Peiper foram frustradas em Trois-Ponts por um regimento da 82ª Aerotransportada, que defendia a linha do rio Salm logo abaixo de sua confluência com o Amblève. O general Ridgway sabia que precisava eliminar o Peiper Kampfgruppe de seu bolsão em La Gleize e Stoumont o quanto antes, para poder reposicionar a 30ª Divisão e a 3ª Divisão Blindada. A ameaça crescia mais a oeste com o avanço da 116ª Divisão Panzer no sentido de Hotton, e da 2ª Divisão Panzer à sua esquerda.

Ridgway nutria esperanças de que o céu clareasse aquele dia, depois da forte geada da noite anterior, mas logo soube que nenhum avião iria voar em seu apoio. Pelo menos, Stoumont estava finalmente desimpedida pela infantaria da 30ª Divisão com apoio de tanques Sherman. Os alemães recuaram, deixando para trás os feridos de todos os três batalhões do seu 2ª Regimento SS, Regimento Panzergrenadier. Mas a oeste de Stavelot, uma companhia de Panzergrenadier infiltrou-se e bloqueou a estrada, capturando uma estação médica americana, retomada por engenheiros de combate e tanques no dia seguinte.

Peiper reconheceu que a sua situação era "muito grave". Havia uma luta casa por casa em La Gleize, onde alguns edifícios estavam em chamas depois das bombas de fósforo disparadas pela artilharia americana. Peiper afirmou que a igreja de La Gleize, "conspicuamente marcada por uma cruz vermelha", havia sido alvejada por tanques e artilharia dos Estados Unidos. Seus homens, a maioria deles ainda adolescentes, estavam exaustos e quase mortos de fome. Quase todos usavam peças do uniforme americano que haviam tirado de mortos e prisioneiros, pois os seus estavam caindo aos pedaços. Como todas as tentativas de penetrar feitas pela força de socorro de sua divisão haviam falhado, Peiper decidiu naquela noite que o seu Kampfgruppe teria que bater em retirada lutando.

Enquanto o moral de Peiper afundava, o *Generalmajor* Kokott no lado sul de Bastogne começava a se sentir mais otimista. O posto de comando de seu 26º Volksgrenadier acabara de tomar conhecimento de relatos do rápido avanço das divisões Panzer em direção ao Mosa. Ele também começou a pensar que talvez o quartel-general do corpo de Lüttwitz tivesse boas informações sobre o estado dos defensores americanos em Bastogne, caso contrário não teria ordenado que "uma única divisão de infantaria" cercasse e capturasse a cidade. Lüttwitz, que na noite anterior recebera a visita do *General der* Panzertruppe Brandenberger, recebeu garantias de que a 5ª Divisão Fallschirmjäger seria capaz de defender o flanco sul contra o ataque de Patton ao norte, a partir de Arlon.

Com aquele tempo terrivelmente frio, com mais nevascas e o chão congelando e endurecendo, Kokott iniciou um ataque concêntrico. Seu 39º Regimento avançou sobre Mande-Saint-Etienne a oeste, enquanto seu batalhão de reconhecimento, o Kampfgruppe Kunkel, lutava em torno de Senonchamps e Villeroux, a sudoeste de Bastogne. "No decorrer do [dia]", Kokott registrou, "chegou a notícia do Korps [quartel-general] dizendo que o comandante das forças em Bastogne havia recusado uma rendição com notável brevidade."

Quando soldados da 327ª Infantaria de Paraquedistas viram quatro alemães vindo na direção deles brandindo uma bandeira branca, pensaram que queriam render-se. Um oficial alemão falando em inglês anunciou que, segundo as convenções de Genebra e de Haia, eles tinham o direito de expedir um ultimato. Eles providenciaram suas próprias vendas nos olhos e foram conduzidos até o posto de comando da companhia. Sua carta foi então enviada ao quartel-general da divisão. O general de brigada McAuliffe, que passara a noite inteira acordado, dormia no porão. O chefe de Estado-Maior sacudiu-o para acordá-lo, e contou que os alemães haviam enviado emissários pedindo que os defensores de Bastogne capitulassem ou fossem aniquilados. McAuliffe, ainda meio dormindo, murmurou: "Loucos!". Sem saber o que responder, um membro do estafe da 101ª sugeriu que McAuliffe deveria responder o mesmo que havia dito ao chefe do Estado-Maior. Então, foi enviada essa resposta ao não identificado "comandante alemão", que na realidade era Lüttwitz, com apenas aquela palavra. Manteuffel ficou furioso com Lüttwitz quando soube do ultimato. Ele o considerou um blefe estúpido, porque os alemães simplesmente não contavam com munição de artilharia suficiente para fazer aquela ameaça. McAuliffe, por sua vez, não tinha como certificar-se da verdade.

A mudança no tempo deixava os uniformes constantemente submetidos à neve. Em Bastogne e nas vilas vizinhas, os oficiais americanos pediram ao prefeito local se poderia fornecer lençóis, para serem usados como camuflagem. Em Hemroulle, o burgomestre foi direto à igreja tocar o sino. Os habitantes da cidade correram até lá e ele pediu que trouxessem lençóis para os soldados americanos. Foram trazidos cerca de duzentos lençóis. Os paraquedistas começaram a cortá-los para fazer coberturas para os capacetes, ou tiras para enrolá-las nos fuzis e nos canos das metralhadoras. Mas aqueles que fizeram capas estilo poncho para vesti-las durante os patrulhamentos logo descobriram que elas encharcavam e congelavam. Com isso, rachavam e faziam barulho quando eles se moviam. Outros soldados vasculharam Bastogne e vilas dos arredores procurando latas de cal para camuflar veículos e tanques.

Em seus *foxholes* ao redor do perímetro de Bastogne, os mal equipados paraquedistas da 101ª sofriam muito com as baixas temperaturas, especialmente com as botas encharcadas. Alguns soldados descobriram uma loja com 2 mil sacos de aniagem. Eles foram rapidamente distribuídos entre os soldados para serem colocados em volta dos pés, mas com isso as baixas fora de batalha por causa de "pé de trincheira" subiram de modo alarmante.

Apesar das péssimas condições, os paraquedistas surpreenderam os alemães pelo vigor de seus contra-ataques naquele dia. Os alemães haviam começado atacando o setor Mande-Saint-Etienne ao amanhecer. Durante as lutas, uma família de refugiados procurou abrigo juntamente com outras pessoas na última casa da vila. Os dois irmãos donos daquela casa de fazenda ordenharam as vacas e trouxeram baldes de leite para seus hóspedes tomarem nos estábulos anexos. De repente, a porta foi aberta com um pontapé e entraram dois soldados alemães com submetralhadoras Schmeisser MP-40. Os refugiados encolheram-se contra a parede, porque os dois homens pareciam bêbados. Enquanto um deles apontava a arma aos civis, o outro foi até os baldes de leite, abaixou a calça e urinou em todos eles, para a diversão de ambos.

A 26ª Divisão Volksgrenadier perdera quatrocentos homens em seus ataques naquele dia, e teve que fazer reposições de infantaria trazendo membros do batalhão de suprimentos da divisão e do regimento de artilharia, para recompor os números. Devido aos contra-ataques, o *Generalmajor* Kokott achou que os defensores estivessem prestes a romper o cerco. Seus homens tinham ouvido de civis refugiados saídos de Bastogne que havia muita tensão na cidade e que os veículos estavam sendo carregados. Bombas alemãs durante a noite atingiram o posto de comando da 101ª Divisão e mataram vários oficiais surpreendidos em seus sacos de dormir.

Um lançamento aéreo planejado para aquele dia teve que ser cancelado devido à baixa visibilidade. A 101ª estava quase sem munição de artilharia e o número de feridos com tratamento precário crescia rapidamente. O moral, no entanto, estava alto, ainda mais depois que circulou a notícia da rejeição do pedido de rendição. Alguns oficiais de alta patente no SHAEF, como o major-general Strong, o chefe britânico de Inteligência, temiam que a 101ª Aerotransportada não fosse capaz de defender Bastogne. "Nunca me preocupei com a operação", Bedell Smith disse mais tarde. "Mas o Strong se preocupava. Ele me perguntou três vezes no mesmo dia se eu achava que conseguiríamos resistir em Bastogne. Eu achava que sim. Ele disse: 'Por que você acha?'. Eu respondi: 'Porque os comandantes ali acreditam que vão conseguir'. Nós tínhamos em Bastogne a nossa melhor divisão. Quando o comandante disse [que eles estavam] o.k., acreditei que ele conseguiria [resistir]."

O major-general *Lightning* Joe Collins gastou pouco tempo organizando o seu 7º Corpo para resistir ao avanço das divisões Panzer alemãs que se dirigiam ao Mosa. Naquele momento, ele tinha apenas a 84ª Divisão de Infantaria, mas a 2ª Divisão Blindada estava a caminho, assim como a 75ª de Infantaria. Ele viajou num carro blindado até a cidade de Marche-en-Famenne. "A neblina se assentava na copa das árvores", ele relembrou mais tarde. Por lá estava o general de brigada Alex Bolling, comandante da 84ª Divisão de Infantaria, que avançara forças de reconhecimento para identificar a linha de aproximação do inimigo. Ele tranquilizou-se ao ver Bolling "muito calmo", mas a conversa entre os dois convenceu-o de que Bradley estava equivocado em acreditar que seu corpo inteiro deveria ser preservado para um contra-ataque. O 7º Corpo estava prestes a "travar uma luta pela própria vida". Collins decidiu montar o quartel-general de seu corpo em um pequeno castelo em Méan, quinze quilômetros ao norte de Marche.

O Kampfgruppe avançado da 2ª Divisão Panzer começara a se dirigir para Marche em 22 de dezembro. Não encontrou resistência até entrar em choque com um destacamento do 335º Regimento de Infantaria de Bolling, num cruzamento de estradas dois quilômetros ao sul de Marche, numa área de campinas ondulantes e bosques. Enquanto uma força de Panzergrenadiers continuava a batalha, os principais elementos da 2ª Panzer desviaram para oeste em direção a Dinant. Houve alarme com um relato não confirmado dos britânicos do 23º Hussars, que estavam adiante da travessia do Mosa em Givet, de que haviam sido avistados Panzers em Vonêche, doze quilômetros a sudeste.

Os principais elementos da 2ª Panzer estavam a essa altura a apenas 25 quilômetros da ponte do Mosa em Dinant, mas os constantes ataques pela divisão de Bolling forçaram a 2ª Panzer a destacar soldados para proteger seus flancos. De manhã, um ataque desferido desde Marche pela infantaria americana fracassou, mas à tarde, uma tentativa mais forte, apoiada por tanques, retomou o terreno elevado a sudoeste da cidade. Uma grande reviravolta foi evitada pelo batalhão antiaéreo da 2ª Panzer ao atacar os tanques Sherman em campo aberto, mas ela sofreu pesadas perdas no processo. Naquela noite, os Panzergrenadiers conseguiram recuperar parte do terreno elevado e abrir a estrada para oeste.

Soldados americanos de serviços e outros destacamentos na área logo atentaram para o perigo. Um grupo de soldados, que haviam se hospedado no antigo Château d'Hargimont entre Marche e Rochefort, dormiu de uniforme e botas, com granadas à mão, caso fossem surpreendidos pelo avanço alemão. Ao ouvirem fogo de canhões, levantaram imediatamente e se dirigiram a Dinant. O mesmo fez a maioria dos jovens belgas, a pé ou de bicicleta. Tinham medo de represálias pelos ataques que a Resistência fizera em setembro, e sabiam que se ficassem poderiam acabar na Alemanha para trabalhos forçados.

Ao se abrigarem em porões enquanto as bombas de artilharia caíam, os belgas não tinham ideia do andamento da batalha. Mesmo assim, era possível identificar os diferentes sons produzidos na rua pelas botas americanas com solados de borracha e pelas de cano alto e solado pregado dos alemães. Eles se afastavam quando os alemães entravam, não só por medo de violência, mas também porque sabiam que os soldados inimigos estavam cobertos de piolhos. Os soldados alemães durante aquele avanço vinham dispostos a localizar americanos escondidos ou membros da Resistência. Qualquer jovem belga que tivesse sido suficientemente imprudente para disparar alguns tiros estava sujeito a ser fuzilado como "terrorista". E quando os alemães chegavam, eles deixavam seus fuzis e Panzerfausts num canto, e os civis não tinham como não ver isso com nervosismo. Os habitantes locais falavam em valão entre eles, para que os soldados não entendessem, a não ser que houvesse entre eles algum recrutado dos cantões do leste.

Nos porões, iluminados por lampiões ou velas, os habitantes das Ardenas às vezes cantavam canções folclóricas quando havia alguma trégua mais longa. Mas assim que o bombardeio era retomado, rezava-se o rosário, movendo os lábios rapidamente. As condições durante os longos períodos de bombardeio deterioravam-se em pouco tempo, promovendo a disenteria. Os baldes só podiam ser levados para cima e esvaziados nos montes de estrume quando havia uma trégua no fogo. Os fazendeiros e seus filhos também corriam para ordenhar as vacas no curral e alimentar os porcos. Eles voltavam com baldes de leite para os que estavam abrigados no subsolo, acrescentando algo à dieta de batatas. Quando havia tempo para isso, cortavam às pressas a carne de animais de criação mortos pelo bombardeio. Os que tinham mais sorte conseguiam trazer um pernil das Ardenas, para ser dividido entre todos. Muitos enchiam baldes e garrafas com neve e esperavam que derretesse, para usar como água potável, porque ir até a bomba do poço era perigoso. Aqueles que haviam fugido para os bosques quando suas casas foram bombardeadas não tinham alternativa a não ser ficar amontoados para se aquecer. Sua única fonte de água eram os pingentes de gelo.

Por toda Ardenas, cuidava-se dos velhos e doentes com um espírito comunitário; exemplos de atitudes egoístas, ao que parece, foram raros. As pessoas cujas casas tinham porões de pedra abrigavam vizinhos cujos porões tinham apenas tábuas como teto. E o dono de um castelo local, de amplos porões, convidava os aldeões a se abrigarem ali, mas um edifício tão destacado sempre podia atrair o interesse dos observadores da artilharia, fossem alemães ou Aliados.

O *Generalmajor* Von Waldenburg, comandante da 116ª Divisão Panzer, estava de péssimo humor naquela manhã. Às quatro da madrugada, recebera uma ordem do comandante de seu corpo para interromper o ataque sobre Hotton a partir do leste do rio Ourthe, valentemente defendido por um batalhão americano de engenheiros e por soldados de serviço. Manteuffel acreditou equivocadamente que a defesa era forte demais e que seria capaz de deter a divisão de Waldenburg. Ordenou que a 560ª Divisão Volksgrenadier tomasse Hotton, enquanto a 116ª Panzer voltaria passando por Samrée e La Roche-en-Ardenne, e então seguiria para noroeste novamente, do outro lado do Ourthe, para penetrar entre Hotton e Marche. Waldenburg estava convencido de que, se tivessem sido mandados nessa direção antes, já teriam a essa altura avançado muito além de Marche. Essa desatenção permitiu que o general Collins ganhasse tempo para organizar sua linha de defesa mais a oeste.

Em Luxemburgo, o Estado-Maior do general Bradley notou que agora ele raramente saía da cama ou do escritório. Mas, naquela manhã, Hansen entrou na sala de Bradley e encontrou-o ajoelhado em cima de um mapa estendido no chão, espiando através de seus óculos bifocais a rede de estradas que estava sendo usada pelos alemães, e marcando trajetos a lápis. Era o dia em que começaria o ataque do general Patton a Bastogne com o 3º Corpo a partir do sul, junto com a 4ª Divisão Blindada e a 26ª e a 80ª Divisões de Infantaria à sua direita. O 12º Corpo, começando atrás da 4ª Divisão de Infantaria na parte sul, também avançaria para o norte com a sua 5ª Divisão e parte da 10ª Blindada.

Após a pesada nevasca da noite anterior, Hansen descreveu a vista a partir do hotel como "uma verdadeira cena de cartão-postal, com casinhas cobertas de neve". A neblina se dissipara um pouco e a temperatura havia caído, mas a cobertura de nuvens baixas ainda impedia o uso de todo o poder aéreo Aliado. Como a população de Luxemburgo ainda estava ansiosa, o oficial de assuntos civis do 12º Grupo do Exército decidiu levar o príncipe Jean, filho da grande duquesa Charlotte, para dar uma volta de carro pela cidade, a fim de tranquilizar as pessoas e mostrar que havia permanecido com elas. O Estado-Maior de Bradley ficara irritado ao ver que a rádio Luxemburgo, que possuía o transmissor mais potente da Europa, havia saído do ar, pois seus funcionários fugiram em pânico, levando com eles o equipamento técnico.

O medo em relação aos comandos de Skorzeny ainda não havia sido aplacado. Homens do Corpo de Contrainteligência estavam "muito preocupados com a segurança de nossos generais", anotou Hansen em seu diário naquele dia. "Agentes alemães em uniformes americanos podem ser supostamente identificados por seus cachecóis cor-de-rosa ou azuis, pela saudação com dois toques [dos dedos] em seus capacetes e pelo último botão aberto em seus casacos ou jaquetas. Quando Charlie Wertenbaker [da revista *Time*] chegou esta noite, apontamos para o seu cachecol marrom, advertindo que tinha uma nuance cor-de-rosa e ele imediatamente o guardou."

Eisenhower, também se sentindo asfixiado sob as precauções de segurança em Versalhes, expediu uma ordem do dia a todas as formações. "O inimigo faz um supremo esforço para se livrar do desesperado apuro em que vocês o forçaram a entrar por meio de suas brilhantes vitórias do verão e do outono. Ele luta selvagemente para recuperar tudo o que vocês ganharam e usa todos os truques traiçoeiros para enganar e matar. Está apostando tudo, mas o heroísmo incomparável que vocês demonstram nessa batalha tem feito muito para frustrar os planos deles. Diante da sua comprovada bravura e fortaleza, ele irá fracassar totalmente."

No dia anterior, numa tentativa de proteger Bradley de qualquer sugestão de que ele tivesse sido pego desprevenido nas Ardenas, Eisenhower recomendou sua promoção a general de alto escalão. Escreveu ao general Marshall para dizer que o comandante do 12º Grupo do Exército havia "mantido a cabeça no lugar magnificamente [...] agido metodicamente e com energia para fazer frente à situação. Em nenhum setor existe qualquer tendência a culpar Bradley".

Bradley, segundo Bedell Smith encorajado por seu Estado-Maior, convenceu-se de que Montgomery havia entrado em pânico. No mínimo, essa visão completamente distorcida demonstrava que o quartel-general do seu Eagle Tac em Luxemburgo estava fora de sintonia com a realidade do campo de luta. "Soubemos que o Exército britânico inteiro estava em retirada", escreveu um de seus oficiais. "Deixando apenas o esqueleto de uma força na linha do front, e com notável agilidade para um homem que com frequência era tão cauteloso, Montgomery mobilizou a maior parte de seu II Exército britânico e os primeiros exércitos canadenses, trouxe-os da Holanda para um semicírculo defensivo em volta da Antuérpia, preparado para a última batalha de trincheiras que ele ao que parece imaginou ter que travar ali." O Estado-Maior de Bradley claramente não tinha ideia de que o 30º Corpo de Horrocks estava no Mosa, com a 29ª Brigada Blindada já na margem leste, pronta para se conectar com a ala direita do 7º Corpo de Collins.

16

SÁBADO, 23 DE DEZEMBRO

Por todas as Ardenas, comandantes americanos na manhã de 23 de dezembro olharam maravilhados para o céu azul sem nuvens e para o ofuscante sol de inverno. A temperatura caíra ainda mais, devido a uma frente "russa alta" de tempo limpo, que chegara do leste. Os controladores de voo relatavam com euforia "visibilidade ilimitada" e mandaram caças-bombardeiros P-47 Thunderbolt para acertar tanques. Um entusiasmado general Patton exclamou ao seu subchefe do Estado-Maior: "Diabos! Esse O'Neill com certeza fez alguma reza poderosa. Traga-o aqui, quero espetar uma medalha no peito dele". O capelão O'Neill foi trazido rapidamente de Nancy a Luxemburgo para que Patton pudesse condecorá-lo com a Estrela de Bronze no dia seguinte.

O Estado-Maior de Bradley, como muitos dos habitantes de Luxemburgo, saiu às ruas para observar de olhos semicerrados a claridade dos rastros de condensação deixados pelos pesados bombardeiros aliados voando para atacar Trier e suas estações de triagem. O moral elevou-se nos *foxholes* agora que os homens viam os bombardeiros e caças-bombardeiros uma vez mais cruzando os céus, cintilando como cardumes de peixes prateados.

O apoio aéreo aliado produziu outro bônus. Baterias da artilharia alemã não queriam revelar suas posições de tiro disparando enquanto houvesse caças-bombardeiros circulando. "Assim que a força aérea inimiga apareceu, o efeito da artilharia ficou reduzido a 50% ou 60%", relatou o comandante da artilharia de Model.

Mais tarde naquela manhã, porém, o quartel-general do 12º Grupo do Exército ficou abalado ao saber que parte da 2ª Divisão Panzer estava avançando sobre Jemelle, a leste de Rochefort. Esse era o local da estação retransmissora de rádio do grupo do Exército, e era guardada apenas por um pelotão de infantaria e alguns destruidores de tanques. Bradley imediatamente chamou o quartel-general do I Exército para ver se era possível enviar reforços, mas "enquanto ele falava a linha caiu". Os soldados que guardavam a estação retransmissora haviam acabado de remover todas as válvulas. Eles estavam partindo enquanto os alemães se aproximavam, mas não destruíram o equipamento, na esperança de que o lugar pudesse ser retomado em breve.

Pelo menos agora as missões aéreas de reconhecimento podiam esclarecer os movimentos das divisões Panzer que iam para noroeste em direção ao Mosa. Mesmo assim, o quartel-general do I Exército ainda estava convencido de que os alemães queriam penetrar em direção a Liège. Os oficiais do Estado-Maior não sabiam que Hitler havia insistido em um avanço para o oeste.

O general Rose, com seu posto de comando na cidade de Hotton, em meio a uma batalha, havia sido forçado a dividir sua 3ª Divisão Blindada em várias direções. Um comando de combate ainda se dedicava a esmagar o Kampfgruppe Peiper em torno de La Gleize, enquanto outro se juntaria a ele vindo de Eupen. O resto da divisão fora dividido em três forças-tarefa. Duas delas estavam prontas para bloquear o avanço da 2ª Divisão SS Panzer Das Reich, que avançava pela estrada de Houffalize em direção a Manhay na estrada para Liège, mas a Força-Tarefa Hogan estava cercada em Marcouray, dez quilômetros a sudeste de Hotton e sem combustível. Naquele dia foi feita uma tentativa de lançar suprimentos, mas os fardos de

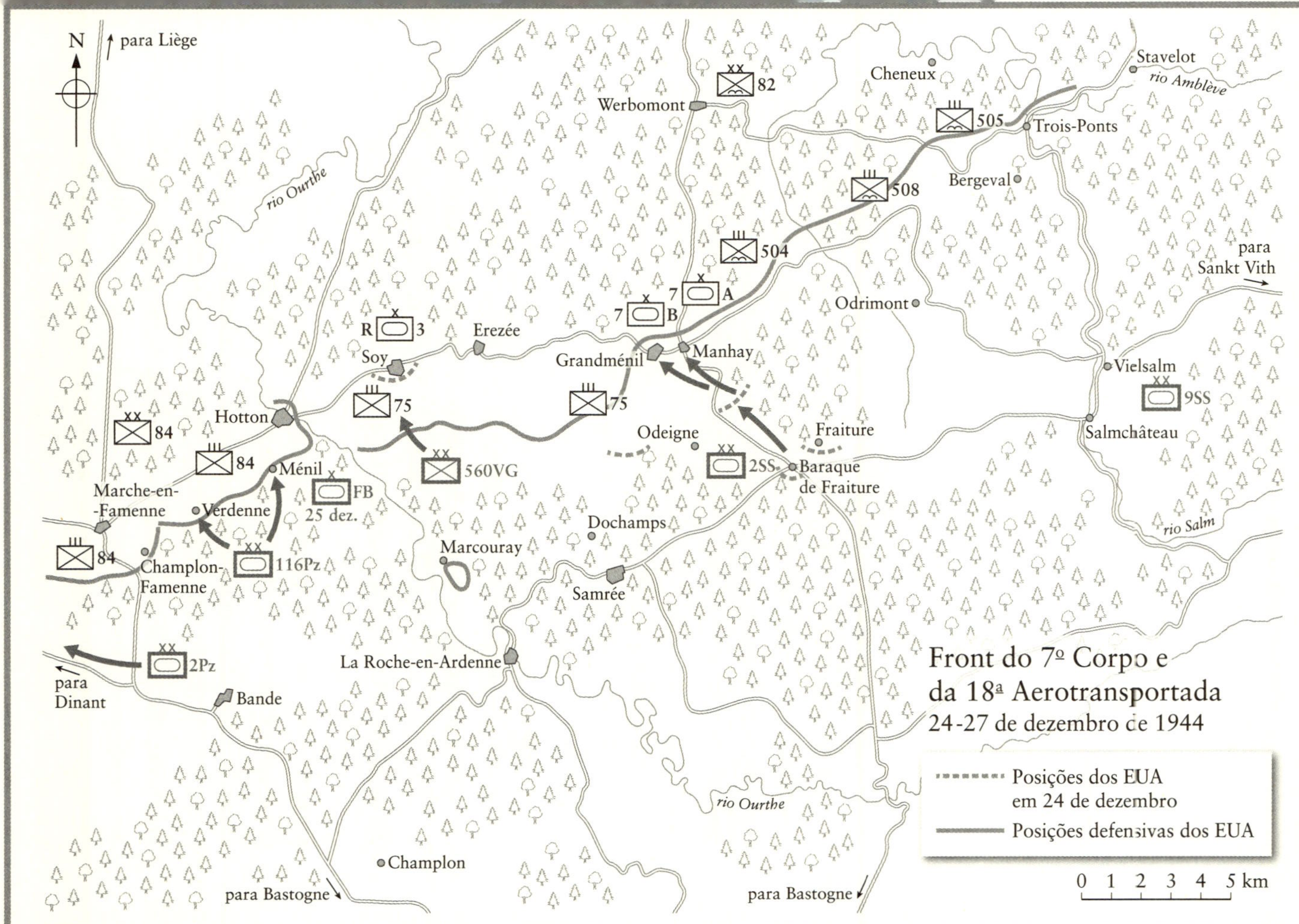
Front do 7º Corpo e
da 18ª Aerotransportada
24-27 de dezembro de 1944
Posições dos EUA
em 24 de dezembro
Posições defensivas dos EUA
0 1 2 3 4 5 km
N
para Liège
Stavelot
rio Amblève
Cheneux
Werbomont
82
505
Trois-Ponts
Bergeval
508
504
para
Sankt Vith
rio Ourthe
7 A
7 B
Odrimont
R 3
Erezée
Soy
Grandménil
Manhay
Vielsalm
9SS
Hotton
84
75
75
Salmchâteau
Fraiture
Odeigne
2SS
Baraque
de Fraiture
Ménil
FB
25 dez.
560VG
Marche-en-
-Famenne
Verdenne
Dochamps
rio Salm
Marcouray
Champlon-
Famenne
116Pz
Samrée
2Pz
La Roche-en-Ardenne
para
Dinant
Bande
rio Ourthe
Champlon
para Bastogne
para Bastogne

paraquedas erraram o alvo em seis quilômetros, e no dia seguinte erraram novamente ainda mais distante.

Situada na rodovia Houffalize-Liège, Baraque de Fraiture consistia em três casas de fazenda junto a um cruzamento perto de uma vila chamada Fraiture. Estava no limite entre a 82ª Aerotransportada e a 3ª Divisão Blindada, e havia sido subestimada. Mas o major Arthur C. Parker III, sobrevivente da debacle da 106ª Divisão no Schnee Eifel, reconheceu a importância de sua posição. Ele começara a preparar uma defesa com seus próprios canhoneiros e uma mescla de subunidades em retirada por aquele caminho. Elas incluíam quatro semitratores antiaéreos com metralhadoras quádruplas .50 – os já famosos "trituradores de carne".

Essa pequena força no "cruzamento de Parker", como Baraque de Fraiture logo passou a ser conhecida, havia sido atacada antes do amanhecer em 21 de dezembro por uma grande patrulha de combate da 560ª Divisão Volksgrenadier. Os "trituradores de carne" a destruíram. Entre os feridos, foi identificado um oficial da SS Das Reich. A Força-Tarefa Kane que defendia Manhay ao norte enviou um pelotão de reconhecimento. E o general Gavin, assim que tomou conhecimento do perigo, enviou um batalhão da 82ª para Fraiture, para proteger o flanco esquerdo de Parker, e uma companhia da 325ª Infantaria de Paraquedistas também foi enviada ao local.

Pouca coisa aconteceu em 22 de dezembro, pois a Das Reich esperava a chegada dos suprimentos de combustível, e também que a Führer Begleit de Remer a alcançasse. Mas no amanhecer do dia 23 de dezembro, o 4º Regimento SS Panzergrenadier atacou os dois cruzamentos e os paraquedistas em Fraiture, pegando-os de surpresa, enquanto tomavam o café da manhã. O verdadeiro ataque aos cruzamentos de Parker veio depois, ao final da tarde, com toda a 4ª SS Panzergrenadiers e duas companhias de tanques. A neve, ao cair, revelara as posições dos defensores, em vez de camuflá-los, e seus Shermans não tinham espaço para manobrar. Canhoneiros dos Panzer inutilizaram os veículos blindados e atiraram em todos os *foxholes*. O general Gavin havia ordenado aos defensores que resistissem a todo custo, mas a força de Parker foi arrasada logo após o cair da noite. Três Shermans foram embora, e alguns homens fugiram pelos bosques aproveitando o momento em que uma manada de vacas saiu em disparada.

Gavin e Rose, com receio de que a Das Reich pudesse avançar por Manhay e pela sua retaguarda, reuniram o que havia de forças. O general Ridgway perdeu a calma com essa inesperada ameaça, e ordenou que os exaustos sobreviventes da 7ª Divisão Blindada, que haviam acabado de fugir atravessando o rio Salm, defendessem Manhay. Ele estava absolutamente intransigente depois que Hasbrouck e Clarke haviam se oposto ao seu plano de lutar a oeste de Sankt Vith, no que haviam sido então apoiados por Montgomery.

Nas primeiras horas de 23 de dezembro, o quartel-general do 1º Corpo SS Panzer recebeu uma mensagem de rádio do Kampfgruppe Peiper. "A posição piorou consideravelmente. Sobram poucos suprimentos de munição para a infantaria. Obrigado a ceder Stoumont e Cheneux durante a noite. Esta é a última chance de penetrar." A artilharia e os tanques americanos continuaram bombardeando La Gleize. O muito temido Kampfgruppe, sem combustível e munição, estava agora impotente para reagir.

Peiper tinha mais de 150 prisioneiros americanos, entre eles o major Hal McCown. Ele já tentara interrogar McCown e proclamar sua própria crença no nazismo e nas suas razões para travar a guerra. McCown havia sido transferido para um pequeno porão naquela manhã, com outros quatro oficiais americanos. À tarde, uma bomba americana de 105 mm acertou a parede, abrindo um grande buraco nela e derrubando o guarda alemão no meio do quarto. Outra bomba caiu do lado de fora, bem perto, fazendo com que fragmentos e pedras voassem pelo porão. Um tenente americano foi morto e três alemães ficaram feridos.

Mais tarde, McCown foi levado para ver Peiper de novo, que revelou sua intenção de escapar a pé, e não saber o que fazer com seus prisioneiros americanos. Peiper acabara de receber permissão para voltar às linhas alemãs. Ele propôs um acordo. Deixaria ali todos os prisioneiros e seus próprios feridos, e levaria apenas McCown, como refém. McCown então seria libertado se o comandante americano libertasse os alemães feridos. McCown respondeu que ele não poderia obviamente fazer nenhum acordo a respeito de prisioneiros de guerra. Tudo o que podia fazer era assinar um papel dizendo que havia ouvido a sugestão de Peiper. Aquela noite, os homens de Peiper começaram a preparar a destruição dos seus veículos que restavam intactos. Teriam que vadear o rio Amblève no escuro para se infiltrar pelas árvores do lado sul.

O comandante do IX Exército, general Bill Simpson, estava orgulhoso da impiedosa reação de sua 30ª Divisão contra o Peiper Kampfgruppe. "Os soldados americanos estão agora se recusando a tomar mais prisioneiros SS", seu ajudante de ordens escreveu, "e isso pode ser ampliado para incluir todos os soldados alemães. Embora não possamos ordenar uma coisa dessas, o próprio C[omando] G[eral] espera que cada GI ouça essas histórias e faça disso uma regra de batalha, como fez a 30ª Divisão." Simpson ficou satisfeito em saber que os alemães agora chamavam a divisão de "Açougueiros de Roosevelt". Havia também recebido um relatório de soldados aprisionados no setor de Malmedy, segundo o qual os comandantes deles haviam "prometido que nesses novos combates eles não teriam que lutar contra a 30ª Divisão. Tinham muito medo dela".

Na serra de Elsenborn, a artilharia americana continuava a atacar as vilas e aldeias abaixo dela com fósforo branco e poderosos explosivos, mesmo depois que os ataques principais haviam cessado. A pequena cidade de Faymonville no lado sul, ocupada por um destacamento da 3ª Fallschirmjäger, havia sido alvejada dia após dia. O padre local implorou a um oficial alemão que providenciasse um cessar-fogo para que os não combatentes pudessem ser evacuados. Na manhã de 23 de dezembro, os alemães, em vez disso, simplesmente ordenaram que seiscentos civis encurralados em Faymonville deixassem a cidade e fossem para Schoppen, uma vila mais atrás das linhas alemãs. Um oficial disse que ninguém que tentasse caminhar em direção às posições americanas seria atingido. O padre insistiu para que eles pensassem melhor, mas os alemães responderam que iriam começar a matar seus paroquianos, cinco por vez, caso se recusassem a ir embora.

Às onze horas, o povo da cidade, aterrorizado, saiu andando em campo aberto. Infelizmente, o piloto de um avião americano de observação viu a coluna andando com dificuldade na neve alta, e achou que fosse uma concentração inimiga. A artilharia americana na serra de Elsenborn abriu fogo. Quando as bombas começaram a explodir por todos os lados, os idosos, as mulheres e as crianças entraram em pânico e correram em todas as direções. O padre voltou correndo a Faymonville para pedir aos alemães que avisassem os americanos por rádio que cessassem fogo, mas eles se recusaram. Ao menos oito foram mortos ou morreram mais tarde, e muitos ficaram feridos, antes de alcançarem a relativa segurança de Schoppen.

Os alemães que sitiavam Bastogne ainda acreditavam que os americanos tinham esperança de escapar do cerco. Em 23 de dezembro, tentaram fortalecer sua presença no lado oeste da cidade, atacando Senonchamps e Mande-Saint-Etienne para fechar o anel e cortar quaisquer outras "tentativas de romper o cerco". Hitler, recusando-se a acreditar no "relato de Manteuffel de que não conseguiria tomar Bastogne apenas com as forças de que dispunha", enviou, em 23 de dezembro, um oficial para verificar a situação. Este, porém, confirmou a avaliação de Manteuffel.

Os defensores certamente tinham escassez de comida, mas ainda pareciam estar melhor alimentados do que os Volksgrenadiers de Kokott, cuja situação de suprimentos era tão precária que "até dez homens tinham que partilhar meio filão de pão". E, embora os paraquedistas americanos sofressem com o frio extremo pela falta de uniformes de inverno, ao menos encontravam vilas em torno do perímetro onde podiam se aquecer. Seus oponentes Volksgrenadiers estavam em situação pior, e era por isso que pegavam dos corpos americanos botas e roupas para usarem. E na tensão contínua provocada pelos comandos de Skorzeny, alguns daqueles que vestiam o kit americano foram mortos quando se rendiam. Afora as armas, o único item de equipamento alemão que os soldados americanos desejavam confiscar era a brilhantemente simples combinação do

Exército alemão de faca-garfo-colher. Os alemães também haviam se mostrado mais previdentes ao providenciarem vestes para camuflagem na neve, enquanto os americanos precisavam improvisar.

"O primeiro caça-bombardeiro inimigo", registrou o *Generalmajor* Kokott, "apareceu por volta das nove horas, fez voos rasantes por estradas de comunicação e vilas e incendiou veículos e currais de fazenda." Infelizmente para os paraquedistas do perímetro sul-oeste, pouco apoio aéreo foi enviado. A drástica queda de temperatura durante a noite congelou o mecanismo giratório das torres de muitos de seus tanques de apoio e destruidores de tanques. Até mesmo os canhões antitanque não saíam do lugar, pois haviam ficado presos ao solo congelado. A mobilização da infantaria pelo campo também era difícil, pois havia uma crosta dura sobre meio metro de neve.

Naquele dia, os principais ataques alemães para romper a defesa foram montados contra o setor de Flamierge, a noroeste, ao meio-dia, e outro mais tarde contra Marvie, no lado sudeste, pelo 901º Regimento Panzergrenadier da Divisão Panzer Lehr. Por volta do final da manhã, porém, uma ameaça inesperada surgiu do sul. O v Exército Panzer não imaginara que o general Patton seria capaz de mover tão rapidamente qualquer uma de suas forças para o norte.

"Por volta de meio-dia", Kokott escreveu, "de início separados, mas depois em bandos, homens da 5ª Fallschirmjäger apareceram perto do posto de comando da divisão em Hompré. Vinham das linhas do front indo para leste. Era raro ver algum oficial. Quando questionados, os homens gritaram: 'O inimigo rompeu a linha! Eles avançaram para o norte com tanques e capturaram Chaumont!'" Chaumont ficava a apenas três quilômetros ao sul do quartel-general de Kokott.

Atrás dos extraviados logo chegaram veículos e carroças puxadas a cavalo da Divisão Fallschirmjäger. De repente, os caças-bombardeiros americanos avistaram a concentração em Hompré e atacaram. Todo alemão que portava alguma arma começou a "disparar alucinadamente" contra os aviões agressores. "Casas pegaram fogo, veículos queimaram, homens feridos jaziam pelas ruas, cavalos que haviam sido atingidos vagavam sem rumo."

Esse caos coincidiu com um grande lançamento de suprimentos por toda Bastogne. Soldados alemães, ao verem a quantidade de paraquedas brancos e coloridos ao norte, ficaram alarmados, achando que fosse o início de uma grande operação aerotransportada. Começaram a gritar: "Paraquedistas inimigos estão aterrissando em nossa retaguarda!". Até mesmo Kokott ficou abalado com uma eventualidade que não havia levado em conta. Mas uma espécie de ordem foi aos poucos se estabelecendo, com Volksgrenadiers detendo os jovens soldados da 5ª Fallschirmjäger que fugiam. Uma bateria antiaérea perto de Hompré recebeu a ordem de dar "meia-volta". Os canhoneiros deviam esquecer seus alvos aéreos e se preparar para operações em terra.

Kokott então improvisou grupos de combate, assumindo o comando de quatro tanques que estavam ali por perto, de um destacamento de artilharia e de alguns engenheiros, e reorganizou alguns dos paraquedistas em fuga que haviam se refeito de "seu choque inicial". Ordenou que fossem para o sul e tomassem uma posição propícia para bloquear as estradas. A situação logo pareceu se normalizar novamente. A força blindada americana em Chaumont havia sido apenas um ensaio de reconhecimento feito por elementos avançados do III Exército de Patton que, não tendo suficiente força, recuaram.

A primeira advertência que os alemães receberam do lançamento aéreo americano para reabastecimento da 101ª Aerotransportada e suas unidades anexadas veio logo após o meio-dia. A 26ª Divisão Volksgrenadier recebeu o sinal: "*Achtung*! Poderosa formação inimiga voando do oeste!". Os alemães viram grandes aviões a baixa altitude, acompanhados de caças-bombardeiros. Esperavam um grande ataque com bombardeio de saturação, e logo abriram fogo com seus canhões antiaéreos de 37 mm.

Eles pareciam não ter notado o primeiro par de aviões C-47 de transporte, que lançou duas equipes de paraquedistas desbravadores [*pathfinders*] às 9h55 naquela manhã. Ao aterrissarem, os desbravadores se reportaram ao posto de comando de McAuliffe em Bastogne para definir os melhores locais como zonas de lançamento. Sua missão era considerada essencial pelo 9º Comando de Transporte de Tropas, devido ao medo de que Bastogne pudesse já ter sido invadida. Os desbravadores então montaram seus sinais localizadores no perímetro da cidade e esperaram até que o zumbido dos motores dos aviões que se aproximavam fosse gradualmente se transformando em ronco.

"A primeira coisa que você via ao chegar na direção de Bastogne", registrou um operador de rádio da primeira leva de transportadores C-47, "era uma grande planície coberta de neve, com a brancura quebrada apenas por árvores e algumas estradas e, lá adiante, a cidade. Depois, seu olho captava o padrão de rastros de esteiras de tanques pela neve. Nós descíamos cada vez mais baixo, até cerca de quinhentos pés do chão, que era nossa altura de lançamento." Quando os paraquedas se abriam, soldados saíam de *foxholes* e veículos blindados, "saudando-nos euforicamente, como se estivessem num jogo do Super Bowl ou num jogo de beisebol", como um deles definiu. A tripulação aérea de repente via aquela paisagem vazia, tomada pela neve, ganhar vida com os soldados correndo para arrastar os "parapacotes" até lugar seguro. "Ver aqueles fardos de suprimentos e munição caindo era uma bela imagem", relatou outro soldado. "Ao resgatar o que caía, primeiro cortávamos as bolsas e embrulhávamos os pés com elas, e depois levávamos os suprimentos para a sua devida área." Os paraquedas de seda eram aproveitados como sacos de dormir.

Ao todo, os 241 aviões do 9º Comando de Transporte de Tropas, vindo em levas seguidas, despejaram 334 toneladas de munição, combustível, rações e suprimentos médicos, incluindo sangue, "mas as garrafas quebravam ao chegar ao chão ou eram destruídas quando uma bomba alemã explodia a sala em que estavam armazenadas". Nove aviões não localizaram a zona de lançamento ou tiveram que voltar. Sete foram abatidos por fogo antiaéreo. Alguns tripulantes dos aviões foram capturados, outros fugiram pela floresta e foram pegos nos dias seguintes, e um punhado deles conseguiu chegar às linhas americanas. "Não se via um único avião alemão no céu!", queixou-se Kokott. Os caças da Luftwaffe até que tentaram atacar o lançamento de suprimentos, mas eram superados em número pelas escoltas, e caçados e afugentados, e vários deles foram abatidos.

Assim que os aviões de transporte decolavam, os 82 Thunderbolts que faziam sua escolta voltavam a atenção para os alvos em terra. Seguiam trilhas de tanques até onde os alemães haviam tentado esconder seus Panzers, e atacavam linhas de canhões da artilharia. Apesar dos melhores esforços dos controladores aéreos, os Thunderbolts fizeram diversos ataques às próprias posições americanas. Num dos casos, um P-47 começou a metralhar e bombardear uma bateria de artilharia americana. Um metralhador revidou o fogo, e logo vários aviões se juntaram ao ataque. Só quando um oficial saiu correndo e acenando com uma placa de identificação é que os pilotos entenderam o erro e partiram.

O ataque do 901º Panzergrenadier contra Marvie aconteceu depois que escureceu, em seguida à partida dos caças-bombardeiros. O fogo de artilharia foi intensificado, e então baterias de Nebelwerfer dispararam seus lançadores de foguete de várias bocas, com seus gritos terríveis. A infantaria alemã avançou atrás de grupos de quatro ou cinco Panzers. A 327ª Infantaria de Paraquedistas e o 326º Batalhão de Engenharia Aerotransportada lançaram fogos de iluminação no céu. Sua luz revelou tanques Panther, já pintados de branco, e os Panzergrenadiers em suas roupas de neve. Os defensores imediatamente abriram fogo com fuzis e metralhadoras. Equipes de bazuca conseguiram inutilizar alguns dos tanques, em geral atingindo as esteiras ou uma roda dentada, o que fazia os fazia parar, mas não impedia que continuassem disparando.

Uma invasão pela estrada até Bastogne só foi detida depois que McAuliffe colocou em jogo suas últimas reservas e ordenou que a artilharia continuasse disparando, mesmo que seu estoque de bombas estivesse perigosamente acabando. Na realidade, os defensores revidaram com tal eficiência que infligiram grandes perdas. Kokott abandonou a ação. Então recebeu uma ordem do quartel-general de Manteuffel para montar um grande ataque a Bastogne no Natal. A 15ª Divisão Panzergrenadier chegaria a tempo, e ficaria sob seu comando. Kokott deve ter ficado cético em relação às possibilidades, mas os defensores estavam sendo igualmente testados ao extremo, em especial no seu lado oeste.

Os americanos não conseguiam cobrir o perímetro frontal com força suficiente, e tinham grave escassez de reservas, caso sofressem uma invasão. Com os *foxholes* da linha do front muito espaçados em alguns pontos, os paraquedistas recorriam à sua própria modalidade de armadilhas explosivas. Granadas de fragmentação ou morteiros de 60 mm eram presos a árvores com fios estendidos em várias direções, que detonavam os explosivos quando alguém tropeçava neles. Cargas fixas de explosivos presas aos troncos podiam ser detonadas à distância por arames puxados, que iam até posições individuais.

Logo ao sul de Foy, parte do 506º da Infantaria de Paraquedistas continuava a defender a entrada dos bosques. Seu posto de observação ficava numa casa, e fora dela havia um alemão morto, deitado e congelado, com um braço erguido. "A partir de então", relembrou um sargento, "virou um ritual apertar a mão dele toda vez que alguém chegava ou saía. A conclusão era que se a gente podia apertar a sua mão, era porque estávamos muito melhor do que ele." Mesmo com as provisões dos lançamentos aéreos, as ulcerações de frio e o "pé de trincheira" afetavam quase todos os soldados. Louis Simpson, em sua 327ª Infantaria de Paraquedistas, observou, "nesse frio, a vida de alguém ferido pode se apagar como um fósforo".

Ao enfrentar o ataque em Flamierge, Simpson escreveu: "Eu dou uma espiada pela encosta, tentando ver algo, e continuo mantendo a cabeça abaixada. A balas passam zunindo. À minha direita, fuzis disparam. Eles devem estar vendo mais do que eu. A neve parece ter ganhado vida e se mexer, soltando-se das árvores no pé da encosta. O movimento aumenta. E agora é uma fila de homens, a maioria deles coberta de branco – capas e capuzes brancos. Aqui e ali, destacam-se homens nos casacos alemães cinza-esverdeados. Eles andam, correm e se atiram na neve. Depois levantam e vêm para cima de nós mais uma vez".

**

Bastogne naturalmente foi uma prioridade para o apoio aéreo americano, assim como no flanco norte as muito pressionadas 82ª Aerotransportada e 30ª Divisão. Porém, a principal prioridade naquele dia, que levou a empregar metade das unidades de caças-bombardeiros, era impedir que as divisões Panzer alemãs chegassem ao Mosa.

A partir do momento em que o tempo melhorou e as forças aéreas aliadas intervieram com força, aumentaram dramaticamente os incidentes de fogo amigo, tanto em ar quanto em terra. Os canhoneiros antiaéreos e quase todos os que operavam metralhadoras pareciam quase fisicamente incapazes de se controlar, e disparavam contra qualquer avião. "Regras para atirar" e instruções sobre "Reconhecimento ar-terra" eram esquecidas. Os soldados precisavam ser lembrados de que não deviam revidar o fogo de aviões aliados que estivessem por engano atirando neles. Deviam apenas continuar lançando granadas de fumaça laranja ou amarela para fazê-los parar, ou disparar um foguete-paraquedas luminoso Amber Star. Os mais exigidos em termos de autocontrole eram os da 30ª Divisão de Infantaria. Esses soldados haviam sofrido ataques de seus próprios aviões na Normandia, e agora nas Ardenas enfrentariam novamente o mesmo mal.

A 84ª Divisão de Infantaria de Bolling e partes da 3ª Divisão Blindada continuaram defendendo, com muita dificuldade, a linha sul na estrada de Hotton-Marche contra duas forças, a 116ª Divisão Panzer e a 2ª SS Das Reich. O Comando de Combate A da 3ª Blindada foi deslocado para rodear o lado oeste, como um anteparo para a reunião do 7º Corpo de Collins. A 2ª Divisão Blindada, o antigo comando de Patton conhecido como "Inferno sobre rodas", estava chegando em marcha forçada, sob absoluto sigilo, para um contra-ataque planejado para 24 de dezembro. O avanço da 2ª Divisão Panzer estava sendo mais rápido do que o imaginado. Mas Collins ficara aliviado ao ouvir de Montgomery, "animado e confiante como sempre", que as pontes sobre o Mosa em Namur, Dinant e Givet estavam agora bem defendidas pela 29ª Brigada Blindada britânica. Foi nessa noite que a 8ª Brigada de Fuzileiros matou comandos Skorzeny em um jipe. O principal problema nas pontes era o fluxo

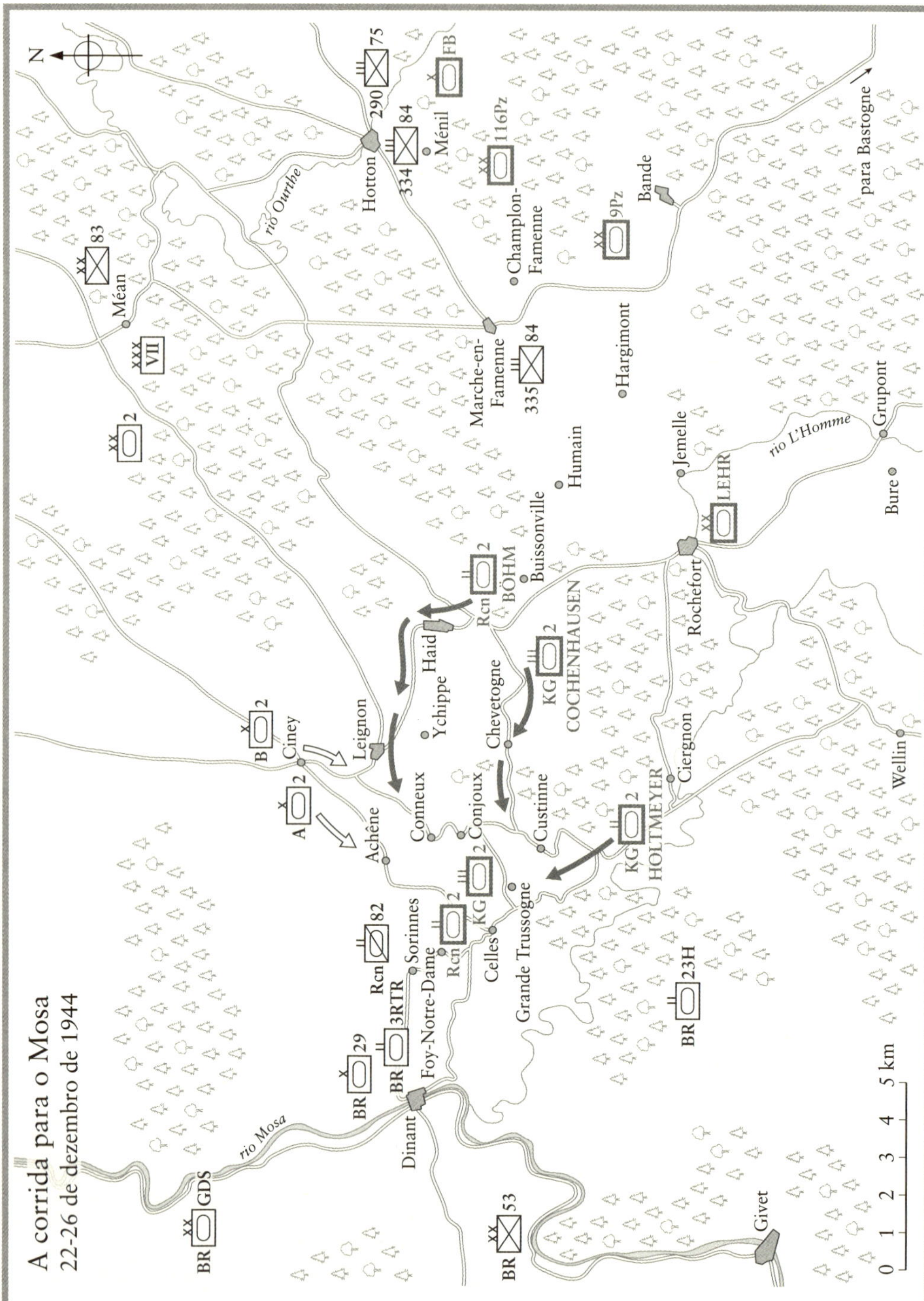
A corrida para o Mosa
22-26 de dezembro de 1944
N
Hotton
rio Ourthe
Méan
Ménil
Champlon-Famenne
Bande
para Bastogne
Marche-en-Famenne
Hargimont
Humain
Buissonville
Jemelle
rio L'Homme
Grupont
Bure
Rochefort
Wellin
Ciergnon
Custinne
Chevetogne
Conjoux
Conneux
Ychippe
Haid
Leignon
Ciney
Achêne
Sorinnes
Foy-Notre-Dame
Celles
Grande Trussogne
Dinant
rio Mosa
Givet
BÖHM
COCHENHAUSEN
HOLTMEYER
KG
Rcn
LEHR
9Pz
116Pz
FB
VII
290
75
334
84
335
83
2
B
A
82
3RTR
29
BR
GDS
53
23H
0 1 2 3 4 5 km

de refugiados que cruzava o Mosa em fuga. "O avanço alemão havia alarmado a população inteira", escreveu um oficial de assuntos civis, "e eles parecem temer o pior. Os refugiados já estão se deslocando pelas estradas e nós os parando, o que tem causado problemas de trânsito." Bloqueados nas pontes, os belgas recorriam a botes para cruzar o Mosa.

Montgomery também garantiu a Collins que a brigada iria avançar e se juntar ao seu flanco direito no dia seguinte, 23 de dezembro, mas o Esquadrão A do 3º Real Regimento de Tanques comandado pelo major Watts já estava em Sorinnes, seis quilômetros a leste de Dinant. Watts não tinha ideia de onde estavam os americanos ou os alemães, então espalhou seus oitenta tanques para cobrir cada estrada que ia para Dinant, usando-os mais como um regimento blindado de reconhecimento. Para os três regimentos blindados da brigada, a maior frustração era ir para a batalha com seus "Shermans cansados de guerra", e não com os seus novos tanques Comet.

Os britânicos também começaram a receber uma valiosa ajuda dos habitantes locais. O barão Jacques de Villenfagne, que morava no castelo de Sorinnes, apenas três quilômetros ao norte de Foy-Notre-Dame (não confundir com a Foy perto de Bastogne), era um capitão dos Chasseurs Ardennais e líder da Resistência na área. Usando sua motocicleta, atuou como um batedor para o esquadrão de Watts, e relatou o avanço da 2ª Divisão Panzer, vindo na direção deles.

A aproximação da batalha deixou uma coisa muito clara para os agricultores locais. Eles tinham que preparar comida para o que poderia ser um longo cerco trancados em seus porões. Em Sanzinnes, ao sul de Celles, Camille Daubois, ao saber do avanço das forças alemãs, decidiu que era hora de matar seu melhor porco, um animal de trezentos quilos. Sendo de porte tão grande, sentiu que não poderia abatê-lo sozinho e chamou o açougueiro, que estava prestes a se refugiar depois do Mosa. Ele concordou em ajudar, mas, quando viu o animal, exclamou: "Isso não é um porco, é uma vaca!". Achou melhor usar um machado em vez de faca, e com ele decepou a cabeça do animal. Dependuraram-no para drenar o sangue e imediatamente o açougueiro foi embora. Quando mais tarde os homens de um

Kampfgruppe da 2ª Panzer chegaram, a carcaça do porco já havia desaparecido, sem dúvida levada até a cozinha de campanha alemã, conhecida como Gulaschkanone.

O *Oberst* Meinrad von Lauchert, comandante da 2ª Divisão Panzer, dividiu sua força ao norte de Buissonville, procurando rota mais rápida para o Mosa. O batalhão de reconhecimento blindado, sob o *Major* Von Böhm, avançou em direção a Haid e Leignon, já que havia sido reabastecido antes que os demais. Dois Panzers que iam à frente avistaram um carro blindado americano e abriram fogo. O carro foi atingido, mas a tripulação escapou. Seu comandante, tenente Everett C. Jones, informou o major-general Ernest Harmon, comandante da 2ª Divisão Blindada. O combativo Harmon, que estava ansioso para atacar, ordenou o avanço imediato de seu Comando de Combate A, sob o general de brigada John H. Collier.

Naquela noite, a principal Coluna Panzer, comandada pelo *Major* Ernst von Cochenhausen, chegou à vila de Chevetogne, doze quilômetros a noroeste de Rochefort. Os habitantes locais até aquele momento tinham pouco mais a temer do que os V-1s que voavam acima de suas cabeças em direção a Antuérpia, um dos quais havia explodido nos bosques próximos. Afora isso, a guerra parecia ter passado ao largo deles. Não haviam visto soldados americanos desde a libertação da área em setembro, e nunca imaginaram que os alemães pudessem voltar.

Os aldeões, acordados logo após a meia-noite pelas vibrações e pelos estrondos dos tanques atravessando a rua principal, foram até as janelas de suas casas para espiar se a força era americana ou alemã, mas os veículos se deslocavam com luzes apagadas e estava escuro demais para distinguir. A coluna parou na subida da montanha, e então, para alarme geral, ouviram as ordens sendo gritadas inequivocamente em alemão. Notícias dos massacres de civis mais a leste pelo Kampfgruppe Peiper haviam se espalhado rapidamente. Os uniformes pretos dos Panzers com o distintivo da cabeça da morte levaram muitos a acreditar que aqueles soldados eram também SS. Mas a 2ª Divisão Panzer agia diferente, e seu comportamento com os civis geralmente era correto. Ao entrarem em uma cozinha de fazenda em Chapois, um de seus oficiais advertiu as assustadas donas de casa que era melhor elas esconderem seus pernis. Seus soldados estavam famintos e não hesitariam em pegá-los.

Nas primeiras horas de 24 de dezembro, o Kampfgruppe Cochenhausen chegou a Celles, cidade pequena e antiga, numa baixada poucos quilômetros ao sul de Foy-Notre-Dame. O *Major* Von Cochenhausen tentou atravessar a cidade para ir direto até Dinant, mas o primeiro tanque Panther acertou uma mina deixada no dia anterior por engenheiros americanos. Segundo o folclore local, dois oficiais alemães invadiram o pequeno restaurante de esquina chamado Le Pavillon Ardennais. A *patronne*, madame Marthe Monrique, que acabara de ser acordada pela explosão, encontrou-os no térreo, ainda de roupão. Eles perguntaram quantos quilômetros faltavam para chegar a Dinant. Com grande presença de espírito, ela ao que parece respondeu que eram apenas doze. "Mas a estrada está minada, como vocês acabaram de ver! Os americanos enterraram centenas de minas." Praguejando, os alemães decidiram recuar para os bosques próximos, evitando ser vistos por aviões aliados em campo aberto quando o dia clareasse.

Cochenhausen montou seu posto de comando nos bosques, em uma gruta local conhecida como Trou Mairia. Sua força incluía o 304º Regimento Panzergrenadier, um batalhão do 3º Regimento Panzer, um regimento de artilharia Panzer e a maior parte do batalhão antiaéreo da divisão. As placas que indicavam o hospital de campanha da divisão, o Feldlazarett, ostentavam o símbolo do tridente da 2ª Divisão Panzer. Para impedir que informações chegassem aos Aliados, os Panzergrenadiers receberam ordens de derrubar postes telefônicos e cortar fios. Havia outro destacamento da 2ª Divisão Panzer logo a leste, em Conjoux. Os aldeões dali foram lembrados de que em setembro o comandante alemão local havia jurado, pouco antes de ir embora, que eles iriam voltar.

Rumo a Leignon, o Kampfgruppe de Böhm decidira se desviar para oeste durante a noite, na direção de Dinant. Pouco antes de

Foy-Notre-Dame, perto da fazenda de Mahenne, um Firefly Sherman britânico do 3º Real Regimento de Tanques estava à espera. O Firefly tinha o mais longo e mais potente canhão de alta velocidade 17-pounder ou 76.2 mm. O sargento Probert, comandante, ao ouvir o inconfundível barulho de veículos com esteiras se aproximando, acordou sua tripulação. O primeiro disparo não acertou o veículo da frente, mas um caminhão de munições, causando uma explosão que deve ter abalado a coluna alemã inteira. Após uma recarga rápida, a tripulação de Probert disparou outra rodada e destruiu um Panzer Mark IV. Logo depois, seguindo o slogan do Corpo Real Blindado de "*shoot and scoot*" ["atire e corra"], recuaram rapidamente antes que os Panthers da coluna alvejassem sua posição. Eles se reportaram ao major Watts em Sorinnes. O *Major* Von Böhm, após a emboscada, sem saber qual era a força dos Aliados na área, e também porque seus veículos estavam praticamente sem combustível, decidiu parar na pequena vila de Foy-Notre-Dame. Sua tripulação ocultou os veículos em currais e se instalou nas casas para se aquecer e arrumar comida.

Naquela noite de 23 para 24 de dezembro, o termômetro baixou para -17 graus, e a lua brilhou na paisagem gelada e nevada. O barão de Villenfagne, com seu amigo tenente Philippe le Hardy de Beaulieu, ambos de roupa branca, conseguiram identificar várias das principais posições alemãs. Eles depararam com um grupo de veículos anfíbios ocultados sob as árvores em Sanzinnes, que foi em seguida bombardeado pela artilharia americana. Os dois homens voltaram ao Château de Sorinnes às quatro da madrugada e acordaram o major Watts. O tenente-coronel Alan Brown, oficial comandante do 3º Real Regimento de Tanques, chegou logo depois e eles transmitiram as informações sobre o posicionamento dos alemães e a localização do posto de comando de Cochenhausen. O alvo vital era a Ferme de Mahenne, porque, se ela fosse tomada, o Kampfgruppe de Böhm ficaria separado da força de Cochenhausen. O barão foi então ver o comandante da artilharia da 29ª Brigada e pediu que poupasse a grande igreja de Foy-Notre-Dame, o que os canhoneiros conseguiram ao bombardear a vila tomada pelo Kampfgruppe de Böhm.

Hitler ficou exultante ao saber que os elementos avançados da 2ª Divisão Panzer estavam agora a apenas sete quilômetros de Dinant. Ele transmitiu suas calorosas congratulações a Lüttwitz e a Lauchert, o comandante da divisão. Os dois homens devem ter ficado embaraçados, sabendo o quanto era precária a situação, com pouca chance de receber suprimentos. Lüttwitz, que comandara a 2ª Panzer no fatídico contra-ataque de Avranches em agosto, sugeriu a Manteuffel que seria melhor começar a retirar a divisão da extremidade de toda a ponta de lança alemã. Mas sabia que Hitler jamais concordaria com tal manobra.

No flanco esquerdo da 2ª Panzer, a Panzer Lehr de Bayerlein havia avançado a partir de Saint-Hubert, ao norte de Rochefort, com o *General* Von Manteuffel acompanhando-os. Sua artilharia bombardeou Rochefort à tarde. Uma patrulha entrou na cidade e relatou que estava vazia, sem ter prestado muita atenção. Um batalhão da 84ª Divisão de Infantaria e um pelotão de destruidores de tanques estavam escondidos, à espera. A estrada que dava acesso a Rochefort corria ao longo do rio L'Homme em uma garganta rochosa, o que tornava o ataque alemão uma empresa arriscada. Quando a noite caiu, Bayerlein deu a ordem: "Certo, vamos! Fechem os olhos e lá vamos nós".

Liderada pelo 902º Panzergrenadier, comandado pelo *Oberstleutnant* Joachim Ritter von Poschinger, a carga teve que ser interrompida subitamente sob uma massiva fuzilaria despejada de uma grande barricada em Rochefort. O combate foi feroz e durou a noite toda. Os Panzergrenadiers perderam muitos homens e um pesado Jagdpanzer foi inutilizado perto da praça central. Os defensores americanos, bem inferiores em número, recuaram. Os sobreviventes escaparam para o norte no dia seguinte, para se juntarem à 2ª Divisão Blindada.

A maior parte dos habitantes da cidade procurou abrigo em cavernas na base das montanhas em volta de Rochefort. Lá ficariam por algum tempo, já que Rochefort agora se tornara alvo da artilharia americana. Durante o pior dos bombardeios, Jeanne Ory e sua irmã mais nova perguntaram à mãe: "Mãezinha, a gente vai morrer?". A mãe respondeu: "Reze, minha filha". E então todos em volta rezaram o rosário juntos. Um homem encontrou um amigo morto em uma rua congelada, de bruços, com um gato sentado tranquilo em suas costas, aproveitando o que restava de calor naquele corpo. Os monges trapistas da abadia de Saint-Remy assumiram a tarefa de remover os corpos.

Naquela noite, o presidente Roosevelt em Washington escreveu a Josef Stálin. "Quero orientar o general Eisenhower para que envie a Moscou um oficial plenamente qualificado do seu Estado-Maior para discutir com o senhor a situação de Eisenhower no front ocidental e sua relação com o front oriental, a fim de que todos possamos ter informações essenciais para coordenar nossos esforços [...] A situação na Bélgica não é ruim, mas está na hora de conversarmos sobre nosso próximo plano. Em vista da emergência, solicitamos uma pronta resposta a essa proposta." Stálin respondeu dois dias depois concordando. A própria citação à palavra "emergência" na última frase deve ter sugerido a ele que os Aliados estavam contra à parede. O marechal do ar Tedder e o general Bull foram designados para conversar com Stálin. Eles se prepararam para voar da França até o Cairo e de lá para o Marrocos, mas devido a grandes atrasos só conseguiram ver Stálin no dia 15 de janeiro, bem depois de a crise ter sido superada.

17

DOMINGO, 24 DE DEZEMBRO

Domingo, 24 de dezembro, foi de novo um dia de sol e céu azul. O capitão Mudgett, meteorologista do 12º Grupo do Exército em Luxemburgo, exibia "um riso quase histérico ao ver seu continuado sucesso com o tempo. Ele olha com satisfação para o céu azul que se estende até a Alemanha, por cima dos muros de pedra e das três torres da catedral".

O quartel-general do Eagle Tac de Bradley agora tinha poucos receios a respeito de sua defesa de Bastogne, vendo os homens da 101ª Aerotransportada "agarrando-se teimosamente à sua posição como numa caravana nos dias pioneiros do Oeste". Mas os oficiais do Estado-Maior sabiam muito bem dos apuros dos feridos na cidade. McAuliffe havia pedido que quatro equipes de cirurgia fossem lançadas de paraquedas. Continuavam os planos para que eles, em vez disso, fossem trazidos por planadores.

Enquanto o 3º Corpo de Patton com a sua 4ª Divisão Blindada lutava para penetrar em Bastogne a partir do sul, enfrentando uma resistência mais forte do que o esperado, Hansen divertia-se com um relato bizarro. "Hoje, um soldado de intendência, ao passar por Arlon, perguntou onde era a estrada para Luxemburgo. Ele pegara a estrada errada, [e] seguiu pela que ia para Bastogne. Quando alguém disparou nele, apenas se assustou, pisou fundo no acelerador e conseguiu finalmente entrar na área da 101ª – a primeira pessoa a fazer contato com eles, e de uma maneira puramente acidental."

A confirmação de que havia combates duros no lado sul do perímetro veio de uma interceptação de sinais. A 5ª Divisão Fallschirmjäger implorava que enviassem mais Panzerfausts e canhões antitanque para ajudar na luta contra a 4ª Divisão Blindada. O comandante do III Exército foi até lá para não ter dúvidas a respeito do desfecho. "O general Patton veio aqui várias vezes hoje", Hansen observou. "Ele é impetuoso e barulhento, sente-se à vontade no meio de uma luta." Mas na realidade Patton ocultava seu incômodo em constatar que o avanço da 4ª Blindada não estava acontecendo nem de longe com a rapidez que ele previra, encontrando forte oposição. A divisão também descobrira que o 8º Corpo de Engenheiros na retirada para Bastogne "explodira tudo o que estava à vista", portanto seu progresso "foi impedido não pelo inimigo, mas pelas demolições e pontes explodidas por engenheiros amigos".

Os habitantes de Luxemburgo sentiam-se agora mais confiantes. Acalmaram-se ao ver infindáveis comboios de soldados do III Exército cruzando a cidade, e acreditavam que os alemães não estavam de volta. Estranhamente, a inteligência do 12º Grupo do Exército de repente aumentou sua avaliação da força alemã de tanques e canhões de assalto, de 345 para 905, o que era bem mais do que a estimativa anterior do total de Panzers para o front ocidental inteiro.

Apesar do frio extremo, que fazia os homens tremerem incontrolavelmente em seus *foxholes*, o moral se mantinha alto dentro do perímetro de Bastogne. Os paraquedistas e a 10ª Blindada estavam ansiosos pela chegada do auxílio das forças de Patton, mas rejeitavam qualquer ideia de que precisassem ser salvos. O clima estava novamente bom para a aviação, e eles viam o céu cheio de aviões aliados de todo tipo. Ouviam as bombas explodindo e o matraquear das metralhadoras, com os caças atacando as colunas alemãs. Batalhas aéreas contra os poucos Focke-Wulfs e Messerschmitts provocavam manifestações ferozes de júbilo e urros, como se fosse uma luta mortal de boxe, e gritos de tristeza irrompiam se algum transporte aliado lançando suprimentos era atingido por fogo terrestre.

Nesse período, os caças-bombardeiros aliados mostraram-se muito eficazes em desmontar ataques alemães ainda em preparação. Os caças eram dirigidos aos alvos pelos controladores aéreos em Bastogne. Quando recebiam um aviso de ameaça, com coordenadas fornecidas por um posto de comando regimental ou um avião de ligação da artilharia, "geralmente era apenas uma questão de minutos até que os aviões atingissem as forças inimigas".

Como a prioridade nos lançamentos aéreos era a munição de artilharia, o abastecimento de comida dos soldados não melhorou muito. Vários deles dependiam da generosidade das famílias belgas que compartilhavam o que tinham. Tanto em Bastogne quanto na parte norte, "as rações com frequência eram complementadas com carne bovina, de cervo e de coelho, quando esses animais faziam disparar as minas ao baterem nos fios de detonação". Quem sabia atirar bem caçava lebres e até javalis, mas a procura por porcos selvagens caiu muito quando foram vistos comendo os intestinos de cadáveres humanos.

O frio intenso e a neve alta causavam desconforto e afetavam o desempenho no combate. Aqueles que não tinham um par de meias secas de reserva, guardadas no forro do capacete, e não as trocavam com frequência, eram os primeiros a sofrer de "pé de trincheira" e ulceração por frio. A 11ª Divisão Blindada, recém-chegada ao Mosa, seguiu, talvez sem saber, a velha prática dos exércitos russos de evitar a ulceração por frio distribuindo tiras de cobertor para fazer bandagens para os pés. As tripulações de tanques, que ficavam horas seguidas em contato com metal, com os pés praticamente imóveis, eram particularmente vulneráveis. Mas pelo menos aqueles que operavam veículos blindados e os motoristas de caminhões podiam secar suas meias nos escapamentos dos motores.

Preservativos eram colocados sobre os visores de canhões antitanque, e também nos bocais de transmissores de rádio e telefones, porque a condensação do ar da respiração fazia com que congelassem. O mecanismo giratório dos tanques e destruidores de tanques precisavam ser degelados. A neve entrava dentro das armas e dos cartuchos de munição e solidificava-se virando gelo. As metralhadoras eram as mais fáceis de engripar. A pesada metralhadora .50 era essencial para matar atiradores inimigos escondidos. Soldados americanos logo descobriram que os atiradores alemães esperavam que a artilharia ou os canhões antiaéreos abrissem fogo para só então puxar o gatilho, pois desse modo seu tiro não era ouvido.

Lições aprendidas em um setor eram logo passadas a outras formações por meio de relatos de "observadores de combate". Patrulhas alemãs cortavam cabos à noite e estendiam uma das pontas cortadas até uma posição de emboscada, para que pudessem pegar o soldado enviado para resolver o problema. Soldados alemães às vezes disparavam previamente uma bala no próprio capacete, assim, se fossem atacados, podiam fingir melhor que estavam mortos, para então atirar em seus agressores pelas costas. Eles muitas vezes minavam ou colocavam outras armadilhas explosivas nas próprias trincheiras pouco antes de bater em retirada.

Patrulhas americanas, ao encontrarem o inimigo à noite, recebiam orientações do tipo: "Dispare aleatoriamente, atire-se ao chão buscando cobertura, grite como um maluco, fingindo partir para o ataque, e então eles vão começar a disparar", revelando assim sua posição. Ao se defender, deviam colocar um manequim de soldado bem diante de seus *foxholes* para que os alemães abrissem fogo prematuramente. Deviam prover cobertura para o inimigo em frente deles, mas enterrar minas embaixo; construir defesas falsas entre pontos fortes importantes. Pouco antes de partir para o ataque, era útil fazer barulhos de quem está cavando, para desorientar o inimigo. E quando estivessem dentro de uma casa, nunca deviam disparar de uma janela, e sim deixá-la aberta e realizar o disparo de um ponto mais recuado do aposento.

Os membros mais respeitados e vitais de uma companhia eram os auxiliares médicos. Eles recebiam álcool etílico para evitar que a água de seus cantis congelasse – água que eles ofereciam aos feridos. "O efeito estimulante do álcool tampouco é prejudicial", acrescentava o relatório. Capelães também eram enviados aos postos médicos com álcool para fazer uma bebida quente para os feridos que chegavam. Inúmeros homens mais tarde reconheceram que deviam a vida à dedicação, coragem e às vezes à inventividade dos auxiliares médicos. O PFC Floyd Maquart, da 101ª, salvou um soldado gravemente ferido no rosto e no pescoço perfurando sua garganta com uma faca de paraquedas e inserindo a parte oca de uma caneta-tinteiro na sua traqueia.

As condições dos mais de setecentos pacientes recolhidos na escola de equitação e na capela do seminário de Bastogne continuavam se deteriorando, pois após a captura do hospital de campanha pelos alemães só havia agora um cirurgião. O médico da 10ª Blindada era auxiliado por duas enfermeiras belgas treinadas: Augusta Chiwy, uma corajosa jovem do Congo, e Renée Lemaire, a noiva de um judeu preso em Bruxelas pela Gestapo mais cedo naquele ano. Aqueles feridos gravemente na cabeça e no estômago tinham menor chance de sobreviver, e o número de corpos congelados crescia, empilhados como lenha sob um encerado do lado de fora. Vários pacientes sofriam de gangrena gasosa, que exalava um fedor terrível, e o estoque de peróxido de hidrogênio para limpar essas feridas estava acabando. O escasso suprimento de plasma congelava e os saquinhos tinham que ser degelados debaixo do sovaco de alguém. Para algumas operações, uma talagada de conhaque substituía os anestésicos. Os sedativos estavam também no fim, devido ao crescente número de casos de fadiga de combate, cujos pacientes ficavam sentados e de repente começavam a gritar, do nada. Homens que haviam demonstrado grande coragem na Normandia e na Holanda acabavam sucumbindo ao estresse e à exaustão. O frio e a falta de alimentação adequada aceleravam o processo.

Além dos ataques mais planejados, que o *Generalmajor* Kokott era obrigado a lançar, havia muitos outros feitos à noite, em geral com quatro tanques e uma centena de homens de infantaria. Seus soldados, em trajes para neve, se camuflavam bem nos campos nevados, mas, ao passarem contra um fundo escuro de árvores ou edificações, destacavam-se muito. Percebendo isso, tiravam a jaqueta, mas as calças brancas ainda os delatavam.

"Acertar tanques é uma questão de trabalho em equipe, e de confiança mútua e coragem", declarava um relatório do 8º Corpo. "A infantaria fica em seus *foxholes* e dá conta da infantaria hostil, e os destruidores de tanques se ocupam dos tanques." Desde que os dois elementos fizessem seu trabalho, os alemães geralmente eram repelidos. Alguns paraquedistas, porém, claramente se sentiam estimulados a perseguir Panzers com bazucas. A 101ª afirmava que, ao todo, entre 19 e 30 de dezembro, havia abatido 151 tanques e canhões de assalto, e 25 semitratores. Essas cifras provavelmente eram exageradas, mais ou menos como as façanhas anunciadas por pilotos de caças. Muitos alvos eram compartilhados com os tanques Sherman da 10ª Blindada e com os Hellcats do 705º Batalhão de Destruidores de Tanques do coronel Templeton.

A luta contínua contra o 901º Panzergrenadier em torno de Marvie foi ficando cada vez mais confusa nas primeiras horas da manhã. Um operador de metralhadora americano matou dois homens da Infantaria de Paraquedistas que apareceram no alto de uma serra. Os americanos acabaram sendo obrigados a se afastar da vila, mas conseguiram defender o morro que ficava a oeste. O quartel-general de McAuliffe em Bastogne reavaliou suas defesas. A invasão da cidade a partir de Marvie acabava de ser detida, porém eles estavam também vulneráveis no lado oeste do perímetro. A decisão foi de recuar da ponta de lança de Flamierge e Mande-Saint-Etienne, e sair de Senonchamps. Reduzir a linha de frente geral iria fortalecer a defesa, no entanto eles também reorganizaram suas forças acrescentando tanques e destruidores de tanques de modo permanente a cada regimento.

O *Generalmajor* Kokott, enquanto isso, teve garantias tanto de Lüttwitz, seu comandante do corpo, quanto de Manteuffel de que Bastogne seria arrasada no dia seguinte, antes que a 4ª Divisão Blindada chegasse do sul. Kokott, enquanto aguardava que a 15ª Divisão Panzergrenadier se posicionasse no setor noroeste, preocupava-se cada vez mais com a linha de defesa ao sul da 5ª Fallschirmjäger. Achou então prudente montar um anteparo de segurança por lá com "pelotões de emergência" de seu próprio pessoal de suprimentos,

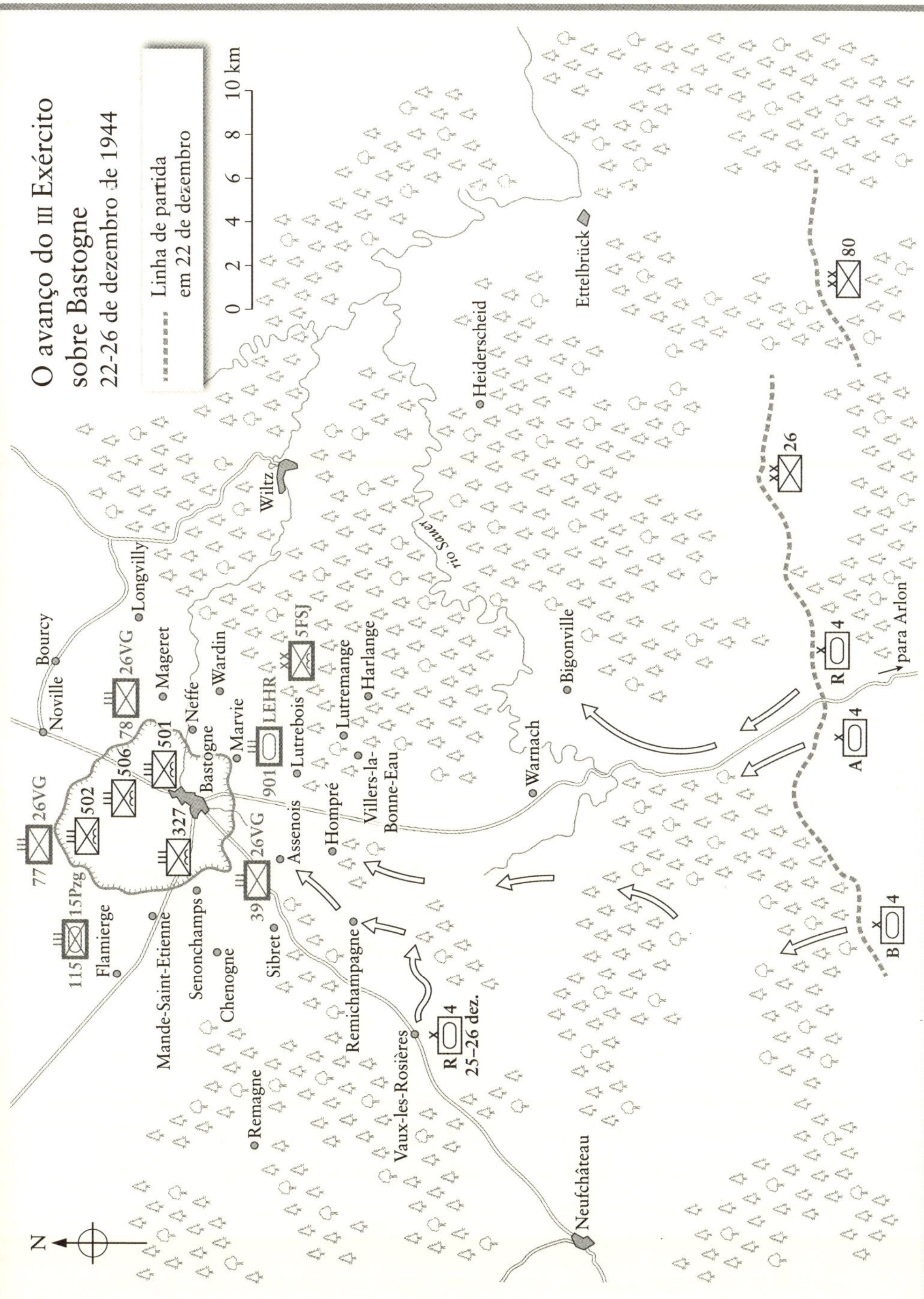
O avanço do III Exército
sobre Bastogne
22-26 de dezembro de 1944
Linha de partida
em 22 de dezembro
0 2 4 6 8 10 km
N
Noville
Bourcy
Longvilly
Mageret
Neffe
Wardin
Marvie
Bastogne
Wiltz
Heiderscheid
Ettelbrück
rio Sauer
Lutrebois
Lutremange
Harlange
Villers-la-Bonne-Eau
Hompré
Assenois
Sibret
Remichampagne
Vaux-les-Rosières
Chenogne
Senonchamps
Mande-Saint-Etienne
Flamierge
Remagne
Neufchâteau
Warnach
Bigonville
para Arlon
26VG
77
502
506
78
501
327
15Pzg
115
39
901
LEHR
5FSJ
26
80
R 4
A 4
B 4
R 4
25–26 dez.

apoiado por uns poucos canhões antitanque. O batalhão antiaéreo perto de Hompré também foi orientado a se preparar para passar a um papel terrestre, tomando tanques americanos. Era um conforto saber que pelo menos a estrada principal ao sul de Arlon estava coberta pelo 901º Regimento Panzergrenadier da Panzer Lehr.

A 5ª Divisão Fallschirmjäger certamente parecia mal equipada para sua tarefa de defender o flanco sul do V Exército Panzer. Seu muito malvisto comandante *Generalmajor* Ludwig Heilmann desprezava o Estado-Maior da Luftwaffe, alegando que havia descoberto "corrupção e locupletação" ao assumir o comando. "Até então, essas pessoas haviam operado apenas na França e na Holanda", disse ele mais tarde, "e vegetavam em despojos saqueados e estiveram todos envolvidos." Ele afirmou que os mais velhos *Unteroffizieren* haviam dito de maneira bem aberta que "nem sonhariam em arriscar a vida agora no final da guerra". Os jovens soldados, por sua vez, quase todos com menos de vinte anos e alguns com apenas dezesseis, "davam uma impressão melhor", apesar de terem recebido pouco treinamento. Heilmann vinha sendo constantemente questionado por seus superiores sobre as exatas posições de seus regimentos, mas os poucos relatórios que havia recebido eram tão imprecisos que ele decidiu avançar por sua conta, nem que fosse para escapar às "incômodas demandas" do quartel-general do corpo.

No entanto, apesar das visíveis deficiências da 5ª Fallschirmjäger, seus soldados adolescentes lutavam com formidável resiliência, como a 4ª Divisão Blindada pôde sentir na pele. Naquela manhã, ao alvorecer, o 53º Batalhão de Infantaria Blindada e o 37º Batalhão de Tanques atacaram a vila de Bigonville, mais de vinte quilômetros ao sul do posto de comando de Kokott. Foram liderados pelo tenente-coronel Creighton W. Abrams (mais tarde comandante das forças americanas no Vietnã), e tomaram o lugar e o terreno elevado atrás, em menos de três horas. Depois, porém, "o inimigo conseguiu infiltrar-se de volta na cidade e mais combates foram exigidos para desimpedi-la". Para piorar as coisas, a força americana estava sendo bombardeada e atacada por Thunderbolts P-47, que só desistiram depois que granadas de fumaça colorida foram lançadas e a neve dos painéis de identificação removida. Assegurar Bigonville uma segunda vez levou outras três horas e teve um alto custo. Comandantes de tanques, com as cabeças para fora das torres, atraíram o fogo dos atiradores alemães, que "deram fim a nove deles no 37º Batalhão de Tanques, incluindo o comandante da Companhia C".

A 4ª Divisão Blindada também padecia com o tempo frio. "O comandante da nossa companhia foi evacuado com pneumonia", escreveu um soldado do 51º Batalhão de Infantaria Blindada, "e perdemos nosso sargento de pelotão porque seus pés congelaram." No dia seguinte, havia apenas um oficial na companhia. A esperança de que Patton viesse em socorro de Bastogne no Natal estava se esvaindo rapidamente.

As forças de Kokott, como a maioria das formações alemãs nas Ardenas, iam ficando sem munição, especialmente de cargas de morteiro. Os ataques aéreos aliados em estações de triagem e em linhas avançadas de suprimentos já estavam surtindo efeito. Naquela tarde, os americanos notaram que os canhões alemães silenciaram. Os defensores acharam que eles haviam decidido poupar munição para um grande ataque na manhã de Natal.

Cerca de quinze quilômetros ao norte, os remanescentes do Kampfgruppe Peiper em La Gleize preparavam a destruição de seus veículos, antes de fazer uma incursão a pé, cruzando o rio Amblève. Às três horas do dia 24 de dezembro, o grupo principal de oitocentos homens atravessou o rio e seguiu tropegamente pelos densos bosques no lado sul em direção à linha da serra. Peiper, logo atrás do destacamento mais avançado, levou o major McCown com ele. Duas horas mais tarde, ouviram explosões atrás deles e, no fundo do vale, viram a vila arruinada, iluminada pelas chamas dos veículos incendiados.

Peiper, sem saber onde estavam as linhas alemãs, levou seus soldados para o sul, seguindo paralelo ao rio Salm. McCown contou mais tarde que eles não tinham o que comer, exceto quatro biscoitos secos e dois goles de conhaque. Uma hora após anoitecer, depararam com um posto avançado americano, onde uma sentinela abriu fogo. Os Panzergrenadiers estavam exaustos, especialmente as duas dezenas de feridos que iam a pé. Eles vagavam no escuro, atravessando córregos para evitar as estradas e vilas. Nas primeiras horas da manhã de Natal, deram com outra posição americana ao norte de Bergeval, o que desencadeou uma formidável reação com morteiros e fogo traçante de metralhadoras. McCown fugiu na confusão, e se juntou às linhas americanas, onde se identificou aos paraquedistas da 82ª Aerotransportada. Foi levado ao posto de comando do general Jim Gavin.

Peiper e seus homens recuaram até o vale do Salm e atravessaram a nado as águas geladas do rio. Mais tarde, na manhã de Natal, o 1º Corpo SS Panzer relatou a chegada de Peiper, aparentemente ferido. Foi mais ou menos à mesma hora em que a 30ª Divisão de Infantaria esmagou o outro bolsão de seus homens, encurralados perto de Stavelot. Sua resistência foi fanática, provavelmente por causa da crença de que seus oponentes não fariam prisioneiros. "Levas de atacantes literalmente atravessavam o rio com água pelos joelhos de encontro à própria morte em um assalto desesperado", afirmava o relatório pós-ação. O comandante da artilharia da divisão estimou que em um ponto havia mais de mil alemães mortos empilhados, e os bosques em volta de Stavelot e La Gleize estavam repletos de cadáveres. Os americanos avaliaram que 2.500 membros do Kampfgruppe haviam sido mortos e 92 tanques e canhões de assalto destruídos.

Agora que a única penetração do VI Exército Panzer havia sido totalmente destruída, os olhos de Hitler e do OKW estavam firmes nas divisões Panzer de Manteuffel a oeste. O acúmulo de forças contra a linha da parte norte era impressionante. Depois que a 2ª Divisão SS Panzer Das Reich esmagou a força que defendia Baraque de Fraiture, ela foi reforçada pela guarda avançada da 9ª Divisão Panzer. A brigada Führer Begleit estava a caminho, disposta a atacar Hotton, e a 18ª e a 62ª Divisões Volksgrenadiers, apoiadas pela 9ª Divisão SS Panzer Hohenstaufen, atacavam a 82ª Aerotransportada no setor de Vielsalm, onde o general Ridgway insistia em defender uma cunha em ângulo reto.

O general Bradley sentiu-se ultrajado ao saber que Montgomery posicionara o 7º Corpo de Collins ao longo da linha limítrofe, em vez de mantê-la atrás para um forte contra-ataque (na realidade, foi o próprio Collins que comprometeu suas divisões, porque não havia alternativa). Uma vez mais, isso demonstrou o quanto Bradley não entendia o que estava acontecendo. Com quatro divisões Panzer atacando ao norte e noroeste, era preciso assegurar uma linha de defesa, antes que um contra-ataque pudesse ter lugar. O quartel-general do I Exército, que considerava a possibilidade de uma grande retirada no front do 7º Corpo, chegou a registrar naquela noite: "Apesar do magnífico desempenho aéreo de hoje, as coisas à noite parecem, no mínimo, piores do que antes". A preocupação com uma incursão das divisões Panzer a oeste chegou a fazer com que o I Exército considerasse a possibilidade de recuar todo o pesado equipamento do 5º Corpo no caso de uma retirada repentina.

Ridgway ficou furioso quando Montgomery passou por cima dele novamente, dessa vez ao ordenar que a 82ª Aerotransportada de Gavin recuasse de Vielsalm para a base do triângulo de Trois-Ponts a Manhay. A 82ª sofria forte pressão da 9ª Divisão SS Panzer Hohenstaufen, do restante da 1ª Divisão SS Panzer e da 18ª e da 62ª Divisões Volksgrenadiers. No entanto, Ridgway se sentiu insultado pela ideia de que o Exército dos Estados Unidos recebesse ordens de ceder terreno. Ele atribuiu o movimento à obsessão de Montgomery em "organizar o campo de batalha", e protestou veementemente com o general Hodges, "mas ao que parece não recebeu muito apoio ali", como Hansen mais tarde reconheceria. Bradley ficou obcecado com a decisão de Montgomery e continuou insistindo nesse ponto.

Gavin, no entanto, entendeu o porquê do reposicionamento, e Montgomery provavelmente estava certo. A 82ª já estava espalhada demais mesmo antes que a nova leva de formações alemãs estivesse prestes a chegar. Reduzir seu front de 27 quilômetros para dezesseis significava conseguir uma linha de defesa mais forte. A retirada começou naquela noite, e "o moral na 82ª não foi materialmente afetado". Os paraquedistas de Gavin logo tiveram à disposição muitos cadáveres de alemães congelados, para usar como sacos de areia em suas novas posições, e não deixaram o pessoal de registro de túmulos levá-los embora.

A Força-Tarefa Kane e um regimento da recém-chegada 17ª Aerotransportada foram posicionadas para defender os cruzamentos de Manhay, contra o que o quartel-general do I Exército ainda acreditava ser uma tentativa de capturar as bases de suprimentos americanas em Liège. A ainda não testada 75ª Divisão de Infantaria estava a caminho para apoiar a 3ª Divisão Blindada de Rose, numa tentativa de libertar a Força-Tarefa Hogan, cercada em Marcouray.

Os defensores em Manhay esperavam um terrível ataque da Das Reich, mas ela avançou cautelosamente pelas florestas, seguindo pelos dois lados da estrada e pela ocupada Odeigne. Isso se devia em parte aos contínuos problemas de abastecimento de combustível, mas principalmente buscava evitar o deslocamento em campo aberto, em outro dia de sol brilhante. Uma coluna blindada à luz do dia seria presa fácil para os caças-bombardeiros lá em cima, vasculhando a paisagem nevada à procura de alvos.

O *Brigadeführer* Heinz Lammerding, comandante da Das Reich responsável pelos massacres de Tulle e Oradour-sur-Glane em seu avanço para o norte rumo a Normandia em junho, era um homem alto e arrogante, com o rosto marcado por pequenas cicatrizes. Era famoso por sua crueldade, como a maioria de seus oficiais. Haviam até achado engraçado que a Das Reich tivesse assassinado os habitantes da Oradour errada. "Um *SS-Führer* me contou rindo", Heydte foi secretamente gravado mais tarde dizendo, "que haviam punido a vila errada. 'É, que azar o deles, não?', [disse ele]. Só ficamos sabendo depois que naquela vila não havia nenhum partisan."

Assim que a noite caiu e os caças-bombardeiros Thunderbolt e Lightning foram embora, os tanques e semitratores da SS Das Reich emergiram dos bosques e seguiram para o norte, rumo a Manhay. Os alemães empregaram o seu truque usual de colocar um Sherman capturado na cabeça da coluna. Os americanos não abriram fogo, achando que talvez fosse uma força-tarefa da 3ª Divisão Blindada. Mas então a SS acendeu fachos para ofuscar os canhoneiros dos tanques americanos. Dois regimentos de Panzergrenadier atacaram lado a lado às 21 horas. Por volta de meia-noite, haviam tomado Manhay. O comando de combate da 7ª Blindada perdeu dezenove tanques na batalha noturna, e suas tripulações exaustas tiveram que fugir a pé. O regimento da Das Reich não perdeu nenhum tanque.

A 116ª Divisão Panzer de Waldenburg, depois de instruída a dar a volta a oeste do rio Ourthe, recebeu ordens de penetrar entre Marche-en-Famenne e Hotton, e depois girar a oeste em direção a Ciney, para proteger o flanco direito da 2ª Divisão Panzer. Mas a 84ª Divisão de Infantaria de Bolling defendia uma forte linha ao sul da principal estrada Marche-Hotton. A 116ª conseguiu penetrar perto da vila de Verdenne, mas o sucesso não durou muito. Esse foi apenas o começo do que Waldenburg chamou de batalhas "ferozes e cheias de alternâncias". Casas e posições trocaram de mãos diversas vezes.

A própria Marche foi ameaçada. Um rapaz de 21 anos, Henry Kissinger, do ramo de inteligência da 84ª, apresentou-se como voluntário para ficar ali encoberto, apesar do risco adicional de ser judeu. Mas os homens de Bolling resistiram firmemente e sua artilharia acabou infligindo terríveis perdas aos homens de Waldenburg. Batalhões de artilharia de campo usaram os novos sensores de proximidade Pozit em alta elevação, se necessário escavando mais fundo as trilhas, de modo a produzir explosões no ar sobre as posições alemãs. A infantaria americana assistia ao efeito disso com um júbilo selvagem, e relatava *"beaucoup dead"* ["muitos mortos"].

Caças-bombardeiros aliados cruzavam o céu de um lado para o outro, despejando bombas e atacando. "Nada se via ou ouvia da Luftwaffe alemã", Waldenburg comentou com raiva. O mais perto que seus Panzergrenadiers chegaram de Marche foi a linha de árvores a noroeste da Champlon-Famenne, defronte à cidade, onde eram constantemente bombardeados pela artilharia americana. Até hoje o dono daquelas terras não consegue vender a madeira da floresta, por causa das lascas de metal enterradas fundo nas imensas coníferas.

No extremo da ponta de lança alemã, a 2ª Divisão Panzer havia perdido três tanques em seus confrontos com o 3º Real Regimento de Tanques. O tenente-coronel Brown, preocupado com o fato de os alemães estarem muito perto da ponte em Dinant, reforçou os acessos, para o caso de os Panzergrenadiers tentarem se infiltrar a pé. Ele soube que a situação de combustível dos alemães havia ficado desesperadora. A artilharia britânica começou a bombardear as posições da 2ª Panzer em torno de Celles, e havia planos de atacar a partir de Sorinnes no dia seguinte, para esmagar o batalhão de reconhecimento de Böhm em Foy-Notre-Dame. Brown ainda não sabia que a 53ª Divisão britânica estava começando a cruzar o Mosa, e que por isso receberia um forte apoio.

O major-general Harmon, instantaneamente reconhecível por seu amplo tórax, o bigode militar e a voz rascante, mal conseguia controlar sua impaciência de enfrentar o inimigo. Ele recebera ordens do general Collins de se conter até o momento exato para um contra-ataque, mas Collins não poderia ter sido convencido disso, pois estava preocupado com a perigosa situação no seu flanco leste. Montgomery havia até expedido uma instrução segundo a qual, devido à ameaça da 2ª Panzer e da Panzer Lehr a oeste, o corpo de Collins poderia, "caso fosse obrigado", recuar para uma linha entre Hotton e Andenne, uns trinta quilômetros ao norte de Marche em linha reta. Isso teria resultado numa grande retirada e, ao contrário da retirada da 82ª Aerotransportada de Gavin, num grande equívoco. Mas felizmente Montgomery deixara Collins com autoridade para tomar suas próprias decisões.

Harmon suspeitou que houvesse uma grande força Panzer em torno de Celles, mas só teve a confirmação quando dois P-51 Mustangs relataram fogo antiaéreo partindo de local próximo à área (nenhum contato havia ainda sido estabelecido com os britânicos em Sorinnes). Em meio a uma considerável confusão entre o quartel-general do I Exército e o 7º Corpo durante a ausência de Collins, Harmon recusou-se a esperar mais tempo. Ordenou que seu Comando de Combate B se juntasse ao Comando de Combate A em Ciney, e mandou avançar dois batalhões de artilharia autopropelida. Quando Collins finalmente falou com Harmon por telefone naquela noite e lhe deu permissão para atacar na manhã seguinte, Harmon ao que parece bradou: "Os filhos da puta estão no bolso!". Montgomery apoiou a decisão de Collins de posicionar a 2ª Divisão Blindada, embora isso significasse que seu plano de reter o 7º Corpo para um contra-ataque seria abandonado.

O Cochenhausen Kampfgruppe havia assumido a defesa geral nos dois bolsões entre Celles e Conneux, enquanto aguardava os reforços prometidos da 9ª Divisão Panzer, mas ela estava atrasada, aguardando suprimentos de combustível. Os elementos avançados da 2ª Panzer também imploravam munição e combustível, mas a linha de suprimentos estendida era insegura. Isso ficou ainda pior devido à retomada dos ataques americanos em terreno elevado a sudoeste de Marche e ao crescente número de caças-bombardeiros aliados. O Estado-Maior do quartel-general da 2ª Divisão Panzer ao sul de Marche ardia de frustração pelo fato de isso ter acontecido justamente quando estavam tão perto de seu objetivo. Foi expedida uma instrução do *Generalfeldmarschall* Model a Foy-Notre-Dame: "Se necessário, elementos do batalhão de reconhecimento devem capturar a ponte de Dinant a pé, em um *coup de main*", como o coronel Brown havia imaginado. Mas o Kampfgruppe de Böhm era o mais pressionado de todos, pois a artilharia britânica apertava o cerco sobre ele.

A frustração logo virou alarme no quartel-general da 2ª Divisão Panzer, "já que ambos os bolsões reportaram que seu suprimento de munição e combustível não permitiria que prosseguissem muito mais tempo na batalha", registrou o *Oberstleutnant* Rüdiger Weiz. "E como o combustível disponível no front não era suficiente para a retirada das forças, surgiu a questão quase insolúvel de como levar ajuda àqueles que lutavam na linha do front."

Lauchert decidiu retirar o Kampfgruppe comandado pelo *Major* Friedrich Holtmeyer, que rastreava Marche. Ordenou que fosse para oeste via Rochefort, e avançasse para Conneux para socorrer as forças cercadas ali. Essa operação só poderia ser realizada à noite, devido à superioridade aérea americana. Lüttwitz concordou com o plano, mas primeiro era preciso obter permissão do quartel-general do V Exército Panzer. Lauchert recebeu autorização naquela tarde, mas o batalhão de reconhecimento não estava mais em contato por rádio. A força de Holtmeyer partiu aquela noite, mas essa difícil manobra no escuro foi comprometida adicionalmente por grupos americanos que atacavam enquanto os alemães se retiravam.

Dez quilômetros a sudeste de Marche, a vila de Bande fica numa montanha acima da estrada N4 que liga Marche a Bastogne. Como mencionado antes, os soldados alemães da SS haviam incendiado 35 casas ao longo da estrada N4 perto da vila durante sua retirada da região em setembro, como represália pelos ataques da Resistência belga. Em 22 de dezembro, elementos avançados da 2ª Divisão Panzer haviam passado por ali, e no dia seguinte alguns de seus soldados se instalaram na vila. Eles se portaram bem. Na véspera de Natal, porém, um grupo muito diferente, de cerca de trinta homens, apareceu usando os uniformes cinzas da SS. Tinham o distintivo da Sicherheitsdienst – um SD dentro de um losango – na manga esquerda. A maioria deles não era constituída de alemães, mas fascistas franceses, belgas e holandeses liderados por um suíço e ligados à Gestapo.

Eles ficaram separados dos Panzergrenadiers, e tomaram alguns edifícios de madeira perto da estrada principal. A véspera de Natal caiu num domingo, por isso quase toda a vila estava na missa. Quando ela acabou e as portas foram abertas para a congregação sair, todos os homens em idade militar foram detidos, supostamente para uma averiguação de documentos. Ao todo, 27 homens foram recolhidos. Pouco menos da metade deles – aqueles que tinham entre dezessete e 31 anos – foram levados sob escolta até uma serraria perto da estrada principal, onde foram trancados. Vários eram refugiados de outras regiões, mas mesmo assim foram interrogados brutalmente a respeito dos ataques na área a forças alemãs em retirada três meses e meio antes. Um por um, foram levados para fora e fuzilados.

Houve apenas um sobrevivente, Léon Praile, um jovem forte e atlético de 21 anos de idade. Ele tentara persuadir outros a se juntarem a ele para fugir correndo dos guardas, mas ninguém se habilitou. Quando chegou sua vez – a essa altura, escurecia rapidamente –, ele de repente deu um forte murro no rosto de "seu" escolta e fugiu, saltando um muro baixo de pedra e correndo até um pequeno rio. Foram disparados tiros na sua direção, mas ele conseguiu escapar.

Quando a vila foi finalmente libertada em janeiro por paraquedistas britânicos da 6ª Divisão Aerotransportada, o Abbé Musty e Léon Praile levaram-nos até onde haviam sido ocultados os 34 corpos, a essa altura congelados. "Depois de executarem a tarefa", declara o relatório britânico, "os alemães cobriram parcialmente os corpos com terra e tábuas. Concluíram escrevendo em uma parede da casa 'Vingando a honra de nossos heróis alemães, mortos pelos belgas' [...] [as vítimas] mostravam sinais de terem sido espancadas antes de serem mortas com um tiro na nuca."

O massacre soou inexplicável aos aldeões, e o choque gerou um falso boato de que Praile só poderia ter escapado da morte traindo seus companheiros. Ao longo dos anos, essa ideia se consolidou. Praile decidiu nunca mais voltar à região.

O *Generaloberst* Guderian, chefe do Estado-Maior do Exército responsável pelo front leste, foi de carro de Zossen, sul de Berlim, para ver Hitler no Adlerhorst. Era claro para ele que a Ofensiva das Ardenas havia fracassado em alcançar suas metas e que não valia a pena continuar. O maior perigo vinha do leste, onde o Exército Vermelho preparava sua grande ofensiva de inverno. Em sua pasta, Guderian trazia uma avaliação bem mais precisa do que o usual, feita pelo *Generalmajor* Reinhard Gehlen, chefe do Fremde Heere Ost, o departamento de Inteligência do Exército que lidava com o front oriental. Gehlen se equivocara em várias ocasiões, o que não ajudava seus argumentos, mas Guderian estava convencido de que suas advertências eram corretas. O departamento de Gehlen estimava que o Exército Vermelho tinha uma superioridade de onze para um em infantaria, de sete para um em tanques e de vinte para um em artilharia. A aviação soviética também desfrutava de uma superioridade aérea quase total, o que impedia os alemães de realizarem um reconhecimento aerofotográfico.

Na sala de reunião, Guderian viu-se diante de Heinrich Himmler – o *Reichsführer-SS* –, do *Generalfeldmarschall* Keitel e do *Generaloberst* Jodl. Enquanto apresentava suas avaliações da Inteligência, Hitler interrompeu-o e declarou que tais estimativas do poderio soviético eram ridículas. O corpo de tanques do Exército Vermelho praticamente não tinha tanques e suas divisões de fuzileiros estavam reduzidas a pouco mais de 7 mil homens cada. "Esta é a maior impostura desde Gêngis Khan", gritou ele. "Quem foi o responsável por produzir esse lixo?"

As tentativas de Guderian de defender os números de Gehlen foram tratadas com desprezo, e Jodl, para seu horror, argumentou que os ataques no Ocidente deveriam continuar. No jantar, Himmler, um militar ignorante que acabara de ser promovido a comandante-chefe do Grupo do Exército do Alto Reno, assegurou a Guderian que aquele acúmulo de forças soviéticas era um enorme blefe. Guderian não teve outra opção a não ser voltar desesperado para Zossen.

Na extrema direita dos dois corpos do exército de Patton, a 5ª Divisão de Infantaria havia começado a avançar para noroeste, saindo de trás da 4ª de Infantaria. Hemingway, recuperado da gripe e bebendo a própria urina, observava e fazia piada no alto de uma montanha, com os amigos daquela divisão que adotara, enquanto embaixo os soldados seguiam em ordem, usando sua camuflagem de lençóis e disparando para o alto diante deles. Não parecia haver alemães revidando o fogo. Na véspera de Natal, ele foi até o quartel-general da 22ª Infantaria em Rodenbourg sem saber que seu novo comandante, o coronel Ruggles, havia convidado também a esposa de Hemingway, agora afastada dele. Ruggles enviara um jipe a Luxemburgo para buscar Martha Gellhorn, achando que isso seria uma agradável surpresa para ambos. O casal já separado ainda teve que compartilhar um quarto.

A véspera do Natal tinha um significado especial para os soldados de ambos os lados. Em Bastogne, os que estavam feridos com menor gravidade recebiam doses de conhaque e ouviam a música *White Christmas*, repetida à exaustão, em uma rádio civil resgatada. A nordeste da cidade, em Foy, soldados alemães amontoavam-se em casas e fazendas para se aquecer. Um jovem soldado alemão contou baixinho à família belga em cuja casa havia se alojado que pretendia voltar para casa vivo: três de seus irmãos já haviam morrido. Em outras partes do perímetro soldados americanos ouviam seus inimigos cantando *Stille Nacht, Heilige Nacht*. Seu único assunto era o Natal em casa, imaginando suas famílias em frente a lareiras quentes. Alguns de seus companheiros mais sortudos na retaguarda compareciam à missa da meia-noite, como aquela rezada na capela do Château de Rolley, lotada de refugiados e das famílias dos proprietários. Na maioria dos casos, também cantavam *Noite feliz*, e pensavam nos que estavam em casa. Em Bastogne, cerca de cem soldados se reuniram para uma missa diante de um altar improvisado, iluminado por velas, montado em cima de latas de ração vazias. O capelão em seu sermão ofereceu um conselho simples a todos. "Não façam planos, pois o plano de Deus irá prevalecer."

Em Boisseilles, entre Celles e Foy-Notre-Dame, soldados alemães também se juntaram aos civis que se abrigavam no château dali. Um Panzergrenadier da 2ª Panzer, talvez animado pelo álcool, declarou: "Amanhã vamos cruzar o Mosa!". Outro, em um estado mental mais realista, suspirou: "Que Natal triste".

As unidades avançadas da 2ª Panzer estavam famintas, ou melhor, passando fome. Em Celles, um soldado alsaciano bateu à porta de uma casa e, quando a família abriu, ajoelhou-se timidamente implorando que lhe dessem um pouco de comida. A condição de muitos deles era tão digna de pena que os locais se sentiam obrigados a oferecer a seus ocupantes algo para comer, por pura caridade cristã. Foram raros os casos de soldados da 2ª Panzer que requisitaram comida apontando uma arma, embora alguns possam ter ordenado que a esposa de algum agricultor lhes preparasse uma sopa, ou uma torta, com algumas das frutas preservadas em potes de conserva, como gesto de Natal. Outros obrigaram as mulheres locais a lavarem suas meias ou a roupa de baixo.

Os soldados alemães, apesar de sua premente fome, estavam mais desesperados ainda por bebida, para afogar suas mágoas na véspera de Natal. Em Rochefort, uma menina de catorze anos, Liliane Delhomme, viu um *Landser* arrebentar a porta de vidro do Café Grégoire com um murro, cortando a mão gravemente nesse ato, para pegar uma garrafa. A saudade de casa piora muito no Natal. Muitos soldados ficavam olhando fotos da família e chorando em silêncio.

Soldados de infantaria de ambos os lados passaram a noite em seus *foxholes*. Os americanos tinham apenas rações C congeladas para celebrar, o que de qualquer modo era mais do que tinha a maioria dos alemães. Um paraquedista descreveu que havia cortado nacos de carne congelada, um por um, para degelá-los na boca, antes de ser capaz de comê-los. Na área mais ao norte, em Höfen, um soldado da 99ª Divisão de Infantaria escreveu em seu diário: "Os companheiros ficam andando para cima e para baixo na linha do front desejando Feliz Natal. É uma noite muito bonita, com o chão coberto de neve". Os que tinham sorte eram visitados por um oficial que passava uma garrafa para cada um dar um gole.

Postos de comando e quartéis-generais de maior hierarquia tinham uma árvore de Natal, em geral decorada com as tiras de folha de alumínio usadas para interferir nos radares. Quanto mais alta a hierarquia do quartel-general, maior a chance de uma celebração adequada. A cidade de Luxemburgo, ainda intocada pela guerra, agora se sentia segura. Enquanto os flocos de neve caíam suavemente na noite da véspera de Natal, o capelão do Exército dos Estados Unidos, Frederick A. McDonald, preparava-se para celebrar a missa em uma igreja, à luz de velas. Ele fora avisado de que o general Patton compareceria à comunhão naquela noite. A igreja estava lotada, mas McDonald não teve dificuldade em reconhecer "esse general de expressão séria" em pé, sozinho e aprumado no fundo. Foi até ele dar-lhe as boas-vindas e mencionou que, na Primeira Guerra Mundial, o *Kaiser* Guilherme II comparecera às missas naquela igreja. McDonald, sem dúvida ciente do desejo do general de comungar com a história, perguntou: "O senhor gostaria de sentar no banco do *Kaiser*?". Patton sorriu. "Por favor, me leve até lá", disse ele.

18

NATAL

O curto intervalo silencioso da noite de Natal em Bastogne foi quebrado por um bombardeiro da Luftwaffe voando sobre a cidade e despejando fachos luminosos de magnésio, seguidos por levas de Junkers 88. Os americanos haviam se habituado a olhar a Luftwaffe como uma força desgastada, e o efeito foi bem mais devastador do que o mais intenso bombardeio de artilharia. O choque foi ainda pior para os refugiados e habitantes de Bastogne amontoados nos porões, quando as construções desabaram sobre eles.

O quartel-general de McAuliffe foi atingido. As paredes vibraram como num terremoto, e todos ficaram aterrorizados diante da possibilidade de serem esmagados pela alvenaria que caía. Nos porões lotados do Institut de Notre-Dame, todos rezavam ou gritavam em pânico enquanto nuvens de poeira se espalhavam. Várias pessoas ficaram completamente enlouquecidas.

O capitão Prior, médico do posto da 10ª Blindada, compartilhara uma garrafa de Natal de champanhe com vários de seus colegas, entre eles Augusta Chiwy, a enfermeira congolesa. Foram todos atirados ao chão pela força de uma explosão, e Prior temeu que o próprio posto médico tivesse sido atingido. Cobertos de poeira, conseguiram com esforço alcançar a rua. O edifício de três andares havia desabado em cima de seus pacientes feridos e as ruínas estavam em chamas. Renée Lemaire, a colega enfermeira de Chiwy, havia sido morta junto com aproximadamente 25 feridos graves, que arderam até a morte em suas camas. Soldados correram para remover o entulho e criar uma saída, mas as tentativas de debelar o fogo com baldes de água foram infrutíferas. Alguns dos feridos, rodeados de chamas, imploravam para ser mortos. Os bombardeiros, voando baixo, metralhavam as ruas, enquanto os paraquedistas revidavam disparando com fuzis. Bastogne não tinha defesa antiaérea, pois os semitratores com metralhadoras .50 quádruplas haviam sido todos posicionados para reforçar as defesas do perímetro.

Esse ataque, renovado várias horas depois, foi claramente a salva de abertura do ataque alemão do dia de Natal. O Arko, ou alto-comando de artilharia do v Exército Panzer, viera a mando de Manteuffel supervisionar o controle do fogo. Kokott transferira seu posto de comando para Givry, em frente ao flanco noroeste. Esse setor tinha menos bosques e vilas, que os americanos vinham usando com muita eficiência como pontos fortes de defesa, e o terreno aberto não apresentava obstáculos além de pequenas valas cobertas de neve. Mesmo assim, a maioria de seus Volksgrenadiers tinha receio da batalha que se avizinhava, e não estava convencida pelas exortações e promessas de seus oficiais de que dessa vez eles contavam com uma força esmagadora.

A dupla ofensiva a partir de noroeste e sudeste foi planejada para tomar Bastogne em cinco horas, mas Kokott vacilou ao saber que a 15ª Divisão Panzergrenadier estava mais fraca do que se esperava. Tinha pouco mais que um Kampfgruppe comandado pelo *Oberstleutnant* Wolfgang Maucke, com três batalhões de Panzergrenadiers, vinte tanques e canhões de assalto, e dois batalhões de artilharia autopropelida. Uma força menor da divisão ainda estava para chegar, e só ficaria a postos no dia seguinte.

O primeiro assalto foi dirigido contra o setor logo em frente à vila de Champs. Às cinco horas, o 77º Regimento Grenadier de Kokott infiltrou-se pelos *foxholes* americanos sem um bombardeio preparatório. Só então a artilharia alemã começou a disparar contra as posições de canhões americanas. A vila de Champs foi "tomada, perdida e retomada" em furiosos combates, observou Kokott. Uma companhia de paraquedistas e dois destruidores de tanques infligiram pesadas baixas em seus homens. Seu treinamento intensivo em "desmontar e reparar armas sob fogo e no escuro" sem dúvida dera resultado. Os travamentos de metralhadoras eram reparados em pouco tempo, e o fogo retomado rapidamente. O soldado raso Willis Fowler operando uma metralhadora no lado oeste de Champs conseguiu destruir uma companhia inteira de Grenadiers enquanto quatro Panzers alemães recuavam para os morros atrás deles. A artilharia americana era também muito eficiente em deter os ataques, e às nove horas o grito de advertência "*Jabos!*" foi ouvido nas fileiras alemãs quando caças-bombardeiros americanos começaram a mergulhar.

Enquanto isso, o Kampfgruppe Maucke havia passado como rolo compressor pelas posições da 401ª Infantaria de Paraquedistas a sudoeste de Champs e alcançava a aldeia de Hemroulle, menos de três quilômetros adiante. Um grupo dividiu-se e foi para o norte atacar Champs, e uma batalha selvagem teve lugar em volta do posto de comando do 502º Regimento de Paraquedistas de Infantaria e do posto médico. Eles estavam sediados no Château de Rolley, um imponente edifício do século XVIII junto a uma grande torre redonda remanescente do castelo medieval original. Uma ponte que levava a Rolley havia sido minada, mas a geada fortíssima emperrou o mecanismo de detonação e os Panzers alemães conseguiram passar. Naquela manhã de temperaturas muito baixas, quando o vento levantava partículas de neve da crosta congelada como se fossem espirros do mar, os paraquedistas urinavam em suas metralhadoras para degelar o mecanismo.

Todo sinalizador, motorista e cozinheiro do château pegou um fuzil ou bazuca para formar um pelotão de defesa. O médico que cuidava de vários feridos deitados em macas ainda teve que passar um fuzil a um de seus pacientes, que ficou agitado diante da perspectiva de ser pego desarmado. As pessoas gritavam para o médico, pedindo que queimasse o livro onde era registrado o número das placas de identificação dos seus mortos, assim o inimigo não saberia quantos paraquedistas havia matado.

Um membro daquele grupo improvisado de defesa, o sargento "Sky" Jackson, conseguiu inutilizar vários tanques. Outro homem com bazuca estava tão excitado que esqueceu de carregar sua arma, por isso quando atingiu o tanque ouviu-se apenas um estalo forte. Um destruidor de tanques Hellcat tirou de combate mais um Panther. "Os alemães saíam dos tanques e eram moídos", outro soldado lembrou. "Era só sangue vermelho na neve." Podiam-se ouvir gritos de dentro de um dos Panzers.

Uma companhia do 502º Regimento de Infantaria de Paraquedistas avistou 150 alemães de infantaria e quatro Panzers Mark IV, que abriram fogo. O tenente paraquedista fez seus homens recuarem até a beira de um bosque. Ordenou que seus metralhadores mantivessem os homens da infantaria abaixados e os tanques "de boca fechada" pelo fogo constante, enquanto ele e outra equipe de bazuca se aproximavam deles pelos flancos. Assim destruíram três tanques com suas bazucas, e a companhia vizinha pegou a quarto. Os paraquedistas tinham pouca comida aquele dia. A maioria não tinha nada além de meio copo de sopa com feijões brancos para se manter.

Nesse esforço extremo, o Kampfgruppe Kunkel atacou de novo a sudoeste perto de Senonchamps em direção a Hemroulle. E no lado oposto do perímetro, "o sucesso parecia bem próximo" por volta das dez horas, quando o 901º Panzergrenadier atacou vindo de sudeste. Um grupo de assalto chegou à bifurcação da estrada na entrada de Bastogne, e a invasão alemã parecia inevitável. No quartel-general provisório de McAuliffe os oficiais preparavam suas armas, e o pessoal de intendência se armou com quaisquer bazucas sobressalentes para defender uma última trincheira.

"Os alemães atacaram nossas posições com tanques", registrou o soldado raso Jackson do 502º Regimento de Infantaria de Paraquedistas. "Eu estava atrás no C[ommand] P[ost] e recebemos informação que o front precisava de mais bazucas e munição. Peguei uma bazuca e toda a munição que era capaz de carregar. Ao chegar ao front, vi um tanque recuando e um Mark IV, com nove homens em cima dele, em campo aberto. Quando o tanque ficou a uns quarenta metros e com a lateral exposta, saltei e disparei, atingindo a lateral do tanque, logo acima da esteira. O foguete matou ou abalou quatro dos homens que montavam o tanque, e ele parou na hora e começou a pegar fogo." A tripulação e o resto dos homens de infantaria foram mortos a tiros enquanto tentavam fugir.

Mesmo os *howitzers* de cano curto, de um batalhão de artilharia de campo dos paraquedistas, abatiam Panzers em campo aberto. Os mais destrutivos de todos eram o caças-bombardeiros P-47 Thunderbolt, despejando "bombas incendiárias" de napalm ou atacando com suas metralhadoras .50. Fazendas locais e seus habitantes não foram poupados naquilo que os comandantes americanos viram como uma luta até as últimas consequências.

Os disparos de Shermans, destruidores de tanques Hellcat e bazucas nos combates em torno de Champs, Rolley e Hemroulle infligiram perdas substanciais. À tarde, a 15ª Divisão Panzergrenadier relatou que praticamente não tinha mais nenhum tanque em condições de batalha. Outro assalto desesperado teve lugar depois que escureceu, apoiado pelos destruidores de tanques Jagdpanzer remanescentes do batalhão de reconhecimento. Equipes de bazuca da 502ª Infantaria de Paraquedistas perseguiram e abateram metade deles a curta distância, inclusive o veículo do comandante.

No sudeste, o grupo de assalto do 901º Panzergrenadier da Panzer Lehr foi "isolado dos demais e aniquilado". O regimento não tinha reservas para reforçá-lo ou socorrê-lo. Quase todo homem disponível já havia sido colocado na batalha. Kokott cancelou quaisquer ataques futuros. A 15ª Divisão Panzergrenadier havia sido arrasada, e sua divisão sofrera mais de oitocentas baixas. A maioria das companhias agora tinha menos de vinte homens, e um batalhão inteiro do 78º Regimento Grenadier estava reduzido a apenas quarenta homens. As piores perdas foram entre os oficiais experientes e *Unteroffizieren*. "Estávamos a novecentos metros da divisa de Bastogne", queixou-se amargamente um oficial da 26ª Divisão Volksgrenadier, "e não conseguimos entrar na cidade."

Kokott relatou ao quartel-general do corpo que suas forças estavam tão reduzidas que quaisquer ataques adicionais a Bastogne seriam "irresponsáveis e inviáveis". Lüttwitz aceitou que as forças que cercavam a cidade simplesmente mantivessem suas posições até a chegada da brigada Führer Begleit de Remer em até 48 horas. Mas Kokott foi também informado que a 5ª Fallschirmjäger não estava conseguindo defender-se dos crescentes ataques pelas forças de Patton que vinham do sul. Tudo o que seus Volksgrenadiers podiam fazer era colocar minas e preparar mais posições antitanque nas rotas de acesso. A Ofensiva das Ardenas fracassara, Kokott concluiu. Ele escreveu que a grande operação havia se transformado em uma "luta sangrenta, dúbia e custosa por algo que, em última análise, era só uma vila sem importância". Evidentemente, o quartel-general do Führer não estava preparado para aceitar os fatos da situação.

Enquanto a batalha seguia forte ao norte e sudeste de Bastogne, o piloto de um avião leve de observação, enfrentando a bateria antiaérea, trouxe um cirurgião com suprimentos de penicilina. Um P-38 Lightning também lançou mapas, que ainda escasseavam, e um conjunto de impressos com aerofotografias de toda a região. Foi tudo o que os defensores receberam naquele dia, pois a má visibilidade na Inglaterra impedira outro grande lançamento aéreo. Para agravar o quadro, o prometido presente de Natal de Patton – uma invasão de Bastogne – não se materializara. McAuliffe deixou claros seus sentimentos por telefone ao general Middleton, comandante do 8º Corpo. "Ficamos desapontados", disse ele.

O 3º Corpo de Patton estava próximo. Em torno de Lutrebois, apenas seis quilômetros ao sul do centro de Bastogne, o 134º Regimento de Infantaria da 35ª Divisão era apoiado de perto por artilharia e destruidores de tanques. Tanques alemães haviam sido localizados nos bosques à frente, então a artilharia de campo abriu fogo. Alguns Shermans, atraídos pelos disparos, foram até lá e se juntaram à luta. Homens de bazuca tinham que "ficar deitados aguardando, ou rastejavam, como quem caça um rato". Haviam sido instruídos a visar as esteiras de um Panther, já que os projéteis apenas faziam balançar sua blindagem. No final, dos 27 tanques alemães, apenas três escaparam.

A 4ª Divisão Blindada estava massacrando as unidades da 5ª Fallschirmjäger ao sul de Bastogne, entre as estradas para Arlon e Neufchâteau. Enquanto a vila de Assenois estremecia com as incansáveis explosões de bombas, os civis nada podiam fazer a não ser rezar e torcer pelo melhor. "Nossa sensação era que estávamos nas mãos de Deus", uma mulher escreveu, "e nos rendemos a Ele." Os valões eram em sua maioria católicos praticantes. Entregar suas vidas nas mãos do Altíssimo sem dúvida era um consolo, já que tinham tão pouco controle sobre seu destino. Recitar o rosário juntos ajudava a atenuar a dor do medo individual e acalmava os nervos.

Durante a batalha por Hemroulle, os generais Model e Manteuffel haviam visitado o quartel-general do corpo de Lüttwitz no Château de Roumont, perto da rodovia para Marche. Lüttwitz estava mais preocupado ainda com a sua velha divisão encalhada em torno de Celles, e de novo insistiu que a 2ª Panzer deveria ser salva, permitindo sua rápida retirada. Model e Manteuffel "mostraram-se compreensivos", mas "obviamente não estavam autorizados a decidir a retirada da 2ª Divisão Panzer". Essa ordem só poderia vir de Hitler, e ele não admitiria a derrota.

Os piores receios de Lüttwitz em relação aos Kampfgruppen Böhm e Cochenhausen estavam se concretizando, como ambos haviam alertado. O contra-ataque dos Aliados tivera início antes de o dia clarear. A artilharia da 29ª Brigada Blindada começou a bombardear o batalhão de reconhecimento de Böhm em Foy-Notre-Dame, e cumpriu sua promessa de poupar a igreja do século XVII. As baterias da artilharia americana assumiram posição nos campos em volta das vilas de Haid e Chevetogne. Ao chegarem a Haid, na noite anterior, haviam celebrado com os locais, que fizeram *galettes* e chocolate quente: com leite de suas vacas e barras Hershey derretidas. Depois, os soldados americanos acompanharam seus novos amigos na missa da meia-noite na igreja. Apenas dois dias antes um alsaciano de dezesseis anos, que havia sido forçado a entrar na Wehrmacht, desatara a chorar, contando à mulher do fazendeiro os horrores pelos quais haviam passado.

Em Chevetogne, um oficial avisou os moradores que deixassem as janelas abertas, para que não se estraçalhassem com as explosões dos canhões. Os aldeões viram um avião de observação para a artilharia, que haviam apelidado de "Petit Jules", sobrevoando as posições alemãs. Um pouco depois, caças-bombardeiros de duas caudas P-38 Lightning apareceram em bom número.

O Comando de Combate A da 2ª Divisão Blindada de Harmon avançou para o sul em direção a Buissonville, doze quilômetros a leste do Cochenhausen Kampfgruppe, e entrou em choque com uma força da Panzer Lehr que avançara de Rochefort. Eles perseguiram uma das colunas alemãs até a fazenda de La Happe, onde a luta começou. A maioria dos civis foi imediatamente abrigar-se em porões, mas alguns subiam ao sótão para ver o espetáculo mortal de uma batalha de tanques. Ao todo 29 alemães foram mortos e muitos ficaram gravemente feridos. Esses últimos foram carregados até um celeiro e deixados sobre a palha.

Enquanto isso, o Comando de Combate B, vindo de Ciney, dividiu-se em dois, com uma força-tarefa indo para Conjoux e outra para Celles, para cercar o grosso do Cochenhausen Kampfgruppe espalhado entre as duas vilas. Os alemães em torno de Celles eram alvos fáceis: não tinham combustível suficiente nem para a ambulância Feldlazarett. Na própria Celles, a maior parte dos habitantes ficou abrigada com o padre e as freiras na cripta da igreja. A palha que havia sido espalhada durante os combates de setembro ainda estava lá. Alguns peões de fazenda trouxeram baldes de leite para as crianças quando havia uma trégua no fogo, e cozinharam uma galinha que havia sido morta por uma explosão. Os demais ficaram agachados em porões enquanto as bombas voavam por cima de suas cabeças. Os americanos estavam usando bombas de fósforo, e naturalmente os moradores locais temiam por suas fazendas.

Os tanques Sherman do 3º Real Regimento de Tanques, apoiados pelo 82º Batalhão de Reconhecimento americano e por caças P-38 Lightning, avançaram de Sorinnes a Foy-Notre-Dame. A vila foi retomada naquela tarde, junto com o major von Böhm e 148 de seus homens. Poucos conseguiram fugir pela neve alta. Algumas famílias continuaram escondidas após a vila ser libertada, porque ainda ouviam disparos e explosões, mas isso se devia a um semitrator em chamas em um estábulo, cuja munição continuou explodindo por um bom tempo. Para a maioria, a primeira providência era recortar quadrados de papelão e fazer reparos de emergência, tapando os vidros quebrados das janelas. Era um grande alívio que a batalha dos "Tommies" e "Sammies" contra *les gris* – os "cinza" ou alemães – tivesse finalmente terminado.

Uma garotinha entre aqueles que estavam sendo evacuados para Sorinnes perdera os sapatos, e então um soldado americano do 82º Batalhão de Reconhecimento apontou a arma para um prisioneiro alemão e obrigou-o a tirar as botas e entregá-las à menina. Eram grandes demais, mas mesmo assim ela conseguiu andar, enquanto o soldado alemão teve que se resignar a seguir com os pés cheios de ulcerações por gelo.

Depois que as artilharias americana e inglesa haviam golpeado as posições alemãs ao redor da fazenda de Mahenne entre Foy-Notre-Dame e Celles, ganhou força uma história de que oficiais da SS haviam ateado fogo ao lugar; mas não havia SS na área e a destruição foi causada inteiramente pelo bombardeio. Uma vez mais os casacos pretos e o distintivo da cabeça da morte no braço dos Panzer parecem ter sido confundidos com a Waffen-SS.

O Comando de Combate B da 2ª Divisão Blindada também entrou em Celles naquela tarde. Os soldados Panzer, famintos e exaustos, com pouca munição e sem combustível, não resistiram muito tempo. O extermínio continuou por mais dois dias. Cerca de 2.500 alemães foram mortos ou feridos e outros 1.200 capturados. Além disso, foram tomados ou destruídos 82 veículos de combate blindados e 82 peças de artilharia, assim como inúmeros veículos, muitos dos quais haviam sido antes saqueados das forças americanas. A maior parte estava sem combustível e sem munição.

O *Major* Von Cochenhausen, com seiscentos de seus homens, conseguiu fugir a pé pela zona rural, depois que eles se dividiram.

Muitos tinham apenas uma grande vontade de desistir. Em torno de Celles, alemães escondidos pediam aos moradores locais para encontrar americanos e dizer-lhes que estavam dispostos a se render. Não queriam aparecer de repente, mesmo com mãos para cima, por receio de serem fuzilados. Alguns tinham medo também de ser confundidos com os membros do Skorzeny Kampfgruppe, pois usavam muitas peças do uniforme americano. Em alguns poucos casos, como sinal de boa vontade, davam sua pistola a um civil belga, que então a entregava aos americanos. O pessoal da região só percebeu quando já era tarde demais que poderia ter ganhado dinheiro vendendo as armas. "Os americanos estavam loucos para pôr as mãos em uma dessas armas", um fazendeiro declarou. Muitos civis tinham medo também de ficar com itens do equipamento alemão, caso o inimigo voltasse uma vez mais e os visse com eles em suas casas.

Além da 2ª ss Das Reich, que ainda causava grande preocupação ao I Exército nos combates em torno de Manhay e Grandménil, as outras divisões Panzer tiveram um desempenho um pouco melhor no flanco noroeste do bolsão. A 116ª Panzer ainda tinha ordens de irromper a leste de Marche, mas, como lembrou o *Generalmajor* Von Waldenburg, as "unidades divisionais que lutaram nessa batalha foram quase completamente aniquiladas", e o Kampfgruppe Beyer da 60ª Panzergrenadier foi destruído. Apenas uns poucos homens e veículos conseguiram escapar. Naquela noite, o *Generalfeldmarschall* Von Rundstedt informou Hitler que a ofensiva fracassara, e recomendou uma retirada do bolsão antes que o grosso do Grupo do Exército B ficasse encurralado. Hitler, irritadíssimo, rejeitou a recomendação e insistiu em mais ataques contra Bastogne, sem saber que os Aliados tinham mais reforços a caminho. A 17ª Divisão Aerotransportada estava se posicionando, embora um oficial do Estado-Maior do 8º Corpo achasse que seus paraquedistas ainda tinham "muito a aprender". A recém-chegada 11ª Divisão Blindada também carecia de experiência, especialmente os motoristas dos Shermans. "Seus tanques deixaram um rastro de árvores desenraizadas e de fios de comunicação arrancados", comentou um relatório.

"Um dia de Natal claro e muito frio", Patton escreveu em seu diário naquela data, "um ótimo tempo para matar alemães, o que parece um pouco estranho, sabendo de Quem é o aniversário." Patton transferira seu quartel-general para a Escola Industrial em Luxemburgo. Ele mostrou todo orgulhoso suas luminárias, cujo quebra-luz era feito com capacetes de alemães capturados.

Mas a festa trouxe pouca alegria para a população belga das Ardenas. Em uma vila próxima a Elsenborn, onde os combates haviam cessado, a família Gronsfeld decidira sair de seu porão para celebrar o dia de Natal. A luz era ofuscante, com o sol refletindo na neve quando eles se sentaram à mesa da cozinha, pai, mãe e a filha pequena, Elfriede. De repente, uma bomba alemã explodiu ali perto, e arremessou uma lasca de metralha pela janela. Ela penetrou fundo no pescoço de Elfriede Gronsfeld. Auxiliares médicos vieram socorrê-la, mas não havia o que fazer. A garota foi enterrada em 29 de dezembro. Tinha cinco anos de idade. "O que é que alguém pode dizer à mãe?", uma das mulheres da vila lamentou em seu diário. "Ela chora, e não consegue entender."

Um soldado americano na serra de Elsenborn escreveu à esposa naquele dia: "Os bombardeiros desenham lindos rastros brancos de vapor no céu, que parecem feitos de plumas, e os caças traçam rabiscos ondulados enquanto tentam um matar o outro". Eles ficavam de olho nos aviõezinhos Piper Cub observadores para a artilharia, com frequência meia dúzia ou mais no céu ao mesmo tempo. Quando a aeronave de repente empinava a cauda e mergulhava em direção ao solo, "sabíamos que era hora de procurar abrigo". Em outra carta ele escreveu: "Somos atacados uma ou duas vezes por dia por nossos próprios aviões".

Aproveitando mais uma vez o céu limpo, os caças-bombardeiros americanos, "como um enxame de abelhas", vagavam também sobre Sankt Vith. "Nós preferíamos andar em vez de usar um carro na estrada principal", um oficial alemão anotou em seu diário.

"Os Jabos americanos continuam atacando tudo o que se move pelas estradas [...] Nós atravessamos os campos de uma cerca viva à outra." Mas logo um ronco mais pesado de motor de avião podia ser ouvido. Formações com 76 bombardeiros B-26 haviam chegado e passaram a arrasar os restos de Sankt Vith. A tática era cinicamente conhecida como "colocar a cidade na rua", ou seja, encher as ruas de entulho, para que os comboios alemães de suprimentos não conseguissem transitar por esses cruzamentos-chave.

O general Bradley, que havia se retraído devido à vergonha de ter perdido o grosso de seu 12º Grupo do Exército para Montgomery, quase não se envolvera com o avanço dos dois corpos de Patton. Mas no dia de Natal, a convite de Montgomery, voou até St. Trond, perto do quartel-general do 21º Grupo do Exército em Zonhoven, acompanhado por uma escolta de caças. Estava decidido a pressionar Montgomery para que ele lançasse uma contraofensiva imediata. "Monty estava sempre na expectativa de que todos viessem até ele", Bradley queixou-se mais tarde, com razão. "Ike insistiu para que eu fosse vê-lo. Não sei por que diabos eu deveria." Embora o quartel-general de Montgomery parecesse "muito festivo", com as paredes cobertas de cartões de Natal, Bradley disse que almoçou apenas uma maçã.

A versão de Bradley de seu encontro era tão cheia de ressentimento que é difícil tomá-la ao pé da letra. Pode-se com certeza imaginar que Montgomery tenha mostrado sua habitual falta de tato e exibido um autoapreço arrogante, a ponto de humilhar Bradley. Ele até bateu na mesma tecla de que ele deveria ter o comando único das forças em terra, e repetiu seu exasperante mantra de que todos os reveses poderiam ter sido evitados se a sua estratégia tivesse sido adotada. Mas a acusação feita por Bradley de que "Monty havia dissipado o 7º Corpo" ao colocá-lo na linha do front em vez de contê-lo para um contra-ataque demonstrava de novo sua ignorância do que acontecia a noroeste. Ele ainda comentou com Patton em seu retorno a Luxemburgo que Montgomery havia dito que "o I Exército não deve atacar durante três meses". Isso é muito difícil de acreditar.

Por outro lado, não há dúvida de que Montgomery foi influenciado por relatórios da Inteligência, que diziam que os alemães preparavam outra grande arremetida para chegar ao Mosa. Ele, portanto, queria poupar suas forças até que eles tivessem esgotado as deles. Mas sua instrução no dia anterior ao quartel-general de Hodges, para que o 7º Corpo de Collins se preparasse para recuar a oeste, até um ponto tão ao norte quanto Andenne no Mosa, era um equívoco impressionante, que Collins estivera absolutamente certo em desconsiderar. Portanto, embora Bradley tenha subestimado a ameaça alemã entre Dinant e Marche, Montgomery a havia exagerado. Ao contrário dos comandantes americanos, ele não percebeu que o dia de Natal havia marcado o momento máximo do esforço alemão.

Bradley convencera a si mesmo de que o marechal de campo estava explorando a situação em benefício próprio e que vinha assustando propositalmente o SHAEF com seus relatórios. Ele disse mais tarde a Hansen: "Tenho certeza de que os alarmes de Montgomery estavam tendo reflexos em Paris. Quer percebêssemos isso ou não, Paris estava simplesmente histérica".[1] Ele então acrescentou: "Estou certo que a imprensa nos Estados Unidos extraiu as suas informações e seu pânico de Versalhes". Ele achava que deveriam criar uma seção de imprensa no 12º Grupo do Exército para contrabalançar as impressões equivocadas. Os jornais britânicos pareciam deleitar-se com histórias de desastres, com manchetes do tipo "Mais meses ainda de guerra?". Na manhã seguinte após seu retorno, Bradley entrou em contato com o SHAEF e pediu que o I e o IX Exércitos fossem trazidos de novo sob o seu comando, e propôs transferir seu quartel-general avançado para Namur, perto da ação no flanco norte. A guerra dentro do campo aliado estava chegando a um clímax, e Montgomery não tinha a mínima ideia de que estava jogando uma cartada realmente perdida.

---

1 O SHAEF não estava de modo algum sendo ludibriado por Montgomery. O general Bedell Smith admitiu mais tarde que o tom alarmista dos telegramas enviados a Washington era uma tática deliberada. "Sabe, nós exploramos a crise das Ardenas de todas as formas para conseguir recursos e reposições, que de outro modo iriam para o Pacífico. Tínhamos escassez de homens, então gritamos bem alto. Pedíamos tudo o que era possível conseguir."

19

TERÇA-FEIRA, 26 DE DEZEMBRO

Na terça-feira, 26 de dezembro, Patton fez uma célebre declaração ostentosa a Bradley: "Os *chucrutes* enfiaram a cabeça no moedor de carne, e eu estou com a manivela na mão". Mas essa bravata escondia seu persistente embaraço pelo avanço para Bastogne não ter corrido do jeito que ele previra. Estava ciente da decepção e da frustração de Eisenhower.

Após o brilhante posicionamento de suas formações entre 19 e 22 de dezembro, Patton sabia que sua subsequente condução da operação não fora das melhores. Ele subestimara as condições do tempo, do terreno e a resistência determinada das formações do VII Exército alemão na defesa do flanco sul de sua ponta de lança. A Inteligência americana não conseguira identificar a presença da brigada Führer Grenadier, outro desdobramento da divisão Grossdeutschland. E a 352ª Divisão Volksgrenadier, baseada na formação que havia infligido tão pesadas perdas na praia de Omaha, posicionou-se perto da 5ª Fallschirmjäger. Ao mesmo tempo, Patton superestimara a capacidade de seus soldados, muitos deles reposições, especialmente na enfraquecida 26ª Divisão de Infantaria, no centro. Sua formação favorita, a 4ª Divisão Blindada, também havia sido limitada por tanques já gastos. As estradas estavam tão geladas que os Shermans, com suas esteiras de metal, derrapavam para fora dela ou chocavam-se entre eles, e o terreno, com bosques e pequenos vales íngremes, tampouco ajudava.

A impaciência de Patton havia tornado as coisas piores por exigir ataques frontais, que resultaram em muitas baixas. Em 24 de dezembro, ele reconheceu em seu diário: "Essa foi uma véspera de Natal muito ruim. Em toda a nossa linha tivemos contra-ataques violentos, um dos quais obrigou a 4ª Blindada a recuar alguns quilômetros com a perda de dez tanques. Isso foi provavelmente culpa minha, porque tenho insistido em ataques dia e noite". Seus homens estavam enfraquecidos por falta de descanso. As coisas não pareciam muito melhores na manhã de 26 de dezembro. "Hoje foi um dia muito duro, apesar de nossos esforços", escreveu ele. "Não conseguimos contato com os defensores de Bastogne."

Os defensores podiam ouvir a batalha se desenrolando alguns quilômetros ao sul, mas como já haviam se decepcionado antes, não esperavam que as forças de Patton chegassem para intervir. De qualquer modo, estavam muito ocupados com outras coisas. Outro ataque no setor noroeste atingiu Hemroulle e foi repelido pelos exaustos paraquedistas, apoiados pelo fogo de batalhões de artilharia de campo, mas os canhões americanos estavam agora restritos às suas últimas cargas de munição. Pelo menos, o tempo continuava gelado mas com céu limpo, portanto os caças-bombardeiros podiam atuar como artilharia aérea. Na cidade, ainda ardiam chamas como resultado do bombardeio. O Institut de Notre-Dame se incendiara. Os engenheiros americanos tentavam apagar os incêndios, e correntes humanas de refugiados, soldados e freiras passavam baldes de água de mão em mão, tentando apagar o fogo.

O céu claro permitiu a chegada da tão necessária assistência médica. Escoltado por quatro P-47 Thunderbolts, um avião C-47 de carga surgiu rebocando um planador Waco, carregado com cinco cirurgiões, quatro assistentes e 279 quilos de equipamentos, instrumentos e curativos. O planador "foi liberado a trezentos pés", na expectativa de uma aterrissagem perfeita, mas errou o alvo e patinou na neve congelada em direção à linha do front alemã. "O pessoal médico saiu do planador e correu de volta para as linhas americanas, e os soldados se apressaram em resgatar o planador cheio de suprimentos." Chegaram mais dez planadores trazendo combustível, e depois mais levas de C-47 de carga lançaram fardos de paraquedas com 320 toneladas de munição, rações e até cigarros.

Os cirurgiões não perderam tempo. Foram direto até o hospital improvisado no alojamento e começaram a operar os 150 feridos mais graves, dos mais de setecentos. Atravessaram a noite e ficaram até o meio-dia de 27 de dezembro cuidando de ferimentos que em alguns casos estavam havia oito dias sem atendimento cirúrgico. Como resultado, tiveram que proceder a "muitas amputações". Naquelas circunstâncias, sua capacidade ficou totalmente comprovada, pois houve apenas três óbitos de pós-operatório.

Na batalha de artilharia no lado sul, o *Generalmajor* Kokott estava cada vez mais preocupado com o poderio dos canhões que apoiavam a 4ª Divisão Blindada. Ele soube de rumores alarmantes, mas não conseguiu detalhes sobre a 5ª Divisão Fallschirmjäger. Sabia que tinham ocorrido violentos combates em torno de Remichampagne, e depois, à tarde, foi informado de que uma força-tarefa americana havia tomado Hompré. Assenois estava agora ameaçada, por isso Kokott começou a deslocar suas forças para o sul.

Às catorze horas, Patton recebeu uma chamada do comandante do 3º Corpo, que propôs uma manobra arriscada. Em vez de atacar Sibret para ampliar a ponta de lança, sugeriu um ataque direto por Assenois, ao norte, para invadir Bastogne. Patton instantaneamente deu sua bênção ao plano. O tenente-coronel Creighton Abrams, que comandava o 37º Batalhão de Tanques de dentro de um Sherman de nome Thunderbolt, foi instruído a seguir em frente. Abrams pediu ao capitão William A. Dwight que liderasse uma coluna de cinco Shermans e um semitrator com infantaria e seguisse direto pela estrada. O corpo bombardeou Assenois e caças-bombardeiros despejaram napalm, pouco antes de os Shermans em formação cerrada invadirem a vila disparando todos os canhões que tinham. Os alemães se espalharam de ambos os lados da estrada, mas corriam risco de atingir-se mutuamente se revidassem. Depois de Assenois, alguns Volksgrenadiers colocaram minas Teller às pressas na estrada. Uma fez explodir um semitrator, mas Dwight saltou do seu tranque e desobstruiu o caminho.

Quando Kokott soube pelo comandante de seu 39º Regimento que os tanques americanos haviam entrado em Assenois, imediatamente concluiu que "era o fim". Deu ordens para que a estrada fosse bloqueada, mas, como temia, era tarde demais. Com o primeiro Sherman disparando à frente, e os outros para os lados, a pequena coluna de Dwight acabou com qualquer resistência nos bosques de ambos os lados da estrada. Às 16h45, logo após o anoitecer, os primeiros tanques Sherman do batalhão de Abrams fizeram contato com a 326ª Aerotransportada de Engenheiros que operava aquele setor. Soldados e tanques do restante da 4ª Divisão Blindada intervieram correndo para assegurar o estreito corredor e proteger um comboio de caminhões com provisões, que penetrou rapidamente durante a noite. O major-general Maxwell D. Taylor, comandante da 101ª Aerotransportada, que acabara de chegar dos Estados Unidos, tomou o lugar do general de brigada McAuliffe. O cerco a Bastogne terminara, mas muitos temiam que a principal batalha ainda estivesse para começar.

A 5ª Fallschirmjäger levara uma grande surra. O *Major* Frank, comandante de batalhão do 13º Regimento Fallschirmjäger, capturado e interrogado naquele dia, estava muito orgulhoso da maneira como seus jovens lutaram. Alguns tinham apenas quinze anos. "Mas que espírito de luta!", exclamou ele mais tarde em um campo de prisioneiros. "Depois que fomos feitos prisioneiros, quando estava sozinho, sendo levado para fora depois de ter sido espancado, vi dois deles em pé ali, cabeça encostada na parede, só de meias: '*Heil Hitler, Herr Major!*' [disseram eles]. Isso enche seu coração."

Lüttwitz soube que a brigada Führer Begleit estava a caminho para ajudar a bloquear o corredor, mas ele e seu Estado-Maior não acreditavam que pudesse chegar a tempo para o ataque planejado para a manhã seguinte. Soube então que haviam ficado sem combustível.

Lüttwitz observou acidamente que "a brigada Führer Begleit sob o comando do *Oberst* Remer sempre teve problemas com gasolina".

A notícia da invasão da 4ª Blindada espalhou-se rapidamente e gerou grande euforia no quartel-general americano. Os correspondentes Martha Gellhorn e Leland Stowe foram até o quartel-general de Bradley aquela noite para obter mais informações, pois queriam cobrir a libertação de Bastogne, assim como quase todos os jornalistas do continente. A história foi parar nas primeiras páginas do Ocidente. A 101ª Aerotransportada viu-se famosa, mas os relatos da imprensa deixaram de registrar o papel vital desempenhado pelo Comando de Combate da 10ª Divisão Blindada, pelo 705º Batalhão de Destruidores de Tanques e pelos batalhões de artilharia.

Nos arredores de Celles e Conneux, a desobstrução prosseguiu o dia todo, com alguns ferozes combates. Mas como os Panthers e Mark IV estavam sem combustível e sem munição para perfurar blindados, a luta foi unilateral. O controlador aéreo avançado do 3º Real Regimento de Tanques solicitou um cab-rank1 de Typhoons disparadores de foguetes. O alvo era indicado por granadas de fumaça vermelha, mas os alemães rapidamente dispararam granadas de fumaça de cor similar nas posições americanas a leste de Celles. "Felizmente, o pessoal da RAF não foi enganado por isso", registrou o coronel Brown, "e atacaram os alvos certos." A 29ª Brigada Blindada, ainda na área, soube que receberia o reforço da 6ª Divisão Aerotransportada.

O Kampfgruppe Holtmeyer, a caminho de Rochefort na vã tentativa de ajudar seus companheiros em Celles e Conneux, havia sido bloqueado em Grande Trussogne, a poucos quilômetros de seu objetivo. Recolheram alguns homens exaustos, que haviam escapado na noite anterior do assalto promovido pelo batalhão de reconhecimento em Foy-Notre-Dame. Em Grande Trussogne, esses soldados haviam sido atacados por um batalhão de infantaria da 2ª Divisão Blindada apoiada por Shermans. Um avião de reconhecimento

1 *Cab-rank* é uma expressão usada pela RAF na Segunda Guerra Mundial para indicar uma reserva de caças-bombardeiros que podia ser solicitada para prover apoio aéreo próximo. (N. T.)

americano Piper Cub chamou os Typhoons britânicos, cujos foguetes esmagaram a coluna sem piedade, matando o *Major* Holtmeyer.

Manteuffel ordenou que o Kampfgruppe se retirasse para a cabeça de ponte de Rochefort, defendida pela Panzer Lehr. O quartel-general de Lüttwitz transmitiu a mensagem imediatamente por rádio. O substituto de Holtmeyer deu a ordem de explodir os veículos remanescentes. No dia seguinte, ele e a maioria de seus homens voltaram a pé em direção a Rochefort, camuflados pela neve que caía. "Felizmente", escreveu o *Oberstleutnant* Rüdiger Weiz, "o inimigo foi lento e não atacou a rota de retirada de nenhuma maneira que valha a pena mencionar." Mas a artilharia americana alcançou-os e bombardeou a ponte em Rochefort sobre o rio L'Homme, causando várias baixas. Naquela noite e no dia seguinte, cerca de seiscentos homens em pequenos grupos conseguiram se juntar novamente à divisão.

Entre Celles e Conneux, foram capturados vários alemães vestindo uniforme americano. Não faziam parte do Skorzeny Kampfgruppe, mas de qualquer modo foram mortos ali mesmo. Esses infelizes, sofrendo de frio e à beira da inanição, haviam arrancado as roupas de americanos mortos. Em seu desespero de preservar a vida, imploraram aos captores, mostrando suas alianças de casamento e fotos de casa, falaram em desespero de suas esposas e filhos. A maioria dos alsacianos e luxemburgueses da 2ª Divisão Panzer queria se render à primeira oportunidade, e até mesmo alguns austríacos demonstraram ter perdido seu entusiasmo em lutar. Um deles murmurou a um habitante de Rochefort: "*Moi, pas Allemand! Autrichien*". E ergueu as mãos para o alto para indicar que queria se render.

Soldados americanos em Celles, acreditando que os alemães estivessem escondidos na Ferme de la Cour ao lado da igreja, atacaram-na com lança-chamas. Não havia alemães, apenas gado, que ardeu até a morte. Era o segundo incêndio que a igreja sofria na guerra. O primeiro havia sido em 1940, na investida alemã anterior rumo ao Mosa.

Em Buissonville, entre Celles e Marche, a equipe médica americana montou seu primeiro posto de primeiros-socorros na igreja.

1. Infantaria dos Estados Unidos avança por brecha aberta na Linha Siegfried (ou Westwall), em outubro de 1944.

2. Equipe de morteiros Fallschirmjäger na floresta de Hürtgen. Os morteiros foram responsáveis pelo maior número de baixas de ambos os lados.

3. 1ª Divisão de Infantaria na floresta de Hürtgen.

4. Paramédicos atendem soldado ferido.

5. Tropas francesas nas Vosges. Os soldados norte-africanos do I Exército francês, que atacaram o bolsão de Colmar a sudoeste de Estrasburgo, sofreram terrivelmente com o frio.

6. Encontro em Maastricht, em 7 de dezembro de 1944: da esquerda para a direita, Bradley, Tedder, Eisenhower, Montgomery e Simpson.

7. Prisioneiros alemães capturados no início de dezembro na floresta de Hürtgen, perto de Düren.

8. *Generalfeldmarschall* Walter Model, comandante-chefe do Grupo do Exército B.

9. Marechal de campo Montgomery expondo razões a um Eisenhower cada vez mais exasperado.

O padre local e o capelão católico americano trabalharam juntos, comunicando-se em latim. Na mesma vila, uma atitude menos cristã foi registrada quando soldados americanos em um semitrator levaram dois prisioneiros alemães até os bosques e os fuzilaram. Explicaram aos belgas que testemunhavam a cena que se tratava de revanche pelos prisioneiros americanos mortos perto de Malmedy.

Alguns oficiais americanos ficaram muito excitados com a vitória sobre a 2ª Divisão Panzer. "Estimava-se que a força da divisão antes daquele período de quatro dias era de cerca de 8 mil homens e cem tanques", afirmou um alto oficial do 7º Corpo. "Desse pessoal, 1.050 foram capturados e estima-se que entre 2 mil e 2.500 foram mortos. Quanto ao material capturado ou destruído, havia 55 tanques, dezoito peças de artilharia, oito canhões antitanque, cinco canhões de assalto e 190 veículos [...] O embate entre a 2ª Divisão Blindada americana e a 2ª Divisão Panzer alemã permitiu uma boa comparação entre o poder aliado e o alemão." Mas esse triunfalismo não considerou o fato de que a 2ª Panzer estava sem combustível e com pouca munição, e que seus homens estavam em estado de quase inanição.

Após a batalha, segundo o barão de Villenfagne, a área rural em torno de Celles virou "um grande cemitério de veículos, destruídos ou abandonados, e de equipamento semienterrado na neve". Adolescentes, obcecados pela guerra, exploravam Panzers incendiados e examinavam os corpos carbonizados dentro deles. Alguns se entregavam a perigosas brincadeiras de guerra: colecionavam granadas de mão, e então as atiravam para que explodissem em semitratores abandonados. Um garoto de Foy-Notre-Dame morreu brincando com um Panzerfaust que explodiu.

O revés sofrido diante de Dinant só fez aumentar o ódio nos alemães. Quando uma mulher em Jemelle teve a ousadia de perguntar a um oficial alemão por que seus homens haviam quase destruído sua vila, ele retrucou: "Queremos fazer na Bélgica o que fizeram em Aachen".

A oeste de Hotton, a maior parte das tentativas da 116ª Divisão Panzer de socorrer seu Kampfgruppe sitiado foi impedida pelo fogo da artilharia americana. Mas, no final, um ataque simulado para distrair os americanos permitiu que os sobreviventes furassem o cerco agarrados a veículos blindados e atirando granadas enquanto seguiam de encontro às linhas americanas.

No meio da batalha, a brigada Führer Begleit recebeu ordens de parar o combate e ir para Bastogne ajudar as tentativas de Kokott de fechar o corredor. O *Oberst* Remer protestou duas vezes, tendo em mente as baixas que isso produziria, mas foi voto vencido. Remer também se queixou de que "o combustível era tão escasso que metade dos veículos tinha de ser rebocada", por isso é difícil dizer se as suspeitas de Lüttwitz eram justificadas.

A leste de Hotton, a 3ª Divisão Blindada de Rose enfrentou ataques da 560ª Volksgrenadier, formada principalmente por "quatro ou cinco tanques, junto com uma companhia de infantaria de cerca de vinte tanques e um batalhão de infantaria". Estes eram apoiados por canhões de assalto autopropelidos e artilharia. Mas a chegada da 75ª Divisão de Infantaria para apoiar as forças-tarefas de Rose significou que o setor fortaleceu sua defesa, embora suas unidades não treinadas tenham padecido muito em seus contra-ataques para assegurar a estrada Soy-Hotton. O tempo gélido mostrou-se particularmente difícil para as tripulações dos tanques Sherman, pois as esteiras de metal eram estreitas, com pouco agarre. Esforços urgentes foram feitos para acrescentar extensões às esteiras e projeções que se cravassem no solo para atenuar o problema.

Lammerding, o comandante da Das Reich, ainda estava tentando desviar sua divisão para oeste a partir de Manhay e Grandménil, a fim de abrir a estrada para Hotton e atacar a 3ª Divisão Blindada por trás; mas a 9ª Divisão SS Panzer Hohenstaufen ainda não chegara para proteger seu flanco direito. Com trezes batalhões americanos de artilharia de campo em uma frente de dez quilômetros para o norte, uma manobra dessas era duplamente perigosa; e a Das Reich estava ficando rapidamente sem munição e combustível. Fazendeiros locais eram forçados a levar seus cavalos e carroças até os depósitos alemães na retaguarda para buscar bombas para os tanques e para a artilharia.

Na manhã de 26 de dezembro, o 3º Regimento ss Panzergrenadier Deutschland da Divisão Das Reich atacou novamente a oeste vindo de Grandménil. Mas a artilharia americana, disparando bombas com sensores Pozit, dizimou suas fileiras, e depois uma força-tarefa reforçada da 3ª Divisão Blindada atacou a vila. Um comandante de batalhão alemão foi morto e outro gravemente ferido. O 2º Batalhão foi encurralado em Grandménil, e o restante do regimento foi obrigado a recuar em direção a Manhay. Os tanques e a artilharia americanos causaram-lhe estragos em todo o seu caminho de volta.

O general Hodges e o major-general Ridgway, ainda equivocadamente temendo um ataque do norte na direção de Liège, ficaram furiosos com a perda de Manhay. Informaram o general de brigada Hasbrouck, da combalida e exausta 7ª Blindada, que ele teria que retomar a vila a qualquer custo. O ataque da divisão no dia de Natal havia produzido nela muitas perdas, em parte devido ao grande número de árvores que esse ataque havia explodido pela estrada em sua retirada. Mas precedido por um batalhão descansado da 517ª Infantaria de Paraquedistas, a força de Hasbrouck entrou em Manhay naquela noite.

Cinquenta feridos do 2º Batalhão do 3º Regimento ss Panzergrenadier não puderam ser resgatados de Grandménil. Os alemães reclamaram que, ao enviarem ambulâncias identificadas com a Cruz Vermelha, os tanques americanos haviam atirado nelas. O regimento então tentou enviar um oficial e um intérprete com a bandeira branca de trégua, e um médico com uma bandeira e braçadeira, para ver se podiam evacuar seus feridos de Grandménil. Mas, segundo o relato alemão, "o inimigo abriu fogo nos negociadores, e essa tentativa teve que ser abandonada". Os alemães pareciam não ter entendido que, após o massacre de Malmedy, as ss não tinham a menor probabilidade de contar com o respeito aos protocolos de guerra. Assim, depois de deixarem um auxiliar médico com seus feridos, os remanescentes do batalhão fugiram para a linha de defesa para se juntarem ao seu regimento Der Führer perto de Odeigne, que foi bombardeado ao longo do dia pela artilharia americana.

A atividade alemã em torno da serra de Elsenborn havia praticamente cessado, portanto as patrulhas da 99ª Divisão de Infantaria seguiram adiante para destruir dez tanques inimigos da 3ª Panzergrenadier que haviam sido abandonados depois de atolar na lama. Isso frustrou as equipes alemãs de recuperação, que eram incansáveis e com frequência muito engenhosas em suas tentativas de resgatar e reparar veículos blindados.

Grupos americanos de recuperação, muitas vezes compostos por aqueles que mostravam sinais de fadiga de combate para dar-lhes um pouco de alívio, eram enviados para recolher as armas e munições que tivessem sido jogadas fora em batalhas anteriores. Os comandantes americanos ficavam perplexos com a tendência de seus homens de descartarem equipamento, pois achavam que a cornucópia militar iria substituí-los à vontade. "Se um soldado não precisa de algo em determinada hora, ele simplesmente joga fora", declara um relatório. "Um operador de bazuca não precisa ter fuzil. Em vez disso, devemos dar-lhe uma pistola, para proteção pessoal. Se não, ele irá se livrar da bazuca e de suas bombas, porque são de difícil manejo e muito pesadas." Roupas de inverno, por outro lado, eram guardadas com zelo. Na maioria dos batalhões, um homem no posto de atendimento era instruído a tirar dos feridos os casacos "árticos" acolchoados, para que a unidade não ficasse sem esses itens vitais de vestuário.

Sankt Vith sofreu muito no dia de Natal. Os civis haviam se mantido em seus porões achando que o pior já havia passado, mas na tarde de 26 de dezembro os "pesados" do Comando de Bombardeio da RAF surgiram acima de suas cabeças. Quase trezentos Lancasters e Halifaxes despejaram 1.140 toneladas de explosivos e bombas incendiárias. O efeito das explosões era criar ondas de choque, que podiam ser sentidas em vilas a vários quilômetros de distância, e aterrorizavam os habitantes que estavam abrigados em subsolos quando as edificações desabavam sobre eles. Segundo um relato, "as pessoas estavam se debatendo com a fumaça asfixiante e a fuligem, quando outra bomba abriu um buraco na parede do porão e elas puderam recuperar o fôlego de novo. Em pouco tempo, porém, o fósforo queimado se introduziu no porão. Essa substância maligna exalava vapores venenosos, e nas salas maiores incendiava os colchões. Com a ajuda de soldados alemães, os civis, em pânico, rastejaram até conseguir sair pelo buraco e alcançar a rua pulverizada".

No St. Josef Kloster, a capela desabou, e blocos de pedra e vigas esmagaram o piso e feriram os que estavam embaixo. As bombas incendiárias ateavam fogo a qualquer coisa remotamente combustível. Também transformaram o convento em uma chama ardente, que queimou os idosos e incapacitados, que haviam ficado presos nos andares mais altos. "A maioria morreu queimada viva. Como uma forma mais líquida de lava, o fósforo ardia fazendo chiado e pingava nos porões que ainda restavam em pé. Pessoas com queimaduras horríveis, ossos quebrados e em estado de choque eram removidas pelo poucos espaços desobstruídos. Entre os últimos a abandonar aquele inferno estavam as freiras do convento, com cobertores bem enrolados na cabeça e nos ombros."

"Saint-Vith ainda arde", um oficial alemão fora da cidade registrou. "O bombardeio de saturação chegou perto de nossa vila. Nunca havia visto nada parecido em toda a minha vida. A zona rural inteira ficou coberta por uma grande nuvem de fumaça e fogo." Ele voltou a Sankt Vith à noite. "Todas as ruas ardem [...] Os animais uivam, a munição detona, os pneus estouram. Há um cheiro forte de borracha queimada." As bombas de ação retardada continuavam explodindo a intervalos regulares.

Em termos puramente militares, o ataque foi efetivo. Sankt Vith era apenas "um gigantesco monte de entulho". Todas as estradas ficaram bloqueadas por três dias pelo menos, e algumas por mais de uma semana, enquanto os engenheiros alemães viam-se obrigados a criar passagens em volta da cidade. Mas o custo em vidas de civis e em sofrimento era indizível. Ninguém sabia exatamente quantos haviam se abrigado em Sankt Vith, mas estima-se que umas 250 pessoas tenham morrido. Os sobreviventes fugiram para vilas vizinhas, onde receberam cuidados e alimentos.

Naquela mesma noite e na seguinte, bombardeiros de porte médio da 9ª Força Aérea dos Estados Unidos atacaram La Roche-en-Ardenne. Como La Roche ficava ao longo de um rio em um desfiladeiro estreito, era alvo muito fácil, e apenas 150 toneladas de bombas foram necessárias para bloquear a rota. "Hoje, as coisas continuaram parecendo melhores o dia inteiro", registrou o redator do I Exército, após uma reunião entre Montgomery e Hodges. Entrevistas com prisioneiros sugeriram que os alemães estavam de fato tendo sérios problemas de suprimentos. "Embora seja ainda muito cedo para otimismo, o quadro hoje à noite com certeza é bem mais róseo do que em qualquer outro dia desde que a contraofensiva começou." Bradley, porém, ainda estava obcecado com o que ele via como um posicionamento prematuro do 7º Corpo de Collins. Ele escreveu a Hodges para se queixar do "conservadorismo estagnante das táticas ali onde Monty tem dissipado sua reserva". Patton, fortemente influenciado pela visão que Bradley tinha do marechal de campo, escreveu em seu diário: "Monty é um pequeno peido cansado. A guerra exige assumir riscos e ele não vai se dispor a isso".

Após uma ligação telefônica de Manteuffel, o general Jodl juntou coragem para contar a Hitler, que continuava no Adlerhorst em Ziegenberg: "*Mein Führer*, devemos encarar os fatos. Não temos como avançar até o Mosa". O *Reichsmarschall* Göring chegou a Ziegenberg na mesma noite e declarou: "A guerra está perdida!". Ele sugeria que se propusesse uma trégua. Hitler, tremendo de raiva, advertiu-o quanto a tentar negociar pelas suas costas. "Se você contrariar minhas ordens, vou mandar fuzilá-lo!". Hitler não fez mais nenhuma menção a Antuérpia. Em vez disso, dizia que não se deveria poupar esforços para tomar Bastogne. Assim como se fixara em Stalingrado em setembro de 1942, quando a vitória no Cáucaso o iludiu, a recaptura de Bastogne agora se tornava seu símbolo *ersatz* [substituto] da vitória.

Mas embora Hitler se recusasse a aceitar a realidade em público, em raros momentos ele reconhecia que sua posição era desesperadora.

Mais tarde naquela noite no *bunker* de Ziegenberg, ele falou com seu ajudante da Luftwaffe, o *Oberst* Nicolaus von Below, a respeito de tirar a própria vida. Ainda colocava a culpa dos reveses à Luftwaffe e a "traidores" no Exército alemão. "Sei que a guerra está perdida", disse ele a Below. "A superioridade do inimigo é grande demais. Eu venho sendo traído. Depois de 20 de julho tudo veio à tona, coisas que eu havia considerado impossíveis. Foram justamente esses círculos contrários a mim que tiraram maior proveito do Nacional Socialismo. Eu os mimei e condecorei, e isso é tudo o que recebo como agradecimento. Minha melhor conduta agora é enfiar uma bala na cabeça. Faltaram-me combatentes de verdade [...] Não iremos capitular, nunca. Podemos cair, mas levaremos o mundo junto."

20

PREPARAÇÃO DA CONTRAOFENSIVA ALIADA

Embora a 4ª Divisão Blindada tivesse entrado em Bastogne, o lançamento aéreo de suprimentos planejado para 27 de dezembro foi realizado. Dessa vez, porém, os alemães estavam mais bem preparados. A advertência do general McAuliffe de que as aeronaves deveriam vir por uma rota diferente não foi levada em conta. A cortina alemã de fogo antiaéreo e de metralhadoras era formidável, mas os C-47 de carga que vinham rebocando planadores mantiveram seu curso. Dezoito planadores de um total de cinquenta foram abatidos e muitos outros estraçalhados por balas. Um planador explodiu numa bola de fogo quando um projétil de artilharia antiaérea atingiu sua carga de munição. As latas de gasolina começaram a vazar, mas milagrosamente nenhuma pegou fogo.

Ao todo, novecentas aeronaves – tanto de carga como de escolta – tomaram parte na operação, e 23 foram abatidas. Paraquedistas em terra corriam de seus *foxholes* para resgatar aqueles que haviam saltado de paraquedas dos planadores, e davam-lhes goles de conhaque, para aliviar a dor das queimaduras e de membros mutilados. O piloto de um C-47 seriamente atingido conseguiu aterrissar de barriga na neve, mesmo depois de resvalar num caminhão na estrada e fazê-lo rodopiar, para o terror do motorista, que não vira o avião se aproximar.

Os quarenta caminhões que haviam trazido suprimentos durante a noite voltaram para o sul, levando os feridos menos graves, além de alguns prisioneiros de guerra alemães e pilotos de planadores. Foram para o sul escoltados por tanques leves pelo estreito corredor, junto com setenta ambulâncias carregando os 150 casos mais graves. Combates intensivos começaram em torno do flanco sul de Bastogne quando os americanos tentavam ampliar a brecha, e os alemães faziam o possível para fechá-la.

Em 28 de dezembro, o general Bradley escreveu um memorando a Eisenhower, pedindo que pressionasse Montgomery. "Com o ataque inimigo perdendo vigor nas Ardenas", escreveu, "é importante que fortes contra-ataques sejam lançados enquanto os estoques deles de suprimentos estão esgotados, seus soldados cansados, e antes que tenham tempo de se entrincheirar e consolidar seus ganhos. O objetivo do contra-ataque é encurralar o máximo de soldados inimigos na ponta de lança e colocar nossas forças em uma posição favorável para mais ações ofensivas [...] O contra-ataque deve ser desferido já. Recebemos relatórios de que o inimigo se entrincheira ao longo do perímetro da ponta de lança."[1] Bradley equivocou-se ao achar que uma "maior demora permitirá que o inimigo enfie mais soldados na ponta de lança". Naquele mesmo dia, o I Exército notou que "altos canais de Inteligência [eufemismo para a Ultra] relatam que os alemães estão preocupados porque o avanço soviético na Hungria pode fazer com que soldados das Ardenas sejam transferidos para o front dos Bálcãs". E na realidade iria acontecer o oposto do que Bradley temia, já que o Exército Vermelho preparava sua grande ofensiva de inverno.

Naquela noite, Bradley foi capaz de se divertir um pouco, quando Leland Stowe e Martha Gellhorn, que não conseguira chegar a

---

1 Vale ressaltar que o *Generalmajor* Von Waldenburg, da 116ª Panzer, argumentou mais tarde que o "contra-ataque [aliado] começou cedo demais" e que era isso que havia poupado as forças alemãs "da total aniquilação".

Bastogne, vieram jantar no Hôtel Alfa em Luxemburgo. Bradley pareceu "muito encantado com 'Marty' Gellhorn", Hansen lembrou. "Ela é uma mulher de cabelo loiro-avermelhado, com uma aparência de capa de revista, modos intensos e um humor brilhante e bem estudado, que faz cada comentário parecer ter a medida certa e se ajustar com inteligência à situação, mas sem perder nada da espontaneidade que o torna agradável." Hansen acrescentou que o general Patton, também presente, "ficou flertando com Marty, com seu jeito inimitável".

Enquanto Bradley se agitava impaciente, Eisenhower estava disposto a discutir a situação com o marechal de campo. Até certo ponto, ele compartilhava a preocupação de Montgomery com o fato de os Aliados não terem reunido ainda forças suficientes para esmagar a ponta de lança alemã. A lentidão do avanço de Patton vindo do sul não era um bom prenúncio, como Montgomery havia previsto cinco dias antes. Mas, ao mesmo tempo, Eisenhower sabia muito bem da firme relutância de Montgomery em se mover antes de poder contar com uma força esmagadora. A destruição da 2ª Divisão Panzer o estimulara enormemente.

Montgomery, que era muito influenciado por sua impressão de que "os americanos haviam levado um murro terrível no meio da cara", por causa disso subestimava o dano infligido aos seus agressores. Recusava-se a acreditar que o I Exército havia se recuperado o suficiente para montar uma operação tão ambiciosa. E certamente não achava que Patton no sul seria capaz de conseguir o que alardeava de modo tão beligerante. Montgomery também achava que os alemães, uma vez cercados, iriam lutar com um desespero ainda maior, infligindo muito mais baixas aos Aliados. Estava convencido de que, usando seu massivo poder aéreo e de artilharia, os Aliados poderiam causar maiores danos às posições defensivas do que avançando para travar uma batalha de desgaste.

Em 26 de dezembro, Bradley escreveu ao general Hodges, argumentando que os alemães haviam sofrido terrivelmente e que ele não via a situação "sob um prisma tão grave quanto o marechal Montgomery". Ele insistia para que Hodges considerasse a hipótese de empurrar o inimigo de volta "assim que a situação parecer garantir isso". Hodges não dá a impressão de ter visto esse momento chegar tão depressa quanto Bradley. Na realidade, até a tarde do dia de Natal, Hodges e seu chefe do Estado-Maior continuavam implorando reforços, simplesmente para conseguir manter a linha. E o "General Hodges", como anotou o redator de seu quartel-general, "já teve os seus flancos expostos o suficiente durante as duas últimas semanas".

Em radical contraste, Patton queria avançar para o norte a partir de Luxemburgo, com sua ideia anterior de cortar a ponta de lança alemã pela base. Isso foi rejeitado pelo I Exército porque a rede de estradas a sudeste da serra de Elsenborn não comportaria o necessário avanço massivo de blindados. Para esse fim, *Lightning* Joe Collins preparou três planos de ataque, e levou-os ao quartel-general do I Exército, em 27 de dezembro. O seu plano preferido era fazer seu 7º Corpo avançar a partir de Malmedy a sudeste de Sankt Vith, e se juntar ao III Exército de Patton para isolar os alemães naquele ponto. Hodges, no entanto, claramente preferia "o mais conservador dos três planos".

Montgomery também insistiu no avanço menos penetrante, indo apenas até Houffalize. Evitando rodeios, Collins disse a Montgomery: "Você vai fazer os alemães saírem da toca, igual fez em Falaise". Mas no que diz respeito a Montgomery, aqui não estávamos mais na Normandia em pleno verão. Um grande cerco em um terreno e clima como aqueles era algo muito mais ambicioso. Ele tinha razão. Seria ótimo para o Exército Vermelho, equipado para guerrear no inverno mais rigoroso. As esteiras largas de seus tanques T-34 podiam lidar bem com gelo e neve, mas os Shermans já haviam mostrado sua vulnerabilidade nessas condições.

O encontro que Eisenhower planejava ter com Montgomery em Bruxelas teria que ser adiado para 28 de dezembro, pois a Luftwaffe destruíra seu trem em um bombardeio aéreo. Pouco antes de ir embora, ele soube que Montgomery estava finalmente aceitando a ideia de uma ofensiva geral. "Seja louvado Deus, de onde todas as bênçãos provêm!!", exclamou ele. Para sua exasperação, o Corpo de Contrainteligência continuava obcecado com sua segurança pessoal, e devido à neblina e ao gelo o encontro teria que ser transferido para Hasselt, perto do quartel-general de Montgomery. "As estradas estão um lençol de gelo, depois da nevada e da tempestade de gelo da última noite", observou naquele dia o general Simpson do IX Exército.

Pouco antes de seu encontro com o supremo comandante, Montgomery havia convocado uma coletiva de imprensa em Zonhoven, em 28 de dezembro às 9h45, com os comandantes do Exército do Norte – Hodges, Simpson, Dempsey e o general Harry Crerar do I Exército canadense. Montgomery reafirmou seu plano. Seu próprio chefe de Inteligência, e também o G-2 do I Exército e o major-general Strong do SHAEF, todos apontaram para um renovado ataque alemão. Ele então propôs deixar que os alemães primeiro exaurissem a si mesmos e seus recursos, lutando contra a linha norte, enquanto caças-bombardeiros atacavam sua retaguarda. Ele também esperava "alguma espécie de luta nos fronts britânicos ou onde estava o IX Exército, como exibição de força". Na realidade, Hitler Já havia cancelado a ofensiva do V Exército planejada para o norte.[2]

Montgomery mobilizaria o 30º Corpo britânico para assumir a defesa de Hotton a Dinant, de modo que o 7º Corpo de Collins pudesse se recompor para liderar um contra-ataque a Houffalize. Durante a fase final de destruição da ponta de lança alemã, ele tentou pôr em andamento a Operação Veritable, a planejada ofensiva do Exército canadense pela margem oeste do baixo Reno.

Naquela tarde, às 14h30, Eisenhower e Montgomery se encontraram na estação de Hasselt. Foi seu primeiro encontro desde que a batalha se iniciara, e Montgomery estava irritado porque o supremo comandante não havia respondido às suas sinalizações diárias, com resumos sobre o andamento dos eventos. Trancado, sob forte guarda, em Versalhes, Eisenhower não havia se aventurado a sair desde a conferência de Verdun. E durante o infeliz encontro no dia de Natal,

---

2 Até mesmo o quartel-general do 12º Grupo do Exército de Bradley parecia acreditar em um novo ataque ao norte, em direção a Liège, com "de quatro a cinco divisões Panzer", segundo Hansen. Três dias mais tarde, Hansen fez uma observação inesperada: "Os americanos têm inteligência muito curta; dependemos dos britânicos para quase tudo o que temos".

compreendo que você esteja extremamente preocupado com muitas considerações nesses dias difíceis. Tenho exposto a você com franqueza meus pontos de vista porque sinto que gosta disso [...] Qualquer que seja sua decisão, pode confiar 100% em mim para fazer com que ela funcione e sei que Brad fará o mesmo. Sinto muito se minha carta o deixou perturbado e peço que a rasgue. Seu muito dedicado subordinado, Monty." Ele assinou, e ela foi criptografada e transmitida por telegrama na mesma hora. O admirável Freddie de Guingand havia mais uma vez salvado seu chefe das consequências de seu insuportável ego. Ele foi então até o quartel-general da retaguarda do 21º Grupo do Exército em Bruxelas para conversar com a imprensa. Enfatizou então que o comando de Montgomery sobre os dois exércitos americanos era temporário, e que, no interesse da solidariedade aliada, o clamor para que ele fosse feito comandante em terra e as críticas veladas a Eisenhower deveriam cessar. Eles prometeram falar com seus editores. De Guingand ligou em seguida para Bedell Smith em Versalhes, para garantir-lhe que o marechal de campo havia voltado atrás completamente.

Tudo o que precisava ser acertado era a data da ofensiva do norte. Eisenhower ficara convencido de que devia ser no dia de Ano-Novo. Montgomery de início havia preferido 4 de janeiro, mas agora antecipara a data 24 horas, para 3 de janeiro. Persistia, porém, uma onda de opinião hostil. Muitos oficiais americanos de alta patente mais tarde lamentaram que Eisenhower não tivesse aproveitado a oportunidade para se livrar do marechal de campo. Eles queriam uma vitória estratégica nas Ardenas, destruindo todas as forças alemãs no bolsão. Montgomery acreditava que isso era impraticável, e sentia que eles no fundo queriam apenas apagar a impressão incômoda de que haviam sido pegos de calça curta. Estava ansioso para levar adiante a Operação Veritable, para desobstruir o Reichswald antes de cruzar o Reno ao norte do Ruhr. Por outro lado, Bradley e Patton não tinham intenção de esperar até 3 de janeiro. Planejavam lançar sua contraofensiva desde Bastogne em 31 de dezembro.

No lado sul de Bastogne, a 35ª Divisão de Infantaria, muito enfraquecida pelas batalhas na Lorena, chegou para preencher a lacuna entre a 4ª Divisão Blindada e a 26ª Divisão de Infantaria. A 35ª iria atacar a nordeste no sentido de Marvie e da estrada Longvilly-Bastogne, enquanto o resto da 4ª Blindada ajudaria a desobstruir as vilas a leste da estrada de Arlon. A infantaria, com as botas encharcadas depois de vadear por correntes de água, sofria tanto por ulcerações de frio e "pé de trincheira" como por baixas de batalha. "O frio era tamanho [...] que a água dos nossos cantis congelava no nosso corpo", registrou um oficial da 51ª Infantaria Blindada em seu diário. "A gente comia neve ou a derretia para beber ou fazer café." Seu batalhão, que já havia contado com seiscentos homens, sofrera em três semanas 461 baixas, tanto de batalha como de não batalha.

A oeste, o Comando de Combate A da 9ª Divisão Blindada avançou pela estrada que vinha de Neufchâteau e seguia perto de Sibret, um objetivo americano importante. Os reforços alemães também começaram a chegar, à medida que a batalha por Bastogne se intensificava. Na quinta-feira, 28 de dezembro, a Führer Begleit tomou o setor de Sibret no lado sudoeste. O *Oberst* Remer afirmou que, ao vir do front norte, sua companhia médica havia sido alvejada durante "um ataque de caças-bombardeiros que durou 35 minutos, apesar de todos os veículos estarem pintados de branco e trazerem a cruz vermelha". Manteuffel acreditava que a formação de Remer faria toda a diferença, e seus Panthers e Mark IV foram direto para o combate contra os tanques da 9ª Blindada, incendiando vários deles.

Remer ficou zangado e mortificado ao descobrir que estava agora sob as ordens da extremamente reduzida 3ª Divisão Panzergrenadier. A Führer Begleit, apesar de ter menos da metade do porte de uma divisão-padrão, continuava muito bem armada num momento em que a 5ª Divisão Fallschirmjäger contava com pouco apoio de artilharia, e a 26ª Volksgrenadier não tinha mais projéteis para perfurar blindados. Remer, que dispunha de uma bateria de canhões antiaéreos de 105 mm, transferiu-os para Chenogne, pronto para dar conta dos tanques de Patton. Suas baterias de 88 mm foram posicionadas cinco quilômetros mais ao norte em torno de Flamierge, onde eles disseram ter abatido "dez planadores de transporte de carga". Mas a Führer Begleit chegou atrasada demais para salvar a vila-chave de Sibret. Após um pesado bombardeio de artilharia, os americanos obrigaram os alemães a sair naquela noite. O piloto de um planador abatido havia sido capturado pelos alemães perto dali. Ele se escondeu em um latão de batatas quando eles se retiraram, e viu-se um homem livre de novo.

A perda de Sibret desanimou Manteuffel, assim como Lüttwitz, pois agora suas chances de restabelecer o cerco de Bastogne ficavam muito reduzidas. Lüttwitz ordenou que Remer recapturasse Sibret na manhã seguinte com ajuda de um Kampfgruppe da 3ª Divisão Panzergrenadier. "Se esse ataque falhasse", Lüttwitz escreveu, "o corpo acreditava que seria necessário iniciar uma retirada imediata do front da ponta de lança." Mas Hitler, recusando outra vez aceitar a realidade, anunciou a criação de um chamado Grupo de Exército Lüttwitz para arrasar Bastogne. Em tese, era composto pela 2ª Divisão Panzer, a Panzer Lehr, a 9ª Divisão Panzer, a 3ª e a 15ª Divisões Panzergrenadier, a 1ª Divisão SS Panzer Leibstandarte Adolf Hitler, a 5ª Divisão Fallschirmjäger e a brigada Führer Begleit. Mas, apesar de sua denominação tipicamente hitlerista, a maior parte das formações era constituída por pouco mais do que remanescentes.

Nas primeiras horas da sexta-feira 29 de dezembro, a brigada Führer Begleit reuniu-se na margem sul dos bosques perto de Chenogne para o seu contra-ataque a Sibret. Mas, assim que emergiram das árvores, os soldados de Remer foram recebidos por uma massiva concentração de fogo dos batalhões de artilharia de campo trazidos para esmagar essa esperada resposta. O fogo pelos flancos vindo de Villeroux a leste, uma vila que os americanos haviam tomado após acirrada luta em 28 de dezembro, também causou muitas baixas. Os bosques a sudeste de Chenogne mudaram de mãos várias vezes. Um dos canhões antiaéreos de 105 mm de Remer abateu diversos tanques americanos durante os combates, mas no final a sua tripulação, apesar de defender seu canhão como homens de infantaria em combate corpo a corpo, foi superada. Um tanque Sherman esmagou seu canhão sob suas esteiras. Naquela noite, Remer reportou que a

Führer Begleit estava agora fraca demais para tentar outro ataque contra Sibret.

Bombardeiros da Luftwaffe atacaram Bastogne na noite da sexta-feira 29 de dezembro assim que o tempo virou, com neve e neblina vindas da Escandinávia. Mas pelo menos o corredor estava assegurado, e centenas de caminhões trouxeram suprimentos para os defensores de Bastogne, além de quatrocentas reposições para a 101ª Aerotransportada. O general Taylor visitou suas tropas na linha do front do perímetro para dar-lhes os parabéns. Alguns acharam seus modos irritantes. "Suas instruções antes de partir", relembrou o major Dick Winters do 506º, "foram 'Cuidado com esses bosques aí da frente!'. Que diabos! Ele achou que a gente fazia o quê aqui enquanto ele estava em Washington?"

Os paraquedistas ficaram decepcionados ao ver que, apesar de serem tratados como heróis pela imprensa, não seriam substituídos e não poderiam voltar a Mourmelon-le-Grand. O consolo é que pelo menos haviam recebido de casa seu correio e pacotes de Natal. O conteúdo foi dividido com outros membros do pelotão ou com civis belgas. E finalmente havia comida suficiente, com seus pacotes de ração preferidos, os "*ten-in-one*". Alguns paraquedistas também conseguiram "liberar" o estoque de bebidas que o quartel-general do 8º Corpo havia abandonado: ele foi revelado quando uma das bombas da Luftwaffe arrebentou a parede de uma construção. Mas o frio terrível e a rotina de escaramuças mortais e de perigosas patrulhas noturnas continuaram. Seus comandantes ainda queriam obter informações das unidades inimigas em frente, então esquadrões de rapto tinham que sair e sequestrar uma "língua" para interrogá-la (oficiais alemães haviam confiscado os livretos de pagamento de seus homens porque revelavam informações demais sobre suas unidades). Mas era impossível movimentar-se em silêncio à noite, já que cada passo fazia barulho quando o pé esmagava a crosta dura que cobria a neve. E suas capas brancas, rígidas pelo congelamento, estalavam quando eles se movimentavam. Os experimentos com roupa de batalha branqueada para camuflagem não deram muito certo. Os paraquedistas invejavam a jaqueta reversível dos alemães, com forro branco.

Como era prática comum colocar manequins na frente de posições defensivas para fazer uma patrulha abrir fogo prematuramente, os paraquedistas passaram a usar cadáveres congelados de alemães, apoiados para ficarem em pé sobre a neve. Um deles era chamado de Oscar, nome de um boneco mascote da unidade, que havia saltado de paraquedas com eles. Também servia como marca de direção para ordens de fogo em caso de ataques surpresa. Paraquedistas ficaram surpresos ao descobrir que os rostos de homens que morrem em condições de frio extremo não têm a usual coloração cinza, mas adquirem uma cor de vinho tinto, pois os vasos sanguíneos capilares congelam rapidamente sob a pele.

Além de "pé de trincheira" e ulcerações por frio, muitos paraquedistas, já imundos e barbudos, sofriam também de disenteria, em grande parte devido à impossibilidade de lavar adequadamente os utensílios de cozinha. Temperaturas baixas, na faixa dos vinte graus negativos, podiam fazer com que as câmaras de resfriamento de suas metralhadoras pesadas explodissem. Essas armas eram visíveis a grande distância por seu clarão de disparo, enquanto seus equivalentes alemães não eram localizáveis nem a cem metros de distância. Os paraquedistas, como vários outros soldados americanos, preferiam usar as metralhadoras alemãs MG42 capturadas. Os novos soldados de reposição precisavam aprender a não disparar rajadas muitos longas, que revelassem suas posições.

Muitos soldados gostavam de debater qual a melhor maneira de atirar uma granada: se era do jeito que se lança uma bola de beisebol, como no arremesso de peso ou com um giro amplo do braço. Lançar como uma bola de beisebol era rejeitado por muitos, pois podia contundir o braço e o ombro. Para evitar que os alemães pegassem a granada e a atirassem de volta, soldados experientes puxavam o pino, contavam dois a três segundos e só então as atiravam. Muitos soldados carregavam as granadas enfiando a alavanca numa das casas de botões. Os oficiais ficavam desesperados com isso, pois sabiam que quando os homens deitavam elas podiam cair e se perder. Soldados de reposição mais ingênuos também eram vistos prendendo granadas ao seu equipamento pelo anel, o que era um jeito rápido de você explodir a si mesmo. Geralmente, usar uma capa de cantil sobressalente era o melhor jeito de carregá-las.

Em 30 de dezembro, o general Patton entrou em Bastogne portando seus famosos revólveres com cabo de marfim. Ele congratulava-se com oficiais e soldados em seu tom de voz curiosamente agudo, conferia medalhas, posava para fotos em vários lugares, examinava tanques alemães queimados e visitava os principais locais de batalha. Entre eles o Château de Rolley, onde dormiu algumas horas antes de seguir viagem. Um oficial de observação de artilharia da 327ª Infantaria de Paraquedistas, já sob fogo de tanques alemães em uma serra, ficou furioso ao ver um grupo andando sem cobertura atrás dele. Xingou o grupo e mandou-o de volta, mas então descobriu que se tratava do imperturbável general Patton, que viera supervisionar o local. Tendo ido para lá com apenas um armamento, o capitão ordenou que seu batalhão de campo abrisse "fogo de efeito" sobre os Panzers. Um tiro mais feliz atingiu diretamente uma torre de tanque, fazendo explodir a munição dentro dele e destruindo-o totalmente. "Meu Deus, isso é que é um belo tiro!", exclamou Patton em tom triunfal. Com certeza aquilo o fez ganhar o dia.

Enquanto a Führer Begleit e a 3ª Panzergrenadier atacavam do oeste, um Kampfgruppe da 1ª Divisão ss Panzer junto com o 14º Regimento Fallschirmjäger e a 167ª Divisão Volksgrenadier, recém-chegada da Hungria, atacaram do leste, em torno de Lutrebois. Um batalhão da 35ª Divisão de Infantaria americana em Villers-la-Bonne-Eau foi pego de surpresa na neblina antes de raiar o dia. As duas companhias foram arrasadas, mas a artilharia de campo uma vez mais desempenhou um papel vital e salvou a situação. Com canhões da divisão e do corpo disparando bombas com o novo sensor Pozit, a 167ª Volksgrenadier foi "feita em pedaços", nas palavras de seu comandante.

Quando tanques Sherman e destruidores de tanques da 4ª Blindada, atraídos pelos sons de combate, entraram nessa caótica batalha, a infantaria alertou-os que havia avistado tanques alemães nos bosques. O 134º Regimento de Infantaria afirmou que 27 tanques estavam inutilizados e as estimativas de outras unidades elevaram esse total para mais de cinquenta, mas isso foi um grande exagero. De todo modo, a Leibstandarte Adolf Hitler sofrera pesadas perdas, e colocou a culpa de seu fracasso na 5ª Divisão Fallschirmjäger. Segundo seu comandante, *Generalmajor* Heilmann, "A ss espalhou o boato de que [meus] paraquedistas haviam sentado em paz com americanos no porão de uma casa em Villers-la-Bonne-Eau para um brinde à irmandade". O comandante da Leibstandarte, *Brigadeführer* Wilhelm Mohnke, queria levar à corte marcial os oficiais do 14º Regimento Fallschirmjäger por covardia, e ao que parece disse que "um oficial-líder Nacional Socialista[3] deveria ser colocado na jugular da divisão Fallschirmjäger".

O evento que deu maior incentivo ao 3º Corpo de Patton foi a chegada de elementos avançados da 6ª Divisão Blindada, para tomar o lugar da exausta 4ª Blindada. Essa formação vinha com força total e era experiente, o que a essa altura era uma combinação rara. Alguns de seus Shermans eram dotados do novo canhão 76 mm – baseado no 17-pounder britânico –, capaz finalmente de enfrentar um Mark VI Tiger com confiança. Embora um dos comandos de combate tivesse se atrasado por ter que compartilhar a mesma estrada que a 11ª Blindada, o outro comando conseguiu se posicionar no sudeste do perímetro, perto de Neffe, pronto para atacar Wardin no dia seguinte.

---

3 O papel de um *Nazionalsozialistischen Führungsoffizier*, ou oficial-líder Nacional Socialista, foi instituído por ordem de Hitler, que se inspirou no comissário soviético, ou oficial político, cujo papel era supervisionar a lealdade e determinação dos oficiais do Exército. A antipatia mútua entre as formações da Waffen-ss e outras formações da Wehrmacht ficava agora mais acentuada. As formações ss Panzer exigiam prioridade em todos os trajetos, provocando o caos. "Essas más condições das estradas alcançaram um pico quando as formações ss chegaram ao setor de combate de Bastogne", escreveu o *Generalmajor* Kokott. "Essas unidades – indevidamente prepotentes e sob todos os aspectos arrogantes –, com a total falta de disciplina que as caracteriza, e sua conhecida crueldade combinada com considerável falta de lógica, tiveram efeito absolutamente devastador e em todos os casos revelaram-se um obstáculo a qualquer conduta sistemática de luta." Esse ódio às ss existia não só no nível mais alto do oficialato. O *Feldwebel* Rösner da divisão de Kokott descreveu como as ss "invadiam casas em Luxemburgo e por puro vandalismo destruíam tudo". Eles também destruíram imagens sagradas no Eifel alemão, porque a região era muito católica.

Nem todos os ataques equivocados a soldados americanos vieram de caças-bombardeiros Thunderbolt e Lightning. Em 31 de dezembro, o III Exército reportou que "bombardeiros da 8º Força Aérea infelizmente atacaram o quartel-general da 4ª Divisão Blindada, a cidade de Wecker, e aquela parte da 4ª Divisão de Infantaria em Echternach". Foi convocada uma reunião urgente com os generais da força aérea Doolittle e Spaatz para discutir o bombardeio acidental de "nossas próprias forças" e "inversamente, o fogo disparado em nossos aviões por nossos canhões antiaéreos". O "bombardeio acidental" foi tratado sigilosamente a fim de "não abalar a fé dos soldados". Havia falhas de ambos os lados, mas após vários incidentes muitos soldados americanos voltaram a adotar o slogan da Normandia "*If it flies, it dies*" ["Se voa, morre"], e com frequência abriam fogo a qualquer avião que se aproximasse, quer estivesse ou não dentro do alcance. O Exército também estava muito cético em relação às estimativas inflacionadas da Força Aérea sobre o número de Panzers que havia destruído. "É óbvio que as afirmações do Corpo Aéreo devem estar exageradas", observou o 12º Grupo do Exército, "senão os alemães estariam sem tanques, e o nosso reconhecimento indica que têm muitos."

A Luftwaffe ainda fazia bombardeios noturnos em Bastogne. Em 1º de janeiro, os prisioneiros de guerra alemães, sob guarda, limpavam entulho perto da praça central de Bastogne quando um deles pisou em um fragmento de bomba "Butterfly" lançada no ataque noturno anterior. O artefato explodiu na sua virilha. Ele caiu, aos berros. A cena foi testemunhada por soldados da 52ª Infantaria Blindada da 9ª Divisão Blindada. Um de seus oficiais escreveu mais tarde: "Você podia ouvir risadas vindo da garganta de nossos GIs nos caminhões".

No front norte do I Exército, Montgomery agora introduzia a 53ª Divisão galesa e a 83ª Divisão de Infantaria americana para o lugar da 2ª Blindada, a oeste, e da 84ª Divisão de Infantaria, em torno de Marche. A 51ª Divisão Highland ficou como uma reserva do I Exército. À medida que chegavam mais soldados do 30º Corpo de Horrocks, o restante do 7º Corpo de Collins podia recuar para se reposicionar, pronto para o contra-ataque de 3 de janeiro.[4] A 6ª Divisão Aerotransportada britânica que se deslocara até o leste de Celles tentou cavar posições defensivas, mas o chão estava tão congelado que as pás dos soldados não conseguiam cavar. Então, em vez disso, começaram a martelar cilindros ocos no chão, preenchendo-os depois com explosivos e abrindo buracos. Logo descobriram que lidar com minas Teller enterradas sob a neve era uma tarefa perigosa.

Por toda a área de avanço máximo dos alemães, eram recolhidos extraviados, enregelados e em semi-inanição. O filho de um fazendeiro foi cuidar dos cavalos perto de Ychippe. Ao voltar, um soldado alemão, que ele vira mancando em direção à casa deles, bateu à porta. Apontando para os seus pés, disse: "*Kaput!*". Estivera dormindo em um celeiro. Ele sentou junto à lareira, deixou a pistola ao lado e tirou as botas. Uma patrulha americana chegou e levou o prisioneiro alemão, antes que ele tivesse tempo de pegar sua arma. Outros soldados alemães escondiam-se em casas e instalações de fazendas vizinhas. Um deles se recusou a sair de um celeiro quando foram cercados. Usava uniforme americano e temia ser fuzilado. Acabou sendo persuadido a sair quando os americanos ameaçaram atear fogo ao celeiro. Obrigaram-no, então, a tirar as peças do uniforme americano e o levaram embora.

Em vários lugares, como em Conjoux, os habitantes viam com tristeza como os condutores de tanques americanos esmagavam suas pequenas hortas e cercas vivas. Ficavam menos apreensivos quando era a infantaria americana que chegava com duas colunas de soldados de ambos os lados da estrada, em fila indiana. A vida parcimoniosa do povo agrícola da região baseava-se em evitar desperdício. Eles pegavam o que podiam dos veículos alemães abandonados, já que esta

---

4 Montgomery, na realidade, simplesmente mandara seu comandante de corpo favorito para casa para uma licença médica obrigatória. Ele temia que a avaliação dele estivesse comprometida pela exaustão. Horrocks de repente passara a argumentar que eles deveriam deixar que os alemães atravessassem o Mosa, para então derrotá-los no campo de batalha de Waterloo, logo ao sul de Bruxelas.

era talvez a única compensação que podiam esperar pelos danos a seus campos, celeiros e casas, assim como pela perda de forragem, cavalos e carroças, expropriados pelos alemães. Uma motocicleta com esteira de trator constituía uma excelente recompensa. Eles tiravam o combustível de veículos abandonados e levavam embora kits de ferramentas, rações em lata, pneus e rodas, depenando quase tudo o que pudesse ser desmontado. Alguns poucos levavam embora granadas na esperança de alguma pesca no verão.

Vários fazendeiros tentavam remover as rodas de canhões de campo, a fim de fazer uma carroça, mas descobriam que eram pesadas demais para serem puxadas por um cavalo. Em uma improvisação mais bem-sucedida, um fazendeiro entendido em mecânica conseguiu construir um trator com peças tiradas de veículos blindados alemães. O motor era de um semitrator. Uma dona de casa chegou a remover os assentos da frente de um Kübelwagen, o equivalente ao jipe da Wehrmacht, e usou-os em sua sala de estar por quase trinta anos. Em Ychippe, um oficial alemão morto foi deixado vários dias tombado no assento da frente de outro Kübelwagen. Um garoto de dezessete anos, Théophile Solot, ficou surpreso com o fato de a barba do oficial morto continuar crescendo após a morte.

As mulheres locais ficavam desesperadamente ansiosas com o destino de seus filhos e maridos. Aqueles que haviam fugido cruzando o Mosa na verdade haviam tido sorte, pois os alemães arrebanhavam grande número de homens e garotos entre os que ficaram. Eram postos para limpar a neve das estradas e arrumar suprimentos. Muitos deles não tinham roupas adequadas para enfrentar a neve e o gelo. Com má alimentação, com certeza insuficiente para o trabalho duro que faziam, estavam também mal equipados. Poucos tinham luvas ou mesmo pás. Eram tratados como prisioneiros, e trancados em celeiros à noite. Em alguns casos, seus guardas prendiam granadas às portas e janelas para que não tentassem fugir. Muitos foram levados a pé até a Alemanha para trabalhar e só foram libertados nos momentos finais da guerra. Vários foram mortos por aviões aliados, porque os pilotos não podiam distinguir entre grupos de soldados alemães e grupos de civis belgas. Todos tinham o mesmo aspecto de pequenas figuras pretas em contraste com a neve.

Nos últimos dias de dezembro, o 30º Corpo britânico estendeu suas novas posições entre o Mosa e Hotton. Um oficial de assuntos civis inglês registrou uma visão bastante romântica de seu entorno. "As Ardenas têm uma acentuada atmosfera de Ruritânia", escreveu ele, "da maneira como a imaginamos na história do Prisioneiro de Zenda. Os castelos ajudam a criar esse efeito, junto com os grandes bosques de abetos cobertos de neve."

Depois que o tempo fechou, o reconhecimento aéreo ficou impossível. Quando a 53ª Divisão galesa substituiu os americanos em Marche-en-Famenne, os Aliados precisavam saber de que modo a Panzer Lehr e os remanescentes da 2ª Panzer estavam reposicionados após sua retirada de Rochefort. O 61º Regimento de Reconhecimento britânico anexado à 6ª Divisão Aerotransportada, assim como as forças SAS belga e francesa, com aproximadamente 350 homens, foram enviados para a grande área de floresta e pântanos ao sul de Rochefort e Marche para descobrir.

O esquadrão francês foi para Saint-Hubert, e em 31 de dezembro um esquadrão belga do 5º Regimento SAS localizou parte da Panzer Lehr em Bure, dez quilômetros ao sul de Rochefort. Em seus jipes, armados apenas com metralhadoras duplas Vickers, eles não podiam fazer muito mais do que assediar os Panzergrenadiers. Três de seus melhores homens foram mortos logo de cara por um canhão alemão de 88 mm. Os alemães defendiam-se desesperadamente nessa área porque quase todos os remanescentes da 2ª e 9ª Divisões Panzers, assim como a Panzer Lehr, haviam escapado de Rochefort por essa rota. Como a maioria dos habitantes procurara abrigo nos porões do colégio religioso, os alemães pegaram todos os seus lençóis para usá-los como camuflagem. E enquanto os aldeões abrigados no subsolo não tinham o que comer a não ser batatas, os Panzergrenadiers matavam e comiam todas as suas galinhas.

A artilharia alemã agora bombardeava Rochefort, e os habitantes locais continuaram nas cavernas dos arredores. Apenas uns poucos se aventuraram a sair durante as tréguas para buscar comida. Todos eram imensamente gratos a *frère* Jacques, "com sua boina e grandes luvas pretas de borracha", que recolhia os corpos para dar-lhes um enterro cristão.

Os alemães também continuaram a bombardear Liège com bombas V-1. Na véspera de Ano-Novo, o lanceiro sargento Walker do Regimento Middlesex, veterano do Norte da África, da Sicília e da Normandia, estava indo à missa em uma igreja de Sur-le-Mont ao sul da cidade. Uma bomba voadora V-1 passava pelo céu, e quando ele olhou viu que a bomba havia mudado a trajetória e começava a descer. "Uma criança belga estava em pé a poucos passos dele sem atentar para o perigo", declara a citação de sua medalha. "O lanceiro sargento Walker deu um salto até a criança, atirou-a ao chão e protegeu-a com seu corpo. A bomba explodiu a metros de onde estavam deitados e causou graves ferimentos ao lanceiro sargento Walker. A criança não sofreu nada." O Corpo Médico do Real Exército desistiu de cuidar de Walker porque seus ferimentos eram graves demais, mas ele sobreviveu porque os americanos o recolheram e realizaram cirurgias pioneiras de enxerto de tecidos, que foram filmadas e enviadas a outros hospitais de campanha com propósitos educativos.

Todos os quartéis-generais americanos organizaram suas festas de Ano-Novo. No IX Exército de Simpson, eles celebraram com *highballs* [uma dose de uísque com club soda] e peru. No I Exército de Hodges, os jantares eram sempre formais. "Na refeição, à noite", um dos oficiais de Hodges lembra, "íamos bem vestidos para o jantar: paletó, gravata, botas de combate." Hodges costumava tomar um bourbon e Dubonnet um uísque *on the rocks* com um jorro de *bitters*, mas naquela noite ele decidiu celebrar o Ano-Novo abrindo uma caixa de champanhe que Collins lhe dera de presente após a captura de Cherbourg. À meia-noite, houve pânico quando os soldados começaram a "disparar indiscriminadamente seus fuzis. Uma verificação rápida mostrou que não havia nenhum ataque em curso, mas apenas um dia de animação geral".

O quartel-general do 12º Grupo do Exército de Bradley também fez sua festa. Segundo Hansen, Martha Gellhorn "falou apaixonadamente metade da noite sobre a guerra na Espanha [...] ela é a jornalista original que acredita na bondade do homem, depois de ter visto tanto do que ele tem de pior, e de ter visto sua degradação em campos de batalha do mundo inteiro". Ao que parece, a atmosfera da festa foi levemente estragada pelo nervosismo em face de uma possível investigação oficial sobre falhas da Inteligência em prever a ofensiva alemã. O general William Donovan, criador do Escritório de Serviços Estratégicos, acabara de chegar de Washington, e mencionou que havia "um falatório a respeito de uma investigação pelo Congresso para determinar por que havíamos sido negligentes". Bradley mostrava-se muito nervoso e defensivo em relação ao seu "risco calculado" antes do ataque alemão, que o levou a deixar apenas quatro divisões para a defesa das Ardenas.

Em Berlim, a redatora Ursula von Kardorff, que tinha ligações com os autores do complô de julho, entretinha alguns amigos na véspera de Ano-Novo. "À meia-noite, estava tudo quieto. Ficamos lá, erguendo nossos copos, mal ousando fazer tim-tim. Um sino solitário soava à distância pela passagem do ano, e ouvíamos tiros, e botas pesadas esmagando cacos de vidro [no chão da rua, das janelas quebradas]. Era assustador, como se uma sombra estivesse passando sobre nós e nos tocando com suas asas negras." Nas Ardenas, alemães, e também belgas, preparavam-se para encarar a contraofensiva aliada e a luta que se seguiria. "Minha oração nessa véspera do novo ano", escreveu um jovem oficial Volksgrenadier perto de Sankt Vith, "é para que a força do Führer e a nossa possam nos dar a vitória e pôr fim à guerra." Poucas horas depois, os alemães atacavam de novo, tanto pelo ar como na Alsácia.

21

A DUPLA SURPRESA

Na véspera de Ano-Novo, à meia-noite, a artilharia americana por toda Ardenas disparou salvas para dizer à Wehrmacht que o ano de sua derrota final havia começado. Mas os alemães também tinham suas mensagens de Ano-Novo. Poucos minutos antes de se encerrar o ano, o Grupo do Exército do Alto Reno comandado pelo *Reichsführer-SS* Heinrich Himmler desferiu uma ofensiva chamada Operação Nordwind, contra o flanco esquerdo do 6º Grupo do Exército do general Devers.

No dia seguinte ao Natal, a Inteligência do VII Exército havia advertido que os alemães poderiam atacar no norte da Alsácia durante os primeiros dias de janeiro. O general Devers voara para Versalhes para ver o general Eisenhower. O relacionamento entre os dois não havia melhorado desde que Eisenhower rejeitara seu plano de tomar uma cabeça de ponte do outro lado do Reno. E como a luta nas Ardenas se aproximava de seu clímax, o SHAEF queria que as divisões americanas e francesas no sul simplesmente ficassem na defensiva. Com a maior parte do III Exército de Patton posicionada no lado sul da ponta de lança, as forças de Devers, despojadas até o osso para fortalecer as Ardenas, haviam sido obrigadas a estender sua frente para mais de trezentos quilômetros.

Eisenhower queria encurtar a linha na Alsácia retirando-se para as montanhas Vosges, e provavelmente abrindo mão de Estrasburgo no processo. Tedder advertiu-o enfaticamente contra tal manobra (por ironia, agora eram os britânicos que se opunham a ceder território). Isso iria levar a um grande confronto com os franceses, para quem Estrasburgo tinha um significado muito importante.

O outro ataque foi muito mais inesperado. O *Reichsmarschall* Hermann Göring, ressentido com as ácidas críticas à sua Luftwaffe, decidira realizar seu próprio ataque relâmpago. Seu plano para lançar uma grande surpresa contra as forças aéreas aliadas havia sido mencionado pela primeira vez em 6 de novembro, quando o *Generalmajor* Christian disse a Hitler que "O *Reichsmarschall* ordenou que todos esses novos grupos agora de prontidão sejam utilizados em um único dia – um dia em que o tempo não seja um problema – todos juntos, em um ataque".

Hitler estava hesitante. "Só tenho receio de que, quando esse dia chegar, os grupos não consigam se coordenar e não encontrem o inimigo [...] A expectativa de dizimar o inimigo com uma mobilização em massa não é realista." Ele também via com muito ceticismo as alegações da Luftwaffe, e os números sobre o desempenho de suas aeronaves, e ficava exasperado com o fato de seus pilotos terem abatido tão poucos aviões aliados. Ele exclamou: "Ainda há toneladas [de aviões da Luftwaffe] sendo produzidas. Estão apenas consumindo trabalho e material".

A Luftwaffe enfrentou muitos problemas, mas também criou outros. Restavam poucos pilotos veteranos, devido ao sistema dissipador, que falhara em dar-lhes suficientes folgas das obrigações na linha do front, e ao fato de não terem sido aproveitados para transmitir sua experiência aos iniciantes. "Agora são todos pilotos jovens, sem experiência", disse um piloto de Messerschmitt 109. "Todos os experientes foram embora." "Que tipo de treinamento os recém-chegados têm hoje?", disse outro. "É lamentável, assustador." Principalmente devido à escassez de combustível, eles chegavam às unidades operacionais tendo passado por poucas horas de voo. Não admira, portanto, que os pilotos de caças americanos dissessem preferir enfrentar quatro pilotos novos do que um veterano.

O moral estava muito ruim. Um oficial capturado detalhou as várias desculpas que os pilotos usavam para evitar voar ou entrar em combate. Entre elas, "problemas com o motor" e "o trem de pouso não recolhe". Um piloto que decolou, fez um voo e não atirou em nada, foi preso ao aterrissar. Antes havia mais oficiais de alta patente que "costumavam voar", disse outro piloto veterano, "mas tudo isso acabou. Eles não fazem mais nada. Não concebem mais a ideia de uma morte heroica, esses dias já ficaram para trás". Um profundo cinismo espalhou-se por todas as fileiras. "No nosso *Staffel* [esquadrão], todos olhavam pra você com espanto se não tivesse nenhuma doença venérea", relatou um *Feldwebel.* "Pelo menos 70% tinham gonorreia."

O maior cinismo era reservado ao seu comandante-chefe, o *Reichsmarschall.* Ele "parece ter dirigido a Luftwaffe mais ou menos com os mesmos métodos da Rainha de Copas em *Alice no país das maravilhas*", um alto oficial do *Oberkommando* Luftwaffe observou, "e com a mesma eficácia [...] Para ele, a Luftwaffe era apenas mais um brinquedo". Um dos poucos oficiais de alta patente que tomou parte no grande ataque do dia de Ano-Novo lembra de ter perguntado a um superior: "Bem, o que o nosso *Reichsmarschall* está fazendo agora, *Herr General*?". O general respondeu: "O *Reichsmarschall* está negociando diamantes no momento. Não tem tempo para nós". Por outro lado, o *General der Flieger* Karl Koller, chefe do Estado-Maior, culpava Hitler mais do que qualquer outro. "Ele não entende as necessidades da Luftwaffe, manteve a vida toda a visão de um homem de infantaria."

De qualquer modo, Göring sentia não ter outra opção a não ser ir em frente. Ele "praticamente chorou" ao se referir às condições da Luftwaffe, segundo um *Oberstleutnant*, e disse que, "a não ser que ganhemos domínio no ar rapidamente, teremos perdido a guerra". A aposta final de Göring, uma sombra de toda a ofensiva das Ardenas de Hitler, iria ganhar o nome de Unternehmen Bodenplatte – Operação Placa de Base. Praticamente todos os caças capazes de voar iriam decolar para atacar campos de pouso aliados e destruir suas aeronaves em terra.

Embora os oficiais da Luftwaffe soubessem do plano havia várias semanas, a ordem operacional causou perplexidade e horror quando eles foram convocados para receber instruções na tarde da véspera de Ano-Novo. Os pilotos foram proibidos de tomar qualquer bebida alcoólica naquela noite ou de ficar acordados para celebrar o Ano-Novo. Muitos ficaram receosos com a perspectiva do dia seguinte, pois parecia ser um ataque suicida japonês, do tipo camicase. O pessoal que iria voar pelo menos ganhou rações de "decolagem", com um pouco mais de manteiga, ovos e pão branco. Tiveram a promessa de receber na volta da operação uma barra de chocolate, café de verdade e uma refeição completa, de "operações".

Quase mil aviões alemães em 38 campos de aviação ligaram os motores logo após raiar o dia. O *Oberstleutnant* Johann Kogler, que iria liderar a Jagdgeschwader 6 contra o campo de aviação de Volkel na Holanda, sentou no *cockpit* de seu Focke-Wulf 190. Kogler tinha poucas ilusões. O *General der Flieger* Adolf Galland havia "aberto seu coração comigo sobre as suas dificuldades; a coisa era bem séria". O chefe de Kogler era o inútil *General der Flieger* Beppo Schmidt, que havia desorientado tanto Göring quanto seu chefe de Inteligência a tal ponto em 1940 que levou o *Generaloberst* Franz Halder a observar que Göring era "o oficial mais mal informado de toda a Luftwaffe". Schmidt, alarmado com a perda de comandantes de caças, tentara mantê-los em terra. Kogler fez uma objeção de princípios a essa ideia. "*Herr General*, se temos que voar para que o inimigo tenha um pouco de diversão, para que tenha algo em que atirar; e se estamos sendo postos para voar pelo simples fato de fazermos alguma coisa, então solicito que tenha permissão de acompanhar [meus pilotos] todas as vezes."

O comandante de um Focke-Wulf 190 Staffel, na Jagdgeschwader 26, achou a escolha de seu alvo uma amarga ironia. "Nós mesmos havíamos estacionado nesses campos de aviação. Eu tinha que levar meu próprio Staffel para destruir o mesmo campo de aviação em que costumava ficar." Bem mais deprimente foi a ordem de Göring.

"Aquele que voltar depois de ter falhado em atacar devidamente o campo de aviação, ou de não conseguir localizá-lo, deve decolar imediatamente e atacá-lo de novo." Essa se revelou uma ideia desastrosa. Cada grupo devia ser acompanhado por um jato Me 262, cujo piloto tinha a tarefa de identificar aqueles que demonstrassem falta de determinação em atacar.

Pelo menos alguns dos pilotos pareciam sentir prazer em sua missão, lembrando de suas façanhas anteriores na guerra. "Que surra demos neles no início!", lembrou um que estava destinado a atacar o campo de aviação perto de Gante. "Sessenta aviões decolaram em cada Gruppe." Ele estava claramente exultante, mesmo nesse estágio da guerra, com a impressão de poder que a Bodenplatte produzia. "Agora em nossa incursão do dia 1º [de janeiro] – Ah, meu Deus! O que era aquilo tudo no céu. Eu mesmo fiquei impressionado. Nem sabia mais a que Geschwader pertencia. Eles voavam por todo lugar. Os civis ficavam olhando para nós de olhos arregalados. Depois voamos sobre o front [e] os soldados paravam para olhar. Voávamos bem baixo."

Essa impressão muito otimista escondia outro aspecto do caos. Seguindo as precauções de segurança de Hitler antes da Ofensiva das Ardenas, Göring recusara permitir que as defesas antiaéreas alemãs fossem avisadas da Operação Bodenplatte com antecedência. Como resultado, as artilharias antiaéreas acharam que aquelas grandes formações, que viam de repente acima deles, deveriam ser inimigas. E abriam fogo. Ao que parece, dezesseis de suas próprias aeronaves caíram vítimas de fogo amigo a caminho de seus objetivos.

Seus ataques simultâneos às 9h20 tiveram como alvo doze campos de aviação britânicos na Bélgica e no sul da Holanda, e quatro bases americanas na França. Mas devido principalmente a erros de navegação, eles atingiram treze bases britânicas e apenas três americanas. Os alemães conseguiram o efeito surpresa, mas não em todos os casos. O ataque do Geschwader ao campo de aviação de Sint-Denijs-Westrem em Gante fez decolar um esquadrão polonês de Spitfires assim que aterrissou – e com bem pouco combustível. Os agressores destruíram nove deles e outros seis em terra. Mas em contrapartida foram pegos pelos dois outros esquadrões poloneses da 131 Wing [ala de caças da RAF], que derrubaram dezoito deles e danificaram outros cinco, contra a perda de apenas um Spitfire. Entre os pilotos de Focke-Wulf capturados estava aquele que havia se regozijado com o grande número de aviões alemães no ar.

Os americanos se saíram melhor que os britânicos, pois um grupo dos agressores ficou totalmente perdido, sem conseguir encontrar seu alvo, e uma patrulha de Thunderbolts P-47 mergulhou a força no sentido de Metz; mesmo assim, os alemães conseguiram destruir vinte dos quarenta caças-bombardeiros em terra ali. As piores perdas britânicas foram em Eindhoven, onde os alemães tiveram a sorte de atingir o primeiro esquadrão de Typhoons enquanto estavam decolando. Os aviões atingidos bloquearam a pista, o que deixou os esquadrões que vinham atrás encurralados. "Um frustrado piloto de Typhoon manteve seus freios acionados e aplicou torque para levantar a cauda da sua aeronave, para poder atirar do chão em seus agressores que voavam baixo."

Em Evere, um esquadrão de Spitfire também foi pego taxiando para a pista e destruído, mas um piloto conseguiu chegar à Aerotransportada. Ele abateu um dos "bandidos", mas foi também abatido. Os americanos achavam que os aviões britânicos da 2ª Força Aérea Tática haviam todos sido pegos "estacionados bem próximos em formação". Isso foi verdade apenas em Eindhoven, uma base de reconhecimento aéreo por fotografia, onde os Spitfires estavam todos alinhados em uma velha pista da Luftwaffe porque não havia outro lugar para colocá-los. As bases com certeza estavam superlotadas, pois muitos esquadrões tiveram que se concentrar em campos de aviação com pistas pavimentadas, mais fáceis de desimpedir quando nevava. A notícia de que o avião pessoal do marechal de campo Montgomery também havia sido destruído em terra gerou uma atmosfera peculiar de *schadenfreude* [prazer em ver o outro se dar mal] nos círculos americanos. "Eles pegaram os britânicos com a calça arriada, e tão bem", escreveu o redator do I Exército no dia seguinte, "que o G-2 [chefe de Inteligência] do general Montgomery enviou um par de suspensórios [*braces*] de presente ao G-2 da sua Força Aérea Tática." Eisenhower, muito generoso, imediatamente cedeu a Montgomery seu próprio avião.

Oficiais de Estado-Maior do quartel-general do IX Exército saíam para ver as batalhas aéreas. "No meio da manhã, era possível assistir a vários combates aéreos na região de Maastricht, com fogo antiaéreo desenfreado dirigido a aviões não visíveis nas nuvens baixas." Ao todo os Aliados perderam 150 aviões de combate destruídos, e tiveram 111 danificados, além de perder dezessete aviões não destinados a combate. As perdas de pilotos foram felizmente leves, porém mais de cem pessoas em terra foram mortas.

Muitos caças alemães foram abatidos por fogo antiaéreo, incluindo o do *Oberstleutnant* Kogler, que foi capturado. Fato bizarro, perto de Bruxelas, um piloto alemão que voava a baixa altitude em um Focke-Wulf foi derrubado por uma perdiz "que abriu um grande buraco em seu radiador fazendo o líquido de refrigeração vazar e travar o motor". Mas como o quartel-general do IX Exército reconheceu, "*Jerry* cometeu um grande erro nesse seu ataque surpresa, que se revelou muito custoso. Ele demorou tempo demais. Ao curtir a diversão de ficar atirando no alvo, gastou tanto tempo entretido que nossos caças nas bases da retaguarda tiveram tempo de decolar e pegá-los quando voltavam para casa. Como resultado, sofreram pesadas perdas".

Aqueles pilotos que, por ordem de Göring, foram obrigados a reabastecer, rearmar-se e partir para o ataque novamente voaram de volta e depararam com esquadrões aliados em uma situação de poderio esmagador, determinados a varrê-los dos céus. Pior de tudo, as defesas aéreas alemãs continuaram mantidas em total ignorância, mesmo após o ataque. "Uma catástrofe se abateu sobre a grande operação da Luftwaffe em 1º de janeiro", observou o ajudante de Hitler, Nicolaus von Below. "Em sua volta, nossos aviões foram alvo de pesado e preciso fogo de nossas próprias defesas antiaéreas, que não haviam sido informadas da operação por questões de segurança. Nossas formações sofreram perdas drásticas, que não puderam ser reparadas. Esse foi o último grande esforço da Luftwaffe."

Não foi sequer uma vitória parcial. A Luftwaffe perdeu 271 caças destruídos e 65 danificados. As baixas de suas tripulações aéreas foram desastrosas. Ao todo, 143 pilotos foram mortos ou ficaram desaparecidos, outros setenta foram feitos prisioneiros e mais 21 feridos. As perdas incluíram três *Kommodore*, cinco *Gruppenkommodore*, ou comandantes de ala, e catorze *Staffelkapitäne*, ou líderes de esquadrão. Seria muito difícil encontrar reposições para eles.

Os alemães pouco podiam fazer em relação ao seu destino, então simplesmente seguiam penosamente em frente, tropeçando nas ruínas após os bombardeios aliados terem destruído os trilhos de bonde e de trem, a caminho de suas fábricas e escritórios, geralmente sem vidros nas janelas, nem eletricidade. Hitler não fez menção à Ofensiva das Ardenas em seu discurso de Ano-Novo. Enquanto falava, a maioria da audiência percebia que não tinha nada de novo a oferecer.

Hitler também não mencionou nada a respeito da Unternehmen Nordwind – Operação Vento Norte. Ele concebera a ideia da Nordwind em 21 de dezembro, e dera nome à operação no dia de Natal. Embora a intenção oficial fosse destruir o 6º Corpo americano no norte da Alsácia, fazendo a ligação com o XIX Exército que defendia o bolsão de Colmar, as reais intenções eram deter o avanço de Patton nas Ardenas e dar a impressão de que ele ainda detinha a iniciativa. Em 28 de dezembro, Hitler havia reunido os comandantes de divisão no Adlerhorst, para poder se dirigir a eles pessoalmente, como fizera antes por ocasião da Ofensiva das Ardenas.

Quando Devers voltou ao seu quartel-general depois do encontro com Eisenhower em Versalhes, em 26 de dezembro, havia ordenado estudar linhas de retirada no norte da Alsácia. Depois que o ataque alemão começou em 1º de janeiro de ambos os lados de Bitche, Eisenhower ordenou a Devers que mantivesse as forças de cobertura, mas que retrocedesse suas principais forças para as Vosges, deixando Estrasburgo sem defesa. Foi um rude golpe para o moral do 6º Grupo do Exército. "Os ânimos desceram a um patamar mais baixo hoje", escreveu o coronel. Por meio de um alto-falante do outro lado do Reno, os alemães avisaram o povo de Estrasburgo que estavam

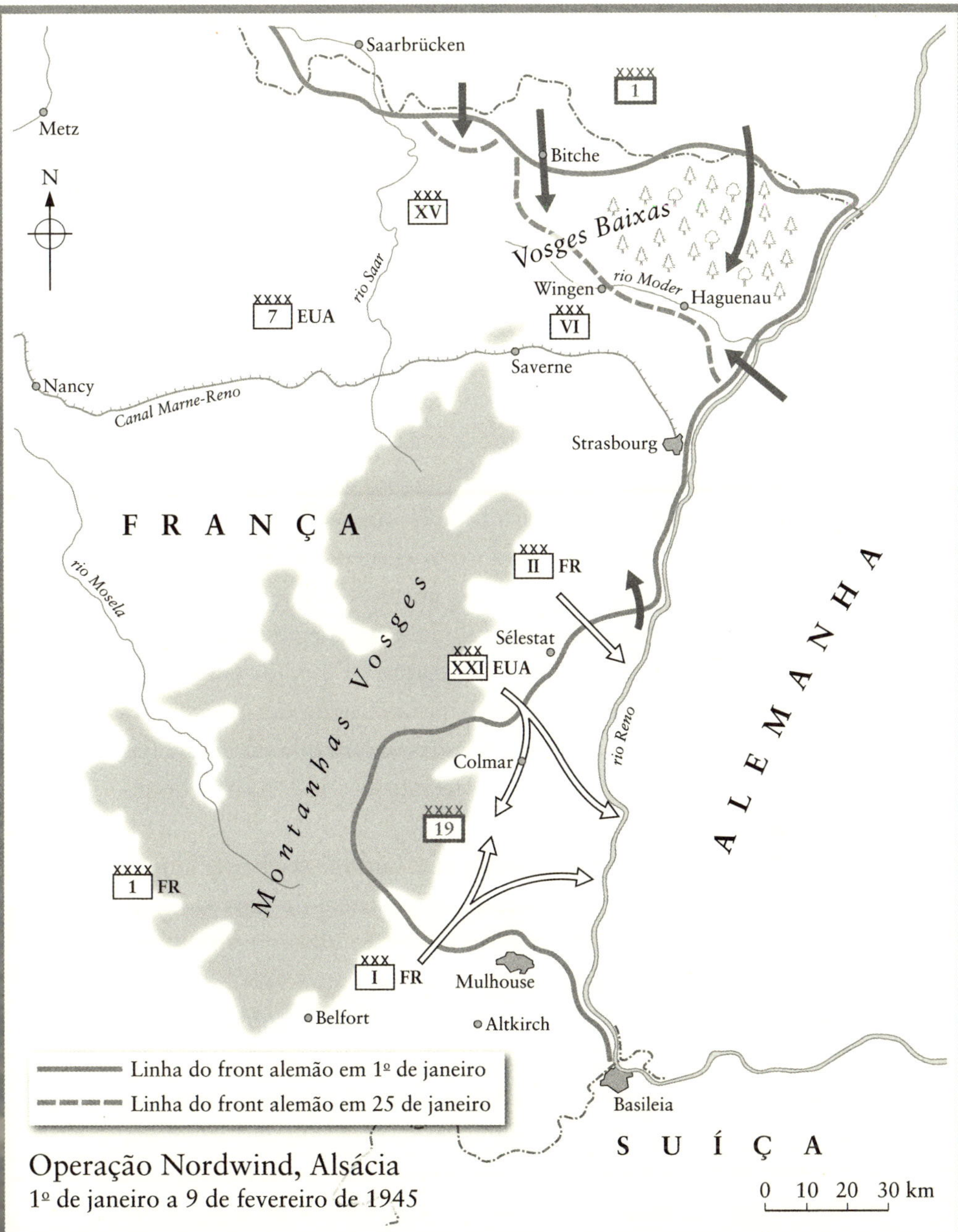

Operação Nordwind, Alsácia
1º de janeiro a 9 de fevereiro de 1945

voltando. Mas a artilharia americana, mirando orientada pelo som, conseguiu destruir os alto-falantes com impressionante rapidez.

Como seria de esperar, o pânico se espalhou quando correu a notícia que os americanos estariam em retirada. A população da cidade era de 200 mil habitantes, e muitos temiam represálias alemãs. Um correspondente americano na cidade estimou que umas 10 mil pessoas fugiram. "Partiram em geral de trem [...] mulheres empurrando carrinhos de bebê, vagões lotados de mobília." O número de pessoas que partiu pelas estradas nos dois dias seguintes foi, segundo os americanos, 2 mil, e 15 mil, segundo fontes francesas.

Em Paris, o governo provisório francês estava em armas. De Gaulle imediatamente enviou ordens suas ao general De Lattre de Tassigny, para que comandasse o I Exército francês no sul da cidade. "É evidente que o Exército francês nunca poderá concordar em abandonar Estrasburgo. Caso eventualmente as forças aliadas se retirem de suas atuais posições ao norte do I Exército francês, ordeno que você assuma a responsabilidade de assegurar a defesa de Estrasburgo." Ele então declarou sua posição a Eisenhower e apelou a Churchill e Roosevelt, tentando evitar a retirada dos Aliados. O SHAEF foi avisado de que 100 mil pessoas teriam que ser evacuadas da cidade, e que outros 300 mil alsacianos corriam o risco de represálias alemãs.

No dia seguinte, o general Alphonse Juin foi ver Bedell Smith por ordem de De Gaulle, para dizer que o chefe do governo provisório iria a Versalhes para ver Eisenhower no dia seguinte. Juin e Bedell Smith haviam brigado anteriormente, e esse foi o encontro mais tempestuoso entre os dois. As tensões já haviam subido de tom depois que o general De Lattre havia se queixado do pouco equipamento e suprimentos que seu I Exército francês recebera, enquanto os americanos questionavam a efetividade de seus ataques ao bolsão de Colmar. Os franceses haviam sofrido pesadas baixas entre seus oficiais de escalão mais baixo, e suas reposições tinham dificuldade em fazer com que seus homens avançassem.

Juin disse que o general De Gaulle iria retirar os soldados franceses do comando do SHAEF se as forças americanas se retirassem das Vosges. Segundo Bedell Smith, ele foi muito rude ao se referir à maneira pela qual Eisenhower estava conduzindo a guerra. "Juin me disse coisas", contou ele a Eisenhower após o encontro, "que, se ele fosse americano, eu teria lhe dado um soco no queixo."

Na manhã de 3 de janeiro, antes da visita de De Gaulle, Eisenhower discutiu a evacuação de Estrasburgo com seu Estado-Maior. Naquela tarde, De Gaulle apareceu com Juin. Winston Churchill, que já estava na França em visita, também compareceu, atendendo a uma mensagem de De Gaulle. Eisenhower expôs aos dois chefes de governo a situação perigosa que estavam enfrentando. Então, em reação ao ultimato francês de retirar suas forças do comando do SHAEF, Eisenhower lembrou De Gaulle que "o Exército francês não receberá munição, suprimentos ou comida a não ser que obedeça às minhas ordens, e disse explicitamente que se o Exército francês tivesse eliminado o bolsão de Comar essa situação não teria sido criada". De Gaulle ficou furioso nessa hora.

"Se estivéssemos tratando de jogos de guerra", disse De Gaulle, controlando-se, "eu concordaria com você. Mas sou obrigado a considerar o assunto a partir de outro ângulo. A retirada da Alsácia irá ceder território francês ao inimigo. Em nível estratégico, seria apenas uma manobra. Mas para a França seria um desastre nacional, porque a Alsácia para nós é sagrada. De qualquer modo, os alemães consideram que essa província lhes pertence, e portanto não irão perder a oportunidade de se vingar do patriotismo que seus habitantes têm demonstrado."

Com o apoio tácito de Churchill, De Gaulle conseguiu dobrar Eisenhower. O supremo comandante concordou em ligar para o general Devers basicamente para lhe dizer que suspendesse a retirada. "Essa alteração deixou De Gaulle muito satisfeito", Eisenhower escreveu, "e ele foi embora de bom humor." Não tinha mais aquela sua expressão de ofendido, que Churchill uma vez disse que o fazia parecer uma fêmea de lhama surpreendida no banho. Após a partida de De Gaulle, Churchill murmurou para Eisenhower: "Acho que fizemos a coisa mais sábia e mais adequada".

De Gaulle estava tão exultante que ao voltar ditou um comunicado a seu *chef de cabinet* Gaston Palewski. Antes de expedi-lo, Palewski levou-o ao embaixador britânico, Duff Cooper. Era num tom tão exacerbado de vanglória que Cooper advertiu Palewski que dificilmente aquilo iria ajudar. "O comunicado dava a impressão", escreveu Cooper em seu diário, "que De Gaulle havia convocado uma reunião militar à qual o p[rimeiro] m[inistro] e Eisenhower haviam tido permissão de comparecer." De qualquer modo, Eisenhower justificou sua mudança de ideia ao presidente Roosevelt, cuja opinião sobre o líder francês ainda não havia melhorado, com base no fato de que se o governo provisório caísse, os exércitos aliados poderiam muito bem enfrentar o caos em suas áreas de retaguarda.

O 6º Corpo dos Estados Unidos ficou "muito animado" quando "a ordem de retirada para uma linha logo a leste das montanhas Vosges foi suspensa", escreveu o coronel Heffner. "Teria sido um golpe muito duro no prestígio americano. Nunca iríamos superar isso. Ser empurrado para trás é uma coisa, mas desistir sem lutar é algo totalmente diferente."

As forças francesas continuaram sob o comando do SHAEF, como resultado da concessão feita por Eisenhower, mas as dores de cabeça de ter que lidar com as autoridades francesas continuaram. Eisenhower, um pouco mais tarde, queixou-se de que os franceses, "depois do mau tempo [...] têm causado a mim mais dificuldades nesta guerra do que qualquer outro fator isolado". O SHAEF decidiu parar de transmitir "ao I Exército francês as informações coletadas por interceptação de sinais", pois "ele não era suficientemente seguro". Em 7 de janeiro, Devers advertiu o general Patch, comandante do VII Exército na Alsácia, que suas linhas de telefones poderiam estar grampeadas. "Isso representa uma grave ameaça à segurança da Ultra caso haja referência à Inteligência da Ultra por mensagem ou informações camufladas sob alguma forma especial de Inteligência. Algumas dessas referências, se remontadas pelo inimigo, poderiam ser perigosamente reveladoras."

O ataque do I Exército alemão ao sul foi mais ou menos suspenso a oeste de Bitche, onde era liderado pela 17ª Divisão SS Panzergrenadier Götz von Berlichingen, que foi a divisão que enfrentou a 101ª Aerotransportada em Carentan, na Normandia. O 15º Corpo tinha boas posições e era apoiado pela 2ª Divisão Blindada de Leclerc, que uma vez mais mostrou sua fibra (segundo o Estado-Maior do 6º Grupo do Exército, Leclerc "simplesmente se recusou a lutar sob o comando de De Lattre", pois Lattre servira no Exército do Armistício de Pétain). Mas de Bitche ao Reno, dois corpos do Exército alemão, atacando sem um bombardeio de artilharia e no meio de densa neblina, conseguiram se infiltrar pelas posições americanas nas áreas de floresta. Avançando em direção à brecha de Saverne, as divisões alemãs forçaram o recuo do 6º Corpo americano, que estava excessivamente distribuído pelas Vosges Baixas e pela planície do Reno.

O VII Exército do general Patch estava em grande inferioridade numérica, e lutou bem, com apenas algumas exceções devidas a pânico na retaguarda ou a preguiça no front. Os comandantes de divisão ficaram zangados ao saber de soldados "surpreendidos, capturados ou cercados enquanto estavam acampados ou defendendo uma cidade ou vila". Isso quase sempre se devia a uma falta de segurança geral, ou de vigilância. Em Bannstein, "uma unidade foi pega totalmente de surpresa. Os homens estavam dormindo e os alemães entraram na cidade sem ninguém para detê-los e capturaram nossos soldados, armas e um considerável número de veículos". Em três outros lugares, incidentes similares ocorreram, mas a maioria dos homens foi solta quando soldados americanos vieram resgatá-los.

As condições de combate ficavam muito piores por causa da neve pesada e das estradas sinuosas cobertas de gelo das Vosges Baixas. Por volta de 5 de janeiro, a 6ª Divisão SS de Montanha, trazida da Escandinávia, chegou a Wingen-sur-Moder, a vinte quilômetros de Saverne. Enfrentando forte resistência da 45ª Divisão de Infantaria, só conseguiu avançar até o lado oeste. Naquele momento, as outras três divisões de infantaria americanas defendiam a linha do rio Rothbach. Mas Himmler conseguira mais divisões, entre elas a 10ª Divisão SS Panzer Frundsberg, e preparava um novo ataque.

O general Eisenhower pode ter considerado os franceses seu maior problema depois do mau tempo, mas também mencionara ao general De Gaulle que o marechal de campo Montgomery não era fácil de lidar. No entanto, não previu que a maior crise nas relações anglo-americanas estava prestes a explodir. Em 5 de janeiro, Eisenhower soube que nos Estados Unidos acabava de ser divulgada a notícia de que Montgomery assumira o comando do IX e do I Exércitos dos Estados Unidos, apesar de o SHAEF ter tentado ingenuamente esconder a notícia. Todos os temores do primeiro marechal do ar Tedder em relação à imprensa britânica se concretizaram. O pedido do general De Guingand aos correspondentes não havia sido atendido: os jornais de novo pediam que Montgomery fosse confirmado como comandante das forças terrestres na Europa Ocidental. A imprensa americana, como seria de esperar, não gostava da ideia de um bretão, e especialmente Montgomery, assumir o comando de dois exércitos americanos inteiros. O SHAEF não obstante foi obrigado a emitir um comunicado confirmando o arranjo. Correspondentes, tanto americanos quanto britânicos, ficaram furiosos com o tratamento inepto e complacente dispensado à imprensa pelas autoridades militares em Versalhes.

Bradley, já aflito pela perspectiva de uma investigação do Congresso para apurar as razões de o Exército americano ter se mostrado tão despreparado diante da Ofensiva das Ardenas, também alimentava agora temores em relação ao modo como seria apresentada nos Estados Unidos a notícia de que Montgomery estava assumindo dois de seus exércitos. E estava profundamente ressentido com o fato de, numa enquete da revista *Time* para "O homem do ano", Patton ter sido o segundo mais votado, atrás de Eisenhower, e seu nome não ter sido nem sequer cogitado. Muito angustiado, imediatamente suspeitou que Montgomery tivesse vazado a história sobre a mudança de comando, e viu isso como uma deliberada "tentativa de desacreditar os americanos". Ligou para Eisenhower para se queixar, mas Eisenhower garantiu-lhe que a história fora vazada nos Estados Unidos e não pelo quartel-general do 21º Grupo do Exército.

Segundo Hansen, Bradley achava que "o clamor público em favor da nomeação dele é sem dúvida inspirado oficialmente". Ele continuou convencido de que Winston Churchill estava articulando para que Montgomery fosse designado comandante geral das forças terrestres. Obviamente, ainda acreditava que isso era uma possibilidade, pois declarou a Eisenhower que "não serviria um dia sequer sob o comando de Montgomery [...] O general Patton também sinalizou que não irá servir um único dia sob Montgomery. Pretendo dizer isso a Montgomery". Eisenhower ficou de transmitir suas preocupações a Churchill, mas nem Churchill nem mesmo Brooke estavam pressionando para que houvesse essa promoção. Eram cientes dos pontos de vista americanos, e ficaram perplexos com a tempestade que se armava. Churchill escreveu ao presidente Roosevelt, enfatizando a confiança dos britânicos na liderança de Eisenhower e elogiando a bravura das divisões americanas durante a batalha.

Bradley temia que o episódio viesse a "repudiar a eficácia do comando de seu Grupo do Exército, minar a confiança de seus comandantes subordinados e afetar o moral e a confiança dos soldados. Em segundo lugar, parece igualmente evidente que isso pode minar nos Estados Unidos a confiança pública em seu comando [de Bradley] e indicar ao nosso povo que tivemos necessidade de recorrer em uma emergência ao comando britânico em um esforço para tirar 'nossas castanhas do fogo'".

A campanha britânica para ter Montgomery como comandante de campo de todo o front ocidental, escreveu Hansen, implicava que "a invasão alemã não teria acontecido caso Montgomery estivesse no comando para evitá-la. A inferência que corre atualmente em todas as notícias da mídia é que o ataque alemão ocorreu por negligência do comandante americano – isto é, Bradley [...] O efeito foi de um cataclísmico prazer em ver a desgraça alheia. A imprensa britânica, exultante diante do anúncio, saudou-o como um aumento no poder de comando de Montgomery". Ele prosseguiu: "Faz-se referência aos soldados como 'os soldados de Monty', num palavrório que indica uma devoção escravizada a um herói por parte da imprensa britânica [...] Ele é o símbolo do sucesso, o quadro supervalorizado e normalmente distorcido do esforço britânico no nosso front".

Bradley, pressionado por seu entorno, sentiu que estava lutando por sua carreira e reputação. Acabara de escrever ao general Marshall, dando sua opinião sobre a situação e justificando seu "risco calculado" em ter deixado o front das Ardenas tão pouco defendido até

16 de dezembro. "Ao mesmo tempo", acrescentou, "não estou me desculpando pelo que aconteceu."

Montgomery ligou para Churchill para lhe dizer que planejava convocar uma coletiva de imprensa para fazer um apelo à unidade aliada e apoiar Eisenhower. Churchill respondeu que achava isso de um valor "inestimável". O marechal de campo Brooke, por outro lado, não tinha tanta certeza. Ele conhecia muito bem a falta de habilidade de Montgomery para controlar sua tendência a se vangloriar. O mesmo sentiam vários dos altos oficiais do Estado-Maior de Montgomery.

Monty compareceu à coletiva de imprensa de 7 janeiro usando um novo boné marrom da Aerotransportada com uma dupla insígnia, tendo sido recém-nomeado coronel comandante do Regimento de Paraquedistas. Seu chefe de Inteligência, o brilhante acadêmico brigadeiro Bill Williams, havia lido o rascunho de sua fala e ficara receoso em relação à sua acolhida, embora o texto fosse relativamente inócuo. A única parte provocadora era a que dizia: "A batalha tem sido muito interessante – acho que talvez uma das batalhas mais interessantes e complexas que já enfrentei, com grandes questões em jogo". O resto do texto era um tributo ao soldado americano, uma declaração de lealdade a Eisenhower e uma conclamação à solidariedade aliada por parte da imprensa.

Mas em seguida, depois de chegar ao fim da declaração que havia preparado, Montgomery passou a falar de improviso. Fez uma breve digressão a respeito de sua "filosofia militar". "Se ele [o inimigo] desfere um golpe duro, tenho que estar pronto para isso. Esse aspecto é terrivelmente importante numa batalha. Aprendi isso na África. Você aprende essas coisas por meio de experiências difíceis. Quando Rundstedt desferiu seu rude golpe e dividiu o Exército americano, era inevitável que a área de batalha ficasse desorganizada. Portanto, a primeira coisa que fiz ao ser introduzido e convidado a assumir foi me ocupar em deixar a área da batalha arrumada – deixá-la bem ordenada." Montgomery também exagerou muito a contribuição britânica para a batalha, quase fazendo parecer que a coisa toda havia sido uma operação anglo-americana.

Em Londres, o gabinete do primeiro-ministro comentou mais tarde que, "embora essa declaração, lida em sua integridade, fosse um belo tributo ao Exército americano, seu tom geral e uma certa presunção na sua apresentação sem dúvida constituíram uma grave ofensa a muitos oficiais americanos no SHAEF e ao 12º Grupo do Exército".

Muitos jornalistas presentes ficaram enfurecidos ou constrangidos, dependendo de sua nacionalidade, embora tanto a imprensa britânica quanto a americana se concentrassem nos aspectos positivos do que havia sido dito. Na manhã seguinte, porém, uma estação de rádio alemã colocou no ar uma transmissão falsa na frequência de onda da BBC, com um comentário feito propositalmente para estimular a raiva dos americanos, sugerindo que Montgomery havia evitado um desastre do I Exército dos Estados Unidos. "A batalha das Ardenas", concluía a transmissão, "pode agora ser enfrentada graças ao marechal de campo Montgomery." Essa transmissão falsa foi interpretada como genuína pelos soldados americanos e pelas agências de notícias. E por algum tempo, mesmo quando se revelou tratar-se de um truque da propaganda nazista, muitos americanos ofendidos ainda acreditavam que os britânicos estavam tentando apenas engrandecer seu papel, para compensar o seu descrédito crescente no plano internacional.

Mesmo antes dessa transmissão nazista, Bradley estava tão zangado que ligou para Eisenhower queixando-se da declaração de Montgomery, e expressou seu temor de que o IX Exército fosse deixado sob o comando britânico. Implorou para que Eisenhower "o devolvesse a mim, mesmo que fosse por 24 horas apenas, em nome do prestígio do comando americano". Segundo explicou a Hansen, "quero o comando de volta por razões de prestígio, e porque os britânicos lhe dão muita importância". Bradley também falou nesse dia a respeito da ordem de Montgomery para que a 82ª Aerotransportada se retirasse.

Sem avisar Eisenhower, Bradley convocou sua própria coletiva de imprensa em 9 de janeiro. Ele quis justificar a fragilidade das forças americanas no front das Ardenas em 16 de dezembro e defender-se das acusações de ter sido pego desprevenido; mas também quis enfatizar que o comando de Montgomery das forças dos Estados Unidos era puramente temporário. Isso fez o *Daily Mail* sair apoiando Montgomery da maneira mais provocativa, pedindo uma vez mais que ele fosse feito comandante das forças terrestres. A guerra transatlântica de imprensa foi retomada com intensidade ainda maior.

Churchill ficou chocado. "Receio que tenha sido cometida uma grave ofensa aos generais americanos", escreveu ao seu principal assessor militar, o general Ismay, em 10 de janeiro, "não tanto pelo pronunciamento de Montgomery como pela maneira com que alguns de nossos jornais parecem querer receber todo o crédito por ele ter vencido a batalha. Pessoalmente, acho sua fala muito infeliz. Ele assumiu um tom arrogante e desconsiderou o fato de que os Estados Unidos perderam talvez 80 mil homens e nós apenas 2 mil ou 3 mil. Eisenhower me contou que a raiva de seus generais era tamanha que ele não ousou ordenar que qualquer um deles se submetesse a Montgomery." Mais tarde, Eisenhower afirmou que o episódio todo causou-lhe maior aflição e preocupação do que qualquer outro na guerra.

Enquanto os emissários de Eisenhower – o primeiro marechal do ar Tedder e o general Bull – ainda lutavam para conseguir chegar a Moscou, Churchill havia se correspondido com Stálin a respeito dos planos para a grande ofensiva de inverno do Exército Vermelho. Em 6 de janeiro, havia escrito ao líder soviético para deixar claro que a ofensiva alemã nas Ardenas fora detida e que os Aliados eram senhores da situação. Isso não impediu que Stálin (e, mais tarde, historiadores russos) tentasse fazer crer que Churchill havia implorado ajuda. O comunicado de Roosevelt em 23 de dezembro, referindo-se a uma "emergência", talvez pudesse ter sido visto sob essa luz com maior razão, pois Stálin gostava de aproveitar qualquer oportunidade para fazer os Aliados ocidentais se sentirem culpados ou em dívida com ele. E iria jogar essa mesma cartada de novo na Conferência de Yalta em fevereiro.

Stálin quis dar a entender que as grandes ofensivas em direção ao Ocidente a partir do Vístula, em 12 de janeiro, e ao norte, adentrando o leste da Prússia no dia seguinte, haviam sido planejadas para o dia 20 de janeiro, mas que as havia antecipado para ajudar os Aliados nas Ardenas. A verdadeira razão, porém, era que os boletins meteorológicos advertiam que iria ocorrer um degelo mais tarde naquele mês, e o Exército Vermelho precisava do solo duro para os seus tanques. Todos os receios de Guderian de que o "castelo de cartas" alemão desabasse na Polônia e na Silésia acabariam se mostrando justificados. A aventura de Hitler nas Ardenas deixara o front oriental profundamente vulnerável.

22

CONTRA-ATAQUE

A impaciência de Patton para iniciar o avanço a partir dos arredores de Bastogne viu-se logo frustrada. Remer definiu os esforços da Führer Begleit como "um sucesso defensivo em 31 de dezembro e avaliou que havia destruído trinta tanques americanos". Os alemães foram deixados em paz naquela noite. Isso permitiu que formassem uma nova linha de defesa, o que nos causou "imensa perplexidade, combatentes do front leste". Mesmo assim, Remer reconheceu que a inexperiente 87ª Divisão de Infantaria americana havia lutado bem. "Eram excelentes combatentes e tinham vários comandos que falavam alemão e vieram para trás de nossas linhas, onde conseguiram matar a faca vários de nossos guardas." Existe, porém, pouca confirmação dessas táticas irregulares por parte de fontes americanas. Mas como os tanques e os canhões de assalto de Remer tinham combustível para menos de vinte quilômetros, ele mandou mensagem "de rádio ao corpo [quartel-general] de que estávamos lutando nossa última batalha, e que eles precisavam nos enviar ajuda".

No flanco leste, a 6ª Divisão Blindada passou por Bastogne na manhã de 1º de janeiro para atacar Bizôry, Neffe e Mageret, onde tantas batalhas haviam sido travadas nos primeiros dias do cerco.

A igualmente inexperiente 11ª Divisão Blindada, trabalhando com a 87ª Divisão de Infantaria no lado sudoeste de Bastogne como parte do 8º Corpo de Middleton, devia avançar em direção a Mande-Saint-Etienne, mas se saiu muito mal num confronto com a 3ª Panzergrenadier e a Führer Begleit. "A 11ª Blindada é muito verde e teve baixas desnecessárias, sem obter qualquer vantagem", registrou Patton. A divisão ficou abalada pelo choque da batalha. Até seu comandante, ao que parece, esteve perto de sofrer um colapso nervoso sob a pressão, e os oficiais pareciam incapazes de controlar seus homens. Após ferozes combates para tomar as ruínas de Chenogne em 1º de janeiro, cerca de sessenta prisioneiros alemães foram fuzilados. "Houve alguns incidentes lamentáveis no fuzilamento dos prisioneiros", escreveu Patton em seu diário. "Espero que consigamos ocultar isso." Realmente, teria sido embaraçoso, após todas as severas recriminações dos americanos ao massacre de Malmedy-Baugnez.

A terça-feira, 2 de janeiro, foi "uma manhã extremamente fria", de céu bem claro, mas os meteorologistas advertiram que havia mau tempo a caminho. Manteuffel fez um apelo a Model para que aceitasse que Bastogne não poderia mais ser tomada. Eles precisavam bater em retirada, mas Model sabia que Hitler jamais iria concordar. Lüttwitz também queria recuar a leste do rio Ourthe, já que reconhecia que os remanescentes da 2ª Divisão Panzer e da Panzer Lehr estavam perigosamente expostos em Saint-Hubert e a leste de Rochefort. Na Führer Begleit, batalhões estavam reduzidos a menos de 150 homens e seus comandantes eram todos baixas. Remer reclamava não haver suficiente combustível nem para rebocar os tanques avariados. A resposta do Adlerhorst foi a previsível. Hitler insistia numa nova tentativa em 4 de janeiro, prometendo a 12ª SS Hitler Jugend e outra divisão de Volksgrenadier. Justificava agora sua obstinação com base em que, embora seus exércitos tivessem falhado em chegar ao Mosa, haviam impedido Eisenhower de lançar uma ofensiva contra o Ruhr.

O I Exército e o 30º Corpo britânico começaram a contraofensiva em 3 de janeiro, como planejado. O 7º Corpo de Collins, liderado pela 2ª e 3ª Divisões Blindadas, atacou entre Hotton e Manhay, com o 18º Corpo da 28ª Aerotransportada de Ridgway em seu flanco

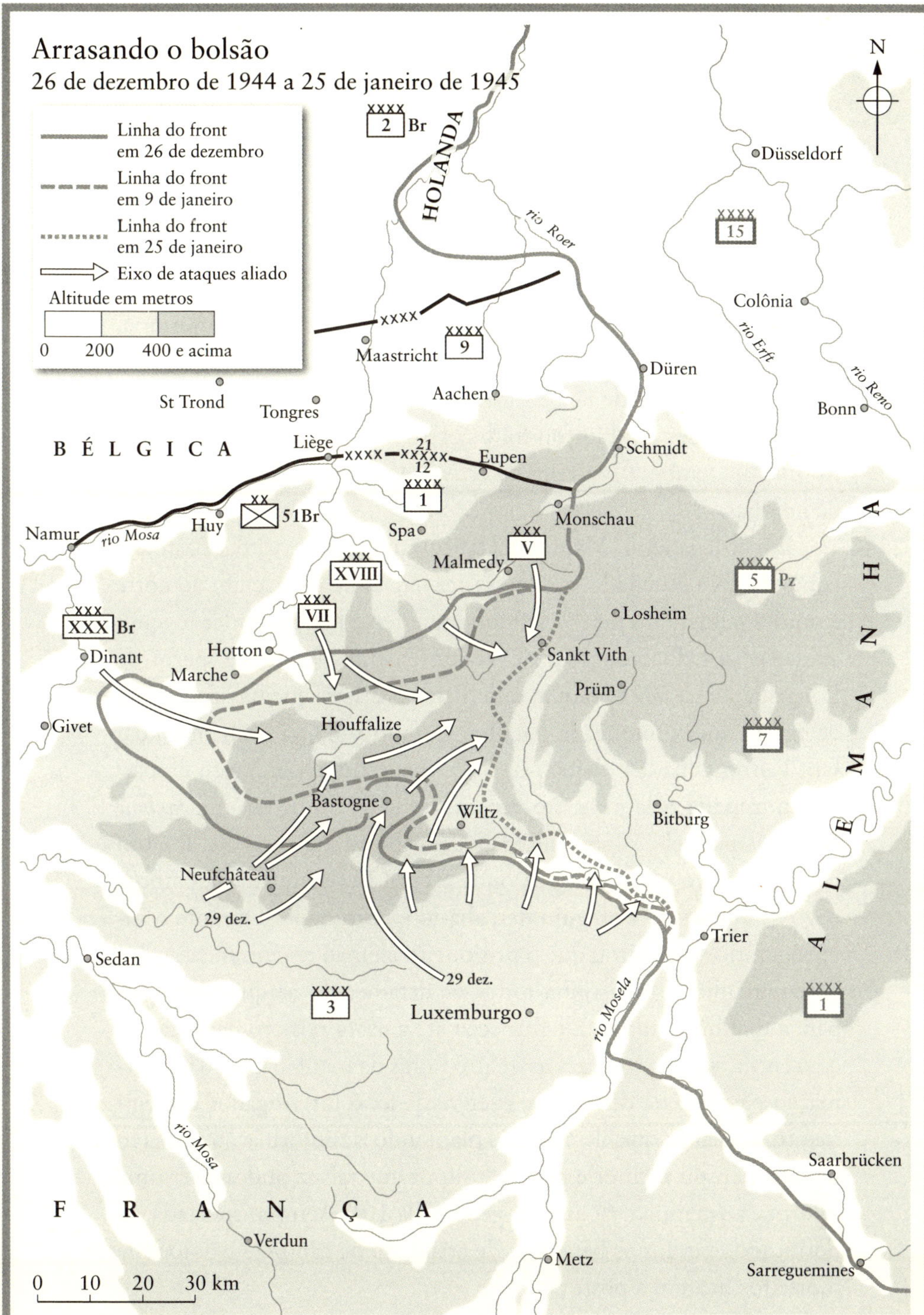

Arrasando o bolsão
26 de dezembro de 1944 a 25 de janeiro de 1945
Linha do front em 26 de dezembro
Linha do front em 9 de janeiro
Linha do front em 25 de janeiro
Eixo de ataques aliado
Altitude em metros
0 200 400 e acima
N
HOLANDA
BÉLGICA
ALEMANHA
FRANÇA
2 Br
15
9
1
51Br
V
XVIII
VII
XXX Br
5 Pz
7
3
1
21
12
rio Roer
rio Erft
rio Reno
rio Mosa
rio Mosela
Düsseldorf
Colônia
Düren
Bonn
Maastricht
Aachen
St Trond
Tongres
Liège
Eupen
Schmidt
Monschau
Namur
Huy
Spa
Malmedy
Losheim
Dinant
Hotton
Marche
Sankt Vith
Prüm
Givet
Houffalize
Bastogne
Wiltz
Bitburg
Neufchâteau
29 dez.
Trier
Sedan
Luxemburgo
Saarbrücken
Verdun
Metz
Sarreguemines
0 10 20 30 km

leste. Mas o avanço foi muito lento. As condições do tempo haviam piorado, com neve, gelo e agora neblina novamente. Os Shermans continuavam escorregando para fora das estradas. Os caças-bombardeiros não conseguiam apoiar o avanço com aquela má visibilidade. E as divisões alemãs, embora muito reduzidas, revidavam com ferocidade.

Embora a 116ª Divisão Panzer fosse obrigada a recuar de Hotton, a artilharia alemã, mesmo enquanto se retirava, "continuou a causar destruição" à cidade. O cinema, a escola, a igreja, a serraria, o café Fanfare Royale, as pequenas lojas na rua principal, as casas e finalmente o Hotel de la Paix foram arrasados. A única edificação a não sofrer danos em Hotton foi o coreto de música em uma ilha no rio Ourthe, embora seu telhado estivesse perfurado por fragmentos de bombas.

Em 4 de janeiro, Manteuffel lançou um novo assalto a Bastogne como lhe fora ordenado, mas dessa vez seus soldados vieram do norte e nordeste liderados pela 9ª SS Hohenstaufen e pela SS Hitler Jugend, apoiadas por duas divisões de Volksgrenadier. Ao norte, perto de Longchamps, a 502ª Infantaria de Paraquedistas, que havia acabado de travar uma prolongada batalha, ganhou uma pausa bem-vinda. Um Panzergrenadier alemão da SS Hohenstaufen perdeu-se na paisagem tomada pela neve. Ao ver um soldado em pé em um *foxhole* de costas para ele, supôs que fosse alemão, foi até ele e deu-lhe um tapa no ombro para descobrir onde estava. O paraquedista, embora pego de surpresa, conseguiu derrubá-lo e dominá-lo. Durante o interrogatório, transpirou que o prisioneiro alemão era um mensageiro da companhia, e que tinha todos os detalhes do ataque planejado para a manhã seguinte. Ele forneceu até a exata posição das áreas de concentração, prevista para as quatro horas da manhã. Como a informação parecia boa demais para ser verdade, o interrogador do regimento suspeitou que ele estivesse plantando desinformação, mas em seguida pensou melhor e passou a supor que talvez pudesse ser uma informação genuína. O quartel-general da 101ª Aerotransportada foi notificado, e todos os batalhões de artilharia de campo e pelotões de morteiros ficaram a postos.

O ataque da SS Hohenstaufen contra a 502ª Infantaria de Paraquedistas foi severamente frustrado no norte. Mas a ofensiva contra o bolsão de Bastogne, como era agora chamado, atingiu a 327ª Infantaria de Paraquedistas em torno de Champs – a cena da batalha no dia de Natal – e foi especialmente feroz no sudoeste. A 6ª Divisão Blindada, atacada pela Hitler Jugend, estava próxima do ponto de ruptura; e depois que um batalhão foi aniquilado, houve uma retirada geral, levando à perda de Mageret e Wardin. O colapso completo foi evitado por massivas concentrações de fogo de artilharia.

Até mesmo a experiente 6ª Blindada teve lições a aprender. Muito da "névoa de guerra" no lado americano vinha da simples falha de seus comandantes em todos os níveis em relatar com precisão sua posição. "As unidades com frequência cometiam erros de vários milhares de metros ao relatar a localização de seus soldados", observou um oficial de Estado-Maior no quartel-general da divisão. E numa perspectiva mais geral, ele escreveu que as divisões americanas eram "muito sensíveis em seus flancos [...] elas com frequência não se deslocam a não ser que haja alguém protegendo seus flancos, embora sejam bastante capazes de fornecer a necessária proteção elas mesmas". "Se você entra numa vila e não vê civis", alertou outro oficial da 6ª Blindada, "tenha muito, muito cuidado. Significa que eles foram todos se proteger em seus porões aguardando uma batalha, porque sabem que há soldados alemães por perto."

Muitos soldados fechavam os olhos para o sofrimento dos belgas, pois ficavam concentrados apenas na prioridade de matar o inimigo. Aqueles que se importavam com isso ficavam marcados pelo resto da vida pelos horrores que haviam testemunhado. As vilas, alvo principal da artilharia, eram completamente destruídas. Fazendas e celeiros eram incendiados. Mulheres e crianças, que às vezes se viam obrigadas a sair na neve pelos alemães, em muitos casos ficavam mutiladas ou morriam vítimas de minas ou da artilharia de ambos os lados, ou simplesmente abatidas por fogo de caças-bombardeiros, pois figuras escuras contra a neve eram confundidas com o inimigo. Os GIs encontravam animais de criação feridos berrando de dor, e cães famintos comendo a carne de vacas e de cavalos lacerados, antes mesmo que estivessem mortos. As fontes de água eram envenenadas por fósforo branco. Os americanos faziam o possível para evacuar os civis a locais seguros, mas com excessiva frequência isso era impossível durante a batalha.

A oeste de Bastogne, a 17ª Divisão Aerotransportada assumiu o lugar da 11ª Divisão Blindada em 3 de janeiro. A 11ª Blindada havia avançado apenas dez quilômetros em quatro dias, com o custo de 661 baixas de batalha e 54 tanques. Os recém-chegados paraquedistas ao que parece não fizeram melhor em sua primeira ação. "A 17ª Aerotransportada, que atacou esta manhã", Patton escreveu em seu diário em 4 de janeiro, "tomou uma bela surra e relatou a perda de 40% em alguns de seus batalhões. Isso, é claro, é para deixar qualquer um histérico."

A 17ª Aerotransportada, lutando na direção de Flamierge e Flamizoulle no lado oeste do perímetro de Bastogne, enfrentava a bem mais experiente Führer Begleit e a 3ª Divisão Panzergrenadier. "Havíamos recebido reposições que se atiravam no chão à primeira explosão de fogo inimigo e não disparavam sequer para proteger os que avançavam", queixou-se um oficial.

Veio então um conselho americano, denso e rápido. "Os alemães seguem uma forma fixa. Eles enviam uma barragem de fogo seguida por tanques, seguidos pela infantaria. Nunca corra, se fizer isso, certamente será morto. Fique no seu buraco e espere a barragem cessar. Fique em seu buraco e deixe os tanques passarem, e então avance com tudo e triture a infantaria alemã." "Não vá em direção a alguém com bandeira branca. Faça os alemães virem até você. Mantenha os *chucrutes* na mira." Os oficiais também descobriram que seus homens deviam ser treinados em relação ao que fazer quando atingidos em diferentes partes do corpo, de modo que pudessem cuidar de si até a chegada de atendimento médico. "Cada homem cuidará de si até que o pessoal médico chegue. *Ninguém deve parar* de lutar para ajudar o outro." No entanto, homens gravemente feridos deixados na neve sem ajuda não tinham chance de sobreviver por mais do que meia hora.

A 17ª Divisão Aerotransportada dispunha de um batalhão de tanques totalmente guarnecido por soldados afro-americanos. "Nossos homens tinham grande confiança neles mesmos", um coronel relatou. "Usávamos os tanques para proteger nossa infantaria em seu avanço. Os tanques chegavam primeiro com os soldados montados em cima deles e seguindo em pequenos grupos [atrás]. Homens escolhidos ficavam na última leva, no rabo da companhia, para abater *Jerries* vestidos com capas de neve. Os *Jerries* em capas de neve esperavam que os tanques e o grosso da infantaria passassem, e então saíam e atiravam na nossa infantaria pelas costas, mas nossos 'rabos da companhia' acabaram com isso."

Ao capturarem uma posição, eles em geral descobriam que o solo havia congelado tornando impossível cavar. A divisão decidiu usar seus canhões de 155 mm para abrir buracos de bomba nos objetivos ou terrenos a serem ocupados, de modo que os *foxholes* pudessem ser preparados com rapidez. Com tanta coisa para aprender com aqueles oponentes tão forjados, não admira que a 17ª Aerotransportada tivesse esse batismo de fogo. "A 17ª havia levado uma bela surra", observou o 12º Grupo do Exército, "e em sua primeira ação não teve o elã de seus companheiros da Aerotransportada." Mas havia também exemplos destacados de heroísmo. O sargento Isidore Jachman, de uma família judia de Berlim que emigrara para os Estados Unidos, pegou uma bazuca de um soldado morto e salvou sua companhia derrotando dois tanques. Acabou morrendo e foi homenageado postumamente com uma Medalha de Honra do Congresso.

A 87ª Divisão de Infantaria a oeste não estava fazendo nenhum progresso, enfrentando um Kampfgruppe da Panzer Lehr. Havia constantes queixas de que os soldados disparavam à toa e desperdiçavam munição. Um sargento da 87ª Divisão disse ter visto "um fuzileiro matar um alemão e em seguida esvaziar sua arma e depois outro cartucho em cima dele, embora fosse óbvio que o primeiro tiro já havia feito o serviço. Um canhão de 57 mm disparou cerca de quarenta vezes numa casa suspeita de ter alemães dentro. Praticamente todos eram projéteis A[rmor] P[iercing] e disparados contra os andares superiores. Os alemães estavam no porão e no andar térreo e lá ficaram até que atacamos".

A 87ª Divisão, apesar dos elogios de Remer à sua competência em lutar, cometeu todas as faltas usuais em soldados inexperientes. Os homens ficavam parados sob ataque de morteiros em vez de correrem para a frente para tentar escapar. E quando os soldados eram feridos, vários corriam para ajudá-los em vez de deixá-los por conta do pessoal médico que vinha atrás. Não habituadas a combater no inverno, a 87ª e a 17ª Aerotransportadas sofreram muitas baixas devido a ulcerações causadas pelo frio. Os homens eram aconselhados a pegar calçados dois números maiores que o seu e então vestir pelo menos dois pares de meias, mas depois que já estavam no meio da ação era tarde para pensar nisso.

Middleton sentia-se profundamente desalentado com o desempenho das divisões inexperientes. Patton ficou furioso: sua reputação estava em jogo. Convenceu-se ainda mais de que o contra-ataque deveria ter sido dirigido à base de oitenta quilômetros da ponta de lança, ao longo da fronteira alemã. Culpou Montgomery, mas também Bradley, que "havia sido totalmente a favor de colocar novas divisões na luta de Bastogne". Ficou tão desanimado que escreveu: "Ainda podemos perder essa guerra [...] os alemães passam mais frio e têm mais fome do que nós, mas combatem melhor. Não consigo me conformar com a estupidez de nossos soldados imaturos". Patton recusava-se a reconhecer que a falta de uma boa rede de estradas na base da ponta de lança, aliada ao terreno difícil e ao clima atroz de inverno que frustrava o poder aéreo aliado, significavam que sua opção preferida talvez tivesse tido menos chance ainda de obter um sucesso rápido.

O avanço da contraofensiva no norte saiu-se só um pouco melhor, mesmo com o grosso das divisões alemães tendo ido para o setor de Bastogne. Havia quase um metro de neve na região e a temperatura caíra a vinte graus negativos. "As estradas estavam congeladas e os tanques, apesar do cascalho que era despejado, patinavam, destruindo os esquemas de comunicação e deixando o trânsito lento."

As estacas de metal soldadas às esteiras para melhorar o agarre desgastavam-se em pouco tempo. Na neblina gelada, os aviões Cub de localização da artilharia só conseguiam operar durante parte do dia, e os caças-bombardeiros continuavam em terra. A 2ª Divisão Blindada viu-se no meio de uma "luta extremamente pesada" com os remanescentes da 2ª Divisão Panzer. "Uma certeira explosão de uma árvore com uma bomba de 88 mm tirou de combate entre cinquenta e sessenta homens de nossa infantaria blindada, o maior número conhecido de baixas" produzidas por uma única bomba. Mas "Trois Ponts estava liberada, assim como Reharmont, e ao cair da noite a linha Hierlot-Amcomont-Dairmont-Bergeval foi alcançada", observou o I Exército. A 82ª Divisão Aerotransportada fez quinhentos prisioneiros.

O marechal de campo Montgomery, que visitara Hodges às catorze horas, estava "imensamente satisfeito com o progresso feito e continuava dizendo 'Belo show. Belo show'". Ele informou Hodges que duas brigadas da 53ª Divisão britânica iriam atacar assim que raiasse o dia no extremo oeste, para manter contato com os flancos da 2ª Divisão Blindada. No entanto, o contra-ataque não se mostrou tão fácil como Bradley imaginara. Mesmo "a 2ª Divisão Blindada do bulldog Ernie Harmon está enfrentando o mesmo tipo de resistência", escreveu Hansen, "achando difícil ganhar um ímpeto em terreno difícil com essa oposição aguerrida".

Ao sul de Rochefort, parte da 6ª Divisão Aerotransportada britânica avançou sobre Bure, que a SAS belga havia reconhecido quatro dias antes. O 13º (Lancashire) Batalhão do Regimento de Paraquedistas atacou às treze horas. Pesado fogo de morteiros dos Panzergrenadiers da Lehr causou várias baixas, mas a Companhia A conseguiu tomar a vila apesar do fogo de seis canhões de assalto e das armas automáticas. Os Panzergrenadiers apoiados por um Mark VI Tiger desferiram um contra-ataque. Os Shermans da Fife e da Forfar Yeomanry chegaram para ajudar, mas esses tanques tampouco conseguiam ser controlados nas estradas congeladas. Os alemães foram batidos depois que escureceu, mas durante a noite atacaram novamente por diversas vezes, enquanto balas traçantes ateavam fogo em celeiros e casas de fazenda.

No dia seguinte, os paraquedistas, sob intenso bombardeio, conseguiram defender a vila contra outros cinco ataques. Um único tanque Tiger restou no centro da vila, impassível diante das rodadas de fogo antitanque disparadas por PIATS – as contrapartidas bem menos efetivas da bazuca americana. Junto com a artilharia alemã, o Tiger deu conta de dezesseis Shermans da Fife e da Forfar. As casas tremiam e as vidraças das janelas se estilhaçavam toda vez que o monstro disparava seu principal armamento de 88 mm. Como o Tiger conseguia controlar a rua principal com suas metralhadoras, os feridos não podiam ser evacuados. O fogo era tão intenso que a única maneira de o posto de auxílio médico enviar mais suprimentos de campo para os paraquedistas do outro lado da rua era prendendo-os aos pentes dos fuzis e atirando-os do outro lado da rua, de uma casa para outra, pelas janelas destroçadas. Uma companhia do 2º Batalhão da Infantaria Leve de Oxfordshire e Buckinghamshire veio reforçar os paraquedistas depois de muitas baixas. No entanto, mais tarde naquela noite, outro ataque apoiado por dois tanques Tiger forçou os Ox e Bucks a recuarem de seu setor da vila.

Em 5 de janeiro, em combate casa a casa com granadas e baionetas, os paraquedistas começaram a desimpedir a grande vila sistematicamente. Os belgas, abrigados em porões e com medo das granadas que eram atiradas para baixo pelas escadas, gritavam que eram civis. Muitos habitantes da vila haviam procurado abrigo no colégio religioso, o Alumnat, onde as condições a essa altura eram horrendas, devido à disenteria e às pessoas que enlouqueciam com o bombardeio. Durante o dia, a Panzer Lehr efetuou mais contra-ataques, agora apoiada por quatro Tigers, mas logo depois que caiu a noite as últimas posições alemãs foram eliminadas. O batalhão recebeu ordens de ir para a reserva, depois de ter perdido sete oficiais e 182 homens. O 5º Batalhão do Regimento de Paraquedistas assumiu seu lugar e o 23º Hussars substituiu o Fife e o Forfar.

Os habitantes haviam sido obrigados a permanecer em seus escuros porões enquanto a batalha corria em cima deles. Yvonne

Louviaux, então com catorze anos, lembra da mãe dizendo aos filhos para ficarem bem abraçados, porque se fossem mortos morreriam todos juntos. Depois de três dias, com apenas maçãs para comer, conseguiram finalmente subir ao andar térreo. Encontraram seu sofá coberto pelo sangue de um dos soldados feridos. A vila estava 70% destruída ou seriamente danificada, e a maior parte dos animais de criação havia sido morta. Os postes de telefone estavam arrebentados e os fios elétricos oscilavam perigosamente sobre a neve enegrecida. Viam-se espalhados por ali membros de corpos destroçados nas explosões. Com uma simetria ligeiramente sinistra, dois bebês haviam nascido durante a batalha, ao mesmo tempo que dois habitantes da vila eram mortos. Outros morreram ao pisar nas minas que haviam sobrado.

Uma família voltou para casa e descobriu o que à primeira vista parecia um corpo humano nu dependurado do teto de sua sala de estar. Numa inspeção mais detida viram que se tratava da carcaça de seu porco, que os alemães haviam começado a retalhar, mas então evidentemente haviam sido interrompidos pela chegada dos Aliados. Tiveram mais sorte do que a maioria, que perdera todos os seus animais de criação, seus presuntos e conservas para os famintos alemães, assim como seus cavalos de carga e a forragem para a Wehrmacht. A comida disponível era tão pouca que um grande touro foi sacrificado para alimentar a vila. Todos, crianças pequenas inclusive, se juntaram para olhar.

**

O otimismo impaciente tomava conta do quartel-general do 12º Grupo do Exército, talvez porque o general Bradley não visse a hora de o I e o III Exércitos se encontrarem. Isso marcaria o momento em que o I Exército seria devolvido ao seu comando. Mas o responsável por manter o diário de Hodges anotou, em 6 de janeiro, que "esse quartel-general achou risível a sugestão feita pelo general Siebert, G-2 do 12º Grupo do Exército, de que deveríamos ficar em alerta para algum 'iminente colapso alemão'". Até *Lightning* Joe Collins achou a sugestão "muito ridícula". Logo no dia seguinte, Bradley ligou para Patton dizendo que os alemães estavam retirando todos os seus blindados e soldados do bolsão de Bastogne. Mas, segundo o Estado-Maior de Patton, os oficiais de Inteligência de todas as divisões e corpos "declaram que não há evidência disso e que na realidade a 6ª Divisão Blindada estava tentando conter o mais forte contra-ataque lançado contra eles durante a presente campanha".[1]

O avanço dos britânicos deu aos alemães o pretexto para recuar lutando a partir do entorno de Jemelle. O sargento G. O. Sanford do Regimento de Paraquedistas foi capturado na vila de On, perto de Jemelle. Dois Panzergrenadiers o levaram até um bosque e o mataram a tiros. Em Forrières, quando alemães rendendo-se saíram de um bosque com as mãos na cabeça, dois carros blindados britânicos posicionados junto à estação abriram fogo e os trituraram. Como um morador local observou: "Sem dúvida, a luta dura em Bure levou esses ingleses a agirem desse modo". Os belgas esperavam que os soldados britânicos se portassem melhor do que os de outras nações, e ficaram chocados ao testemunharem esses fatos. Uma mulher, ao ver um paraquedista britânico tirar um relógio do pulso de um alemão morto, observou: "Eles com certeza não parecem ter aquela renomada compostura inglesa".

Em Jemelle, na segunda-feira 8 de janeiro, a irmã Alexia Bruyère escreveu em seu diário: "Às 9h30 vimos os alemães indo embora, andando bem rente às paredes, mochilas às costas, em direção à ponte da estação de trem. Os últimos vinham com calças brancas (está nevando), um lençol de cama em cima, como um albornoz, e um pano na cabeça, como um turbante. Pareciam árabes".

Refugiados começaram a voltar com seus pertences empilhados em carrinhos de mão. Uma família entrou na sua casa em Rochefort e, ao ouvir pequenos ruídos atrás de um móvel pesado,

1 Essa ideia do 12º Grupo do Exército deve ter se baseado em especulações, já que o primeiro indício de uma retirada por meio de interceptações da Ultra só chegou em 8 de janeiro, quando a 9ª Divisão Panzer revelou que havia recuado para uma linha a leste de Rochefort e Marche, enquanto o primeiro indício de retirada em volta do bolsão de Bastogne foi registrado em 9 de janeiro.

acharam que fossem ratos fazendo ninho, aproveitando sua ausência. Mas ao empurrarem o móvel, acharam um soldado alemão, encolhido como uma bola e tremendo de medo. Ele implorou que não o entregassem. Era um desertor austríaco. Eles asseguraram que a unidade dele havia partido, e que agora ele podia se render aos Aliados.

Na noite entre 5 e 6 de janeiro, noventa Lancasters do Comando de Bombardeiros da RAF arrasaram a cidade de Houffalize, a fim de bloquear os principais cruzamentos de estradas, usadas pelas colunas alemãs de suprimentos e como rota de fuga para as forças alemãs. O lugar ficou três dias intransitável.[2]

Em parte devido ao bombardeio de Houffalize, a 116ª Divisão Panzer viu as estradas ficarem cada vez mais congestionadas em sua gradual retirada, que de início alcançava uma média de menos de dois quilômetros por dia. A maior parte dos deslocamentos tinha que ser feita à luz do dia, mas, com o tempo em geral nublado até 10 de janeiro, houve poucos ataques de caças-bombardeiros.

"A resistência nunca afrouxa", escreveu um oficial da 83ª Divisão de Infantaria a leste de Manhay, "e a brutalidade pela qual são notórios os soldados da SS nos foi apresentada. Um pelotão de infantaria do 331º Regimento do 2º Batalhão ficou cercado num campo aberto com neve até a cintura. Com uma saraivada de intenso fogo em cima deles, a única saída foi se enterrarem mais fundo na neve. Alguns foram mortos, e outros feridos. Quando o fogo finalmente cessou, o sargento do pelotão ergueu a cabeça e viu dois

---

2 O general Patton, que infelizmente se sentiu atraído a produzir versos, escreveu as seguintes linhas:

> Ó pequena vila de Houffalize,
> Com que quietude te vemos ao léu;
> Sobre tuas ladeiras em ruínas,
> Aeronaves atravessam o céu.
>
> Nenhuma malfadada luz a brilhar
> De novo tuas negras ruas viram.
> Teus muitos anos de esperança e medo,
> No inferno de ontem à noite explodiram.

alemães se aproximando. Eles chutavam cada homem da infantaria que viam prostrado, e se algum gemia era morto com um tiro na cabeça. Depois de vasculharem os bolsos de suas vítimas, os alemães foram embora. Quando anoiteceu, o sargento voltou cambaleando para local seguro, meio congelado e em choque, fora de si. Dos 27 homens do pelotão, foi o único a sair vivo. Ao ser chutado, fingiu-se de morto."

Os soldados alemães continuavam lutando, embora muitos tivessem vontade de serem levados prisioneiros. "Todos pensam: 'Se eu tiver a chance...'", observou um soldado alemão chamado Friedl, "e então chega o oficial, e você simplesmente cumpre ordens. Isso é o mais trágico da situação." Como os interrogadores americanos puderam verificar nos prisioneiros, o moral alemão estava baixo, com os soldados em semi-inanição tendo que se esforçar para empurrar os veículos e canhões em condições de extremo frio, sabendo que a grande ofensiva fracassara. As tentativas nazistas de arrancar na marra esforços adicionais de seus homens decorriam de ordens que eram o padrão das divisões da Waffen-ss desde a Normandia. "Qualquer um que seja feito prisioneiro sem estar ferido perde sua honra, e seus dependentes não terão nenhum apoio."

Os prisioneiros das Waffen-ss eram raros, quer devido à sua determinação de continuar lutando, quer porque fossem abatidos logo de cara por seus captores. Um oficial ss, porém, tentou justificar sua presença com uma lógica pouco convincente. Disse a seu interrogador numa cela do I Exército: "Não fique com a impressão de que sou covarde por ter me permitido cair prisioneiro de guerra. Eu teria de bom grado morrido como um herói, mas achei simplesmente justo compartilhar essa infelicidade com meus homens".

As divisões americanas no III Exército achavam que os prisioneiros deveriam ser tratados de modo diferente, conforme as circunstâncias. "Quando os alemães estão tendo sucesso em um front", observou a 6ª Divisão Blindada, "os que são feitos prisioneiros têm motivo para se mostrar arrogantes e achar que caíram prisioneiros simplesmente porque tiveram um mau momento. Ao tratar esses PWs, eles não devem ser alimentados, nem ter permissão de fumar, nem receber nada próximo de um tratamento suave, até serem interrogados. Por outro lado, prisioneiros alemães capturados quando estão sofrendo seguidos reveses costumam estar desencorajados e insatisfeitos com as condições em suas linhas e com seus superiores. Muitos desses prisioneiros se rendem voluntariamente e mostram-se dispostos e ansiosos para falar se forem bem tratados. Se os deixarmos à vontade, permitindo que se sentem e fumem durante o interrogatório, eles irão se abrir, e com frequência passar informações que não lhes foram pedidas." Isso valia tanto para oficiais quanto para soldados comuns.

No caso dos SS capturados, tudo dependia de verem a si mesmos como super-homens da raça ariana ou terem sido obrigados a entrar na SS contra a vontade, como era frequente no caso dos poloneses e alsacianos. Esses últimos podiam ser tratados como presos comuns. "O verdadeiro 'super-homem' requer um tratamento severo; é o que ele sempre dispensa aos outros e o que espera receber. Está habituado a ameaçar com violência física e depois levar adiante sua ameaça. Por isso parece particularmente suscetível à ameaça de violência física. Não é necessário bater nele, porque se ele acha que deveria falar – então ele fala! Para colocar sem meias-palavras, temos visto que o melhor sistema é: para o prisioneiro humilde e derrotado, 'Estômago cheio e bexiga vazia'; para o arrogante e metido, 'Bexiga cheia e estômago vazio'." Por outro lado, a 35ª Divisão de Infantaria relatou que os prisioneiros que ela havia capturado da 1ª Divisão SS Panzer "eram mais mansos [que os Volksgrenadiers], talvez já prevendo uma retaliação", e se queixavam de que seus "oficiais haviam se retirado na hora do maior perigo, deixando-os lá para defender suas posições".

Os soldados da 28ª Divisão não acreditavam em uma abordagem dual. Faziam objeção a que os soldados da área da retaguarda dessem aos prisioneiros alemães balas e cigarros. Seus prisioneiros tinham todos que marchar a pé, em vez de andar de caminhão, e recebiam apenas água até serem interrogados. "Um tratamento bom demais dos prisioneiros tem tido um mau efeito em nossos homens. Se eles levarem em conta o jeito com que lidamos com os prisioneiros, terão uma ideia melhor de que ser um prisioneiro de guerra não é nada bom." Outra divisão era ainda mais dura em seus pontos de vista. "Nunca colhemos nenhum benefício de tratar bem nossos prisioneiros [...] Estamos aqui para matar alemães, não para mimá-los." Alguns soldados na 30ª Divisão perpetravam suas vinganças particulares quando viam alemães capturados usando botas de combate americanas tiradas dos mortos. Com uma arma apontada, obrigavam-nos a tirar as botas e a andar descalços pelas estradas geladas.

O I Exército dos Estados Unidos observou que "os prisioneiros estavam começando a se queixar da falta de comida, e muitos contavam histórias de longas marchas carregando equipamento pesado devido à falta de transporte". Tanto no lado norte quanto no sul da ponta de lança, interrogatórios de prisioneiros de guerra confirmaram que os soldados alemães temiam as explosões no ar dos novos sensores Pozit das bombas da artilharia americana. "Os resultados dessas novas bombas nos corpos e mentes dos alemães são muito eficazes", dizia um relatório do I Exército sobre interrogatórios de prisioneiros de guerra.

Em torno do bolsão de Bastogne, houve um abrandamento dos combates após as batalhas de 3 e 4 de janeiro. A 5ª Divisão Fallschirmjäger era comandada agora pelo 58º Corpo Panzer do *General der Panzertruppe* Krüger. Mas quando o comandante dos paraquedistas, *Generalmajor* Heilmann, argumentou que era fútil desperdiçar mais vidas em ataques condenados ao fracasso, Krüger reagiu: "Se queremos vencer a guerra, a 5ª Divisão Fallschirmjäger tem que tomar parte nela também!".

Em 6 de janeiro, Heilmann recebeu uma ordem secreta de Himmler dizendo: "Se houver alguma suspeita de que um soldado se ausentou dessa unidade com a intenção de desertar, e que desse modo prejudicou a força de combate de sua unidade, um membro da família do soldado (esposa) será fuzilado". Presume-se que isso tenha sido desencadeado por um relatório do *Brigadeführer* Mohnke da Leibstandarte dirigido ao *SS-Reichsführer*. Heilmann foi demitido alguns dias depois. Até mesmo os mais confiáveis homens da 26ª Divisão Volksgrenadier começaram a desertar. "Dez ou doze remanescentes da nossa companhia vestiram roupas civis e se esconderam", um *Feldwebel* admitiu em cativeiro.

Como em todos os exércitos, não era tanto o medo da morte quanto o temor de uma mutilação que assombrava as mentes. Um hospital alemão de campanha, ou Feldlazarett, era pouco mais que uma linha de amputação. Os médicos americanos ficavam horrorizados com a tendência do Exército alemão de cortar os membros sem pensar duas vezes. Um prisioneiro americano ferido da 401ª Infantaria de Paraquedistas ficou chocado ao ser levado à sala de operação. "Quase vomitei", escreveu ele. "Havia meia dúzia de mesas rodeadas de médicos com aventais de borracha brancos manchados de sangue. Todas as mesas estavam ocupadas por alemães feridos ou homens com os membros congelados. Baldes no chão estavam cheios de artelhos, dedos e outros apêndices. Os homens nas mesas haviam recebido anestesia local, mas ainda gritavam e gemiam enquanto os médicos trabalhavam." Quando os baldes eram deixados do lado de fora ou esvaziados, os cães se serviam. Os cadáveres daqueles que morriam na cirurgia iam sendo empilhados do lado de fora, congelando, alguns com uma camada de gelo sobre o rosto, como se estivessem num sarcófago de vidro. Mesmo os que tinham a sorte de ser evacuados para a Alemanha não tinham ideia de seu destino. "Os feridos são enviados para onde quer que o trem-hospital esteja no momento", um médico alemão disse. "Ninguém no front sabe o destino."

Os hospitais de campanha americanos também podiam oferecer um espetáculo tétrico. Uma enfermeira veterana do III Exército descreveu uma ala conhecida como a Câmara dos Horrores, que fedia a "sangue coagulado e suor e excrementos humanos". Ela relatou como foi um turno da noite, cuidando de dois soldados que "passaram o dia anterior inteiro à beira da morte, e agora estavam à beira da morte a noite inteira [...] Um soldado raso de infantaria havia perdido ambas as pernas e uma mão: tinha um ferimento profundo no peito e seus intestinos haviam sido perfurados por um fragmento de bomba [...] O outro paciente era um cabo, com roupa de soldado de tanque. Sua coluna vertebral havia sido atingida e ele estava paralisado da cintura para baixo. Sua barriga estava aberta, assim como seu peito". Os dois rapazes estavam em coma, respirando ruidosamente. "É uma boa coisa que a mãe deles não possa vê-los morrer", disse ela.

As baixas de não batalha também vinham aumentando. Em novembro e dezembro, essas perdas para o frio totalizaram 23 mil homens. Quase todos eram da infantaria de combate, e como cada divisão costumava ter uns 4 mil deles, isso equivalia a pelo menos cinco divisões e meia. Casos neuropsiquiátricos, chamados de fadiga de combate, cresceram até quase um quarto de todas as internações em hospital. O Exército alemão, que se recusava a reconhecer essa condição, ao que parece tinha bem menos casos desse tipo.

A fadiga de combate produzia sintomas reconhecíveis: "náuseas, choro, nervosismo extremo e problemas gástricos". Alguns comandantes sentiam que seus oficiais acometidos pela fadiga retornavam rápido demais para a unidade, pois era comum reapresentarem o problema. O efeito também podia ser contagioso. "Quando um homem se estoura, logo vêm outros atrás dele." Mas o problema principal era o isolamento. Era vital fazer com que os homens saíssem de seus *foxholes* e se relacionassem com os outros quando o bombardeio cessava. "A fadiga de tanque" devia-se mais a "prolongados períodos de ações de combate sem interrupção". Não era idêntico a versão da infantaria, embora os sintomas fossem similares, com "estômago embrulhado, náuseas, disenteria, moleza nas pernas e choro, em alguns casos chegando a um estado de quase histeria". A 2ª Divisão Blindada culpava a comida pouco saudável, "as longas horas de exposição" ao frio extremo, assim como à exaustão física. "As rações C e K frias não aumentam substancialmente a vitalidade e a resistência, e em alguns casos provocam distúrbios estomacais." Tentativas de usar maçaricos alemães capturados para aquecer as latas de comida não resolveram o problema. Os médicos americanos não sabiam o que os alemães já haviam descoberto após a batalha de Stalingrado. A combinação de estresse, exaustão, frio e má nutrição perturba o metabolismo, e reduz gravemente a capacidade do corpo de absorver calorias e vitaminas.

"Mesmo no caso de soldados resistentes e com experiência, um soldado só é bom por um certo tempo", disse um oficial da 5ª Divisão de Infantaria no flanco direito de Patton. "Tenho visto algumas coisas maravilhosas que alguns dos meus homens fazem e tenho visto alguns deles no final estourados [...] Soldados cansados não podem fazer um bom trabalho. Eles vão em frente, mas ficam sem pique. Quando você perde o pique, começa a perder batalhas."

Em 8 de janeiro, os remanescentes da 2ª e da 9ª Divisões Panzer receberam ordens de se retirar no dia seguinte. "É o inverno mais frio que eu já vi na vida", um oficial de assuntos civis britânico observou em seu diário. "O vento parecia uma faca enterrada no rosto [...] As estradas estão cheias de veículos atolados, com os motoristas congelando de frio ao lado deles, esperando ajuda." Algumas pessoas, porém, acharam uma sutil ironia o fato de aquelas atrozes condições de trânsito reduzirem muito o número de acidentes e mortes, pois os motoristas eram obrigados a dirigir com cautela.

Em 10 de janeiro, o *Generalfeldmarschall* Model transmitiu uma instrução expedida por Hitler no Adlerhorst. "O Führer ordenou, com efeito imediato, que o 1º e o 2º Corpos Panzer, com a 1ª, 2ª, 9ª e 12ª Divisões SS Panzers, se reúnam para uma rápida recomposição atrás do Grupo do Exército B e sejam colocadas à disposição do comandante-chefe do Ocidente, de modo a não se envolverem mais em combates." As formações do Exército iriam uma vez mais se enraivecer com isso, pois a expectativa era que elas defendessem a linha enquanto as divisões da Waffen-SS se retiravam para descansar e serem reequipadas.

O ressentimento pelo fracasso nas Ardenas refletia-se em alguns dos generais mantidos prisioneiros na Inglaterra. Depois de terem exultado com sua superioridade material em fases anteriores da guerra, agora pareciam encarar essas vantagens como injustas. O *Generalmajor* Hans Bruhn, comandante de divisão capturado pelos franceses na Alsácia, foi gravado secretamente dizendo a seus companheiros:

"É a maior zombaria da história do mundo, e também a sua parte mais triste, que a flor de nossos homens esteja sendo triturada pela aviação e pelos tanques em massa de um Exército que não tem soldados de verdade, e que tampouco estão realmente a fim de lutar".

Na quinta-feira 11 de janeiro havia inequívocos sinais de que os alemães estavam em retirada. Na área de Houffalize-Bastogne, seu corredor tinha apenas treze quilômetros de largura e estava sob pesado fogo de artilharia americana. A 30ª Divisão de Infantaria informou o quartel-general do IX Exército que a má visibilidade estava permitindo que os alemães escapassem. "Os alemães estão retirando todos os seus blindados e equipamento pesado do bolsão em uma saída ordenada e lenta." Também nesse dia, a BBC anunciou que a transmissão dos comentários de Montgomery havia sido fruto de propaganda alemã. A notícia não contribuiu muito para atenuar os sentimentos de Bradley em relação à sua *bête noire*.

Na manhã seguinte, o 12º Grupo do Exército teve autorização de estocar munições a gás caso os alemães recorressem a armas químicas, quer por desespero ou por ordens de Hitler. Isso teve a ver com um relatório do SHAEF ao chefe de Inteligência do general Marshall em Washington, cinco dias antes. O major-general Strong e seu Estado-Maior haviam ficado preocupados com cinco referências a "gás" encontradas nas decodificações da Ultra.[3]

3 "Estamos cientes de sua visão a respeito dessa questão, mas de novo queremos enfatizar que essa ofensiva é um esforço total no qual Hitler irá empregar quaisquer armas. Sempre foi levado em conta por vocês que a Alemanha poderia iniciar uma guerra com gás a fim de obter um resultado decisivo. Como a batalha tem ido mal para o seu lado, Hitler pode achar que a hora é essa. Não devemos subestimar o caos que se criaria entre a população civil do noroeste da Europa com o possível emprego de uma ogiva a gás nos V-1 e V-2 [mísseis] [...] Por favor, voltem a examinar a questão à luz dessa informação adicional e informem-nos da sua opinião com urgência." Assim que a notícia da grande ofensiva soviética chegou ao 12º Grupo do Exército, Bradley imediatamente quis espalhar a impressão de que a iminente vitória de suas forças nas Ardenas "havia permitido que os russos atacassem com muito mais homens e com um sucesso mais espetacular do que teria sido possível de outro modo". Ele estava certo. Não há dúvida de que o comprometimento das forças alemãs nas Ardenas e a sua depauperação, especialmente das divisões Panzer, enfraqueceram mortalmente a capacidade da Wehrmacht de defender o front oriental. Mas, como observou outro general alemão no cativeiro britânico: "O medo da Rússia irá manter a Alemanha lutando até o amargo final".

A sexta-feira, 12 de janeiro, foi repleta de eventos de outro tipo. Göring, ao que parece perdoado pelo desastre da Operação Bodenplatte, foi convocado à presença do Führer no Adlerhorst para receber as congratulações de Hitler pelo seu 52º aniversário. Dificilmente poderia ser considerada uma ocasião auspiciosa. A data era muito mais importante por outras razões. Às cinco horas de Moscou, o primeiro front ucraniano do marechal Ivan Konev atacou a partir da cabeça de ponte Sandomierz a oeste do rio Vístula, depois de um massivo bombardeio que um oficial Panzergrenadier disse ser "como os céus despencando sobre a terra". Exércitos de tanques soviéticos avançaram com slogans pintados em suas torres declarando: "Avante para dentro da toca fascista!" e "Vingança e morte para os ocupantes alemães!". No dia seguinte, o primeiro front bielorrusso do marechal Georgy Zhukov atacou a partir do sul de Varsóvia, enquanto dois outros fronts assaltavam o leste da Prússia.

O *General* Guderian não havia exagerado, mas, como ocorreu com as advertências de Cassandra, as suas também haviam sido ignoradas. O Exército Vermelho posicionara 6,7 milhões de homens ao longo de todo o front oriental. Guderian ficou quase sem fala quando soube que o VI Exército Panzer de Dietrich, em retirada das Ardenas, seria transferido não para o Vístula ou para o leste da Prússia, mas para a Hungria, para salvar os campos de petróleo.

23

ARRASANDO O BOLSÃO

Bem na hora em que a batalha final nas Ardenas se iniciava, os alemães colocaram mais três divisões na Operação Nordwind. Em 5 de janeiro, depois de o ataque inicial fracassar em seus objetivos, o Grupo do Exército Oberrhein de Himmler finalmente começou suas investidas de apoio contra o flanco sul do 6º Corpo americano. O 14º Corpo SS lançou um ataque do outro lado do Reno, ao norte de Estrasburgo, e dois dias mais tarde o XIX Exército avançou para o norte a partir do bolsão de Colmar pelas duas margens do canal Ródano-Reno. A própria sobrevivência do 6º Corpo do general Patch estava ameaçada.

Devers, mesmo sem contar com o apoio de Eisenhower, transferiu a responsabilidade pela defesa de Estrasburgo ao I Exército francês de Lattre de Tassigny, que agora tinha que estender seu front da cidade até a brecha de Belfort, uma distância de 120 quilômetros. Mas o ponto de maior perigo era em torno de Gambsheim e Herrlisheim, onde o 14º Corpo SS criara uma cabeça de ponte a sudeste de Haguenau.

Em 7 de janeiro, a 25ª Panzergrenadier e a 21ª Divisão Panzer partiram para o ataque. Chegaram à floresta de Haguenau, trinta quilômetros ao norte de Estrasburgo, mas foram detidas pela 14ª Divisão Blindada, a última reserva de Devers. Ao norte das Vosges Baixas, a 45ª Divisão de Infantaria conseguiu deter a 6ª Divisão de Montanha ss. Um dos batalhões da 45ª Divisão foi cercado, e lutou por quase uma semana. Apenas dois homens se salvaram.

Hitler ainda estava obcecado com o dito de Frederico, o Grande, de que aquele que lança seus últimos batalhões vence a guerra. Em 16 de janeiro, enviou suas últimas reservas, a 7ª Divisão Fallschirmjäger e a 10ª Divisão ss Panzer Frundsberg. Seu ataque ao longo do Reno para alcançar a cabeça de ponte de Gambsheim derrotou a inexperiente 12ª Divisão Blindada em Herrlisheim. Esse desdobramento constituiu o principal assunto de discussão na reunião de avaliação matinal feita por Eisenhower em 20 de janeiro. "O que me incomoda, por Deus do céu", exclamou o supremo comandante, "é que diante de duas divisões frouxas deles, ficamos sentados assistindo e assustados." O marechal do ar sir James Robb observou em seu diário: "A discussão que se segue revela um crescente espanto diante da incapacidade de nossas forças, sejam divisões ou corpos, para obter resultados efetivos, ao contrário do sucesso imediato de ataques alemães comparativamente pequenos".

Confrontado com esse avanço inesperado, Devers foi obrigado a recuar para uma nova linha ao longo dos rios Rothbach, Moder e Zorn. Essa retirada foi bem executada, e as novas posições defensivas resistiram. A ofensiva alemã exauriu-se em 25 de janeiro, depois que o I Exército do general De Lattre, auxiliado pelo 21º Corpo dos Estados Unidos no lado norte, começou a esmagar o bolsão de Colmar – que os alemães chamavam de Cabeça de Ponte Alsácia. A 3ª Divisão de Infantaria americana era apoiada pela 28ª Divisão de Cota, que poderíamos dizer que já sofrera o bastante após a floresta de Hürtgen e depois de ser esmagada a leste de Bastogne. Lutando na floresta coberta de neve de Riedwihr, a 3ª Divisão de Infantaria viu-se sob pesados contra-ataques, e a impressionante bravura do tenente Audie Murphy rendeu-lhe uma Medalha de Honra do Congresso e uma futura carreira como astro de Hollywood. Mais uma vez, os alemães lutaram com tamanha ferocidade em sua retirada, apesar da superioridade aliada em poderio aéreo e artilharia, que outras unidades das Ardenas foram desviadas para o sul. O bolsão de Colmar só foi subjugado em 9 de fevereiro.

A 101ª Divisão Aerotransportada foi uma das formações alocadas para pôr fim aos combates na Alsácia, e seus homens sentiram alívio ao ver que dessa vez estavam muito atrasados para tomar parte. Dez dias antes, ao saber que a 101ª iria se deslocar para a Alsácia, o major Dick Winters pensou: "Meu Deus, será que eles não têm mais ninguém nesse Exército para cobrir essas lacunas?". A divisão certamente precisava de um descanso. Em seus últimos dias na ponta norte do bolsão da Bastogne, a Easy Company do 506º da Infantaria de Paraquedistas havia sido enviada primeiro para capturar Foy. "Todos os soldados de reposição que entraram no pelotão foram mortos nessa cidade", disse um veterano da companhia, "e não sei porquê." O ataque tivera início de modo desastroso, até que o comandante da companhia foi substituído. Então, em 14 de janeiro, conforme as temperaturas caíam a 23 graus negativos e a neve ficava mais alta, o 506º avançou pelos campos abertos nevados em direção a Noville, onde muitos de seus companheiros haviam morrido com a Equipe Desobry bem no início da batalha.

Depois que Noville foi tomada, foi-lhes confiado outro objetivo, a vila de Rachamps, logo a leste da rota para Houffalize. O sargento Earl Hale e o soldado raso Joseph Liebgott encurralaram seis oficiais SS em um celeiro. Fizeram-nos ficar em fila e avisaram que iriam atirar se tentassem qualquer coisa. Uma bomba explodiu lá fora, ferindo Hale, que estava junto à porta, e na mesma hora um oficial SS puxou uma faca de sua bota e cortou a garganta do sargento. Liebgott matou-o com um tiro, e em seguida atirou nos outros. Um auxiliar médico foi cuidar da garganta de Hale. Ele teve sorte – o esôfago havia sido cortado, mas não a traqueia. Hale foi evacuado para Bastogne.[1]

1 Hale recuperou-se, mas o esôfago ficou deformado. O doutor deu-lhe um atestado médico isentando-o do uso da gravata. Hale foi mais tarde repreendido pelo obsessivo general Patton, que quis saber por que ele estava trajado de maneira inadequada. O sargento então mostrou-lhe o atestado, o que, ao que parece, deixou Patton sem fala.

O sargento Robert Rader percebeu que um soldado alemão comum, aprisionado em Rachamps, parecia estar dando risadas. Enfurecido, Rader levantou seu fuzil para atirar nele, mas outro paraquedista segurou o cano da arma e gritou: "*Sarge*, ele não tem lábios nem pálpebras!". O alemão havia perdido essas partes por ulcerações de frio no front oriental. A vila de Rachamps foi palco da última ação da Easy Company na batalha pela tomada de Bastogne. Em 17 de janeiro, a 101ª foi substituída pela 17ª Aerotransportada. Em vez de viajar de avião, foram apertados de novo em caminhões abertos, até a Alsácia.

A resistência não diminuiu na ponta de lança mesmo quando o v Exército Panzer começou a se retirar em 14 de janeiro em direção a Houffalize, que ainda estava sendo bombardeada pelas forças aéreas aliadas. A 2ª Divisão Panzer e a Panzer Lehr cobriram a retirada do jeito habitual dos alemães, que usavam canhões de assalto e tanques com infantaria para proteger seus regimentos em retirada. Sempre que os *howitzers* americanos disparavam bombas de fósforo branco, isso desencadeava uma "violenta reação da artilharia inimiga".

Como havia feito no front sul, a artilharia bombardeava vilas, incendiando casas e fazendas. Às vezes o bombardeio era tão intenso que os soldados alemães buscavam abrigo nos porões, obrigando os civis a abrir espaço.

Porcos, cavalos e vacas encurralados em celeiros e currais incendiados tinham pouca chance de sobreviver. Em uma vila, onze pessoas morreram por causa de uma única bomba, que atingiu um estábulo onde vinte civis se abrigavam. Às vezes, idosos, mulheres e crianças não conseguiam mais suportar o incessante bombardeio, e tentavam fugir pela neve. Confundidos com combatentes, vários deles eram mortos. Se os feridos tinham sorte, as ambulâncias ou caminhões americanos podiam evacuá-los para hospitais na retaguarda. No entanto, pouco se podia fazer por aqueles que estavam com disenteria, pneumonia, difteria e uma série de outras complicações graves, decorrentes das condições de falta de higiene e frio extremo das últimas semanas.

Comovidos com o destino dos azarados belgas, os soldados americanos davam-lhes rações, cigarros, doces e chocolates. Apenas uns poucos, embrutecidos pela guerra, saíam por ali saqueando e assediando mulheres. Era impossível distinguir os embrutecidos dos compassivos apenas pela aparência exterior. A essa altura, os soldados de todas as três nações pareciam todos bandidos – sujos, desgrenhados e barbudos. Os habitantes locais que antes haviam se beneficiado da generosidade americana ficaram chocados com a comparativa pobreza dos soldados britânicos, que mesmo assim ainda compartilhavam o pouco que tinham. Os belgas não apreciavam muito o gosto da carne-seca enlatada e nem dos cigarros "versão exército" dos britânicos, mas eram educados demais para recusar a oferta.

"Depois de visitar vilas recém-recuperadas da ofensiva alemã", observou um oficial britânico, "é bom ver a alegria das pessoas e sua expressão de alívio." Mas em alguns lugares, os soldados, tanto britânicos como americanos, chocaram seus anfitriões ao destruírem mobília para conseguir lenha. Um oficial da 53ª Divisão galesa observou que, para enfrentar o terrível frio, "os soldados se entusiasmavam demais em querer produzir um fogo alto nas velhas lareiras de pedra, e com isso a chaminé superaquecia e incendiava parte do telhado". Quase toda casa ocupada por soldados aliados virava uma terrível bagunça e sujeira, com consideráveis danos. A 6ª Divisão Aerotransportada britânica parece ter sido a que gerou maior número de reclamações.

O 30º Corpo britânico perseguiu os alemães desde a direção de La Roche-en-Ardenne, no flanco sul do 7º Corpo de Collins. "A ala direita da 2ª Divisão Panzer na área de Nisramont teve que desviar para oeste", escreveu o *Generalmajor* Lauchert. "Nesse reposicionamento foi aberta uma brecha pela qual avançou um batalhão britânico, indo até Engreux. O ataque britânico pela retaguarda da linha de defesa só conseguiu ser detido por um ataque simulado. O posto de comando da divisão teve que ser recuado até Mont." Assim como a infantaria americana, a britânica teve muita dificuldade com a neve alta. Um de seus problemas eram as chamadas *ammunition boots* [botas pesadas, com reforços de metal, que cobriam até os tornozelos], que ficavam encharcadas, congeladas duras como pedra. As botas alemãs de cano alto eram sabidamente mais resistentes ao clima extremo. O oficial comandante do 1º Gordons da 51ª Divisão Highland deparou com um de seus sargentos num bosque, onde havia dependurado num galho o cadáver de um alemão com uma fogueira embaixo. "Estava tentando degelá-lo", escreveu ele, "a fim de poder tirar-lhe as botas."

Um Kampfgruppe da 2ª Divisão Panzer, com engenheiros, infantaria, canhões de assalto e tanques, montou uma linha de defesa diante de Houffalize. Ocultados pela escuridão, seus Panthers conseguiram abater tanques americanos a uma distância entre quatrocentos e quinhentos metros assim que saíam dos bosques, pois destacavam-se contra a neve. "Não demorou para um tanque americano ficar em chamas e produzir tamanho clarão que os tanques americanos ao se iluminarem viraram alvo fácil. Após uma troca de disparos que durou no máximo quinze minutos, 24 tanques americanos ardiam em chamas e outros dez haviam sido capturados íntegros. Os alemães tiveram apenas dois tanques destruídos dos seus 24." Como na maioria desses confrontos, esse relato provavelmente foi otimista e prepotente, mas há pouca dúvida de que os alemães infligiram algumas boas surras nos americanos nos estágios finais da batalha.

Em 15 de janeiro, a 30ª Divisão de Infantaria que atacava a vila de Thirimont descobriu que "casas de tijolos haviam sido transformadas em verdadeiras casamatas, com pesadas metralhadoras e outras armas automáticas posicionadas dentro delas". Foram necessários dois batalhões do 120º Regimento de Infantaria, mais um batalhão de tanques e um de destruidores de tanques, além de "mais de onze rodadas de munição de 105 mm e 155 mm", para tomar o lugar. O regimento sofreu mais de 450 baixas nas mãos da 3ª Divisão Fallschirmjäger. Por causa da neve alta e do gelo, "as ambulâncias não conseguiam chegar nem perto dos feridos", portanto o batalhão médico arrumou cavalos e trenós emprestados dos fazendeiros para trazê-los de volta. A maior parte dos alemães aprisionados sofria de ulcerações por frio e mal conseguia andar.

Patton foi de jipe ver seus soldados atacarem Houffalize. "A certa altura", escreveu ele, "deparamos com um metralhador alemão que havia sido morto e parecia ter ficado instantaneamente congelado do jeito que estava, numa posição meio sentado, com os braços estendidos, segurando um cartucho carregado de munição. Vi um monte de objetos pretos saltando para fora da neve e, ao investigar, descobri que eram as pontas dos pés de homens mortos." Ele também ficou chocado com a maneira com que os rostos dos homens congelados rapidamente após a morte ficavam com "uma espécie de cor de vinho clarete". Patton lamentou não estar com sua câmera para registrar isso.

Em 15 de janeiro, enquanto Hitler voltava de trem para Berlim, os exércitos de tanques de Zhukov e Konev corriam em direção à linha dos rios Oder e Neisse. A região industrial da Silésia estava prestes a ser invadida. Com exceção de uma ida até um quartel-general do Exército no front do Oder, o Führer nunca mais sairia da capital.

Ao anoitecer de 15 de janeiro, ambos os comandos de combate da 2ª Divisão Blindada haviam avançado a um quilômetro mais ou menos de Houffalize, e logo depois se uniram. Patrulhas foram enviadas até as ruínas da cidade para descobrir posições inimigas. Entraram na cidade à uma hora do dia 16 de janeiro, mas viram poucos sinais dos alemães. Foram enviadas patrulhas também até o rio Ourthe, onde as posições inimigas haviam também sido abandonadas. "Foi feito contato com patrulhas do III Exército às 9h30 daquele dia, marcando a reunião do I e III Exércitos na Ofensiva das Ardenas."

A Ofensiva das Ardenas estava quase se encerrando. Um regimento britânico descobriu que a Wehrmacht havia ficado sem condecorações por bravura. Em lugar delas, estavam sendo concedidas fotos do *Generalfeldmarschall* Von Rundstedt. Mas foi interceptada uma mensagem alemã dirigida ao quartel-general de um corpo que dizia: "A divisão não acha que esse tipo de recompensa tenha qualquer efeito em encorajar a infantaria a lutar".

Como Eisenhower havia decidido, o I Exército dos Estados Unidos foi devolvido ao controle do 12º Grupo do Exército de Bradley, depois que o I e o III Exércitos juntaram as mãos. Isso se tornou oficial à meia-noite de 17 de janeiro. "A situação agora está restabelecida", Hansen registrou triunfalmente. Mas Montgomery ainda não desistira. Decidido a manter o controle do IX Exército, apresentou um plano para dar-lhe prioridade sobre o orgulhoso I Exército.

"Às 10h30", o redator do general Simpson registrou em 15 de janeiro, "o marechal de campo Monty [sic] chegou ao nosso escritório para uma reunião com o C[ommanding] G[eneral] com referência ao IX assumir um setor adicional. O FM [Field Marshall] lançou uma bomba. Ele pediu que o CG preparasse planos para que o IX Exército, com quatro corpos e dezesseis divisões, avançasse sobre Colônia e o rio Reno na data mais próxima possível [...] Isso significaria que o IX lideraria a investida no front ocidental – seria o principal esforço, enquanto o I Exército assumiria uma missão de sustentação no nosso sul e, após a invasão, protegeria o flanco sul do IX [...] O 21º Grupo do Exército está agora ao que parece avaliando seriamente uma tal operação, e irá submeter nosso plano ao SHAEF para aprovação."

Isso era claramente um estratagema de Montgomery, para atacar a retaguarda de Bradley. Fazer o IX Exército formular primeiro seus planos era uma manobra esperta, especialmente porque Simpson e seus oficiais acharam ótima a ideia de conseguir primazia sobre o I Exército, que assim seria obrigado a ter um papel subordinado. "Aquele 'protegeria o flanco sul do IX' seria o maior e o mais prazeroso golpe possível no Majestoso Velho Exército!", registrou o diário de Simpson. "Ah, como todo o pessoal aqui gostaria de ver isso nos jornais!"

Montgomery achava que o SHAEF tinha concordado com seu plano, que ele só mostrara a Whiteley, o vice-chefe de operações britânico. Não sabia que, segundo Eisenhower, Bradley tinha melhores chances de invadir pelo sul, pois os alemães iriam transferir suas melhores formações para o norte a fim de proteger o Ruhr. Acima de tudo, havia a oposição geral dos comandantes americanos, e que foi expressa mais apaixonadamente por Bradley na terça-feira, 16 de janeiro, quando voou para Paris. Bradley aterrissou no aeródromo de Villacoublay, e foi de carro até Versalhes. As tensões das duas últimas semanas, e sem dúvida as noites mal dormidas, haviam-no deixado fatigado, mas a chama de uma indignação justa o fez ir em frente. Eisenhower tinha certeza de que, após a recente rusga, haveria uma tempestade de protestos se Montgomery fosse autorizado a comandar a principal ofensiva com as forças americanas sob seu comando. Era por culpa exclusiva do próprio Montgomery que agora as considerações políticas e rivalidades ditavam a estratégia aliada.

Em 18 de janeiro, determinado a reparar os estragos, Churchill fez um discurso na Câmara dos Comuns enfatizando que "os soldados dos Estados Unidos protagonizaram quase todos os combates e sofreram quase todas as baixas [...] Deve-se ter cuidado ao contar nossa orgulhosa história para que não se reclame para o Exército britânico uma parcela indevida daquela que, sem dúvida, é a maior batalha americana da guerra e que, acredito, será vista como uma sempre famosa vitória americana". Na mesma tarde, Simpson ligou para Montgomery. "Acabei de falar com Brad. Ele perguntou se seria possível ao senhor encontrar-se com ele aqui no meu local [Maastricht] às 10h30, amanhã de manhã."

"Será um prazer", disse Montgomery. "Onde está o Brad agora?"

"Está com o Courtney [Hodges]."

Simpson então ligou imediatamente para Bradley. Este disse que pretendia chegar a Maastricht mais cedo para poder falar com Simpson antes que Montgomery chegasse. O propósito da visita era fazer uma reunião sobre "futuros planos intergrupos". Isso, presumivelmente, significava que ele queria frustrar os argumentos de Montgomery, baseados na premissa de que "o I e o III Exércitos dos Estados Unidos em sua presente condição" seriam incapazes de continuar a contraofensiva nas Ardenas, que tinha como objetivo romper a Linha Siegfried em direção a Prüm e Bonn. O que Bradley disse a Simpson mudou drasticamente a sua anterior atitude positiva tanto em relação a Montgomery quanto ao seu plano.

"Quaisquer movimentos futuros do IX", escreveu Simpson então, "à luz da presente política de publicidade britânica, serão voltados para enaltecer o próprio marechal de campo, já que ele julga adequado assumir toda a glória e mal permite que se mencione o nome de outro comandante do Exército. Uma irritação e um verdadeiro ressentimento estão se insinuando, devido à atitude tanto do marechal de campo quanto da imprensa britânica de apresentar amplamente os feitos militares britânicos, conquistados com sangue americano, por toda a Europa através da BBC."

Bradley finalmente conseguia sua vingança pela humilhação que o marechal de campo lhe impusera no dia de Natal e depois. Agora Montgomery é que seria posto de lado, assim que os exércitos aliados estivessem do outro lado do Reno. Bradley havia dito no início de dezembro que "suas forças estão agora relegadas a um papel bem menor e virtualmente desimportante nessa campanha, em que são usadas simplesmente para proteger o flanco de nosso rolo compressor gigante". Embora não fosse verdade na época, estava quase virando verdade agora.

Montgomery não era a única *bête noire* do 12º Grupo do Exército. As relações com o SHAEF continuaram a se deteriorar, em parte porque Bradley não conseguia perdoar Eisenhower por ter transferido o I Exército para Montgomery, e em parte porque Bedell Smith não escondia o baixo conceito que tinha do quartel-general de Bradley e de Hodges. Em 24 de janeiro, Bradley teve uma reunião em seu escritório após o almoço, com Hodges, Patton e sete outros generais. Nessa reunião, o major-general Whiteley ligou do SHAEF para dizer que várias divisões seriam retiradas de sua futura ofensiva para criar uma reserva estratégica e para fortalecer Devers na Alsácia.[2]

Bradley perdeu as estribeiras e disse para todos na sala ouvirem: "A reputação e a boa vontade dos soldados americanos e do Exército americano e seus comandantes estão em jogo. Se vocês se sentem assim a respeito disso, então, quanto a mim, podem pegar qualquer maldita divisão e/ou corpo do 12º Grupo do Exército, fazer o que acharem melhor com eles, e aqueles de nós que vocês deixarem para

2 Essa ligação do SHAEF foi atribuída em seu relato a Bedell Smith, mas seu biógrafo assegura que quem ligou foi o major-general Whiteley.

trás sentarão a bunda até que o inferno congele. Confio que vocês não irão achar que estou com raiva, mas quero deixar marcado em vocês que estou absolutamente irado". Ouvindo isso, todos os oficiais na sala ficaram em pé e aplaudiram. Patton disse em um tom suficientemente alto para ser ouvido: "Diga a eles que vão para o inferno e que nós três [Bradley, Patton e Hodges] iremos nos demitir. Eu lidero a fila".

Em 20 de janeiro, enquanto os americanos se aproximavam de Sankt Vith, um oficial de artilharia alemão escrevia em seu diário: "A cidade está em ruínas, mas iremos defender as ruínas". Atacar não seria fácil, com neve pela cintura. No dia seguinte, escreveu: "O ruído da batalha chega mais perto da cidade [...] Estou mandando de volta todos os meus pertences pessoais. Nunca se sabe". Em 23 de janeiro, o Comando de Combate B da 7ª Divisão Blindada teve concedida a honra de retomar a cidade que defendera tão bravamente.

Os caças e caças-bombardeiros do 19º Comando Aéreo Tático e os Typhoons da 2ª Força Aérea Tática continuaram atacando os veículos alemães em retirada. Em 22 de janeiro, o 19º Tac disse ter destruído mais de 1.100 veículos motorizados e danificado outros 536. Mas essas estimativas não foram confirmadas por pesquisas posteriores. "As três forças táticas aéreas afirmaram ter destruído um total de 413 veículos blindados inimigos", o relatório oficial britânico afirma. "A partir de uma checagem em terra subsequente parece que a cifra foi aumentada pelo menos dez vezes." A verdadeira contribuição da aviação aliada, declarava o relatório, foi o "bombardeio das rotas de suprimentos, o que evitou que suprimentos essenciais chegassem ao front". As fontes alemãs sustentam essa conclusão. As forças aéreas aliadas "não tiveram um papel tático decisivo" nos combates no front, declarou mais tarde o *Generalmajor* Von Waldenburg. "O efeito nas áreas de retaguarda foi mais forte."

Em 23 de janeiro, a 7ª Divisão Blindada tomou Sankt Vith. Todos os sobreviventes haviam fugido, e a cidade era silenciosa como um cemitério. O único edifício ainda em pé era a Torre Büchel. Em 29 de janeiro, a linha do front havia sido praticamente restaurada à sua condição em 15 de dezembro: isso levara um mês e meio.

Hansen escreveu em seu diário: "O III Exército hoje considerou a batalha do bolsão oficialmente encerrada e começou novos ataques a objetivos alemães".

Nessa última semana de janeiro, Bradley transferiu seu posto de comando Eagle Tac de Luxemburgo para a capital provincial de Namur. Patton ligou para ele para se despedir. "Ele é um bom oficial", escreveu Patton em seu diário, "mas absolutamente falta-lhe 'aquilo'. É ruim demais." O governador da província foi desalojado do magnífico Palais de Namur, e Bradley instalou-se em grande estilo, como um vice-rei. Simpson, ao visitá-lo em 30 de janeiro, descreveu o local como "um tremendo palácio, cheio de revestimentos de cetim nas paredes, cortinas de veludo, um excesso de quadros imensos a óleo da família real, grossos tapetes e pisos de mármore polido. Os dormitórios, usados como escritórios, são imensos – do tamanho do piso térreo de uma residência particular de grande porte".

Para sua residência particular, Bradley expropriou o Château de Namur. Estava num estado de total abandono, então prisioneiros alemães de guerra foram enviados para arrumar e limpar o lugar. O Estado-Maior de Bradley sentiu-se "obrigado a saquear as casas dos colaboracionistas" para conseguir a mobília. Até mesmo Hansen admitiu que o Eagle Tac estava sendo conhecido como Eagle Took [Eagle Levou]. O chateau também tinha lareiras e pisos de mármore, segundo Simpson, além de amplos jardins e uma magnífica vista do vale do Mosa. Bradley insistiu em mandar instalar uma máquina de sorvete.

No domingo, 4 de fevereiro, Montgomery foi convidado para uma reunião e almoço. Ele chegou em seu rolls-royce com a bandeira britânica ao vento e escoltado por batedores. Segundo Hansen, fez "sua costumeira proposital entrada lenta, dramática, como um falcão". Teve uma recepção visivelmente fria por parte dos oficiais americanos. "Seu ego, no entanto, permaneceu impassível em relação a isso, e ele brincou, conversou e gesticulou. Fez-se presente o tempo todo e falou num tom de voz alto demais durante o almoço inteiro."

No que parece ter sido um ato de afronta deliberada, Bradley e Eisenhower simplesmente largaram Montgomery na mesa. Foram de carro na chuva até Bastogne para encontrar Patton. Logo depois de cruzarem o Mosa, "passaram por carcaças arrebentadas e enegrecidas de tanques inimigos, e também de Shermans. Havia restos de C-47 abatidos e um monte de outros restos militares abandonados. Patton veio nos encontrar no quartel-general do escalão de retaguarda do 8º Corpo em Bastogne. Ele conversou com Ike e Bradley em uma pequena sala com aquecimento a carvão, onde a 101ª Aerotransportada abrigara seus soldados durante o histórico cerco à cidade". Os três generais então tiraram fotos juntos no centro da cidade bombardeada, subiram de novo em seus veículos e foram para o norte até Houffalize. "Passaram por [numerosos] tanques Sherman com marcas da artilharia inimiga bem visíveis em sua blindagem." Dali, seguiram em frente para ir ver o general Hodges, que transferira seu quartel-general de novo para a cidade de Spa. Foi como uma simbólica volta olímpica da vitória, que excluiu o marechal de campo.

A Bélgica enfrentava uma grande crise, à qual o SHAEF reagiu com lentidão. A escassez de comida levou a greves nas minas, que por sua vez resultaram numa paralisante escassez de carvão durante aquele inverno duríssimo. As tentativas do governo de controlar um grande aumento nos preços foram facilmente dribladas e o mercado negro se expandiu. Na zona rural, as pessoas recorreram ainda mais às trocas, e boa parte do comércio consistia em soldados americanos e britânicos trocando latas de ração por ovos frescos.

Cerca de 2.500 civis haviam sido mortos na Bélgica em consequência da Ofensiva das Ardenas, e outros quinhentos não combatentes foram mortos no Grão-Ducado de Luxemburgo. Acredita-se que cerca de um terço morreu devido aos ataques aéreos aliados. Se acrescentarmos aqueles que pereceram por bombardeios de Armas-V, dos pelo menos 5 mil mísseis disparados durante o inverno inteiro de outubro a março, as baixas de civis sobem para mais de 8 mil mortos e desaparecidos e 23.584 feridos.

A destruição foi massiva. Edificações, igrejas, fazendas, estradas e ferrovias haviam sofrido terríveis danos. O mesmo aconteceu com esgotos, tubulações de água, linhas telefônicas e cabos elétricos. Cerca de 88 mil pessoas não tinham mais casa. Aquelas famílias que voltavam carregando suas poucas posses num carrinho de mão descobriam que mesmo as casas que não haviam sido atingidas por bombas ou balas não tinham mais portas. Tanto os alemães quanto os americanos as arrancavam para fazer coberturas para *foxholes* e trincheiras. Mantas e lençóis também haviam sido levados para prover calor e camuflagem. Também havia grande escassez de roupas de frio. Um oficial de assuntos civis britânico observou que "um número imenso de mulheres belgas estão usando casacos feitos de cobertores do Exército, e roupas de esqui feitas com uniformes de combate, apenas tingidos de preto ou marrom e com os bolsos removidos".

Nas províncias belgas de Luxemburgo e Namur, oitenta igrejas foram destruídas e 69 outras ficaram muito danificadas. Em muitos casos, os bombardeios também lavraram o solo de cemitérios, espalhando ossos pelo local. Em La Roche, que havia sido bombardeada de ambos os lados, 114 civis haviam morrido e apenas quatro casas das 639 continuavam habitáveis. A cidade era um monte de entulho. Retroescavadeiras americanas tiveram que ser chamadas para abrir caminho nas ruas principais. Na primavera seguinte, os habitantes notaram que as andorinhas que voltavam para se acasalar estavam desorientadas.

As Ardenas, que dependiam quase inteiramente da agricultura e silvicultura, haviam sofrido um grande revés. Sobravam poucas galinhas, e cerca de 50 mil animais de criação haviam sido mortos nos combates ou tomados pelos alemães. Os projéteis também tinham enchido as árvores de fragmentos de metralha, reduzindo o valor da madeira e causando problemas às serrarias por um longo tempo. Apenas uma pequena parte dos animais de fazenda sacrificados nas batalhas pôde ser consumida. A maioria precisou ser enterrada. Muitos dos animais sobreviventes morreram ao beber água envenenada nos buracos de bomba, ou em outras fontes contaminadas por corpos em decomposição ou por fósforo branco. Havia também uma crise de alimentos no Grão-Ducado de Luxemburgo em função dos danos de guerra e pelo fato de os alemães terem depredado o Norte do país.

Um dos piores problemas foi lidar com bem mais do que 100 mil minas enterradas de ambos os lados, além de outras armadilhas com explosivos, bombas ainda não acionadas e explosivos abandonados por toda a região. Cerca de quarenta belgas morreram no antigo perímetro de Bastogne e arredores depois que os combates terminaram. Em um incidente, dez soldados britânicos foram mutilados ou ficaram gravemente feridos quando um de seus companheiros pisou numa mina. O campo minado devia ter sido densamente semeado num verdadeiro "jardim do demônio", pois os soldados foram sendo atingidos um após o outro enquanto tentavam salvar os feridos.

Quando o degelo começou, as crianças foram mandadas para longe, até áreas seguras, para evitar que pisassem em minas. Mas muitas delas se machucaram brincando com munições, especialmente ao esvaziar bombas intactas para fazer seus próprios fogos de artifício. Soldados aliados fizeram o que foi possível no pouco tempo antes de serem reposicionados, mas a tarefa principal ficou com o Exército belga, e a cargo de voluntários e homens que se alistaram depois como *démineurs*. Os esquadrões que lidavam com bombas e minas não explodidas tinham que explodi-las *in loco*. Em vilas e cidades, eles avisavam a população local antes das detonações para que abrissem todas as janelas, mas algumas casas eram tão velhas que suas janelas não podiam mais ser abertas.

As chuvas que trouxeram um rápido degelo no fim de janeiro fizeram com que as carcaças e cadáveres, ocultados pela neve, começassem a se decompor rapidamente. O fedor era terrível, mas a ameaça de doenças, que podiam afetar os próprios soldados, levou as autoridades militares americanas a enviar engenheiros militares com escavadeiras. Lidar com cadáveres de alemães era sempre perigoso, pois eles podiam estar atrelados a armadilhas explosivas, então era preciso amarrar uma corda em volta de braços ou pernas, e então afastar o cadáver a certa distância, para assegurar-se de que não houvesse uma granada embaixo. Os mortos aliados receberam túmulos individuais, muitos dos quais eram enfeitados com flores pelos habitantes locais. Corpos de alemães eram simplesmente jogados em valas comuns, como vítimas da peste. Alguns deles estavam tão carbonizados por fósforo que era impossível saber sua nacionalidade. Fossem alemães ou aliados, as pessoas esperavam que a morte lhes tivesse chegado rapidamente.

24

CONCLUSÕES

O fatídico cruzamento de Malmedy-Baugnez fora retomado em 13 de janeiro. Na manhã seguinte, equipes de engenheiros com detectores de minas começaram a verificar se os ss Panzergrenadiers haviam atrelado armadilhas de bombas aos corpos daqueles que haviam massacrado. Em seguida, equipes de Registro Graves e médicos iniciaram seu trabalho. A tarefa era extremamente difícil, pois os corpos estavam cobertos com pelo menos um metro de neve e muito deles completamente congelados.

A maioria apresentava múltiplos ferimentos, com buracos de bala na testa, têmporas e na nuca, presumivelmente feitos quando oficiais e Panzergrenadiers circularam entre eles dando-lhes o *coup de grâce*. Alguns estavam sem os olhos, provavelmente arrancados por corvos. As órbitas vazias eram preenchidas por neve. Vários mortos ainda mantinham as mãos acima da cabeça. Os corpos foram levados de volta a Malmedy para serem descongelados em um edifício da ferrovia. Navalhas e facas tiveram que ser usadas para cortar os bolsos e recuperar itens pessoais.

Foram reunidas provas para um julgamento de crimes de guerra, e no final o Tribunal Militar dos Estados Unidos, em Dachau, sentenciou 73 antigos membros do Kampfgruppe Peiper: 43 deles à morte; 22 à prisão perpétua; e oito a penas de prisão que variavam de dez a vinte anos. Outros onze foram julgados por uma corte belga em Liège, em julho de 1948, quando dez deles receberam sentenças de dez a quinze anos de trabalhos forçados. No período pós-Nuremberg, no início da Guerra Fria, todas as sentenças de morte expedidas em Dachau foram comutadas, e os prisioneiros voltaram para suas casas na década de 1950. Peiper foi o último a ser libertado. Após cumprir pena por onze anos e meio, foi viver na obscuridade em Traves, no departamento francês de Haute-Saône. Antigos membros da Resistência francesa o mataram em 13 de julho de 1976. Peiper sabia que estavam atrás dele. Pouco antes de morrer, declarou que seus antigos companheiros estariam à espera dele em Valhalla.

A luta nas Ardenas alcançou um grau de selvageria sem precedentes no front ocidental. O fuzilamento de prisioneiros de guerra sempre foi prática bem mais comum do que os historiadores militares do passado estavam preparados a admitir, especialmente ao escrever sobre os próprios conterrâneos. O assassinato a sangue-frio de prisioneiros pelo Kampfgruppe Peiper no massacre de Malmedy-Baugnez foi, sem dúvida, horripilante, e o assassinato indiscriminado de civis, pior ainda. O fato de soldados americanos se vingarem não foi nenhuma surpresa, mas é chocante saber que vários generais, de Bradley para baixo, apoiaram abertamente o fuzilamento de prisioneiros como retaliação. Há poucos detalhes nos arquivos americanos a respeito do massacre de Chenogne, quando os mal treinados e muito dilapidados membros da 11ª Divisão Blindada descarregaram sua raiva em cerca de sessenta prisioneiros. Foi uma vingança diferente das execuções a sangue-frio perpetradas pela Waffen-ss em Malmedy-Baugnez, mas mesmo assim coloca uma sombra negativa sobre seus oficiais.

Houve alguns poucos incidentes de soldados americanos matando civis belgas ou luxemburgueses, por engano ou suspeita de que fossem traidores, numa área onde algumas pessoas da população de fala alemã ainda nutriam simpatia pelo regime nazista. Mas, no geral, os soldados americanos demonstraram grande simpatia pelos civis sitiados pela batalha, e os serviços médicos do Exército dos Estados Unidos fizeram o possível para tratar de baixas de civis. A Waffen-SS e algumas unidades da Wehrmacht, por outro lado, descarregavam sua raiva por estarem perdendo a guerra em pessoas inocentes. Os piores, sem dúvida, eram os obcecados em se vingar da Resistência belga por suas atividades durante a retirada alemã para a Linha Siegfried em setembro. E não se pode esquecer, é claro, os outros massacres de civis em Noville e Bande, principalmente pelo Sondereinheitkommando 8.

Historiadores, no entanto, têm muitas vezes deixado de destacar a terrível ironia da guerra no século XX. Após o banho de sangue da Primeira Guerra Mundial, os comandantes de exércitos das democracias ocidentais estavam sob grande pressão em seus países para reduzir o número das próprias baixas, então confiavam no uso massivo de artefatos e bombas de artilharia. Como resultado disso, muito mais civis morreram. O fósforo branco, em especial, era uma arma terrível, que matou indiscriminadamente.

Em 20 de julho de 1945, um ano após o dia seguinte à explosão da bomba de Stauffenberg na Wolfsschanze, o *Generalfeldmarschall* Keitel e o *Generaloberst* Jodl foram interrogados sobre a Ofensiva das Ardenas. Tanto o bombástico Keitel quanto o frio e calculista Jodl mostraram-se fatalistas em suas respostas. Sabiam que também iriam enfrentar um tribunal por crimes de guerra.

"A crítica", disseram numa declaração conjunta, "de que talvez tivesse sido melhor ter empregado nossas reservas disponíveis no Leste do que no Oeste nós a deixamos a cargo do julgamento da história. Se foi um 'crime' prolongar a guerra por meio desse ataque, deixamos que as cortes aliadas o julguem. Nosso julgamento é imutável e independe do julgamento deles." Mas eles reconheceram que "com o V e o VI Exércitos Panzer comprometidos nas Ardenas, o caminho ficou aberto para a ofensiva russa lançada em 12 de janeiro a partir das cabeças de ponte do Vístula". Apesar da relutância dos historiadores russos em aceitar o fato, não pode haver dúvida de que o sucesso do avanço do Exército Vermelho em direção ao Oder ocorreu em grande parte graças à ofensiva de Hitler nas Ardenas.

É impossível avaliar o quanto "o risco calculado" de Bradley em deixar o front das Ardenas tão fragilmente defendido ajudou a invasão alemã. Seja como for, seu posicionamento refletiu o pensamento aliado na época de que os alemães eram incapazes de lançar uma ofensiva estratégica. As concepções equivocadas dos alemães eram bem mais graves. Não só Hitler e o OKW, mas a maioria dos generais acreditava que os americanos iriam recuar desordenadamente até o Mosa e defender a partir de lá. Não previram a resoluta defesa das alas norte e sul, que limitaram seus movimentos e linhas de suprimentos de modo tão desastroso, em uma rede de estradas inadequada em condições de tempo péssimas. Além disso, como já mencionado, Hitler estava convencido de que Eisenhower não seria capaz de tomar decisões rápidas, devido às complexidades de uma guerra em coalizão.

"A prontidão com que os Aliados reagiram talvez tenha superado nossas expectativas", reconheceu Jodl mais tarde. "Mas, acima de tudo, foi a velocidade de nossos próprios movimentos que ficou muito abaixo de nossas expectativas." Bradley havia se vangloriado com razão na véspera de Natal de que "nenhum outro exército no mundo poderia deslocar forças com tanta competência e rapidez como fizemos". No segundo dia da ofensiva, o I Exército deslocou 60 mil soldados para as Ardenas em apenas 24 horas. A desprestigiada Com Z do general Lee conseguira milagres. Também dera um jeito de transportar 85% dos estoques de material bélico para fora do alcance alemão. Entre 17 e 26 de dezembro, 50 mil caminhões e 248 mil homens de unidades de oficiais de intendência deslocaram 2,8 milhões de galões de gasolina de modo que as pontas de lança Panzer não pudessem se reabastecer a partir de depósitos capturados.

Embora Hitler tenha se recusado a encarar a realidade até que já fosse tarde demais, os generais alemães perceberam que a grande ofensiva estava condenada ao fracasso por volta do final da primeira semana. Eles podem ter conseguido o efeito surpresa, mas fracassaram em causar o necessário colapso da moral das tropas americanas. Foi o moral alemão que começou a ruir. "Oficiais e homens passaram a demonstrar cada vez mais uma perda de confiança no alto-comando alemão", escreveu o *Generalmajor* Von Gersdorff. "Foi apenas a percepção do perigo imediato que sua terra natal e suas fronteiras corriam que estimulou os soldados a intensificarem seus esforços contra um inimigo impiedoso."

Bayerlein, da Panzer Lehr, desesperava-se com a obstinação de Hitler e do OKW depois que ficou óbvio que as forças alemãs não podiam mais chegar ao Mosa. "Cada dia que os soldados esperavam e continuavam a defender a ponta de lança significava mais perdas em homens e material, que eram desproporcionais à importância operacional do bolsão para o comando alemão." Ele argumentou que o maior erro no planejamento foi dar ao VI Exército Panzer a principal força, quando ele estava fadado a enfrentar a maior resistência. A única chance de alcançar o Mosa estava com o V Exército Panzer de Manteuffel, mas mesmo então a ideia de alcançar a Antuérpia era impossível, dado o equilíbrio de forças no front ocidental. Bayerlein descreveu a Ofensiva das Ardenas como "o último suspiro da Wehrmacht e do supremo comando, ambos em colapso, antes de seu final".

Além de ter sido, sem dúvida, um triunfo americano, a campanha das Ardenas produziu uma derrota política para os britânicos. A desastrosa coletiva de imprensa de Monty e o pouco sensato clamor da imprensa londrina haviam desencadeado uma aberta anglofobia nos Estados Unidos, e principalmente entre os altos oficiais americanos na Europa. A divergência frustrou as esperanças que Churchill alimentava de que o marechal de campo Alexander pudesse substituir o marechal do ar Tedder como vice de Eisenhower. O general Marshall havia vetado firmemente a ideia porque poderia indicar que os britânicos haviam conquistado "uma grande vantagem em obter o controle das operações em terra". E, como Churchill reconheceu, havia uma consequência bem mais grave. Montgomery iria se ver posto de lado depois de cruzarmos o Reno no avanço pelo Alemanha, e todo conselho britânico seria ignorado. A influência do país nos conselhos aliados estava no fim. Na realidade, não se pode excluir completamente a possibilidade de que a raiva do presidente Eisenhower com a perfídia britânica durante a crise de Suez onze anos mais tarde tivesse sido em parte condicionada por suas experiências em janeiro de 1945.[1]

As baixas alemãs e aliadas nos combates das Ardenas de 16 de dezembro de 1944 a 29 de janeiro de 1945 foram praticamente iguais. As perdas alemãs ficaram por volta de 80 mil, entre mortos, feridos e desaparecidos. Os americanos sofreram 75.482 baixas, com 8.407 mortos. Os britânicos perderam 1.408, dos quais duzentos foram mortes. A desafortunada 106ª Divisão de Infantaria foi a que mais perdeu homens, 8.568, mas muitos deles foram feitos prisioneiros de guerra. A 101ª Aerotransportada teve a maior taxa de mortes, com 535 mortos em combate.

Nas Ardenas, unidades da linha do front compostas exclusivamente por soldados afro-americanos serviram pela primeira vez em número considerável. Apesar dos receios e preconceitos de muitos altos oficiais americanos, eles lutaram muito bem, como a 17ª Aerotransportada pôde comprovar. Nada menos do que nove dos batalhões de artilharia de campo no 8º Corpo haviam sido de negros, assim como quatro das sete unidades de artilharia do corpo que apoiavam a 106ª Divisão. Duas delas foram para Bastogne e tiveram papel importante na defesa do perímetro. A 969ª Artilharia de Campo recebeu a primeira Citação de Unidade por Distinção dada a uma unidade de combate negra na Segunda Guerra Mundial. Havia ainda três batalhões de destruidores de tanques e o 761º Batalhão de Tanques, todos com soldados negros, lutando nas Ardenas. O capitão John Long, oficial que comandava a Companhia B do 761º Batalhão de Tanques, declarou que lutava "Não por Deus e pelo país, mas por mim e meu povo".

As vítimas americanas ignoradas da Ofensiva das Ardenas foram aqueles soldados capturados pelo inimigo e condenados a passar os

1 O rancor persistiu pelo resto de sua vida. Quando Cornelius Ryan perguntou a respeito de Montgomery alguns anos depois de Suez e bem depois da guerra, Eisenhower explodiu. "Ele é um psicopata, não se esqueça. Ele é muito egocêntrico [...] Nunca cometeu um erro em sua vida." Montgomery estava tentando "garantir que os americanos e eu em particular não ganhássemos nenhum crédito, como se não tivéssemos nada a ver com aquela guerra. Eu simplesmente cortei a comunicação com ele".

últimos meses da guerra nos terríveis campos de prisioneiros *Stalag*. Sua viagem para a Alemanha foi uma série de marchas no frio, intermináveis viagens de trem, apertados dentro de vagões fechados, bombardeados e atacados por aviões aliados e em meio à debilitante imundície da disenteria.

O sargento John Kline da 106ª Divisão descreveu seu suplício em um diário. Em 20 de dezembro, ele e seus companheiros prisioneiros foram obrigados a marchar o dia inteiro sem comida e sem água. Recorriam a punhados de neve. Em uma pequena vila, "os alemães nos obrigaram a tirar nossas galochas e dá-las aos civis". Viram soldados alemães sentados em jipes capturados, comendo o que supostamente teria sido seu jantar de Natal. Em 25 de dezembro, depois que civis alemães atiraram pedras na coluna de prisioneiros de guerra, escreveu ele, "Não houve Natal, a não ser em nossos corações". Dois dias mais tarde, chegaram a Koblenz de tarde e receberam um pouco de sopa e pão, de uma cozinha móvel. Quando foram postos a marchar em grupos de quinhentos, um homem de terno correu até o meio da rua e acertou-lhe a cabeça com sua pasta de documentos. O guarda alemão comentou que o homem devia estar zangado por causa dos recentes bombardeios.

Quando a luta se aproximava de seu final, em abril de 1945, o correspondente de guerra australiano Godfrey Blunden deparou com um grupo de prisioneiros de guerra americanos, jovens, em semi-inanição, talvez da 106ª Divisão de Infantaria. Descreveu-os como tendo "costelas de xilofone", bochechas afundadas, pescoços magros e "braços desengonçados". Eles estavam "um pouco histéricos" em sua alegria de encontrar anglo-saxões como eles. "Alguns prisioneiros americanos que conheci esta manhã me pareceram os mais patéticos que já vi", escreveu Blunden. "Chegaram à Europa apenas no final de dezembro, foram direto para a linha do front e receberam o impacto todo da contraofensiva alemã nas Ardenas naquele mês. Desde sua captura foram deslocados quase sem parar de um lugar para outro e contaram histórias de companheiros seus que foram mortos a pauladas por guardas alemães simplesmente porque saíram da fila para pegar beterrabas-sacarina dos campos. Eram mais patéticos por serem apenas garotos arrastados da suas boas casas em um bom país sem saber nada a respeito da Europa, e não tinham nada da rusticidade dos australianos, ou da esperteza dos franceses ou da teimosia irredutível dos ingleses. Eles simplesmente não sabiam do que se tratava tudo aquilo." Eles pelos menos estavam vivos. Um bom número de seus companheiros havia perdido a vontade de sobreviver ao seu aprisionamento, como o soldado que inspirou o personagem Billy Pilgrim criado por Kurt Vonnegut, que adquiriu aquele "olhar perdido de 5 mil milhas". Reduzidos a uma apatia vazia, não se moviam nem comiam e morreram silenciosamente de fome.

A surpreendente e cruel ofensiva das Ardenas de Hitler havia trazido para o Ocidente a aterradora brutalidade do front oriental. Mas, como ocorreu na invasão japonesa da China em 1937 e na invasão nazista da União Soviética em 1941, o choque da guerra total não produziu o pânico e o colapso universal que se esperava. Provocou em vez disso uma massa crítica de desesperada resistência, uma determinação sanguinária de continuar lutando mesmo quando cercado. Quando as formações alemãs atacavam, gritando e apitando, companhias isoladas defendiam vilas estratégicas mesmo com chances mínimas de sucesso. Seu sacrifício proporcionou o tempo necessário para trazer reforços, e essa foi a sua contribuição vital para a destruição do sonho de Hitler. Talvez o maior erro da liderança alemã na Ofensiva das Ardenas foi ter feito uma avaliação equivocada dos soldados de um exército pelo qual faziam questão de demonstrar desprezo.

AGRADECIMENTOS

Um livro como este não poderia ter sido pesquisado sem a imensa ajuda de amigos e de desconhecidos. Sou grato acima de tudo a Rick Atkinson, que generosamente me passou todas as suas anotações de pesquisa sobre o período. Elas se revelaram um guia excelente, poupando-me muito tempo nos primeiros estágios de trabalho nos arquivos, quando estamos propensos a encontrar várias dificuldades.

Também devo muito a outras pessoas que merecem minha sincera gratidão. Hadelin, conde de Liedekerke-Beaufort, em cujas propriedades em torno de Celles – onde a ponta de lança alemã da 2ª Divisão Panzer foi derrotada – não só me convidou a ficar, mas também me colocou em contato com M. Jean-Michel Delvaux, historiador das experiências dos civis na região de Celles e Rochefort durante a guerra, e cujo impressionante trabalho foi de imensa ajuda. Sua alteza sereníssima duque de Arenberg, em cuja propriedade a 116ª Divisão Panzer lutou, graciosamente colocou à minha disposição seu administrador, M. Paul Gobiet, para me levar de carro a todos os lugares de interesse.

Sebastian Cox, o diretor do Air Historical Branch do Ministério da Defesa britânico, forneceu orientação geral sobre o uso do poder aéreo e foi de grande auxílio especialmente quanto aos detalhes da Operação Bodenplatte. Orlando Figes colocou-me em contato com seu tio Ernest Unger, que gentilmente relatou a história sobre Gerhardt Unger. Ron Schroer, do Australian War Memorial, contatou Hans Post, que gentilmente cedeu suas anotações e as fitas de suas entrevistas sobre as experiências que teve na SS durante a campanha. O professor Tami Davis Biddle da Escola do Exército dos Estados Unidos, sir Max Hastings, o doutor Stefan Goebel e James Holland ajudaram-me com conselhos, material e livros.

Agradeço também a Ronald Blunden, meu *publisher* na França, pelos escritos de seu pai, Godfrey Blunden; à senhora Anne Induni, filha do marechal do ar sir James Robb, vice-chefe do Estado-Maior (Aéreo) do SHAEF, pelo texto de seu pai "Higher Direction of War", escrito no Priorado de Bentley em novembro de 1946; e ao doutor Arthur S. Couch por suas memórias não publicadas do inverno de 1944.

Naturalmente, devo muito também à ajuda e aos bons conselhos dos arquivistas, entre eles William Spencer e seus colegas no The National Archives em Kew; ao doutor Conrad Crane, ao doutor Richard Sommers e a toda a equipe do USAMHI, Carlisle, Pensilvânia; ao doutor Tim Nenninger e a Richard Peuser do NARA, no College Park, Maryland; à equipe do Liddell Hart Centre for Military Archives, no King's College de Londres e à equipe do Imperial War Museum. Harland Evans ajudou-me a encontrar material no The National Archives, do IWM e do Liddell Hart Centre.

Por fim, serei sempre grato ao meu agente e amigo Andrew Nurnberg, assim como a Robin Straus nos Estados Unidos, e também a Eleo Gordon, meu editor na Penguin em Londres, e a Kathryn Court, em Nova York. Peter James mais uma vez mostrou ser o editor de texto ideal, mas meus maiores agradecimentos como sempre vão também para a minha esposa e primeira pessoa a quem recorro como editora, Artemis. O livro é dedicado a nosso filho

Adam, que se formou em história moderna enquanto eu escrevia alguns dos capítulos mais complexos, estimulando-me a me esforçar ainda mais.

ORDEM DE BATALHA, OFENSIVA DAS ARDENAS

ALIADOS

12º Grupo do Exército
Tenente-general Omar N. Bradley

I Exército dos Estados Unidos
Tenente-general Courtney H. Hodges

5º Corpo
Major-general Leonard T. Gerow
102º Grupo de Cavalaria; 38º e 102º Esquadrões de Reconhecimento de Cavalaria Esquadrões de Reconhecimento de Cavalaria (agregado)
613º Batalhão de Destruidores de Tanques
186º, 196º, 200º e 955º Batalhões de Artilharia de Campo
187º Grupo de Artilharia de Campo (751º e 997º Batalhões de Artilharia de Campo)
190º Grupo de Artilharia de Campo (62º, 190º, 272º e 268º Batalhões de Artilharia de Campo)
406º Grupo de Artilharia de Campo (76º, 941º, 953º e 987º Batalhões de Artilharia de Campo)
1.111º Grupo de Combate de Engenharia (51º, 202º, 291º e 296º Batalhões de Combate de Engenharia)
1.121º Grupo de Combate de Engenharia (146º e 254º Batalhões de Combate de Engenharia)
1.195º Grupo de Combate de Engenharia
134º, 387º, 445º, 460º, 461º, 531º, 602º, 639º e 863º Batalhões de Artilharia Antiaérea

1ª Divisão de Infantaria "Big Red One"
General de brigada Clift Andrus
16º, 18º e 26º Regimentos de Infantaria
5º, 7º, 32º e 33º Batalhões de Artilharia de Campo
745º Batalhão de Tanques; 634º e 703º Batalhões de Destruidores de Tanques
1º Batalhão de Combate de Engenharia; 103º Batalhão de Artilharia Antiaérea

2ª Divisão de Infantaria "Indianhead"
Major-general Walter M. Robertson
9º, 23º e 38º Regimentos de Infantaria
12º, 15º, 37º e 38º Batalhões de Artilharia de Campo
741º Batalhão de Tanques; 612º e 644º Batalhões de Destruidores de Tanques
2º Batalhão de Combate de Engenharia; 462º Batalhão de Artilharia Antiaérea

9ª Divisão de Infantaria "Old Reliables"
Major-general Louis A. Craig
39º, 47º e 60º Regimentos de Infantaria
26º, 34º, 60º e 84º Batalhões de Artilharia de Campo

15º Batalhão de Combate de Engenharia; 38º Esquadrão de Reconhecimento de Cavalaria
746º Batalhão de Tanques; 376º e 413º Batalhões de Artilharia Antiaérea

78ª Divisão de Infantaria "Lightning"
Major-general Edwin P. Parker Jr.
309º, 310º e 311º Regimentos de Infantaria
307º, 308º, 309º e 903º Batalhões de Artilharia de Campo
709º Batalhão de Tanques; 628º e 893º Batalhões de Destruidores de Tanques
303º Batalhão de Combate de Engenharia; 552º Batalhão de Artilharia Antiaérea
Comando de Combate R, 5ª Divisão Blindada (agregada); 2º Batalhão de Guardas (agregado)
99ª Divisão de Infantaria "Checkerboard"
Major-general Walter E. Lauer
393º, 394º e 395º Regimentos de Infantaria
370º, 371º, 372º e 924º Batalhões de Artilharia de Campo
324º Batalhão de Combate de Engenharia; 801º Batalhão de Destruidores de Tanques
535º Batalhão de Artilharia Antiaérea

7º Corpo
Major-general Joseph Lawton Collins
4º Grupo de Cavalaria Mecanizada; 29º Regimento de Infantaria; 740º Batalhão de Tanques
509º Batalhão de Infantaria de Paraquedistas; 298º Batalhão de Combate de Engenharia
18º Grupo de Artilharia de Campo (188º, 666º e 981º Batalhões de Artilharia de Campo)
142º Grupo de Artilharia de Campo (195º e 266º Batalhões de Artilharia de Campo)
188º Grupo de Artilharia de Campo (172º, 951º e 980º Batalhões de Artilharia de Campo)
18º, 83º, 87º, 183º, 193º, 957º e 991º Batalhões de Artilharia de Campo
Dois Batalhões Franceses de Infantaria Ligeira

2ª Divisão Blindada "Hell on Wheels"
Major-general Ernest N. Harmon
CCA, CCB e CCR; 41º Regimento de Infantaria Blindada; 66º e 67º Regimentos Blindados
14º, 78º e 92º Batalhões de Artilharia de Campo Blindada
17º Batalhão de Engenharia Blindada; 82º Batalhão de Reconhecimento Blindado
702º Batalhão de Destruidores de Tanques; 195º Batalhão de Artilharia Antiaérea
Elementos do 738º Batalhão de Tanques (especial – desativação de minas) agregado

3ª Divisão Blindada "Spearhead"
Major-general Maurice Rose
CCA, CCB e CCR; 36º Regimento de Infantaria Blindada; 32º e 33º Regimentos Blindados
54º, 67º e 391º Batalhões de Artilharia de Campo Blindada
23º Batalhão de Engenharia Blindada; 83º Esquadrão de Reconhecimento
643º e 703º Batalhões de Destruidores de Tanques; 486º Batalhão de Artilharia Antiaérea

83ª Divisão de Infantaria "Ohio"
Major-general Robert C. Macon
329º, 330º e 331º Regimentos de Infantaria
322º, 323º, 324º e 908º Batalhões de Artilharia de Campo
308º Batalhão de Combate de Engenharia; 453º Batalhão de Artilharia Antiaérea
774º Batalhão de Tanques; 772º Batalhão de Destruidores de Tanques

84ª Divisão de Infantaria "Railsplitters"
General de brigada Alexander R. Bolling
333º, 334º e 335º Regimentos de Infantaria
325º, 326º, 327º e 909º Batalhões de Artilharia de Campo

309º Batalhão de Combate de Engenharia
701º Batalhão de Tanques, substituído pelo 771º Batalhão de Tanques em 20 de dezembro
638º Batalhão de Destruidores de Tanques; 557º Batalhão de Artilharia Antiaérea

18º Corpo Aerotransportado
Major-general Matthew B. Ridgway
14º Grupo de Cavalaria Mecanizada
254º, 275º, 400º e 460º Batalhões de Artilharia de Campo
79º Grupo de Artilharia de Campo (153º, 551º e 552º Batalhões de Artilharia de Campo)
179º Grupo de Artilharia de Campo (259º e 965º Batalhões de Artilharia de Campo)
211º Grupo de Artilharia de Campo (240º e 264º Batalhões de Artilharia de Campo)
401º Grupo de Artilharia de Campo (187º e 809º Batalhões de Artilharia de Campo)

7ª Divisão Blindada "Lucky Seventh"
General de brigada Robert W. Hasbrouck
CCA, CCB e CCR; 23º, 38º e 48º Batalhões de Infantaria Blindada
17º, 31º e 40º Batalhões de Tanques; 87º Esquadrão de Reconhecimento
434º, 440º e 489º Batalhões de Artilharia de Campo Blindada
33º Batalhão de Engenharia Blindada; 814º Batalhão de Destruidores de Tanques
203º Batalhão de Artilharia Antiaérea
820º Batalhão de Destruidores de Tanques (25-30 de dezembro)

30ª Divisão de Infantaria "Old Hickory"
Major-general Leland S. Hobbs
117º, 119º e 120º Regimentos de Infantaria
113º, 118º, 197º e 230º Batalhões de Artilharia de Campo
517º Regimento de Infantaria de Paraquedistas agregado; 105º Batalhão de Combate de Engenharia
743º Batalhão de Tanques; 823º Batalhão de Destruidores de Tanques
110º, 431º e 448º Batalhões de Artilharia Antiaérea

75ª Divisão de Infantaria
Major-general Fay B. Prickett
289º, 290º e 291º Regimentos de Infantaria
730º, 897º, 898º e 899º Batalhões de Artilharia de Campo
275º Batalhão de Combate de Engenharia; 440º Batalhão de Artilharia Antiaérea
750º Batalhão de Tanques; 629º e 772º Batalhões de Destruidores de Tanques
82ª Divisão Aerotransportada "All American"
Major-general James M. Gavin
504º, 505º, 507º e 508º Regimentos de Infantaria de Paraquedistas
325º Regimento de Infantaria de Planadores; 307º Batalhão de Engenharia Aerotransportado
319º e 320º Batalhões de Artilharia de Campo de Planadores
376º e 456º Batalhões de Artilharia de Campo de Paraquedistas; 80º Batalhão de Artilharia Antiaérea
551º Batalhão de Infantaria de Paraquedistas; 628º Batalhão de Destruidores de Tanques (2-11 de janeiro)
740º Batalhão de Tanques (30 de dezembro a 11 de janeiro)
643º Batalhão de Destruidores de Tanques (4-5 de janeiro)

106ª Divisão de Infantaria "Golden Lions"
Major-general Alan W. Jones
422º, 423º e 424º Regimentos de Infantaria
589º, 590º, 591º e 592º Batalhões de Artilharia de Campo
81º Batalhão de Combate de Engenharia; 820º Batalhão de Destruidores de Tanques

634º Batalhão de Artilharia Antiaérea (8-18 de dezembro)
440º Batalhão de Artilharia Antiaérea (8 de dezembro a 4 de janeiro)
563º Batalhão de Artilharia Antiaérea (9-18 de dezembro)

101ª Divisão Aerotransportada "Screaming Eagles"
General de brigada Anthony C. McAuliffe (Major-general Maxwell D. Taylor)
501º, 502º e 506º Regimentos de Infantaria de Paraquedistas
327º Regimento de Infantaria de Planadores; 1º Batalhão, 401ª Infantaria de Paraquedistas
321º e 907º Batalhões de Artilharia de Campo de Planadores
377º e 463º Batalhões de Artilharia de Campo de Paraquedistas
326º Batalhão de Engenharia Aerotransportado; 705º Batalhão de Destruidores de Tanques
81º Batalhão de Artilharia Antiaérea Aerotransportado

III Exército dos Estados Unidos
Tenente-general George S. Patton Jr.
109º, 115º, 217º e 777º Batalhões de Canhões Antiaéreos
456º, 465º, 550º e 565º Batalhões de Artilharia Antiaérea
280º Batalhão de Combate de Engenharia (mais tarde transferido para o IX Exército)

3º Corpo
Major-general John Millikin
6º Grupo de Cavalaria, Mecanizada; 179º, 274º, 776º e 777º Batalhões de Artilharia de Campo
193º Grupo de Artilharia de Campo (177º, 253º, 696º, 776º e 949º Batalhões de Artilharia de Campo)
203º Grupo de Artilharia de Campo (278º, 742º, 762º Batalhões de Artilharia de Campo)
1.137º Grupo de Combate de Engenharia (145º, 188º e 249º Batalhões de Combate de Engenharia)
183º e 243º Batalhões de Combate de Engenharia; 467º e 468º Batalhões de Artilharia Antiaérea
4ª Divisão Blindada
Major-general Hugh J. Gaffey
CCA, CCB e CCR; 8º, 35º e 37º Batalhões de Tanques
10º, 51º e 53º Batalhões de Infantaria Blindada
22º, 66º e 94º Batalhões de Artilharia de Campo Blindada
24º Batalhão de Engenharia Blindada; 25º Esquadrão de Reconhecimento de Cavalaria
489º Batalhão de Artilharia Antiaérea; 704º Batalhão de Destruidores de Tanques
6ª Divisão Blindada "Super Sixth"
Major-general Robert W. Grow
CCA, CCB e CCR; 15º, 68º e 69º Batalhões de Tanques
9º, 44º e 50º Batalhões de Infantaria Blindada
128º, 212º e 231º Batalhões de Artilharia de Campo Blindada
25º Batalhão de Engenharia Blindada; 86º Esquadrão de Reconhecimento de Cavalaria
691º Batalhão de Destruidores de Tanques; 777º Batalhão de Artilharia Antiaérea

26ª Divisão de Infantaria "Yankee"
Major-general Willard S. Paul
101º, 104º e 328º Regimentos de Infantaria
101º, 102º, 180º e 263º Batalhões de Artilharia de Campo
101º Batalhão de Combate de Engenharia; 735º Batalhão de Tanques
818º Batalhão de Destruidores de Tanques; 390º Batalhão de Artilharia Antiaérea

35ª Divisão de Infantaria "Santa Fe"
Major-general Paul W. Baade
134º, 137º e 320º Regimentos de Infantaria
127º, 161º, 216º e 219º Batalhões de Artilharia de Campo

60º Batalhão de Combate de Engenharia; 654º Batalhão de Destruidores de Tanques
448º Batalhão de Artilharia Antiaérea

90ª Divisão de Infantaria "Tough 'Ombres"
Major-general James A. Van Fleet
357º, 358º e 359º Regimentos de Infantaria
343º, 344º, 345º e 915º Batalhões de Artilharia de Campo
315º Batalhão de Combate de Engenharia; 773º Batalhão de Destruidores de Tanques
774º Batalhão de Destruidores de Tanques (21 de dezembro a 6 de janeiro)
537º Batalhão de Artilharia Antiaérea

8º Corpo
Major-general Troy H. Middleton
174º Grupo de Artilharia de Campo (965º, 969º e 700º Batalhões de Artilharia de Campo)
333º Grupo de Artilharia de Campo (333º e 771º Batalhões de Artilharia de Campo)
402º Grupo de Artilharia de Campo (559º, 561º e 740º Batalhões de Artilharia de Campo)
422º Grupo de Artilharia de Campo (81º e 174º Batalhões de Artilharia de Campo)
687º Batalhão de Artilharia de Campo; 178º e 249º Batalhões de Combate de Engenharia
1.102º Grupo de Engenharia (341º Regimento de Serviços Gerais de Engenharia)
1.107º Grupo de Combate de Engenharia (159º e 168º Batalhões de Combate de Engenharia)
1.128º Grupo de Combate de Engenharia (35º, 44º e 202º Batalhões de Combate de Engenharia)
Infantaria Ligeira Francesa (seis Batalhões de Infantaria Ligeira da região de Metz)
467º, 635º e 778º Batalhões de Artilharia Antiaérea

9ª Divisão Blindada "Phantom"
Major-general John W. Leonard
CCA, CCB e CCR; 27º, 52º e 60º Batalhões de Infantaria Blindada
2º, 14º e 19º Batalhões de Tanques; 3º, 16º e 73º Batalhões de Artilharia de Campo Blindada
9º Batalhão de Engenharia Blindada; 89º Esquadrão de Cavalaria
811º Batalhão de Destruidores de Tanques; 482º Batalhão de Artilharia Antiaérea

11ª Divisão Blindada "Thunderbolt"
General de brigada Charles S. Kilburn
CCA, CCB e CCR; 21º, 55º e 63º Batalhões de Infantaria Blindada
22º, 41º e 42º Batalhões de Tanques
490º, 491º e 492º Batalhões de Artilharia de Campo Blindada
56º Batalhão de Engenharia Blindada; 602º Batalhão de Destruidores de Tanques
41º Esquadrão de Cavalaria; 575º Batalhão de Artilharia Antiaérea

17ª Divisão Aerotransportada "Golden Talons"
Major-general William M. Miley
507º e 513º Regimentos de Infantaria de Paraquedistas; 193º e 194º Regimentos de Infantaria de Planadores
680º e 681º Batalhões de Artilharia de Campo de Planadores; 466º Batalhão de Artilharia de Campo de Paraquedistas
139º Batalhão de Engenharia Aerotransportado; 155º Batalhão de Artilharia Antiaérea Aerotransportada

28ª Divisão de Infantaria "Keystone"
Major-general Norman D. Cota
109º, 110º e 112º Regimentos de Infantaria
107º, 108º, 109º e 229º Batalhões de Artilharia de Campo
103º Batalhão de Combate de Engenharia; 447º Batalhão de Artilharia Antiaérea

707º Batalhão de Tanques; 602º e 630º Batalhões de Destruidores de Tanques

87ª Divisão de Infantaria "Golden Acorn"
General de brigada Frank L. Culin Jr.
345º, 346º e 347º Regimentos de Infantaria
334º, 335º, 336º e 912º Batalhões de Artilharia de Campo; 312º Batalhão de Combate de Engenharia
761º Batalhão de Tanques; 549º Batalhão de Artilharia Antiaérea
610º Batalhão de Destruidores de Tanques (14-22 de dezembro)
691º Batalhão de Destruidores de Tanques (22-24 de dezembro e 8-26 de janeiro)
704º Batalhão de Destruidores de Tanques (17-19 de dezembro)

12º Corpo
Major-general Manton S. Eddy
2º Grupo de Cavalaria, Mecanizada
161º, 244º, 277º, 334º, 336º e 736º Batalhões de Artilharia de Campo
177º Grupo de Artilharia de Campo (215º, 255º e 775º Batalhões de Artilharia de Campo)
182º Grupo de Artilharia de Campo (802º, 945º e 974º Batalhões de Artilharia de Campo)
183º Grupo de Artilharia de Campo (695º e 776º Batalhões de Artilharia de Campo)
404º Grupo de Artilharia de Campo (273º, 512º e 752º Batalhões de Artilharia de Campo)

4ª Divisão de Infantaria "Ivy"
Major-general Raymond O. Barton
8º, 12º e 22º Regimentos de Infantaria; 20º, 29º, 42º e 44º Batalhões de Artilharia de Campo
4º Batalhão de Combate de Engenharia; 70º Batalhão de Tanques
802º e 803º Batalhões de Destruidores de Tanques; 377º Batalhão de Artilharia Antiaérea

5ª Divisão de Infantaria "Red Diamond"
Major-general Stafford L. Irwin
2º, 10º e 11º Regimentos de Infantaria; 19º, 21º, 46º e 50º Batalhões de Artilharia de Campo
7º Batalhão de Combate de Engenharia; 737º Batalhão de Tanques; 449º Batalhão de Artilharia Antiaérea
654º Batalhão de Destruidores de Tanques (22-25 de dezembro); 803º Batalhão de Destruidores de Tanques (a partir de 25 de dezembro)
807º Batalhão de Destruidores de Tanques (17-21 de dezembro); 818º Batalhão de Destruidores de Tanques (13 de julho a 20 de dezembro)

10ª Divisão Blindada "Tiger"
Major-general William H. H. Morris Jr.
CCA, CCB e CCR; 20º, 54º e 61º Batalhões de Infantaria Blindada
3º, 11º e 21º Batalhões de Tanques; 609º Batalhão de Destruidores de Tanques
419º, 420º e 423º Batalhões de Artilharia de Campo Blindada
55º Batalhão de Engenharia Blindada; 90º Esquadrão de Reconhecimento de Cavalaria
796º Batalhão de Artilharia Antiaérea

80ª Divisão de Infantaria "Blue Ridge"
Major-general Horace L. McBride
317º, 318º e 319º Regimentos de Infantaria
313º, 314º, 315º e 905º Batalhões de Artilharia de Campo; 702º Batalhão de Tanques
305º Batalhão de Combate de Engenharia; 633º Batalhão de Artilharia Antiaérea
610º Batalhão de Destruidores de Tanques (23 de novembro a 6 de dezembro e 21 de dezembro a 28 de janeiro)
808º Batalhão de Destruidores de Tanques (25 de setembro a 21 de dezembro)

30º Corpo

Tenente-general sir Brian Horrocks

2º Regimento de Cavalaria Household; 11º Hussars

4º e 5º Regimentos, Royal Horse Artillery; 27º Regimento Antiaéreo Leve, Artilharia Real

7º, 64º e 84º Regimentos Médios, Artilharia Real

6ª Divisão Aerotransportada

Major-general Eric Bols

6º Regimento de Reconhecimento Blindado Aerotransportado, Real Corpo Blindado

249ª Companhia de Campo Aerotransportada, Royal Engineers; 3º e 591º Esquadrões de Paraquedistas, Royal Engineers; 3º e 9º Esquadrões Aerotransportados, Royal Engineers; 53º Regimento Ligeiro, Artilharia Real; 3ª e 4ª Baterias Antitanque Aerotransportadas, Artilharia Real

22ª Companhia Independente de Paraquedistas

3ª Brigada de Paraquedistas (8º Batalhão de Paraquedistas; 9º Batalhão de Paraquedistas; 1º Batalhão Canadense de Paraquedistas)

5ª Brigada de Paraquedistas (7º Batalhão de Paraquedistas; 12º Batalhão de Paraquedistas; 13º Batalhão de Paraquedistas)

6ª Brigada de Aterragem (12º Batalhão, Regimento Devonshire; 2º Batalhão, Infantaria Ligeira de Oxfordshire e Buckinghamshire; 1º Batalhão, Royal Ulster Rifles)

51ª (Highland) Divisão de Infantaria

Major-general G. T. G. Rennie

2º Derbyshire Yeomanry

126º, 127º e 128º Regimentos de Campo, Artilharia Real; 61º Regimento Antitanques, Artilharia Real; 40º Regimento Antiaéreo Leve, Artilharia Real

274ª, 275ª e 276ª Companhias de Campo, Royal Engineers

1/7 Batalhão de Metralhadoras, Regimento Middlesex

152ª Brigada de Infantaria (2º Batalhão, Seaforth Highlanders; 5º Batalhão, Seaforth Highlanders; 5º Batalhão, Queen's Own Cameron Highlanders)

153ª Brigada de Infantaria (5º Batalhão, Black Watch; 1º Batalhão, Gordon Highlanders; 5º-7º Batalhões, Gordon Highlanders)

154ª Brigada de Infantaria (1º Batalhão, Black Watch; 7º Batalhão, Black Watch; 7º Batalhão, Argyll and Sutherland Highlanders)

53ª (Gales) Divisão de Infantaria

Major-general R. K. Ross

81º, 83º e 133º Regimentos de Campo, Artilharia Real

53º Regimento de Reconhecimento, Corpo Blindado Real

71º Regimento Antitanques, Artilharia Real; 25º Regimento Antiaéreo Leve, Artilharia Real

244ª, 282ª e 555ª Companhias de Campo, Royal Engineers

71ª Brigada de Infantaria (1º Batalhão, Infantaria Ligeira de Oxford e Buckinghamshire; 1º Batalhão, Infantaria Ligeira Highland; 4º Batalhão, Royal Welch Fusiliers)

158ª Brigada de Infantaria (7º Batalhão, Royal Welch Fusiliers; 1º-5º Batalhões, Regimento Welch; 1º Batalhão, Regimento East Lancashire)

160ª Brigada de Infantaria (2º Batalhão, Regimento Monmouthshire; 1º-5º Batalhões, Regimento Welch; 6º Batalhão, Royal Welch Fusiliers)

29ª Brigada Blindada

General de brigada C. B. Harvey

23º Hussars; 3º Real Regimento de Tanques; 2º Fife and Forfar Yeomanry; 8º Batalhão, Brigada de Fuzileiros

33ª Brigada Blindada
General de brigada H. B. Scott
144º Regimento, Corpo Blindado Real; 1º Northamptonshire Yeomanry; 1º East Riding Yeomanry

34ª Brigada de Tanques do Exército
General de brigada W. S. Clarke
9º Real Regimento de Tanques; 107º Regimento, Corpo Blindado Real; 147º Regimento, Corpo Blindado Real

Reserva do Corpo
Divisão de Blindados Guards
50ª (Northumbrian) Divisão de Infantaria

WEHRMACHT

Grupo do Exército B

Generalfeldmarschall Walter Model

V Exército Panzer

General der Panzertruppe Hasso von Manteuffel
19ª Brigada Antiaérea; 207º e 600º Batalhões de Engenharia
653º Batalhão de Panzerjäger Pesados; 669º Batalhão *Ost* (Leste)
638ª, 1.094ª e 1.095ª Baterias de Artilharia Pesada
25ª-975ª Baterias de Artilharia Fortificada; 1.099ª, 1.119ª e 1.121ª Baterias de Morteiros Pesados

47º Corpo Panzer
General der Panzertruppe Heinrich Freiherr von Lüttwitz
766º Corpo de Volksartillerie; 15ª Brigada Volkswerfer; 182º Regimento Antiaéreo

2ª Divisão Panzer
Oberst Meinrad von Lauchert
3º Regimento Panzer; 2º e 304º Regimentos Panzergrenadier
74º Regimento de Artilharia; 2º Batalhão de Reconhecimento
38º Batalhão Antitanques; 38º Batalhão de Engenharia; 273º Batalhão Antiaéreo

9ª Divisão Panzer
Generalmajor Harald Freiherr von Elverfeldt
33º Regimento Panzer; 10º e 11º Regimentos Panzergrenadier
102º Regimento de Artilharia; 9º Batalhão de Reconhecimento
50º Batalhão Antitanques; 86º Batalhão de Engenharia; 287º Batalhão Antiaéreo
301º Batalhão de Panzers Pesados (agregado)

Divisão Panzer Lehr
Generalleutnant Fritz Bayerlein
130º Regimento Panzer; 901º e 902º Regimentos Panzergrenadier
130º Regimento de Artilharia; 130º Batalhão de Reconhecimento
130º Batalhão Antitanques; 130º Batalhão de Engenharia; 311º Batalhão Antiaéreo
559º Batalhão Antitanques (agregado); 243ª Brigada de Canhões de Assalto (agregado)

26ª Divisão Volksgrenadier
Generalmajor Heinz Kokott
39º Regimento de Fuzileiros; 77º e 78º Regimentos Volksgrenadier; 26º Regimento de Artilharia;
26º Batalhão de Reconhecimento; 26º Batalhão Antitanques; 26º Batalhão de Engenharia

Brigada Führer Begleit
Oberst Otto Remer
102º Batalhão Panzer; 100º Regimento Panzergrenadier; 120º Regimento de Artilharia
120º Batalhão de Reconhecimento; 120º Batalhão Antitanques; 120º Batalhão de Engenharia
828º Batalhão de Granadeiros; 673º Regimento Antiaéreo

66º Corpo
General der Artillerie Walter Lucht
16ª Brigada Volkswerfer (86º e 87º Regimentos Werfer)
244ª Brigada de Canhões de Assalto; 460º Batalhão de Artilharia Pesada

18ª Divisão Volksgrenadier
Oberst Günther Hoffmann-Schönborn
293º, 294º e 295º Regimentos Volksgrenadier; 1.818º Regimento de Artilharia
1.818º Batalhão Antitanques; 1.818º Batalhão de Engenharia

62ª Divisão Volksgrenadier
Oberst Friedrich Kittel
164º, 190º e 193º Regimentos Volksgrenadier; 162º Regimento de Artilharia
162º Batalhão Antitanques; 162º Batalhão de Engenharia

58º Corpo *Panzer*
General der Panzertruppe Walter Krüger
401º Corpo de Volksartillerie; 7ª Brigada Volkswerfer (84º e 85º Regimentos Werfer)
1º Regimento Antiaéreo

116ª Divisão Panzer
Generalmajor Siegfried von Waldenburg
16º Regimento Panzer; 60º e 156º Regimentos Panzergrenadier
146º Regimento de Artilharia; 146º Batalhão de Reconhecimento; 226º Batalhão Antitanques
675º Batalhão de Engenharia; 281º Batalhão Antiaéreo

560ª Divisão Volksgrenadier
Oberst Rudolf Langhauser
1.128º, 1.129º e 1.130º Regimentos Volksgrenadier; 1.560º Regimento de Artilharia
1.560º Batalhão Antitanques; 1.560º Batalhão de Engenharia

39º Corpo Panzer
Generalleutnant Karl Decker

167ª Divisão Volksgrenadier
Generalleutnant Hans-Kurt Höcker
331º, 339º e 387º Regimentos Volksgrenadier; 167º Regimento de Artilharia
167º Batalhão Antitanques; 167º Batalhão de Engenharia

VI Exército Panzer
SS-Oberstgruppenführer Josef Dietrich

506º Batalhão de Panzers Pesados; 683º Batalhão Antitanques Pesados
217º Batalhão Panzer de Assalto; 394º, 667º e 902º Batalhões de Canhões de Assalto
741º Batalhão Antitanques; 1.098ª, 1.110ª e 1.120ª Baterias de Howitzer Pesados
428ª Bateria de Morteiros Pesados; 2ª Divisão Antiaérea (41º e 43º Regimentos)

Kampfgruppe Heydte
1º Corpo ss Panzer
ss-Gruppenführer Hermann Priess
14º, 51º, 53º e 54º Regimentos Werfer; 501º Batalhão ss de Artilharia
388º Corpo de Volksartillerie; 402º Corpo de Volksartillerie

1ª Divisão ss Panzer Leibstandarte Adolf Hitler
ss-Brigadeführer Wilhelm Mohnke
1º Regimento ss Panzer; 1º e 2º Regimentos ss Panzergrenadier
1º Regimento ss de Artilharia; 1º Batalhão ss de Reconhecimento; 1º Batalhão ss Antitanques
1º Batalhão ss de Engenharia; 1º Batalhão ss Antiaéreo; 501º Batalhão ss de Panzers Pesados (agregado); 84º Batalhão Antiaéreo Luftwaffe (agregado)

3ª Divisão Fallschirmjäger
Generalmajor Walther Wadehn
5º, 8º e 9º Regimentos Fallschirmjäger; 3º Regimento de Artilharia;
3º Batalhão de Reconhecimento; 3º Batalhão Antitanques; 3º Batalhão de Engenharia

12ª Divisão ss Panzer Hitler Jugend
ss-Standartenführer Hugo Kraas
12º Regimento ss Panzer; 25º e 26º Regimentos ss Panzergrenadier
12º Regimento ss de Artilharia; 12º Batalhão ss de Reconhecimento
12º Batalhão ss Antitanques; 12º Batalhão ss de Engenharia; 12º Batalhão ss Antiaéreo
560º Batalhão Antitanques Pesados (agregado)

12ª Divisão Volksgrenadier
Generalmajor Gerhard Engel
27º Regimento de Fuzileiros; 48º e 89º Regimentos Volksgrenadier; 12º Batalhão de Fuzileiros
12º Regimento de Artilharia; 12º Batalhão Antitanques; 12º Batalhão de Engenharia

277ª Divisão Volksgrenadier
Oberst Wilhelm Viebig
289º, 990º e 991º Regimentos Volksgrenadier; 277º Regimento de Artilharia
277º Batalhão Antitanques; 277º Batalhão de Engenharia

150ª Panzer-Brigade
ss-Obersturmbannführer Otto Skorzeny
Duas companhias de Panzer; duas companhias de Panzergrenadier; duas companhias antitanques
Um batalhão de morteiros pesados (duas baterias); 600º Batalhão ss de Paraquedistas Kampfgruppe 200

2º Corpo ss Panzer
ss-Obergruppenführer Willi Bittrich
410º Corpo de Volksartillerie; 502º ss Batalhão de Artilharia Pesada

2ª Divisão ss Panzer Das Reich
ss-Brigadeführer Heinz Lammerding

2º Regimento ss Panzer; 3º e 4º Regimentos ss Panzergrenadier; 2º Regimento ss de Artilharia; 2º Batalhão ss de Reconhecimento; 2º Batalhão ss de Engenharia; 2º ss Batalhão Antiaéreo

9ª Divisão ss Panzer Hohenstaufen
ss-Oberführer Sylvester Stadler
9º Regimento ss Panzer; 19º e 20º Regimentos ss Panzergrenadier
9º ss Regimento de Artilharia; 9º ss Batalhão de Reconhecimento; 9º ss Batalhão Antitanques
9º ss Batalhão de Engenharia; 9º ss Batalhão Antiaéreo; 519º Batalhão Antitanques Pesados (agregado)

67º Corpo
Generalleutnant Otto Hitzfeld
17ª Brigada Volkswerfer (88º e 89º Regimentos Werfer)
405º Corpo de Volksartillerie; 1.001ª Companhia de Canhões de Assalto Pesados

3ª Divisão Panzergrenadier
Generalmajor Walter Denkert
8º e 29º Regimentos Panzergrenadier; 103º Batalhão Panzer; 3º Regimento de Artilharia
103º Batalhão de Reconhecimento; 3º Batalhão Antitanques; 3º Batalhão de Engenharia
3º Batalhão Antiaéreo

246ª Divisão Volksgrenadier
Oberst Peter Körte
352º, 404º e 689º Regimentos Volksgrenadier; 246º Regimento de Artilharia
246º Batalhão Antitanques; 246º Batalhão de Engenharia

272ª Divisão Volksgrenadier
Generalmajor Eugen König
980º, 981º e 982º Regimentos Volksgrenadier; 272º Regimento de Artilharia
272º Batalhão Antitanques; 272º Batalhão de Engenharia

326ª Divisão Volksgrenadier
751º, 752º e 753º Regimentos Volksgrenadier; 326º Regimento de Artilharia
326º Batalhão Antitanques; 326º Batalhão de Engenharia

VII Exército
General der Panzertruppe Erich Brandenberger
657º e 668º Batalhões Antitanques Pesados; 501º Batalhão Antitanques Fortificados
47º Batalhão de Engenharia; 1.092ª, 1.093ª, 1.124ª e 1.125ª Baterias Howitzer Pesadas
660ª Bateria de Artilharia Pesada; 1.029ª, 1.039ª e 1.122ª Baterias de Morteiros Pesados
999º Batalhão Penal; 44º Batalhão de Metralhadoras; 15º Regimento Antiaéreo

53º Corpo
General der Kavallerie Edwin von Rothkirch

9ª Divisão Volksgrenadier
Oberst Werner Kolb
36º, 57º e 116º Regimentos Volksgrenadier; 9º Regimento de Artilharia
9º Batalhão Antitanques; 9º Batalhão de Engenharia

15ª Divisão Panzergrenadier
Oberst Hans Joachim Deckert

104º e 115º Regimentos Panzergrenadier; 115º Batalhão Panzer; 115º Regimento de Artilharia
115º Batalhão de Reconhecimento; 33º Batalhão Antitanques; 33º Batalhão de Engenharia
33º Batalhão Antiaéreo

Führer Grenadier Brigade
Oberst Hans-Joachim Kahler
99º Regimento Panzergrenadier; 101º Batalhão Panzer; 911ª Brigada de Canhões de Assalto
124º Batalhão Antitanques; 124º Batalhão de Engenharia; 124º Batalhão Antiaéreo
124º Regimento de Artilharia

80º Corpo
General der Infanterie Franz Beyer
408º Corpo de Volksartillerie; 8ª Brigada Volkswerfer; 2º Regimento Werfer e Regimento Werfer Lehr

212ª Divisão Volksgrenadier
Generalmajor Franz Sensfuss
316º, 320º e 423º Regimentos Volksgrenadier; 212º Regimento de Artilharia
212º Batalhão Antitanques; 212º Batalhão de Engenharia

276ª Divisão Volksgrenadier
Generalmajor Kurt Möhring (depois Oberst Hugo Dempwolff)
986º, 987º e 988º Regimentos Volksgrenadier; 276º Regimento de Artilharia;
276º Batalhão Antitanques; 276º Batalhão de Engenharia

340ª Divisão Volksgrenadier
Oberst Theodor Tolsdorff
694º, 695º e 696º Regimentos Volksgrenadier; 340º Regimento de Artilharia
340º Batalhão Antitanques; 340º Batalhão de Engenharia

85º Corpo
General der Infanterie Baptist Kniess
406º Corpo de Volksartillerie; 18ª Brigada Volkswerfer (21º e 22º Regimentos Werfer)

5ª Divisão Fallschirmjäger
Generalmajor Ludwig Heilmann
13º, 14º e 15º Regimentos Fallschirmjäger; 5º Regimento de Artilharia; 5º Batalhão de Reconhecimento; 5º Batalhão de Engenharia; 5º Batalhão Antiaéreo; 11ª Brigada de Canhões de Assalto

352ª Divisão Volksgrenadier
Oberst Erich-Otto Schmidt
914º, 915º e 916º Regimentos Volksgrenadier; 352º Regimento de Artilharia; 352º Batalhão Antitanques; 352º Batalhão de Engenharia
79ª Divisão Volksgrenadier
Oberst Alois Weber
208º, 212º e 226º Regimentos Volksgrenadier; 179º Regimento de Artilharia; 179º Batalhão Antitanques; 179º Batalhão de Engenharia

ABREVIATURAS

BA-MA – Bundesarchiv-Militärarchiv, Freiburg-im-Breisgau

BFZ-SS – Bibliothek für Zeitgeschichte, Sammlung Sterz, Stuttgart

CARL – Combined Arms Research Library, Fort Leavenworth, KS

CBHD – Chester B. Hansen Diaries, Chester B. Hansen Collection, Caixa 5, USAMHI

CBMP – Charles B. MacDonald Papers, USAMHI

CEOH – US Army Corps of Engineers, Office of History, Fort Belvoir, VA

CMH – Center of Military History, Fort McNair, Washington, DC

CMH – Ardennes Center of Military History, Hugh M. Cole, United States Army in World War II: The European Theater of Operations: The Ardennes: Battle of the Bulge, Washington, DC, 1988

CMH – Medical Center of Military History, Graham A. Cosmas e Albert E. Cowdrey, United States Army in World War II: The European Theater of Operations: Medical Service in the European Theater of Operations, Washington, DC, 1992

CMH SC – Center of Military History, Forrest C. Pogue, United States Army in World War II: The European Theater of Operations: The Supreme Command, Washington, DC, 1954

CSDIC – Combined Services Detailed Interrogation Centre

CSI – Combat Studies Institute, Fort Leavenworth, KS

DCD – Duff Cooper Diaries (coleção particular)

DDE Lib – Dwight D. Eisenhower Library, Abilene, KS

DRZW – *Das Deutsche Reich und der Zweiten Weltkrieg*, vols. 6-10, Munique, 2004-8

ETHINT – European Theater Historical Interrogations, 1945, OCMH, USAMHI

FCP SC – Forrest C. Pogue, entrevistas de bastidores do The Supreme Command, USAMHI

FDRL MR – Franklin Delano Roosevelt Library, Hyde Park, NY, documentos da Sala dos Mapas

FMS – Foreign Military Studies, USAMHI

GBP – Godfrey Blunden Papers (coleção particular)

HLB – *Hitlers Lagebesprechungen: Die Protokollfragmente seiner militärischen Konferenzen 1942-1945*, Munique, 1984 (Helmut Heiber e David M. Glantz (eds.), *Hitler and his Generals: Military Conferences, 1942-1945*, Londres, 2002)

IWM – Documents Collection, Imperial War Museum, Londres

LHC-DP – Liddell Hart Centre – Dempsey Papers

LHCMA – Liddell Hart Centre of Military Archives, King's College, Londres

MFF – Armed Forces Oral Histories, LHCMA

NARA – National Archives and Records Administration, College Park, MD

OCMH – Office of the Chief of Military History, USAMHI

PDDE – *The Papers of Dwight David Eisenhower*, ed. Alfred D. Chandler, 21 vols., Baltimore, MA, 1970-2001

PP – *The Patton Papers*, ed. Martin Blumenson, Nova York, 1974

PWS – Papers of William Sylvan, OCMH, USAMHI

RWHP – Robert W. Hasbrouck Papers, USAMHI

SHD-DAT – Service Historique de la Défense, Département de l'Armée de Terre, Vincennes

SOOHP – Senior Officers Oral History Program, US Army War College, USAMHI

TBJG – *Die Tagebücher von Joseph Goebbels*, ed. Elke Fröhlich, 29 vols., Munique, 1992-2005

TNA – The National Archives, Kew

USAMHI – The United States Army Military History Institute at US Army Heritage and Education Center, Carlisle, PA

NOTAS

1. A FEBRE DA VITÓRIA

p. 25 "É domingo", Omar N. Bradley, *A Soldier's Story*, Nova York, 1964, pp. 389-90; também Dwight D. Eisenhower, *Crusade in Europe*, Nova York, 1948, p. 325.

"visita informal", NARA 407/427/24235.

Gerow e Leclerc; "prossiga em sua presente missão", SHD-DAT 11P 218; também NARA 407/427/24235

p. 26 "um monte de escombros", BA-MA RH19 IX/7 40, citado em Joachim Ludewig, *Rückzug: The German Retreat from France*, 1944, Lexington, KY, 2012, p. 133.

"Pire que les Boches", Forrest C. Pogue, *Pogue's War: Diaries of a WWII Combat Historian*, Lexington, KY, 2001, p. 214.

p. 27 "demonstração de força", "estabelecessem sua posição...", Eisenhower, *Crusade in Europe*, p. 326; e Bradley, p. 391.

p. 28 "Daquilo que ouvi no SHAEF...", Arthur Tedder, *With Prejudice*, Londres, 1966, p. 586.

28ª Divisão em Paris, ver Uzal W. Ent (ed.), The First Century: A History of the 28th Infantry Division, Harrisburg, PA, 1979, p. 165.

p. 29 "*Une armée de mécanos*", Jean Galtier-Boissière, *Mon journal pendant l'Occupation*, Paris, 1944, p. 288.

"Foi uma das mais...", 1º fev. 1945, CBHD.

p. 30 "As batalhas de agosto...", CMH SC, p. 245.

"O front ocidental acabou...", diário do *Oberstleutnant* Fritz Fullriede, Divisão *Hermann Göring*, 2 set. 1944, citado em Robert Kershaw, *It Never Snows in September*, Londres, 2008, p. 63.

"Queremos paz...", entrevista com prisioneiro de guerra, CSDIC, TNA WO 208/3616.

Perdas da Wehrmacht, Rüdiger Overmans, *Deutsche militärische Verluste im Zweiten Weltkrieg*, Munique, 2000, pp. 238 e 278.

p. 31 Sobre a retirada dos alemães da França ver: Ludewig, 108/ff.; e David Wingeate Pike, "Oberbefehl West: Armeegruppe G: Les Armées allemandes dans le Midi de la France", *Guerres Mondiales et Conflits Contemporains*, nº 152, 164, 174, 181.

"Isto é peixe", *Generaloberst* Student, CSDIC, TNA WO 208/4177.

"um clube de intelectuais", *Generaloberst* Halder, CSDIC, TNA WO 208/4366 GRGG 332.

"Agora sei por que...", Albert Speer, *Inside the Third Reich*, Londres, 1971, p. 525.

p. 32 "Haverá momentos...", *HLB*, pp. 466 e 468.

"É certo que os conflitos políticos...", CMH SC, p. 249.

"À noite...", diário de Kreipe, 31 ago. 1944, FMS P-069.

p. 33 "A essa altura, um imenso...", Traudl Junge, *Until the Final Hour: Hitler's Last Secretary*, Londres, 2002, p. 146.

"um desembarque aéreo...", "incomum formação", *Generalmajor* Otto Ernst Remer, Brigada *Führer Begleit*, FMS B-592.

"datilografavam resmas inteiras...", Junge, p. 144.

p. 35 Sobre o moral dos civis alemães, ver Richard J. Evans, *The Third Reich at War*, Londres, 2008, pp. 650-3.

"um estadista militar...", Chester Wilmot, *The Struggle for Europe*, Londres, 1952, p. 496.

p. 36 "Ike disse que Monty...", "Ike não agradece...", idem, pp. 533 e 537.

"com champanhe...", Brian Horrocks, *Corps Commander*, Londres, 1977, p. 79.

p. 37 "Os presos ficavam sentados em cima da palha...", Caroline Moorehead, *Martha Gellhorn*, Londres, 2003, p. 269.
"Vocês mal haviam cruzado...", interrogatório, *General der Artillerie* Walter Warlimont, subchefe do *Wehrmachtführungsstab*, CSDIC, TNA WO 208/3151.
"Deixávamos...", 7º Corpo, NARA RG 498 290/56/2/3, Caixa 1459.
"praticamente sem manutenção", ibidem.

p. 38 "Usamos...", 7º Corpo, ibidem.
"O ritmo da retirada...", Maurice Delvenne, 1º set. 1944, citado em Jean-Michel Delvaux, *La Bataille des Ardennes autour de Rochefort*, 2 vols., Hubaille, 2004–5, II, pp. 159-60.

p. 39 "Seu aspecto é terrível..", ibidem.
"um triste pelotão de...", diário de Fullriede, 13 set. 1944, citado em Kershaw, *It Never Snows in September*, p. 38.

p. 40 "um quadro que é indigno...", BA-MA RH24-89/10, citado em Ludewig, p. 191.
"a situação mundial...", "OKW Feldjäger" etc., *Obergefreiter* Gogl, Abt. V, Feldjäger Regiment (mot.) 3., OKW Streifendienst, TNA WO 208/3610.
"os que se fingissem de doentes ou incapacitados e os covardes...", BA-MA RW4/vol. 494.

p. 41 "os únicos reforços...", NARA RG 498 290/56/2/3, Caixa 1466.
"tão útil para nós...", Stephen Roskill, *Churchill and the Admirals*, Londres, 1977, p. 245, citado em Rick Atkinson, *The Guns at Last Light*, Nova York, 2013, p. 233.
"Napoleão, sem dúvida...", Horrocks, p. 81.
"Os jornais informaram...", Pogue, *Pogue's War*, p. 208.

2. ANTUÉRPIA E A FRONTEIRA ALEMÃ

pp. 44-45 Montgomery e a travessia do Reno às custas do estuário do Scheldt, LHCMA, Alanbrooke, 6 fev. 1931.

p. 44 De Montgomery para Brooke, 3 set. 1944; IWM LMD 62/12, diário de Montgomery, 3 set. 1944; ver John Buckley, *Monty's Men: The British Army and the Liberation of Europe*, Londres, 2013, p. 206.

p. 45 "A fim de atacar", idem, p. 538.
"com os cumprimentos...", Forrest C. Pogue, *Pogue's War: Diaries of a WWII Combat Historian*, Lexington, KY, 2001, pp. 215-6.
50 mil caixas de champanhe, carta de Patton, p. 549.
"Mesmo que todos os nossos aliados...", Uffz. Alfred Lehmann, 11 set. 1944, BA-MA RH13/49, p. 5.

p. 46 Operações aerotransportadas canceladas, Quartel-general do Exército Aliado Aerotransportado, NARA RG 498 290/56/2/3, Caixa 1466.
"O maldito do aerotransportado...", p. 540.

p. 48 Versalhes e Paris, Com Z, ver Rick Atkinson, *The Guns at Last Light*, Nova York, 2013, p. 236.

p. 49 Carta de 21 de setembro, CMH SC, p. 293.
"O alvo todo...", CSDIC, TNA WO 208/4177.
"front estreito", "único golpe, como o de uma faca...", CMH SC, p. 292.
"golpe de adaga...", diário de Patton, p. 550.
"O problema...", Buckley, p. 203.

p. 51 "impressionante egocentrismo", Forrest C. Pogue, *George C. Marshall: Organizer of Victory*, Nova York, 1973, p. 475, citado em Atkinson, p. 304.
"Se o senhor, como...", PDDE, III, 2224.

p. 52 "O senhor não ouvirá mais...", IBIDEM.

p. 53 "Fizemos prisioneiros suficientes", 20º Corpo, NARA RG 498 290/56/2/3, Caixa 1465.
"viviam quebrando...", *Obersturmbannführer* Loenholdt, 17 SS PzGr-Div, CSDIC, TNA WO 208/4140 SRM 1254.
"As relações entre os oficiais e os homens...", relatório do I Exército ao OKW, 1º out. 1944, BA-MA RH13/49, p. 9.

"A guerra atingiu...", *O. Gefr.* Ankenbeil, 22 set. 1944, BA-MA RH13/49, p. 10.
"Ele não ataca...", *O.Gefr.* M. Kriebel, 18 set. 1944, BA-MA RH13/49, p. 11.
"Os americanos da infantaria...", *O. Gefr.* Hans Büscher, 20 set. 1944, BA-MA RH13/49, p. 11.

p. 54 "Quem tiver superioridade aérea...", *O.Gefr.* G. Riegler, 21 set. 1944, BA-MA RH13/49, p. 11.
"Por que sacrificar mais e mais...", *O.Gefr.* Hans Hoes, 15 set. 1944, BA-MA RH13/49, p. 12.
"O Führer interrompeu Jodl...", diário do *General der Flieger* Kreipe, FMS P-069

p. 55 "O OKH [Alto-Comando do Exército] tem sérias dúvidas...", 18 set. 1944, ibidem.
Alcoolismo de Rundstedt, CSDIC, TNA WO 208/4364 GRGG 208.
"O Kreisleiter de Reutlingen [Partido Nazista]...", *Hauptmann* Delica, 2º Batalhão, 19º Regimento *Fallschirmjäger*, CSDIC, TNA WO 208/4140 SRM 1227.

p. 56 "Mentiram para nós...", CSDIC, TNA WO 208/4139 SRM 968.

3. A BATALHA PELA TOMADA DE AACHEN

p. 57 "Quando passamos por uma casamata...", PFC Richard Lowe Ballou, 117ª Infantaria, 30ª Divisão de Infantaria, MFF-7, C1-97 (3).

p. 58 "Os feridos saíam...", 5º Corpo, NARA RG 498 290/56/2/3, Caixa 1455.
"Quando as portas...", MFF-7, C1-97(2).
"Após uma segunda carga de TNT...", ibidem.

p. 59 "O Führer quis defender...", *Reichsmarschall* Hermann Göring, ETHINT 30.
"A visão dos soldados da Luftwaffe...", *Generalmajor* Rudolf Freiherr von Gersdorff, ETHINT 53.

p. 60 "Ficamos limitados...", Gardner Botsford, *A Life of Privilege, Mostly*, Nova York, 2003, p. 47.
Boatos sobre armas bacteriológicas, CSDIC, TNA WO 208/4140 SRM 1245.

"Vocês deviam ter visto...", CSDIC, TNA WO 208/4139 SRM 983.
"E quando encontravam casas...", ibidem.
Medo de trabalhadores estrangeiros, CSDIC, TNA WO 208/4139 SRM 1103.

p. 61 "As forças aliadas que servem...", CMH SC, 357.
"oficiais americanos estão batendo...", TNA WO 208/3654 PWIS H/LDC/ 631.
"os soldados estavam indignados...", ibidem.

p. 62 "seu regimento, antes muito orgulhoso de si...", carta de 26.9.44 para o *Hauptmann* Knapp, NARA RG 498 290/56/5/3, Caixa 1463.

p. 63 "Eu tinha os mais excelentes soldados...", CSDIC, TNA WO 208/4139 SRM 982.
"uma missão que deveria...", "Para garantir...", NARA RG 498 290/56/2/3, Caixa 1459.

p. 64 "resultavam numa rápida...", NARA RG 407 270/65/7/2 ML 248.
"Quando atacados desse modo...", 5º Corpo, NARA RG 498 290/56/2/3, Caixa 1455.

p. 65 "Os poucos canhões de assalto...", CSDIC, TNA WO 208/4139 SRM 982.
"não foram empreendidas missões...", "a condição aplainada dos edifícios...", NARA RG 498 290/56/2/3, Caixa 1459.
"A operação não foi indevidamente...", ibidem.

p. 66 "Muitas vezes tivemos baixas...", NARA RG 498 290/56/2, Caixa 1456.
"o fogo direto do canhão autopropelido de 155 mm...", 7º Corpo, NARA RG 498 290/56/2/3, Caixa 1459.
"Os civis devem ser...", tenente-coronel Shaffer F. Jarrell, 7º Corpo, ibidem.
"eles enfrentaram todos...", CSDIC, TNA WO 208/4156.
"Eisenhower está atacando...", Victor Klemperer, *To the Bitter End: The Diaries of Victor Klemperer, 1942-45*, Londres, 2000, p. 462.
"Toda propriedade rural alemã...", CSDIC, TNA WO 208/4140 SRM 1211.

p. 67 "Até o ajudante de ordens do Führer...", Wilck, CSDIC, TNA WO 208/4364 GRGG 216

"A população civil...", *Unterfeldwebel* Kunz, 104º Infanterie-Regt., CSDIC, TNA WO 208/4164 SRX 2050.
"o tempo que ganhamos em Aachen...", NARA RG 407 270/65/7/2, Caixa 19105 ML 258.

p. 68n "deveria receber...", CSDIC, TNA WO 208/5542 SIR 1548.

p. 68 "ele precisava vigiar...", FMS P-069.
"Antes que os generais ou qualquer um...", CSDIC, TNA WO 208/4134 SRA 5610.
"Medo no Leste da Prússia...", FMS P-069.

p. 69 "Gumbinnen está em chamas...", ibidem.

4. NO INVERNO DA GUERRA

p. 71 "O comportamento dos soldados hoje em dia...", *Stabartz* Köllensperger, 8º Regimento, 3ª Divisão Fallschirmjäger, TNA WO 311/54.

p. 72 "a propaganda alemã conclamando...", CSDIC, TNA WO 208/3165.
"Vocês não têm ideia...", *Obergefreiter* Hlavac da Luftwaffe, KG 51, TNA WO 208/4164 SRX 2117.
"Dizem que somos 'prolongadores da guerra'...", *Obergefreiter* Marke, 16º Regimento Fallschirmjäger, ibidem.
"O clima ali está uma merda...", CSDIC, TNA WO 208/4164 SRX 2084.
"Versager-1", Nicholas Stargardt, *Witnesses of War: Children's Lives under the Nazis*, Londres, 2005, p. 262.
"em um país...", citado em Martin Gilbert, *The Second World War*, Londres, 1989, p. 592.
"cada soldado americano...", NARA RG 407 270/65/7/2, Caixa 19105 ML 258.

p. 73 "Bom, provavelmente não seria...", 2.12.44, CBHD
"O povo alemão precisa entender...", CMH SC, 342.
"O poder da Alemanha...", NARA RG 407 270/65/7/2, Caixa 19105 ML 258.
"geralmente se esperava", ibidem.
"Tommy e seu amigo ianque...", "enquanto americanos...", TNA WO 171/4184.
"Os civis alemães não sabem...", 24 nov. 1944, NARA RG 407 270/65/7/2, Caixa 19105 ML 285.
Corrupção do Partido Nazista, CSDIC, TNA WO 208/4139 SRM 902.

p. 74 "munido de poucas...", "civis suspeitos", "missões próprias de Inteligência", NARA RG 407 270/65/7/2, Caixa 19105 ML 285.
"Não botem eles para vagar...", ibidem.
Colônia e "Piratas Edelweiss", CSDIC, TNA WO 208/4164 SRX 2074.

p. 75 "Um tenente dos nossos...", *Unteroffizier* Bock da Luftwaffe 3/JG 27, CSDIC, TNA WO 208/4164 SRX 2126.
"O que é covardia?", 4 maio 1944, Victor Klemperer, *To the Bitter End: The Diaries of Victor Klemperer, 1942-45*, Londres, 2000, p. 383.
"Estou muito acostumada...", Marie "Missie" Vassiltchikov, *The Berlin Diaries, 1940-1945*, Londres, 1987, p. 240.
"Doenças de pele...", CSDIC, TNA WO 208/3165 SIR 1573.

p. 76 Desertores em Berlim, CSDIC, TNA WO 208/4135 SRA 5727, 13 jan. 1945.
"A guerra é exatamente como...", TNA WO 171/4184.
10 mil execuções, *DRZW*, 9/1 (Echternkamp), pp. 48-50.
"Na noite de...", 6º Corpo, NARA RG 498 290/56/5/3, Caixa 1463.

p. 77 Mercado negro em Berlim, CSDIC, TNA WO 208/4164 SRX 2074.
Mercado negro de café controlado pela SS na Holanda, CSDIC, TNA WO 208/4140 SRM 1189.
"Greiser jactou-se...", TNA WO 311/54, p. 32.
"Refeição principal sem carne" ("Hauptgerichte einmal ohne Fleisch"), Brandenburgische Landeshauptarchiv, Pr. Br. Rep. 61A/11.

p. 78 "Os preços sobem...", NARA RG 407 270/65/7/2 ML 2279.
"a superaquecida alma...", Louis Simpson, *Selected Prose*, Nova York, 1989, p. 98.

p. 78n "segundo seu formulário...", CMH Medical, p. 541.

p. 79 "Avenue de Salute", Forrest C. Pogue, *Pogue's War: Diaries of a WWII Combat Historian*, Lexington, KY, 2001, p. 230.

"ardorosos e com frequência...", NARA 711.51/3-945.

Reação de uma jovem francesa, Antony Beevor e Artemis Cooper, *Paris after the Liberation, 1944-1949*, Londres, 1994, p. 129.

p. 80 "Os franceses, cínicos antes...", Simpson, p. 143.

Soldados do Exército americano no mercado negro, Allan B. Ecker, "GI Racketeers in the Paris Black Market", *Yank*, 4 maio 1945.

p. 81 "uma reunião extremamente fria...", 24 out. 1944, DCD.

"não existe absolutamente ninguém mais...", NARA 851.00/9-745.

p. 83 "ardentes admiradores", Carlos Baker, *Ernest Hemingway: A Life Story*, Nova York, 1969, p. 564.

Sobre a situação política na Bélgica, ver CMH SC, pp. 329-31.

p. 85 "Somos ainda uma...", 5º Corpo, NARA RG 498 290/56/2/3, Caixa 1455.

p. 86 "Toda manhã...", Arthur S. Couch, "An American Infantry Soldier in World War II Europe", memórias não publicadas, coleção particular.

"Não conseguíamos fazer com que os inexperientes novos soldados...", NARA RG 498 290/56/2/3, Caixa 1465.

p. 87 "O sargento Postalozzi...", Martha Gellhorn, *Point of No Return*, Nova York, 1989, p. 30.

"As chances que ele tem de sobreviver parecem estar...", Ralph Ingersoll, *Top Secret*, Londres, 1946, pp. 185-6.

p. 87n Hemingway, *Do outro lado do rio, entre as árvores*, Nova York, 1950, p. 255.

p. 88 "Eu tive a sorte de estar...", Couch, "An American Infantry Soldier in World War II Europe"

"A qualidade das reposições...", NARA RG 498 290/56/2/3, Caixa 1459.

"Reposições têm treze semanas...", Edward L. Brule, NARA RG 498 290/56/5/2, Caixa 3.

"as armas do inimigo podiam...", 358ª Infantaria, NARA RG 498 290/56/2/3, Caixa 1465.

p. 89 "O pior erro que eu vejo...", 5º Corpo, NARA RG 498 290/56/2/3, Caixa 1455.

"O Jerry lança fogo de morteiro...", 5º Corpo, ibidem.

"Tínhamos um sargento...", NARA RG 498 290/56/5/2, Caixa 3.

"Meu primeiro contato...", 358º de Infantaria, 90ª Divisão, 20º Corpo, NARA RG 498 290/56/2/3, Caixa 1465.

p. 90 "um grupo de oficiais...", NARA RG 498 290/56/2/3, Caixa 1459.

"Antes de entrar em combate...", tenente-coronel J. E. Kelly, 3º Batalhão, 378º de Infantaria, NARA RG 498 290/56/2/3, Caixa 1465.

5. A FLORESTA DE HÜRTGEN

p. 93 "em geral, acreditava-se...", *Generalleutnant* Hans Schmidt, 275ª Divisão de Infantaria, FMS B-810.

"Esta consistia...", major-general Kenneth Strong, 02/14/2 3/25 – Intelligence Notes No. 33, IWM Documents 11656.

p. 94 "absolutamente inepta...", *Generalleutnant* Hans Schmidt, 275ª Divisão de Infantaria, FMS B-810.

"a companhia quase inteira...", ibidem.

"as maiores exigências...", ibidem.

"rações frias a intervalos irregulares", ibidem.

"Foi como uma gota de água...", ibidem.

"sem contar o grande número...", ibidem.

"O envolvimento daqueles velhos pais de família...", ibidem.

p. 95 "o soldado alemão mostra...", 14 out. 1944, GBP.

p. 97 "estou voltando...", 7º Corpo, NARA RG 498 290/56/2/3, Caixa 1459.

p. 98 "Nos bosques densos...", ibidem.

"Um homem chutou...", Charles B. MacDonald, *The Mighty Endeavour:*

The American War in Europe, Nova York, 1992, p. 385.
"minas Schu, Riegel, Teller...", NARA RG 498 290/56/2/3, Caixa 1459.
"Quando uma unidade descobre minas...", 5 nov. 1944, 5º Corpo, NARA RG 498 290/56/2/3, Caixa 1455.

p. 99 297º Batalhão de Combate de Engenharia, 7º Corpo, NARA RG 498 290/56/2/3, Caixa 1459.
"Os alemães estão enterrando...", 22º de Infantaria, 4ª Div. Inf., ibidem.
"A distância efetiva...", 7º Corpo, ibidem.
"Homens com mais de trinta...", ibidem.

p. 101 "Exigia coragem...", coronel Edwin M. Burnett, 5º Corpo, NARA RG 498 290/56/2/3, Caixa 1455.
"excelente", Rick Atkinson, *The Guns at Last Light*, Nova York, 2013, p. 317.
"Certamente haverá uma batalha...", diário do *General der Flieger* Kreipe, FMS P-069, p. 43.

p. 102 "um garotão enorme...", 5º Corpo, NARA RG 498 290/56/2/3, Caixa 1455.

p. 103 "Quando o condutor...", Edward G. Miller, *A Dark and Bloody Ground: The Hürtgen Forest and the Roer River Dams, 1944-1945*, College Station, TX, 2008, p. 64.

p. 104 "após a eficaz resistência...", *Generalmajor* Rudolf Freiherr von Gersdorff, FMS A-892.
"para evitar que os soldados americanos...", Gersdorff, FMS A-891.
Falta de munição de bazuca em Schmidt, coronel Nelson, 112º de Infantaria, NARA RG 498 290/56/2/3, Caixa 1463.

p. 105 "o general Eisenhower, o general Bradley...", 8 nov. 1944, PWS.

p. 106 "Quando a força de uma formação...", Ralph Ingersoll, *Top Secret*, Londres, 1946, p. 185.
"A força-tarefa americana...", NARA RG 407 270/65/7/2, Caixa 19105 ML 258.

p. 107 "Havia um fluxo...", Arthur S. Couch, "An American Infantry Soldier in World War II Europe", memórias não publicadas, coleção particular.
"para depois explodir todos...", 7º Corpo, NARA RG 498 290/56/2/3, Caixa 1459.
Morteiros de 4.2 polegadas, NARA RG 407 270/65/7/2 ML 248.

p. 108 "A artilharia alemã...", Couch, "An American Infantry Soldier in World War II Europe"
"mais fácil defender...", *Generalmajor* Rudolf Freiherr von Gersdorff, ETHINT 53.
"Pouco antes de amanhecer...", Couch, "An American Infantry Soldier in World War II Europe"

p. 109 275ª Divisão de Infantaria, *Generalleutnant* Hans Schmidt, FMS B-373.
Coronel Luckett, 5º Corpo, NARA RG 498 290/56/2/3, Caixa 1455.
"doze a vinte homens...", NARA RG 498 290/56/2/3, Caixa 1465.

p. 110 "Durante o dia...", NARA RG 498 290/56/2/3, Caixa 1464.
"Uma vez ficamos sem sair...", citado em John Ellis, *The Sharp End: The Fighting Man in World War II*, Londres, 1990, p. 152.
"trecho com armadilhas...", Robert Sterling Rush, *Hell in the Hürtgen Forest: The Ordeal and Triumph of an American Infantry Regiment*, Lawrence, 2001, p. 139.

p. 111 1ª Divisão evitando as trilhas, 18º de Infantaria, 1ª Divisão, NARA RG 498 290/56/2/3, Caixa 1459.
"Uma neve pesada...", Couch, "An American Infantry Soldier in World War II Europe"

p. 112 "Dia do Armistício...", 11 nov. 1944, CBHD.
"Todos daquela malfadada companhia...", Omar N. Bradley, *A Soldier's Story*, Nova York, 1964, pp. 430-1.

p. 113 "lutar até o último cartucho", *Generalmajor* Ullersperger, CSDIC, TNA WO 208/4364 GRGG 237.

"Fiquei surpreso por Himmler...", *Generalmajor* Vaterrodt, CSDIC, TNA WO 208/4177.
"Eu perdi minha unidade", ibidem.

p. 115 "Especialmente penoso...", *Generalleutnant* Straube, FMS A-891.
"uma ferida aberta", FMS A-891.
"fábrica da morte", Gersdorff, FMS A-892.
"Passchendaele com explosões de árvores", Ernest Hemingway, *Do outro lado do rio, entre as árvores*, Nova York, 1950, p. 249.
"Velho Ernie Hemorroida...", Carlos Baker, *Ernest Hemingway: A Life Story*, Nova York, 1969, p. 552.

p. 116 "um *foxhole* desocupado", J. D. Salinger, "Contributors", *Story*, n. 25 (novembro-dezembro 1944), p. 1.
"Depois de cinco dias...", Charles Whiting, *The Battle of Hürtgen Forest*, Stroud, 2007, p. 71.
"Os jovens comandantes de batalhão...", Ingersoll, pp. 184-5.
"Os homens aceitam rações pequenas...", 5º Corpo, NARA RG 498 290/56/2/3, Caixa 1455.
"Você passa pelas tendas de cirurgia...", Ingersoll, p. 185.
Baixas do 22º de Infantaria, Sterling Rush, p. 163.

p. 117 "manter controle do...", FMS A-891.
"Nossos homens parecem ter...", sargento David Rothbart, 22º Regimento de Infantaria, citado em Sterling Rush, p. 178.
"levantava e ia...", citado em Paul Fussell, *The Boys' Crusade*, Nova York, 2003, p. 91.

p. 118 "explosões de árvores que mandavam fragmentos...", capitão H. O. Sweet, 908º de Artilharia de Campo, Agregado ao 331º de Infantaria, 83º Divisão, IWM Documents 3415 95/33/1.
8 mil casos de colapso psicológico, Peter Schrijvers, *The Crash of Ruin: American Combat Soldiers in Europe during World War II*, Nova York, 1998, p. 8.
"Houve alguns poucos casos...", *Generalarzt* Schepukat, ETHINT 60.
"Em alguns casos...", Gersdorff, FMS A-892.

p. 119 "mais de 5 mil baixas de batalha...", "The Ardennes", CSI Battlebook 10-A, maio 1984.

6. OS ALEMÃES SE PREPARAM

p. 121 "com a sensação bastante melancólica...", Traudl Junge, *Until the Final Hour: Hitler's Last Secretary*, Londres, 2002, p. 147.
"Ele sabia muito bem...", ibidem.

p. 122 "a coluna de carros...", ibidem.
"Hitler teve dias inteiros...", *Generaloberst* Alfred Jodl, ETHINT 50.
"Permanecendo na defensiva...", ibidem.

p. 123 "outra Dunquerque", CMH *Ardennes*, p. 18.

p. 124 "posto de lado", *General der Kavallerie* Siegfried Westphal, ETHINT 79.

p. 125 "divisões alemãs foram sendo gradualmente...", *Generalmajor* Rudolf Freiherr von Gersdorff, FMS A-892.
"pequena solução" e reuniões que começaram em novembro, CSDIC, TNA WO 208/4178 GRGG 330 (c).
"efeito trator limpa-neve", CMH *Ardennes*, p. 26.

p. 126 Hitler e as forças americanas no front de Aachen, *Generaloberst* Alfred Jodl, ETHINT 50.
Oberstleutnant Guderian, CSDIC, TNA WO 208/3653.
"Na nossa presente situação...", DRZW, 6, p. 125.

p. 127 Requisições de combustível por Manteuffel, Manteuffel, V Exército Panzer, ETHINT 45.
"por princípio, caso contrário...", *Generaloberst* Alfred Jodl, ETHINT 50.
Preferência pela SS, *General der Artillerie* Walter Warlimont, CSDIC, TNA WO 208/3151.
"Havia uma certa...", *Generaloberst* Alfred Jodl, ETHINT 51.

p. 128 "expressou seu espanto...", Jodl, TNA WO 231/30.

"Para não serem alteradas", "a seus comandos subordinados...", CSDIC, TNA WO 208/4178 GRGG 330 (c).
"última aposta", TNA WO 231/30, p. 4.
"objetivo final...", CSDIC, TNA WO 208/4178 GRGG 330 (c).
"A surpresa, quando acontece...", CSDIC, TNA WO 208/4178 GRGG 322.

p. 129 Medidas de segurança, CSDIC, TNA WO 208/4178 GRGG 330 (c).
"lotados a ponto de explodir", *Hauptmann* Gaum, 3º Bat., Brigada Führer Begleit, CSDIC, TNA WO 208/3611.
Aviões Storch, TNA WO 231/30.
Divisões *Volksgrenadier* recolhendo documentos, CSDIC, TNA WO 208/4140 SRM 1140.

p. 130 "plantou um boato...", Manteuffel, V Exército Panzer, ETHINT 46.
"a crise política no campo inimigo...", diários de Goebbels, 1º dez. 1944, *TBJG* II/14, p. 305.
"Fomos todos criados...", SS *Standartenführer* Lingner, CSDIC, TNA WO 208/4140 SRM 1211.
"A única coisa...", *Generalleutnant* Heim, CSDIC, TNA WO 208/4364 GRGG 220.

p. 131 "Que truque sujo!", CSDIC, TNA WO 208/4140 SRM 1210.
"Havia muitos comentários...", Warlimont, CSDIC, TNA WO 208/3151.
Dietrich recusa Kruse, CSDIC, TNA WO 208/4178 GRGG 330 (c).
"não era comandado como uma formação...", CSDIC, TNA WO 208/4178 GRGG 330 (c).
"Objetivos, objetivos!...", TNA WO 231/30.
"um general do povo", ibidem.
Questionário feito depois de 20 de julho, CSDIC, TNA WO 208/4140 SRM 1199.

p. 132 "e então dar aos ingleses...", CSDIC, TNA WO 208/5541 SIR 1425.
"O Führer ordenou...", FMS B-823.
"Não havia nada além de...", CSDIC, TNA WO 208/4140 SRM 1187.

p. 133 "As últimas reservas de...", ibidem.
"Apenas dois pilotos...", ibidem.
"que vivia sempre sob forte...", "o sucesso ou o fracasso...", CSDIC, TNA WO 208/3662.
"a ofensiva toda não tinha mais...", Heydte, FMS B-823.

p. 134 "um velho oficial não comissionado...", ibidem.
"Tudo o que se sabia...", ibidem.
"Vamos aniquilá-los..." CSDIC, TNA WO 208/4140 SRM 1167.

p. 135 "um homem excessivamente tenso...", CSDIC, TNA WO 208/5541 SIR 1425.
"Skorzeny, essa próxima tarefa...", relato de Skorzeny a seus oficiais, NARA RG 407 ML 2279.
"típico nazista mau", Heydte ao tenente Von Trott zu Solz, CSDIC, TNA WO 208/4140 SRM 1182.
"um verdadeiro cão sujo...", CSDIC, TNA WO 208/4178 GRGG 301.
"são ordens do *Reichsführer*", SS-*Untersturmführer* Schreiber, CSDIC, TNA WO 208/4140 SRM 1259.

p. 136 "Tudo o que sei...", Unidade Móvel de Interrogatório de Campo n. 1, NARA RG 407 ML 2279.
"efeito decisivo...", ibidem.
Leutnant zur See Müntz, CSDIC, TNA WO 208/3619.

p. 137 "com o garfo...", Unidade Móvel de Interrogatório de Campo n. 1, NARA RG 407 ML 2279
"enfatizava que as...", ibidem.
"conspícua amizade", Schreiber, CSDIC, TNA WO 208/4140 SRM 1259.
"era o nosso capitão pirata", Hans Post, *One Man in his Time*, Sydney, 2002, p. 167.

p. 138 "segundo a rádio alemã...", *Leutnant* Günther Schultz, Liège capturada 19 dez. 1944, Unidade Móvel de Interrogatório de Campo n. 1, NARA RG 407 ML 2279.
150ª Brigada Panzer, "Ardennes Offensive", *Obersturmbannführer* Otto Skorzeny, ETHINT 12.
Skorzeny e planos para a Basileia, CSDIC, TNA WO 208/5543 SIR 1673.
O SHAEF e o plano de passar pela Suíça, NARA RG 407 270/65/7/2, Caixa 19124 ML 754.

p. 139 Trens necessários para a Ofensiva das Ardenas, TNA WO 231/30

"já estava vislumbrando no olho da sua mente...", Nicolaus von Below, *Als Hitlers Adjutant, 1937-1945*, Mainz, 1980, p. 396.
"Seu exército está pronto?", *ss-Oberst-gruppenführer* Sepp Dietrich, ETHINT 16.
Fala de Hitler, *HLB*, pp. 535-40.

p. 140 "a ofensiva alemã mais mal preparada...", Dietrich, ETHINT 16.
Divisões removem insígnias, 116ª Divisão Panzer, CSDIC, TNA WO 208/3628.

p. 141 As ordens de Peiper, 14 dez. 1944, *Obersturmbannführer* Joachim Peiper, ETHINT 10.
"Em doze ou catorze dias...", Gefreiter Unruh, CSDIC, TNA WO 208/3611 SIR 1408.

p. 142 "um extraordinário otimismo...", *ss-Brigadeführer* Heinz Harmel, 10ª Divisão ss Panzer Frundsberg, FMS P-109f.
"o espírito de luta...", 2ª Divisão Panzer, FMS P-109e.

7. FALHA DA INTELIGÊNCIA

p. 144 "pateticamente sozinho", 6 dez 1944, CBHD, Caixa 5.

p. 145 "Se estivéssemos lutando...", ibidem.
"Vitória ou a Sibéria!", John S. D. Eisenhower, *The Bitter Woods*, Nova York, 1970, p. 200.
"pesados golpes de martelo...", 7 dez 1944, CBHD.
"O marechal de campo Montgomery...", "Notes of Meeting at Maastricht on 7 dez 1944", Sidney H. Negrotto Papers, Caixa 4, USAMHI.
"todas as operações ao norte...", ibidem.
"Acho que apenas Átila...", p. 576.

p. 146 "Aqui é o general Patton...", James H. O'Neill, ex-capelão do III Exército, "The True Story of the Patton Prayer", *Leadership*, n. 25.

p. 147 "Muito bem, padre...", ibidem.

p. 148 Conversas de Eberbach, CSDIC, TNA WO 208/4364 GRGG 220.
"a grande ofensiva...", *Leutnant* Von der Goltz (St./Gren-Rgt 1039), CSDIC, TNA WO 208/4139 SRM 1083.
Desertor alemão, CMH SC, 363.

p. 149 "a incapacitante escassez de petróleo da Alemanha...", TNA CAB 106/1107.
"a atual prática do inimigo...", CMH SC, p. 365.

p. 150 "ciente do perigo", Strong, carta de 31 ago. 1951, citado em ibidem.

p. 151 "como um presente de Natal para o Führer", CMH SC, p. 370.
"ordens de Hitler para montar uma força...", "Indications of the German Offensive of December 1944", datado de 28 dez. 1944, "C" para Victor Cavendish-Bentinck, TNA HW 13/45.
"assim que a força aérea fosse recuperada...", BAY/XL 152, TNA HW 13/45.
"A evidência sobre a gaf [Luftwaffe] mostra...", "Indications of the German Offensive of December 1944", 28 dez. 1944, "C" para Victor Cavendish-Bentinck, TNA HW 13/45.

p. 152 "um pouco assustador...", "Desde o Dia D...", ibidem.
"tranquilo paraíso...", "The Ardennes", CSI Battlebook 10-A, maio 1984.

p. 153 "O trânsito incessante...", Forrest C. Pogue, *Pogue's War: Diaries of a WW II Combat Historian*, Lexington, 2001, p. 250.
Evacuação dos cantões do leste, Peter Schrijvers, *The Unknown Dead: Civilians in the Battle of the Bulge*, Lexington, 2005, p. 12.

p. 154 Eleições e o *Rucksackdeutsche*, ibidem, pp. 7-8.
"Esses Fritz dos diabos!", Louis Simpson, *Selected Prose*, Nova York, 1989, p. 117.
"La Dietrich vivia se queixando", 8 dez. 1944, CBHD.

p. 155 "uma boa parte da tarde", 13 dez. 1944, PWS.
"Agora é certo que o desgaste...", TNA CAB 106/1107.
12º Grupo do Exército com falta de 17.581 homens, NARA RG 498 UD603, Caixa 3.
"Achamos que está espalhado...", 15 dez. 1944, CBHD.

"Os GIs em seu entusiasmo...", Omar N. Bradley, *A Soldier's Story*, Nova York, 1964, p. 428.

p. 156 "a escassez alemã de homens...", John Buckley, *Monty's Men: The British Army and the Liberation of Europe*, Londres, 2013, p. 259.
"Meus soldados ficaram espantados...", Charles B. MacDonald, *Company Commander*, Nova York, 2002, p. 78.
"As coisas andaram bem tranquilas...", coronel R. Ernest Dupuy, *St. Vith: Lion in the Way: The 106th Infantry Division in World War II*, Washington, DC, 1949, pp. 15-6.

p. 157 "Querida Ruth...", carta capturada traduzida em 19 de dezembro, quartel-general 1ª Divisão de Infantaria, CBMP, Caixa 2.

8. SÁBADO, 16 DE DEZEMBRO

p. 159 Artilharia alemã disparando em casas, 5º Corpo, NARA RG 498 290/56/2/3, Caixa 1455.

p. 160 Manderfeld, Peter Schrijvers, *The Unknown Dead: Civilians in the Battle of the Bulge*, Lexington, 2005, p. 14.
"um conceito da Primeira Guerra Mundial...", Manteuffel, V Exército Panzer, ETHINT 46.
"um obstáculo significativo...", "The Ardennes", CSI Battlebook 10-A, maio 1984.

p. 162 "que o efeito surpresa havia...", *Generaloberst* Alfred Jodl, ETHINT 51.
"Se em alguns lugares...", Charles P. Roland, 99ª Divisão de Infantaria, CBMP, Caixa 4.

p. 163 "Podiam no mínimo...", John S. D. Eisenhower, *The Bitter Woods*, Nova York, 1970, p. 229.
Combate em Lanzerath, carta do tenente-coronel Robert L. Kriz, 394º de Infantaria; e carta de Lyle J. Bouck, 19 jan. 1983, CBMP, Caixa 4.

p. 164 "Defenda a posição a todo custo!", Eisenhower, *Bitter Woods*, p. 188.

p. 165 "avançassem rapidamente...", *Obersturmbannführer* Joachim Peiper, 1º Regimento SS Panzer, ETHINT 10.
"gritando que iriam expulsar...", Adolf Schür, Lanzerath, CBMP, Caixa 6.
"Eles poderiam muito bem...", Peiper, ETHINT 10.
"Tiramos nosso jipe da estrada...", FO, Bateria C, 371º Bat. da FA, 99ª Divisão de Infantaria, Richard H. Byers Papers, Caixa 1, USAMHI.

p. 166 "Havia homens entre eles...", *Standartenführer* Lingner, 17ª SS Divisão Panzer, CSDIC, TNA WO 208/4140 SRM 1205.
"Às seis horas os alemães...", "Defense of Höfen", *Infantry School Quarterly*, jul. 1948, CBMP, Caixa 4.

p. 167 "No front da Companhia K...", CBMP, Caixa 4.
"Demos plasma...", Harry S. Arnold, Companhia E, 393º de Infantaria, 99ª Divisão de Infantaria, CBMP, Caixa 4.

p. 168 Colapsos nervosos e ferimentos autoinfligidos, Charles P. Roland, 99ª Divisão de Infantaria, CBMP, Caixa 4.
"O Exército americano nunca recua!", Sidney Salins, CBMP, Caixa 4.

p. 170 Divisões de Volksgrenadier e artilharia, *General der Artillerie* Kruse, CSDIC, TNA WO 208/4178 GRGG 330 (c).

p. 171 "apenas uma dispersão local", NARA RG 407 270/65/7/2 ML 2280.
"5h15: Dormindo na...", Matt F. C. Konop, diário, 2ª Divisão de Infantaria, CBMP, Caixa 2.

p. 172 "ação local do inimigo", ibidem.
"Eles dirigiram os holofotes...", NARA RG 498 290/56/2/3, Caixa 1455.
28ª Divisão de Cota, NARA RG 498 290/56/2/3, Caixa 1463.

p. 173 "Dez alemães eram relatados...", 28ª Divisão de Infantaria, ibidem.
"na manhã do assalto...", 112º Regimento de Infantaria, NARA RG 498 290/56/5/2, Caixa 3
"praticamente destruída", *Generalmajor* Siegfried von Waldenburg, 116ª Divisão Panzer, FMS A-873.

p. 175 "era que os remanescentes...", *General major* Heinz Kokott, "26ª Divisão Volksgrenadier na Ofensiva das Ardenas", FMS B-040.

p. 176 "boa vontade mas eram ineptos" etc., major Frank, comandante de batalhão , III/13º Fallschirmjäger, CSDIC, TNA WO 208/4140 SRM 1148, e WO 208/5540 SIR 1375

p. 177 "um soldado muito impulsivo, ambicioso...", Heydte, CSDIC, TNA WO 208/5541 SIR 1425
"*der Schlächter von Cassino*", CSDIC, TNA WO 208/3611.
Travessia do Our, "A Ofensiva das Ardenas do VII Exército", FMS A-876.

p. 178 "Somos nós que estamos aqui!", "The Ardennes", CSI Battlebook 10-A, maio 1984. Lauterborn, ibidem.
"Foram as cidades e os cruzamentos de estradas...", ibidem.

p. 180 "Meu Deus, não vejo a hora...", 16 dez. 1944, CBHD.
"O quarto, com duas camas...", ibidem.

p. 181 "Diga a ele...", Eisenhower, *Bitter Woods*, p. 266.
"Isso nos desanimou muito...", William R. Desobry Papers, USAMHI.
"parecia ser verdade", p. 595.
"Faz-me lembrar muito...", p. 596.
"Hodges [está] tendo um pouco...", William H. Simpson Papers, Caixa 11, USAMHI.

p. 182 "meteorologista muito consciencioso...", CSDIC, TNA WO 208/5541 SIR 1444.
"novatos e estavam nervosos", ibidem.

p. 183 "um completo fracasso", CSDIC, TNA WO 208/3628.
"grupo tristemente pequeno...", CSDIC, TNA WO 208/5541 SIR 1444.
"Povo alemão, tenha confiança!", TNA WO 171/4184.
"Iremos vencer...", ibidem.
"Ouvimos o som como de uma sirene...", Arthur S. Couch, "An American Infantry Soldier in World War II Europe", memórias não publicadas, coleção particular.

p. 184 Ordem à 2ª Divisão, major William F. Hancock, 1º Batalhão, 9º de Infantaria, 2ª Divisão de Infantaria, CBMP, Caixa 2.
"o papel decisivo...", Peiper, ETHINT 10.

9. DOMINGO, 17 DE DEZEMBRO

p. 187 "Alô, Konop, quero que você...", Matt F. C. Konop, diário, 2ª Divisão de Infantaria, CBMP, Caixa 2.

p. 190 "havia vivido um inferno...", Charles B. MacDonald, *Company Commander*, Nova York, 2002, pp. 82-3.
"A neve na junção da estrada...", ibidem.
"Devido às péssimas condições...", *General der Waffen-ss* H. Priess, 1º Corpo SS *Panzer*, FMS A-877.
O Kampfgruppe de Peiper em Honsfeld, Peter Schrijvers, *The Unknown Dead: Civilians in the Battle of the Bulge*, Lexington, 2005, pp. 35-6.

p. 191 Civil nazista em Büllingen, ibidem, p. 35.
Cinquenta prisioneiros americanos fuzilados em Büllingen, CMH *Ardennes*, p. 261.

p. 192 254º Batalhão de Engenharia, 5º Corpo, NARA RG 498 290/56/2/3, Caixa 1455.
26º de Infantaria, CBMP, Caixa 2.
"Acho que a guerra...", *Gefreiter* W. P., 17 dez. 1944, BfZ-SS.

p. 193 "Eu nunca vou recuar..." etc., 17 dez. 1944, CBHD.
"o último abrigo antiaéreo...", Ralph Ingersoll, *Top Secret*, Londres, 1946, p. 194.
"se o 12º Grupo do Exército...", diário do I Exército, citado em D. K. R. Crosswell, *Beetle: The Life of General Walter Bedell Smith*, Lexington, 2010, p. 810.
"O comandante do Grupo do Exército chamou...", Gaffey Papers, USAMHI.

p. 194 "uma dispersão, tendo em vista uma contraofensiva maior...", "tudo depende...", 17 dez. 1944, GBP.

p. 195 106ª em 16-17 dez., CMH *Ardennes*, pp. 156-7.

p. 196 "um homem grande como um urso", John S. D. Eisenhower, *The Bitter Woods*, Nova York, 1970, p. 280.

Fadiga de combate de Devine, "Relatório de Investigação, Ação do 14º Grupo de Cavalaria por ocasião do ataque alemão iniciado em 16 de dezembro de 1944", 29 jan. 1945, I Exército IG NARA RG 338 290/62/05/1-2.

p. 196n "Uma tentativa inútil", Royce L. Thompson, "Air Resupply to Isolated Units, Ardennes Campaign", OCMH, fev. 1951, texto datilografado, CMH 2-3.7 AEP.

p. 197 "Quando eu lhe disse...", *General der Panzertruppe* Horst Stumpff, ETHINT 61.

p. 198 "Eu esperava que o corpo da ala direita...", NARA RG 407 270/65/7/2 ML 2280.

"Era cada um por si...", major Donald P. Boyer, 38º Batalhão de Infantaria Blindada, RWHP, Caixa 1.

"soldados em pânico correndo...", AAR, 7ª Artilharia de Defesa Aérea, RWHP, Caixa 1.

p. 199 "o contínuo fluxo de soldados...", RWHP, Caixa 1.

"A construção de um cordão de defesa...", ibidem.

p. 201 "arrebanhados em um campo...", "publicidade imediata...", 17 dez. 1944, PWS.

"tirou o fôlego...", 18 dez. 1944, CBHD.

p. 203n "Que completa loucura...", CSDIC, TNA WO 208/5516.

p. 203 Represálias de Werbomont em setembro, Schrijvers, *Unknown Dead*, p. 40.

Kampfgruppe Peiper em Stavelot, *Obersturmbannführer* Joachim Peiper, 1º Regimento SS Panzer, ETHINT 10

p. 204 Batalha aérea por Wahlerscheid, 3º Batalhão, 38º de Infantaria, CBMP, Caixa 2.

p. 205 "Dentro desse quadro de desmoralização...", 1º Batalhão, 9º de Infantaria, 2ª Divisão de Infantaria, CBMP, Caixa 2.

p. 206 "gritos do inimigo", ibidem.

"Em combate pesado e próximo...", "The Ardennes", CSI Battlebook 10-A, maio 1984.

"Um soldado inimigo...", 3º Batalhão, 38º de Infantaria, CBMP, Caixa 2.

"enfiaram-se no meio de galhos...", "Eu sentia como se fôssemos...", MacDonald, *Company Commander*, 97, 100.

p. 207 "Os alemães o haviam enviado...", 1º Batalhão, 9º Regimento de Infantaria, 2ª Divisão de Infantaria, CBMP, Caixa 2.

"os ocupantes eram abatidos...", ibidem.

p. 208 "uma divisão medíocre, sem reputação...", *General der Infanterie* Baptist Kniess, 85º Corpo, ETHINT 40.

"Um grupo de homens próximo...", 28ª Divisão de Infantaria, NARA RG 498 290/56/2/3, Caixa 1463.

p. 209 Infiltração alemã em Clervaux, entrevista de Joseph Maertz, Clervaux, 22 ago. 1981, CBMP, Caixa 6.

"plantado na sua entrada...", e defesa de Clervaux, "The Breakthrough to Bastogne", vol. II, Clervaux, texto datilografado, s.d., CMH, 8-3.1AR.

"Se você é um GI judeu...", Roger Cohen, "The Lost Soldiers of Stalag IX-B", *New York Times Magazine*, 27 fev. 2005.

p. 210 Jean Servé, Clervaux, CBMP, Caixa 6.

"avançou em cheio...", "The Ardennes", CSI Battlebook 10-A.

"A avaliação do G-2 esta noite", 17 dez. 1944, PWS.

p. 211 47º Corpo Panzer, Lüttwitz, 47º Corpo Panzer, ETHINT 41.

"a avançar o mais rápido possível...", Kniess, ETHINT 40.

p. 212 "Tudo o que sei a respeito da situação...", NARA RG 407 270/65/8/2 ML 130.

"a maior parte deles, pelo que ouvi de seus comentários...", Louis Simpson, *Selected Prose*, Nova York, 1989, p. 134.

p. 213 "Conforme andávamos pelas salas...", Walter Bedell Smith, *Eisenhower's Six Great Decisions*, Londres, 1956, p. 103.

p. 214 "Houve uma grande invasão...", Stanley Weintraub, *Eleven Days in December*, Nova York, 2006, pp. 54-5.

10. SEGUNDA-FEIRA, 18 DE DEZEMBRO

p. 215 "gritos, uivos e vários outros...", NARA RG 498, 290/56/5/2, Caixa 3.
"desajeitados", NARA RG 498 290/56/2/3, Caixa 1455.

p. 216 "os tanques postos fora de combate...", 5º Corpo, NARA RG 498 290/56/2/3, Caixa 1455.
"Quando o batalhão se reuniu...", CBMP, Caixa 2.

p. 217 "foi a artilharia...", 1º Batalhão, 9º de Infantaria, 2ª Divisão de Infantaria, CBMP, Caixa 2.
Dispensa de comandante de batalhão, CO, 2º Bat, 394º Inf., NARA RG 407, E 427-A (270/65/4/7).
"truque cavalo de Troia", CBMP, Caixa 2.

p. 218 "Um tanque foi visto...", 5º Corpo, NARA RG 498 290/56/2/3, Caixa 1455
"A baioneta era...", "canhoneiros, motoristas, assistentes de motoristas...", ibidem.

p. 219 "viu a silhueta de um soldado...", Charles B. MacDonald, *Company Commander*, Nova York, 2002, p. 103.
"avistou um Mark VI...", 5º Corpo, NARA RG 498 290/56/2/3, Caixa 1455.
"um homem de outra formação", ibidem.

p. 220 "Nenhum deles se safou", 3º Batalhão, 38º Regimento de Infantaria, 2ª Divisão, CBMP, Caixa 2.
"Mas eu tenho um encontro...", FO, Bateria C, 371º Bat. de Art. de Campo, 99ª Divisão de Infantaria, Richard Henry Byers, "Battle of the Bulge", texto datilografado, 1983.
p. 221 "É perigoso a qualquer momento...", 5º Corpo, NARA RG 498 290/56/2/3, Caixa 1455.

p. 222 Ataque a Stavelot, Peiper, 1º Regimento SS Panzer, ETHINT 10.
Evacuação de combustível, CMH *Ardennes*, 667.
"General, se o senhor não sair...", J. Lawton Collins, SOOHP, USAMHI.

p. 223 "A situação está se deteriorando rapidamente", 18 dez. 1944, PWS.
"Ele diz que a situação...", William H. Simpson Papers, Caixa 11, USAMHI.
"bandeiras americanas, retratos do presidente...", 21 dez. 1944, PWS.
"Diabos, quando essa guerra terminar...", John S. D. Eisenhower, *The Bitter Woods*, Nova York, 1970, p. 303.

p. 224 "teria sido uma questão de...", Peiper, ETHINT 10.

p. 226 "em roupas de inverno...", Louis Simpson, *Selected Prose*, Nova York, 1989, p. 134.

p. 227 "Quantas equipes...", NARA RG 407 270/65/8/2 ML 130.
Tensões no 47º Corpo Panzer, Kokott, FMS B-040.

p. 229 "A longa resistência de Hosingen...", *Generalmajor* Heinz Kokott, 26ª Divisão Volksgrenadier, FMS B-040.
"chegou atrasada demais...", *Generalleutnant* Fritz Bayerlein, Divisão Panzer Lehr, FMS A-942.
A defesa de Wiltz, "The Breakthrough to Bastogne", texto datilografado, s.d., CMH 8-3.1AR.

p. 230 "A Panzer Lehr, com seus canos...", Bayerlein, FMS A-942.
23 tanques Sherman, Bayerlein, FMS A-941.

p. 231 "Noville fica duas cidades em frente...", NARA RG 407 270/65/8/2 ML 130.
"Podíamos ouvir fogo de canhões...", William R. Desobry Papers, USAMHI.

p. 233 "Houve uma explosão abafada...", RWHP, Caixa 1.

"a Brigada Führer Begleit estava envolvida...", "avançando e...", *Hauptmann* Gaum, 3º Bat., CSDIC, TNA WO 208/3610.

p. 234 "declinou deslocar-se nessa direção...", *Generalmajor* Otto Remer, ETHINT 80 e FMS B-592.

"Não há o menor sentimento...", 18 dez. 1944, GBP.

"Acho que você não vai gostar...", p. 596.

"Ah, que importa...", Omar N. Bradley, *A Soldier's Story*, Nova York, 1964, p. 469.

p. 235 "Uma operação muito pior...", p. 597.

"A situação ali é...", ibidem.

11. SKORZENY E HEYDTE

p. 238 *Leutnant* Günther Schultz, Unidade Móvel de Interrogatório de Campo n. 1, NARA RG 407 ML 2279.

"podiam ter um oficial alemão capturado...", 21 dez. 1944, CBHD.

Precauções de segurança de Bradley, 22 dez. 1944, CBHD.

p. 239 "Questione o motorista porque...", 344/1/A TNA WO 171/4184.

"Qual é o primeiro nome do Sinatra?", 21 dez. 1944, PWS.

"Só um *chucrute* cometeria...", citado em Danny S. Parker (ed.), *Hitler's Ardennes Offensive: The German View of the Battle of the Bulge*, Londres, 1997, p. 172.

p. 240 "Não tenho a mais remota ideia...", David Niven, *The Moon's a Balloon*, Londres, 1994, p. 258.

"General, se eu fosse o senhor...", Lorde Tryon, conversa com o escritor, 6 fev. 2013.

Gerhardt Unger e Gunther Wertheim, Ernest Unger, conversa com o escritor, 13 dez. 2012

p. 241 "Fomos sentenciados à morte...", TNA WO 171/4184.

Aywaille, NARA RG 407 e 427 (270/65/8-9/6-1) ML 7, Caixa 24201.

Milícia de Vichy e a Divisão SS Charlemagne, TNA WO 171/4184.

p. 242 "as mulheres cantaram com voz forte e clara...", 25 dez. 1944, CBHD.

"a visibilidade era quase nula", Brigadier General de brigada A. W. Brown, IWM Documents 1378173/18/1.

"desimpediram a ponte", 25 dez. 1944, CBHD.

150ª Brigada Panzer, "Ofensiva das Ardenas", *Obersturmbannführer* Otto Skorzeny, ETHINT 12.

p. 243 "atrapalhando a operação do corpo...", *SS-Oberstgruppenführer* Sepp Dietrich, ETHINT 15.

"a maneira amadora, quase frívola...", Heydte, FMS B-823.

Kampfgruppe Heydte, CSDIC, TNA WO 208/5541SIR 1444; também TNA WO 208/3628, TNA WO 208/3612.

p. 244 arames estendidos ao largo da estrada, NARA RG 498 290/56/2, Caixa 1456.

"emboscado, capturado e...", 5º Corpo, NARA RG 498 290/56/2/3, Caixa 1455.

p. 245 "decolado achando que estavam...", 18 dez. 1944, GBP; e 5º Corpo, NARA RG 498 290/56/2/3, Caixa 1455.

Omissão em relatar os paraquedas encontrados, NARA RG 498 290/56/2/3, Caixa 1459.

Baixas no Kampfgruppe Heydte, ibidem.

12. TERÇA-FEIRA, 19 DE DEZEMBRO

p. 247 Kampfgruppe de Peiper em Stoumont, Peiper, FMS C-004.

p. 248 Hospital Saint-Edouard, Peter Schrijvers, *The Unknown Dead: Civilians in the Battle of the Bulge*, Lexington, 2005, pp. 54-6.

p. 249 "Do lugar em que se ocultava...", 5º Corpo, NARA RG 498 290/56/2/3, Caixa 1455.

"Nosso batalhão avançou...", TNA WO 311/54.

"Alguns deles vinham...", conversa com o *Obergefreiter* Pompe da 18ª Divisão Volksgrenadier, CSDIC, TNA WO 311/54.

105º Batalhão de Engenharia, NARA RG 407 290/56/5/1-3, Caixa 7.

p. 250 3ª Fallschirmjäger, Faymonville, Operações do VI Exército Panzer, FMS A-924.

p. 251 "espécimes com um físico frágil", Kurt Vonnegut, *C-Span*, Nova Orleans, 30 maio 1995.

p. 252 "chuveiros, camas quentes...", NARA RG 407 E 427-A (270/65/4/7).
"Não fujam...", CBMP, Caixa 4.
"a maior rendição...", Kurt Vonnegut, *C-Span*, Nova Orleans, 30 maio 1995.

p. 253 "inferiu que os dois...", coronel Walter Stanton, subchefe do Estado-Maior do 8º Corpo, NARA RG 407 270/65/8/2 ML 299.
"Infindáveis colunas de prisioneiros...", Diário do *Oberleutnant* Behman, Maurice Delaval Collection, Caixa 7, USAMHI.
"lambendo suas feridas", RWHP, Caixa 1.
"Os únicos Jerries que encontramos...", ibidem.

p. 254 "histérico e uma pilha de nervos...", *Hauptmann* Gaum, 3º Batalhão da Brigada *Führer Begleit*, CSDIC, TNA WO 208/3611.
"ergueu a cabeça do homem...", Hans Post, *One Man in his Time*, Sydney, 2002, p. 170.

p. 255 "uma cidade-guarnição horrorosa...", Ralph Ingersoll, *Top Secret*, Londres, 1946, p. 162.
"fabuloso jipe...", 20 dez. 1944, CBHD.
"A situação presente...", Charles B. MacDonald, *A Time for Trumpets: The Untold Story of the Battle of the Bulge*, Nova York, 1984, p. 420; Dwight D. Eisenhower, *Crusade in Europe*, Londres, 1948, p. 371.

p. 256 "Na manhã de 21 de dezembro...", D. K. R. Crosswell, *Beetle: The Life of General Walter Bedell Smith*, Lexington, 2010, p. 812.

p. 257 "Toda vez que eu ganho uma nova estrela...", p. 600.
"louco da vida", "Não quero comprometer...", 19 dez. 1944, CBHD.

p. 258 Patton e a data do contra-ataque, p. 599.
"Para onde estão indo?", 8º Corpo, NARA RG 407 270/65/8/2 ML 299.
Combates em Wiltz, "The Breakthrough to Bastogne", texto datilografado, s.d., CMH 8-3.1AR.

p. 259 Cenas em Bastogne, tenente Ed Shames, em Tim G. W. Holbert, "Brothers at Bastogne – Easy Company's Toughest Task", *World War II Chronicles*, inverno de 2004-5, pp. 22-5.
"escravos egípcios carregando pedras...", Louis Simpson, *Selected Prose*, Nova York, 1989, p. 121.
"Nós fomos arrasados", NARA RG 407 270/65/8/2 ML 130.

p. 260 "A surpresa foi total", *Generalmajor* Heinz Kokott, 26ª Divisão Volksgrenadier, FMS B-040.

p. 261 "dolorosas perdas", ibidem.
"O inimigo fez bom uso...", ibidem.
A Panzer Lehr drenando tanques de combustível, *Generalleutnant* Fritz Bayerlein, FMS A-941.
"dia de surpresas", ibidem.
"suficientemente coerente...", ibidem.
"Munição e rações chegaram...", Kokott, FMS B-040.

p. 262 20º Batalhão de Infantaria em Noville, William R. Desobry Papers, USAMHI, e NARA RG 407 270/65/8/2 ML 130.

p. 263 "atravessar todo o maldito Exército alemão...", NARA RG 407 270/65/8/2 ML 130.

p. 264 "Eles se espalharam pelos campos...", William R. Desobry Papers, USAMHI.

p. 265 "Isso é som de veículos...", Holbert, "Brothers at Bastogne – Easy Company's Toughest Task", pp. 22-5.
"Continuem na retaguarda...", citado em George E. Koskimaki, *The Battered Bastards of Bastogne: The 101st Airborne in the Battle of the Bulge*, Nova York, 2007, p. 113.
Captura da 326º Companhia Médica Aerotransportada, CMH Medical, pp. 409-14.

p. 266 O destino de Desobry, William R. Desobry Papers, USAMHI.
"deitados em fileiras...", CMH Medical, p. 414.

p. 267 "Chegamos ao QG do I Exército...", Carol Mather, *When the Grass Stops Growing*, Barnsley, 1997, pp. 284-7.
"tinha nenhum daqueles malditos tanques...", idem., p. 286.
"estranhamente deserta área rural...", "Ele está bastante abalado...", idem., p. 287.

p. 268 "visivelmente alarmado", ibidem.

p. 269 "*Limey bastards*", Crosswell, p. 814.
"Com certeza, se Monty fosse...", CMH SC, p. 378.

p. 270 "Deus do céu, Ike...", Kenneth Strong, *Intelligence at the Top*, Londres, 1970, p. 226.
"absolutamente lívido...", Coningham, FCP SC.
"Montgomery por longo tempo...", Bedell Smith, FCP SC.
"como a inspiração pessoal...", Ingersoll, p. 205.
"como uma ofensa pessoal", Chester B. Hansen Collection, Caixa 42, S-25, USAMHI.

13. QUARTA-FEIRA, 20 DE DEZEMBRO

p. 271 "extremamente delicada", Carol Mather, *When the Grass Stops Growing*, Barnsley, 1997, p. 287.
"completamente desinformado", sir Carol Mather docs., IWM, 11/28/15.
"A respeito da importante questão...", ibidem.

p. 272 "Monty, estamos num certo apuro...", Dempsey, FCP SC "como Cristo...", citado em Nigel Hamilton, *Monty: Master of the Battlefield 1942-1944*, Londres, 1984, p. 213.

p. 273 "Qual é a configuração?", "Foi algo desnecessário...", Mather, p. 288.
"o nosso comandante mais fraco...", Bedell Smith, FCP SC.
"se poderemos defender...", 21 dez. 1944, PWS.
"Enfiamos granadas de termite...", Ralph Ingersoll, *Top Secret*, Londres, 1946, p. 200.

p. 273n "O general agora está bem acomodado...", 23 dez. 1944, PWS.

p. 274 "A melhor maneira de lidar...", "The Ardennes", CSI Battlebook 10-A, maio 1984.

p. 275 "quatro dentro e onze...", ibidem.
"Schloss Hemingstein 1944", Carlos Baker, *Ernest Hemingway: A Life Story*, Nova York, 1969, p. 558.
"provocou uma considerável perda...", *Generalmajor* Siegfried von Waldenburg, 116ª Divisão Panzer, FMS A-873.

p. 276 Easy Company, tenente Ed Shames, em Tim G. W. Holbert, "Brothers at Bastogne – Easy Company's Toughest Task", *World War II Chronicles*, Inverno de 2004-5, pp. 22-5.
Retirada de Noville, Charles B. MacDonald, *A Time for Trumpets: The Untold Story of the Battle of the Bulge*, Nova York, 1984, pp. 499-500.
"a neblina na frente da coluna...", "Havia mortos espalhados...", citado em Peter Schrijvers, *Those Who Hold Bastogne*, New Haven, 2014, p. 63.

p. 277 "A 2ª Divisão Panzer...", *Generalmajor* Heinz Kokott, 26ª Divisão Volksgrenadier, FMS B-040.

p. 277n "consideraram Bastogne...", *Generalleutnant* Fritz Bayerlein, Divisão Panzer Lehr, FMS A-941.

p. 278 "Bastogne deve ser capturada?...", Kokott, FMS B-040.
"A divisão respeitosamente...", ibidem.
"era possível ouvir o ribombar profundo...", ibidem.
"com efeitos devastadores...", ibidem.

p. 280 "sentado negligentemente na torre...", Louis Simpson, *Selected Prose*, Nova York, 1989, pp. 137-8.

p. 282 Combates em Cheneux, Charles B. MacDonald, *The Battle of the Bulge*, Londres, 1984, pp. 448-9.

p. 283 "ainda muito ruim", RWHP, Caixa 1.

"Nós enfatizamos bem...", major Donald P. Boyer Jr., S-3, "Narrative Account of Action of 38th Armored Infantry Battalion", s.d., RWHP, Caixa 1.
Brigada Führer Begleit, *Generalmajor* Otto Remer, ETHINT 80.

p. 284 "com água até o pescoço", Mack Morriss, "The Defense of Stavelot", *Yank*, 9 fev. 1945.

p. 285 Atrocidades da SS em Stavelot, NARA RG 407 290/56/5/1-3, Caixa 7.
Combates em Stavelot em 20 dez., ibidem.

p. 286 "na sua maior parte intransitável...", Operações do VI Exército Panzer, FMS A-924.
"sob o pesado fogo quase contínuo...", V Corpo, NARA RG 498 290/56/2/3, Caixa 1455.

p. 287 Itens levados do Campo Elsenborn, Richard H. Byers, "The Battle of the Bulge", Richard H. Byers Papers, Caixa 1, USAMHI.
"Sherman Ecke", "O fogo de artilharia concentrado...", 3ª Divisão Panzergrenadier, FMS A-978.

p. 288 "Os fazendeiros aprenderam a cuidar...", Peter Schrijvers, *The Unknown Dead: Civilians in the Battle of the Bulge*, Lexington, 2005, p. 30.
"um anel de aço", MacDonald, *A Time for Trumpets*, p. 406.
"Logo bombas dos tanques...", Arthur S. Couch, "An American Infantry Soldier in World War II Europe", memórias não publicadas, coleção particular.

p. 289 Baixas alemãs, MacDonald, *A Time for Trumpets*, p. 407.
"Foi exatamente isso...", Martin Lindsay, *So Few Got Through*, Barnsley, 2000, p. 161.

p. 290 Ordem de mobilização para o 30º Corpo, TNA WO 231/30.
"bombardeou, disparou seus tanques...", J. W. Cunningham, IWM Documents 15439 06/126/1.
"com um pequeno mas constante...", General de brigada A. W. Brown, IWM Documents 1378173/18/1.
"achei que não teríamos problemas...", Bedell Smith, FCP SC.

p. 291 "baixaram uma censura...", *Time*, 1º jan. 1945.
"Pessoalmente, gostaria de passar fogo...", 21 dez. 1944, Hobart Gay Papers, USAMHI.
"resultados desastrosos...", Memorando, R. H. C. Drummond-Wolff, chefe, Liberated Territories Desk, PWD, 21 dez. 1944, C. D. Jackson Papers, Caixa 3, DDE Lib.
"A totalmente inesperada...", Fritz Hockenjos, Kriegstagebuch, BA-MA, MsG2 4038.

p. 292 "Você não imagina...", LHC-DP, n. 217, II, 5, citado em Ian Kershaw, *The End: Hitler's Alemanha 1944-45*, Londres, 2011, p. 156.
"Seja prático...", Antony Beevor, *Berlin: The Downfall 1945*, Londres, 2002, p. 1.
"É só continuar avançando...", CSDIC, TNA WO 208/4364 GRGG 235/6.
"O velho princípio do combate de tanques: 'avançar, avançar, avançar!'...", ibidem.

p. 293 "Essa ofensiva é fantástica!", ibidem.
"Esse cara nunca vai...", ibidem.
"Hoje é quarta-feira...", ibidem.

14. QUINTA-FEIRA, 21 DE DEZEMBRO

p. 295 "cercado e sem suprimentos adequados", Peiper, FMS C-004.
Detilleux, Wanne e Refat, Peter Schrijvers, *The Unknown Dead: Civilians in the Battle of the Bulge*, Lexington, 2005, pp. 57-8.
"tiro ao pato", NARA RG 407 290/56/5/1-3, Caixa 7.

p. 296 "Depois que vimos...", Mack Morriss, "The Defense of Stavelot", *Yank*, 9 fev. 1945.
"Nossa mala de prisioneiros agora ficou bem menor...", 21 dez. 1944, PWS.
"Prisioneiros da 12ª SS?", 24 dez. 1944, CBHD
"cobertos de lama", "Os GIs pareciam insensíveis...", 21 dez. 1944, CBHD.

p. 297 "o general Collins mostra...", 21 dez. 1944, PWS.

"Monty vinha dia sim, dia não...", J. Lawton Collins, SOOHP, Caixa 1, USAMHI.

p. 298 Hasbrouck e Clarke a respeito de Ridgway, Jonathan M. Soffer, *General Matthew B. Ridgway*, Westport, CN, 1998, p. 71.
"terrível Panzerfaust", major Donald P. Boyer Jr, RWHP, Caixa 1.
"talvez fosse a calma...", ibidem.
"Imensas lascas...", ibidem.

p. 299 "Reorganizem-se. Salvem os veículos que for possível...", RWHP, Caixa 1.

p. 300 Sankt Vith e o St. Josef Kloster; "Ele pegou um cálice...", Schrijvers, *Unknown Dead*, p. 169.
Pelotão de Inteligência e Reconhecimento, 423º de Infantaria, 106ª Divisão, Richard D. Sparks, "A Walk through the Woods", 2003, <http://www.ryansdom.com/theryans/sparks/adobe/walk2.pdf>.

p. 301 "um presente de Deus", *Generalmajor* Siegfried von Waldenburg, 116ª Divisão Panzer, FMS A-873.
"Sabíamos que...", 4º Regimento SS Panzergrenadier Der Führer, FMS P-109b.

p. 302 "Os soldados aos poucos começaram...", Waldenburg, FMS A-873.
Tenneville, NARA RG 407 270/65/8/2 ML 130.

p. 303 "O Ike e o [major-general] Bull...", p. 603.
Kokott e extraviados, NARA RG 407 270/65/8/2 ML 130.

p. 304 "Era como um saguão imenso...", Robert Harwick, "Christmas for Real!", *The Magazine of the Gulf Companies*, nov.-dez. 1945, pp. 70-1.
"Dois prisioneiros fugiram de volta", ibidem.

p. 305 "Um deles, aterrorizado...", ibidem.

p. 306 A decisão de enviar um negociador a Bastogne, *General der Panzertruppe* Heinrich von Lüttwitz, 47º Corpo Panzer, FMS A-939.
"Depois que ele terminou...", George E. Koskimaki, *The Battered Bastards of Bastogne: The 101st Airborne in the Battle of the Bulge*, Nova York, 2007, p. 148.

15. SEXTA-FEIRA, 22 DE DEZEMBRO

p. 309 "Suas ordens são...", Maurice Delaval Collection, Caixa 7, USAMHI.

p. 310 "Arrastamo-nos com esforço...", Pelotão de Inteligência e Reconhecimento, 423º de Infantaria, 106ª Divisão, Richard D. Sparks, "A Walk through the Woods", 2003, <http://www.ryansdom.com/theryans/sparks/adobe/walk2.pdf>.
"Assim que cruzamos a ponte...", Sam Bordelon, ibidem.

p. 312 "Estou apostando minhas últimas fichas...", 22 dez. 1944, RWHP, Caixa 1.
"Você cumpriu sua missão...", Misc'l AG Records, NARA RG 407 E 427 2280, Caixa 2425.

p. 313 "Os soldados da linha de frente prometeram...", Sparks, "A Walk through the Woods".
"arrebentou as placas de base...", Misc'l AG Records, NARA RG 407 E 427 2280, Caixa 2425.

p. 314 Retirada cruzando o rio Salm, ibidem.
"Por que diabos...", Maurice Delaval Collection, Caixa 7, USAMHI.
Civis em Bütgenbach, Peter Schrijvers, *The Unknown Dead: Civilians in the Battle of the Bulge*, Lexington, 2005, pp. 26-7.

p. 315 Stoumont e SS feridos, NARA RG 407 290/56/5/1-3, Caixa 7.
"muito grave", "conspicuamente marcada", Peiper, ETHINT 10.

p. 316 "uma única divisão de infantaria", *Generalmajor* Heinz Kokott, 26ª Divisão Volksgrenadier, FMS B-040.
"No decorrer do [dia]...", ibidem.
Dois soldados alemães em Mande-Saint--Etienne, André Meurisse, citado em George E. Koskimaki, *The Battered Bastards of Bastogne: The 101st Airborne in the Battle of the Bulge*, Nova York, 2007, pp. 221-2.

p. 318 "Nunca me preocupei...", entrevista com Bedell Smith, FCP SC.

"A neblina se assentava...", J. Lawton Collins, SOOHP, Caixa 1, USAMHI.

p. 319 "travar uma luta pela própria vida...", John S. D. Eisenhower, *The Bitter Woods*, Nova York, 1970, p. 453.

Avanço sobre Marche, *General der Panzertruppe* Heinrich von Lüttwitz, 47º Corpo Panzer, FMS A-939.

Relatório do 23º Hussars, William H. Simpson Papers, Caixa 11, USAMHI.

Terreno elevado a sudoeste de Marche, *Oberstleutnant* Rüdiger Weiz, 2ª Divisão Panzer, FMS B-456.

p. 321 Mudança de rota da 116ª Divisão Panzer, *Generalmajor* Siegfried von Waldenburg, FMS A-873.

p. 322 "uma verdadeira cena de cartão-postal...", 22 dez. 1944, CBHD.

"muito preocupados com...", ibidem.

"O inimigo faz um...", Eisenhower, *Bitter Woods*, Nova York, 1970, p. 422.

p. 323 "mantido a cabeça no lugar magnificamente...", CMH SC, p. 381.

"Soubemos que...", Ralph Ingersoll, *Top Secret*, Londres, 1946, pp. 201-4.

16. SÁBADO, 23 DE DEZEMBRO

p. 325 "visibilidade ilimitada", CMH *Ardennes*, p. 468.

"Diabos!...", John S. D. Eisenhower, *The Bitter Woods*, Nova York, 1970, p. 424.

p. 326 "Assim que a força aérea inimiga...", *Generalleutnant* Karl Thoholte, "Army Group B Artillery in the Ardennes", FMS B-311.

Estação retransmissora de Jemelle, ETO Historical Division, NARA RG 498 290/57/17/6.

Lançamento de suprimentos para a Força-Tarefa Hogan, Royce L. Thompson, "Air Resupply to Isolated Units, Ardennes Campaign", OCMH, fev. 1951, texto datilografado, CMH 2-3.7 AE P.

p. 329 "A posição piorou consideravelmente...", *General der Waffen-ss* H. Priess, I Corpo ss Panzer, FMS A-877.

p. 330 "Os soldados americanos estão agora se recusando...", William H. Simpson Papers, Caixa 11, USAMHI.

Civis em Faymonville, Peter Schrijvers, *The Unknown Dead: Civilians in the Battle of the Bulge*, Lexington, 2005, pp. 27-8.

p. 331 "relato de Manteuffel de que não conseguiria...", *Major* Herbert Büchs, ETHINT 34.

"até dez homens...", *Generalmajor* Heinz Kokott, 26ª Divisão Volksgrenadier, FMS B-040.

p. 332 "O primeiro caça-bombardeiro inimigo...", "Por volta de meio-dia...", ibidem.

"Casas pegaram fogo...", ibidem.

p. 333 "*Achtung!* Poderosa formação inimiga...", ibidem.

Desbravadores e lançamentos, Thompson, "Air Resupply to Isolated Units, Ardennes Campaign".

p. 334 "A primeira coisa que você via...", Martin Wolfe, *Green Light!*, Philadelphia, 1989, p. 348.

"saudando-nos euforicamente...", George E. Koskimaki, *The Battered Bastards of Bastogne: The 101st Airborne in the Battle of the Bulge*, Nova York, 2007, p. 257.

"Ver aqueles fardos de suprimentos...", ibidem.

"mas as garrafas...", CMH Medical, p. 420.

"Não se via um único avião alemão...", Kokott, FMS B-040.

p. 336 "A partir de então", Koskimaki, p. 147.

"nesse frio...", Louis Simpson, *Selected Prose*, Nova York, 1989, p. 138.

"Eu dou uma espiada pela encosta...", ibidem, p. 139.

p. 337 Alocação de recursos aéreos em 23 dez. 1944, NARA RG 498 290/56/2/3, Caixa 1455.

Fogo amigo e "Regras para Atirar", 5º Corpo, ibidem.

"animado e confiante como sempre", 22 dez. 1944, PWS.

p. 339 "O avanço alemão...", A. J. Cowdery, Civil Affairs, IWM Documents 17395 10/18/1.
"Shermans cansados de guerra", Derrick Jones, IWM Documents 4309.
"Isso não é um porco...", Henry Dubois, citado em Jean-Michel Delvaux, *La Bataille des Ardennes autour de Rochefort*, 2 vols., Hubaille, 2004-5, I, p. 333.

p. 341 Chapois, Jean-Michel Delvaux, *La Bataille des Ardennes autour de Celles*, Hubaille, 2003, pp. 38-9.
"Mas a estrada está minada...", ibidem, pp. 81-2.

p. 343 "Certo, vamos!...", CMH *Ardennes*, p. 437.
Civis em Rochefort, Delvaux, *Rochefort*, I, pp. 236, 238-9 e II.

p. 344 "Quero orientar o general...", 23 dez. 1944, FDRL MR.

17. DOMINGO, 24 DE DEZEMBRO

p. 345 "um riso quase histérico...", 24 dez. 1944, CBHD.
"agarrando-se teimosamente...", ibidem.
"Hoje, um soldado de intendência...", ibidem.

p. 346 "O general Patton veio aqui várias vezes hoje...", ibidem.
"explodira tudo o que estava à vista", "The Intervention of the Third Army: III Corps in the Attack", texto datilografado, s.d., CMH 8-3.1AR.

p. 347 "geralmente era apenas...", 8º Corpo, III Exército, NARA RG 498 290/56/2/3, Caixa 1463.
"as rações com frequência...", 7º Corpo, NARA RG 498 290/56/2/3, Caixa 1459.

p. 348 Atiradores alemães, NARA RG 498, 290/56/5/2, Caixa 3.
Relatos de observadores de combate, 8º Corpo, III Exército, NARA RG 498 290/56/2/3, Caixa 1463.
Auxiliares médicos, ibidem.

p. 350 "Acertar tanques...", ibidem.

p. 352 "corrupção e locupletação", "Até então, essas pessoas...", *Generalmajor* Ludwig Heilmann, 5ª Divisão Fallschirmjäger, FMS B-023.
"o inimigo conseguiu...", Robert R. Summers *et al.*, "Armor at Bastogne", Armored School, Advanced Course, maio 1949, CARL N-2146.71-2.

p. 353 "O comandante da nossa companhia...", 24 dez. 1944, Diário de Robert Calvert Jr, Companhia C, 51º Batalhão de Infantaria Blindada, 4ª Divisão Blindada, *American Valor Quarterly*, verão de 2008, p. 22.

p. 354 "Levas de atacantes...", NARA RG 407 290/56/5/1-3, Caixa 7.

p. 355 "Apesar do magnífico desempenho aéreo...", 24 dez. 1944, PWS.
"mas ao que parece não recebeu muito apoio...", 8 jan. 1945, CBHD.
"o moral na 82ª...", John S. D. Eisenhower, *The Bitter Woods*, Nova York, 1970, p. 449.
82ª Aerotransportada ficando com cadáveres alemães, William A. Carter, texto datilografado, 1983, CEOH, Caixa V, p. 14, XII, 22.

p. 356 "Um *ss-Führer* me contou...", CSDIC, TNA WO 208/4140 SRM 1150.

p. 357 "ferozes e cheias de alternâncias", *Generalmajor* Siegfried von Waldenburg, 116ª Divisão Panzer, FMS A-873.
"*beaucoup* dead", 7º Corpo, NARA RG 498 290/56/2/3, Caixa 1459.
"Nada se via ou ouvia da Luftwaffe alemã...", Waldenburg, FMS A-873.

pp. 357-8 3º Real Regimento de Tanques em Sorinnes, General de brigada A. W. Brown, IWM Documents 1378173/18/1.

p. 358 "caso fosse obrigado", David W. Hogan Jr., *A Command Post at War: First Army Headquarters in Europe, 1943-1945*, Washington, DC, 2000, p. 223.
"Os filhos da puta estão no bolso...", Eisenhower, *Bitter Woods*, p. 466.

p. 359 "Se necessário, que elementos...", *Oberstleutnant* Rüdiger Weiz, 2ª Divisão Panzer, FMS B-456.

"já que ambos os bolsões...", ibidem.

p. 360 Massacre de Bande e Léon Praile, ver Jean-Michel Delvaux, *La Bataille des Ardennes autour de Rochefort*, 2 vols., Hubaille, 2004-5, I, pp. 17-41.

p. 361 "Depois de executarem a tarefa...", TNA WO 171/4184.

p. 362 "Esta é a maior impostura...", Heinz Guderian, *Panzer Leader*, Nova York, 1996, pp. 310-1.

Hemingway e Gellhorn, Carlos Baker, *Ernest Hemingway: A Life Story*, Nova York, 1969, pp. 558-9.

p. 363 Feridos em Bastogne, CMH Medical, p. 418.

"Não façam planos...", Stanley Weintraub, *Eleven Days in December*, Nova York, 2006, p. 137.

"Amanhã vamos cruzar...", Simone Hesbois, citado em Delvaux, *Rochefort*, I, pp. 328-9.

Liliane Delhomme, Rochefort, Delvaux, *Rochefort*, II, p. 240.

p. 364 Rações C congeladas, Gerald Astor, *Battling Buzzards: The Odyssey of the 517th Parachute Regimental Combat Team 1943-1945*, Nova York, 1993, p. 300.

"Os companheiros ficam andando...", PFC Warren Wilson, Coy I, 2º Bat., 395º Inf., Weintraub, p. 125.

"esse general de expressão séria...", Frederick A. McDonald, *Remembered Light: Glass Fragments from World War II*, São Francisco, 2007, p. 29.

18. NATAL

p. 365 O bombardeio de Bastogne, Peter Schrijvers, *Those Who Hold Bastogne*, New Haven, 2014, pp. 119-20.

p. 367 "tomada, perdida e retomada", *Generalmajor* Heinz Kokott, 26ª Divisão Volksgrenadier, FMS B-040.

"desmontar e reparar armas...", 502º Regimento de Infantaria de Paraquedistas, 8º Corpo, NARA RG 498 290/56/2/3, Caixa 1463.

p. 368 "Os alemães saíam dos tanques...", PFC Leonard Schwartz, George E. Koskimaki, *The Battered Bastards of Bastogne: The 101st Airborne in the Battle of the Bulge*, Nova York, 2007, p. 325.

"de boca fechada", 502º Regimento de Infantaria de Paraquedistas, 8º Corpo, NARA RG 498 290/56/2/3, Caixa 1463.

"o sucesso parecia bem próximo", Kokott, FMS B-040.

"Os alemães atacaram nossas...", Soldado Jackson do 502º Regimento de Infantaria de Paraquedistas, 8º Corpo, NARA RG 498 290/56/5/2, Caixa 3.

p. 369 "isolado dos demais e aniquilado", Kokott, FMS B-040.

"83 Kokott, os novecentos metros...", TNA WO 311/54.

p. 370 "irresponsáveis e inviáveis", "luta sangrenta, dúbia e custosa...", Kokott, FMS B-040.

Lançamentos aéreos no dia de Natal, Royce L. Thompson, "Air Resupply to Isolated Units, Ardennes Campaign", OCMH, fev. 1951, texto datilografado, CMH 2-3.7 AE P.

"Ficamos desapontados", NARA RG 407 270/65/8/2 ML 130.

Lutrebois, "ficar deitados aguardando...", NARA RG 498 290/56/5/2, Caixa 3.

p. 371 "Nossa sensação era...", Denyse de Coune, "Souvenirs de guerre: Assenois 1944-5", p. 125, citado em Peter Schrijvers, *The Unknown Dead: Civilians in the Battle of the Bulge*, Lexington, 2005, p. XIII.

"mostraram-se compreensivos", *General der Panzertruppe* Heinrich von Lüttwit, 47º Corpo Panzer, FMS A-939.

Haid, Jean-Michel Delvaux, *La Bataille des Ardennes autour de Rochefort*, 2 vols., Hubaille, 2004-5, I, p. 341.

p. 372 Avanço a partir de Sorinnes, General de brigada A. W. Brown, IWM Documents 1378173/18/1.

p. 373 Veículos blindados em Celles, TNA WO 231/30.
"Os americanos estavam loucos...", Jean-Michel Delvaux, *La Bataille des Ardennes autour de Celles*, Hubaille, 2003, p. 103.
"unidades divisionais que lutaram...", *Generalmajor* Siegfried von Waldenburg, 116ª Divisão Panzer, FMS A-873.

p. 374 "muito a aprender", 8º Corpo, NARA RG 498 290/56/2/3, Caixa 1463.
"Seus tanques deixaram...", 8º Corpo, NARA RG 407 270/65/8/2 ML 299.

p. 375 "Um dia de Natal claro...", p. 606.
"Ela penetrou fundo...", Schrijvers, *Unknown Dead*, p. 31.
"Os bombardeiros desenham lindos rastros...", Richard Henry Byers, "Battle of the Bulge", texto datilografado, 1983.
"como um enxame de abelhas", *Leutnant* Martin Opitz, 295ª Divisão Volksgrenadier, NARA RG 407 290/56/5/1-3, Caixa 7.

p. 376 "Monty estava sempre na expectativa...", Chester B. Hansen Collection, Caixa 42, S-7, USAMHI.
"o I Exército não deve...", p. 606.

p. 377 "Tenho certeza de que...", Chester B. Hansen Collection, Caixa 42, S-7, USAMHI.
"Mais meses ainda de guerra?", *Daily Express*, Stanley Weintraub, *Eleven Days in December*, Nova York, 2006, p. 79.

p. 377n "Sabe, nós exploramos a crise...", Bedell Smith, FCP SC.

19. TERÇA-FEIRA, 26 DE DEZEMBRO

p. 379 "Os *chucrutes* enfiaram a cabeça...", 26 dez. 1944, CBHD.
"Essa foi uma véspera de Natal...", p. 605.

p. 380 "Hoje foi um dia muito duro...", p. 607.
Incêndios em Bastogne, Peter Schrijvers, *Those Who Hold Bastogne*, New Haven, 2014, p. 130.
"liberado a trezentos pés", Royce L. Thompson, "Air Resupply to Isolated Units, Ardennes Campaign", OCMH, fev. 1951, texto datilografado, CMH 2-3.7 AE P.

p. 381 "O pessoal médico...", 26 dez. 1944, CBHD.
"muitas amputações", CMH Medical, p. 422.
37º Batalhão de Tanques, *American Valor Quarterly*, verão 2008, p. 19.
Assenois, NARA RG 407 270/65/8/2 ML 130.

p. 382 "era o fim", *Generalmajor* Rudolf Freiherr von Gersdorff e *Generalmajor* Heinz Kokott, ETHINT 44.
"Mas que espírito de luta!", *Major* Frank, comandante 3º-13º Fallschirmjäger, CSDIC, TNA WO 208/4140 SRM 1148.

p. 383 "a brigada Führer Begleit...", *General der Panzertruppe* Heinrich von Lüttwitz, 47º Corpo Panzer, ETHINT 42.
Martha Gellhorn e Leland Stowe, 26 dez. 1944, CBHD.
"Felizmente, o pessoal da raf...", General de brigada A. W. Brown, IWM Documents 1378173/18/1.

p. 384 Ordem para que o Kampfgruppe Holtmeyer se retirasse, *General der Panzertruppe* Heinrich von Lüttwitz, 47º Corpo Panzer, FMS A-939.
"Felizmente o inimigo foi...", *Oberstleutnant* Rüdiger Weiz, 2ª Divisão Panzer, FMS B-456.
"*Moi, pas Allemand!...*", Jean-Michel Delvaux, *La Bataille des Ardennes autour de Rochefort*, 2 vols., Hubaille, 2004-5, I, p. 218.
Buissonville, ibidem, pp. 304 e 308.

p. 385 "Estimava-se que...", coronel Shaffer F. Jarrell, 7º Corpo, NARA RG 498 290/56/2/3, Caixa 1459.
"um grande cemitério...", Jean-Michel Delvaux, *La Bataille des Ardennes autour de Celles*, Hubaille, 2003, p. 94.
"Queremos fazer na Bélgica...", diário da Irmã Alexia Bruyère, 26 dez. 1944, citado em Delvaux, Rochefort, I, p. 143.

p. 386 Kampfgruppe sitiado da 116ª Divisão Panzer, *Generalmajor* Siegfried von Waldenburg, FMS A-873.

"o combustível era tão escasso...", *Generalmajor* Otto Remer, ETHINT 80.
"quatro ou cinco tanques...", CC A da 3ª Divisão Blindada, TNA WO 231/30.

p. 387 3º Regimento SS Panzergrenadier e Grandménil, FMS P-109.
"o inimigo abriu fogo...", Alfred Zerbel, 3º Regimento SS Panzergrenadier Deutschland, FMS P-109.

p. 388 "Se um soldado não precisa...", NARA RG 498 290/56/2/3, Caixa 1463.

p. 389 "as pessoas estavam se debatendo...", Peter Schrijvers, *The Unknown Dead: Civilians in the Battle of the Bulge*, Lexington, 2005, p. 183.
"A maioria morreu queimada", ibidem, p. 184.
"Saint-Vith ainda arde...", *Leutnant* Martin Opitz, 295ª Divisão Volksgrenadier, NARA RG 407 290/56/5/1-3, Caixa 7.
"um gigantesco monte de entulho...", ibidem.

p. 390 Campanha de bombardeio, La Roche, TNA WO 231/30.
"Hoje, as coisas continuaram parecendo...", 26 dez. 1944, PWS.
"conservadorismo estagnante...", 26 dez. 1944, CBHD.
"Monty é um pequeno peido...", 27 dez. 1944, p. 608.
"*Mein Führer...*" etc., Samuel W. Mitcham Jr., *Panzers in Winter*, Mechanicsburg, 2008, pp. 153-4.

p. 391 "traidores", "Sei que a guerra está perdida...", Nicolaus von Below, *Als Hitlers Adjutant, 1937-1945*, Mainz, 1980, p. 398.

20. PREPARAÇÃO DA CONTRAOFENSIVA ALIADA

p. 393 Lançamentos aéreos em Bastogne, 27 dez., Royce L. Thompson, "Air Resupply to Isolated Units, Ardennes Campaign", OCMH, fev. 1951, texto datilografado, CMH 2-3.7 AE P.
Aterrissagem de barriga, George E. Koskimaki, *The Battered Bastards of Bastogne: The 101st Airborne in the Battle of the Bulge*, Nova York, 2007, pp. 365-6.

p. 394 "Com o ataque inimigo perdendo vigor...", "maior demora permitirá...", 12º Grupo do Exército, NARA RG 407 270/65/7/2 ML 209.
"altos canais de Inteligência...", 28 dez. 1944, PWS.
"muito encantado com...", 28 dez. 1944, CBHD.

p. 394n "contra-ataque [aliado] começou cedo demais...", "da total aniquilação...", *Generalmajor* Siegfried von Waldenburg, 116ª Divisão Panzer, FMS B-038.

p. 395 "os americanos haviam levado um murro...", carta de Montgomery a Mountbatten, 25 dez. 1944, Nigel Hamilton, *Monty: The Field Marshal 1944-1976*, Londres, 1986, p. 238.
"sob um prisma tão grave...", CMH Ardennes, p. 610.

p. 396 "General Hodges já teve os seus flancos...", 27 dez. 1944, PWS.
"o mais conservador...", ibidem.
"Você vai fazer os alemães saírem da toca...", J. Lawton Collins, SOOHP, USAMHI.
"Seja louvado Deus...", CMH Ardennes, p. 612.

p. 397 "As estradas estão um lençol de gelo...", William H. Simpson Papers, Caixa 11, USAMHI.
Plano de Montgomery esboçado em Zonhoven, diário de Crerar, TNA CAB 106/1064.

p. 397n "de quatro a cinco divisões Panzer", 31 dez. 1944, CBHD.
"Os americanos têm inteligência muito curta...", 2 jan. 1945, CBHD.

p. 398 "Tenho a impressão de que...", Diário de Alanbrooke, 30 dez. 1944, LHCMA.
"pleno comando operacional...", citado em Russell F. Weigley, *Eisenhower's Lieutenants*, Bloomington, 1990, pp. 542-3.

p. 399 "Sob nenhuma circunstância...", citado em Hamilton, *Monty: The marechal de campo*, p. 275.
"Em sua última carta...", DDE Lib, Caixa 83.
"o público britânico...", Eisenhower na reunião do SHAEF em 30 dez. 1944, anotações do marechal do ar sir James Robb, NARA RG 319 270/19/5-6/7-1, Caixas 215-16 2-3.7 CB 8.
"Freddie, o que eu devo fazer?...", F. de Guingand, citado em Hamilton, *Monty: The marechal de campo*, p. 279.
"Caro Ike...", DDE Lib, Caixa 83.

p. 401 "O frio era tamanho...", diário de Robert Calvert Jr, Companhia C, 51º Batalhão de Infantaria Blindada, 4ª Divisão Blindada, *American Valor Quarterly*, verão de 2008, p. 22.
"um ataque de caças-bombardeiros...", *Generalmajor* Otto Remer, ETHINT 80.

p. 402 "dez planadores de transporte de carga...", ibidem.
"Se esse ataque falhasse...", *General der Panzertruppe* Heinrich von Lüttwitz, 47º Corpo Panzer, FMS A-939.

pp. 402-3 Luta por Chenogne e Sibret, Remer, ETHINT 80.

p. 403 "Suas instruções antes...", Stephen E. Ambrose, *Band of Brothers*, Nova York, 2001, p. 194.

p. 404 "Oscar", Koskimaki, p. 393.

p. 405 "Meu Deus...", ibidem, p. 391.
35ª Divisão, MFF-7, C1-107.
"feita em pedaços", CMH Ardennes, p. 626.
Batalha em torno de Lutrebois, 3º Corpo, NARA RG 498 290/56/5/2, Caixa 3.

p. 406 "A SS espalhou o boato...", *Generalmajor* Ludwig Heilmann, 5ª Divisão Fallschirmjäger, FMS B-023.

p. 406n "Essas más condições das estradas...", *Generalmajor* Heinz Kokott, 26ª Divisão Volksgrenadier, FMS B-040.
"invadiam casas...", TNA WO 311/54.

p. 407 "bombardeiros da 8ª Força Aérea...", diário de registros do III Exército, 31 dez. 1944, Gaffey Papers, USAMHI.
"É óbvio que...", 30 dez. 1944, CBHD.
"Você podia ouvir...", Carta, Eugene A. Watts, S-3, 52º Batalhão de Infantaria Blindada, 9ª AD, 28.2.85, CBMP, Caixa 1.

p. 408n Horrocks de licença médica, Hamilton, *Monty: The Field Marshal*, pp. 255-6.

p. 408 6ª Aerotransportada, Edward Horrell, IWM Documents 17408 10/4/1.

pp. 408-9 Belgas e equipamento alemão abandonado, Jean-Michel Delvaux, *La Bataille des Ardennes autour de Celles*, Hubaille, 2003, p. 40.
Oficial alemão morto, ibidem, p. 36.

p. 410 "As Ardenas têm uma acentuada atmosfera...", A. J. Cowdery, Civil Affairs, IWM Documents 17395 10/18/1.

p. 411 "com sua boina e...", Liliane Delhomme, Jean-Michel Delvaux, *La Bataille des Ardennes autour de Rochefort*, 2 vols., Hubaille, 2004-5, II, p. 241.
Lanceiro sargento Walker, carta ao autor de seu filho, marechal do ar sir David Walker, 27 abr. 2014.
highballs e peru, William H. Simpson Papers, Caixa 11, USAMHI.
"Na refeição, à noite...", G. Patrick Murray, 1973, SOOHP.
"disparar indiscriminadamente...", 31 dez. 1944, PWS.
"falou apaixonadamente...", 31 dez. 1944, CBHD.

p. 412 "À meia-noite, estava tudo quieto...", Ursula von Kardorff, *Diary of a Nightmare: Berlin 1942-1945*, Londres, 1965, p. 161.
"Minha oração...", Leutnant Martin Opitz, 295ª Divisão Volksgrenadier, NARA RG 407 290/56/ 5/1-3, Caixa 7.

21. A DUPLA SURPRESA

p. 414 "O *Reichsmarschall* ordenou...", *HLB*, pp. 514 e 517.

"Agora são todos pilotos jovens...", *Fähnrich* Schmid, CSDIC, TNA WO 208/4134 SRA 5615.
"Que tipo de treinamento...", *Oberleutnant* Hartigs, 4/JG 26, CSDIC, TNA WO 208/4135 SRA 5767.

p. 415 "problemas com o motor", CSDIC, TNA WO 208/4134 SRA 5515.
"costumavam voar...", Hartigs, CSDIC, TNA WO 208/4135 SRA 5764, 20/1/45.
"No nosso *Staffel*...", *Feldwebel* Halbritter, CSDIC, TNA WO 208/4134 SRA 5569.
"parece ter dirigido...", CSDIC, TNA WO 208/4135 SRA 5760 23/1/45
"Bem, o que o nosso *Reichsmarschall*...", CSDIC, TNA WO 208/4177.
"Ele não entende...", CSDIC, TNA WO 208/4292 USAFE/M.72.
"praticamente chorou", "a não ser que...", CSDIC, TNA WO 208/4164 SRX 21091.
rações de "decolagem", ibidem.

p. 416 "aberto seu coração...", *Oberstleutnant* Johann Kogler, CSDIC, TNA WO 208/4177.
"o oficial mais mal informado...", CSDIC, TNA WO 208/4178.
"*Herr General*...", CSDIC, TNA WO 208/4177.
"Nós mesmos havíamos estacionado...", *Oberleutnant* Hartigs, FW 190 4/JG 26, CSDIC, TNA WO 208/4164 SRX 2086.

p. 417 "Aquele que voltar depois de ter falhado em atacar...", ibidem.
"Que surra demos neles...", CSDIC, TNA WO 208/4164 SRX 2086.

p. 418 "Um frustrado piloto de Typhoon...", Sebastian Cox, do Air Historical Branch do Ministério da Defesa britânico, e-mail para o autor, 18 ago. 2014. Sou muito grato a ele por suas correções e números precisos sobre as perdas aéreas de ambos os lados.
"estacionados bem próximos em formação", 1º jan. 1945, PWS.
"Eles pegaram os britânicos...", 2 jan. 1945, PWS.

p. 419 "No meio da manhã, era possível assistir...", William H. Simpson Papers, Caixa 11, USAMHI.
"que abriu um grande buraco...", Sebastian Cox, e-mail para o autor, 18 ago. 2014.
"*Jerry* cometeu um grande erro...", William H. Simpson Papers, Caixa 11, USAMHI.
"Uma catástrofe se abateu...", Nicolaus von Below, *Als Hitlers Adjutant, 1937-1945*, Mainz, 1980, p. 399.

p. 420 "Os ânimos desceram a um patamar mais baixo hoje...", carta ao coronel Waine Archer do coronel Pete T. Heffner Jr., 3 jan. 1945, NARA RG 498 290/56/5/3, Caixa 1463.

p. 422 Pânico em Estrasburgo, NARA RG 331, registros do SHAEF (290/715/2) E-240P, Caixa 38.
"É evidente que...", Charles de Gaulle, *Mémoires de Guerre: Le Salut, 1944-1946*, Paris, 1959, p. 145.

p. 423 "Juin me disse coisas...", diário de James Robb, DDE Lib, Papers, Pre-Pres., Caixa 98.
"o Exército francês não receberá...", Dwight D. Eisenhower, *Crusade in Europe*, Londres, 1948, p. 396.
"Se estivéssemos tratando de...", De Gaulle, *Mémoires de Guerre: Le Salut, 1944-1946*, p. 148.
"Essa alteração...", "Acho que fizemos...", Eisenhower, *Crusade in Europe*, p. 396.

p. 424 "O comunicado dava a impressão...", 4 jan. 1945, DCD.
"muito animado", carta ao coronel Waine Archer do coronel Pete T. Heffner Jr., 5 jan. 1945, NARA RG 498 290/56/5/3, Caixa 1463.
"depois do mau tempo...", PDDE, IV, p. 2.491.
"ao I Exército francês...", 3 jan. 1945, TNA HW 14/119.
"Isso representa uma grave ameaça...", ibidem.

p. 425 "simplesmente se recusou a lutar...", Thomas E. Griess, 14 out. 1970, York County Heritage Trust, York, PA, Caixa 94.
"surpreendidos, capturados ou cercados...", 6º Corpo, NARA RG 498 290/56/5/3, Caixa 1463.

p. 426 "tentativa de desacreditar os americanos", Chester B. Hansen Collection, Caixa 42, S-28, USAMHI.
"o clamor público...", 6 jan. 1945, CBHD.

p. 427 "não serviria um dia sequer...", 8 jan. 1945, CBHD.
"repudiar a eficácia...", ibidem.
"a invasão alemã...", 6 jan. 1945, CBHD.

p. 428 "Ao mesmo tempo...", 5 jan. 1945, CBHD.
"inestimável", TNA CAB 106/1107.
"A batalha tem sido muito interessante...", TNA CAB 106/1107.

p. 429 "embora essa declaração...", ibidem.
"A batalha das Ardenas...", ibidem.
"o devolvesse a mim...", "quero o comando de volta...", 8 jan. 1945, CBHD.

p. 430 "Receio que tenha sido cometida uma grave ofensa...", TNA CAB 106/1107.

22. CONTRA-ATAQUE

p. 433 "um sucesso defensivo...", *Generalmajor* Otto Remer, ETHINT 80.

p. 434 "A 11ª Blindada é...", 4 jan. 1945, p. 615.
"Houve alguns incidentes lamentáveis...", ibidem.
"uma manhã extremamente fria...", CBHD, Caixa 5.

p. 436 "continuou a causar destruição", Ed Cunningham, "The Cooks and Clerks", *Yank*, 16 mar. 1945.

p. 437 "As unidades com frequência cometiam erros...", *Lt. Col.* Glavin, G-3 6ª Divisão Blindada, 7º Corpo, NARA RG 498 290/56/2/3, Caixa 1459.
"Se você entra numa vila...", 6ª Divisão Blindada, NARA RG 498 290/56/5/2, Caixa 3.

p. 438 11ª Divisão Blindada, CMH Ardennes, p. 647.
"A 17ª Aerotransportada, que atacou esta...", 4 jan. 1945, p. 615.
"Havíamos recebido reposições...", 17ª Aerotransportada, NARA RG 498 290/56/5/2, Caixa 3.
"Os alemães seguem uma forma fixa...", ibidem.

p. 439 "Nossos homens tinham grande confiança...", coronel J. R. Pierce, NARA RG 498 290/56/5/2, Caixa 3.
Usar a artilharia para cavar *foxholes*, 7º Corpo, NARA RG 498 290/56/2/3, Caixa 1459.
"A 17ª havia levado...", 8 jan. 1945, CBHD.
Sargento Isidore Jachman, Biblioteca da Medalha de Honra do Congresso, vol. I, pp. 172-3, Peter Schrijvers, *Those Who Hold Bastogne*, New Haven, 2014, p. 225.
"um fuzileiro...", 8º Corpo, NARA RG 498 290/56/2/3, Caixa 1463.

p. 440 "havia sido totalmente a favor...", p. 615.
"As estradas estavam congeladas...", 3 jan. 1945, PWS.

p. 441 "Uma certeira explosão de uma árvore...", William H. Simpson Papers, Caixa 11, USAMHI.
"Trois Ponts estava liberada...", 3 jan. 1945, PWS.
"imensamente satisfeito...", ibidem.
"a 2ª Divisão Blindada...", 4 jan. 1945, CBHD.
Luta por Bure, Diário de Guerra, 13º Bat. do Regimento de Paraquedistas, TNA WO 171/1246.

pp. 442-3 Yvonne Louviaux, em Jean-Michel Delvaux, *La Bataille des Ardennes autour de Rochefort*, 2 vols., Hubaille, 2004-5, II, pp. 123-4.

p. 443 "esse quartel-general achou...", 6 jan. 1945, PWS.
"declaram que não há evidência...", 7 jan. 1945, Hobart Gay Papers, USAMHI.

p. 444 "Sem dúvida, a luta dura...", José Cugnon, citado em Delvaux, *Rochefort*, II, p. 28.
"Eles com certeza não parecem...", ibidem, I, p. 232.
"Às 9h30 vimos os alemães...", diário da irmã Alexia Bruyère, ibidem, I, p. 143.

p. 445n *A pequena vila de Houffalize*, p. 632.

p. 445 "A resistência nunca afrouxa...", capitão H. O. Sweet, IWM, 95/33/1.

p. 446 "Todos pensam...", NARA RG 165, Entry 178, Caixa 146353.

"Qualquer um que seja feito prisioneiro...", CSDIC, TNA WO 208/4157 SRN 4772 25/3/45.

"Não fique com a impressão...", major-general Kenneth Strong 02/14/2 3/25 – Intelligence Notes n. 33, IWM Documents 11656.

"Quando os alemães estão tendo sucesso...", NARA RG 498 290/56/2/3, Caixa 1459.

p. 447 "eram mais mansos...", MFF-7, C1-107.

"Um tratamento bom demais...", 8º Corpo, NARA RG 498 290/56/2/3, Caixa 1463.

p. 448 "Nunca colhemos nenhum benefício...", NARA RG 498 290/56/2/3, Caixa 1466.

Forçar prisioneiros alemães a andarem descalços, Gerald Astor, *A Blood-Dimmed Tide*, Nova York, 1992, p. 375.

"os prisioneiros estavam começando...", TNA WO 231/30.

Sensores Pozit, 5º Corpo, NARA RG 498 290/56/2/3, Caixa 1455.

"Os resultados dessas...", 7º Corpo, NARA RG 498 290/56/2/3, Caixa 1459.

"Se queremos vencer a guerra...", *Generalmajor* Ludwig Heilmann, 5ª Divisão Fallschirmjäger, FMS B-023.

"Se houver alguma suspeita...", CSDIC, TNA WO 208/3616 SIR 1548.

p. 449 "Dez ou doze...", *Feldwebel* Rösner, 7ª Bateria, 26ª Divisão Volksgrenadier, TNA WO 311/54.

"Quase vomitei...", Robert M. Bowen, *Fighting with the Screaming Eagles: With the 101st Airborne from Normandy to Bastogne*, Londres 2001, pp. 204-5.

"Os feridos são...", *Assistant Arzt* Dammann, CSDIC, TNA WO 208/3616 SIR 1573.

Câmara dos horrores etc., "Shock Nurse", Ernest O. Hauser, *Saturday Evening Post*, 10.3.45

p. 450 Baixas de não batalha, CMH Medical, p. 385-6.

"náuseas, choro...", 7º Corpo, NARA RG 498 290/56/2/3, Caixa 1459.

"Quando um homem se estoura...", ibidem.

"Fadiga de tanque", ibidem.

"prolongados períodos", ibidem.

p. 451 "Mesmo no caso de soldados resistentes e com experiência...", 5ª Divisão de Infantaria, 20º Corpo, NARA RG 498 290/56/2/3, Caixa 1465.

2ª e 9ª Divisões Panzer, *General der Panzertruppe* Heinrich von Lüttwitz, 47º Corpo Panzer, FMS A-939.

"É o inverno mais frio...", 8 jan. 1945, A. J. Cowdery, Civil Affairs, IWM Documents 17395 10/18/1.

"O Führer ordenou...", *HLB*, p. 597.

p. 452 "É a maior zombaria da história do mundo...", *Generalmajor* Hans Bruhn, 533ª Divisão Volksgrenadier, CSDIC, TNA WO 208/4364 GRGG 240.

"Os alemães estão retirando...", 11 jan. 1945, William H. Simpson Papers, Caixa 11, USAMHI.

p. 452n "Estamos cientes de sua visão...", para o major-general Clayton Bissell, TNA WO 171/4184.

"havia permitido que os russos...", 15 jan. 1945, CBHD.

"O medo da Rússia...", *Generalleutnant* Von Heyking, 6ª Divisão Fallschirmjäger, TNA WO 171/4184.

p. 453 "como os céus despencando...", coronel Liebisch, *Art of War Symposium*, Escola de Guerra do Exército dos Estados Unidos , Carlisle, 1986, p. 617.

"Avante para dentro da toca...", *Velikaya Otechestvennaya Voina*, Moscou, 1999, III, p. 26.

23. ARRASANDO O BOLSÃO

p. 456 "O que me incomoda...", citado em marechal do ar sir James Robb, "Higher Direction of War", texto datilografado, 11.46, fornecido por sua filha.

p. 457 "Meu Deus, será que eles não têm mais ninguém...", Stephen E. Ambrose, *Band of Brothers*, Nova York, 2001, p. 229.

"Todos os soldados de reposição...", Tim G. W. Holbert, "Brothers at Bastogne – Easy Company's Toughest Task", *World War II Chronicles*, inverno 2004-5, pp. 22-5.

pp. 457-8 2º Batalhão, 506ª em Rachamps, Ambrose, *Band of Brothers*, pp. 223-4.
"violenta reação da artilharia inimiga...", NARA RG 498 290/56/5/3, Caixa 1463.

p. 459 "Depois de visitar vilas...", 14 jan. 1945, A. J. Cowdery, Civil Affairs, IWM Documents 17395 10/18/1.
"os soldados se entusiasmavam...", A. Fieber, 1º Bat. do Regimento Manchester, na 53ª (Galesa) Div., IWM Documents 4050 84/50/1.
"A ala direita...", 2ª Divisão Panzer, FMS P-109e.

p. 460 "Estava tentando degelá-lo...", Martin Lindsay, *So Few Got Through*, Barnsley, 2000, p. 160.
"Não demorou para um tanque americano...", 2ª Divisão Panzer, FMS P-109e.
"casas de tijolos..." etc., MFF-7, C1-100/101.

p. 461 "A certa altura...", Patton, citado em Gerald Astor, *A Blood-Dimmed Tide*, Nova York, 1992, p. 366.
"Foi feito contato...", Armored School, Fort Knox, General Instruction Dept, 16 abr. 1948, CARL N-18000.127.
"A divisão não acha que...", citado em H. Essame, *The Battle for Germany*, Londres, 1970, p. 117.

p. 462 "A situação agora está restabelecida", 17 jan. 1945, CBHD.
"Às 10h30, o marechal de campo...", William H. Simpson Papers, Caixa 11, USAMHI.
Aquele 'protegeria o flanco sul do IX'..., ibidem.
"os soldados dos Estados Unidos...", TNA CAB 106/1107.

p. 463 Transcrição telefônica, William H. Simpson Papers, Caixa 11, USAMHI.
"o I e o III Exércitos dos Estados Unidos...", de Montgomery a Brooke, 14 jan. 1945, Nigel Hamilton, *Monty: The Field Marshal 1944-1976*, Londres, 1986, p. 325.
"Quaisquer movimentos futuros...", William H. Simpson Papers, Caixa 11, USAMHI.

p. 464n Whiteley, e não Bedell Smith, D. K. R. Crosswell, *Beetle: The Life of General Walter Bedell Smith*, Lexington, 2010, p. 853.

p. 464 "suas forças estão agora relegadas...", 2 dez. 1944, CBHD.
"A reputação e a boa vontade...", 24 jan. 1945, Hobart Gay Papers, USAMHI.

p. 465 "A cidade está em ruínas...", NARA RG 407 E 427 2280, Caixa 2425.
XIX Estimativas do TAC, CMH SC, 395 n. 111
"As três forças táticas aéreas...", Relatório Conjunto n. 1 da Seção de Pesquisa Operacional da 2ª Força Aérea Tática e n. 2 da Seção de Pesquisa Operacional, 21º Grupo do Exército, TNA WO 231/30.
"não tiveram um papel tático decisivo...", *Generalmajor* Siegfried von Waldenburg, 116ª Divisão Panzer, FMS B-038.

p. 466 "O III Exército hoje...", 29 jan. 1945, CBHD.
"Ele é um bom oficial...", p. 630.
"um tremendo palácio...", William H. Simpson Papers, Caixa 11, USAMHI.
"obrigado a saquear...", "Eagle Took", 16 jan. 1945, CBHD.
"sua costumeira proposital entrada lenta...", 4 fev. 1945, CBHD.

p. 467 "passaram por carcaças arrebentadas...", ibidem.
Baixas belgas de civis, CMH SC, p. 332.

p. 468 "um número imenso...", 25 jan. 1945, A. J. Cowdery, Civil Affairs, IWM Documents 17395 10/18/1.
Danos em La Roche, Peter Schrijvers, *The Unknown Dead: Civilians in the Battle of the Bulge*, Lexington, 2005, p. 325.

24. CONCLUSÕES

pp. 471-2 Julgamento do Kampfgruppe Peiper, FMS C-004.

p. 473 "A crítica"... "de que talvez tivesse sido...", Interrogatório do *Generalfeldmarschall* Keitel e do *Generaloberst* Jodl, 20 jul. 1945, TNA WO 231/30.

p. 474 Recuo até o Mosa, VII Exército, FMS A-876.

"A prontidão com que...", *Generaloberst* Alfred Jodl, FMS A-928.

"nenhum outro exército do mundo", 24 dez. 1944, CBHD.

"Oficiais e homens...", *Generalmajor* Rudolf Freiherr von Gersdorff, FMS A-933.

p. 475 "Cada dia que os...", "o último suspiro...", *Generalleutnant* Fritz Bayerlein, Divisão Panzer Lehr, FMS A-941.

"uma grande vantagem...", citado em D. K. R. Crosswell, *Beetle: The Life of General Walter Bedell Smith*, Lexington, 2010, p. 837.

pp. 475-6 Churchill reconhecendo a consequência mais grave, Churchill para Ismay, 10 jan. 1945, TNA PREM 3 4 31/2.

p. 476n "Ele é um psicopata...", Cornelius J. Ryan Collection, Universidade de Ohio, Caixa 43, pasta 7, texto datilografado, s.d.

p. 476 Baixas aliadas nas Ardenas, CMH SC, 396; e Royce L. Thompson, OCMH, texto datilografado, 28 abr. 1952, CMH 2-3.7 AE P-15.

"Não por Deus e pelo país...", Gerald K. Johnson, "The Black Soldiers in the Ardennes", *Soldiers*, fev. 1981, 16ff.

p. 477 "os alemães nos obrigaram a tirar...", "The Service Diary of German War Prisoner #315136", sargento John P. Kline, Coy M, 3º Batalhão, 423º Regimento de Infantaria, CBMP, Caixa 2.

"costelas de xilofone...", 19 abr. 1945, GBP.

p. 478 "olhar perdido de 5 mil milhas", Vonnegut em *C-Span*, Nova Orleans, 30 maio 1995.

A BATALHA DAS ARDENAS

BIBLIOGRAFIA

AMBROSE, Stephen E. *Band of Brothers*. Nova York, 2001.

AREND, Guy Franz. *Bastogne et la Bataille des Ardennes*. Bastogne, 1974.

ASTOR, Gerald. *A Blood-Dimmed Tide*. Nova York, 1992.

______. *Battling Buzzards: The Odyssey of the 517th Parachute Regimental Combat Team 1943-1945*. Nova York, 1993.

ATKINSON, Rick. *The Guns at Last Light*. Nova York, 2013.

BAKER, Carlos. *Ernest Hemingway: A Life Story*. Nova York, 1969.

BAUER, Eddy. *L'Offensive des Ardennes*. Paris, 1983.

BEDELL SMITH, Walter. *Eisenhower's Six Great Decisions*. Londres, 1956.

BEEVOR, Antony. *Berlin: The Downfall 1945*. Londres, 2002.

______. *The Second World War*. Londres, 2012.

BEEVOR, Antony; COOPER, Artemis. *Paris after the Liberation, 1944-1949*. Londres, 1994.

BELCHEM, David. *All in the Day's March*. Londres, 1978.

BELOW, Nicolaus von. *Als Hitlers Adjutant, 1937-1945*. Mainz, 1980.

BENNET, Ralph. *Ultra in the West*. Nova York, 1980.

BOBERACH, Heinz (ed.). *Meldungen aus dem Reich: Die geheimen Lageberichte des Sicherheitsdienstes der* SS *1938-1945*. 17 vols., Herrsching, 1984.

BOTSFORD, Gardner. *A Life of Privilege, Mostly*. Nova York, 2003.

BOWEN, Robert M. *Fighting with the Screaming Eagles: With the 101st Airborne from Normandy to Bastogne*. Londres, 2001.

BRADLEY, Omar N. *A Soldier's Story*. Nova York, 1964.

BUCKLEY, John. *Monty's Men: The British Army and the Liberation of Europe*. Londres, 2013.

COLE, Hugh M. *United States Army in World War II: The European Theater of Operations: The Ardennes: Battle of the Bulge*. Washington, DC, 1988.

CONNELL, J. Mark. *Ardennes: The Battle of the Bulge*. Londres, 2003.

Couch, Arthur S. "An American Infantry Soldier in World War II Europe", memórias não publicadas, coleção particular.

Crosswell, D. K. R. *Beetle: The Life of General Walter Bedell Smith*. Lexington, 2010.

D'Este, Carlo. *Eisenhower: Allied Supreme Commander*. Londres, 2002.

De Gaulle, Charles. *Mémoires de Guerre: Le Salut, 1944-1946*. Paris, 1959.

Delvaux, Jean-Michel. *La Bataille des Ardennes autour de Celles*. Hubaille, 2003.

______. *La Bataille des Ardennes autour de Rochefort*. 2 vols., Hubaille, 2004-5.

Domarus, Max (ed.). *Reden und Proklamationen 1932-1945*. Wiesbaden, 1973.

Doubler, Michael D. *Closing with the Enemy: How GIs fought the War in Europe, 1944-1945*. Lawrence, 1994.

Dupuy, Colonel R. Ernest. *St. Vith: Lion in the Way: The 106th Infantry Division in World War II*. Washington, DC, 1949.

Eisenhower, Dwight D. *Crusade in Europe*. Londres, 1948.

Eisenhower, John S. D. *The Bitter Woods*. Nova York, 1970.

Ellis, John. *The Sharp End: The Fighting Man in World War II*. Londres, 1990.

Elstob, P. *Bastogne: La Bataille des Ardennes*. Paris, 1968.

Ent, Uzal W. (ed.). *The First Century: A History of the 28th Infantry Division*. Harrisburg, 1979.

Essame, H. *The Battle for Germany*. Londres, 1970.

Evans, Richard J. *The Third Reich at War*. Londres, 2008.

Ferguson, Niall. *The War of the World*. Londres, 2007.

Forty, George. *The Reich's Last Gamble: The Ardennes Offensive, December 1944*. Londres, 2000.

Friedrich, Jörg. *Der Brand: Deutschland im Bombenkrieg 1940-1945*. Berlim, 2002.

Fussell, Paul. *The Boys' Crusade*. Nova York, 2003.

Galtier-Boissière, Jean. *Mon journal pendant l'Occupation*. Paris, 1944.

Gehlen, Reinhard. *The Gehlen Memoirs*. Londres, 1972.

Gellhorn, Martha. *Point of No Return*. Nova York, 1989.

Gilbert, Martin. *The Second World War*. Londres, 1989.

Guderian, Heinz. *Panzer Leader*. Nova York, 1996.

Hamilton, Nigel. *Monty: Master of the Battlefield 1942-1944*. Londres, 1984.

______. *Monty: The Field Marshal 1944-1976*, Londres, 1986

HASTINGS, Max. *Armageddon: The Battle for Germany 1944-45*. Londres, 2004.

______. *Finest Years: Churchill as Warlord, 1940-45*. Londres, 2009.

HEIBER, Helmut; GLANTZ, David M. (Ed.). *Hitler and his Generals: Military Conferences 1942-1945*. Londres, 2002.

______. *Hitlers Lagebesprechungen: Die Protokollfragmente seiner militärischen Konferenzen 1942-1945*. Munique, 1984.

HEMINGWAY, Ernest. *Across the River and into the Trees*. Nova York, 1950.

HENKE, Klaus-Dietmar. *Die amerikanische Besetzung Deutschlands*. Munique, 1995.

HITCHCOCK, William I. *Liberation: The Bitter Road to Freedom: Europe 1944-1945*. Londres, 2009.

HOGAN, David W., Jr. *A Command Post at War: First Army Headquarters in Europe, 1943-1945*. Washington, DC, 2000.

HORROCKS, Brian. *Corps Commander*. Londres, 1977.

HYNES, Samuel. *The Soldiers' Tale: Bearing Witness to Modern War*. Londres, 1998.

INGERSOLL, Ralph. *Top Secret*. Londres, 1946.

ISAACSON, Walter. *Kissinger: A Biography*. Londres, 1992.

JORDAN, David. *The Battle of the Bulge: The First 24 Hours*. Londres, 2003.

JUNG, Hermann. *Die Ardennen-Offensive 1944/45: Ein Beispiel für die Kriegführung Hitlers*. Göttingen, 1971.

JUNGE, Traudl. *Until the Final Hour: Hitler's Last Secretary*. Londres, 2002.

KARDORFF, Ursula von. *Diary of a Nightmare: Berlin 1942-1945*. Londres, 1965.

KERSHAW, Alex. *The Longest Winter*. Nova York, 2004.

KERSHAW, Ian. *Hitler 1936-1945: Nemesis*. Londres, 2000.

______. *The End: Hitler's Germany 1944-45*. Londres, 2011.

KERSHAW, Robert. *It Never Snows in September*. Londres, 2008.

KLEMPERER, Victor. *To the Bitter End: The Diaries of Victor Klemperer, 1942-45*. Londres, 2000.

KOSKIMAKI, George E. *The Battered Bastards of Bastogne: The 101st Airborne in the Battle of the Bulge*. Nova York, 2007.

LACOUTURE, Jean. *De Gaulle: Le Politique*. Paris, 1985.

LINDSAY, Martin. *So Few Got Through*. Barnsley, 2000.

LUDEWIG, Joachim. *Rückzug: The German Retreat from France, 1944*. Lexington, 2012.

MACDONALD, Charles B. *A Time for Trumpets: The Untold Story of the Battle of the Bulge*. Nova York, 1984.

______. *The Battle of the Bulge*. Londres, 1984.

______. *The Mighty Endeavour: The American War in Europe*. Nova York, 1992.

______. *Company Commander*. Nova York, 2002.

______. *The Battle of the Huertgen Forest*. Philadelphia, 2003.

McDonald, Frederick A. *Remembered Light: Glass Fragments from World War II*. São Francisco, 2007.

Massu, Jacques. *Sept ans avec Leclerc*. Paris, 1974.

Mather, Carol. *When the Grass Stops Growing*. Barnsley, 1997.

Merriam, Robert E. *Dark December*. Nova York, 1947.

______. *The Battle of the Bulge*. Nova York, 1991.

Meyer, Hubert. *The 12th SS: The History of the Hitler Youth Panzer Division*. vol. II, Mechanicsburg, 2005.

Miller, Edward G. *A Dark and Bloody Ground: The Hürtgen Forest and the Roer River Dams, 1944-1945*. College Station, 2008.

Mitcham, Samuel W., Jr. *Panzers in Winter*. Mechanicsburg, 2008.

Moorehead, Caroline. *Martha Gellhorn*. Londres, 2003.

Mortimer Moore, William. *Free France's Lion: The Life of Philippe Leclerc*. Havertown, 2011.

Neillands, Robin. *The Battle for the Rhine 1944: Arnhem and The Ardennes*. Londres, 2006.

Neitzel, Sönke; Welzer, Harald. *Soldaten: On Fighting, Killing and Dying*. Nova York, 2012.

Niven, David. *The Moon's a Balloon*. Londres, 1994.

Nobécourt, Jacques. *Le Dernier Coup de dés de Hitler*. Paris, 1962.

Overmans, Rüdiger. *Deutsche militärische Verluste im Zweiten Weltkrieg*. Munique, 2000.

Overmans, Rüdiger; Parker, Danny S. (Ed.). *Hitler's Ardennes Offensive: The German View of the Battle of the Bulge*. Londres, 1997.

Pogue, Forrest C. *The Supreme Command*. Washington, DC, 1954.

______. *George C. Marshall: Organizer of Victory*. Nova York, 1973.

______. *Pogue's War: Diaries of a WWII Combat Historian*. Lexington, 2001.

Post, Hans. *One Man in his Time*. Sydney, 2002.

Ritchie, Sebastian. *Arnhem: Myth and Reality: Airborne Warfare, Air Power and the Failure of Operation Market Garden*. Londres, 2011.

Roberts, Andrew. *Masters and Commanders*. Londres, 2008.

Roberts, Mary Louise. *Foreign Affairs: Sex, Power, and American G.I.s in France, 1944-1946*. Chicago, 2013.

Schrijvers, Peter. *The Crash of Ruin: American Combat Soldiers in Europe during World War II*. Nova York, 1998.

______. *The Unknown Dead: Civilians in the Battle of the Bulge*. Lexington, 2005.

______. *Liberators: The Allies and Belgian Society, 1944-1945*. Cambridge, 2009.

______. *Those Who Hold Bastogne*. New Haven, 2014.

Sears, Stephen W. *The Battle of the Bulge*. Nova York, 2004.

Simpson, Louis. *Selected Prose*, Nova York, 1989

Soffer, Jonathan M. *General Matthew B. Ridgway*. Westport, 1998.

Speer, Albert. *Inside the Third Reich*. Londres, 1971.

Spoto, Donald. *Blue Angel: The Life of Marlene Dietrich*. Nova York, 1992.

Stargardt, Nicholas. *Witnesses of War: Children's Lives under the Nazis*. Londres, 2005.

Sterling Rush, Robert. *Hell in Hürtgen Forest: The Ordeal and Triumph of an American Infantry Regiment*. Lawrence, 2001.

Strawson, John. *The Battle for the Ardennes*. Londres, 1972.

Strong, Kenneth. *Intelligence at the Top*. Londres, 1970.

Tedder, Arthur. *With Prejudice*. Londres, 1966.

Van Creveld, Martin L. *Fighting Power: German and U.S. Army Performance, 1939-1945*. Westport, 1982.

Vassiltchikov, Marie "Missie". *The Berlin Diaries, 1940-1945*. Londres, 1987.

Weigley, Russell F. *Eisenhower's Lieutenants*. Bloomington, 1990.

Weinberg, Gerhard L. *A World at Arms: A Global History of World War II*. Cambridge, 1994.

Weintraub, Stanley. *Eleven Days in December*. Nova York, 2006.

Welch, David. *Propaganda and the German Cinema 1933-1945*. Oxford, 1983.

Whiting, Charles. *The Battle of Hürtgen Forest*. Stroud, 2007.

Wijers, Hans J. (Ed.). *The Battle of the Bulge: The Losheim Gap, Doorway to the Mosa*. Brummen, 2001.

Wilmot, Chester. *The Struggle for Europe*. Londres, 1952.

Wingeate Pike, David. Oberbefehl West: Armeegruppe G: Les Armées allemandes dans le Midi de la France. In: *Guerres Mondiales et conflits contemporains*. n. 152, 164, 174, 181.

WINTON, Harold R. *Corps Commanders of the Bulge: Six American Generals and Victory in the Ardennes*. Lawrence, 2007.

WOLFE, Martin. *Green Light!*. Philadelphia, 1989.

ZIMMERMANN, John. *Pflicht zum Untergang: Die deutsche Kriegführung im Westen des Reiches, 1944-45*. Paderborn, 2009.

ÍNDICE REMISSIVO

SOBRE O AUTOR

Antony Beevor nasceu na Inglaterra em 14 de dezembro de 1946. É historiador, educado no Winchester College e na Academia Militar de Sandhurst. Teve como mestre o maior historiador do mundo sobre a Segunda Guerra Mundial, John Keegan. Beevor é oficial formado. Serviu por cinco anos e deixou o exército para se tornar escritor. Já publicou diversos livros sobre a Segunda Guerra Mundial e sobre o século XX em geral. *A batalha das Ardenas* é o seu primeiro título publicado pelo selo Crítica.